SAMMLUNG WELTLITERATUR
II. SERIE
FORSCHUNG · DEUTUNG · DARSTELLUNG

3

MICHAEL VON ALBRECHT

Rom: Spiegel Europas

TEXTE UND THEMEN

HEIDELBERG
VERLAG LAMBERT SCHNEIDER

Mit 14 Abbildungen

1988

© 1988 · Verlag Lambert Schneider GmbH · Heidelberg
Alle Rechte vorbehalten. Jegliche Vervielfältigung nur mit ausdrücklicher
Genehmigung des Verlages. Printed in Germany. Herstellung:
Allgäuer Zeitungsverlag, Kempten

INHALTSVERZEICHNIS

I. KAPITEL
Geschichte und Erkenntnis

1. Tacitus' »Historien« in niederländischer Spiegelung und in Schillers Sicht 13
2. Catilina nach 1848 und nach 1917: Sallust – Henrik Ibsen – Catull – Aleksandr Blok 38
3. Fides und Völkerrecht: Von Livius zu Hugo Grotius 58

II. KAPITEL
Geschichte und Natur

Conrad Ferdinand Meyer und die Antike 73

III. KAPITEL
Natur und Geist

Lukrez – Cicero – Pascal – Heisenberg 135

IV. KAPITEL
Natur und Mythos

Die Verwandlung bei E. T. A. Hoffmann und bei Ovid 147

V. KAPITEL
Mythos und Dichtersprache

Vondels niederländischer Ovid – ein poetisches Testament 179

VI. KAPITEL
Sprache und Stil

Antike Elemente in Puškins Sprache und Stil 207

VII. KAPITEL
Poesie und Rhetorik

Spuren der Rhetorik in antiker und in neuzeitlicher Dichtung (u. a. Shakespeare, Brecht, Paul Gerhardt, Lucan) 281

VIII. KAPITEL
Denken und Leben

Praktische Philosophie im Zeichen des Sokrates – zwischen römischer Daseinsbewältigung und moderner Physiognomik (Cicero – Seneca – Apuleius – Gracián – Leopardi – Kierkegaard – Nietzsche – Kassner) 321

IX. KAPITEL
Mensch und Gemeinschaft

A. *Epos:* Vergil – Camões – Tasso – Milton 361
B. *Drama:* Plautus' Aulularia und Molières Avare 404
C. *Lyrik:* Horazens Römeroden und Hölderlins vaterländische Hymnen, mit besonderer Berücksichtigung der ›Friedensfeier‹ . 423

X. KAPITEL
Dichter und Einsamkeit

Der verbannte Ovid und die Einsamkeit des Dichters im frühen XIX. Jahrhundert. (Zum Selbstverständnis Franz Grillparzers und Aleksandr Puškins) 433

XI. KAPITEL
Eros und Schicksal

Eminescu – Catull – Baudelaire – Stefan George – Horaz 473

XII. KAPITEL
Liebe und Lehre

Torquato Tasso, Goethe und Puškin als Leser und Kritiker der
Liebeslehre Ovids 493

XIII. KAPITEL
Eros und Wandlung

Metamorphose in Raum und Zeit. Vergleichende Untersuchungen
zu Rodin und Ovid 517

XIV. KAPITEL
Poesie und Unsterblichkeit

Zur Selbstauffassung des Lyrikers. Horaz (carm. 2,20 und 3,30) —
Ronsard — DuBellay — polnische und russische Dichter 571

Nachwort 643

REGISTER

I. Stellen antiker Autoren (Auswahl) 657
II. Namen (in Auswahl) 660
III. Sachen 663

I

GESCHICHTE UND ERKENNTNIS

1. Tacitus' »Historien«
in niederländischer Spiegelung und in Schillers Sicht

In seiner Darstellung des Peloponnesischen Krieges weist Thukydides eingangs auf den besonderen Rang der Zeit hin, von der er berichtet (1,1). Ein Rückblick auf die früheren Ereignisse (1,2—19) belegt deren geringeres Gewicht (20—21). Schließlich erläutert Thukydides seine Methode (22). Das uns beschäftigende Kapitel 23 zählt die Umstände auf, die dem Peloponnesischen Krieg besondere Bedeutung verleihen:[1]

Τῶν δὲ πρότερον ἔργων μέγιστον ἐπράχθη τὸ Μηδικόν, καὶ τοῦτο ὅμως δυοῖν ναυμαχίαιν καὶ πεζομαχίαιν ταχεῖαν τὴν κρίσιν ἔσχεν. τούτου δὲ τοῦ πολέμου μῆκός τε μέγα προύβη, παθήματά τε ξυνηνέχθη γενέσθαι ἐν αὐτῷ τῇ Ἑλλάδι οἷα οὐχ ἕτερα ἐν ἴσῳ χρόνῳ. οὔτε γὰρ πόλεις τοσαίδε ληφθεῖσαι ἠρημώθησαν, αἱ μὲν ὑπὸ βαρβάρων, αἱ δ' ὑπὸ σφῶν αὐτῶν ἀντιπολεμούντων (εἰσὶ δ' αἳ καὶ οἰκήτορας μετέβαλον ἁλισκόμεναι), οὔτε φυγαὶ τοσαίδε ἀνθρώπων καὶ φόνος, ὁ μὲν κατ' αὐτὸν τὸν πόλεμον, ὁ δὲ διὰ τὸ στασιάζειν. τά τε πρότερον ἀκοῇ μὲν λεγόμενα, ἔργῳ δὲ σπανιώτερον βεβαιούμενα οὐκ ἄπιστα κατέστη, σεισμῶν τε πέρι, οἳ ἐπὶ πλεῖστον ἅμα μέρος γῆς καὶ ἰσχυρότατοι οἱ αὐτοὶ ἐπέσχον, ἡλίου τε ἐκλείψεις, αἳ πυκνότεραι παρὰ τὰ ἐκ τοῦ πρὶν χρόνου μνημονευόμενα ξυνέβησαν, αὐχμοί τε ἔστι παρ' οἷς μεγάλοι καὶ ἀπ' αὐτῶν καὶ λιμοὶ καὶ ἡ οὐχ ἥκιστα βλάψασα καὶ μέρος τι φθείρασα ἡ λοιμώδης νόσος· ταῦτα γὰρ πάντα μετὰ τοῦδε τοῦ πολέμου ἅμα ξυνεπέθετο.

Von den früheren Taten war die größte, die vollbracht wurde, der Perserkrieg, und auch dieser fand gleichwohl durch zwei Seeschlachten und Feldschlachten eine rasche Entscheidung; dieser Krieg aber (der Peloponnesische) zog sich sehr in die Länge, und es trug sich zu, daß Griechenland in ihm Leiden (παθήματα) widerfuhren wie sonst noch nicht in einem gleichen Zeitraum. Denn weder wurden je so viele Städte eingenommen und verwüstet, teils von Barbaren, teils von Griechen selbst, die sich gegenseitig bekriegten — manche haben auch ihre Bewohner gewechselt, wenn sie erobert wurden —, noch hat es je ebensoviele Vertreibungen von Menschen und so viel Mord gegeben, teils im eigentlichen Krieg, teils infolge innerer Zwietracht. Was man früher nur vom Hörensagen kannte, aber seltener durch Tatsachen bestätigt fand, erwies sich jetzt als durchaus glaubhaft: Nachrichten über Erdbeben, die sich gleichzeitig auf einen sehr großen Teil der Erde erstreckten und dabei sehr heftig waren, Sonnenfinsternisse, die in dichterer Folge auftraten, als man es aus der früheren Zeit berichtete, große Dürre in manchen Gebieten und daraus entstehende Hungersnot und die pestartige Krankheit, die keinen geringen Schaden anrichtete und zum Teil vernichtend wirkte. Das alles nämlich brach gleichzeitig mit diesem Krieg herein.

Die Gliederung des Kapitels ist einfach: An erster Stelle stehen Leiden, die Menschen einander zufügten, dann folgen Naturkatastrophen. Der erste Punkt umfaßt Unbill durch Barbaren, durch Mitbürger und durch Vertreibung, und zwar in der Reihenfolge abc, cab; die Reprise ist durch die ausdrucksvollen Substantive φυγή und φόνος verstärkt und zeichnet sich durch Kürze aus.

Der zweite Hauptteil baut eine Steigerung auf (Erdbeben, Sonnenfinsternis, Dürre, Hunger, Pest). Das gewichtigste Wort steht auffällig am Ende des Satzes: ἡ λοιμώδης νόσος. Formal ist die Abwechslung zwischen Ringkomposition und linearem Fortschreiten, inhaltlich die scharfe Trennung der Motive, stilistisch der Verzicht auf emotionale Ausmalung hervorzuheben.

Tacitus gibt im zweiten Kapitel der Historien einen Überblick über die Hauptereignisse, die seinen Leser erwarten, und zugleich einen Hinweis auf die Bedeutung der zu behandelnden Epoche.[2]

Tacitus, *Historiae* 1,2

2,1. Opus adgredior opimum casibus, atrox proeliis, discors seditionibus, ipsa etiam pace saevom. quattuor principes ferro interempti; trina bella civilia, plura externa ac plerumque permixta; prosperae in Oriente, adversae in Occidente res: turbatum Illyricum, Galliae nutantes, perdomita Britannia et statim missa, coortae in nos Sarmatarum ac Sueborum gentes, nobilitatus cladibus mutuis Dacus, mota prope etiam Parthorum arma falsi Neronis ludibrio. 2. iam vero Italia novis cladibus vel post longam saeculorum seriem repetitis adflicta: haustae aut obrutae urbes, fecundissima Campaniae ora; et urbs incendiis vastata, consumptis antiquissimis delubris, ipso Capitolio civium manibus incenso. pollutae caerimoniae, magna adulteria; plenum exiliis mare, infecti caedibus scopuli. 3. atrocius in urbe saevitum: nobilitas, opes, omissi gestique honores pro crimine, et ob virtutes certissimum exitium. nec minus praemia delatorum invisa quam scelera, cum alii sacerdotia et consulatus ut spolia adepti, procurationes alii et interiorem potentiam, agerent verterent cuncta odio et terrore. corrupti in dominos servi, in patronos liberti; et quibus deerat inimicus, per amicos oppressi. 3,1. Non tamen adeo virtutum sterile saeculum, ut non et bona exempla prodiderit. comitatae profugos liberos matres, secutae maritos in exilia coniuges; propinqui audentes, constantes generi, contumax etiam adversus tormenta servorum fides; supremae clarorum virorum necessitates, ipsa necessitas fortiter tolerata et laudatis antiquorum mortibus pares exitus. 2. praeter multiplices rerum humanarum casus caelo terraque prodigia et fulminum monitus et futurorum praesagia, laeta tristia, ambigua manifesta; nec enim umquam atrocioribus populi Romani cladibus magisve iustis indiciis adprobatum est non esse curae deis securitatem nostram, esse ultionem.

Ich gehe an ein Werk, überreich an Ereignissen, grauenhaft in seinen Schlachten, voll Zwietracht in seinen Aufständen, selbst im[3] Frieden noch grausam. Vier Kaiser[4] durch den Stahl gemordet; drei[5] Bürgerkriege, mehr auswärtige, die meisten beides zugleich; Erfolge im Osten,[6] Mißerfolge im Westen;[7] Illyricum[8] in Aufruhr, Gallien wankend,[9] Britannien völlig unterworfen und sogleich wieder aufgegeben;[10] aufständisch gegen uns die Stämme der Sarmaten und Sueben, ruhmbedeckt der Daker durch Heimzahlung seiner Niederlagen, Partherwaffen beinahe erhoben durch eines falschen Nero[11] Blendwerk. Aber auch Italien von neuen Plagen oder ihrer Wiederkehr nach einer langen Reihe von Menschenaltern heimgesucht: verschlungen oder verschüttet ganze Städte,[12] Campaniens so fruchtbare Küste, ja auch die Weltstadt durch Feuersbrunst verheert; vernichtet die altehrwürdigsten Heiligtümer, selbst das Kapitol von Bürgerhänden in Brand gesteckt.[13] Besudelt heiliger Brauch,[14] berüchtigte Ehebrüche; voll von Verbannten das Meer; befleckt von Morden die Klippen. Grauenhafteres Wüten in der Stadt: Adel, Besitz, nicht versehene und versehene Ehrenämter als Verbrechen angerechnet und Tugenden als sicherster Weg zum Untergang. Und nicht weniger haßerregend die Belohnungen der Denunzianten als ihre Übeltaten, wobei die einen Priesterämter und Konsulswürden wie Raubgut erlangten, andere Prokurationen [15] erhielten und Einfluß bei Hofe gewannen und so durch Haß und Schrecken alles in Bewegung brachten und umstürzten; Sklaven gegen die eigenen Herren bestochen, Freigelassene gegen ihre Gönner; und wem es an einem Feind gebrach, durch Freunde vernichtet. [16] Dennoch war jene Zeit an Tugenden nicht so unfruchtbar, daß sie nicht auch gute Beispiele hervorgebracht hätte: Mütter, die ihre Kinder auf der Flucht begleiteten, Ehefrauen, [17] die ihren Männern in die Verbannung folgten; wagemutige Verwandte, standhafte Schwiegersöhne, [18] trotzige Treue der Sklaven [19] sogar unter Foltern; edle Männer in letzter Bedrängnis, und selbst diese Bedrängnis tapfer erduldet und so manches Sterben dem vielgerühmten Hinscheiden großer Männer der Vorzeit ebenbürtig; [20] außer den vielfachen Wechselfällen im Menschenleben auch am Himmel und auf Erden Vorzeichen, mahnende Blitze, Vorankündigungen der Zukunft, froh oder betrüblich, doppeldeutig oder offenkundig. Niemals nämlich ist durch grauenhaftere Heimsuchungen des römischen Volkes und durch zwingendere Beweise bestätigt worden, daß den Göttern nicht unser sorgenfreies Leben am Herzen liegt, sondern unsere Bestrafung.

Tacitus übernimmt von Thukydides die allgemeine Ankündigung, doch liegt bei ihm das Gewicht mehr auf den Wechselfällen (*casibus*) als auf den παθήματα. Er behält auch die Trennung zwischen äußeren und inneren Kämpfen bei. Hiervon scheidet er jedoch die Vertreibungen und ersetzt das dritte Glied der Reihe durch eine taciteische Paradoxie, ein Oxymoron von großer Eindringlichkeit: den »grausamen Frieden«. [21]

Der Blick wandert bei Tacitus zunächst vom Zentrum des Reiches an die Peripherie: vier Kaisermorde, drei Bürgerkriege, noch mehr auswärtige und meist gemischte. Die Einzelaufzählung der Gebiete ist nicht schematisch. Aufs Ganze gesehen besteht sie aus zwei Reihen; die eine endet mit Britannien im Nordwesten, die andere mit dem Partherreich im Osten. Dann wendet sich Tacitus wieder Italien zu, wobei er Naturkatastrophen und Zerstörungen durch Menschenhand nicht scharf voneinander sondert. Höhepunkt ist die Brandstiftung auf dem Kapitol durch römische Bürger. Hier scheint sich ein Ring zu schließen: Die Selbstzerstörung im Herzen des Reiches lenkt die Aufmerksamkeit zurück auf die Ermordung der Kaiser. Tacitus hat hier bewußt eine Ringkomposition geschaffen. Die Darstellung bewegt sich immer noch zwischen Zentrum und Peripherie des Reiches hin und her. Im Vergleich zu dem entsprechenden Thukydides-Abschnitt, der ebenfalls Ringkomposition aufweist, ist die Gedankenführung bei Tacitus komplexer. Durch die Nennung konkreter geographischer Namen wird die Realität weniger typisiert, weniger in Funktionen aufgelöst. Die vier Kaisermorde setzen einen gewichtigen Anfangsakzent, obwohl diese Ereignisse doch streng genommen den Kriegen und Katastrophen nachgeordnet werden müßten, wie wir es bei Thukydides sehen, der freilich nur von Morden im allgemeinen spricht, ohne den Herrschern eine Sonderstellung einzuräumen.[22] Tacitus geht hier eben nicht logisch, sondern psychologisch vor: Die Gefährdung der Zentralgewalt (Kaiser und Kapitol) bildet bei ihm die Klammer zwischen Anfang und Ende des Abschnitts. Der verschiedene Stellenwert der Bluttaten bei den Historikern hängt auch mit der jeweiligen Struktur von Staat und Gesellschaft zusammen, wie wir noch im einzelnen sehen werden.

Die Entweihung des Kapitols durch die Bürger bildet zugleich eine gute Überleitung zu einem neuen Abschnitt, der vom Sittenverfall handelt: Religionsfrevel (gedacht ist wohl an Vestalinnen, die ihr Gelübde verletzen), Ehebruchskandale. Der hier eingefügte Hinweis auf die zahlreichen Verbannten und Ermordeten lenkt den Blick wieder zur Peripherie hin, zu den Inseln im Mittelmeer. Und abermals bilden die Zustände in der Stadt den Schwerpunkt. Die traditionellen Ämter sind entwertet, Leistung ist der sicherste Weg zum Untergang, und die Grundfesten der römischen Gesellschaft, die Bindung zwischen Patron und Klienten (*fides*), sind erschüttert.

Die höchst kunstvolle Anordnung des Stoffes hat den Zweck, die Verhältnisse in Italien bzw. in der Hauptstadt hervorzuheben. Schon durch die Schlußstellung erscheinen sie gewichtiger als die Ereignisse an den Grenzen des Reiches, die jeweils als Hintergrund dienen. Durch diese Gruppierung zeigt Tacitus, daß der eigentliche Schaden im Zentrum selbst liegt. Dementsprechend gipfeln die Abschnitte in paradoxen Aussagen: Der Friede ist grausam, das Kapitol wird von Bürgerhand angezündet, Freunde verhalten sich feindselig.

Zu den Ausführungen über den Sittenverfall bildet das Lob beispielhaften Verhaltens ein Gegengewicht. So folgt Tacitus der römischen Tradition des Denkens in Beispielen. Gerühmt werden Tugenden des Widerstandes: Treue, Mut, Standhaftigkeit, Trotz, tapferes

Sterben, charakterfeste Haltung von Müttern, Ehefrauen, Verwandten, Schwiegersöhnen und Sklaven. Zu jener Zeit war die römische Familie besser als ihr Ruf. Sie bewies starken Zusammenhalt. Der abschließende Hinweis auf das unerschrockene Sterben römischer Männer deutet an, daß *virtus* sich damals weniger im gesellschaftlichen Bereich als vielmehr im persönlichen verwirklichen ließ. Die Aufhellung des Horizonts bezieht sich also nicht auf die allgemeinen Verhältnisse, sondern auf den Einzelnen, der ihnen zum Trotz seine Menschenwürde wahrt. Tacitus schließt mit einem düsteren Ausblick: Zahlreiche Vorzeichen lassen erkennen, daß den Göttern nicht die Sicherheit der Römer, sondern ihre Bestrafung am Herzen liegt. An Prodigien finden römische Historiker mehr Geschmack als ein aufgeklärter Autor wie Thukydides. Tacitus erinnert hier an Lucan, der ein beängstigendes Bild vom Willen der Götter gezeichnet hatte (*Felix Roma ... si libertatis superis tam cura placeret / quam vindicta placet*, 4,807ff.). Der Gedanke ist dennoch kein bloßes Anhängsel; er bestimmt die innere Struktur des Prooemiums. Die Paradoxie von Auflösung und Selbstzerstörung erscheint an den wichtigen Stellen. Nun tritt sie in einen größeren Rahmen und wird als Verhängnis verstanden. Der Gedanke der Rache oder der Strafe ist eine moralische Kategorie, die auch in der Tragödie eine entscheidende Rolle spielt. So geht Tacitus in der Deutung mehrfach über das vergleichbare Kapitel des Thukydides hinaus, das sich auf die herbe und nüchterne Sprache der Tatsachen beschränkt.

Der Zweckmäßigkeit des Aufbaus bei dem römischen Historiker entspricht die zielstrebige Wortwahl. Im Unterschied zu Thukydides findet man hier Adjektive, die das Grauen steigern (*atrox*: dreimal, davon zweimal im Komparativ; *discors, saevom, invisa*). Der Wert des Zerstörten wird durch Superlative hervorgehoben (*fecundissima, antiquissimis*). Andere Adjektive unterstreichen die Fülle der Wechselfälle (*opimum, plenum*) oder die extreme Situation (*supremae*). Schließlich kommen bei dem Römer Eigenschaftswörter hinzu, die sittliches Verhalten kennzeichnen (*audentes, constantes, contumax*). An die Stelle der scharf umrissenen Zeichnung des Thukydides tritt also ein farbiges Gemälde. Wichtig sind auch die psychologischen Abstrakta (*odium, terror*) und moralische Begriffe: *virtutum, bona exempla*. Während freilich bei dem Augusteer Livius die *exempla* sich vor allem auf rechtes Verhalten innerhalb der *res publica* beziehen, bewährt sich bei Tacitus die Tugend besonders im Widerstand. *Virtus* ist aus dem öffentlichen in den persönlichen Bereich zurückgetreten.

P. C. Hooft, *Neederlandsche Histooriën* (1642)

Die Eigenart dieses Entwurfs wird noch deutlicher, wenn wir ihn mit einer gelungenen Übertragung in die Neuzeit vergleichen. Der Freiheitskampf der Niederlande kann es an Bedeutung durchaus mit dem Stoff von Tacitus' »Historien« aufnehmen. Es ist ein Glücksfall, daß einer der größten Dichter Hollands, Pieter Corneliszoon Hooft, seine »Niederländischen Historien«, wohl das bedeutendste klassische Prosawerk seines Landes, in taciteischem Geiste geschrieben hat. 1581 als Sohn eines Bürgermeisters in Amsterdam geboren und 1647 in 'sGravenhage gestorben, hat Hooft die Ereignisse, die er schildert, kaum mehr miterlebt. In seinem ursprünglichen Umfang reicht das Werk von der Thronbesteigung Philipps II. von Spanien (1555) bis zum Tode Wilhelms von Oranien (1584). Der Dichter gehört nicht mehr der Epoche der Kämpfer und Überzeugungshelden an, sondern der friedlicheren zweiten Generation, welche die »Goldene Zeit« der niederländischen Kultur verkörpert. In der Jugend ein großer Liebesdichter, später Landrat und Vogt, vereint er in Muiden einen Kreis hochgebildeter Dichter und Gelehrter um sich. Durch Reisen, die ihn nach Frankreich und Italien führen, kennt er die moderne Welt, durch eingehendes Studium die römische Antike. Um seinem niederländischen Stil die Breite und Umständlichkeit zu nehmen, übersetzt er den Tacitus. Sein eigenes großes Geschichtswerk bereitet er seit 1618 vor und verfaßt es zwischen 1627 und 1642, dem Erscheinungsjahr der Erstausgabe. Eine Fortsetzung wird aus dem Nachlaß veröffentlicht. Ob die Beschäftigung mit Tacitus über das rein Stilistische hinausgeht, soll im folgenden untersucht werden.

> Ik[23] gaa een werk aan, dat opgeleit is van lotwissel en meenigerley geval; gruwzaam van veldslaaghen, waaterstryden, beleegeringen; bitter van twist; warrigh van muitery; bekladt van moorddaad – buiten de baan des kryghs; wrangh van wreedtheit, zelfs in pais. Voorspoedt, teghens, thans vreede met uytheemschen. Strax inwendige partydigheit, en oorlogh daar uit ontfonkt. 'T zelve plotselyk gesmoort; en weeder stilte, maar geterght. D'inboorling onder zweep gebraght, en gedreeven tot de waapenen. Voorts verstooren van steeden, scheuren van kerken, verwoesten van Landschappen, zeeden en godsdienst. Terwyl men elkanderen plaaght, 's hemels plaagen op den hals gehaalt; aardtbeving, pest, hongher, harde winters, hooge waaternoodt, verdrenken van dorpen, volk

en vee. Hoofden der regeeringe verdreeven. Vorsten om land en luiden geholpen. Alle oorden van Europe vervult met ballingen. Feller woeden te hoove. Wetten, herkomsten en handvesten met voeten getreeden. Twee van de doorlughtighsten der Christenheit, treflijk getal van Edelen, op schavotten gestorven. De Prins van Oranje in 't hart van Hollandt, in 't midde van staatjonkers en lyfwacht, ontlyft, zelf't heerschendt huys, maar aan twee leevens hangende, aan tween gesplitst, en 's Koninx eenighe zoon, 's lands naaste erfgenaam, door 's Vaders bevel, ter doodt gebraght. Meenighte van menschen, omgekoomen door beuls handen, ter zaake van 't geloof. Onnoozel bloedts vergieten, voor een ridderstuk, geroemt. Eenen ygelyke de eigendoom van hals en haave in twyfel getrokken; thans uitdrukkelyk afgeweezen: en den geenen, dien men nocht kettery nocht weederspannigheit wyten kon, ooghluiking, en dulding te last geleit. Afkoomst en middelen voor misdaaden gereekent, en geen gevaarlyker ding, dan de deughdt: voor al, maatigheit en bescheidenheit. Ook van schudden en schalken 't verheffen immer soo haatelyk als hunne schelmeryen: terwyl zommige, aan bisdoomen en priesterlyke hoogheit, andere aan wereldtlyke ampten en eeren, als in roofgoed geraakt, alles dreeven en droegen, draayende de regeringe op hunnen duim. Burger tegens burger, maagh tegens maagh, opgehitst; en dien 't aan vyant gebrak, van zyne vrienden verraaden. Niet zoo onvruchtbaar, een' tydt is 't nochtans van deughden geweest, oft zy heeft ook stichtelyke exempelen voortgebraght. Goedt en bloedt, van den eenen broeder by den anderen opgezet. Erntfeste trouhartigheit aan persoonen van verschillende gezintheit beweezen. Zaamelpenningen, uit het diepst der borze gewilligh opgebraght, ter liefde van 't landt en de vryheit. Brandt van yver tot godsvrught en goede werken. Verlaaten van huis en hof, om het voor best gekooren verstandt. De doodt, en wat in aller pynen maght was, standtvastelyk geleeden. Zeltzaame zachtzinnigheit in de hitte van 't vechten. Meer dan mannelyke moedt door vertwyfelheit gewet. Voordeel oovergegeeven uit enkele goedthartigheit, en vyandt gespaart, op geen zoo goet wêerom. kloekheit van raadt, staagh waakende achterzorgh en voorzienigheit. De splinterighste, en keetelighste zaaken door 't intoomen van hartstoghten, met taaye lydtsaamheit beleidt: en in de stormen van den staat, op 't scharpste gezeilt. Der wyze, dat veele eeuwen herwaarts geen' stoffe geleevert hebben, die ryker zy in allerley leeringen van 't beloop der wereldsche dingen, oft wonderlyker, oft waardigher waargenomen, tot onderwys van Vorsten en volken.

Ich gehe ein Werk an, das schwer befrachtet ist mit Umschwüngen des Schicksals und mancherlei Ereignissen; grausam durch Feldschlachten, Seegefechte, Belagerungen; bitter durch Zwist, verwirrt durch Meuterei, befleckt durch Mordtat außerhalb der geregelten Bahnen des Krieges; herb durch Grausamkeit, selbst im Frieden. Guter Fortgang, Rückschlag, dann wieder Friede mit Ausländern. Gleich darauf innere Parteiung und Krieg daraus entbrannt; dasselbe plötzlich erstickt; und wieder Stille, aber gequält. Der Einheimische unter die Knute gebracht und zu den Waffen getrieben. In der Folge: Zerstören von Städten, Niederreißen von Kirchen, Verwüsten von Landschaften, Sitten und Religion. Während man einander plagt, des Himmels Plagen auf den Hals geholt: Erdbeben, Pest, Hunger, strenge Winter, Hochwassersnot, Ertränken von Dörfern, Volk und Vieh. Häupter der Regierung vertrieben. Fürsten um Land und Leute gebracht. Alle Orte Europas voll von Verbannten. Erbitterteres Wüten bei Hofe. Gesetze, Herkommen und Vorrechte mit Füßen getreten. Zwei der durchlauchtigsten Männer der Christenheit,[24] eine Anzahl trefflicher Edler auf dem Schafott gestorben. Der Prinz von Oranien im Herzen Hollands, inmitten von Hofjunkern und Leibwache entleibt. Sogar das herrschende Haus,[25] das nur an zwei Menschenleben hing,[26] entzweit, und des Königs einziger Sohn, des Landes nächster Erbe, durch Vaters Befehl zu Tode gebracht. Menschen in großer Zahl umgekommen von Henkershand, um des Glaubens willen. Unschuldig Blut Vergießen als Ritterstück gerühmt. Einem jeglichen das Eigentum von Hals und Habe in Zweifel gezogen; zur Stunde ausdrücklich enteignet und denjenigen, denen man weder Ketzerei noch Widerspenstigkeit nachweisen konnte, zur Last gelegt, daß sie durch die Finger sahen und duldsam waren. Herkunft und Vermögen als Missetaten gerechnet, und kein Ding gefährlicher als die Tugend, vor allem Mäßigung und Vernünftigkeit. Auch der Aufstieg von Schuften und Schelmen mindestens so empörend wie ihre Spitzbübereien: dieweil einige zu Bistümern und priesterlicher Würde, andere zu weltlichen Ämtern und Ehren wie an Raubgut gelangt, alles forttrieben und -trugen, indem sie die Regierung um den Finger wickelten. Bürger gegen Bürger, Verwandte gegen Verwandte aufgehetzt; und wem es an einem Feind gebrach, von seinen Freunden verraten. Eine Zeit, nicht gar so unfruchtbar an Tugenden, ist es dennoch gewesen, ja sie hat auch erbauliche Beispiele hervorgebracht. Gut und Blut, von dem einen Bruder für den anderen eingesetzt. Achtunggebietende Treue und Aufrichtigkeit an Personen anderer Gesinnung erwiesen, Sparpfennige, vom Grunde des Beutels willig aufgebracht, dem Land und der Freiheit zuliebe. Glühender Eifer in Gottesfurcht und guten Werken. Verlassen von Haus und Hof, um des Glaubensverständnisses willen, das man als das beste erwählt hat. Der Tod und, was in aller Foltern Macht lag, standhaft ertragen. Ungewöhnlicher Zartsinn in der Hitze des Gefechts. Mut durch Verzweiflung ins Übermenschliche gesteigert. Vorteile verschenkt aus bloßer Gutherzigkeit, und der Feind geschont ohne Gegenleistung. Beherztheit im Rat, stets wachendes Nachsorgen und Vorsehen. Die dornenvollsten und kitzligsten Angelegenheiten durch das Bezähmen der Leidenschaften mit zäher Geduld zu Ende geführt und in den Stürmen des Staates aufs schärfste gesegelt, dergestalt, daß viele Jahrhunderte bisher keinen Stoff geliefert haben, der reicher wäre an allerlei Lehren über den Verlauf der weltlichen Dinge oder bewundernswerter oder denkwürdiger zur Unterweisung von Fürsten und Völkern.

Der Text gliedert sich klar in fünf Abschnitte: 1. Die Wechselfälle des Krieges, 2. Verwüstungen: a) durch Krieg, b) durch Naturkatastrophen, 3. Schicksal der Fürsten, 4. Verkehrung der moralischen Maßstäbe, 5. Beispiele tugendhaften Verhaltens.

Bei allen stofflichen Berührungen mit Tacitus zeigen sich doch in der Gliederung wichtige Unterschiede: Vor allem fehlt die Verdüsterung am Ende. Des weiteren ist der Tod der Fürsten von der ersten an die dritte Stelle gerückt und eng mit dem Thema Selbstvernichtung verbunden. Abgesehen von dem Gewinn an Übersichtlichkeit sind diese Änderungen Hoofts auch durch inhaltliche Erwägungen bedingt:

1. Im ersten Abschnitt verschärft Hooft die Antithese: Er spricht von innerer Uneinigkeit und Frieden mit Auswärtigen. Diese Zuspitzung trifft den modernen Sachverhalt, zugleich wetteifert die Form mit den Paradoxien des Tacitus. Sorgfältig bereitet Hooft hier den taciteischen Gedanken des »grausamen Friedens« vor: »Befleckt durch Mordtat außerhalb der geregelten Bahnen des Krieges«. In einer Zeit, die das Völkerrecht neu entdeckt,[27] liegt es nahe, Verstöße gegen das Kriegsrecht eigens zu brandmarken. So führt uns Hooft auf den Höhepunkt zu: das grausame Verhalten mitten im Frieden. Das Motiv schwingt nach in der »gequälten Stille«. Man sieht: Der niederländische Historiker hat ein taciteisches Thema nicht nur durch moderne Erfahrungen, sondern auch durch völkerrechtliche Reflexion vertieft.

2. Klarer als Tacitus unterscheidet Hooft Verwüstungen durch Menschenhand von Naturkatastrophen. Hierin folgt er Thukydides. Die Grenze zieht folgender Satz: »Während man einander plagt, des Himmels Plagen auf den Hals geholt«. Die taciteische Vorstellung der strafenden Götter mag hier in sehr abgeschwächter Form mit im Spiele sein. Hooft hat sie vom Ende des Kapitels an einen unauffälligen Platz im 2. Abschnitt verpflanzt und dadurch dem ganzen Prooemium die pessimistische Note genommen. Im »Goldenen Zeitalter« der Niederlande wäre die Idee, Gott denke nur an Hollands Bestrafung, unpassend, ja absurd erschienen; fand man doch durch den äußeren Erfolg das Bewußtsein der eigenen Erwähltheit bestätigt.

3. Ein eigener Teil handelt vom Schicksal der Fürsten. Die Motive bilden drei Stufen einer aufsteigenden Reihe: Vertreibungen, Hinrichtungen und schließlich die Tötung des Kronprinzen durch den eigenen Vater. Der Passus gipfelt also in der Selbstzerstörung der Zentralgewalt — ein historisch überzeugender Ersatz für die Zerstörung des Kapitols durch die römischen Bürger. Neben dieser gelungenen Übertragung in den modernen politisch-gesellschaftlichen Kontext ist noch der den Abschnitt eröffnende Hinweis auf zwei niederländische Opfer der Hinrichtungen — Egmont und Hoorne — zu nennen. Nicht Kaiser sind hier hervorgehoben, sondern »zwei der durchlauchtigsten Männer der Christenheit«, vorbildliche Märtyrergestalten. Eindeutig wird die Gegenseite schuldig gesprochen: »Gesetze, Herkommen und Vorrechte mit Füßen getreten.« Dies bezieht sich auf die sogenannten »Freiheiten« der Niederländer, Privilegien, die von Philipp mißachtet wurden. So erscheint Spaniens Monarch als Feind der Gerechtigkeit, er hat sich vom legitimen König zum Tyrannen gewandelt. Daher tritt anstelle der Gehorsamspflicht des Bürgers ein anderes Recht in Kraft, das Widerstandsrecht, das gerade der Calvinismus aus früheren Ansätzen entwickelt hat. Auch der vorliegende Abschnitt transponiert also ein taciteisches Motiv in die moderne Welt und verbindet dies mit einer moralischen Rechtfertigung des Aufstandes.

4. Schon bei dem dritten Punkt — Schicksal der Fürsten — hatte sich der Horizont geweitet (»Alle Orte Europas gefüllt mit Verbannten.«). Ebenso wird nun das Motiv ›Hinrichtung‹ auf einen größeren Personenkreis ausgedehnt (insofern gehören die ersten Sätze dieses Teils noch zum Vorhergehenden). Eine eigentümlich ironische Betonung liegt auf dem Satzschluß: »um des Glaubens willen« (auch Tacitus setzt das Wesentliche gern in einen syntaktisch unselbständigen

Satzteil).[28] Hooft prangert hier die Paradoxie an; ist doch eine seiner Grundforderungen die Toleranz. Von den Justizmorden geht die Darstellung zu gewöhnlichen Morden über: »Unschuldig Blut Vergießen als Ritterstück gerühmt.« Auch die Rechtspflege ist entartet: Rechte auf Leben und Eigentum werden streitig gemacht, nicht nur Ketzerei und Widersetzlichkeit, sondern auch Duldung und Nachsicht bestraft. Gemäßigtes und vernünftiges Verhalten sind besonders gefährlich: So ergänzt Hooft den allgemeinen Gedanken des Tacitus, den er als »Suchschema« verwendet und mit Leben füllt. Die »Tugenden«, die Hooft rühmt, sind andere als diejenigen, die Tacitus preist. Wir werden dies noch deutlicher bei der Besprechung des Schlußteils sehen. Die Schilderung der Schurken, die zu Amt und Würden gelangen, ist modernisiert (Bistümer, geistliche, weltliche Ämter). Die Diktion ist im ganzen Abschnitt sehr farbig; davon zeugen Alliterationen: *schudden en schalken, in roofgoed geraakt, dreven en droegen*. Die zuletzt genannte Wendung klingt germanisch; verdächtig ist nur, daß sie in der modernen Ausgabe einer Erklärung bedarf (*weghaalden en roofden* bei Nijhoff).[29] Und in der Tat handelt es sich um einen Latinismus (*agere et ferre*, Tac.dial.8,3). Der Ausdruck wird in den »Historien«-Kommentaren zur Erklärung des taciteischen *agerent* angeführt. Die Vermutung ist wohl nicht allzu kühn, daß ihn Hooft in einem alten Kommentar zur Stelle gefunden hat und ihn dann mit der ihm eigenen Sprachgewalt alliterierend umsetzte: *dreven en droegen*. Dagegen ist *vertere* »auf den Kopf stellen« von Hooft durch einen echten ›Germanismus‹ oder ›Neerlandismus‹ wiedergegeben worden: »die Regierung um den Finger wickeln«. Die ursprüngliche Anschauung »drehen« ist hier visuell vergegenwärtigt. Auch der Sinn ist getroffen, obschon die Feststellung weniger prinzipiell klingt als bei Tacitus. Die Umsetzung ins Bürgerliche wird im folgenden deutlich: *burger tegens burger, maag tegens maag*. Hooft ist hier im Ausdruck noch knapper (*corrupti* entfällt), noch herber in seiner Kritik — »taciteischer« als Tacitus: Gestört ist das Verhältnis von oben und unten, aber auch die Beziehung zwischen Mitbürgern, ja die Fronten gehen mitten durch die Familien. Welch guten Klang besitzt das Wort ›Bürger‹ zur Zeit Hoofts![30] Die niederländische Kultur seiner Epoche ist auf Bürgerstolz aufgebaut. Selbst diese Partie, die auf den ersten Blick dem Original recht nahesteht, hat also durchweg eine neue Färbung.

5. Der letzte Abschnitt über die Tugenden verrät vollends, wie sehr Hoofts Denken seine eigenen Wege geht. Hooft beobachtet

Taten der Menschlichkeit innerhalb der Familie, unter Brüdern (die Mütter und Ehefrauen läßt er beiseite). Ihn fesselt die Bereitschaft, Hab und Gut miteinander zu teilen, für Land und Freiheit Opfer zu bringen und auch gegenüber Andersgesinnten Treue und Ehre zu wahren.

Die von Hooft bewunderten Tugenden gemahnen weniger an die Wertvorstellungen unseres Tacitustextes als an römische *clementia,* wie sie Livius darstellt, und an die Solidarität des vergilischen Aeneas mit dem Gegner Lausus. Gerade an ciceronisch-livianisches *concordia*-Denken knüpfte das niederländische Bürgertum aus neuer Erfahrung an. Wenn Hooft die taciteischen Mütter und Ehefrauen durch Brüder ersetzt, macht er sich die christliche Idee der Brüderlichkeit[31] zu eigen, der in der Neuzeit in verschiedenen säkularisierten Formen eine große Zukunft beschieden war.

Die besondere Erwähnung der bereitwillig gespendeten Sparpfennige nötigt dem modernen Leser vielleicht ein Lächeln ab; sie spiegelt den hohen Wert wider, den bürgerliche Gesellschaften der Sparsamkeit, aber auch der Wohltätigkeit und Opferbereitschaft beimessen. Den ernsten Hintergrund bilden natürlich die biblischen Scherflein der armen Witwe (Marc.12,42; Luc.21,2). Oberste Werte sind das Land und die Freiheit. Die taciteischen Tugenden des Widerstandes und der Standhaftigkeit bis in den Tod werden, soweit sie für Hooft überhaupt eine Rolle spielen, in die religiöse Sphäre übertragen. Immer wieder kommt Hooft auf Toleranz und Milde gegenüber dem Feind zu sprechen. Alles Bisherige läßt sich unter dem Begriff des Opfers zusammenfassen. Hinzu kommen jedoch »offensive« Tugenden mit einer starken intellektuellen Note (»Beherztheit im Rat, stets wachendes Nachsorgen und Vorsehen«). Die Verbindung von Kühnheit und Klugheit wird in ein typisch holländisches Bild gefaßt: »In den Stürmen des Staates aufs schärfste gesegelt.« Treffender läßt sich der Geist der Unternehmer und Großkaufleute wohl kaum kennzeichnen, die im Erfolg, den sie unter Opfern errungen haben, die Bestätigung ihres religiösen Heils finden.

Es ergibt sich, daß der von Tacitus abweichende Aufbau von Hoofts Text eng mit den andersartigen inhaltlichen und gedanklichen Voraussetzungen zusammenhängt.

Sprache und Stil entwickeln taciteische Ansätze fort: So wird aus *casibus* »Umschwünge des Schicksals und mancherlei Ereignisse«. Dabei erschöpft Hooft die inhaltlichen Aspekte des lateinischen Wortes und vermeidet den Fehler einer negativen Einengung (»Mißgeschick«: so die Übersetzung von J. Borst, München 1959).[32] Auch der Begriff *proeliis* wird amplifikatorisch entfaltet: »Feldschlachten, Seegefechte, Belagerungen«. Ein moderner Schriftsteller würde sich nicht scheuen, derartiges selbständig hinzuzufügen, weil sein Stoff es verlangt. Überrascht und beinahe gerührt stellt man fest, daß für diese Erweiterung Thukydides als literarische Autorität mitverantwortlich ist. Kenntnis des entsprechenden Thukydides-Kapitels beweist Hooft auch, wenn er, im Gegensatz zu Tacitus, scharf zwischen kriegsbedingten Schäden und Naturkatastrophen unterscheidet. Er hat seinen Tacitus offensichtlich mit gelehrten Anmerkungen gelesen und auch aus diesen so manches Mosaiksteinchen für sein Bild des niederländischen Freiheitskampfes entnommen.

Das entgegengesetzte Stilprinzip ist die Straffung. Anders als Tacitus – und wiederum gleich wie Thukydides – nennt Hooft hier keine Eigennamen: Er spricht von Landschaften, nicht von Campanien, und verzichtet auf das taciteische Panorama der Kriegsschauplätze. In der Kunst der Andeutung übertrifft er seinen Vorgänger noch.

So steigert er auch einen für den römischen Historiker so bezeichnenden Stilzug wie die Asymmetrie. Neben dem abgerissenen Staccato *voorspoed, tegens* (»guter Fortgang, das Gegenteil«) wirkt das lateinische Pendant geradezu ciceronianisch ausgewogen: *prosperae in oriente, adversae in occidente res*. Ein weiteres Beispiel der Überbietung taciteischer Konzentration ist das Zeugma: »Verwüsten von Landschaften, Sitten und Religion«. Der Römer hatte sich mit paralleler Reihung begnügt: *magna adulteria, pollutae caerimoniae*.

Sprachlich-stilistisch ist Hoofts Leistung besonders hoch zu veranschlagen. Die Vorstellungen werden in einheimische Bilder umgesetzt: »auf das schärfste gesegelt«, »die Regierung um den Finger wickeln«, »durch die Finger sehen«, »Sparpfennige aus der Tiefe der Börse«. Die Verpflanzung in die eigene kulturelle Sphäre wird auch deutlich an der Verwendung politischer und religiöser Wertvorstellungen, auf die wir bereits hingewiesen haben. Besonders bodenständig wirken die alliterierenden Wortgruppen: *wrang van wreedheid, volk en vee, land en luiden, herkomsten en handvesten, hals en have, schudden en schalken, godsvrucht en goede werken, huis en hof, oft wonderlijker, oft waardiger, vorsten en volken*. Wir haben gesehen, daß zumindest hinter einem dieser so germanisch klingenden Wortpaare ein lateinisches Muster steht. Die klassische Sprache gab dem Dichter die Anregung, die Ausdrucksmöglichkeiten, die das Nieder-

ländische ihm bot, voll auszuschöpfen und auf diese Weise seine
Muttersprache zu bereichern.

Taciteischen Geist atmen subtilere Wiederaufnahmen von Wörtern
in leicht abgewandelter Form (*traductio*), so wenn der Prinz von
Oranien inmitten seiner »Leib-wache ent-leibt« wird. Das Nebeneinander der Gegensätze streift hier an das bei dem römischen Vorgänger so beliebte Oxymoron. Gut taciteisch ist auch die Praxis, einen
Hauptgedanken in einem untergeordneten Satzteil nachzutragen.
Dabei steht das gewichtigste Wort am Ende, wie in unserem Thukydides-Kapitel der Hinweis auf die Pest. Der römische Schriftsteller
wird zugleich aus seiner griechischen Vorlage ergänzt, überboten und
vielfach mit seinen eigenen Waffen geschlagen.

Dies alles bedeutet nicht sklavische Abhängigkeit vom Vorbild.
Nur überlegene Freiheit kann es sich erlauben, so gründlich auf einen
Vorgänger zurückzugreifen, ohne doch gedanklich völlig in seinen
Bann zu geraten. Wie im Formalen Tacitus für Hooft zum Paten
eines genuin niederländischen Prosastils geworden ist, so hat dem
neuzeitlichen Geschichtsschreiber das zweite Kapitel der »Historien«, wie wir gesehen haben, auch gedanklich und inhaltlich nicht als
einengender Panzer, sondern als feines Präzisionsinstrument gedient,
um die Probleme der eigenen Epoche adäquat zu erfassen und zu
beschreiben. Bei dieser Art der Bezugnahme auf Vorgänger werden
die Unterschiede der Epochen und Mentalitäten, der Gesellschaften
und ihrer Wertvorstellungen dank der ständigen bewußten Konfrontation mit einem großen Text der Vergangenheit für den nachdenklichen Betrachter genau ablesbar. Aus dieser Form der Auseinandersetzung spricht ein hohes epochales Selbstgefühl, das der Antike
furchtlos gegenübertritt, gleich weit davon entfernt, unterwürfig zu
ihr aufzuschauen, wie auch hochmütig von ihr abzusehen.

Tacitus, *Historiae* 4,14[33]

*Igitur Civilis desciscendi certus, occultato interim altiore consilio,
cetera ex eventu iudicaturus, novare res hoc modo coepit. iussu
Vitellii Batavorum iuventus ad dilectum vocabatur, quem suapte
natura gravem onerabant ministri avaritia ac luxu, senes aut invalidos conquirendo, quos pretio dimitterent: rursus impubes et forma
conspicui (et est plerisque procera pueritia) ad stuprum trahebantur. 2. hinc invidia, et compositae seditionis auctores perpulere,*

ut dilectum abnuerent. Civilis primores gentis et promptissimos volgi specie epularum sacrum in nemus vocatos, ubi nocte ac laetitia incaluisse videt, a laude gloriaque gentis orsus iniurias et raptus et cetera servitii mala enumerat: neque enim societatem, ut olim, sed tamquam mancipia haberi. *3. quando legatum, gravi quidem comitatu et superbo, cum imperio venire?* tradi se praefectis centurionibusque; quos ubi spoliis et sanguine expleverint, mutari, exquirique novos sinus et varia praedandi vocabula. instare dilectum, quo liberi a parentibus, fratres a fratribus velut supremum dividantur. *4. numquam magis adflictam rem Romanam nec aliud in hibernis quam praedam et senes:* attollerent tantum oculos et inania legionum nomina ne pavescerent, at sibi robur peditum equitumque, consanguineos Germanos, Gallias idem cupientes. ne Romanis quidem ingratum id bellum; cuius ambiguam fortunam Vespasiano imputaturos: victoriae rationem non reddi.

So war Civilis fest entschlossen abzufallen, verbarg aber einstweilen seinen eigentlichen Plan und wollte alles übrige von Fall zu Fall entscheiden; folgendermaßen begann er seinen Umsturz. Auf Befehl des Vitellius wurde die Jugend der Bataver zur Rekrutierung einberufen. Dieses Verfahren bedeutete allein schon seinem Wesen nach eine schwere Belastung; die damit Beauftragten machten es durch ihre Habgier und Ausschweifungen noch schwerer, indem sie Alte oder Kranke aushoben, um sie dann gegen Entgelt freizulassen; Jugendliche hinwiederum, die sich durch Schönheit auszeichneten – und in der Tat sind die meisten von ihnen im Knabenalter groß und schlank –, wurden zur Unzucht mißbraucht. Daraus erwuchs Haß, und die Anstifter des geplanten Aufstandes brachten sie dazu, die Rekrutierung zu verweigern. Civilis lädt die Vornehmsten seines Stammes und dazu die Entschlossensten aus dem Volk unter dem Vorwand eines Festmahls in einen heiligen Hain. Sobald er sieht, daß Nacht und Fröhlichkeit die Gemüter erhitzt haben, beginnt er mit dem Lob ihres ruhmreichen Stammes und zählt dann die Übergriffe, Entführungen und die übrigen Leiden ihrer Knechtschaft auf. Es herrsche nämlich nicht mehr, wie einst, eine Bündnispartnerschaft, sondern sie würden wie Sklaven behandelt. Wann komme schon ein Legat mit Imperium (möge auch sein Gefolge belastend und hochmütig sein)? Präfekten und Centurionen seien sie ausgeliefert. Hätten sie dann diese mit Raubgut und Blut gesättigt, so würden dieselben abgelöst und man erfinde neue Taschen und veränderte Bezeichnungen für die Jagd nach Beute. Jetzt stehe die Rekrutierung bevor, die Kinder von Eltern, Brüder von Brüdern so gut wie endgültig trenne. Niemals sei die römische Macht geschwächter gewesen, und im Winterlager befinde sich nichts außer Beute und alten Männern. Sie sollten nur frei den Blick erheben und vor den leeren Namen der Legionen keine Angst haben. Sie selbst freilich verfügten über Kerntruppen zu Fuße und zu Pferde, über die stammesverwandten Germanen und über die beiden gallischen Provinzen, die dasselbe begehrten wie sie. Nicht einmal den Römern sei dieser Krieg unwillkommen; sei dessen Ausgang fragwürdig, so würden sie ihn Vespasian anlasten; über einen Sieg aber gebe es keine Rechenschaft.

Iulius Civilis, von Tacitus kurz vor dem Beginn unseres Textes vorgestellt (hist. 4,13), ist fest entschlossen, von den Römern abzufallen, doch hält er vorerst diese Entscheidung geheim und tarnt sie als Eintreten für Vespasian, der sich im Orient gegen Vitellius erhoben hat. Der erste Satz des vierzehnten Kapitels im vierten Buch der »Historien« kündigt unter diesem Vorzeichen den Anfang der Revolution im Jahr 69 an. Das finite Verbum weist auf den Beginn der Handlung hin, die Hauptaussage bezieht sich auf die Erhebung der Bataver. Die Überlegungen des Feldherrn beleuchten prädikative Aussagen, deren äußere Form Tacitus, seinen Stilprinzipien entsprechend, variiert: ein Adjektiv, ein Ablativus absolutus, ein Participium coniunctum. Die adjektivische oder partizipiale Zuordnung der Überlegung zum Subjekt entspricht einer Tradition.[34] Der folgende Satz exponiert die Situation unmittelbar vor dem Aufstand: Auf Anordnung des Vitellius wurde die Jugend der Bataver zur Aushebung aufgerufen (*vocabatur*). Bei Tacitus handelt es sich um den Protest gegen die Truppenaushebung: Die Bataver dürfen ihre Krieger den Römern nicht mehr wie bisher als *socii* zur Verfügung stellen. An die Stelle nationaler Konskription tritt römischer *dilectus*. Auf die dabei gewöhnlich auftretenden Mißbräuche weisen zwei weitere exponierende Imperfekta hin. Vor diesem Hintergrund entwickelt Tacitus die psychologischen Folgen in einem eindrucksvollen Nominalsatz (*hinc invidia*) und einem im historischen Perfekt stehenden Hauptverbum (*perpulere*). Der Kausalzusammenhang, die innere Motivation ist für ihn so wichtig, daß er das äußere Geschehen erst in einem Nebensatz nachträgt (*ut dilectum abnuerent*). Die Tatsache tritt allein durch die Stellung am Ende des Satzes hervor; so kann Tacitus das Hauptverb nützen, um die innere Beziehung herzustellen.

Der Eigenname Civilis markiert den Neueinsatz einer Szene. Zwei Voraussetzungen werden angeführt: die eine, die weiter zurückliegt, in partizipialer Form (Versammlung von Landsleuten unter dem Vorwand eines Festessens), die andere, der Rede unmittelbar vorausgehend, in Gestalt eines temporalen Nebensatzes (Civilis bemerkt an der gehobenen Stimmung der Anwesenden, daß der Augenblick gekommen ist, das Wort zu ergreifen). Der Übergang zur Rede vollzieht sich allmählich. Zunächst referiert Tacitus noch objektiv deren Ausgangspunkt, den Ruhm des Stammes (Partizip), und eines ihrer Hauptthemen, die drückende Last der römischen Herrschaft (Hauptverbum). Erst jetzt geht Tacitus zur Oratio obliqua über. Mit *servitii mala* erscheint ein Thema, das bereits vorher angeklungen war (vgl. *ad stuprum trahebantur*) und sogleich wieder auftreten wird (*tamquam mancipia haberi*). Für diesen gewichtigen Gedanken bildet die einstige Behandlung als Bundesgenossen einen Hintergrund, der die Empörung steigern soll. Auch im folgenden herrscht ein Kontrast: »Wann kommt schon einmal ein Legat mit Imperium? Niederen Beamten sind wir ausgeliefert.« Hier verwickelt sich Civilis in einen Widerspruch: Einerseits beklagt er sich darüber, daß nie ein höherer Amtsträger komme, andererseits weist er im gleichen Atemzug auf die schwere Belastung hin, die dieser samt seinem Gefolge für das Land bedeute. Die mangelnde Schlüssigkeit ist durch die Scharnierfunktion des Passus bestimmt. Ausgangspunkt der Rede ist der Ruhm des Stammes, Hauptthema die Rückbesinnung auf den ererbten Stolz. In dem fraglichen Satz über den Legaten durchkreuzen sich zwei Gedanken: die Mißachtung der Ehre der Batáver und die finanzielle Belastung, die erst im nächsten Satz eindeutig im Vordergrund stehen wird; im übernächsten geht es um die Zerstörung der Familien. Dann werden die Schwäche der Römer und die Stärke der Gallier einander gegenübergestellt. Am Ende steht der zusätzliche Hinweis, auch den Römern werde dieser Krieg nicht unwillkommen sein. Civilis bemäntelt seine Rebellion als Eintreten für Vespasian. Daher rechnet er damit, daß die Römer diesen Krieg Vespasian anlasten, so daß im Falle eines Erfolges der Sieger nicht einmal zur Rechenschaft gezogen wird.

Das betrachtete Kapitel besteht teils aus erzählenden Partien, teils aus einer Rede. Kunstvoll wird die Erzählung entwickelt, unmerklich geht sie in die Rede über. Der Preis für diese raffinierte Verbindung verschiedener Techniken sind Wiederholungen: Die Versklavung durch die Römer erscheint sowohl im Übergangsstück als auch in den Worten des Civilis. Auf die Übergriffe der römischen Beamten und auf die Aushebung kommt Tacitus in der Erzählung und in der Rede zu sprechen. Die subtile Kunst des Verknüpfens wird auch innerhalb der Rede offenkundig, wo die Themen sich stellenweise bis zur Widersprüchlichkeit durchkreuzen.

Sprachlich verdichtet Tacitus seine Vorstellungen zu eindrucksvollen Bildern (vgl. *spoliis et sanguine expleri*, ein Zeugma, das Heterogenes miteinander verbindet; ähnlich *praedam et senes*); besonders sprechend ist die Aufforderung, nicht mehr wie Sklaven die Augen niederzuschlagen. Hier ist das Hauptthema der Rede in einer symbolischen Gebärde konkretisiert.

Friedrich Schiller, *Geschichte des Abfalls der Vereinigten Niederlande* (1788)

Die Geschichte der Welt ist sich selbst gleich wie die Gesetze der Natur und einfach wie die Seele des Menschen. Dieselben Bedingungen bringen dieselben Erscheinungen zurück. Auf eben diesem Boden, wo jetzt die Niederländer ihrem spanischen Tyrannen die Spitze bieten, haben vor funfzehnhundert Jahren ihre Stammväter, die Batavier und Belgen, mit ihrem römischen gerungen. Ebenso wie jene einem hochmütigen Beherrscher unwillig untertan, ebenso von habsüchtigen Satrapen mißhandelt, werfen sie mit ähnlichem Trotz ihre Ketten ab und versuchen das Glück in ebenso ungleichem Kampfe. Derselbe Eroberstolz, derselbe Schwung der Nation in dem Spanier des sechzehnten Jahrhunderts und in dem Römer des ersten, dieselbe Tapferkeit und Mannszucht in beider Heeren, dasselbe Schrecken vor ihrem Schlachtenzug. Dort wie hier sehen wir List gegen Übermacht streiten und Standhaftigkeit, unterstützt durch Eintracht, eine ungeheure Macht ermüden, die sich durch Teilung entkräftet hat. Dort wie hier waffnet Privathaß die Nation; ein einziger Mensch, für seine Zeiten geboren, deckt ihr das gefährliche Geheimnis ihrer Kräfte auf und bringt ihren stummen Gram zu einer blutigen Erklärung. »Gestehet, Batavier!« redet Claudius Civilis seine Mitbürger in dem heiligen Haine an, »wird uns von diesen Römern noch wie sonst als Bundsgenossen und Freunden oder nicht vielmehr als dienstbaren Knechten begegnet? Ihren Beamten und Statthaltern sind wir ausgeliefert, die, wenn unser Raub, unser Blut sie gesättigt hat, von andern abgelöst werden, welche dieselbe Gewalttätigkeit nur unter andern Namen erneuern. Geschieht es ja endlich einmal, daß uns Rom einen Oberaufseher sendet, so drückt er uns mit einem prahlerischen teuern Gefolge und noch unerträglicherem Stolz. Die Werbungen sind wieder nahe, welche Kinder von Eltern, Brüder von Brüdern auf ewig reißen und eure kraftvolle Jugend der römischen Unzucht überliefern. Jetzt, Batavier, ist der Augenblick unser. Nie lag Rom darnieder wie jetzt. Lasset euch diese *Namen* von Legionen nicht in Schrecken jagen; ihre Läger enthalten nichts als alte Männer und Beute. Wir haben Fußvolk und Reuterei. Germanien ist unser, und Gallien lüstern, sein Joch abzuwerfen. Mag ihnen Syrien dienen und Asien und der Aufgang, der Könige braucht! Es sind noch unter uns, die geboren wurden, ehe man den Römern Schatzung erlegte. Die Götter halten es mit dem Tapfersten.« Feierliche Sakramente weihen diese Verschwörung, wie den Geusenbund; wie dieser hüllt sie sich hinterlistig in den Schleier der Unterwürfigkeit, in die Majestät eines großen Namens. Die Kohorten des Civilis schwören am Rheine dem Vespasian in Syrien, wie der Kompromiß Philipp dem Zweiten. Derselbe Kampfplatz erzeugt denselben Plan der Verteidigung, dieselbe Zuflucht der Verzweiflung. Beide vertrauen ihr wankendes Glück einem befreundeten Elemente; in ähnlichem Bedrängnis rettet Civilis seine Insel – wie funfzehn Jahrhunderte nach ihm Wilhelm von Oranien die Stadt Leiden – durch eine künstliche Wasserflut. Die batavische Tapferkeit deckt die Ohnmacht der Weltbeherrscher auf, wie der schöne Mut ihrer Enkel den Verfall der spanischen Macht dem ganzen Europa zur Schau stellt. Dieselbe Fruchtbarkeit des Geistes in den Heerführern beider Zeiten läßt den Krieg ebenso hartnäckig dauern und beinahe ebenso zweifelhaft enden; aber einen Unterschied bemerken wir doch: die Römer und Batavier kriegen menschlich, denn sie kriegen nicht für die Religion.[35]

Am Ende der Einleitung seiner Geschichte des »Abfalls der Vereinigten Niederlande« zieht Friedrich Schiller Parallelen zwischen dem von Tacitus in den »Historien« geschilderten Aufstand der Bataver und der Auflehnung der Holländer gegen Spanien. Dabei übersetzt er die soeben besprochene Rede des Claudius Civilis. Der auffälligste Unterschied gegenüber dem Original ist die Umsetzung der Oratio obliqua in direkte Rede. Dadurch ergibt sich von vornherein ein starker Zuwachs an Lebendigkeit. Dementsprechend fügt Schiller zweimal die Anrede »Batavier!« ein (was auch mit seiner Betonung der Eintracht des Volkes zusammenstimmt). »Gestehet, Batavier!«

redet Claudius Civilis seine Mitbürger in dem heiligen Haine an, »Wird uns von diesen Römern noch, wie sonst, als Bundsgenossen und Freunden oder nicht vielmehr als dienstbaren Knechten begegnet?« Der Anfang der Rede ist stark verkürzt; es fehlt das Festmahl, das Trinkgelage (von Schiller wohl als unwürdig betrachtet), es fehlt auch die Berufung auf den Ruhm des eigenen Stammes (die feierliche Anrede bietet dafür vielleicht einen kleinen Ersatz). Die Wiederholung des Themas »Sklaverei« (*servitii mala* neben *tamquam mancipia haberi*) hat Schiller mit Recht vermieden. Hinzugekommen ist das differenzierende Demonstrativum »*diese* Römer«.[36] In der Handhabung solcher scheinbar unbedeutenden Vokabeln, die deiktische Kraft mit Ironie verbinden, zeigt sich der geborene Dramatiker. Schiller kommt es auf den Kontrast zwischen der früheren und jetzigen Einstellung der Römer an. Daher verstärkt er den Ausdruck *societatem* durch Doppelung (»Bundsgenossen und Freunden«) und steigert den Gedanken, indem er das Abstraktum durch die Personenbezeichnungen ersetzt und den Begriff der bloßen Waffenbrüderschaft durch denjenigen der Freundschaft überhöht. Ebenso vertieft Schiller den Gegensatz durch ein Adjektiv (»dienstbaren Knechte«). (Bei der Umgestaltung mag unbewußt auch die christliche Gegenüberstellung von Knecht und Freund [Joh. 15,15] und von Knecht und Genosse [Philemon 15–17] mitschwingen). Eine wichtige Änderung ist der Einsatz mit dieser eindrucksvollen Antithese. Der Hinweis auf das räuberische Verhalten der Römer (*iniurias et raptus et cetera servitii mala*) ist in die Wiedergabe des bei Tacitus an übernächster Stelle stehenden Satzes eingeschmolzen. Auf diese Weise wird auch die Doublette *raptus* und *spoliis* beseitigt. »Ihren Beamten und Statthaltern sind wir ausgeliefert, die, wenn unser Raub, unser Blut sie gesättigt hat, von andern abgelöst werden, welche dieselbe Gewalttätigkeit, nur unter andern Namen, erneuern.« Der Text des Tacitus ist hier recht genau wiedergegeben, nur der Ausdruck *novos sinus* (»neue Taschen, um sie zu füllen«) ist entweder nicht verstanden oder auf Grund einer anderen Textfassung übersetzt. Es ist auch möglich, daß Schiller die Kritik an den Beamten absichtlich gesteigert hat, indem er den starken Ausdruck »Gewalttätigkeit« wählte. Erst jetzt holt der Dichter den vorhergehenden Satz aus seiner Vorlage nach: »Geschieht es ja endlich einmal, daß uns Rom einen Oberaufseher sendet, so drückt er uns mit einem prahlerischen, teuern Gefolge und noch unerträglicherem Stolz.« Die Angaben über die Lasten der Anwesenheit eines Legaten hat Schiller aus Nebenbestimmungen

zu Hauptaussagen gemacht. Tacitus wollte unterstreichen, daß die
Bataver nur mit untergeordneten Beamten zu tun haben. Schiller
hingegen setzt die übergeordnete Amtsperson an die zweite Stelle
und pointiert die Nachteile, die deren Anwesenheit den Einheimischen bringt. Bei der Umstellung folgt er rhetorischen Gesichtspunkten. Es kommt ihm weniger auf den Rang des jeweils Verantwortlichen an als auf die Tatsache der Unterdrückung und des Hochmuts.
Während sich bei Tacitus, wie erwähnt, zwei Gedanken durchkreuzen, baut Schiller eine klare Steigerung auf: Je höher die Stellung des
Beamten, desto drückender die Bürde für die Einheimischen. Die
Eigenschaft des Gefolges (*gravis*) hat Schiller nach zwei Richtungen
hin entfaltet: »teuer« (die Steuerlast ist thematisch wichtig) und
»prahlerisch« (aus nordeuropäischer Sicht ein stehender Charakterzug des Romanen); Schiller hat die Vorstellung hier wohl aus der
Bedeutung »lästig«, die das Adjektiv *gravis* besitzen kann, entwickelt. Nachträglich verstehen wir, wieso er auf die Eröffnung der Rede
durch das Lob des eigenen Volksstammes verzichtet. Bei ihm soll
Civilis frei von Prahlerei sein. »Die Werbungen sind wieder nahe,
welche Kinder von Eltern, Brüder von Brüdern auf ewig reißen und
eure kraftvolle Jugend der römischen Unzucht überliefern.« Der tastende Ausdruck *velut supremum* (wohl im Hinblick auf eine Dienstzeit von 25 Jahren gewählt, vgl. hist. 32,2) ist durch das schlagkräftige
»auf ewig« ersetzt. Im Anschluß an eine kurz zuvor gefallene Bemerkung des Tacitus[37] fügt Schiller einen Topos der Romkritik[38] hinzu:
die Unsittlichkeit. Das Motiv hat er effektvoll mit der Übergabe der
Kinder verknüpft: eine besonders gelungene Ergänzung der Rede aus
dem erzählenden Kontext. Der Dichter ergreift jede Gelegenheit,
die ihm der Historiker bietet, um von Rom ein düsteres Bild zu
zeichnen, ja er geht hierin noch weiter. Mit Gewalttätigkeit, Prahlerei
und Unzucht sind bereits drei negative Eigenschaften hervorgehoben.

»Jetzt, Batavier, ist der Augenblick unser.« Der Satz findet keine
Entsprechung bei Tacitus. Er akzentuiert in dramatischer Weise die
Gunst der Stunde und die Notwendigkeit einer raschen Entscheidung. »Nie lag Rom darnieder wie jetzt.« Auffällig ist die Kürze der
beiden letzten Sätze im Vergleich mit den vorhergehenden Perioden.
Dadurch tritt der Inhalt besonders hervor: »Lasset euch diese Namen
von Legionen nicht in Schrecken jagen; ihre Läger enthalten nichts
als alte Männer und Beute.« Die Reihenfolge der Gedanken ist verändert, so daß die anschaulichen Vorstellungen (»alte Männer und Beu-

te«) betont am Ende stehen. Gegenüber Tacitus ist der Ausdruck *inania nomina* (»leere, bloße Namen«) verkürzt: »diese Namen von Legionen«. Wieder finden wir das geringschätzige Demonstrativum, diesmal verbunden mit Emphase (»Namen« im Sinne von »bloße Namen«). Der Text ist hier so gestaltet, daß er erst beim Vortrag zur Geltung kommt. Man spürt die Hand des Bühnenautors. Der bei Tacitus besonders bildhafte Ausdruck *attollerent oculos* ist ausgelassen, vermutlich weil Schiller hier nach den soeben von ihm neu eingeführten Einschnitten keine weitere Zäsur entstehen lassen wollte. »Wir haben Fußvolk und Reuterei. Germanien ist unser und Gallien lüstern, sein Joch abzuwerfen.« Die Verwandtschaft mit den Germanen (*consanguineos*) wird bei Schiller zur Identifikation. Er setzt offenbar ein Bewußtsein der Einheit aller Germanen voraus, von dem bei Tacitus hier nichts steht. Eine Anregung zu diesem Einfall mag das Nationalgefühl der Niederlande geboten haben. Den farblosen Ausdruck *idem cupientis* hat Schiller nach Tac. 4,17 gesteigert: »lüstern, sein Joch abzuwerfen«. Hier schaltet Schiller weitere Sätze aus Tac. hist. 4,17 ein: »Mag ihnen Syrien dienen und Asien und der Aufgang, der Könige braucht.« Die Beschränkung der Römer auf den Orient (hier begründet durch Vespasians Aufenthalt in Syrien) ist ein weiterer Topos[39] aus dem 17. Kapitel: weibisches Wesen und Verweichlichung. In Schillers Augen ist das Königtum eine orientalische Verirrung. Gerade dieser Zusatz zeugt vom Despotenhaß des Dichters. Streng genommen paßt der Ausdruck »Könige« ja auch nicht auf den römischen Kaiser. »Es sind noch unter uns, die geboren wurden, ehe man den Römern Schatzung erlegte.« Auch dieser Satz aus dem 17. Kapitel des Tacitus hebt hervor, daß die Bataver nicht als Römerknechte geboren, sondern von Natur frei sind. Für Schiller ein Kerngedanke! Er gibt den römischen Standpunkt auf, von dem aus Tacitus noch hinzufügt, auch den Römern werde dieser Krieg nicht unwillkommen sein. Dafür macht sich der deutsche Dichter durchweg die Perspektive der Bataver zu eigen und verschärft die Romkritik. »Die Götter halten es mit dem Tapfersten.« Hier übernimmt Schiller ein taciteisches Sprichwort,[40] das er geschickt (im Vergleich mit Kap. 17) steigert. Die farbigen Stücke aus dem späteren Kapitel überbieten das Finale von Tac. 4,14, das viel nüchterner klingt: »Im Falle eines Sieges wird keine Rechenschaft verlangt.« Bei Schiller hingegen hat Civilis ein beinahe calvinistisches Bewußtsein der Erwähltheit. Einen verwandten Gedanken entwickelt der Dichter im folgenden: »Die batavische Tapferkeit deckt die Ohnmacht der Weltbeherrscher auf, wie der schöne Mut ihrer Enkel den Verfall der spanischen Macht zur Schau stellt.«

Schillers Zusätze finden eine Stütze im Kontext seiner Einleitung, in die er die Rede des Civilis eingefügt hat. Hier ist von einem Tyrannen, einem hochmütigen Beherrscher und von habsüchtigen Satrapen die Rede. Auf der einen Seite Erobererstolz, Übermacht und ein Weltreich, das durch Teilung entkräftet ist, auf der anderen Trotz, List, Standhaftigkeit und Eintracht. Civilis wird mit Wilhelm von Oranien verglichen, Philipp II. mit Vespasian. Auch Einzelheiten des Kriegsgeschehens lassen sich parallelisieren. Der Schluß der Einleitung hebt allerdings einen Unterschied zwischen Antike und Neuzeit hervor: »Die Römer und Batavier kriegen menschlich, denn sie kriegen nicht für die Religion.«

Welchen Prinzipien folgt aber die Umgestaltung? Leidenschaftlich lehnt Schiller die Römer und die Monarchie ab. Vor dem Hintergrund der Unterdrückung läßt er Freiheit und Gottvertrauen desto leuchtender hervortreten. Die Gliederung ist klarer, die Anordnung der Argumente effektvoller (wenn auch auf Kosten der Mehrsträngigkeit), die Redeweise bildhaft und für die Bühne wie geschaffen.

Die Eigenart des deutschen Dichters wird besonders deutlich, wenn wir ihn mit Hooft vergleichen: Schillers Stil ist dramatischer, aggressiver, kämpferischer. Hooft lebt in einer Epoche, die auf den großen Krieg folgt und bei aller Bewunderung für die Helden der vorigen Generation doch Werte wie Duldsamkeit, Milde, Großmut in den Vordergrund stellt. Bei Schiller sind Tyrannenhaß und Freiheitspathos unmittelbar lebendig, Grundmotive seines Schreibens. Hooft kann mit Befriedigung die endlich errungene Unabhängigkeit seiner Nation betrachten. Schiller berichtet vom Freiheitskampf der Niederländer, obwohl — oder weil — er selbst ebensowenig wie sein Volk auf einen solchen Freiheitskampf zurückblicken kann. Daher die leidenschaftliche Spannung in seinem Stil, die suggestive Kraft seiner Sprache, der effektvolle rhetorische Aufbau. Hooft schreibt nicht minder rhetorisch als Schiller, aber die Rhetorik dient jeweils einem verschiedenen Zweck: dort der ruhigen Kontemplation und der ethischen Erbauung, hier der flammenden Begeisterung für die Freiheit und eine entschiedene Absage an die Tyrannen. Auch die Anprangerung des religiösen Fanatismus hat bei Schiller erheblich an Schärfe gewonnen.

Wie verschieden ist jeweils die Rolle des Tacitus für beide Dichter! Hooft sieht in der Auseinandersetzung mit dem römischen Text ein

Mittel zu sorgfältiger und luzider Analyse, wobei sich tiefgreifende Unterschiede zur Denkweise des Vorgängers ergeben. Bei Schiller dient der Text zunächst als unproblematische Parallele zu den neuzeitlichen Erscheinungen und wird mit ihnen zusammengeschaut. Dramatische Elemente verändern ihn machtvoll, große Gedanken annektieren ihn für den Schillerschen Wertekosmos. Tacitus ist nicht mehr Instrument zur Analyse, sondern Sprachrohr zur Entfaltung von Ideen. Was die Dimensionen betrifft, so beschränkt sich Hooft im Unterschied zu Tacitus geographisch auf den nationalen Rahmen. Schiller sprengt diesen wieder – zwar nicht äußerlich, aber innerlich: Gegründet auf den Kampf weltbewegender Ideen, gewinnt seine Darstellung einen umfassenden menschheitlichen Aspekt.

2. Catilina nach 1848 und nach 1917:
Sallust – Henrik Ibsen – Catull – Aleksandr Blok

Sallust, *Catilina* 31,6–9[41]

Tum M. Tullius consul, sive praesentiam eius timens sive ira conmotus, orationem habuit luculentam atque utilem rei publicae, quam postea scriptam edidit. sed ubi ille adsedit, Catilina, ut erat paratus ad dissimulanda omnia, demisso voltu, voce supplici postulare a patribus coepit, ne quid de se temere crederent: ea familia ortum, ita se ab adulescentia vitam instituisse, ut omnia bona in spe haberet; ne existumarent sibi, patricio homini, quoius ipsius atque maiorum pluruma beneficia in plebem Romanam essent, perdita re publica opus esse, quom eam servaret M. Tullius, inquilinus civis urbis Romae. ad hoc male dicta alia quom adderet, obstrepere omnes, hostem atque parricidam vocare. tum ille furibundus ›quoniam quidem circumventus‹ inquit ›ab inimicis praeceps agor, incendium meum ruina extinguam.‹

Dann hielt der Consul Marcus Tullius – entweder aus Furcht vor Catilinas Anwesenheit oder aus Zorn – eine Rede, die klärend wirkte und dem Staate nützlich war. (Später schrieb er sie nieder und gab sie heraus.) Aber sobald jener wieder Platz genommen hatte, begann Catilina – bereit wie er war, alles zu leugnen –, mit gesenktem Haupt und bittender Stimme von den Senatoren zu verlangen, sie sollten irgendwelchen Behauptungen über ihn nicht vorschnell Glauben schenken; stamme er doch aus einer solchen Familie und habe er doch von Jugend auf sein Leben so eingerichtet, daß er alles Erstrebenswerte für sich erhoffen konnte. Sie möchten doch nicht meinen, er, ein Patrizier, der selbst wie auch seine Ahnen dem römischen Volk sehr viele Wohltaten erwies, habe es nötig, den Staat zu zerstören, wo doch Marcus Tullius diesen bewahre, ein zugereister Bürger der Stadt Rom. Als er zu dieser Äußerung noch weitere Schmähungen hinzufügte, erhob sich ein allgemeiner Sturm der Entrüstung, und man nannte ihn einen Staatsfeind und Vaterlandsverräter. Darauf sprach Catilina in rasender Wut: »Da ich nun also, von Feinden umzingelt, zum

Sturz in die Tiefe getrieben werde, will ich mein brennendes Haus durch Roms Trümmer löschen«.

Sallust setzt hier keinen eigentlichen Sinneswandel Catilinas voraus. Die Berufung auf seine adlige Herkunft und auf die Wohltaten, die er der Plebs erwiesen hat, sowie die Beteuerung, an Roms Untergang könne ihm nicht liegen, erscheinen als reine Verstellung. Vor allem der Schluß kontrastiert mit der Wachsamkeit des »Neurömers« Cicero und tritt dadurch in ein ironisches Licht. Catilinas letzte Worte im Senat entspringen der Raserei. Für Sallust beruht diese freilich nicht (wie Catilina erklärt) auf der soeben geäußerten Feindseligkeit der Senatoren, sondern sie ist in Catilinas Wesen angelegt und wurde von ihm bisher nur verheimlicht. Die Szene ist zwar äußerlich dramatisch, aber sie läßt keinen Wandel von Catilinas Wesen, ja nicht einmal eine Änderung seiner Absichten, erkennen. Schon in Kapitel 15,5 ist davon die Rede, daß man ihm den Wahnsinn (*vecordia*) angesehen habe. Bereits die erste Charakteristik (5,1–8) läßt über seine Skrupellosigkeit keinen Zweifel. Was diesem Bild widersprechen könnte, wird, wie wir sahen, auf Heuchelei (31,7) zurückgeführt, die folgerichtig auch schon zu Catilinas angeborenen Lastern zählt (5,4).

Ibsen, *Catilina* (1850; 1875)[42]

Aus dem ersten Akt

LENTULUS: Jeg kender en, der mægter os at lede.
MANLIUS: Du mener Catilina?
LENTULUS: Netop ham.
CETHEGUS: Ja, Catilina; han var kanske manden.
MANLIUS: Jeg kender ham. Jeg var hans faders ven,
med hvem i mangt et slag jeg fægted sammen.
Hans lille søn fik følge ham i krigen.
I hin tid alt var drengen vild, ustyrlig;
dog, sjeldne gaver var hos ham at spore; –
hans sind var højt, hans mod urokkeligt.
LENTULUS: Jeg tror at finde ham ret beredvillig.
Iaftes mødte jeg ham dybt forstemt.
Han ruger over hemmelige anslag; –
et dristigt mål han havde længst isigte.
STATILIUS: Ja, konsulatet har han længe søgt.

LENTULUS: Det vil ej lykkes ham; thi voldsomt har
hans fiender imod ham talt og tordnet; —
han var tilstede selv, og rasende
forlod han rådet — pønsende på hævn.
STATILIUS: Da går han sikkert på vort forslag ind.
LENTULUS: Jeg håber det. Dog først vi planen må
i enrum veje. Tiden er os gunstig.

(de går.)

Aus dem zweiten Akt

LENTULUS: Du sværmer, Catilina! Det var ikke
sådan vi mente det.
GABINIUS: Hvad nytter os
at genoprette hine gamle tider
med deres tåbelige enfold?
NOGLE: Nej!
Magt fordrer vi —
ANDRE: — og midler til at føre
et frit og sorgløst liv!
MANGE STEMMER. Ja, det er målet!
COEPARIUS: Skal vi for andres frihed eller lykke
vel sætte livet på et tærningkast?
HELE SKAREN: Selv vil vi sejrens frugter!
CATILINA: Usle slægt!
Er I en afkom af de store fædre?
At dynge skændsel over fædrenavnet
er eders vis at værne om dets glans!
LENTULUS: Du vover os at håne, — du, som længst
et skrækkebilled var —
CATILINA: Ja, det er sandt;
jeg var en rædsel for den gode; dog,
så usel var jeg aldrig end, som I!
LENTULUS: Tæm tungen nu! Vi tåler ej din spot.
FLERE: Nej, nej, — vi vil ej —
CATILINA (rolig): Så? I feijgheds yngel, —
I vover end at ville noget, I?
LENTULUS: Ah, ned med ham!
MANGE STEMMER: Ja, ned med Catilina!

(de drager sine dolke og styrter ind på ham; Catilina trækker kappen roligt
bort fra brystet og betragter dem med et koldt hånsmil; de lader dolkene synke.)

CATILINA: Stød til! I vover ej? O, venner, venner, –
jeg skulde agte jer, ifald I bored
det åbne bryst igennem, som I truer.
Er ej en gnist af mod da i jer længer?
NOGLE: Han vil vort vel!
ANDRE: Vi har hans hån fortjent.
CATILINA: Det har I. – Dog – se, nu er timen kommen
da I kan slette skændsels-mærket ud.
Alt, hvad der ligger bag os, vil vi glemme; –
en ny tilværelse os vinker nær.
(med bitterhed.)
Jeg dåre! Håbe, – tro på sejr ved eder!
Er sejrens ånd i denne sunkne skare?
(henreven.)
Skønt har jeg engang drømt, og store syner
foer gennem mig og drog mit blik forbi.
Jeg drømte at, som Ikarus, jeg højt
opunder himlens hvælv bevinget fløj;
jeg drømte, guderne min hånd forlened
med kæmpekraft og bød mig lynets stråle.
Og denne hånd greb lynet i dets flugt
og slynged det mod staden dybt dernede.
Og da de røde flammer steg og slikked,
og Roma sank i brune resters støv, –
da råbte jeg med høj og vældig røst,
og maned Catos frænder op af graven;
og tusend ånder kom og fulgte kaldet, –
tog liv – og rejste Roma af sin aske.
(afbrydende.)
Det var kun drømme. Ingen guder maner
forgangenheden op i dagens lys, –
og fortids ånder stiger ej af graven.
(vildt.)
Nu vel; kan ej det gamle Roma rejses
ved denne hånd, – vort Roma skal forgå!
Snart skal, hvor marmorsøjler står i rader,
røgsøjler hvirvle mellem luers brag;
palatser, templer styrte skal i grus,
og Kapitol skal vejres fra sin højde!

Sværg, venner, at I vier eder ind
til denne dåd! Jeg stiller mig i spidsen.
Sig, — vil I følge mig?
STATILIUS: Vi vil dig følge!

Aus dem ersten Akt

Lentulus · Statilius · Cethegus · Manlius

LENTULUS:
Ich kenne einen der uns leiten könnte..
MANLIUS:
Du meinst den Catilina?
LENTULUS: Eben den.
CETHEGUS:
Ja Catilina ist vielleicht der mann.
MANLIUS:
Ich kenne ihn. Sein vater war mein freund
Mit dem ich manche schlacht zusammen focht
Sein kleiner sohn hat ihn im krieg begleitet.
Im zarten alter war er wild · unlenksam
Doch seltne gaben zeigten sich in ihm —
Sein sinn war hoch · sein mut unwandelbar.
LENTULUS:
Ich glaube dass er sich bereit erklärt.
Ich traf ihn heute abend tief verstimmt.
Er brütet heimlich über einem plan ·
Ein kühnes werk hat er schon lang im sinn.
STATILIUS:
Ja lang bewarb er sich ums konsulat.
LENTULUS:
Es will ihm nicht gelingen. Seine feinde
Sind gegen ihn gewaltig losgezogen.
Er war an ort und stelle selbst und rasend
Verliess er den senat auf rache sinnend.
STATILIUS:
Dann geht er sicher auf den vorschlag ein.
LENTULUS:
Ich hoffe es.. doch müssen wir vorerst
Im stillen arbeiten. Die zeit ist günstig.

Aus dem zweiten Akt

Catilina und die Verschworenen

LENTULUS:
Du schwärmst da Catilina. Das wars nicht
Was wir im kopfe hatten.
GABINIUS: Nüzt es uns
Die alten zeiten wieder aufzurichten
Mit ihrer lächerlichen einfalt?
EINIGE: Nein!
Macht fordern wir —
ANDERE: und mittel um zu führen
Ein frei und sorglos leben!
MEHRERE STIMMEN: Ja das ists..
COEPARIUS:
Was sollen wir für andrer glück und freiheit
Auf einen würfelwurf das leben setzen!
DIE GANZE SCHAR:
Wir wollen selbst des sieges frucht!
CATILINA: Elende!
Seid ihr die nachkommen der grossen väter?
Mit schande ihren namen zu bedecken
Ist eure weise ihren ruhm zu wahren!
LENTULUS:
Du wagst uns zu verhöhnen — du der längst
Ein schreckensbild du warst —
CATILINA: Ja es ist wahr ·
Ich war ein schrecken für die guten.. doch
So elend war ich nie wie ihr es seid.
LENTULUS:
Bezähme dich![43] wir dulden deinen spott nicht.
MEHRERE:
Nein nein — wir wollen nicht —
CATALINA (ruhig): So? Ihr feig gezücht —
Ihr wagt noch was zu wollen?
LENTULUS: Zum tod
Mit ihm!
MEHRERE:
Zum tod mit Catilina![44]

(sie ziehen ihre dolche und stürzen auf ihn zu. Catilina zieht ruhig den mantel von
der brust und sieht sie mit kaltem hohnlächeln an .. sie lassen die dolche sinken.)

CATILINA:
Stosst zu! Ihr wagt es nicht? O freunde · freunde —
Ich würd euch achten falls ihr diese brust[45]
Durchbohrtet wie ihr es mir androht..
Ist nicht ein funke mehr von mut in euch?
EINIGE:
Er will uns wohl..[46]
ANDRE: Sein tadel war verdient.[47]
CATILINA:
Er wars. Doch seht jezt ist die zeit gekommen
Wo ihr der schande mal ausmerzen könnt.
Wir wollen alles hinter uns vergessen —
Ganz nahe winkt uns eine neue zukunft.

(mit bitterkeit)

Ich tor! Zu hoffen — einen sieg durch euch!
Ist siegergeist in der gesunknen rotte?

(hingerissen)

Einst träumte ich so grosses. Mächtge bilder
Durchzogen mich und standen mir vor augen.[48]
Ich träumte dass ich hoch wie Ikarus
Mit flügeln unterm himmelsraume flöge[49]
Ich träumte dass die götter mich gestärkt
Mit kampfeskraft und mir den blitz geliehen.[50]
Ich griff mit einer hand[51] den blitz im flug
Und schleuderte ihn auf die stadt hernieder[52]
⟨Und da die rote lohe stieg und leckte⟩[53]
Und Rom in dunkler trümmer staub versank.
Da rief ich mit gewaltig lauter stimme
Beschwor des Cato sippe aus dem grab
Und tausend geister folgten diesem ruf
Belebten sich — und Rom erstand[54] von neuem.

(abbrechend)

Es war ein traum nur. Keine götter rufen
Ans tagslicht wieder die vergangenheit.
Und nie entsteigen ihrem grab die geister.[55]

(wild)

Nun wohl. Kann nicht das alte Rom erstehen
Durch mich[56] · so soll das jetzige[57] vergehen.
Schnell sollen wo sich marmorsäulen reihen
Rauchsäulen wirbeln zwischen feuerprasseln..

> Paläste tempel sollen niederstürzen
> Das Kapitol von seiner höhe sinken.[58]
> Schwört freunde dass ihr euer leben weiht
> Zu dieser tat! Ich stehe[59] an der spitze
> Sagt – wollt ihr folgen?
> STATILIUS: Ja wir folgen dir.

Die Szene aus dem ersten Akt von Ibsens *Catilina* enthält einen Reflex des soeben besprochenen Ereignisses im Senat. Die Aufständischen hoffen, daß Catilina nunmehr an ihre Spitze treten wird. Dies steht in klarem Widerspruch zu Sallusts Darstellung, bei dem die erste Versammlung der Verschworenen (Kapitel 17) lange vor der Szene im Senat stattfindet (31). Der Grund hierfür ist, daß Ibsen die Hauptszene des zweiten Aktes aus dem Senat in den Kreis der Verschwörer verlegt (s. u.). In unserem Text aus dem ersten Akt wird eine Beziehung zwischen dem Auftritt im Senat und der ersten Charakteristik Catilinas hergestellt, aber in ganz anderem Sinne als bei Sallust. Kein Wort von Verstellung, kein Wort von Wahnsinn. An Sallusts Charakterisierung Catilinas (Kapitel 5) fesselt Ibsen nur der Zug zum Großen. Eher negativ klingt nur ein Satz: *I hin tid alt var drengen vild, ustyrlig.* (»In jener Zeit schon war der Junge wild, unlenksam«). Es ist ein geschickter dramatischer Kunstgriff, einen älteren Mann einzuführen, der Catilina schon als Knaben gekannt hat; damit wird Sallusts Ausdruck *ab adulescentia* (5,2) mit Leben erfüllt. Die Unbändigkeit läßt sich ohne weiteres aus *magna vi et animi et corporis* herleiten. Auch die Fortsetzung von Ibsens Charakteristik klingt freundlicher als die sallustische. Dort: *vastus animus immoderata, incredibilia, nimis alta semper cupiebat.* Hier: *Dog, sjeldne gaver var hos ham at spore; – hans sin var højt, hans mod urokkeligt* (»Doch seltne gaben zeigten sich in ihm, sein sinn war hoch, sein mut unwandelbar«: Stefan George). Bei der Schilderung von Catilinas Abgang aus der Senatsversammlung fehlt der Hinweis auf seinen Wahnsinn. Auch der entscheidende Ausspruch des Helden wird hier nicht referiert; Ibsen hat den Ausbruch von Catilinas Verzweiflung in einen neuen Kontext transponiert, der das Pathos verstärkt: Catilina ist nicht von seinen Feinden, sondern von seinen Freunden enttäuscht.

Die zweite Szene aus Ibsens *Catilina* bildet eine Antithese zu der entsprechenden sallustischen Rede Catilinas vor den Verschwörern, die wir hier nicht im Detail anführen. Bei dem römischen Historiker (20) schmeichelt der Revolutionär seinen Zuhörern (*ni virtus fidesque vostra spectata mihi foret ...;... vos cognovi fortis fidosque mihi* 20,2—3), er verspricht ihnen nicht nur Freiheit, sondern Geld, Ruhm und Macht (20,14), und er unterscheidet nicht zwischen seinen eigenen Zielen und denen seiner Anhänger.

Ganz anders Ibsens Catilina: Er ist stolz und macht weder sich selbst noch seinen Zuhörern Illusionen über deren »Tugend« und »Treue«. Er unterscheidet zwischen den eigenen höheren Motiven und den niederen seiner Anhänger. Sollte die Anregung zu dieser Gestaltung von der eingangs interpretierten Senatssitzung ausgegangen sein? Betrachten wir die Zusammenhänge näher!

Catilina hat soeben vor seinen Anhängern den Plan entwickelt, Römergeist, Freiheitsliebe und Bürgersinn zu neuem Leben zu erwecken. Man spürt hier die inspirierende Wirkung der liberalen Revolution von 1848. Darauf folgt die skeptische Antwort des Lentulus, mit der unser Text einsetzt. Catilinas Gefolgsleute demaskieren sich in ihrem Machtrausch und in ihrer Habgier. Jetzt läßt Catilina sie seine Verachtung spüren. Sie zücken die Dolche; doch seine Unerschrockenheit bringt sie zur Besinnung. Hier beweist der Held jene Unerschütterlichkeit, die ihm in der soeben besprochenen Szene bescheinigt wurde. Wenn Catilina seinen Anhängern vorwirft, sie seien des Blutes ihrer großen Väter unwürdig, so zeigt er echten Adel der Gesinnung, nicht nur jenen heuchlerischen Abglanz, den Sallust ihm zuschreibt. Man wird den Eindruck nicht los, daß Ibsen die Szene, die zwischen Catilina und seinen Freunden spielt, als Gegenstück zu dem sallustischen Auftritt im Senat konzipiert hat. Auch dort stößt Catilina Schmähungen aus und wird von den Anwesenden bedroht. Auch dort äußert er sich zunächst als römischer Patriot, dann aber — in der Verzweiflung — als Zerstörer seiner Heimatstadt. Unterschiedlich ist freilich der Grad der Aufrichtigkeit: Bei Ibsen träumt Catilina im Grunde davon, Glanz und Würde des alten Rom wiederherzustellen. Es ist die Enttäuschung über die Nichtswürdigkeit seiner Freunde, die ihn davon überzeugt, daß sein Wunschbild nicht zu verwirklichen ist: So wird aus dem Retter Roms sein Vernichter. Nicht Heuchelei, sondern Feindschaft gegenüber der Lebenslüge ist der hervorstechendste Charakterzug von Ibsens Catilina. Wir haben hier eine bedeutsame Kontrast-Imitation vor uns.

Das Nacheinander von Höhenflug und jähem Absturz kleidet Ibsen in ein mythisches Bild: den Flug des Icarus. Catilina selbst denkt dabei zunächst noch nicht an die verhängnisvollen Folgen, die in diesem Bild angedeutet sind. Der Traum, den er schildert, ist titanisch: Icarus—Catilina erhält von den Göttern den Blitz;[60] er wirft ihn auf das heutige Rom und läßt aus dem Staub ein neues erstehen. Die Zerstörung, zunächst nur Voraussetzung des Neuaufbaus, bleibt am Ende als das einzig Erreichbare übrig...[61] So ist aus dem Moralisten und Reformer ein Immoralist und Vernichter geworden. Ibsen zeigt, daß »Verstellung« nicht die richtige Formel ist, um beide Facetten von Catilinas Person miteinander in Einklang zu bringen. Im Gegenteil! Es ist Catilinas rückhaltlose Ehrlichkeit, sein fester Wille, sich keine Illusionen zu machen; gerade der von Ibsen hervorgehobene unerschütterliche Mut (*hans mod urokkeligt*) steht in scharfem Gegensatz zu dem *animus varius*, den Sallust beschreibt. So ist es für Ibsen, paradox ausgedrückt, gerade Catilinas Unwandelbarkeit, die seine Wandlung notwendig herbeiführt. Die Zerstörung folgt aus der Unbedingtheit seines Strebens. Das Bild des Icarus deutet an, daß auch Catilina selbst die Katastrophe nicht überleben wird. Ibsen macht Catilina als tragische Gestalt verständlich, die gerade an ihrer besten Eigenschaft zerbricht. Wichtig ist auch ein anderes Bild, das des Abgrunds. Wir kennen es aus der Sallust-Stelle. Ibsen deutet es positiv: Catilina will sich mit Freuden in den Abgrund stürzen, wie Curtius, um Rom in Glanz und Freiheit zu sehen.[62]

Bei Sallust demaskiert sich Catilina aus Verzweiflung über seine Feinde, bei Ibsen wandelt er sich aus Verzweiflung über seine Freunde. Die Enttäuschung ist auf diese Weise viel tiefer motiviert. Ibsen selbst spricht im Vorwort zum *Catilina*[63] vom »Widerspruch zwischen Kraft und Streben, zwischen Wille und Möglichkeit«. Der römische Historiker sieht die Handlung in dieser Szene als fortschreitende Aufdeckung einer im Wesen des Helden angelegten ›bösen‹, zerstörerischen Tendenz. Eine ›Wandlung‹ liegt nur insofern vor, als der Held seine Veranlagung zuerst verbirgt, dann aber unverhüllt äußert.

Bei Ibsen ist der Sachverhalt verwickelter. Klar ist Catilinas ursprüngliche Berufung zur Größe, sein unerschütterlicher Mut. Klar ist auch, daß die Begegnung mit der von Haßliebe erfüllten Vestalin[64] Furia, einer Verkörperung der immanenten Nemesis seines Wesens, ihn dazu bringt, seine höhere Aufgabe zu erfüllen, und zwar (zunächst unbewußt) als geschworener Feind seiner selbst[65] (ein Ibsenscher[66] Gedanke,[67] der bei Sallust keine Entsprechung findet), weiter, daß der Schmerz über das Versagen seiner Freunde den ›Erlöser‹ zum

Zerstörer werden läßt, schließlich, daß der Mord an der liebenden Gattin[68] Aurelia, die an ihn glaubt,[69] erst so recht offenbar macht, was sie für Catilina bedeutet,[70] und auf diese Weise eine letzte Wandlung, zum Guten, anbahnt.

So erlebt Ibsens Catilina als Mensch eine ganze Reihe von Metamorphosen, deren Stufen sich stark voneinander unterscheiden und auch mit einer gewissen inneren Logik — wenn auch oft derjenigen des Gegenschlages — auseinander hervorgehen. Sallusts Catilina ist in seiner Veranlagung und Entfaltung gradliniger, weniger »menschlich« — nur sein Tod läßt auch bei dem römischen Historiker etwas von seiner Größe ahnen. Ibsens Catilina erfährt eine Entwicklung, der sallustische eine Entfaltung.

Aleksandr Blok, *Katilina* (1918)

Etwa siebzig Jahre nach Ibsens Drama entsteht — ebenfalls im Anschluß an eine große politische Umwälzung — die Würdigung Catilinas aus der Feder des russischen Dichters Aleksandr Blok.[71] Er kennt Sallusts Geschichtsdarstellung und Ibsens Drama. In einem Aufsatz stellt er beides in einen umfassenden Zusammenhang. Mit Ibsen (vgl. dessen Vorwort) glaubt er, eine Würdigung Catilinas sei bisher durch die Einseitigkeit der Quellen verhindert worden (in der Abwertung des römischen Revolutionärs sind sich Cicero und Sallust ausnahmsweise einig). In einem breit angelegten Geschichtspanorama[72] zeigt Blok, daß Catilina versuchte, das römische Reich, das an der eigenen Größe krankte, zu sprengen, wenige Jahrzehnte, bevor das Christentum eine neue Epoche einleitete (263). Blok übernimmt Sallusts Herleitung der römischen Revolution aus der damaligen Lage des römischen Reiches, wobei er überraschenderweise nicht das *Bellum Catilinae*, sondern den Parteienexkurs aus dem *Bellum Iugurthinum* zitiert (41,5—10).[73]

So findet er den Übergang zur Charakterisierung von Sallusts Person (er wirft ihm S. 268 »Lakaiengeist« vor [хамство], eher doch wohl heuchlerisches Moralisieren [ханжество]!). Den Geist der Zeit des Marius und Sulla kennzeichnet in Bloks Augen die Tatsache, daß sie nicht nur Catilina, sondern auch Antonius hervorbringt, der seiner Liebe zu Cleopatra sogar die römische Flotte opfert (268). Vermutlich will Blok damit andeuten, wie weit damals der Spiel- und Zerstörungstrieb gehen konnte; er will aber auch Versklavung und

Wesensveränderung eines Menschen herausarbeiten, eine innere Metamorphose, die er später aus Catull eindrucksvoll belegen wird. So ist Bloks Parallelisierung von Antonius und Catilina kein Zufall. Das Motiv der »dämonischen Frau« erinnert an die Gestalt der Furia in Ibsens *Catilina*; auf diese Dichtung wird Blok am Ende seines Aufsatzes ausführlich zu sprechen kommen.

Bloks Catilina-Charakteristik ist allerdings nicht ganz so positiv wie diejenige Ibsens. Er referiert das traditionelle Sündenregister seines Helden und schließt: »Selbst wenn drei Viertel von alledem böswillige Verleumdung sind, bleibt das restliche Viertel auch schon schlimm genug« (270). Man erkennt den Dichter an der Hochschätzung sprechender physiognomischer Züge: des »wilden und unangenehmen« Blickes und der Gangart Catilinas, die »bald träge, bald eilig« ist (ebd.).

Blok sieht, daß Catilina als römischer Pragmatiker keine theoretischen Ziele verfolgte (271). Catilina war kein Volksfreund und dachte nicht an allgemeine Gleichheit. Obwohl er mit Leib und Seele Revolutionär war, muß man in ihm ein Produkt der sozialen Ungleichheit sehen.

Er geißelte nicht die Fehler der zeitgenössischen Gesellschaft, sondern er vereinigte sie in seiner Person und entfaltete sie zur höchsten Blüte. Er hatte das Unglück und die Ehre, zu der Zahl derjenigen zu gehören, die sich ›unter Sklaven als Sklaven fühlen‹; viele können hierüber schöne Worte machen, aber fast niemand ahnt, welch einfache und furchtbare Struktur der Seele und des Denkens ein solches Gefühl erzeugt. Wenn es wirklich menschliche Kraft erlangt, will es das ganze Wesen eines Menschen erfüllen; und kaum beginnt man es zu ahnen, so zuckt man schon mit Abscheu oder Verachtung vor solchen Leuten zurück. Die Einfachheit und Entsetzlichkeit der psychischen Struktur des Revolutionärs aus Berufung besteht darin, daß aus ihm die lange Kette dialektischer und gefühlsmäßiger Prämissen gleichsam hinausgeworfen ist; dadurch erscheinen die Folgerungen, die sein Gehirn und die sein Herz zieht, bizarr, zufällig und unbegründet. Solch ein Mensch ist ein Wahnsinniger, ein Rasender, ein Besessener. Sein Leben verläuft, als wäre es anderen Gesetzen der Kausalität, des Ortes und der Zeit unterworfen. Daher ist auch die ganze Zusammensetzung von Leib und Seele völlig anders als bei Vertretern des ›allmählichen Übergangs‹. Sie ist auf eine andere Zeit und einen anderen Raum bezogen.

Einst, im Altertum, war den Menschen die Erscheinung der Verwandlung, der ›Metamorphose‹, bekannt; sie gehörte zum Leben, das damals noch frisch war, noch nicht beschmutzt durch die Staatenbildung[74] und die übrigen Höcker, die diese erzeugt hat; aber in denjenigen Zeiten, von denen bei uns die Rede ist, war die Metamorphose schon längst aus dem Leben verschwunden; es war schwierig geworden, an sie auch nur zu denken; sie war zur Metapher geworden, zum Erbe der Literatur. Der

Dichter Ovid zum Beispiel, der etwas später als Catilina lebte, kannte offensichtlich den Zustand der Verwandlung; sonst wäre es ihm wohl kaum gelungen, seine fünfzehn Bücher der »Metamorphosen« zu schreiben; aber die Menschen in Ovids Umgebung waren schon auf die niedrigste Stufe des Lebens hinabgesunken: Ovids Werke waren für sie bestenfalls ein Gegenstand ästhetischen Vergnügens, eine Reihe schöner Bildchen, an denen sie das Sujet, der Stil und sonstige abgeschmackte Reize anzogen, in denen sie aber sich selbst nicht mehr erkannten.

Zunächst freilich greift Blok zu anderen Erklärungen (um schließlich doch anhand eines Catull-Textes zur Idee der Verwandlung zurückzukehren). Schriftsteller und Revolutionäre, die »Wind säen«, folgen nicht nur dem menschlich-allzu menschlichen Trieb, die Ordnung zu zerstören.

Aber man soll nicht denken, daß »Wind säen«[75] nur eine menschliche Tätigkeit ist, die ein nur menschlicher Wille uns eingibt. Der Wind erhebt sich nicht nach dem Willen einzelner Menschen; einzelne Menschen wittern ihn und sammeln ihn gleichsam nur: Die einen atmen diesen Wind, leben und handeln, nachdem sie ihn voll in sich aufgenommen haben; andere werfen sich in diesen Wind, werden von ihm ergriffen, leben und handeln, vom Wind getragen. Catilina gehörte zu den letzteren. In seiner Zeit begann jener Wind zu wehen, der zu einem Sturm anwuchs, welcher die alte, heidnische Welt vernichtete. Ihn hat der Wind ergriffen, der vor der Geburt Jesu Christi, des Verkünders einer neuen Welt, zu wehen begann (273 f.).

So erscheint Catilina als unbewußtes Werkzeug der geschichtlichen Entwicklung. Damit steht er im Gegensatz zu Cicero, der die »alte Welt« bewahren und den Fortgang der Geschichte aufhalten will.
In diesen Zusammenhang stellt Blok (276) Catilinas Wort: »Was tue ich Böses, wenn ich von zwei Körpern, deren einer ausgemergelt und schwach, aber mit Kopf, deren anderer stark, aber ohne Kopf ist, den letzteren wähle, um ihm das Haupt zu geben, das ihm fehlt?« Die Schilderung der Senatssitzung hat Blok im Gegensatz zu Ibsen nicht umgangen. Er verharmlost Catilinas Selbsterniedrigung nicht; ja, er übernimmt Sallusts Beschreibung und verschärft sie zur grausamen Komödie:

Catilina, der während der Sitzung anwesend war, richtete seinerseits eine Rede an die Senatoren. Hier hat er sich anscheinend erniedrigt (der Mensch ist schwach!), indem er zu beweisen versuchte, daß er ein Aristokrat ist, daß er wie seine Vorfahren wiederholt dem Vaterland Dienste erwiesen hat und seinen Untergang nicht wünschen konnte und daß Cicero nicht einmal römischer Bürger ist. – Catilinas Rede wurde immer wieder unterbrochen. Niemand wollte ihn anhören. Man weigerte sich sogar, neben ihm auf der Bank zu sitzen, die er eingenommen hatte. Catilina fuhr fort, Cicero zu beschimpfen. Im Tempel erhob sich ein Murren. Jemand nannte Catilina einen Verbrecher und Vaterlandsfeind. Cicero befahl Catilina gebieterisch, die Stadt zu verlassen, indem er sagte: »Uns müssen Mauern trennen, weil ich bei der Erfüllung meiner Pflicht nur Worte verwende, du aber Waffen.« – Da sah Catilina, daß sein Spiel verloren war und daß alle gegen ihn waren. Grenzenloser Jähzorn raubte ihm die Besinnung. »Wenn dem so ist«, schrie er, »so werde ich den Brand meines Hauses mit Trümmern löschen« (278).

Blok erzählt die Ereignisse, um Parallelen zu seiner Zeit herzustellen. Dennoch erklärt er, er hasse Schematisierungen und Theorien.[76]

Nach einem breit angelegten Versuch einer historischen Herleitung und Darlegung von Catilinas Motiven kehrt Blok in überraschender Weise zu seiner poetischen Interpretation der Metamorphose Catilinas zurück. Zur Illustration zieht er ein Gedicht heran, das etwa gleichzeitig mit der Verschwörung entstand:

Zu Catilinas Zeit lebte in Rom »der lateinische Puškin«, der Dichter Valerius Catullus. Unter den zahlreichen Gedichten, die uns aus seiner Feder erhalten sind, ist eines auf uns gekommen, das den übrigen weder im Inhalt noch im Versmaß ähnelt. Das Jahr, in dem dieses Gedicht geschrieben wurde, ist den Philologen unbekannt; ich spreche von dem 63. Gedicht Catulls, das den Titel *Attis* trägt. Sein Inhalt ist folgender: Attis, ein schöner Jüngling, verfiel aus tiefem Haß gegen Venus in Raserei; er verließ sein Vaterland, fuhr übers Meer, trat in den heiligen Hain der großen Göttin Cybele, der Magna Mater, in Phrygien und entmannte sich. Da sie sich leicht fühlte (der Dichter beginnt sofort, von Attis als einer Frau zu sprechen[77] zum Zeichen dafür, daß die Verwandlung sich einfach und augenblicklich vollzog), erhob sie mit ihren schneeweißen Händen das Tympanon; zitternd hat sie die Galli,[78] die Priesterinnen der Göttin, Entmannte wie sie, zusammen aufgerufen, »das stumpfe Zögern abzuwerfen und in die göttlichen Haine zu eilen«.

In den Hainen der Göttin angekommen, von Hunger geschwächt (»ohne Ceres«), sanken Attis und ihre Gefährtinnen in trägen Schlaf. Als die Sonne aufging und sie erwachten, war der Wahnsinn vergangen, Attis trat hinaus ans Meeresufer und begann bitterlich um ihr verlassenes Vaterland zu weinen, voll Reue darob, was sie sich angetan hatte. Hierauf schickte die erzürnte Göttin zwei wilde Löwen, um Attis zurückzuholen. Durch die Löwen erschreckt, wurde die zarte Attis von neuem wahnsinnig und blieb ihr Leben lang eine Dienerin der Göttin. Catulls Gedicht ist in einem altertümlichen und seltenen Metrum geschrieben – im Galliambus; dies ist das Versmaß ekstatischer, orgiastischer Tänze (283 f.).

Der Verfasser zitiert darauf im Original die ersten fünf Verse.[79]

Super alta vectus Attis celeri rate maria
Phrygium ut nemus citato cupide pede tetigit
adiitque opaca silvis redimita loca deae,
stimulatus ibi furenti rabie, vagus animi,
devolsit ilei acuto sibi pondera silice. (63,1—5)

⟨Kam gefahren über tiefe Meere Attis auf schnellem Kiel,
als er Phrygiens Hain voll Sehnsucht mit dem eilenden Fuß betrat,
und der Göttin Heimstatt aufsucht, die von düsterem Wald umkränzt,
dort von Raserei, von Wahnsinn aufgestachelt, schweifend im Geist,
schnitt er sich die Last der Lenden ab mit spitzigem Kieselstein.⟩

In diesen fünf Zeilen ist beschrieben, wie Attis übers Meer fuhr und sich entmannte. Mit diesem Augenblick ändert sich der Vers wie Attis selbst; das Stockend-Abgerissene schwindet, der bisher schwere und männliche Vers wird leichter und gleichsam weiblich:[80] Attis hat das Tympanon erhoben und ruft die Priesterinnen der Göttin zusammen:

Itaque ut relicta sensit sibi membra sine viro
etiam recente terrae sola sanguine maculans
niveis citata cepit manibus leve tympanum,
tympanum, tuom, Cybebe, tua, mater, initia,
quatiensque terga tauri teneris cava digitis
canere haec suis adorta est tremebunda comitibus:
»Agite ite ad alta, Gallae, Cybeles nemora simul,
simul ite, Dindymenae dominae vaga pecora ...« (63,6—13)

⟨Fühlend, daß ihr war geblieben ohne männliche Kraft der Leib,
Nahm erregt sie mit schneeweißen Händen das leichte Tympanon,
nahm dein Tympanon, Cybebe, Mutter, deine Geheimnisse;
trommelnd mit den zarten Fingern auf hohlklingende Rinderhaut,
hob sie bebend an zu singen ihren Gefährtinnen solchen Sang:
»Auf, ihr Gallen, geht zum hohen Hain der Cybele allzumal,
gehet alle, Dindymenes Herrin folgt als schweifende Schar ...«⟩

Im folgenden erfährt der Vers von neuem eine Reihe von Veränderungen; er wird lateinischen Versen unähnlich: Er zerfließt gleichsam in lyrischen Tränen, die der christlichen Seele eigentümlich sind, an der Stelle, wo Attis um sein Vaterland weint, um sich selbst, seine Freunde, seine Eltern, sein Gymnasium, sein Jünglingsalter, seine männliche Reife.

Die letzten drei Zeilen des Gedichts zeigen, daß der Dichter selbst darüber erschrocken ist, was er beschrieben hat.

Dea magna, dea Cybebe, dea domina Dindymei
procul a mea tuos sit furor omnis, era, domo;
alios age incitatos, alios age rabidos. (63,91–93)

⟨»Göttin, große, Göttin Cybebe, Göttin, Herrin von Dindyma,
ferne sei von meinem Hause all dein Wahnsinn, Gebieterin;
andre stürze in Erregung, andre stürze in Raserei.«⟩

Catull wollte nicht nur ein historisches und mythologisches Bild entwerfen. Entspringt es dem Verhältnis zwischen Catull und Lesbia, und zwar als sich Lesbia offen der Unsittlichkeit hingab, während Catull sie weiterhin liebte? Wahrscheinlich, aber auch dies ist zu wenig. (285)

Ich glaube, daß der Gegenstand dieses Gedichts nicht nur Catulls persönliche Leidenschaft war, wie man üblicherweise sagt; man muß umgekehrt erklären: Catulls persönliche Leidenschaft war, wie die Leidenschaft jedes Dichters, vom Geist der Epoche erfüllt; ihr Schicksal, ihr Rhythmus, ihre Maße, ebenso wie Rhythmus und Maße der Verse des Dichters, wurden ihm von seiner Zeit eingegeben; denn im poetischen Weltempfinden besteht keine Kluft zwischen Persönlichem und Allgemeinem; je feinfühliger der Dichter ist, desto stärker empfindet er, daß eigenes und fremdes Los unzertrennlich sind. Darum werden in Zeiten der Stürme und Unruhen die zartesten und intimsten Seelenregungen des Dichters mit Sturm und Unruhe erfüllt.

Dem Dichter Catull hat, so glaube ich, noch niemand Mangel an Feinfühligkeit vorgeworfen. Ich halte mich für berechtigt zu behaupten, daß Catull inmitten der übrigen römischen Dichter (die man übrigens damals ebensowenig las wie die zeitgenössischen Dichter) kein solcher Holzklotz und Prügel war, um irgendwelche entschlafenen Römertugenden, seien sie nun staatsbürgerlich oder religiös, Mäzenen und Imperatoren zuliebe zu besingen (wie die Philologen anzunehmen geneigt sind); wirklich, manchmal kann es scheinen, als verfolge die gelehrten Philologen eine einzige Sorge: um jeden Preis das Wesen der Weltgeschichte zu verbergen, jede Verbindung zwischen Manifestationen der Kultur für verdächtig zu erklären, um dann zum gelegenen Zeitpunkt diese Verbindung zu zerreißen und ihre gehorsamen Schüler als arme Skeptiker im Stich zu lassen, denen es nie möglich sein wird, hinter den Bäumen den Wald zu sehen. Es ist die Aufgabe des Künstlers – des wahren Feindes einer solchen Philologie –, die Verbindung wieder herzustellen, die Horizonte von dem unordentlichen Wust nichtiger Fakten zu säubern, die alle historischen Perspektiven versperren wie vom Sturm geknicktes Gehölz. Ich glaube, daß wir nicht nur das Recht, sondern auch die Pflicht haben, den Dichter in Verbindung mit seiner Zeit zu sehen. Es ist uns gleichgültig, in welchem Jahr genau Catull seinen *Attis* geschrieben hat, ob damals, als Catilinas Verschwörung erst heranreifte oder als sie zum Ausbruch kam oder als sie soeben erstickt worden war. Darüber, daß dies gerade in diese Jahre fiel, gibt es keinen Zweifel, weil Catull in eben diesen Jahren schrieb. Der *Attis* ist die Schöpfung eines Bewohners von Rom, während es vom Bürgerkrieg zerrissen wurde. Hier liegt für mich die Erklärung für das Versmaß von Catulls Gedicht und sogar für sein Thema.

Stellen Sie sich jenen unmenschlichen Jähzorn vor, der den nach seiner Selbsterniedrigung bis zur Bosheit gereizten Catilina im Tempel des Iuppiter Stator ergriff. Die käuflichen Senatoren wünschten nicht mit ihm auf einer Bank zu sitzen und kehrten ihm den Rücken. Der Initiator dieser ganzen pompösen Zeremonie hatte eigens einen Tempel zum Ort der Handlung erwählt, als wäre der Tempel eben die Stätte, wo man einen Menschen beleidigen und eine Hetzjagd auf ihn veranstalten kann und muß, wie dieser Mensch auch sein mag. Die ganze Zeremonie war inszeniert. Im notwendigen Augenblick wurden anonyme Briefe bekanntgemacht. Zum Abschluß goß der geachtetste und gelehrteste Mann der Stadt, der es nicht verabscheut hatte, sich mit den Senatoren im Namen der Rettung des Vaterlandes zu verbünden, nachdem er diese ganze erniedrigende Komödie aufgeführt hatte, auf den in die Enge getriebenen Menschen die Zornesschale brillanter Advokatenberedsamkeit aus; Catilina blieb, so schien es, nur eines übrig: im Meer der vernichtenden Worte Ciceros zu ertrinken.

Aber Catilina schüttelte alles von sich ab. Er war genügend in schmutzigen Schlupfwinkeln herumgekommen und verroht genug; die Schelte lastete nicht schwer auf seinem Nacken. Das Gewicht abzuschütteln, half ihm auch die rasende Wut, die ihm die Besinnung geraubt hatte. Er machte gewissermaßen eine Metamorphose, eine Verwandlung durch. Da ward ihm leicht ums Herz, denn er hatte sich von der alten Welt losgesagt und Roms Staub von seinen Füßen geschüttelt (286).

Damit stellt Blok die Senatsszene in eine Reihe mit der Entmannung des Attis, bei der er ebenfalls das Gefühl der Erleichterung hervorhebt (284, s.o.). Das Leichtwerden verfolgt Blok dann sogar bis in den Rhythmus des Gedichtes hinein (285). Diese Leichtigkeit ist für Blok zugleich ein Signum der Weiblichkeit (285).

Auf diesem schwarzen Hintergrund einer nächtlichen Stadt (die Revolution unterstreicht immer, wie alle großen Ereignisse, die Schwärze) – stellen Sie sich, bitte, eine Horde vor und an ihrer Spitze einen Mann, der vor Wut den Verstand verloren hat und sich die Zeichen der Konsulwürde vorantragen läßt: Das ist derselbe Catilina, soeben noch Schoßkind der Löwinnen der römischen Welt und Halbwelt, der verbrecherische Anführer einer sittenlosen Bande; sein eigentümlicher Gang ist immer noch derselbe: bald träge, bald eilig; aber Wut und Raserei haben seinem Gang einen musikalischen Rhythmus verliehen, als wäre dies schon nicht mehr jener selbstsüchtige und sittenlose Catilina. Im Schreiten dieses Menschen leben Meuterei, Aufstand und die Furien des Volkszorns (288).

Hier hebt Blok in der Art Ovids nach der Verwandlung das Fortbestehen einer typischen Verhaltensweise hervor. Vor allem ist die äußere Erscheinungsform jetzt ganz und gar zur Spiegelung des Geistes geworden, der seinen Helden erfüllt. Catilina wird von Blok konsequent als »Besessener« gedeutet. Darin liegt trotz aller äußeren Ähnlichkeit ein wesentlicher Unterschied zur ovidischen Metamorphose, die das eigentliche Wesen einer Gestalt zur Anschauung bringt. Bei Blok hingegen liegt der Akzent auf der Veränderung, die dadurch entsteht, daß das Individuum seine Abgrenzung gegenüber dem Kollektiv verliert und von einer überpersönlichen Welle des Zorns ergriffen wird.

Vergeblich würden wir bei den Historikern nach Spiegelungen dieses Zorns suchen, nach Erinnerungen an die revolutionäre Besessenheit Catilinas, nach Beschreibungen der gespannten Gewitterstimmung, in der das Rom jener Tage lebte. Wir werden hierüber kein Wort finden: weder in Sallusts volltönenden Reden noch in Ciceros Geschwätz noch in Plutarchs Moralisieren. Aber wir werden ebendiese Atmosphäre bei einem Dichter finden – in den Galliamben Catulls, von denen wir gesprochen haben.

Hören Sie diesen ungleichmäßigen, eiligen Schritt des zu seinem Schicksal Verurteilten, den Schritt des Revolutionärs, den Schritt, in dem der Sturm des Zornes klingt, der sich in abgerissenen musikalischen Tönen entlädt?

Hören Sie ihn:

> *super alta vectus Attis celeri rate maria,*
> *Phrygium nemus citato cupide pede tetigit ...?* (288)

Anschließend macht Blok sich zum Anwalt einer umfassenden kulturpsychologischen Interpretation:

Ich nehme meine Zuflucht zur Gegenüberstellung von Erscheinungen, die aus Lebensbereichen stammen, welche scheinbar nichts gemeinsam haben; in unserem Falle stelle ich z.B. die römische Revolution und Verse Catulls zusammen. Ich bin überzeugt, daß nur durch solche und ähnliche Zusammenstellungen der Schlüssel zu einer Epoche gefunden werden kann, daß man ihr pulsierendes Leben fühlen und sich ihren Sinn klarmachen kann (289).

Nach kurzen Hinweisen auf das Fortwirken der Catilina-Gestalt in der Renaissance und im 18. Jahrhundert[81] kommt Blok auf Ibsen zu sprechen und macht sich dessen Deutung der Gestalt zu eigen.

Catilina folgt einer Pflicht: »Ich muß«,[82] so lautet das erste Wort des Stückes. Vor allem aber ist Catilina ein »Freund der Freiheit«.

Voll und ganz unterschreibt Blok eine briefliche Äußerung Ibsens an Brandes aus dem Jahr 1871: »Das einzige, was ich an der Freiheit schätze, ist der Kampf um sie; ihr Besitz interessiert mich nicht.« Ibsen geht es um »dauernde lebendige Aneignung der Freiheitsidee«. Wer einmal erkläre, er habe die Freiheit erobert, beweise gerade dadurch, daß er sie verloren habe. Blok sieht in Ibsen (wie es auch wohl auf ihn selbst zutrifft) keinen Sozialisten (dazu spielt bei beiden Dichtern das Individuum und die Minorität[83] eine zu wichtige Rolle).

Blok hebt hervor, daß Catilina seine Gattin Aurelia tötet – dafür, daß sie ihn zu einem bürgerlichen Dasein, also zu einem halben Leben, verurteilen wollte. »Nachdem er sie, seinen Morgenstern, und zusammen mit ihr ›alle iridischen Herzen, alles Lebendige und alles, was grünt und blüht‹ getötet hat und selbst durch eine andere Frau zu Tode gekommen ist, wartet Catilina auf dem Weg ›nach links in die finstere Hölle‹, aber seine Seele gelangt zusammen mit der Seele der getöteten Gattin, ›nach rechts ins Elysium‹« (294). Blok erkennt richtig, daß man diesen Schluß nicht politisch interpretieren sollte. Die Parallelen zu seiner Catilina-Deutung zieht er nicht ausdrücklich, aber sie liegen auf der Hand: Die Ermordung des eigenen Morgensterns bei Ibsen, eine selbstzerstörerische Handlung, findet für Blok in der Selbstentmannung von Catulls Attis eine überzeugende Parallele. Die Tat geschieht bei Catull wie bei Ibsen unter der Suggestion eines weiblichen Dämons: bei Catull der Magna Mater, bei Ibsen der Furia, die Catilina in Auflehnung und Tod treibt. Wir verstehen jetzt auch, wieso Blok auf Antonius hinweist, der die römische Flotte opferte, weil er Cleopatras Zauber verfallen war. Dahinter steht auch eine bedeutende russische literarische Tradition: Kein Geringerer als Puškin hatte in den »Ägyptischen Nächten« folgendes Thema, das er aus Aurelius Victor[84] schöpft, ausgestaltet: Cleopatra verkauft ihre Liebe an junge Männer. Der Preis dafür ist deren Leben. Diese radikale Auslegung des *servitium amoris* überträgt Blok als Deutungsschema auf Catilinas Liebe zur Revolution. Bloks eigene poetische Vorstellungswelt hat ihm eine solche Identifikation nahegelegt. In seiner Frühzeit hatte er sich in Versen voll religiöser Inbrunst als Ritter in den Dienst der ›schönen Dame‹ gestellt. Als dieser mystische Glaube sich auf die Dauer nicht als tragfähig erwies, lag es nahe, die Hoffnung auf einen neuen Äon in den großen Ereignissen der Zeitgeschichte zu verankern. Die Tragödie Catilinas hat Blok deshalb so eingehend beschäftigt, weil sie ihm vor allem in Ibsens Dramatisierung und im Lichte von Catulls *Attis* ein Modell anzubieten schien, das nicht nur das Schicksal Rußlands, sondern auch die innere Krise des Dichters beleuchten konnte.

Wissenschaftlich gesprochen, entgeht Blok nicht der Versuchung, historische Erscheinungen naiv zu aktualisieren. Es macht ihm Freude, die römischen Zustände so zu schildern, als spielten sie sich im zeitgenössischen Rußland ab. Ehe wir einen solchen Zugang völlig verurteilen, müssen wir daran erinnern, daß auch große Historiker auf das aktuelle Interesse als treibende Kraft ihres Schaffens nicht restlos verzichten konnten, ja ihm manche tiefe Einsicht verdanken, ich denke etwa an Theodor Mommsen oder an Michael Rostovtzeff. Da der Dichter schematische Parallelisierung ablehnt, meidet er wenigstens die schlimmsten Gefahren, die auf diesem Wege lauern. Freilich hat er, wie wir im einzelnen gesehen haben, Catilina nach seinem eigenen Bilde umgeschaffen.

So trägt eine antike Gestalt zur Selbsterkenntnis neuzeitlicher Menschen in entscheidenden historischen Situationen bei. Blok selbst hat daran erinnert, daß italienische Verschwörer der Renaissance Sallust gewissermaßen als Lehrbuch benützten, um ihre Revolution zu planen.[85] So weit kann bei einem Dichter die Aktualisierung kaum gehen. Aber es ist bedeutsam genug, wenn in historischen Augenblicken, wie 1848 bei dem größten damals lebenden Dramatiker Ibsen und 1918 bei Blok, dem größten russischen Lyriker jener Zeit, die römische Vergangenheit befragt wird – auf der Suche nach Klärung und Befreiung.

Wenn der poetische Betrachter, unbekümmert um literarische Gattungsgrenzen, eine Zusammenschau von dichterischen und historischen Äußerungen einer Generation wagt und sich dazu der ebenfalls von einem Dichter geschaffenen Kategorie der Metamorphose bedient, so wird ihm in dieser Beziehung nicht jeder Leser gleich weit folgen wollen. Doch bleibt bestehen, daß wir berechtigt sind, Geist und Atmosphäre einer Epoche in den verschiedenartigsten kulturellen Äußerungen aufzusuchen, und auch die scheinbar entlegenste Kunstdichtung nicht außerhalb ihrer Zeit beurteilen dürfen. Bloks Hinweis auf die Sensibilität der Dichter, die seismographisch auf Veränderungen im Lebensgefühl reagiert, ist zweifellos eine grundlegende Einsicht. Gerade die hier zusammengestellten Beispiele zeigen, daß dies auch vom Leserverhalten und von der jeweils wechselnden Affinität zu bestimmten antiken Stoffen gilt.

3. Fides und Völkerrecht: Von Livius zu Hugo Grotius[86]

Mos erat Faliscis eodem magistro liberorum et comite uti, simulque plures pueri, quod hodie quoque in Graecia manet, unius curae demandabantur. Principum liberos, sicut fere fit, qui scientia videbatur praecellere erudiebat. Is cum in pace instituisset pueros ante urbem lusus exercendique causa producere, nihil eo more per belli tempus intermisso, [dum] modo brevioribus modo longioribus spatiis trahendo eos a porta, lusu sermonibusque variatis, longius solito ubi res dedit progressus, inter stationes eos hostium castraque inde Romana in praetorium ad Camillum perduxit. Ibi scelesto facinori scelestiorem sermonem addit, Falerios se in manus Romanis tradidisse, quando eos pueros quorum parentes capita ibi rerum sint in potestatem dediderit. Quae ubi Camillus audivit, ›Non ad similem‹ inquit ›tui nec populum nec imperatorem scelestus ipse cum scelesto munere venisti. Nobis cum Faliscis quae pacto fit humano societas non est: quam ingeneravit natura utrisque est eritque. Sunt et belli, sicut pacis, iura, iusteque ea non minus quam fortiter didicimus gerere. Arma habemus non adversus eam aetatem cui etiam captis urbibus parcitur, sed adversus armatos et ipsos qui, nec laesi nec lacessiti a nobis, castra Romana ad Veios oppugnarunt. Eos tu quantum in te fuit novo scelere vicisti: ego Romanis artibus, virtute opere armis, sicut Veios vincam.‹ Denudatum deinde eum manibus post tergum inligatis reducendum Falerios pueris tradidit, virgasque eis quibus proditorem agerent in urbem verberantes dedit. Ad quod spectaculum concursu populi primum facto, deinde a magistratibus de re nova vocato senatu, tanta mutatio animis est iniecta ut qui modo efferati odio iraque Veientium exitum paene quam Capenatium pacem mallent, apud eos pacem universa posceret civitas. Fides Romana, iustitia imperatoris in foro et curia celebrantur; consensuque omnium legati ad Camillum in castra, atque inde permissu Camilli Romam ad senatum, qui dederent Falerios proficiscuntur. Introducti ad senatum ita locuti traduntur: ›Patres conscripti, victoria cui nec deus nec homo quisquam invideat victi a vobis et imperatore vestro, dedimus nos vobis, rati, quo nihil victori pulchrius est, melius nos sub imperio vestro quam legibus nostris victuros. Eventu huius belli duo salutaria exempla prodita humano generi sunt: vos fidem in bello quam praesentem victoriam maluistis; nos fide provocati victoriam ultro detulimus. Sub dicione vestra sumus; mittite qui arma, qui obsides, qui urbem patentibus portis accipiant. Nec vos fidei nostrae nec nos imperii vestri paenitebit.‹ Camillo et ab hostibus et a civibus gratiae actae. Faliscis in stipendium militum eius anni, ut populus Romanus tributo vacaret, pecunia imperata. Pace data exercitus Romam reductus. [87]

Die Falisker hatten den Brauch, ein und dieselbe Person als Lehrer und Begleiter ihrer Kinder zu nehmen, und eine ganze Anzahl Knaben wurde, wie das in Griechenland heute noch üblich ist, der Sorge eines einzigen anvertraut. Die Söhne des Adels erzog, wie üblich, einer, der sich durch seine Kenntnisse auszuzeichnen schien. (2) Da dieser nun in Friedenszeiten damit begonnen hatte, die Knaben zu Spiel und Sport vor die Stadt hinauszuführen, und diese Gewohnheit während der Kriegszeit nicht unterbrach, führte er sie bald kürzere, bald weitere Strecken vom Stadttor weg, und einmal, als sich das so ergab und er unter abwechslungsreichen Spielen und Gesprächen weiter als üblich gekommen war, brachte er sie durch die feindlichen Postenstellungen hindurch und dann bis ins römische Lager zum Feldherrnzelt vor Camillus. (3) Dort fügte er zu seiner schändlichen Tat eine noch schändlichere Rede: (4) Er habe Falerii in die Hände der Römer gegeben, da er ihnen die Knaben überantwortet habe, deren Väter dort die Herren des Staates seien. (5) Als Camillus dies hörte, sagte er: »Du bist nicht zu einem dir ähnlichen Volk und Feldherrn gekommen, du Verbrecher, mit deinem verbrecherischen Geschenk! (6) Wir haben mit den Faliskern keine Gemeinschaft, die auf von Menschen geschlossenen Vereinbarungen beruht; die aber die Natur für beide geschaffen hat, die besteht und wird bestehenbleiben. Auch der Krieg hat wie der Friede seine Rechtsgrundsätze; und wir haben gelernt, ihn nicht weniger rechtlich als tapfer zu führen. (7) Wir gebrauchen unsere Waffen nicht gegen dieses Alter, das auch bei der Einnahme einer Stadt geschont wird, sondern gegen Bewaffnete, und zwar gegen solche, die, ohne von uns verletzt oder gereizt worden zu sein, das römische Lager vor Veji angegriffen haben. (8) Die hast du für dein Teil durch ein noch nicht dagewesenes Verbrechen übertroffen; ich aber werde mit römischen Mitteln siegen, mit

Tapferkeit, mit der Belagerungstechnik und mit Waffen, wie bei Veji!«
(9) Dann übergab er ihn, nackt und mit auf den Rücken gebundenen
Händen, den Knaben, ihn nach Falerii zurückzubringen, und ließ
ihnen Ruten geben, mit denen sie den Verräter in ihre Stadt hinein-
peitschen sollten.

(10) Nachdem zu diesem Schauspiel erst das Volk zusammenge-
strömt war, dann wegen des unerhörten Ereignisses von den Be-
hörden der Senat zusammengerufen worden war, gab es einen
solchen Stimmungsumschwung, daß die gesamte Bürgerschaft von
denselben Leuten Friedensverhandlungen fordern konnte, die
eben noch, besinnungslos vor Haß und Zorn, die Vernichtung, wie
sie Veji ereilt hatte, dem Frieden, wie ihn die Kapenaten geschlossen hatten, vorgezogen hätten. (11) Man pries die Vertragstreue
der Römer, die Gerechtigkeit des Feldherrn auf dem Forum und
im Senat, und mit allgemeiner Zustimmung begaben sich Gesand-
te, die Falerii übergeben sollten, zu Camillus ins Lager und von
dort mit Erlaubnis des Camillus zum Senat nach Rom.

(12) Als sie vor den Senat geführt worden waren, sollen sie
folgendermaßen gesprochen haben: »Versammelte Väter, von euch
und eurem Feldherrn durch einen Sieg bezwungen, der keines
Gottes und keines Menschen Neid erregen möge, ergeben wir uns
euch, weil wir glauben – und etwas Schöneres kann es für einen
Sieger nicht geben –, daß wir unter eurer Herrschaft besser leben
werden, als wenn wir selbständig blieben. (13) Durch den Ausgang
dieses Krieges hat die Menschheit zwei heilsame Lehren empfangen: Ihr habt die Rechtlichkeit im Kriege einem augenblicklichen
Vorteil vorgezogen, und wir, durch eure Rechtlichkeit aufgerufen,
haben euch aus freien Stücken den Sieg überlassen. (14) Wir sind
eure Untertanen. Schickt Bevollmächtigte, die die Waffen, die Gei-
seln und die Stadt bei geöffneten Toren übernehmen. Weder sollt
ihr mit unserer Treue, noch werden wir mit eurer Herrschaft unzufrieden sein.«

(15) Dem Camillus wurde von den Feinden und von seinen
Mitbürgern der Dank ausgesprochen. Den Faliskern erlegte man
eine Geldzahlung für den Sold dieses Jahres auf, damit das römische Volk von der Kriegssteuer frei blieb. Nachdem der Friede
gewährt war, wurde das Heer nach Rom zurückgeführt.

Die erbauliche Erzählung vom Schulmeister, der die ihm anvertrau-
ten Kinder ins feindliche Lager entführt, aber von dem römischen
Feldherrn mit Schimpf und Schande verjagt wird, scheint auf den

ersten Blick das Klischee vom »moralisierenden« Livius aufs neue zu bestätigen. Unser Autor zeigt sich hier jedoch nicht nur von seiner umstrittensten, sondern auch von seiner besten Seite. Er stellt seinen Lesern vor Augen, daß wahrhaft römisches und wahrhaft menschliches Verhalten zusammenfallen sollten. Damit ist einer politischen Ideologisierung des römischen Fatums, das als Zweck die Mittel heiligen könnte, ein Riegel vorgeschoben.

Der zentrale Satz (*sunt et belli sicut pacis iura*, 6) ist von dem Kommentator Ogilvie z. St. richtig verstanden worden. Kriegsrecht heißt hier nicht so viel wie das Recht, Dinge zu tun, die in Friedenszeiten strafbar sind. Es geht vielmehr darum, daß bestimmte Rechtsgrundsätze auch im Krieg gültig bleiben. Die Polemik von J. Briscoe[88] ist in bezug auf unsere Stelle verfehlt. Es trifft zwar zu, daß die erstgenannte Bedeutung bei weitem überwiegt, aber auch die zweite ist belegt, wie z. B. H. Drexler[89] nachgewiesen hat. In unserem Kontext ist der Sinn schon durch den Zusammenhang festgelegt: *iuste non minus quam fortiter*. Hier liegt die Betonung eindeutig auf dem ersten der beiden Glieder. In diesem Sinne hat der livianische Satz auch fortgewirkt und den Buchtitel des grundlegenden Werkes über Völkerrecht bestimmt: *De iure belli ac pacis* (1625) von Hugo Grotius (Huigh de Groot).

Ein Eingehen auf das Fortwirken unserer Liviusstelle bei Hugo Grotius und auf ihre Bedeutung für das Völkerrecht scheint daher lohnend.

Livius läßt hier Camillus ausdrücklich auf das Naturrecht Bezug nehmen: Zwischen Römern und Faliskern gibt es keine Rechtsgemeinschaft durch Satzung (*quae pacto fit humano*: θέσει), aber eine naturgegebene Rechtsgemeinschaft (*quam ingeneravit natura utrisque*), und diese ist ewig (*est eritque*). Die Voraussetzung für das Kriegsrecht (genauer: für die Gültigkeit der Rechtsprinzipien auch im Kriege) ist also naturrechtlicher Art.

Einen sehr nahe verwandten Gedanken spricht Hugo Grotius[90] (p. 16) aus: *inter hostes scripta quidem iura, id est civilia non valere, at valere non scripta, id est ea quae natura dictat aut gentium consensus constituit*. Neu ist gegenüber der Liviusstelle die Differenzierung des ungeschriebenen Rechtes in Natur- und Völkerrecht – entsprechend antiker Rechtstheorie und der Thematik von Grotius' Buch. Für diesen Satz beruft er sich denn auch nicht auf den römischen Historiker. Die Belege für das Prinzip, die er im folgenden anführt, stammen jedoch vorwiegend aus Livius, und zwei davon sind unserer Stelle entnommen: *Camillus iuste non minus quam fortiter bella gerenda dicebat;* und einige Zeilen weiter: *sunt et belli sicut et pacis iura.* Grotius kommt es hier vor allem auf die Notwendigkeit einer rechtlichen Regelung des Verhaltens im Kriege an, aber auch auf das Bewußtsein, für eine gerechte Sache zu kämpfen. Dieses ist eine Folge der Forderung, nur gerechte Kriege zu führen und auch die Kriegführung selbst an Rechtsnormen zu binden.

In diesem zentralen Passus schließt sich Hugo Grotius zweimal ausdrücklich an unseren Liviusabschnitt an. Er ist sich also der grundsätzlichen Bedeutung dieses Liviustextes für das Völkerrecht bewußt.

Die Überzeugung, für eine gerechte Sache zu kämpfen, bildet eine gewisse Erfolgsgarantie. Auch dieser Gedanke, dem Hugo Grotius große Aufmerksamkeit schenkt, entspricht in mancher Beziehung dem Bild, das Livius von der römischen Geschichte entwirft. Die Römer, die sich mit Gottheit und Fatum im Einklang wissen, sind erfolgreich (Liv. 5,51,5 *invenietis omnia prospera evenisse sequentibus deos, adversa spernentibus*). Bei dem holländischen Gelehrten mag hier bewußt oder unbewußt ein calvinistisches Lebensgefühl mitschwingen, das für die eigene Erwähltheit Bestätigungen im äußeren Erfolg sucht und so zur Triebfeder wichtiger kolonisatorischer und wirtschaftlicher Entwicklungen der Neuzeit wird.

Abschließend sei nach der Funktion der Liviusreminiszenzen bei Hugo Grotius gefragt. Auch hierüber hat sich der holländische Gelehrte grundsätzlich geäußert: *Historiae duplicem habent usum qui nostri sit argumenti; nam et exempla suppeditant et iudicia. Exempla quo meliorum sunt temporum et populorum, eo plus habent auctoritatis: ideo Graeca et Romana ceteris praetulimus. Nec spernenda iudicia, praesertim consentientia; ius enim naturae (ut diximus) aliquo modo inde probatur; ius vero gentium non est ut aliter probetur* (p. 24).

So wird Livius einerseits als Schatzkammer für Modelle politischer Verhaltensweisen und Situationen (*exempla*) herangezogen, andererseits als Quelle für Natur- und Völkerrecht (*iudicia*). Wenn Hugo Grotius seine Beispiele mit Vorliebe aus der römischen Geschichte wählt, so hat dies übrigens auch taktische Gründe. Da es ihm auf Völkerverständigung ankam, mußte er jeden Anstoß vermeiden. Die Heranziehung von Fakten aus der Neuzeit hätte unweigerlich politische und konfessionelle Ressentiments auf den Plan gerufen, die Grotius gerade abbauen wollte. Anders die römische Geschichte, die wegen ihrer Abgeschlossenheit und zeitlichen Ferne eine unvoreingenommene Betrachtung förderte. In der weitgehenden Beschränkung auf antike Beispiele, insbesondere aus Livius, äußert sich kein »rückwärtsgewandter« Geist. Vielmehr entspringt dieses Vorgehen, wie wir sahen, gerade dem Streben nach aktueller Wirkung. Situationen und Persönlichkeiten der römischen Welt waren Grotius' Lesern vertraut. Sie leuchteten als Typen auch hinter den Gestalten der zeitgenössischen Geschichte auf und konnten als Zeichen an ihre Stelle treten, um die wissenschaftliche Diskussion dem Tagesgezänk zu entheben und so die aufklärende Wirkung der eigenen Darstellung zu verstärken. Der Rückgriff auf Livius trägt zum Abbau emotionaler Verständnisbarrieren bei; der Verlust an ausdrücklicher stofflicher Aktualität bedeutet in diesem Falle einen Gewinn an aktueller Wirkung für die Schrift, die sich an ganz verschiedene politische Lager richtet.

Im Sinne der prinzipiellen Äußerung von Hugo Grotius können wir die oben behandelte Erzählung als *exemplum* verstehen. Sie belegt als Ganzes die These vom ungeschriebenen Recht, das auch zwischen Feinden seine Gültigkeit behält.[91]

Im einzelnen sind für Grotius aber insbesondere die darin ausgesprochenen Urteile (*iudicia*) von Bedeutung, und zwar der Ausspruch des Camillus, gerechtes Verhalten sei im Krieg nicht weniger wichtig als tapferes, und in gleicher Akzentuierung der grundlegende Satz: *sunt et belli sicut pacis iura.*

Über unsere Liviusstelle hinausgehend differenziert Grotius zwischen Natur- und Völkerrecht, wie es auch schon die antike Rechtsphilosophie tat. Ein schlagender Beleg für die beherrschende Bedeutung der römischen – genauer: der ciceronisch-livianischen – Tradition für Hugo Grotius ist seine Definition des Naturrechts, in der sich die Grundgedanken einer wichtigen Stelle aus dem 3. Buch (22,33) von Ciceros Staatsschrift wiederfinden (p.34): *Ius naturale est dictatum rectae rationis indicans, actui alicui, ex eius convenientia aut disconvenientia cum ipsa natura rationali, inesse moralem turpitudinem aut necessitatem moralem, ac consequenter ab auctore naturae Deo talem actum aut vetari aut praecipi.* In den Anmerkungen verweist Grotius auf Philo, *omnem virum bonum esse liberum* 7, Tert. *de corona* 6 und auf unsere Stelle aus Cic. rep. III bei Lact. inst. 6,8.[92] Die Kernstelle ist Grotius also durch Laktanz vermittelt, dessen 5. und 6. Buch er gründlich studiert hat. Einer von vielen Belegen ist die Auseinandersetzung mit Karneades in Grotius' Prolegomena (p.12) besonders zu *iustitia—stultitia* (s. Lact. inst. 5,16,2—4 = Cic. rep. 3,12,21).

Grotius hält wie Cicero an Gott als der obersten Instanz des Naturrechts fest. An einer Stelle sagt er jedoch rein hypothetisch, *Oikeiosis* und rationale Natur des Menschen wären als Fundament des Naturrechts selbst dann gültig, wenn es keinen Gott gäbe (p.10). Damit ist ein Ansatzpunkt für ein säkularisiertes Natur- und Völkerrecht gegeben.

Livius sieht die republikanische Geschichte bereits aus einer gewissen Distanz. Er gestaltet sie für Leser seiner Zeit und arbeitet diejenigen Züge heraus, die für die eigene Epoche noch von Bedeutung sind. In der Tatsache, daß er kein Berufspolitiker ist, liegt gewiß ein Nachteil, aber auch ein Vorzug. Er schreibt nicht für Fachhistoriker, sondern allgemein für Menschen. Er fühlt sich nicht nur in Strategen ein, sondern auch und gerade in die durch ihre Maßnahmen betroffene Bevölkerung. Auffällig ist auch sein Verständnis für die Seele der Frau. Wenn er die sittliche Entscheidung des Einzelnen noch stärker betont, als dies heute zu geschehen pflegt, so darf man diese für viele antike Historiker bezeichnende Auffassung Livius nicht allein anlasten. Im Hinblick auf die historische Verantwortung ist dies übrigens ein freierer und menschenwürdigerer Standpunkt als ein Determinismus, sei er biologisch oder wirtschaftlich verbrämt. Denkerisch ist bei Livius manches unausgeglichen; so koexistieren polybianische Skepsis und römische Betonung des Rituellen friedlich miteinander.

Durch den Vergleich mit Hugo Grotius wird indirekt eine bedeutende Leistung des Livius klar: Dadurch, daß er seine Humanität in die Vergangenheit projiziert und dort Antworten auf die Fragen seiner Zeit sucht (ein wichtiges Stichwort ist *concordia*, die sich in geradezu menandrisch anmutender Konzessionsbereitschaft der Parteien manifestieren kann), wird die römische Geschichte als allgemein menschliche Erfahrung auch auf andere Systeme und Epochen übertragbar. So tut Livius für die republikanische Geschichte, was Cicero für die natürliche Fundierung des römischen Rechts und was Ovid für die Aktualisierung griechischer Mythologie leistet. Beide großen Augusteer haben der Nachwelt gerade durch die undogmatische Reduktion ihrer Stoffe auf das Allgemeinmenschliche einen festen Vorrat geprägter Situationen und Bilder vermittelt. Nicht zuletzt durch Livius sind Gestalten und Ereignisse der römischen Geschichte zu Archetypen geworden, die sich in ihrer Bedeutung für die europäische Kultur ebenbürtig neben die griechische Mythologie stellen.

ANMERKUNGEN

1. Thuc. 1,23,1–3. TEXT: Thucydidis Historiae, post Carolum Hude ed. O. Luschnat, Band 1, 2. Aufl., Leipzig 1960. – Übersetzung von mir.

2. Tac. hist. 1,2–3. TEXT: P. Cornelii Taciti libri qui supersunt; tom. II,1: Historiarum libri, ed. H. Heubner, Stuttgart 1978. – Übersetzung von mir. – ZWEISPRACHIGE AUSGABE: Tacitus, Historien. Lateinisch–Deutsch, von J. Borst unter Mitarbeit von H. Hross, München 1959. – KOMMENTAR: H. Heubner, P. Cornelius Tacitus. Die Historien. Kommentar, 4 Bände, Heidelberg 1963–1976.

3. Genauer: »schrecklich sogar schon *durch* die (zu beschreibende) Friedenszeit«: »Wo selbst der Friede seine Schrecken hat«.

4. Galba, Otho, Vitellius, Domitian.

5. Kriege zwischen 1) Otho und Vitellius, 2) Vitellius und Vespasian, 3) Domitian und L. Antonius Saturninus (Statthalter Obergermaniens).

6. Der Sieg über die Juden. 7. Verluste im Bataverkrieg.

8. *Illyricum* (Dalmatien, Pannonien, Moesien): die dortigen Legionen schließen sich der flavischen Partei an.

9. Infolge des Bataver-Aufstandes.

10. Unterwerfung der Picten und Caledonier durch Agricola (Tac. Agr. 10,1; 33,3). Preisgabe durch Domitian (Rückzug auf Solway-Tine-Linie).

11. Ein Betrüger, der zwanzig Jahre nach Neros Tod auftrat.

12. Pompeji, Herculaneum, Stabiae.

13. Eroberung Roms durch die Vitellianer.

14. *Pollutae caerimoniae* durch Vestalinnen, die das Keuschheitsgelübde brachen.

15. Kaiserliche Prokurationen (P. Cornelius Tacitus, erklärt von K. Nipperdey, Bd. 2, 5., verb. Aufl. besorgt von G. Andresen, Berlin 1892, zu Tac. ann. 12,60.

16. Cornelius Dolabella durch seinen Freund Plancius Varus (Tac. hist. 2,63,1).

17. *Ehefrauen*: Fannia, Tochter Thraseas, Gattin des Helvidius Priscus (Tac. Agr. 45, Plin. epist. 7,19).

18. *Constantes generi*: Helvidius Priscus (Tac. hist. 4,5).

19. *Servorum fides*: Sklave Pisos (Tac. hist. 4,50).

20. Z.B. Sokrates, Phokion, Demosthenes, Cato Uticensis.

21. Dieses Motiv konnte schon deswegen von Thukydides hier nicht angekündigt werden, weil er eine Monographie über einen Krieg schrieb, während Tacitus eine längere Epoche darstellt, die auch Friedenszeiten kennt. Der Sache nach wäre freilich

die Eroberung von Melos durch die Athener (416), die in die Zeit des »faulen Friedens« fällt (421–415), durchaus als *ipsa etiam pace saevom* zu bezeichnen gewesen.

22. Auch Hooft (s.u. S. 19ff.) hat das Problem erkannt und den Fürsten an der logisch befriedigenderen späteren Stelle einen eigenen Abschnitt gewidmet.

23. Neederlandsche Histoorien, Buch 1, S. 2–3 der Originalausgabe (1642). TEXT: P. C. Hooft, Alle de gedrukte werken 1611–1738, onder redactie van W. Hellinga en P. Tuynman, Band 9, Amsterdam 1972, 290–291. – Übersetzung von mir. – Es überrascht nicht, daß Hooft auch theoretisch eine hohe Meinung von Tacitus' *prudentia* und *iudicium* hat (F. Veenstra, Bijdrage tot de kennis van de invloeden op Hooft, Proefschrift Groningen, Assen 1946, 219. Ebd. zum Einfluß von Lipsius und Vossius). Hooft hatte Tacitus 52mal gelesen: J. D. M. Cornelissen, Hooft en Tacitus, Utrecht 1938, 37. Zum Einfluß des J. Lipsius ebd. 6. Mit Recht nennt Cornelissen das Fortwirken des Tacitus in jener Zeit eine internationale Erscheinung (10) und verweist auf die Einheit von Form und Inhalt bei beiden Autoren (34). Vgl. auch E.-L. Etter, Tacitus in der Geistesgeschichte des 16. und 17. Jh. (= Baseler Beitr. zur Geschichtswissenschaft 103) Basel/Stuttgart 1966, 115ff.; 142; 147f.

24. Egmont und Hoorne.

25. Die spanischen Habsburger.   26. Philipp und Carlos.

27. Hugo Grotius (1583–1645). De iure belli ac pacis (1625).

28. R. Enghofer, Der Ablativus absolutus bei Tacitus, Diss. Würzburg 1961.

29. P. C. Hooft, Nederlandse Historien in het kort. Samengesteld en ingeleid door M. Nijhoff, Elsevier–Amsterdam/Brussels 1978, 2.

30. Schiller nennt in der Einleitung der »Geschichte des Abfalls der Vereinigten Niederlande« den Befreiungskampf der Niederländer »dieses schöne Denkmal *bürgerlicher* Stärke« (hervorgehoben von mir), ein Beispiel dafür, »was Menschen wagen dürfen für die gute Sache und ausrichten mögen durch Vereinigung«.

31. In der Neuzeit verbindet sich der christliche mit dem antik-stoischen Ansatz, wonach die Menschheit eine große Familie und alle Menschen Brüder seien. In der Französischen Revolution tritt die Formel *liberté, égalité, fraternité* 1792 im Club der Cordeliers auf (J. P. Marat, G. Danton, J. R. Hébert). Die Brüderlichkeit bildet hier die Klammer und den Ausgleich zwischen Freiheit und Gleichheit. Während die beiden anderen Werte neuzeitlich als Forderungen des einzelnen an die Gesellschaft verstanden werden, handelt es sich bei der Brüderlichkeit umgekehrt um eine Forderung der Gemeinschaft an den einzelnen. Zum Begriff: W. Schieder, Brüderlichkeit..., in: Geschichtliche Grundbegriffe. Historisches Lexikon zur politisch-sozialen Sprache in Deutschland. Hrsg. v. O. Brunner, W. Conze, R. Koselleck, Bd. 1, A–D, Stuttgart 1972, 552–581.

32. Für eine allgemeinere Bedeutung von *casibus*: Heubner, Kommentar (s. Anm. 2), Band 1, 1963, 19.

33. TEXT: (s. oben Anm. 2). – Übersetzung von mir.

34. Vgl. M. von Albrecht, Meister römischer Prosa von Cato bis Apuleius. Interpretationen, 2., durchgesehene Aufl., Heidelberg 1983, 84.

35. TEXT: Schillers sämtliche Werke, Säkular-Ausgabe in 16 Bänden, 14. Band, histor. Schriften, m. Einl. und Anm. von R. Fester, 2. Teil, Stuttgart und Berlin (Cotta) o.J., 17f. Ein Vergleich der Vorreden Hoofts und Schillers findet sich bei J. P. van Cappella, Hooft und Schiller als Geschichtschreiber, Blätter für literarische Unterhaltung, Leipzig 1828, Nr. 165, 658–660 (aus des Verf. Buch »Beiträge zur niederländischen Geschichte« 1827). Die umfangreiche Literatur zum Thema »Schiller und die Antike« bringt kaum etwas zu Tacitus (z.B. L. Hirzel, Über Schillers Beziehungen zum Alterthume, Programm Aarau 1872, 28), noch weniger zu unserer Stelle, soweit ich bisher feststellen konnte (knapp H. Sproemberg, Beiträge zur belgisch-niederländischen Geschichte, Berlin 1959, 340; R. Fester, Vorstudien zur Säkularausgabe der historischen Schriften Schillers, Euphorion 12, 1905, 78–142, bes. 82f., sehr kurz). Mehr beachtet ist das Verhältnis zu den Griechen.

36. Man vergleiche dazu im folgenden die Hinweise auf »die Ohnmacht der Weltbeherrscher«, »den Verfall der spanischen Macht«.

37. *Rursus impubes et forma conspicui ... ad stuprum trahebantur* hist. 4,14,1.

38. H. Fuchs, Der geistige Widerstand gegen Rom in der antiken Welt, Berlin 1938.

39. Kritik an den Troianern als Orientalen: Verg. Aen. 9, 598–620.

40. Zu diesem Sprichwort s. A. Otto, Die Sprichwörter und sprichwörtlichen Redensarten der Römer, Leipzig 1890, Nachdruck Hildesheim 1965, 144; hierzu: Nachträge, eingeleitet und mit einem Register hrsg. von R. Häußler, Darmstadt 1968.

41. TEXT: C. Sallusti Crispi Catilina, Iugurtha, fragmenta ampliora, post A. W. Ahlberg ed. A. Kurfess, 3. Aufl., Leipzig 1957. – Übersetzung von mir.

42. Ibsens Selbstzeugnisse über seinen *Catilina* sind gesammelt in: Dichter über ihre Dichtungen, Band 10/I, hrsg. von R. Hirsch und W. Vordtriede: H. Ibsen, Teil I, übertr. und hrsg. von V. Arpe, München 1972, 9–21 (dort wird auf S. 21 P. Herrmann als Verfasser einer von Ibsen durchgesehenen Übersetzung genannt). TEXT: H. Ibsen, Samlede Verker, Hundreårsutgave ved F. Bull, H. Koht, D. Arup Seip, Band I, Oslo 1928, 27–242 (*Catilina* 1875 mit Einleitung zum *Catilina* von F. Bull), bes. 132 und 164f. – ÜBERSETZUNG: Stefan George, Werke, Ausgabe in zwei Bänden, Band 2, Düsseldorf und München 1968, 586–590; vgl. auch H. Ibsen, Sämtliche Werke, Volksausgabe in 5 Bänden, hrsg. von J. Elias und P. Schlenther, einzige autorisierte deutsche Ausgabe, Berlin (Fischer) 1911, Band 1, 120–202 (Übersetzer ist dort Christian Morgenstern, vgl. unten Anm. 70). Die Neufassung des *Catilina* von 1875 bewahrt recht treu den Charakter des ein Vierteljahrhundert älteren Jugendwerkes.

43. Wörtlich: Zähme jetzt deine Zunge.

44. Wörtlich: Nieder mit ihm. 45. Wörtlich: Diese offene Brust.

46. Morgenstern: Er will nur unser Wohl.

47. Wörtlich: Wir haben seinen Hohn verdient.

48. Morgenstern: Schön hat mir einst geträumt, und große Bilder / Besuchten mich und flohn dem Blick vorüber.

49. Morgenstern: Mir träumte, daß ich mich wie Ikarus / Bis unters Himmelszelt beschwingt erhob.

50. Morgenstern: Mir träumte: Götter stählten mir die Hand / Mit Riesenkraft und boten mir den Blitzstrahl.

51. Wörtlich: Und diese Hand ergriff. 52. Wörtlich: Tief unten.

53. Von Stefan George ausgelassener Vers: Und da die rote Lohe stieg und leckte (Morgenstern). Der Vers fehlt auch in Stefan Georges Manuskript (freundliche Auskunft von Herrn Bibliotheksdirektor Dr. W. Hoffmann, Stuttgart).

54. Wörtlich (transitiv): Ich richtete Rom auf, ließ Rom sich aus seiner Asche erheben.

55. Wörtlich: Die Geister der Vorzeit.

56. Wörtlich: Durch diese Hand. 57. Wörtlich: Unser Rom.

58. Wörtlich: Paläste, Tempel sollen stürzen in Schutt, und das Kapitol soll geweht werden von seiner Höhe.

59. Wörtlich: Ich stelle mich an die Spitze.

60. Zum Blitz gehört auch die Kürze des Ruhmes, s. den Monolog im 2. Akt, S. 153 in Text und Übersetzung; Furia spornt Catilina an, ihre Augen leuchten wie der Blitz (S. 157).

61. Das ahnt Catilina schon im Gespräch mit Furia im 2. Akt, S. 158 in Text und Übersetzung.

62. 1. Akt 3. Szene S. 136 in Text und Übersetzung.

63. Text S. 123 *modsigelsen mellem evne og higen, mellem vilje og mulighed* (Übersetzung S. 124).

64. Über eine dänische Anregung zu dieser Vestalinnengestalt (Paludan-Müller): Bull, Inledning 31 (s. o. Anm. 2).

65. S. 137f. in Text und Übersetzung.

66. Wir sind berechtigt, »Ibsensche« Züge im *Catilina* zu suchen; stand doch Ibsen auch in späteren Jahren noch zu seinem Erstling *Catilina* und gab ihn stilistisch verbessert, aber inhaltlich ganz unverändert neu heraus. Der Dichter wollte stets, man solle sein Lebenswerk ganz und ohne Kürzungen lesen.

67. Furia wandelt außerdem auch Curius um.

68. In ihr tötet Catilina seine Welt: »Tot ist die Sonne« (S. 199).

69. S. 141 f. (in Text und Übersetzung) gegen das durch Cicero geprägte Catilina-Bild.

70. Vgl. die Einleitung der Herausgeber (wohl bes. Chr. Morgensterns) S. LIII: »Das Tote lebendig, das Lebendige tot«.

71. *Katilina*. In: А. Блок, Сочинения в двух томах, Moskau 1955, 2, 263–295 (April–Mai 1918). Die (möglichst wörtliche) Übersetzung ist von mir. Wegen des großen Umfangs wurde hier auf dem Abdruck des Originals verzichtet. Gelegentlich war der gedruckte Text zu verbessern (s. u.) S. 48. – Eine kurze allgemeine Würdigung der antiken Elemente in Bloks »Katilina« gibt Д. М. Магомедова, Блок и античность (к постановке вопроса), Вестник Московского Университета, сер. 9, Филология, 1980, 42–49, bes. 49.

72. Blok stützt sich auf den Aufsatz von И. Бабст, О Саллюстии и его сочинениях, in: Пропилеи, изд. П. Леонтьев, Band 1, Moskau 1851, 223–256. Diesem Aufsatz ist auch das längere russische Zitat aus Sallust entnommen (S. 225 f.): freundlicher Hinweis von A. K. Gavrilov, Leningrad. Blok hat sich auch als Student in Referaten mit antiken Autoren beschäftigt (Ovid, Anakreon, Sophokles, Homer): Г. Г. Анпеткова-Шарова и К. Н. Григорьян, Студенческие работы Блока об античных авторах, Русская Литература 1980, 3, 200–214. Von seinen akademischen Lehrern bewundert er besonders Th. Zielinski.

73. Eigentümlichkeiten der von Blok verwendeten (s. Anm. 72) Übersetzung: *libidinem* ist doppelt übersetzt: bei den Optimaten надменность, bei den Popularen необузданность. Das Wort *quisque* ist durch каждая сторона präzisiert (stärker auf ›Parteien‹ bezogen). Ein Zusatz in Satz 7 ist (sinngemäß richtig) государство. Die Wiedergabe von *eosdem* durch их ist weniger scharf, aber noch eindeutig. *Populus* ist durch остальные граждане recht allgemein übersetzt. *Militia* und *inopia* sind umgestellt. In Satz 8 setzt делили wohl nicht *diripiebant*, sondern einen anderen Text voraus. In Satz 9 ist wie schon zu Beginn олигархи eingefügt. Die Wiedergabe von *permixtio terrae* durch chaos bedeutet eine gelungene Steigerung.

74. Blok vertritt in mancher Hinsicht »anarchistische« Vorstellungen. Er kritisiert in demselben Aufsatz die altrömische und die europäische Pädagogik, die Menschen zu Kanonenfutter erziehe und die Mehrheit in die Vertierung, die Minderheit in den Wahnsinn treibe (269).

75. Der Ausdruck stammt aus einem Passus gegen Abtrünnige, »Götzendiener«, bei dem Propheten Hosea 8,7 (bezogen auf das Nordreich Israel, aus dem das goldene Kalb kam).

76. »Ich glaube, daß das Aufdrängen toter Schemata in der Art von Parallelen, die man zieht zwischen heidnischer und christlicher Welt, zwischen Venus und Madonna, zwischen Christ und Antichrist, eine Beschäftigung für Schriftgelehrte und lebende Leichname ist. Das ist eine schwere Versündigung an den Menschen, die moralisch erschöpft und verunsichert sind, wie so viele Menschen unserer Zeit« (279).

77. Die Catull-Überlieferung ist nicht ganz einheitlich; die meisten Herausgeber haben von einem bestimmten Punkt an durchweg das Femininum hergestellt. Ihnen folgt Blok. M. Schuster (Leipzig² 1954) behält die Inkonsequenzen der Überlieferung bei, was m.E. problematisch ist.

78. Von Catull zu *Gallae* umgebildet.

79. Hier und im folgenden verglichen mit: Catulli Veronensis carmina, iterum ed. H. Bardon, Stuttgart 1973. Blok schreibt durchweg *Atys* und *Cybelle*. – In Vers 5 steht bei Blok *Devolvit illa acuta* (Druckfehler?). Dagegen ist Bloks Lesung *animi* (4) die einzig richtige; auch entspricht Bloks Lesung *tympanum, tubam* (9) der Überlieferung.

80. Bloks Äußerungen über den Rhythmus in dem vorliegenden Gedicht lassen sich exakt bestätigen, wenn man die Variationen der Wortlängen beobachtet. Notiert man die Silbenzahlen der Wörter (ohne die elidierten Silben), so stellt man fest: Die an erster Stelle zitierte Versgruppe 1–5 weist eine andere Wortverteilung auf als die Verse 6–13.

Verse 1–5

2 2 2 2 / 3 2 3
2 1 2 3 / 3 2 3
3 3 2 / 4 2 2
4 2 3 / 3 2 3
3 2 3 / 2 3 3

Verse 6–13

2 1 3 2 / 2 2 2
3 3 2 / 2 4   3
3 3 2 / 3 2   3
3 2 3 / 2 2   4
4 2 2 / 3 2   3
2 1 2 3 / 4 4
2 1 1 2 2 / 3 3 2
2 2 4 / 3 2 3

Besonders auffällig ist der Umschwung in Vers 6 im Vergleich mit Vers 1: Dort standen vier zweisilbige Wörter in der ersten Vershälfte, hier in der zweiten. Die Geschlechtsverwandlung ist also von einer Umkehrung des Rhythmus begleitet. Auch im folgenden sind zwei- und viersilbige Wörter häufiger als in den Versen 1–5. Es ist sogar anzunehmen, daß Blok hier nicht nur gefühlsmäßig geurteilt hat. Exakte metrische Untersuchungen waren in seiner Umgebung – damals gerade unter *Dichtern* – beliebt, vgl. A. Bjelyjs Buch »Simvolizm«, Moskau 1913.

Was das von Blok angedeutete »Erschrecken« in den Versen 91–93 betrifft, so ergibt sich folgender Befund:

2 2 2 3 / 2 3 3
2 1 2 2 1 / 2 2 2 2
3 1 4 / 3 2 3.

Auch hier häufen sich in den fraglichen Versen die zweisilbigen Vokabeln; insbesondere erinnert die zweite Hälfte des mittleren Verses (92) an den Verwandlungsvers 6.

81. In Bloks Deutung scheint auf Crébillons *Catilina* bereits die französische Revolution ihre Schatten vorauszuwerfen: »Sogar im Frankreich der ersten Hälfte des 18. Jahrhunderts erschien, scheinbar völlig unerwartet, Crébillons Tragödie *Catilina*. Übrigens fühlte der Autor auch selbst ein Unbehagen, als er Cicero etwas herabsetzen mußte, um Catilina besser darzustellen. Um seinen Fehler wieder gutzumachen, ging Crébillon an die Abfassung einer neuen Tragödie, zumal seine Gönnerin bei Hofe, Madame de Pompadour, darauf bestand« (290).

82. Von Chr. Morgenstern taktvoll in »Du mußt« umgeändert, um das *decorum* zu wahren.

83. Blok 288: »Die Minderheit denkt, die Minderheit erlebt.«

84. Siehe unten Kap. VI, S. 207ff.

85. In der Renaissance dienen Sallusts Schriften »der Auferweckung von Catilinas unerbittlichem Geist. Irgendwelche italienischen Jünglinge gedachten, den Tyrannen Mailands, Galeazzo Sforza, zu ermorden. Sie zettelten eine wirkliche Verschwörung an, übten sich in der Kunst, mit dem Dolch tödlich zuzustoßen und töteten tatsächlich den Tyrannen – in der Kirche. Nach ihrem eigenen Bekenntnis (in der Chronik der Stadt Siena) ergab es sich, daß sie Sallust studiert hatten und unter dem Einfluß der Catilinarischen Verschwörung standen« (290).

86. Erich Burck zugeeignet. Erstmals ersch. in: Livius, Werk und Rezeption, Festschrift E. Burck, München 1983, 295–299.

87. Liv. 5,27. Text: Titi Livi Ab urbe condita, rec. R. M. Ogilvie, t. 1, Oxford 1974. – Übersetzung: Titus Livius, Römische Geschichte seit Gründung der Stadt, übers. von H. Dittrich, Band 1, Berlin und Weimar 1978. S. jetzt zum Gesamtproblem: H.-Th. Johann, Gerechtigkeit und Nutzen. Studien zur ciceronischen und hellenistischen Naturrechts- und Staatslehre, Heidelberg 1981.

88. J. Briscoe, A Commentary on Livy. Books 31–33, Oxford 1973, 133f.

89. H. Drexler, *Iustum bellum,* Rheinisches Museum 102, 1959, 97–140, bes. 106ff.

90. Hugo Grotius (Huigh De Groot) 1583–1645. Hauptwerk *De iure belli ac pacis* (1625). Die Autoren, die er am häufigsten zitiert, sind Cicero, Livius und Aristoteles (von dem er sich vielfach distanziert). – Text: H. Grotii De iure belli ac pacis libri tres, in quibus ius naturae et gentium, item iuris publici praecipua explicantur, curavit B.J.A. De Kanter – van Hettinga Tromp, Lugd. Bat. (Brill) 1939. – Übersetzung: H. Grotius, Vom Recht des Krieges und des Friedens (1625) nebst einer Vorrede von Christian Thomasius (1727), übs. und eingel. v. W. Schätzel, Tübingen 1950 (= Die Klassiker des Völkerrechts I). – Bibliographie: J. Ter Meulen und P.J.J. Diermanse, Bibliographie des écrits imprimés de H. G., Den Haag 1950. – Literatur: G. Hoffmann-Loerzer, Grotius, in: Klassiker des politischen Denkens 1, München 1968, 4. Aufl. 1972, 293–320, bes. 312 (evident an Cicero orientierte *Einzelbelege* [zur Rolle der antiken Vorbilder]).

91. An anderer Stelle dienen die Worte des Camillus als Beleg für *fides in bello: Camillus apud Livium ait sibi cum Faliscis eam esse societatem quam ingeneravit natura* (p. 814).

92. Der zuletzt genannte Hinweis ist ein Zusatz von 1646.

II

GESCHICHTE UND NATUR

Conrad Ferdinand Meyer und die Antike

Zum Thema ›Conrad Ferdinand Meyer und die Antike‹, dem für das Verständnis dieses Dichters nicht periphere, sondern zentrale Bedeutung zukommt,[1] gibt es nur ganz wenige Vorarbeiten. Das grundlegende Werk über die ›Quellen‹ Meyers[2] ist über achtzig Jahre alt und nicht nur im Urteil, sondern auch im Sachlichen erneuerungsbedürftig. Inzwischen ist die Literaturwissenschaft methodisch andere Wege gegangen. Kennzeichnend für diesen notwendigen Gegenschlag ist August Schröders Buch (s. Anm. 88), eine rein ›ästhetische‹ Würdigung der Gedichte C. F. Meyers. Heute ist es an der Zeit, ästhetische und quellenkritische Deutung zu verbinden und wechselseitig fruchtbar zu machen. Quellenforschung ist hier also nicht Selbstzweck, sondern Mittel zum Verständnis; wirft sie doch oft überraschendes Licht auf den Schaffensprozeß,[3] dessen nicht literatenhafter, sondern organischer Grundcharakter gerade am Vergleich mit den Vorlagen in allen Einzelheiten deutlich wird.

Fragt man über das Einzelwerk hinaus, was C. F. Meyer im ganzen der Antike verdankt, so ist neben dem bisher fast ausschließlich beachteten Einfluß des Lateinisch-Romanischen der Anteil des Griechischen neu herauszuarbeiten.

Auf Grund einer möglichst vollständigen[4] Sammlung alten und neuen Materials wird hier eine Interpretation angestrebt, die C. F. Meyers Beziehung zur Antike in den Rahmen seines Verhältnisses zur Vergangenheit überhaupt stellt. Das Geschichtsbewußtsein, von manchem als Hemmschuh eigener Produktivität empfunden, wird für C. F. Meyer umgekehrt zur treibenden Kraft; die Einbeziehung der Dimension des Historischen in die dichterische Schau ist ein erregender Prozeß: Antike und Renaissance[5] werden zu lebendigen Strukturelementen, ohne jedoch in unhistorischer Weise ihren geschichtlichen Ort zu verlassen.

Die Voraussetzungen dieser Leistung des Dichters werden einleitend (1) angedeutet. Die eigentliche Untersuchung wendet sich zunächst den Begegnungen mit der Antike zu — vor allem dem Romerlebnis — (2), dann der Verarbeitung dieser Begegnungen im Werk (3 und 4).

1. Gegenwärtigkeit des Vergangenen

DER TRIUMPHBOGEN

Ein leuchtend blauer Tag. Ein wogend Ährenfeld,
Daraus ein wetterschwarzer Marmorbogen steigt.
In seinem kurzen Schatten schläft das Schnittervolk.
Allein emporgerichtet sitzt die schönste Maid,
Des Landes Kind, doch welchen Lands? Italiens!
Ein strenggeschnittnes, musenhaftes Angesicht,
Am halbzerstörten Sims des Bogens hangt der Blick,
Als müht' er zu enträtseln dort die Inschrift sich.
(Wenn nicht des Auges Dunkel von dem Liebsten träumt!)
Sie hebt die erste sich, erweckt die Schnitterschar,
Ergreift die blanke Sichel, die im Schatten lag,
Und schreitet herrlich durch das Goldgewog des Korns,
Umblaut vom Himmel, als ein göttliches Gebild.
's ist Klio, die das Altertum enträtselnde,
Vergilbten Pergaments und der Archive müd,
Gelockt vom Rauschen einer überreifen Saat,
Wird sie zur starken Schnitterin. Die Sichel klingt.

Die Kunst der Muse Klio, das »Altertum« zu »enträtseln«, ist eine Kunst des Lesens. Des Lesens freilich nicht nur in Archiven und Pergamenten, sondern auch in Plastiken und Denkmälern und in aller Wirklichkeit. Conrad Ferdinand Meyer war ein großer Leser in diesem umfassenden Sinne. Das Gefühl, sich auf historischem Boden zu bewegen — *quacumque ingredimur, in aliqua historia vestigium ponimus* heißt es bei Cicero (fin. 5,5) über Athen — verläßt unseren Dichter auf dem klassischen Boden Roms (vgl. Teil 2) ebensowenig wie in der Heimat: Zwei abgebrochene römische Säulen, die einsam in der Schweizer Landschaft stehen, bilden das Eingangsportal des »Jenatsch«. Daran schließt sich die Bemerkung über die römische Herkunft manches Bündner Geschlechts. — Meyer vertieft sich in die Zeichen der Vergangenheit. Wandkritzeleien an einem alten Turm (»Alte Schrift«) fesseln ihn:

> Einer dichtet Anno fünfzehnhundert:
> »Gott hab ich in der Natur bewundert!«
> »Gaudeamus!« gräbt ein flotter Zecher
> Um den keck entworfnen Riesenbecher.
> Dort ein Herz, von einem Pfeil durchschnitten:
> »Hedewig« steht auf des Bolzes Mitten;
> Dicht daneben schrieb ein Fahrtgenosse
> Gut lateinisch eine derbe Posse –

Und unversehens wird dem Lesenden das Vergangene gegenwärtig:

> Dann in des Kastelles tiefem Schatten
> Warfen sich die Schüler auf die Matten,
> Leerten einen Humpen und von dannen
> Pilgerten sie singend durch die Tannen.

Ganz von selbst ist aus dem Lesen ein unmittelbares Anschauen des längst Verflossenen geworden. – Und wie Klios Auge auf dem Triumphbogen, so ruht der Blick C. F. Meyers auf der »Alten Brükke« im Reußtal des Gotthard:

> Mit einem luftgewobnen Kleid
> Umschleiert dich Vergangenheit,
> Und statt des Lebens geht ein Traum
> Auf deines Pfades engem Raum.
>
> Das Carmen, das der Schüler sang,
> Träumt noch im Felsenwiderklang,
> Gewieher und Drommetenhall
> Träumt und verdröhnt im Wogenschwall.

Die im Denkmal gegenwärtige Vergangenheit ist mehr als nur eine Erinnerung, wie sie der Anblick eines Gegenstandes, den wir in unserer Kindheit besaßen (»Der Reisebecher«), in uns wachrufen kann; für den Dichter wird sie vielmehr zur quälenden Wirklichkeit, der er auszuweichen sucht – das gilt von dem grauen Turm der Burg »Fragmirnichtnach« und von dem Römerturm des Gedichts, das den bezeichnenden Titel »Gespenster« trägt. Das Niederschreiben der Ereignisse der Vergangenheit erscheint dann als ein Mittel der Selbstbefreiung, wie Meyer im »Amulett« seinen Helden bekennen läßt:
»Ich ritt heim. Wie ich in der Dämmerung meines Weges trabte,

stiegen mit den Düften der Frühlingserde die Bilder der Vergangenheit vor mir auf mit einer so drängenden Gewalt, in einer solchen Frische, in so scharfen und einschneidenden Zügen, daß sie mich peinigten... Immerhin setzte mir die Erinnerung der alten Dinge so zu, daß ich mit mir einig wurde, den ganzen Verlauf dieser wundersamen Geschichte schriftlich niederzulegen und so mein Gemüt zu erleichtern.«[6]

Alte Schrift – Scholarenlied – Düfte der Frühlingserde: das Lesen geschieht mit allen Sinnen, es ist zugleich Sehen, Lauschen[7] und Wittern. Doch noch mehr: der Dichter entziffert die Zeichen der Vergangenheit nicht nur in der Außenwelt, sondern auch im eigenen Innern: »Denn was nun geredet wurde«, sagt Hans der Armbruster, der Erzähler der Novelle »Der Heilige«, »haftet in meinem grauen Kopfe wie die römische Schrift auf einem umgestürzten Meilenstein, dessen Bruchstücke noch die unauslöschlich eingegrabenen Lettern tragen.«[8]

Die Schriftzeichen im eigenen Innern gelten mehr als äußere historische Daten – darum wird heute auch niemand mehr die »alten vergilbten Blätter«, von denen im Motto des »Amuletts« die Rede ist, wörtlich nehmen[9] –: Als im »Heiligen« der Zuhörer den Erzähler darauf aufmerksam macht, daß zwischen zwei Ereignissen, die dieser am selben Tage geschehen läßt, tatsächlich ein Jahr liegt, wehrt Hans der Armbruster ab: »Bleibt mir vom Leib mit nichtigen Zahlen! ... Ein anderes ist es ..., ob einer noch im Tagewerk und in der Zeit steht, oder ob der Tod sein Lebensbuch geschlossen hat. Ist einmal das letzte Sandkorn verrollt, so tritt der Mensch aus der Reihe der Tage und Stunden hinaus, steht als ein fertiges und deutliches Wesen vor dem Gerichte Gottes und der Menschen. Beide haben Recht und Unrecht, Eure Chronik und mein Gedächtnis, jene mit ihren auf Pergament gezeichneten Buchstaben, ich mit den Zeichen, die in mein Herz gegraben sind.«[10]

C. F. Meyer ist spät zu eigenem schöpferischen Gestalten der Vergangenheit gelangt: Die das Altertum enträtselnde Klio saß lange Zeit sinnend vor der Inschrift des Triumphbogens, ehe sie daran ging, die reiche Ernte zu schneiden. Gegen Ende von C. F. Meyers produktiver Zeit erscheint wieder das Bild des Schnitters. Der letzte Satz des »Pescara« lautet: »So glich (der Tote) einem jungen, magern, von der Ernte erschöpften und auf seiner Garbe schlafenden Schnitter.« Der Dichter mochte ahnen, daß auch die Erntezeit seines Lebens bald zu Ende sein würde.

Bei dem Versuch, einleitend die inneren Voraussetzungen von C. F. Meyers Verhältnis zur Antike aufzuzeigen, war zunächst die eigentümliche Unmittelbarkeit hervorzuheben, mit der der Dichter in der Dimension des Historischen steht, und der produktive Antrieb, der für ihn von der Vergangenheit ausgeht. Eine zweite, ebenso wichtige Voraussetzung liegt in der Tatsache, daß Meyers Werk das eines Spätgereiften ist. Was den ›alten‹ vom ›jungen‹ Dichter – und auch Meyer von den meisten seiner Zeitgenossen – unterscheidet, sagt er selbst in dem Gedicht »Jetzt rede du«:

> Du warest mir ein täglich Wanderziel,
> Viellieber Wald, in dumpfen Jugendtagen,
> Ich hatte dir geträumten Glücks so viel
> Anzuvertraun, so wahren Schmerz zu klagen.
>
> Und wieder such ich dich, du dunkler Hort,
> Und deines Wipfelmeers gewaltig Rauschen –
> Jetzt rede du! Ich lasse dir das Wort!
> Verstummt ist Klag und Jubel. Ich will lauschen.

Der lauschende, der alte Dichter – C. F. Meyer hat ihn gezeichnet in der Gestalt Homers. In dem Gedicht »Die Fahrt des Achilleus«, einer Vorstufe des »Toten Achill«, erscheint Homer in der vorgeneigten Haltung des Lauschenden:

> Wo, das Vorgebirg umrauschend,
> Weiße Brandung nimmer schweigt,
> Steht ein blinder Seher, lauschend
> In die Ferne vorgeneigt.
>
> Hellgeschlagne Saiten klingen!
> Weiß er, wer das Meer durchzieht?
> Ja, er ahnt, daß sie ihn bringen –
> Horch! Homer beginnt sein Lied![11]

Die besondere Begnadung des alten Dichters, der jenseits von Jubel und Klage im Lauschen die Welt erfaßt, der nicht mehr seine isolierte »Innerlichkeit« ausspricht, sondern selbst zum Spiegel des Wirklichen wird, des Wirklichen freilich nicht in einem flachen Sinne, sondern des Gültigen, Urbildlichen – dies ist die Erfahrung des Gedichtes »Die Schule des Silen«. Nicht der junge Goethe,[12] nicht Eichendorff oder einer der Romantiker, sondern ein antiker Dichter schwebt Meyer hier als Repräsentant seiner Dichtkunst vor. Es ist nicht, wie man zunächst bei dem der romanischen Welt Verpflichteten [13] annehmen könnte, Horaz, den wir heute als den Gegenpol zur Erlebnislyrik des neunzehnten Jahrhunderts verstehen und neu schätzen, [14] – C. F. Meyer hat die Bitte des Verlegers Haessel um eine Horazübersetzung ausgeschlagen [15] – es ist vielmehr wiederum Homer. Er erscheint mit dem kennzeichnenden Epitheton »der alte«. Zu ihm entsendet Silen seinen Schüler Dionysos mit dem Gebot, nicht den Jungen, den »Veliten«, den »prahlerischen Knaben«, das Letzte zu offenbaren, sondern:

> Lenke deine götterleichten Schritte zu Homer dem alten,
> Netze seine heilgen Lippen, glätte seiner Stirne Falten,
>   Wundertäter!
> Lös ihm jeder Erdenschwere Fessel mit der Hand, der milden,
> Fülle du des Blinden Auge mit unsterblichen Gebilden,
>   Ewig schönen!

Aus dieser Fülle, nicht aus Mangel an Erlebnissen, ist C. F. Meyers »objektive« Dichtung geboren. Sie spiegelt das Wesen der Dinge, ist Weltdichtung, Sichtbarwerden des Gültigen und Urbildlichen. Damit erledigen sich die Versuche, sie literarhistorisch als »edle Epigonenerscheinung« [16] abzutun, von selbst: Sie weist in die Zukunft, ins zwanzigste Jahrhundert, und zugleich zurück auf Homer. Daß der »objektive« Grundzug von Meyers Schaffen nicht begriffen werden konnte, solange man die Maßstäbe des neunzehnten Jahrhunderts anlegte, zeigen die Versuche, ihn zu einem temperamentlosen »Nur-Künstler« zu stempeln, ebenso wie die gerade das Gegenteil des Wesentlichen treffende Würdigung in Hermann Schneiders Geschichte der deutschen Dichtung: »Des Neuen und Schönen war uns genug mit Meyers Kunst beschert, aber es hing im wesentlichen am Individuum, an seiner Weltschau, Weltdeutung und Weltabbildung und war kein zündend allgemein Gültiges. Die Literaturgeschichte löst sich von den fünfziger Jahren an immer mehr in hohe Individualleistungen auf, und dieser Reihe schließt sich Meyer an.« [17] Gerade C. F. Meyer hat diese Auflösung ins Individuelle, nicht Allgemeinverbindliche, nicht mitgemacht, er ist vielmehr zum Künder einer gültigen, an der Sache orientierten Kunst geworden.

An seinem produktiven Verhältnis zur Vergangenheit, insbesondere zur Antike, soll die Bedeutung dieses Meisters welthaltiger Dichtung im Zeitalter des Subjektivismus aufgezeigt werden. Lesen im

Buche der Vergangenheit: die Antike begegnet uns bei C. F. Meyer als historischer oder mythischer Stoff (Teil 3). – Lauschen auf das Wesen der Dinge: ebenso wie der Dichter zuweilen seine Gestalten christlichen Urbildern angleicht,[18] steht bei ihm hinter Gegenwart und Geschichte als gültiger Hintergrund die Antike, die den unvergänglichen Sinn der Gestalten und Situationen deutlich macht (Teil 4).

2. Begegnung mit Hellas und Rom

Was man C. F. Meyers ›Romerlebnis‹ nennt, ist in Wahrheit eine Begegnung mit Rom und Hellas. In der Stadt der Caesaren und Päpste erfährt C. F. Meyer den Einfluß nicht nur Michelangelos, sondern auch der hellenischen Kunst. Im gestalthaften Sehen, das zum Wesen seines Dichtens gehört, fühlt sich Meyer ja, wie wir feststellen konnten, Homer verwandt. Er teilt nicht die Ansicht Hallers, der Vergils »pius Aeneas mit den Schemen Ossians weit über die homerischen Gestalten gehoben« hat.[19] Obwohl Vergils Geschichtsbewußtsein und die Psychologie eines Lucan ihn fesseln, gleichen seine Umformungen römischer Dichtung, wie wir noch sehen werden, in ihrer Bevorzugung des Plastischen oft einer Umsetzung aus dem Lateinischen ins Griechische; ja noch im hohen Alter hat der seiner Schöpferkräfte längst Beraubte die griechische Literatur gegenwärtig und kann seiner Tochter alle darauf bezüglichen Fragen beantworten.[20] Mehr als man zu sehen gewohnt ist – verstand man doch Meyers Sinn fürs Bildnerische bisher nur als ›romanischen‹ Zug – bedeuten ihm also die Griechen.

Seine Begegnung mit der Antike vollzieht sich in mehreren Stufen: durch Lektüre, durch die bildende Kunst, durch das eigene Schaffen. Auf der Schule erlernt er gründlich beide alten Sprachen,[21] mit denen sich übrigens auch sein Vater neben dem Studium der Rechte beschäftigt hat.[22] Obwohl Johann Kaspar von Orelli, der bekannte Cicero-Herausgeber und Mitbegründer der Universität Zürich, zu C. F. Meyers Lehrern gehört,[23] fühlt sich der Knabe zunächst – zur großen Beunruhigung seiner Mutter – mehr zur deutschen als zur klassischen Literatur hingezogen.[24] Doch bleibt die Beziehung zu den antiken Sprachen auch nach dem Abitur lebendig, wie die vielen lateinischen Worte in seinen Briefen zeigen. Meyer erteilt lateinischen Privatunterricht und betreibt auch eigene Lektüre,[25] die Odyssee begleitet ihn sogar auf Reisen,[26] allerdings wohl in deutscher

Übersetzung. Doch frischt er in Lausanne 1860 anläßlich einer intensiven Beschäftigung mit dem Neuen Testament im Urtext seine Griechischkenntnisse wieder auf. Dabei begeistert ihn sogar das Vokabellernen und das Studium der unregelmäßigen Verben: »Aber welchen Reichtum individueller Züge gibt nicht der griechische Text, der oft, sehr oft von Luther, ich will nicht sagen, mißverstanden, aber höchst genial gehandhabt und verwandelt worden ist... Das hat mich natürlich wieder in diese Sprache hineingebracht, die ich mit großem Eifer und, ich hoffe, gründlich wiedererlerne. Schon diese philologische Seite der Sache bringt mich in ein gewisses Feuer, dem ich mich um so sorgloser hingebe, als ich den wohltätigen Einfluß dieser Anstrengung wohl fühle und die neuen Einwanderer, ich meine die griechischen Vokabeln und unregelmäßigen Verba, eine ganze Bevölkerung unnützer Gedanken aus meinem Gedächtnis vertreiben.«[27] Die philologische Ader kommt auch später gelegentlich noch zum Vorschein, wenn C. F. Meyer den Verleger Rodenberg an Hand des griechischen Grundwortes über die Orthographie des Wortes »Myrte« aufklärt.[28] Allerdings schreibt er selbst bisweilen »Göthe«[29] – ja sogar »Goete« und »Luter«.[30] Verachtet er doch die philologische Textkritik und vernichtet deshalb auch die meisten seiner Manuskripte. Alles Akademische und Literatenhafte liegt ihm ferne: »Das akademische Genre Platen-Heyse ist auch keine Poesie.«[31] »Der gewöhnliche Literaten Ehrgeiz liegt mir ferne, lag mir nie ferner als jetzt. Es ist mir um die Sache zu tun.«[32] Er bekennt, daß ihn »das Literatentum bis ziemlich hoch hinauf schrecklich anekelt. Bleibt die große Kunst, aber die ist schwer.«[33]

So ist seine literarische Begegnung mit der Antike, die wir später noch im einzelnen verfolgen wollen, zwar sehr eingehend und gründlich – das sicherste Zeichen ist die heute auch bei Philologen nicht mehr selbstverständliche Freude an Sprache und Grammatik –, aber doch selbständig genug, um seinem Genius keine Fesseln anzulegen.

Die entscheidende Wende in C. F. Meyers Existenz als Dichter und in seinem Verhältnis zur Antike ist der Aufenthalt in Rom im Jahre 1858. An dieser Begegnung mit der bildenden Kunst der Antike und mit ihrer Spiegelung in der Renaissance findet der Dichter zu sich selbst.[34] Seine Schwester, die ihn vielleicht am besten gekannt hat,[35] schreibt: »Wie groß und entscheidend die Eindrücke waren, die C. F. Meyer während seines nicht über zwei Frühlingsmonate dauernden Aufenthaltes in Rom empfing, wie voll von Ideen, künstlerischen Stoffen, Anregungen jeder Art er nach Haus kehrte, läßt sich nicht beschreiben.«[36] Nach des Dichters eigenem Bekenntnis ist ihm neben der unwiderstehlichen Anziehung der »heimischen Schneeberge« »die alte Kunstgröße und der süße Himmel Italiens« unter allen Reiseeindrücken der stärkste.[37]

Am Morgen nach der Ankunft in Rom gilt sein erster Gang dem Forum. Die begeisterten »Ruinengänge« nehmen in den nächsten Wochen kein Ende mehr, so daß Betsy unter der Ausdauer, mit der ihr Bruder die »Localitäten des alten Rom« durchstreift, zu leiden beginnt.[38] Was ihn fesselt, ist das Gefühl, auf historischem Boden zu wandern, das wir schon eingangs als ein Grunderlebnis C. F. Meyers hervorgehoben haben: »Es ist die Vergangenheit, ein eigen beruhigendes und großartiges Gefühl, über den Trümmern so vieler Jahrhunderte zu leben, was mich dort« – in Rom – »fesselte. Alles Treiben und Jagen der Gegenwart steht still inmitten dieser ruhigen längst verjährten Zerstörung. Man wird gleichmütig, wo ein Hirt seine Herde treibt über eine zerstörte Weltherrschaft.«[39]

Die Begegnung mit Rom vertieft sein ›historisches‹ Bewußtsein. In Rom begegnet C. F. Meyer aber auch Hellas: Stärker noch als die römischen Bauwerke – erinnert sei an Gedichte wie den »Triumphbogen« oder das »Amphitheater«[40] – haben die Denkmäler der bildenden Kunst das Schaffen des Dichters befruchtet, ja seinem Stil das Gepräge des »Plastischen« gegeben.[41] Versenkt sich C. F. Meyer doch so stark in die antiken, vor allem die griechischen Plastiken, daß ihm seine Handbücher »geradezu zu Andachtsbüchern« werden. Bei aller Andacht gibt er sich aber dennoch nicht kritiklos der »lächelnden und selbstgenügsamen Idealität« mancher griechischen Statuen hin, sondern fühlt sich mehr zu »leidenden Körpern und ringenden Geistern« in der Art der »gefesselten Psyche« hingezogen.[42] Verwandt weiß er sich den Bildwerken, in denen sich menschliches Schicksal spiegelt, während die in idealer Vollkommenheit ruhenden einen fremdartigen Zauber auf ihn ausüben. So erscheinen selbst im »Heiligen« – in dem mittelalterlichen Milieu dieser Novelle überraschend – die antiken Marmorstatuen: »Es sind tote Steine ohne Blick und Kraft der Augen, aber betrachtet man sie länger, so fangen sie an zu leben, und nicht selten bin auch ich vor diesen kalten Geschöpfen stehengeblieben, um zu ergründen, ob sie heitern oder traurigen Gemütes sind.«[43] Obwohl sie ihm innerlich ferner stehen, ziehen diese »idealen« Gestalten der antiken Kunst ihn an; später gewinnt er ihnen die Bedeutung eines urbildlichen Hintergrundes ab, vor dem seine ›realistisch‹ dargestellten Menschen »ringen« und »leiden«. –

Dieselbe Scheidung vollzieht er unter den griechischen Dichtern, an deren Porträtköpfen er gleichsam physiognomisch abliest, ob ihre Kunst mehr göttlich oder mehr menschlich ist: »Euripides [Statue] athletisch, höchst bedeutend, gescheid, phantasiereich, unternehmend, aber, wie Epikur, ohne irgend welche Präoccupation, mit vorurteilsfreier, nicht von irgend einem göttlichen Glauben gedrückten Stirn, während Homer, Hesiod und noch Sophokles etwas von höherer Inspiration Gebundenes haben.«[44]

So begegnet C. F. Meyer in der Ewigen Stadt nicht nur Rom in seiner geschichtlichen Wirklichkeit, sondern auch Hellas in seiner göttlichen Idealität und in seiner ringenden Menschlichkeit. »Besonders nachdem Du Rom gesehen hast«, schreibt er an die Schwester, »muß es Dir, der Antike gegenüber, ganz anders zumute sein und müssen Dir Erkenntnis und Gefühl von selbst zufallen, wonach Du früher umsonst gerungen hättest... Wir sehen die Türe aufspringen und vergessen, wie lange wir an ihr gerüttelt haben.«[45] Was C. F. Meyer in Rom gewann, ist das rechte Gleichgewicht zwischen jenen beiden Polen, wie er sie in der griechischen Kunst und Dichtung zu scheiden suchte: dem idealen und dem realen. Die menschlichen, ringenden Gestalten werden ihm zum Stoff, die göttlichen zum urbildlichen Hintergrund seiner inneren Bilder. In Erinnerung an den Abschied von Rom nennt der Dichter diese Vereinigung von menschlichem Ringen und göttlicher Beschaulichkeit »den Sinn des Großen«:

> Nun laß mich scheiden, Stadt der Welt, von dir
> Und laß mich dein gedenken früh und spat,
> Daß die Betrachtung tätig werde mir
> Und ruhig meine Tat.
>
> Den Ernst des Lebens nehm ich mit mir fort,
> Den Sinn des Großen raubt mir keiner mehr;
> Ich nehme der Gedanken reichen Hort
> Nun über Land und Meer.[46]

Das »Lauschen«, dessen Bedeutung wir eingangs herauszuarbeiten suchten, wird zum Schlüsselbegriff für die Verarbeitung des in Rom Erlebten:

> Einmal noch, o könnt ich lauschen,
> Halb entschlummert, halb erwacht,
> Was in Rom die Brunnen rauschen
> In dem Schoß der Mitternacht.[47]

In unablässigem Nachsinnen und Nachlauschen hat C. F. Meyer alle jene Keime, die der Aufenthalt in Rom in ihm angelegt hat, in sich zur Entfaltung gebracht. »Der Musensaal«, »Der Stromgott« (nach dem Nilgott im Vatikan), »Der Marmorknabe«,[48] »Der Botenlauf« (Kastor und Pollux auf der Piazza del Quirinale)[49] und viele andere Themen begleiten ihn nun ein Vierteljahrhundert lang, bis sie sich nach vielen Metamorphosen schließlich zu jenen vollendeten dichterischen Gebilden geformt haben, die wir kennen. Wie der »römische Brunnen«, so haben auch die Werke der antiken Kunst erst dem rückschauenden Blick und dem nachlauschenden Ohr des Dichters ihr Wesen voll erschlossen. Was seinem sinnenden Betrachten dabei als Bild erschien, verdient als wirklich »lebendige Antike«, wie sie sich im Auge eines großen Schauenden spiegelt, neben den Stimmen jener, die Hellas und Rom nur aus Büchern kennen, beachtet zu werden. – So nähern wir uns der dritten Stufe von C. F. Meyers Begegnung mit der Antike: der produktiven.

3. Antike Stoffe

a) Lebendiger und toter Stoff

C. F. Meyers Verhältnis zum Stoff ist dem Verständnis seiner Zeitgenossen und einer Forschung, die ihre Maßstäbe vorwiegend an eben jenen Zeitgenossen entwickelt hatte, besonders schwer zugänglich gewesen. Da es sich um ein wichtiges und für unser Thema entscheidendes Problem handelt, sei etwas weiter ausgeholt.

Theodor Storm hat die Andersartigkeit C. F. Meyers erkannt, ohne sie zu begreifen. Seine Ratlosigkeit zeigt sich in dem widerspruchsvollen Urteil, diesem Dichter fehle »der unmittelbare, mit sich fortreißende Ausdruck der Empfindung oder auch wohl die unmittelbare Empfindung selbst. Sie muß bei ihm«, fährt er fort, »erst den Weg durch den Stoff nehmen, dann tritt sie oft überraschend zutage.«[50] (Welch merkwürdige »unmittelbare Empfindung«, die zugleich fehlen und dann doch wieder »überraschend zutage treten« soll!) Der Satz Storms erweckt den Anschein, als bedürfe C. F. Meyer der Krücken des Stoffs, um überhaupt zu »Empfindungen« zu gelangen. Gerade das Gegenteil trifft aber zu. Nach seinen eigenen Worten hat C. F. Meyer nie nach Stoffen um der Stoffe willen gesucht,[51] ja zuweilen gezögert, in welchem historischen Milieu er seine

Gestalten ansiedeln solle.[52] Daraus folgt, daß sein Schaffensvorgang geradezu die Umkehrung der Abfassungsweise sogenannter historischer Romane ist: Gestalten, Situationen – kurz: alles, was mit »Empfindung« zusammenhängt – stehen ihm zuerst vor Augen und machen ihm keine Mühe, denn die Fülle seiner »inneren Gebilde« ist gewaltig,[53] und zur Geschichte, der er seine Stoffe fast ausnahmslos entnimmt, hat er, wie wir einleitend darlegten, unmittelbaren intuitiven Zugang. Was ihm Sorge bereitet,[54] ist also nicht die Empfindung, nicht die Gesamtvision der historischen Gestalt, ist vielmehr das rein Stoffliche, die Milieuschilderung: jene Einzelheiten, die es zu bedeutungsvoll sprechenden Zügen umzuschaffen gilt; bei diesem zweiten Schritt in der Gestaltung weiß er freilich: »Man kann mit Liebe das Stofflichste beseelen.«[55] In diesem Bemühen liegt das Geheimnis seines Verhältnisses zum Stoff, seines dichterischen »Realismus«: »Ich lege mich jeden Abend realistischer zu Bette als ich aufgestanden bin. Mein Glaubensbekenntnis ist das Wort Merck's zu Goethe: nicht das Poetische realisieren, sondern das Reale poetisieren.«[56] Da er in der Jugend, angeregt durch Vulliemin,[57] viel Historisches gelesen hat, kann er später ohne Vorstudien, zunächst »ohne ein Buch nachzuschlagen«, allen seinen Dichtungen »historischen Boden« und »mäßig angewendete Lokalfarbe« geben.[58] Erst während der Arbeit oder auch nachträglich läßt er sich von seinen gelehrten Freunden (vgl. Anm. 54) beraten; so erbittet er von Rahn »natürlich kein antiquarisches Detail, sondern nur ein paar große, eigentümliche Züge lokaler Wahrheit.«[59] Mit Vorliebe versenkt sich der Dichter in Bildnisse der geschichtlichen Gestalten, die er darstellen will,[60] gelegentlich auch in Urkunden.[61] Sein Interesse ist, wie wir es schon an den antiken Porträtköpfen beobachten konnten, ein physiognomisches, das die Einzelheit zwar aufnimmt, aber nicht bei ihr stehenbleibt, sondern sie als Zeichen des Ganzen versteht. Die »Aufgabe, einen historischen Stoff mit dem Leben der Gegenwart zu durchdringen«, ist ihm zugleich »unabweislich« und »die schwerste von allen«.[62] Für seinen Jenatsch, den er bewußt aus einem Schurken zu einer ergreifenden Gestalt umgeformt hat, legt er Wert auf die »im Namen der Geschichte erteilte Indemnität« und ist zufrieden, als der Wissenschaftler ihm seinen Segen gibt.[63] Mutig nimmt er andererseits Lucrezia Borgia »den Professoren aus den Händen« – war doch Gregorovius auf dem besten Wege gewesen, sie zur braven Frau zu machen, während Meyer sie »in alle ihre authentischen Frevel« wieder einsetzt.[64] So steht das Erlebnis, die intuitive Gesamtvision, für ihn über den stofflichen Details. Ganz im Sinne der schon zitierten Sätze aus dem ›Heiligen‹ (S. 78) geht es C. F. Meyer auch bei der Konzeption seines ›Comtur‹ um das ›Intime‹ und ›Erlebte‹, während das Zeitkolorit des 16. Jahrhunderts ihm als ›Maske‹ dient (man wird dies nach dem bisher Dargelegten nicht als ›äußerliche Einkleidung‹ mißverstehen).[65] Daß solche Grundeinstellung auch die Novellen, den ›Jenatsch‹ und den ›Hutten‹ bestimmt, beweisen zahlreiche Briefstellen.[66]

Darum war C. F. Meyer auch enttäuscht, wenn die Rezensenten seiner Werke sich zu lange beim Stofflichen aufhielten, für die eigentliche Absicht des Dichters aber kein Verständnis aufbrachten, ja die Vorzüge der Gestaltung dem Stoff zuschrieben.[67] Gerade in der Behandlung historischer Gegenstände steht C. F. Meyer im Gegensatz zu dem »alexandrinischen Zeitalter«, in dem er lebt:[68] In den Gestalten früherer Zeiten, die er mit seinem Herzblut erfüllt, gibt er nicht pedantische Historienbilder, aber auch nicht modernes Sentiment in historischer Verbrämung, sondern bewältigte Vergangenheit als Eigenstes und zugleich objektiv Gültiges, Empfindung, die sich nicht erst am Stoff entzündet, sondern ihn belebt und verwandelt. In dem – bei ihm eigentümlich spontanen – Trieb, ›persönliche Motive mit historischen Figuren zu lösen‹,[69] zeigt Meyer – wenn auch aus einer neuen, nicht mehr ungeschichtlichen Einstellung zum Vergangenen heraus – doch ein ähnlich schicksalhaftes Verhältnis zu seinem Stoff wie die antiken Dichter zum Mythos.[70]

Suchen wir uns der produktiven Begegnung Meyers mit der Antike zu nähern, so ist also zunächst festzuhalten: Der Ansatzpunkt seines Schaffens rückt ihn in die Nähe der antiken Dichter und trennt ihn von den Gelehrten ebenso wie von den Verfassern historischer Romane. An zweiter Stelle ist nun der Schaffensprozeß selbst zu betrachten, und hier werden wir noch mehr die Kluft erkennen, die C. F. Meyer von Literaten und intellektuellen Artisten scheidet. Sein Schaffen ist – wir werden es beim Vergleich mit antiken Vorbildern noch beobachten – kein geschicktes Ziselieren mit »großen und kleinen Feilen aller Art«,[71] sondern ein organischer Prozeß. »Ein starker Faktor meiner Sachen ist die Länge der Zeit (drei, fünf, zehn Jahre), während welcher meine bildende Kraft sich mit denselben beschäftigt, ganz mühelos, vegetativ sozusagen, aber doch mit latentem Verstand, durchaus zweckmäßig. Bildet die Natur im großen nicht auch so instinktiv-teleologisch?«[72] Sein langsames Arbeiten begründet er gegenüber dem drängenden Verleger Rodenberg: »Ich will nicht in

Manier verfallen, sondern in der Natur bleiben. Lassen Sie mich
gewähren.«[73] Er läßt alles in sich wachsen und reifen, als hätte er die
Ewigkeit vor sich; in scharfem Gegensatz zu einem bekannten Worte
Caesars, des großen Handelnden, steht eine Äußerung des großen
Schauenden C. F. Meyer: »Ich bin bald vierzig Jahre alt und habe
eigentlich nichts geleistet; aber mir fällt oft Cervantes ein, der erst
nach den sechziger Jahren berühmt wurde; das tröstet mich: ich habe
also noch Zeit.«[74] Sein Schaffen erscheint ihm im Bilde des Baumes;
davon zeugt das Meistergedicht »Fülle« und auch schon der frühe
Vierzeiler »Poesie«.[75] Das Gedicht »Im Walde« ist der Ruf nach einer
Baum-Metamorphose:

> ... Behalt in deinem Reiche
> Mich, Wald, bei deinen Kindern!
>
> Steig auf mit deinen Kräften
> In meine Adern, Erde!
> Daß, wie ein Baum von Säften
> Ich frisch durchrieselt werde;
>
> Bis ich mir selbst entnommen
> Mit Baum und Blatt und Rinde,
> Was mir gereicht zu Frommen,
> Wie die Natur empfinde ...[76]

Später formt sich dieses Motiv zu dem Gedicht »Der Lieblings-
baum«:

> Aber haschen soll mich nicht
> Stygisches Gesinde,
> Weichen werd ich aus dem Licht
> Unter deine Rinde,
>
> Frische Säfte rieseln laut,
> Rieseln durch die Stille.
> Um mich, in mir webt und baut
> Ewger Lebenswille.
>
> Halb bewußt und halb im Traum
> Über mir im Lichten
> Werd ich, mein geliebter Baum,
> Dich zu Ende dichten.

Modernes Empfinden in einem Gewande, das an eine ovidische Metamorphose erinnern könnte! Wesentlich ist jedoch nicht diese literarische Parallele, sondern der Sinn fürs Lebendige, Organische, der für Meyers Schaffen bezeichnender ist, als gemeinhin angenommen wird. Dieser Sinn bewährt sich in der schöpferischen Bewältigung der Antike.

Wie lebendiges Nachschaffen sich von bloßem Nachäffen unterscheidet, soll noch an der kritischen Haltung C. F. Meyers gegenüber der antikisierenden Rhetorik und manchen Formen des Humanismus deutlich werden. Eine tragikomische Gestalt ist der Rhetorikprofessor Père Amiel, der sich in der Schulstunde »mit einem Lineal erdolcht« und dazu haucht: »Paete, es schmerzt nicht«,[77] indes in den unerhört gespreizten Reden der kleinen Mirabelle die Früchte solcher Erziehung angeprangert werden.[78] Alles hohle Pathos ist dem Dichter zuwider,[79] an der Schule des französischen Malers David vermißt er »Wärme und inneres Leben.[80] Über leere »Ästhetik« spottet er:

> Gescheuert ist der edle Saal,
> Und alles fertig bis ans Mahl;
> Die Schüsseln sind im rechten Sinn
> Geordnet und ist nichts darin.
> Die Gläser, die sind hell und rein,
> Und mangelt nur der Feuerwein.[81]

Nicht genug damit, daß Hutten aus Rom, wo er sich in der Beredsamkeit vervollkommnen wollte, enttäuscht zurückkehrt — »Ich fand von feiler Schreiberschar entweiht / Die ciceronische Beredsamkeit«[82] — er gerät sogar mit der Verkörperung guten lateinischen Stils, mit Erasmus, in Konflikt:

> »Erasmus gegen Hutten. Offner Brief.«
> Recht! Hutten und Erasmus wäre schief.[83]

Hutten wünscht den Gelehrten auf der Seite der Reformation zu sehen:

> Ich zöge dich mit diesen Armen, glaub
> Es mir, hervor aus deinem Bücherstaub.
> ...
> Dein edles Wissen, spräch ich, liegt dir tot,
> Du bietest Gold, und wir bedürfen Brot!

> ...
> Dein Denken, spräch ich, ist ein eitler Traum,
> Wächst drangvoll nicht daraus ein Lebensbaum.
> ...
> Die Satyrmaske, lege sie beiseit –
> Ein offnes Antlitz will die große Zeit.
> ...
> Dein schlaues Auge blickt mich spöttisch an? ...
> Vale, Erasme, tot und abgetan!

Hutten hält Erasmus die Gefahren einer Gelehrsamkeit vor, die nicht ins Leben hineinwirkt; dabei rührt C. F. Meyer mit dem Wort »Lebensbaum« zugleich an das Geheimnis seiner eigenen Schöpferkraft. – Selbst der Humanist Poggio genießt des Dichters persönliche Sympathie weit weniger, als man bei oberflächlicher Lektüre der Plautusnovelle annehmen möchte: »Poggio« – so heißt es in einem Brief – »der wahre Typus des Humanisten: Geist, Leichtsinn, Nachäffung und übertriebene Schätzung der Antike, Unwahrheit, Rachsucht (er ›kreidet‹ es der Äbtissin an), Diebstahl und Bettelei (die »Beschenkung« des Cosmus, letzte pag.)«[84]

C. F. Meyer sieht den Humanismus immer ein wenig mit den Augen Huttens. Seine Begegnung mit der Antike läßt ihn weder die Vergangenheit überschätzen, noch bei unproduktivem »Nachäffen« stehenbleiben. Ist ihm doch toter Stoff ebenso zuwider wie leere Form: Schulrhetorik und einseitiges Ästhetentum liegen ihm ebenso fern wie seelenlose Stoffsammlungen. Mehr als nur ein »Bildungserlebnis«, trägt sein Ringen mit antiken Stoffen, wie wir sahen und bald auch im einzelnen bestätigt finden werden, das Gepräge des Organischen. C. F. Meyers natürliches Empfinden fühlt sich immer nur zum »Werdenden« hingezogen, zu »dem noch auf der Esse Liegenden, um welches noch die Flamme der Phantasie züngelt«.[85]

Seine lebendige Gestaltungskraft tritt dort am klarsten zutage, wo er einen vorgegebenen Stoff selbständig umformt. – Überträgt er ihn aus einem literarischen Genos ins andere, so wird das Problem der Stoffbearbeitung zugleich zur Stilfrage.

b) Umsetzung episch vorgeformten Stoffes ins Lyrische

Bei einem Dichter, der sich im Ringen um den Stil mit Michelangelo[86] und Beethoven[87] verwandt fühlt, wird man in der Stilisierung alles andere als nur etwas Äußerliches sehen müssen. Quellenstudium dient hier nicht nur der Neugier des Lesers, sondern macht ihn zum Zeugen des Schaffensprozesses und damit des Kampfes um den Stil.[88]

Die Umsetzung episch vorgeformter Stoffe ins Lyrische sei an drei Gedichten aufgezeigt, die durch Ovids »Metamorphosen« angeregt sind: »Die gefesselten Musen«, »Pentheus« und »Die sterbende Meduse«.[89]

Die ovidische Herkunft des erstgenannten Gedichts scheint man noch nicht erkannt zu haben, obwohl hier die Anlehnung so eng ist, daß man von einem Wetteifer C. F. Meyers mit Ovid sprechen muß.[90] Aus dem Munde der schreckensbleichen Muse erfahren wir bei Ovid,[91] wie sie mit ihren Schwestern unterwegs von dem Thrakerfürsten Pyreneus aufgefordert wurde, das Ende des Regens unter seinem Dache abzuwarten. Als der Tyrann dann die Musen einschloß, um ihnen Gewalt anzutun, entflohen sie auf Flügeln, indes der Wütende ihnen vom Turm aus nachstürzte und am Boden zerschellte.

Wie formt Meyer aus dieser Erzählung ein Gedicht? Zunächst läßt der Lyriker alles anekdotische Detail weg,[92] das dem antiken Epiker lieb gewesen ist: Nicht wegen Regens, nicht notgedrungen kehren die Musen in Pyreneus' Haus ein, sondern sie »suchen« ihn einfach »heim«. Ebenso fehlt der Name des Tyrannen; dieser ist nur ein Typus, »ein König irgendwo in Dazien oder Thrazien«. So wird auch die präzise Ortsbezeichnung Ovids bewußt verwischt.[93] Einzelne Motive verfeinert C. F. Meyer: Der König will die Musen nicht vergewaltigen, sondern es heißt nur: »Der König klatschte: Morgen will ich wieder euch bestaunen«, worauf die Musen stolz erwidern: »Das hangt an unsern Launen.« Ebenso ersetzt C. F. Meyer das blutige Ende des Tyrannen durch ein neues Schlußmotiv, das uns im Zusammenhang mit den Zügen, die er hinzufügt, beschäftigen soll.

Gleich die erste Ergänzung ist für den Tenor des Gedichts bezeichnend. Die Musen kommen nicht allein, sie erscheinen zusammen mit den Grazien. Dies ist mehr als nur ein Zugeständnis an den Reim (Thrazien); in diesem Gedicht stehen die Musen durchweg mit den Grazien im Bunde: Alles Grobe fehlt, und was geschieht, ist der Chariten würdig. Neu ist der Reigen, den die Musen tanzen, und in diesem anschaulichen Zug spiegelt sich ebenso das Wesen dieser Gottheiten wie in der Gestaltung ihrer Flucht: Die sich Fortschwingenden werden nur noch akustisch faßbar (»leises Schreiten«, »Geflüster«, »Schüttern zarter Saiten«, »die Schergen griffen in die Luft, und silbern klang Gelächter«). Die neuen Motive sind nicht mehr akzessorisch, sondern aus dem Wesen der Gestalten herausentwikkelt. Überboten hat C. F. Meyer Ovid nicht nur durch die »akustische« Darstellung der Flucht, die zu lyrischen Wirkungen Gelegenheit bietet, sondern auch durch den Schluß, eine Metamorphose, die bei dem römischen Verwandlungsdichter fehlt. Ganz im Sinne der sie begleitenden Grazien haben die Musen den Kerker verwandelt:

> Drin hingen statt der Ketten schwer
> Zerrißne Blumenkränze.

Bewußt hat C. F. Meyer mit Ovid gewetteifert. Bei der Übertragung aus dem Epischen ins Lyrische ist alles Beiwerk, alles nur Anekdotische weggefallen. An die Stelle der äußeren Dramatik (Gewalttat, Todessturz) tritt die innere; das Wesentliche ist zum Laut geworden und ins Bild gebracht (Reigen, Schlußmetamorphose).

Ist in den »gefesselten Musen« das Empfinden der Anmut, der Grazie gesteigert und zum Kern der Erfindung geworden, so ist es in »Pentheus« das Grauen der Verfolgung. Dieses Motiv stellt C. F. Meyer in den Mittelpunkt und macht es durch eigene Ausgestaltung anschaulich: Dem Fliehenden stellt sich eine Felswand in den Weg. Daß also nicht, wie Kraeger annimmt,[94] Euripides' »Bakchen« zugrunde liegen können, zeigt folgende einfache Beobachtung: Das Verfolgungsmotiv erscheint bei Ovid,[95] während bei Euripides von einer Verfolgung keine Spur zu finden ist: Pentheus sitzt auf einer Tanne, die Mänaden reißen den Baum aus und töten den König. – Daß der ovidische Text Meyer schon im Knabenalter beschäftigt hat, legt ein Brief des Fünfzehnjährigen ebenso nahe wie die Nennung Ovids im Zusammenhang mit der Pentheus-Szene in der Novelle »Das Leiden eines Knaben«.[96]

Außer dem Verfolgungsmotiv, das er frei ausgestaltet, hat Meyer seiner Vorlage freilich so gut wie nichts entnommen. Im Gegensatz zu Ovid (und zu Euripides) ist ihm Agave nicht die Mutter, sondern die Tochter des Pentheus. Auch metrisch ist das lyrische Gedicht dem Stoffe angepaßt: Der bacchische Taumel wird durch den anapästischen Rhythmus sinnfällig. Der ovidische Keim entwickelt sich selbständig und ohne Anlehnung an ein Vorbild nach rein lyrischen Gesetzen. Obwohl C. F. Meyer alles ins objektive Bild kleidet und zur Handlung werden läßt, beschäftigt ihn doch in erster Linie, was im Inneren des Pentheus vorgeht.

Wie in »Pentheus« und in dem bald zu besprechenden »Ritt in den Tod« schildert Meyer auch in der »Sterbenden Meduse« das Innere eines vor dem Tode Stehenden. Dabei ist seine Sympathie auf der Seite des Untergehenden, und durch diese Einstellung gewinnt er den alten Stoffen ganz neue Wirkungen ab.

Bei Ovid[97] erzählt Perseus seine Tat: Er erschlug die Meduse, während sie schlief. Um nicht versteinert zu werden, betrachtete er sie nur im Spiegel seines Schildes. Einst war sie ein schönes Mädchen gewesen – er kannte jemanden, der ihr wunderbares Haar zu loben wußte –, dann aber hatte Neptun ihr im Tempel der Minerva Schimpf angetan, und die beleidigte Göttin hatte zur Strafe das schöne Haupthaar der Meduse in Schlangen verwandelt.

C. F. Meyer zeigt das Geschehen nicht aus der Sicht des Perseus, sondern aus der seines Opfers. Er konzentriert sich dabei auf drei Augenblicke.

Der erste: Perseus belauert die Meduse. Sie träumt von ihrer glücklichen Mädchenzeit und glaubt, die Hirtenflöte zu hören.

Der zweite: Perseus tritt nahe an die Schlummernde heran. Dem Grund ihres Unglücks nachsinnend, träumt sie von einer Vergangenheit, in der sie menschenscheu war und Mordtaten verübte. Doch ihre Erinnerung versagt, und sie hört wieder die Hirtenflöte.

Der dritte Augenblick ist der des Todes: Sie »lauscht. Sie zuckt. Sie windet sich. Sie ruht.«

Außer der Konzentration auf drei Augenblicke ist es auch C. F. Meyers Einfall, die Meduse träumen zu lassen: In ihrem Inneren steigt die Vergangenheit auf, während außen schon der Tod lauert. Zunächst richtet sich ihr Traum auf die eigene unbeschwerte Jugend, dann auf den Fluch ihres Daseins, den sie grübelnd zu ergründen sucht. Doch der Mantel der Vergessenheit breitet sich über das nicht Wißbare, und wieder umfängt sie die liebliche Erinnerung an die Kindheit. In diesem Augenblick schlägt Perseus ihr das Haupt ab. Ein ganzes Schicksal und eine Frage, die über das gegenwärtige Leben noch hinausweist, ist in diesen drei Augenblicken eingefangen. Dies wird dadurch möglich, daß nicht in epischer Weise die Geschehnisse selbst berichtet werden, sondern – lyrisch – ihre Abspiegelung im Innern der Träumenden. Wie Perseus sie im Spiegel seines Schildes sieht, so sieht die Meduse ihr eigenes Schicksal im Spiegel des Traumes. Diese Spiegelung ermöglicht jene Einheit von Ort, Zeit und Handlung, welche die innere Dramatik dieses lyrischen Gedichtes ausmacht.

c) Historischer Stoff und Balladenform

Derselbe Zug zur Konzentration, zum Verzicht auf das Anekdotische, dasselbe Streben, alles Äußere zum Zeichen des Inneren werden zu lassen, beherrscht auch die Balladen C. F. Meyers, deren Stoffe der Alten Geschichte entstammen. Es lohnt sich, dies im einzelnen aufzuzeigen, da selbst ein Hofmannsthal das Wesen der historischen Gedichte C. F. Meyers verkannt und unrichtig mit dem Begriff des Anekdotischen in Verbindung gebracht hat.[98]

»Der Ritt in den Tod« behandelt Sieg und Untergang des T. Manlius, des Sohnes des Konsuls, im Jahre 340 v. Chr. Die erste Fassung der Ballade[99] folgt im großen und ganzen noch dem Liviustext,[100] den C. F. Meyer übrigens seit seiner Schulzeit besaß; die leeren weißen Blätter am Anfang und am Schluß des Buches dienten ihm gelegentlich zu Gedichtkonzepten.[101] — Freilich klingt schon in den Hohnreden der beiden Gegner und erst recht gegen Ende (»Greif aus, du mein muntres, mein feuriges Tier«) ein eigener Ton auf, und dieser Schluß wird zum Keim der neuen Fassung der Ballade. Nur noch der Augenblick, den diese Worte festhalten, bewegt den Dichter: Manlius' Sohn, der nach erfochtenem Sieg der Todesstrafe entgegenreitet. Von diesem Mittelpunkt aus, der bezeichnenderweise wieder im Innern des Helden liegt, wird das Gedicht neu gestaltet:

> Bevor es sich rollend im Sande bestaubt,
> Erheb ich in ewigem Jubel das Haupt.

Aus der langen Erzählung ist ein gerafftes Gedicht geworden. Kraeger beklagt sich über die »ungeschickte, unklare, verunglückte« Ballade,[102] die nur »nach wiederholten Versuchen mit Hilfe von Reminiszenzen aus Quarta und Quinta«[103] zu verstehen sei. Dieses Urteil ist um so weniger begreiflich, als C. F. Meyer gerade den geschichtlichen, der »Bildungswelt« entstammenden Stoff von allen nur dem Historiker wichtigen Einzelheiten befreit hat: Die endgültige Fassung geht allein vom Menschlichen aus. Ist es doch keineswegs die Aufgabe der Ballade, alles hübsch der Reihe nach zu berichten, vielmehr muß sie nach Goethe[104] »mysteriös« sein und mitten in den Ereignissen beginnen. Sie ist Urform: das ›Ur-Ei‹, in welchem Epos, Lyrik und Drama noch miteinander vereinigt sind. Die Meyersche Ballade lebt von der Situation, und alles, was nur Historienmalerei wäre, hat in ihr nichts zu suchen.[105] An dieses Stilgesetz der Ballade, das Kraeger unbeachtet läßt, hält sich C. F. Meyer. Gerade auf dem geheimnisvoll andeutenden Stil, dem der trappelnde anapästische Rhythmus die letzte Schwere nimmt, beruht die Wirkung des Gedichts. Hätte Kraeger die Verse nur ein einziges Mal laut gelesen, so hätte er ohne alle »Reminiszenzen aus Quinta und Quarta« erkannt, daß die »verunglückte« Ballade zu C. F. Meyers schönsten Gedichten gehört.

Meyer hat hier nicht nur, wie Kraeger meint, den »historischen« durch den »poetischen« Stil ersetzt, sondern einen historischen Stoff auf seinen fruchtbaren Keim zurückgeführt — auf den Augenblick, in dem das ganze Schicksal des Helden wie in einem Brennpunkt zusammengefaßt erscheint — und diesen lebendigen Kern dann in Balladenform neu entfaltet. Wie wir noch öfter beobachten werden, ist hier bei der Entwicklung des Gedichts der Ausgangspunkt vorwiegend episch (1864), darauf folgt die Erfassung des dramatisch entscheidenden (»fruchtbaren«) Augenblicks, aus dem sich schließlich die vorwiegend lyrische Endform entwickelt.

Freilich ist nicht bei allen Balladen die Entwicklung bis zum »lyrischen« Endpunkt gelangt. Vorwiegend dramatisch gestaltet sind »Die wunderbare Rede« und »Das Heiligtum«.

Wie »Der Ritt in den Tod« und das in mancher Beziehung vergleichbare »Geisterroß« (vgl. Anm. 109) stellt auch das Gedicht »Die wunderbare Rede« den Augenblick vor dem Ende aus der Sicht des Untergehenden dar. Die Szenerie: Rom. Ende des zweiten Jahrhunderts nach Christus. Während Severus gegen die Weltstadt zieht, grüßt das im Amphitheater versammelte Volk die Göttin Roma mit dem Ruf »Wie lange noch?« als Unsterbliche. Dio Cassius[106] hat Roma nicht redend eingeführt und kein blutiges Spiel, sondern ein Wagenrennen stattfinden lassen. C. F. Meyer bezieht dagegen alle Motive auf die Mitte: Dem nahenden Untergang entspricht besser ein Gladiatorenkampf. Den großen Fechter nennt er Orestes, ein Symbol des seine Mutter, Roma, bedrohenden Severus. Anekdotische Einzelzüge — Nordlicht und Silberregen — entfallen. Statt dessen baut sich das Hauptgeschehen in dreifacher dramatischer Steigerung auf: zunächst das Eilen des Volkes ins Theater; dann das erwartungsvolle Lauern der Zuschauer auf den Todesstoß; schließlich der sterbende Fechter[107] und der gellende Schrei der sibyllenhaften Seherin, die, Roma verkörpernd, ihre eigene Erniedrigung voraussieht. Anders als bei Dio Cassius wird Roma nicht nur angeredet, sie wird sichtbar. Und noch mehr: Sie redet. Ja, das ganze Gedicht erhält in der letzten Fassung den Namen nach dieser »wunderbaren Rede«:

> Wehe morgen! Fechter, du bist tot!
> Gute Fahrt! Dir tun sie nichts zuleid!
> Morgen wehe! Horch! Die Tuba droht!
> Wehe! Sie zerreißen mir das Kleid!

Aus dem historischen Bericht ist ein dramatisches Geschehen geworden, das in schwüler Gewitterstimmung beginnt und in der Prophezeiung der nahenden Katastrophe gipfelt.[108]

Seltener als das Untergangserlebnis stellt C. F. Meyer in seinen Balladen den Siegesjubel dar; freilich nie, ohne die vorausgehenden Sorgen und Mühen zu vergessen. Im »Botenlauf«, der im wesentlichen aus einer kurzen Notiz in Mommsens ›Römischer Geschichte‹ herausgesponnen zu sein scheint,[109] wird das sieghafte Erscheinen der Dioskuren durch die sorgenvolle Ungeduld des auf den Ausgang der Schlacht wartenden Volkes dramatisch vorbereitet. Vergleicht man die verschiedenen Entwicklungsstufen dieses Gedichtes,[110] so stellt man eine zunehmende Straffung nicht nur im Inhaltlichen, sondern auch im Formalen fest: Erst am Ende steht die klassische Form der Distichen.

Auch in Caesars Siegerstolz will sich in Gestalt des ›Verlorenen Schwertes‹ zunächst ein Gefühl der Bitternis mischen. Aus einer bei Plutarch mitgeteilten Anekdote[111] macht Meyer eine dramatische Szene. Seine wichtigste Neuerung ist die Einführung des höhnenden Galliers, der hier gewissermaßen die Funktion jenes Sklaven ausübt, der nach römischem Brauche dem Triumphator lästernde Worte ins Ohr flüstert (dieses Bild war Meyer besonders lieb).[112] Die Anklage prallt an Caesars stolz-bescheidenen Worten ab; das verlorene Schwert ist für den Feldherrn keine Schande, sondern ein Zeichen der Mühen, die dem Erfolg vorausgingen:

> Verloren ging's in steilem Siegeslauf
> Und heißem Ringen: Götter hoben's auf.

C. F. Meyer, der selbst um jede Zeile gerungen hat, stellt hier den Sieg dar, verschweigt aber auch die vorausgegangenen Kämpfe nicht. Formal ist hier das Anekdotische durch die dramatische Gestaltung, inhaltlich durch die Erhebung ins Allgemeingültige überwunden.

Muster einer dramatisch gestalteten Ballade ist das »Heiligtum«, ein Gedicht, das Caesars Sieg über die alten Götter Galliens darstellt: Er läßt die heiligen Eichen fällen und daraus Widder zur Belagerung von Massilia herstellen. Kraeger hat sich bei der Angabe Mommsens beruhigt, Caesar habe die gallischen Kulte nicht behelligt;[113] nach einer dichterischen Quelle zu suchen, fiel ihm um so weniger ein, als Mommsen selbst hervorgehoben hatte, der »feine Dichtertact der Völker« habe sich um den »unpoetischen Römer« Caesar mit Recht weniger bekümmert als um Alexander.[114] Indessen hätte es genügt, den »Bürgerkrieg« des Dichters Lucan aufzuschlagen, um festzustellen, daß Meyer keineswegs frei erfunden, sondern sich gerade hier so genau an eine antike Vorlage angeschlossen hat, wie sonst nur noch in dem Gedicht »Die gefesselten Musen«, dessen Quelle merkwürdigerweise ebenfalls unbeachtet blieb.[115] Der ausführliche Vergleich mit dem Vorbild ist hier also besonders lohnend, erlaubt er doch, die Gestaltungsweise C. F. Meyers in allen Einzelheiten zu beobachten. Anfangs- und Endwort des Gedichts finden genaue Entsprechungen bei Lucan. Die Antithese »Waldnacht – Licht« ermöglicht, den Umfang der Vorlage genau abzugrenzen: *lucus* (III 399) – *diem* (444). Auch bei Lucan steht der Helle des Schlusses zu Beginn das Dunkel gegenüber (*obscurum* 400, *umbras* 401); doch bei C. F. Meyer bestimmt das Gedankenpaar »Nacht« und »Licht« den Aufbau des ganzen Gedichts.

Unter Verzicht auf Akzessorisches – etwa die Mirakel 417ff. – beschränkt sich C. F. Meyer auf Grundlinien: Durch das Gegensatzpaar »Nacht und Licht« ist zunächst das Auge angesprochen; dem visuellen Bereich gliedert sich bei Meyer sofort das bei Lucan erst etwas später[116] erwähnte Motiv des Blitzes ein:

Waldnacht. Urmächtge Eichen, unter die
Des Blitzes greller Strahl geleuchtet nie!

Der folgende Vers kennzeichnet das »Dunkel« durch ein fast wörtlich aus Lucan übernommenes Bild:

Dämmernde Wölbung, Ast in Ast verwebt.[117]

Nun wechselt C. F. Meyer in den akustischen Bereich über: Als nächstes Motiv erscheint das Schweigen. Die Unheimlichkeit des Ortes wird somit nicht wie bei Lucan durch Häufung der *verba timendi*[118] psychologisch, sondern objektiv dargestellt. Das in der Vorlage mit der Vorstellung der »Furcht« verbundene Vogelmotiv wird dementsprechend in den Bereich des Hörbaren übertragen. Es heißt nicht mehr »illis et volucres *metuunt* insistere ramis« (407), sondern:

Von keines Vogels *Lustgeschrei* belebt.

Dem Bereich des Ohres ordnet C. F. Meyer konsequent das lucanische Motiv des Sturmes zu:

> Ein brütend Schweigen, nie vom Sturm gestört.[119]

So wird der *horror* sinnlich faßbar. — Den numinosen Schauer, den Lucan breit darstellt, deutet C. F. Meyer kurz, aber wirkungsvoll an:

> Ein heilig Dunkel, das dem Gott gehört.[120]

Mit dem Bilde des von Schädeln und Gebein umgebenen Opfersteins schließt C. F. Meyer die Beschreibung des Haines ab. Auch hier ist Meyer anschaulicher als Lucan, der auf Schädel und Gebein verzichtet, dafür aber das affektische Adjektiv »dirus« setzt (404).

Bisher konnte C. F. Meyer sich darauf beschränken, die Motive der Vorlage sorgfältig zu sichten, nach bestimmten Gesichtspunkten neu zu gruppieren und mit Beziehungen zu den Grundthemen zu durchdringen. Nun, da die Handlung einsetzt, werden stärkere Eingriffe notwendig, soll aus dem Bericht des historischen Epos eine dramatisch aufgebaute Ballade werden.

Das Erscheinen der Römer im heiligen Hain wird bei Lucan nicht beschrieben. Meyer stellt es dar und erweckt in unantiker Weise »Spannung«:

> Es rauscht. Es raschelt. Schritte durch den Wald!
> Das kurze römische Kommando schallt.
> Geleucht von Helmen! Eine Kriegerschar!
> Vorauf ein Gallier und ein Legionar.

Diese beiden Figuren führt Meyer ein, um eine Szene schaffen zu können. Im Gegensatz zu Lucan wird Caesars Befehl (wenn auch nur als »Durchsage«) bei Meyer hörbar, die Wirkung auf den frommen Gallier sichtbar (er erbleicht), nur der Eindruck auf den Römer wird stilvoll durch ein wörtliches Zitat aus Lucan charakterisiert:

> Den Römer selbst ergreift die Majestät des Orts (*motique verenda maiestate loci* 429f.).

Meyer benötigt den »Gallier«, um die Warnung vor dem Frevel dramatisch einführen zu können. Er tut dies im wirkungsvollsten Augenblick, nämlich als der Legionar schon gegen den heiligen Baum die Axt erhoben hat.

In diesem Moment kommen einige bisher ausgesparte Züge stärker zur Geltung als bei Lucan, der sie schon früher gebracht hatte:

»Die Stämme, diese Riesen, sind gefeit«.[121]

Den zum Schlage ausholenden Römer geht diese Tatsache unmittelbar an, ebenso wie die Warnung:

»Versehrtest nur ein Blatt du freventlich,
Stracks kehrte sich die Waffe wider dich.«

Was Lucan nur abstrakt als Überlegung der Römer anführt, wird hier bei Meyer dramatisch zur Rede.[122]

Die weiteren Züge, die Meyer neu erfindet, dienen alle dazu, dramatisch das Seelische sichtbar werden zu lassen: Die Römer erstarren nicht vor Furcht,[123] sondern wenden sich nach der Warnung zur Flucht. Der θάμβος verwandelt sich bei Meyer in φόβος. So wird möglich, Caesars Macht durch das einzige Wort »Steht!« zur Erscheinung zu bringen. Sie bleiben stehen, aber – und auch dieser Einfall dient der dramatischen Entwicklung – sie suchen ihn vor dem Frevel zurückzuhalten:

> Er deutet hin
> Auf eine Eiche. Sie umschlingen ihn,
> Sie decken ihn wie im Gedräng der Schlacht,
> Sie flehn. Er ringt. Er hat sich losgemacht,
> Er schreitet vor. Sie folgen. Er ergreift
> Ein Beil, hebt's, führt den Schlag, der saust und pfeift...

Dieser Schlag wird nicht einfach berichtet, wie bei Lucan, er ist vielmehr mit großer Kunst vorbereitet und mit gebärdenhafter Anschaulichkeit inszeniert. All diese dramatischen Entfaltungsmöglichkeiten läßt Lucan ungenutzt, beginnt er doch gleich damit, was C. F. Meyer auf das Ende aufspart: *sed fortes tremuere manus* (429).

Während bei Lucan Caesar nach dem Schlage den Soldaten mit juristischer Genauigkeit auseinandersetzt, er übernehme die Verantwortung für den Frevel,[124] läßt C. F. Meyer den Feldherrn wiederum nur das Notwendigste sagen: »Schaut, Kinder, ich bin heil!« Darauf sind die Legionare »voll Jubel«, und in dem Soldatenwitz »Verendet hat der Gott« erscheint der Bann gebrochen. Anders bei Lucan: die Römer fällen die Bäume nur – psychologische Begründung! – aus Furcht vor Caesars Zorn, der ihnen gefährlicher scheint als der Zorn der Götter. – Als die heiligen Bäume fallen, häuft Lucan die botanischen Bezeichnungen.[125] Meyer hält sich ans Einfache und Typische: Sein Wald ist ein Eichenhain. Zwischen lebendig Beobachtetem[126] erscheint zum Schluß noch eine Lucan-Reminiszenz:

> Von Laub zu dunklerm Laube flieht die Nacht
> ...
> Und Riesentrümmer überströmt das Licht.

443 f.:

> *Tum primum posuere comas et fronde carentes*
> *Admisere diem.*

Die zahlreichen Anklänge zeigen, daß Lucans dichterische Gestaltung C. F. Meyer stärker anzog, als es sonst bei historiographischen Quellen der Fall war.[127] Trotzdem hat Meyer stark umgeformt. Überblicken wir die Grundzüge der Umgestaltung:

Meyer vermeidet das Unanschauliche. Alles Erklärende, Psychologische, wird nicht erläuternd referiert, sondern wird sichtbar und hörbar.

Meyer dramatisiert. Er läßt alles Seelische zur Gebärde und szenischen Bewegung werden (Flucht. »Steht!« Zurückhalten. Sich-Losringen). Die wichtigen Ereignisse werden vorbereitet. Die Warnung vor dem Frevel wird auf den Augenblick aufgespart, da die Axt schon erhoben ist; Caesars Worte sind so sparsam und bedeutungsvoll wie möglich gesetzt.

Meyer individualisiert. An die Stelle der *Gallorum populi* (vgl. 446) tritt ein bestimmter Gallier, neben ihm steht ein bestimmter Legionar. Meyer vereinfacht: Der Hain besteht nicht aus zahllosen Baumarten, sondern aus Eichen. Unnötige Häufungen, anekdotische Details entfallen.

Besondere Sorgfalt verwendet Meyer auf die Anordnung der Motive und auf ihre Beziehung zu den Grundthemen. So ist aus der Episode eines historischen Epos ein kleines Drama geworden, dessen Höhepunkt der sorgfältig vorbereitete Beilschlag Caesars ist. Alle Motive zielen auf diesen Augenblick, der die Wandlung vom Dunkel zum Licht vollzieht.

Zunächst überrascht, daß hier der moderne Dichter ›objektiver‹, anschaulicher gestaltet und weniger psychologisiert als der antike. Und doch liegt der hauptsächliche Reiz dieses Stoffes auch für C. F. Meyer im Psychologischen. Nur hat Lucan das Seelische vorwiegend mit gedanklichen Mitteln herausgearbeitet, während Meyer es – darin mehr ›griechisch‹ als ›römisch‹ – im sinnlich Wahrnehmbaren und im Dramatischen zur Erscheinung kommen läßt.

Anders als beim »Heiligtum« ist bei dem Alexandergedicht »Der trunkene Gott« an keine *bestimmte* antike Quelle zu denken.[128] Auf eine Interpretation sei daher verzichtet, zumal auch die Entwicklung des Gedichtes selbst nur den schon mehrfach beobachteten Zug zur dramatischen Konzentration zeigt.

Abschließend seien zwei Balladen betrachtet, in denen – jeweils in verschiedener Weise – lyrische Elemente vorherrschen. Zunächst »Tarpeia«: Meyer läßt nicht nur Einzelheiten weg, die Livius erwähnt,[129] sondern er formt mit Hilfe der Rahmentechnik – einem seiner wichtigsten Stilmittel[130] – die ganze Sage zur Legende um. Italienische Mädchen erzählen sich am Brunnen die Geschichte, die aus christlicher Sicht gedeutet wird: Tarpeia sitzt tief unter der Erde »im Höllenlicht« und schmückt sich. Die guten Mägde tragen der armen Seele einen Handel an: Sie wollen für sie beten, dafür aber goldne Kettlein von ihr bekommen (ganz frei von Tarpeias Putzsucht sind sie also auch nicht). Außer der Rahmentechnik, die das Vergangene in launige Beziehung zur Gegenwart setzt, trägt zum Balladenton noch die volkstümliche Sprache bei (viel hundert Klafter tief, Tarpeia lieb, mutterseelallein).

In »Tarpeia« ist das lyrische Element bestimmend. Dasselbe gilt von dem »Gesang der Parze«. Zwar führt die Entwicklung dieses Gedichts zunächst zur Entfaltung der äußeren Dramatik, schließlich aber zu einer lyrisch verinnerlichten Form. Ausgangspunkt ist ein römisches Grabgedicht, das C. F. Meyer in Mommsens Römischer Geschichte[131] fand. Auf den ersten Blick zeigt der Grabstein nichts Balladenhaftes:

> Kurz, Wandrer, ist mein Spruch: halt an und lies ihn durch.
> Es deckt der schlechte Grabstein eine schöne Frau.
> Mit Namen nannten Claudia die Eltern sie;
> Mit eigner Liebe liebte sie den eignen Mann;
> Zwei Söhne gebar sie; einen ließ auf Erden sie
> Zurück, den andern barg sie in der Erde Schoß.
> Sie war von artiger Rede und von edlem Gang,
> Versah ihr Haus und spann. Ich bin zu Ende, geh.

Zunächst (1864) hatte C. F. Meyer den Stoff als Rückschau der ihren Sohn vom Krieg Zurückerwartenden gestaltet. Claudia sitzt am

Spinnrocken. In der Erinnerung zieht ihr ganzes Leben an ihr vorüber. Dann bringt man den Gefallenen ins Zimmer. Die Mutter bleibt äußerlich gefaßt, als sie aber mit dem Toten allein ist, bricht ihr Schmerz unaufhaltsam hervor.

In der endgültigen Fassung wird das Motiv der spinnenden Parze, das zunächst nur beiläufig angeklungen war, beherrschend. Das Spinnen der Parze — wir kennen es aus Vergils vierter Ekloge und schon aus Catulls Peleus-Epos[132] — hat seinen Platz am Anfang des Menschenlebens. So wird aus dem Grabspruch ein Wiegengesang. Der römische Stein hatte den Endpunkt, die erste Ballade (1864) den Mittelpunkt dieses Frauenlebens dargestellt. Die neue Fassung schildert den Beginn. Der Gesang der Parze läßt prophetisch und — im Gegensatz zu den genannten antiken Parzenliedern — mit schonungslosem Realismus das ganze Leben an dem Kinde vorüberziehen: Heirat, Tod des Gemahls, Tod des Sohnes. »Jetzt, kleine Claudia, bist du zu Tode wund« singt die Göttin. Da tritt die besorgte Mutter ins Zimmer, und die Parze verbleicht im Morgenschein.

Bei diesem Stoff mußte der Dichter lange suchen, bis er den »produktiven Augenblick« fand. Zunächst suchte er ihn — mit dramatischem Instinkt — im Augenblick der Katastrophe. Jetzt aber erfaßt er dieses Menschenleben am Anfangspunkt. Das Gedicht schildert nicht mehr, wie der Grabspruch, das Vergangene, auch nicht, wie die erste Fassung, das Gegenwärtige, sondern das Zukünftige. Die äußere Dynamik, die der erste Versuch dem Epitaph abgewonnen hat, weicht in der Endform einer inneren Bewegtheit. Das lyrische Motiv des Spinnens ist beherrschend geworden. Darum wirkt das einzig Dramatische — das Hereintreten der Mutter ins Zimmer am Ende des Gedichts — besonders stark. Der düstere Realismus der Prophezeiung tritt in scharfen Gegensatz zum Lächeln des Kindleins. Der Dichter hat den Augenblick des Lebensbeginns gewählt, da hier die innere Dynamik am größten ist.

d) Lyrische Motive aus antiken philosophischen Texten

Überrascht stellt man fest, daß C. F. Meyer es verstanden hat, auch philosophische Texte des Altertums in seiner Lyrik zu verklären.

Im Ringen um das Rätsel des Todes stellt Meyers Hutten neben einen Spruch des Apostels Paulus[133] folgendes Wort aus der Apologie des Sokrates:[134]

> Was wartet unser, wenn des Erdenseins
> Unruhig Licht erlischt? Von zweien eins:
> Für selgen Wandel ein bequemer Raum!
> Ein ungekränkter Schlummer ohne Traum!

Ist es hier noch der Gedanke, der übernommen wird, so ist es in dem Gedicht »Das Ende des Festes« die Situation: Das platonische Symposion wird zum Bilde von Leben und Tod, und das Erscheinen des Jünglings Alkibiades — den Namen entfernt Meyer, da es ihm um das Allgemeingültige geht[135] — zum Symbol des Sterbens:

> Da mit Sokrates die Freunde tranken,
> Und die Häupter auf die Polster sanken,
> Kam ein Jüngling, kann ich mich entsinnen,
> Mit zwei schlanken Flötenbläserinnen.
>
> Aus den Kelchen schütten wir die Neigen,
> Die gesprächesmüden Lippen schweigen,
> Um die welken Kränze zieht ein Singen.
> Still! Des Todes Schlummerflöten klingen.

Alles anekdotische Detail ist ferngehalten. Der Augenblick allein ist dem Dichter wichtig, wird ihm so stark gegenwärtig, daß Meyer sich selbst in die Szene mit einbezieht (»kann ich mich entsinnen«, »schütten wir«). So entnimmt Meyer einem philosophischen Text ein dichterisches Motiv — die soeben bezeichnete Situation — und knüpft eine eigene Deutung daran. Erinnert man sich an das Gesprächsthema des platonischen Symposion, so beleuchtet »Das Ende des Festes« die Beziehung von Eros und Tod, wie sie in dem Gedicht »Der Marmorknabe« noch deutlicher hervortritt: Dieselbe Knabenstatue wird von einem Kinde als der Liebesgott, von einem Alten als der Tod gedeutet.[136]

Noch ein weiteres Gedicht verdankt seinen Stoff philosophischer Lektüre: »Thespesius«. Es schildert das Schicksal eines Mannes, der durch einen Blick ins Jenseits innerlich gewandelt wurde. Gegenüber der Quelle — Plutarch[137] — fällt auf: der klare Rahmen, die Auslassung der Einzelheiten der recht unanschaulichen Jenseitsvision — statt dessen läßt C. F. Meyer die Seligen auf einer Wiese wandeln, die mehr an Plutarchs »Ort der Vergessenheit« erinnert, als an sein »Jenseits« — und die Betonung der stärkenden Wirkung des neuen Namens, der seinen Träger innerlich wandelt. Die mystischen Einzelheiten sind dem Augenmenschen C. F. Meyer fremd; seine Äußerung über Dostojewskij, »der gegen sein Ende nach russischem Usus zum Mystiker entartete«,[138] beweist dies zur Genüge. Entspringt doch auch C. F. Meyers Interesse für den Seelenwanderungsglauben, wie ein Brief zeigt,[139] mehr dem Postulat einer sittlichen Weltordnung als mystischen Tendenzen.

In der Stilisierung der aus epischen, historischen und philosophischen Quellen stammenden Stoffe zeigt C. F. Meyer große Selbständigkeit. Formt er um, so streift er bedeutungsloses Beiwerk ab und greift einen einzigen zentralen Keim heraus, aus dem das lyrische Gedicht sich organisch entfaltet. Dieser Kern ist stets eine bestimmte Empfindung, die sich mit einer klar umrissenen Situation verbindet. Storm hat also unrecht, wenn er Meyer die unmittelbare Empfindung abspricht. Sie ist vielmehr, wie unsere Untersuchung gezeigt hat, das Samenkorn, aus dem der Baum des Gedichtes wächst. Erfindet C. F. Meyer neue Einzelzüge, so sind sie bedeutungsvoll auf das Ganze bezogen und aus der zugrunde liegenden Empfindung entwickelt: Konkretheit und Sinnfülle erreichen zugleich ihren Höhepunkt. Der organische, »vegetative« Charakter von Meyers Schaffen, den wir zunächst an den Selbstzeugnissen erarbeitet hatten, hat sich uns an den Gedichten, die antike Stoffe behandeln, bestätigt.

4. Die Antike als urbildlicher Hintergrund

a) Novellen

Auch wo C. F. Meyer seine Stoffe nicht unmittelbar dem Altertum entnimmt, spielt er häufig auf antike Gestalten und Situationen an. Die Unbekümmertheit, mit der C. F. Meyer sich solche Züge aneignet, überrascht; zeigt sie doch, daß seine Auffassung von Originalität sich von der seiner Zeitgenossen entfernt und der Antike – in manchem auch dem 20. Jahrhundert[140] – nahesteht: »Um Reminiszenzen, erwiesene oder problematische, dürfen Sie sich gar nicht kümmern. Fällt mir gelegentlich ein für die Situation durchaus passendes Wort aus Homer ein oder Sophokles oder H. Lingg,[141] so wende ich es resolut an. Was will ein Metapherchen heißen, gegen den Eindruck des Ganzen, auf welchen allein alles ankommt.«[142]

Freilich benützt der Dichter Anspielungen auf Antikes nicht nur äußerlich als »Metapherchen«; er erhebt seine Geschöpfe zu allgemeiner Gültigkeit, indem er sie mit den großen Gestalten der Antike zusammenschaut. Erinnert er an bedeutende Situationen, so gibt er damit dem Augenblick geschichtliche Größe. Solche Identifikation ist mehr als nur Metapher.

Nennt Meyer den Namen eines antiken Autors, so bezeichnet er dadurch oft Stil und Tonart der jeweiligen Novelle. Nicht zufällig wird Tacitus, der Gestalter historischer Tragik, im »Jenatsch« erwähnt,[143] während die heitere Novelle »Plautus im Nonnenkloster« umgekehrt die komische Muse beschwört. Meyer will nicht mit Gelehrsamkeit prunken: Das Tacitus-Zitat im »Jenatsch« findet keine ganz genaue Entsprechung bei dem antiken Historiker,[144] und daß er weder Plautus noch Poggio gelesen hat, bezeugt der Dichter selbst.[145] »Plautus« und »Tacitus« sind hier Chiffren, die nicht antiquarisch, sondern atmosphärisch verstanden sein wollen. Mehr noch als Plautus und Tacitus bilden die antiken *Epiker* – Homer, Vergil, Ovid – mit ihren Schöpfungen den Hintergrund der Novellen. Sie verkörpern das Allgegenwärtige, Gültige, auf das der Einzelfall bezogen und an dem er gemessen werden kann.

Beginnen wir mit dem Jüngsten dieser Reihe, mit Ovid. In der »Richterin« verlangt Palma novella das Buch zu sehen, in dem, wie sie sich zu erinnern glaubt, ihr Bruder abgebildet sein soll. Nur ungern holt Graciosus die alte Handschrift. »Palma suchte und fand das Blatt. Über dem lateinischen Texte war mit saubern Strichen und hellen Farben abgebildet, wie ein Behelmter den Arm abwehrend gegen ein Mädchen ausstreckt, das ihn zu verfolgen schien. Mit dem Krieger deuchte er sich nichts gemein zu haben als den Helm, doch je länger er das gemalte Mädchen beschaute, desto mehr begann es mit seinen braunen Augen und goldenen Haaren Palma zu gleichen. Um die Figur aber stand geschrieben: ›Byblis‹.«[146]

Graciosus will dem Mädchen die ovidische Erzählung von der unerlaubten Geschwisterliebe ersparen, als er aber mit Palmas Bruder allein ist, muß er diesem doch den Sinn des Bildes erklären: »Die Schwester im Buche liebt den Bruder.« Wulfrin wird von rasender Wut ergriffen. Umsonst beteuert Graciosus, daß dies »ein heidnischer Poet ersonnen; leichtfertig und lügnerisch hat er erfunden, was nicht sein darf, was nicht sein kann, was unter Christen und Heiden ein Greuel wäre«. Der Bruder Palmas läßt sich nicht abhalten, das Blatt aus dem wertvollen Buche zu reißen und die Fetzen in den Sturm zu schleudern. Wie in einem Spiegel hat er in dem ovidischen Geschwisterpaar sich und seine Schwester erkannt. Der antike Zug ist hier nicht nur Metapher, sondern bringt den Handelnden zur Erkenntnis und treibt dadurch das Geschehen vorwärts. An Unmittelbarkeit gewinnt die literarische Reminiszenz dadurch, daß sie sorgfältig in ein Bild umgesetzt ist.

Auch in dem »Leiden eines Knaben« wird die seelische Situation des Helden durch eine ovidische Szene verdeutlicht: Das Bild für den von seinen Quälgeistern gehetzten Knaben ist Pentheus, den die Bacchantinnen zu Tode jagen. Ähnlich dem Dichter selbst, der im frühesten der erhaltenen Briefe einen Schulkameraden bittet, ihm die »Versionen aus Ovid« zu schicken,[147] muß auch der junge Held der Novelle sich mühsam mit dem Ovidtext herumschlagen. So hört sein Freund, der Maler Mouton, der neben ihm sitzt, die Pentheusgeschichte und wirft »die wunderliche Parodie einer ovidischen Szene« aufs Papier: »Ein Jüngling, unverkennbar Julian in allen seinen Körperformen, welche Moutons Malerauge leichtlich besser kannte als der Knabe selbst, ein schlanker Renner, floh, den Kopf mit dem Ausdrucke tödlicher Angst nach ein paar ihm nachjagenden Gespenstern umgewendet. Keine Bacchantinnen, Weiber ohne Alter, verkörperte Vorstellungen, Ängstigungen, folternde Gedanken – eines dieser Scheusale trug einen langen Jesuitenhut auf dem geschorenen Schädel und einen Folianten in der Hand – und erst die Felswand, wüst und unerklimmbar, die vor dem Blicke zu wachsen schien wie ein finsteres Schicksal!«[148]

Das Blatt stellt *in nuce* die ganze Tragödie des Knaben dar.

So veranschaulicht C. F. Meyer in der »Richterin« wie in den »Leiden eines Knaben« die Grundprobleme durch bildgewordene Szenen aus Ovid. Ohne sich um Einzelheiten zu kümmern, übernimmt Meyer den menschlichen Kern, die seelische Situation: Die antike Gestalt wird dem Leser zum Schlüssel der neuen, die neue erblickt in der alten wie in einem Spiegel ihr eigentliches Wesen.

Führte somit Ovid ins Zentrum zweier Novellen C. F. Meyers, so nimmt es nicht wunder, wenn in seinem Meisterwerk, dem »Heiligen«, mehrmals Vergil genannt wird. Um die Vergilreminiszenz vorzubereiten, die an zentraler Stelle steht, wird gleich zu Beginn der Erzähler in die Klosterschule geschickt, wo er diesen Poeten, über dessen christliche Seele der Prior manches Schöne zu sagen weiß, in- und auswendig lernt.[149] So wird möglich, Vergil später nicht durch eine Szene, sondern durch ein lateinisches Zitat zu beschwören: König Heinrich hat sich schwer an seinem Kanzler versündigt, er hat dessen Tochter verführt und ihren Tod verschuldet. Das Verhalten des unglücklichen Vaters dem Monarchen gegenüber hat sich äußerlich nicht verändert, als aber eine Wendung des Gesprächs den König an seine Untat erinnert und dem Schuldigen selbst die Tränen kommen, zitiert Thomas: *Sunt lacrimae rerum.*[150] Dann wendet er sich, um seine innere Bewegung zu verbergen, an Hans den Armbruster mit der Frage nach der Herkunft dieses Zitats. Dieser erkennt das Vergilwort und interpretiert es: Der Vers »bedeutet, daß man die menschlichen Dinge nicht zu stark pressen soll; denn sie sind innerhalb voller Tränen.«[151] Es ist der Augenblick, da Heinrich den Kanzler zu seinem Primas machen will und damit selbst auf sein Haupt die Strafe herabbeschwört: Nicht mehr Diener des Königs, sondern eines Höheren, wird Thomas die Sache Gottes gegen seinen früheren Herrn vertreten. Bei der Entscheidung, dem Kanzler den Stuhl von Canterbury zu geben, hat der König der Versuchung nicht widerstanden, »die Dinge zu stark zu pressen«, und die Vergilstelle deutet voraus auf die Tränen, die aus diesem Entschluß entstehen werden. Am Wendepunkt – bisher war das Schicksal gegen den Kanzler, nun wird es sich gegen den König stellen – steht das Wort Vergils.

Doch noch mehr deutet in dieser Novelle auf den römischen Epiker. Kein Wunder, daß Hans der Armbruster, der seinen Vergil so sicher beherrscht, unversehens selbst in seiner Erzählerrolle dem Aeneas ähnlich wird. Wie im zweiten Buch der Aeneis, so ist auch im »Heiligen« die Rahmenerzählung mit besonderen, persönlichen Zügen eingeführt: Der Held berichtet *ungern* seine Leiden, denn so wie der Untergang Trojas mit Aeneas' Schicksal, so ist die Geschichte des »Heiligen« mit der eigenen des Erzählers verkettet: »Offenbar schien ihm billig, den Wunsch seines Gastfreundes zu erfüllen; aber *ungerne* tat er es. Denn jene Ereignisse, staunenswert und unbegreiflich nicht nur für die Fernstehenden, sondern auch für die Mithandelnden, waren *der wichtigste Teil seiner eigenen Geschichte.*«[152] Hier schwingt das vergilische *et quorum pars magna fui* mit, das C. F. Meyer auch in »Jürg Jenatsch« und in einem Brief zitiert.[153]

Ebenso wie »Die Hochzeit des Mönchs« durch den Erzähler Dante an Würde gewinnt, wird der »Heilige« durch den Schatten Vergils geadelt.

Daß wir berechtigt sind, uns in dieser Weise des antiken Hintergrundes, vor dem C. F. Meyers Gestalten sich bewegen, bewußt zu werden, zeigen zwei Briefstellen, an denen der Dichter geradezu überraschende Identifikationen vollzieht: Das Mordbeil, das in »Jürg Jenatsch« nach zwanzig Jahren den Mörder selbst strafend niederstreckt, erinnert C. F. Meyer an die Atridensage.[154] Noch bedeutsamer ist die Allgegenwart *Homers*, die dem Schweizer Epiker auch dort bewußt ist, wo selbst ein Philologe sie nicht unbedingt vermuten würde: Als der Dichter in »Angela Borgia« den ahnungslos unmittelbar vor dem Tode stehenden Sforza in unnatürlicher Lustigkeit den Herrscher reizen läßt, denkt er an die verblendeten Freier der Odyssee, wie folgende Briefstelle zeigt: »... woher der Ton Strozzis vor seiner Ermordung stammt? Aus der Odyssee (vid. Freier)«.[155] Was C. F. Meyer im Auge hat, ist einzig die Situation; es ist die Situation der Ate, die sich in folgenden Worten spiegelt: »Die unheimliche Lustigkeit Strozzis war ihr ein Vorzeichen seines Untergangs, und die unerschöpfliche Geduld des Herzogs erfüllte sie mit Grauen.«[156]

Homer begegnet nicht nur am Ende von C. F. Meyers epischem Schaffen – in »Angela Borgia« –, sondern auch in der Mitte – im »Heiligen« – und am Anfang: in »Jürg Jenatsch«. Leicht ironisch gibt der Dichter, der sich im »Heiligen« sonst an Vergil anschließt, der Erzählung auch noch durch eine homerische Wendung »episches« Gepräge: »Nach diesen *geflügelten Worten* schmiegte Herr Burkhard sich fröstelnd in seinen Pelz.«[157] Über die Funktion bloßen Kolorits hinaus geht die Gegenwart Homers im »Jenatsch«: Als die kleine Lukretia ins Schulzimmer tritt und ihrem Jürg mit einem Kuß ein Körbchen voller Speisen überreicht, lacht die Schulklasse. Der Magister aber ruft mit strafender Stimme: »Was ist da zu lachen, ihr Esel? – Ein naiver Zug, sag ich euch: rein griechisch! Euer Gebaren ist ebenso einfältig, als wenn ihr euch beigehen laßt, über die unvergleichliche Figur des göttlichen Sauhirten oder die Wäsche des Königstöchterleins Nausikaa zu lachen, was ebenso unziemlich als absurd ist, wie ich euch schon eines öfteren bewiesen habe. – Du bist eine Bündnerin? Wem gehörst du, Kind?«, wandte er sich jetzt mit väterlichem Wohlwollen zu der Kleinen, »und wer brachte dich hierher? Denn«, setzte er, seinen geliebten Homer parodierend, hinzu, »nicht kamst du zu Fuß, wie es scheint, nach Zürich gewandelt.«[158]

Einen Augenblick fällt auf Lukretia der Schimmer einer homerischen Mädchengestalt wie Nausikaa. Wenn wir sie später als livianische Lucretia wiedersehen, so haben wir immer noch die Ursprünglichkeit und Frische der Anfangsszene in Erinnerung, und die Muse Homers, »Kalliope, die keusch und kindlich blickt«,[159] behält die Oberhand über das sittliche Pathos des römischen Historikers.[160] Meyers Lukretia, die nicht sich selbst, sondern den Schuldigen dem Tode übergibt, wirkt resoluter und blutvoller als ihre römische Namensschwester. Nicht umsonst ist auf die Schweizerin ein Strahl der Sonne Homers gefallen.

»Jürg Jenatsch« beschwört freilich nicht nur die Lebensfrische der Odyssee, sondern auch die ernste Kampfsituation der Ilias. In eben jener Schulstunde, in welche Lukretia mit ihrem Körbchen eindrang, hatte der Magister zuvor eindrucksvoll den Klang einer griechischen »Drommete« vordemonstriert: »Es war ein schwüler Sommertag, und der würdige Magister Semmler erklärte seiner jungen Zuhörerschaft einen Vers der Iliade, der mit dem helltönenden Dativ magádi schloß. ›Magás‹, erläuterte er, ›heißt die Drommete und ist ein den Naturlaut nachahmendes Klangwort. Glaubt ihr nicht den durchdringenden Schall der Drommete im Lager der Achaier zu vernehmen, wenn ich das Wort ausrufe?‹ Er hemmte seinen Schritt vor der großen Wandkarte des griechischen Archipelagus und rief mit hellkrähender Stimme: Magadi!«[161]

Die Einzelheiten stimmen philologisch nicht: »Magadi« kommt nicht von Magas, sondern von Magadis, dieses heißt nicht »Drommete« und steht auch nicht in der Ilias, sondern bei Xenophon.[162] Aus diesen Beobachtungen läßt sich mehr entnehmen als nur die Tatsache, daß C. F. Meyer die Ilias weniger gut kannte als die Odyssee, die zu seinen Lieblingsbüchern gehörte und ihn sogar auf Reisen begleitete.[163] Die Häufung sachlicher Ungenauigkeiten zeigt vielmehr, wieviel ihm daran lag, in »Jürg Jenatsch« gerade die Ilias zu erwähnen, und tatsächlich erklärt der Fortgang der Handlung diesen kühnen Schritt des Dichters vollkommen. Waser hat nämlich den Auftrag, einem Pfarrer, der unweit von Jenatsch wohnt, ein großes Pulverhorn zu überbringen. In der Nacht prophezeit ihm ein Traum die bevorstehenden schweren Kämpfe. Diese Prophezeiung erscheint als Metamorphose jener homerischen Schulerinnerung; denn in Wasers Traum hebt der Magister »als griechische Drommete merkwürdigerweise das große Pulverhorn an den Mund, aus dem die unerhörtesten Klagetöne« hervordringen.[164] Wir erraten jetzt, warum die Drommete des Magisters Semmler nicht einem Xenophon entstammen durfte, sondern homerisches Format haben mußte. Sie kündigt Großes an und tut schon durch ihre Herkunft aus dem hohen Epos die Bedeutung der bevorstehenden Ereignisse kund.

In Ovid, Vergil und Homer mußten wir den »epischen« Hintergrund der Meyerschen Novellen erkennen. Gerade wo die Reminiszenzen ungenau waren, zeigte sich die Absicht des Dichters, in einem bestimmten Sinne zu stilisieren. Identifiziert C. F. Meyer seine Helden mit antiken Gestalten, so wirkt die Antike als typischer, urbildlicher Hintergrund. Dies soll an der Renaissancenovelle »Angela Borgia« noch deutlicher aufgezeigt werden.

Trotz dem christlichen Inhalt scheint »Angela Borgia« besonders reich an Beziehungen zur Antike. Auffallend, wie vielseitig dadurch oft ein und dieselbe Gestalt beleuchtet wird. Lucrezia Borgia – Meyer rühmt sich mehrfach, sie den Professoren entrissen und in ihre Laster wieder eingesetzt zu haben[165] – zeigt sich in ihrer dämonischen Größe durch die Identifikation mit verschiedenen antiken Urbildern – *eines* reichte nicht aus, um diese Renaissancegestalt in ihrer Vielschichtigkeit zu deuten. Sie gleicht einerseits der Frevlerin Tullia, in deren Seele sie sich mit beängstigendem Verständnis einzufühlen vermag,[166] andererseits »der keuschen Lucretia«: So redet ein als Amor verkleideter Akrobat sie am Hochzeitstage an.[167] Das klingt bei diesem Weibe fast wie Hohn, und doch wird der Seiltänzer am Ende recht behalten; sagt nicht Lucrezia selbst bei seinem Anblick: »Du gleitest und stürzest nicht, und ich ebensowenig«?

Den zwei antithetischen Urbildern aus der römischen Geschichte treten solche aus der Mythologie an die Seite. Wie eine Waldfee oder wie »die Göttin Diana mit ihrem Jagdgefolge«[168] erscheint die Fürstin den unschuldigen Blicken Angelas; doch der boshafte Ferrante vergleicht dieselbe Lucrezia mit Venus, die an der Seite des rußigen Vulcan Hausfrau spielen soll. Strozzi erwartet von Lucrezia das Pfand der Liebe, sie aber gibt ihm den Tod. Tödlich treffend wie Diana und verführerisch wie Venus: beides vereinigt das Bild der Meduse: »Er sah sie mit den Blicken seiner taumelnden Sinne, denn die vor ihm stand, war eine andere. Zwar lächelte sie auf das Geheiß des Bruders, doch die großen, lichten Augen starrten versteinernd, wie die der Meduse. Er aber sah sein Verderben nicht.«[169]

Wie Lucrezia zwischen Diana und Venus, so steht Angela zwischen Nemesis und Charis. Prophetisch erkennt Giulio, dem sie Strafe und Erlösung bringen wird, in ihr die »Göttin der Gerechtigkeit, besänftigt durch die Göttin der Huld«.[170] Ist sie doch einerseits für ihn die verkörperte Nemesis, denn sie verschuldet, wenn auch ungewollt, seine Blendung,[171] nicht umsonst versinkt er darum in tiefes Nachdenken, wenn in den Gesängen, die Ariost ihm vorliest, die waltende Nemesis erscheint.[172] Andererseits steht Angela ihm später als Göttin der Huld zur Seite: Den Unglücklichen trösten Seneca, Epiktet, Marc Aurel nicht mehr,[173] in Gestalt Angelas ist es vielmehr die göttliche Charis, wobei die »Huld« sich unvermerkt zur christlichen »Gnade« wandelt. So ist selbst die Abwendung vom antiken Empfinden noch durch antike Sinnbilder dargestellt.[174]

Wie wir sahen, berühren sich fast alle Novellen an zentraler Stelle mit der Antike. Die eigentümlich perspektivische Wirkung, die zeitliche Tiefe der Meyerschen Gestalten kommt dadurch zustande, daß er seine Erlebnisse zunächst Personen früherer Zeiten gibt, und daß diese ihrerseits vor dem Hintergrund antiker Urbilder transparent werden. Diese drei Ebenen – Gegenwart, geschichtliche Vergangenheit und mythischer Hintergrund – verleihen den Gestalten Meyers die ihnen eigentümliche Plastik. Von zwei Seiten wird die historische Figur beleuchtet: einmal vom Erlebnis des Dichters, zum andern vom urbildlichen antiken Hintergrunde her.[175]

b) Gedichte

Der urbildliche Hintergrund ist dem Dichter nicht nur in der Geschichte gegenwärtig, sondern auch in der Natur. Mit innerer Folgerichtigkeit kleidet sich ihm das Erlebnis dieses göttlichen Grundes seiner heimatlichen Landschaft in die Gestalten der griechischen Götter.

Freilich wendet C. F. Meyer, ebenso wie das antike Metrum oft erst am Ende der Entwicklung seiner Gedichte steht,[176] auch die antiken Götternamen nur zögernd an. Wo sie nur eine tote poetische Nomenklatur bedeuten, haben sie keine Daseinsberechtigung. Nicht umsonst läßt er Hutten jenen »Göttermord« verüben:[177]

> Heut aber tat ich, was die Frommen freut:
> Entgöttert meine Schriften hab ich heut.
>
> Wo »Zeus« und »Herakles« zu lesen stand,
> Schrieb »Jesus Christus« ich mit fester Hand.
>
> Statt »Nektarkrügen« und statt »Bacchanal«
> Setzt ich flugs »Abrams Schoß« und »Himmelssaal«.
>
> Ich löge, sagt ich, daß mir Bann und Acht
> Des Heidenhimmels großen Kummer macht.
>
> Das Wiesenbächlein flutet leicht und hell –
> Was braucht's, daß eine Nymphe bad im Quell?
>
> Brennt Herz und Stirn dem Zecher minder heiß,
> Der nichts vom Kranz des Dionysos weiß,

Schiert's, ob man einen Sohn des Mars ihn tauft,
Den deutschen Knecht, der todeslustig rauft?

Was heißt: »Ich weihe dich der Furienschar«?
»Der Teufel hole dich!« ist kurz und klar.

So komm ich heim aus einer tapfern Schlacht:
Ich habe Götz und Götzin umgebracht!

Es liegt C. F. Meyer fern, deutsches und christliches Wesen antik zu maskieren.[178] Wo wir also in der Entstehungsgeschichte seiner Werke den umgekehrten Vorgang beobachten können — daß nämlich die griechischen Götternamen erst am Ende der Entwicklung des Gedichts auftreten —, haben wir diese mythischen Elemente ernst zu nehmen. Daß in der »gegeißelten Psyche« statt des »Himmels« in der letzten Fassung der »Olymp« erscheint, läßt sich noch stilistisch erklären: Dem antiken Rahmen fügt sich der griechische »Olymp« besser ein als der christliche »Himmel«.[179] Erscheint aber ein antiker Name in moderner Umgebung, so reichen stilistische Erklärungsversuche nicht mehr aus.

In dem Gedicht »Sonntags«, dessen Szenerie alles andere als antik ist, wurde das »Seeli« ursprünglich[180] mit »Seelein« angeredet. Durch die Anrede wurde der See personifiziert. Es ist nur folgerichtig, wenn dies in der endgültigen Fassung durch den Namen »Nymphe« ganz greifbar wird. Die Realität dieser Wassergottheit äußert sich in einem anderen Gedicht darin, daß sie sich einen schönen Knaben holt, der

> ... sinkt und sinkt
> Gemach hinab, ein Schlummernder,
> Geschmiegt das sanfte Lockenhaupt
> An einer Nymphe weiße Brust.[181]

Über Nymphen hat der Seeanwohner C. F. Meyer seine eigenen Ansichten, wie auch seine Stellungnahme zu Boecklins Nymphendarstellungen zeigt.[182] Ebenso weiß er eine Dryas zu beschreiben:

> Die Schultern schmiegend schlüpft geschwind
> Die Dryas aus der Rinde.
> Ein Dämmer lag auf Stirn und Haar,
> Ein Brüten und ein Weben,
> Von grünem Blätterschatten war
> Der schlanke Wuchs umgeben.[183]

Wie wir schon gesehen haben, wird die vegetative Kraft der Bäume ihm zum Bilde seines Schaffens, und das Verlangen, wie eine »Dryade in die Eiche hineinzuschlüpfen«, begegnet nicht nur in heiterem,[184] sondern auch in ernstem Zusammenhang: Wir kennen schon den Wunsch des Dichters nach einer Baumverwandlung (S. 88). Auch das antike Motiv des blutenden, verletzten Baumes durchdringt C. F. Meyer mit moderner Empfindung.[185]

Findet der Dichter also in der Schweizer Natur die griechischen Götter wieder, so ist dies mehr als nur eine Stilfrage. Nicht umsonst stellt er in dem Aufsatz »Mein Erstling ›Huttens letzte Tage‹« neben das Erlebnis der »alten Kunstgröße« und den »süßen Himmel Italiens« die »unwiderstehliche Anziehung der heimischen Schneeberge« (s. Anm. 37). Diesem Naturerlebnis, das in vielen seiner Gedichte geradezu religiös vertieft erscheint, gibt er allgemeingültige, objektive Form, indem er den metaphysischen Grund der Landschaft mit antiken Götternamen bezeichnet:

Die Nymphe des Sees wird angeredet, die Bergluft spendet ein »Göttermahl« von »Nektar und Ambrosia«, aus den Augen des Rindes schaut den Dichter Iuno, die βοῶπις, an.[186] In der Herbstnacht sucht Bacchus das Land Bünden heim, die Schweizerin Irma wird zur Ariadne, und dem Jüngling Dionysos offenbart sich der alte Mönch Pankrazi als Silen. Der Herr des Weines spricht:

> Mich hat seine Gnaden der Bischof gebannt
> Und ist doch mein treuster Bekenner im Land.[187]

Dionysische Stimmung herrscht in den Gedichten »Die zwei Reigen« und »Der Hengert«. Ebenso erscheint Lyaeus in dem »Blutstropfen« und — als gefährliche Macht — in »Pentheus«. Auch in der christlich gewordenen Welt wirken die alten Götter fort: Die Horen schwingen sich im Reigen,[188] und allherbstlich bringt Dionysos Wein und Blut zum Wallen, und wie Iuno im Rind, im See die Nymphe und in der Bergluft Nektar und Ambrosia gegenwärtig sind, so thront in der Stille der hehren Firne die Parze:

> In der Alpenhütte Kammer
> Spinnt an einem alten Jammer
> Einer Greisin welke Hand ...
>
> Und ich sah den Faden schweben,
> Und der Faden schien ein Leben —
> Meines? dacht ich zauberbang.

Daß C. F. Meyer, dessen Stilgefühl an den »Griechentempeln« im Häusermeer von Paris Anstoß nimmt,[189] sich nicht scheut, in der Schweizer Landschaft unter Beibehaltung konkreter Einzelzüge (Alpenhütte!) antike Gottheiten wohnen zu lassen, zeugt von einer inneren Notwendigkeit, die ihn dazu treibt: Das Urbildliche, das er in allen Dingen aufsucht, kleidet sich ihm in antike Gestalten. Unter seinen Händen wächst die Landschaft zu mythischer Größe. Mehr noch als bei nur literarischen Reminiszenzen haben wir hier das Recht, von »lebendiger Antike« zu sprechen. Wie in der »Schule des Silen« der Blick Homers, so füllt sich im Anschauen der Wirklichkeit C. F. Meyers inneres Auge mit »unsterblichen Gebilden, ewig schönen«.

Stellen wir diesen letzten Schritt C. F. Meyers in der Begegnung mit der Antike in den Zusammenhang des bisher Erarbeiteten!

Dient die Antike als Stoff, so formt Meyer organisch um: Zusammenziehung auf einen produktiven Keim und Neuentfaltung lernten wir als Gestaltungsprinzip vieler Gedichte kennen. Zugleich erfüllt der neuzeitliche Dichter den Stoff mit innerer Dynamik: Zuweilen äußert sich diese Umwandlung so handgreiflich wie im ›Musensaal‹, dessen Statuen Meyer lebendig werden und »entfesselt einherschweben« läßt.

Dient die Antike als Hintergrund, vor dem sich menschliches Schicksal abspielt, so entstehen drei zeitliche Ebenen (der Dichter und sein Erlebnis, der historische Stoff, der antike Hintergrund), die sich wechselseitig deuten: Meyers Novellen erschließen eine neue – zeitliche – Tiefendimension. In diesem dreifach gestuften Raum findet das neuzeitliche Bewußtsein der eigenen Geschichtlichkeit die ihm gemäße dichterische Anschauungsform.

Sieht C. F. Meyer schließlich die antiken Götter in der Schweizer Natur, so ist auch das »Historische« überwunden, ist das Literarische, das noch bei der zuletzt genannten Gestaltungsweise eine Rolle spielte, zugunsten einer »zweiten Unmittelbarkeit« aufgegeben. Nicht umsonst trägt das Gedicht, das in den heimatlichen Schneebergen die Parze erscheinen läßt, die Überschrift »Vision«. Der Dichter ist fähig geworden, unmittelbar in der Wirklichkeit zu lesen. Das geschaute Urbild erhält einen antiken Namen. Doch erscheinen die Götter nun nicht mehr im Spiegel der Literatur, auch nicht mehr im Spiegel der bildenden Kunst, sondern in der Natur selbst. Sie sind nicht mehr »antik«, nicht mehr historisch, sondern gegenwärtig, nicht mehr »Kultur«, sondern »Natur«.

Diesem Stufengang, den Meyer immer wieder von neuem durchschritten hat,[190] entspricht ein immer tieferes Ergreifen des Wirklichen, ein immer vollerer »Realismus« in dem umfassenden Sinne, den dieses Wort bei Meyer hat.[191] In der literarischen und künstlerischen Begegnung mit Antike und Renaissance hat der Dichter »lesen« gelernt, die Kategorien entwickelt, die ihm schließlich erlaubten, unmittelbar schauend und deutend die Wirklichkeit zu bewältigen.

ANMERKUNGEN

1. Erstmals veröffentlicht in: Antike und Abendland 11, 1962, 115–151. In dieser Beziehung ist unser Thema Fragestellungen wie ›C. F. Meyer und die Renaissance‹ (vgl. Anm. 13) oder ›C. F. Meyer und die romanische Welt‹ (vgl. Anm. 41) ebenbürtig, nur mit dem Unterschied, daß die Bedeutung unseres Aspekts für das Verständnis C. F. Meyers noch nicht voll erkannt ist und daher hier in den Vordergrund gerückt wird. – Treffend hat H. von Hofmannsthal, obwohl er zu C. F. Meyers historischen Gedichten keinen Zugang hatte, in einem aus Kongenialität und Verständnislosigkeit merkwürdig gemischten Aufsatz (vgl. Anm. 92) formulieren können: »Die Geschichte sprach wirklich zu ihm, die Antike war ihm Offenbarung« (C. F. Meyers Gedichte. In: Wissen und Leben. Neue Schweizer Rundschau 1925, 984). – Im folgenden wird Sekundärliteratur nur angeführt, soweit sie unmittelbar unser Thema angeht; einen wertvollen kritischen Überblick über die neuere Forschung gibt W. Oberle, C. F. Meyer, Ein Forschungsbericht, Germanisch-romanische Monatsschrift 6 (1956) 231–252 (für das Verhältnis zur Antike nicht ergiebig).

2. Siehe Anm. 76. Weitere Literatur in den Anmerkungen.

3. Von anderer Seite beleuchtet den Schaffensvorgang die Erforschung der Motive und Symbole im Zusammenhang mit der Entstehungsgeschichte der Gedichte (vgl. H. Henel, The Poetry of C. F. Meyer. Univ. of Wisconsin Press, Madison 1954). Doch läßt sich das Studium der Entstehungsgeschichte wohl nicht von dem Studium der Quellen trennen.

4. Unsicheres und Zweifelhaftes wurde allerdings von vornherein ausgeschieden. Archäologisches genauer bei Sulger-Gebing (s. Anm. 135).

5. Das Verhältnis zur Renaissance konnte natürlich nicht in vollem Umfang berücksichtigt werden (vgl. aber Anm. 1, Anm. 13 u.ö.).

6. Das Amulett 1 (SW Schmeer, München 1950, 190; hist.-krit. Ausg. Zäch, Bd. 11, Zürich 1959, 8. Soweit die hist.-krit. Ausgabe erschienen ist, wird im folgenden nach ihr zitiert, sonst nach der erstgenannten [= »SW«]).

7. Auch Geräusche regen die historische Phantasie C. F. Meyers an. Am Tomasee wirft der Wanderer Steine in die Tiefe und weckt mit Rufen das Echo: »Ein Sturz! Ein Schlag! Und aus den Tiefen/Und aus den Wänden brach es los:/Heerwagen rollten! Stimmen riefen/Befehle durch das Schlachtgetos.« S. A. Frey, C. F. Meyer. Sein Leben und seine Werke, Stuttgart 1900, 252 (im folgenden: Frey, C. F. M.).

8. Der Heilige 8, SW Schmeer 330; hist.-krit. Ausg. Bd. 13, 83.

9. Auch das ist geschehen. Vgl. die bei Frey, C. F. M. 371f. mitgeteilte Rezension. S. auch unten Teil 3a) mit Anm. 67.

10. Der Heilige 10, Schluß, SW 346; hist.-krit. Ausg. Bd. 13, 106.

11. Romanzen und Bilder 1870. Vgl. H. Kraeger, C. F. Meyer. Quellen und Wandlungen seiner Gedichte. Palaestra 16, Berlin 1901, 262f.

12. Eher der *alte* Goethe.

13. Vgl. An Louise v. François, 23. 11. 1882 (Louise von François und C. F. Meyer. Ein Briefwechsel. Hrsg. A. Bettelheim, Berlin 1905, 77): »Vergessen Sie nicht, daß ich zehn Jahre meines Lebens (25–35) französisch gewesen bin ... jetzt bin ich sehr deutsch pour ne plus changer.« Den nicht spezifisch französischen, sondern gemeinromanischen Charakter bestimmter Züge in Meyers Schaffen unterstreicht Erwin Kalischer, C. F. Meyer in seinem Verhältnis zur italienischen Renaissance, Palaestra 64, Berlin 1907.

14. F. Klingner, Horazische und moderne Lyrik. Die Antike 6, 1930, 65–84.

15. Frey, C. F. M. 205.

16. H. Schneider, Geschichte der deutschen Dichtung, Bd. 2, Bonn 1950, 655.

17. Ibid.

18. C. F. Meyers Pescara trägt, wie Christus, die Seitenwunde, das Leben der Heldin der Dichtung »Engelberg« zeigt typische Situationen des Marienlebens (Pietà, Himmelfahrt) usw. Vgl. Kalischer a.O. 13–21, der auch hier mit Recht auf den Einfluß der italienischen bildenden Kunst hinweist. – Wir müssen uns hier darauf beschränken, den *antiken* urbildlichen Hintergrund herauszuarbeiten. Das Verhältnis von Antike und Christentum bei C. F. Meyer, würde eine gesonderte Untersuchung verlangen, für die erst durch Einzelstudien – insbesondere eine sorgfältige Interpretation des ›Hutten‹ – die Voraussetzungen zu schaffen wären.

19. Siehe C. F. Meyers Rezension des Buches von A. Frey ›Albrecht von Haller‹, abgedruckt in der Sammlung: Briefe C. F. Meyers nebst seinen Rezensionen und Aufsätzen, hrsg. von A. Frey, Bd. 2, Leipzig 1908, 428. (Im folgenden zitiert als ›Briefe‹). Ebensowenig ließ Meyer sich freilich von der zeitüblichen Unterschätzung römischer Dichtung beeinflussen. – Zu Vergil vgl. das Zitat Pescara 2, SW 628; hist.-krit. Ausg. Bd. 13, 184; (*Tu regere imperio* ... Aen. 6, 851) und unten Teil 4a.

20. Vgl. den Brief der Gattin des Dichters nach dessen Tode an Rodenberg (14. 12.

1898. In: C. F. Meyer und Julius Rodenberg. Ein Briefwechsel, hrsg. von A. Langmesser, Berlin 1918, 321).

21. Frey, C. F. M. 40. 22. Ibid. 11. 23. Ibid. 33.

24. Ibid. 36. Mit seinen Deutschlehrern Haupt (ibid. 246) und Ettmüller verkehrte er auch noch in späteren Jahren. Mit Ettmüller, den die Freunde scherzhaft Eddamüller nannten, betrieb er sogar mittelhochdeutsche Lektüre (ibid. 195).

25. Ibid. 47 und 50. Vgl. C. F. Meyer an Louise von François Ende Mai 1881 (Briefwechsel 11): »viel studierend, namentlich alte Sprachen und Geschichte.« Auf meine Anfrage teilte mir Herr Dr. A. Zäch (Zürich) freundlicherweise die Titel der heute noch aus C. F. Meyers Bibliothek erhaltenen Werke antiker Autoren mit (da die Bibliothek unvollständig erhalten ist und Meyer eifriger Benützer der Stadtbibliothek Zürich war, dürfen Schlüsse aus Nichtvorhandensein nicht gezogen werden). *Urtexte: Aeschyli* Tragoediae ad exemplar Glasguense expressae. Lipsiae 1812. – *Cicero,* Opera omnia, ed. Orellius, Turici 1826–37 (12 Bände). – Corpus poetarum Graecorum, ed. Schaefer, Lipsiae 1812. – *Herodotus,* De bello Persico, rec. Bekkerus, Berol. 1839 (S. 1–3 Wörter eingeschrieben, vermutlich von Meyers Vater). – *Homeri* et Homeridarum opera ex rec. F. A. Wolfii, Lipsiae 1804–1807 (mit Signatur von Meyers Vater 1812 und eingetragenen Wörtern und Übersetzungen [›Präparationen‹] von demselben in Ilias I–IV und XVI). – T. *Livi* ab urbe condita libri rec. Bekkerus, Berolini 1829–30 (von Meyer signiert 1844, also zweifellos Schulbuch, mit Gedichteintragungen). – *Plato,* Dial. rec. Wolfius, I, Berol. 1812. – Dialogi selecti cura Heindorfii II–IV, Berol. 1805–10. Dialogi quattuor, ill. Heindorf, Berol. 1802. – *Sallustii* Quae extant, cura J. J. Hottingeri, Turici 1778. – *Sophoclis* Tragoediae, curavit Schaefer, Lipsiae 1810. – *Taciti* Libri qui supersunt, rec. Halm. Lipsiae 1856–57. – In französischer Übersetzung besaß C. F. Meyer *Caesar, Sallust* und *Platon.* In deutscher Übersetzung: *Aischylos* (Droysen), *Anakreon, Apuleius* (Amor und Psyche), *Aristophanes* (Acharner, Vögel, Frösche), *Marc Aurel, Caesar* (B. G.), *Cicero* (Briefe, übers. von Wieland), *Demosthenes, Euripides* (Donner), *Homer* (Voß), *Horaz, Martial, Platon, Plautus* (Trinummus), *Lukian* (Auswahl), *Sophokles* (Donner), *Tibull.*

26. Siehe unten S. 109.

27. An die Schwester 8. 4. 1860. Bei Frey, C. F. M. 143 f.

28. An Rodenberg 15. 6. 1886, Briefwechsel (s. Anm. 20) 220.

29. An C. H. Ulrich-Gysi 4. 5. 1860, 20. 5. 1860. Briefe (s. Anm. 19), Bd. 1, 12 u. 14.

30. An Calmberg 4. 12. 1882. Briefe Bd. 2, 239. Siehe auch Anm. 56.

31. An Friedrich v. Wyß 17. 5. 1890. Briefe Bd. 1, 97.

32. An Haessel 19. 6. 1880. Briefe Bd. 2, 101.

33. An Fr. Wille 19. 4. 1889. Briefe Bd. 1, 202. Vgl. An Wille 16. 11. 83, ibid. 168: »Das Literatentum soll der Teufel holen. Es ist so gemein.« Hierher gehört auch die

Äußerung bei Frey, C. F. M. 287 f.: »Aber was hat ein Poet unter den Gelehrten zu suchen?«

34. Julius Rodenberg, der Herausgeber der »Deutschen Rundschau«, in der die meisten Novellen C. F. Meyers erstmals erschienen sind, nennt ihn einen »Renaissancedichter, genährt an der Quelle der Alten«. An C. F. Meyer 29. 11. 1882, Briefwechsel (s. Anm. 20) 135.

35. Vgl. die Würdigung Betsy Meyers durch Lily Hohenstein (C. F. Meyer, Bonn 1957). In dem negativen Bild der Gattin des Dichters wird man sich freilich der Verfasserin nicht restlos anschließen können. Vgl. auch den Brief des Dichters vom 5. 11. 1895 an Rodenberg (Briefwechsel 319).

36. C. F. Meyer in der Erinnerung seiner Schwester Betsy Meyer, Berlin² 1903, 108.

37. »Mein Erstling, Huttens letzte Tage« in: Briefe (s. Anm. 19) Bd. 2, 518.

38. An Fr. v. Wyß 14. 4. 1858, 25. 5. 1858 (Briefe Bd. 1, 58 u. 61). — A. Frey, C. F. M. 114 ff.

39. An Fr. v. Wyß 25. 5. 1858, Briefe Bd. 1, 62.

40. Das im Kolosseum spielende Gedicht erhielt später die Überschrift »Die wunderbare Rede«. Siehe unten S. 95 f.

41. Der erste Anstoß in dieser Richtung ging von F. Th. Vischer aus (vgl. W. Linden, C. F. Meyer, Entwicklung und Gestalt, München 1922, 155 ff. Unter den »geistesgeschichtlichen Einflüssen« bleibt die Antike ungenannt). Zum Problem des Plastischen bei Meyer s. Kalischer (vgl. Anm. 13) 6 ff. — R. d'Harcourt, C. F. Meyer et le monde latin, Neue Schweizer Rundschau N. F. 3, 1936, 641–656, bes. 648 ff. betont den für C. F. Meyer »heilsamen« (654) Charakter der »plastischen Weltauffassung«. Hellas bleibt auch hier unbeachtet.

42. An Fr. v. Wyß 19. 4. 1858, Briefe Bd. 1, 59 f.: »Über die Wunder des Apollo und Laocoon und den uns schon näherstehenden, weil ganz realistisch behandelten sog. sterbenden Fechter zu reden, worüber meine Handbücher zu wahren Andachtsbüchern werden, wäre kaum geraten; genug, sie sind vollkommen; aber gerade das relativ Vollkommene gibt uns das traurige heidnische Gefühl der wie ein Ring sich in sich selbst schließenden Menschheit, während ein realistisch behandeltes Werk, das, jener lächelnden und selbstgenügsamen Idealität ermangelnd, leidende Körper und ringende Geister zeigt, uns durch den Gegensatz unserer Gebrechen auf die erlösende himmlische Vollkommenheit hinweist. Wo die Kunst die Leidenschaft reinigt, d.h. der Mensch sich selbst beruhigt und begnügt, entsteht die Vorstellung einer trügerischen Einheit, während wir (und so photographiert uns auch die realistische Kunst) doch so gründlich zwiespältig und nur durch Andres als wir, durch Gott, zu heilen sind.«

43. Der Heilige 4, SW 299: hist.-krit. Ausg. Bd. 13, 41.

44. An Fr. v. Wyß 19. 4. 1858 Briefe Bd. 1, 60. Außerdem charakterisiert Meyer in diesem Briefe noch Demosthenes, Aischines, Epikur, Menander und zahlreiche römische Kaiser an Hand von Statuen oder Büsten.

45. Frey, C. F. M. 131.

46. Bei A. Frey, C. F. M. 119. Die Verse sind 1864 entstanden.

47. Ibid. 129.   48. S. unten S. 103.

49. S. unten S. 96. Meyers Verhältnis zur antiken Kunst behandelt Sulger-Gebing, s. Anm. 135.

50. Th. Storm an Gottfried Keller, 22. 12. 1882 (Der Briefwechsel zwischen Th. Storm und G. Keller, hrsg. v. A. Köster, Berlin ⁴1924, 119).

51. An Spitteler (ohne Datum), Briefe Bd. 1, 427: »Stoffe habe ich nie gesucht, noch je sogenannte Vorstudien gemacht.«

52. So im Falle der »Richterin«. Ursprünglich spielte die Novelle zur Zeit Friedrichs II. von Hohenstaufen. An Louise von François 2. 9. 1882, Briefwechsel (s. Anm. 13) 64.

53. Der Dichter betrachtet seine Opera omnia »nicht ohne ein Gefühl der Wehmut: kaum 1/1000 meiner innern Gebilde und in wie stümperhafter Form!« An Haessel 22. 9. 1880. Briefe (s. Anm. 19) Bd. 2, 102. Des Gegensatzes zum historischen Roman war C. F. Meyer sich klar bewußt. Vgl. den in Anm. 55 genannten Brief.

54. An Fr. v. Wyß 27. 7. 1889. Briefe Bd. 1, 94. Er plant »einen sogenannten historischen Roman, dem aber eine pathetische Fabel zu Grunde liegt. Da mich diese eigentlich allein interessiert, fürchte ich mich vor dem vielen unumgänglichen Beiwerk, der Lokalfarbe, dem Sitten- und Rechtsgeschichtlichen... Hier zähle ich auf deinen guten Rat...« Von Fr. v. Wyß und von J. R. Rahn läßt er sich immer wieder über die »Dekoration« beraten. Vgl. An Haessel 23. 11. 1880. Briefe Bd. 2, 92 und den vorausgehenden undatierten Brief ibid.

55. An Haessel 20. 7. 1889. Briefe Bd. 2, 178.

56. An Carl Spitteler 11. 12. 1882. Briefe Bd. 1, 422. C. F. Meyer schreibt hier »Merk's« und »Goete«.

57. Vgl. den Aufsatz C. F. Meyers über »Ludwig Vulliemin«, Briefe etc. Bd. 2, 441–451.

58. »Autobiographische Skizze« (1885). Briefe etc. Bd. 2, 509.

59. An Rahn 15. 12. 1886. Briefe Bd. 1, 260.

60. An Georg von Wyß 29. 1. 1868. Briefe Bd. 1, 31.

61. Der Dichtung »Engelberg« wollte C. F. Meyer ursprünglich einen Satz aus der Stiftungsurkunde des Klosters voranstellen. An Georg von Wyß 29. 5. 1872. Briefe Bd. 1, 35.

62. An Georg von Wyß 16. 1. 1871. Briefe Bd. 1, 33.

63. An Georg von Wyß 10. 10. 1876. Briefe Bd. 1, 37. Zum »Jenatsch« vgl. außerdem An Haessel 30. 1. 1867. Briefe Bd. 2, 14. An Bovet 12. 9. 1876. Briefe Bd. 1, 128.

64. An Fr. v. Wyß 22. 8. 1891, Briefe Bd. 1, 100. An Bovet 6. 9. 1891. Briefe Bd. 1, 142. An Rodenberg 12. 7. 1891. Briefwechsel (Anm. 20) 302.

65. An Fr. v. Wyß 6. 1. 1892. Briefe Bd. 1, 104.

66. An Bovet 14. 1. 1888. Briefe Bd. 1, 138f. »... je me sers de la forme de la nouvelle historique purement et simplement pour y loger mes expériences et mes sentiments personnels, la préférant au Zeitroman, parce qu'elle me masque mieux et qu'elle distance davantage le lecteur. Ainsi, sous une forme très objective et éminemment artistique, je suis au dedans tout individuel et subjectif. Dans tous les personnages du Pescara, même dans ce vilain Morone, il y a du C. F. M.« Zum »Jenatsch« vgl. Anm. 63. Zum »Hutten«: An Rodenberg 23. 8. 1881. Briefwechsel 89: »In die hölzernen Rhythmen meines Hutten habe ich mit einer seltsamen Leidenschaft meine Seele ergossen (wie viel davon für den Leser Gestalt gewonnen hat, ist eine zweite und andere Frage)...«. – An Fr. Wille 13. 9. 1880. Briefe Bd. 1, 161: »Es ist mir eine wahre Herzenssache, dem frechen Ritter gerecht geworden zu sein.« Mit Bezug auf die »realistischere« Neufassung: An Rodenberg 14. und 18. 8. 1881. Briefwechsel 83 und 85. – An Louise von François 24. 10. 1881. Briefwechsel (s. Anm. 13) 30: »Ich selbst bin seit Hutten 1 realistischer geworden.«

67. Vgl. die Jenatsch-Rezensionen bei A. Frey, C. F. M. 374.

68. Ibid. 287f. Trotzdem liegt ihm das ›Historische‹ im Blute. Lehrreich ist der Vergleich mit Dichtern, deren Verhältnis zur Antike bewußt ›unhistorisch‹ ist, vgl. R. Groß: Stefan George und die Antike, Mitteilungen des Vereins der ehem. Schüler des Eberhard-Ludwigs-Gymnasiums, Stuttgart, Sept. 1961, 26–39. Über die Bewältigung des Historischen bei Meyer s. unten Teil 4.

69. Ibid. 249.

70. Die dichterische Bewältigung der historischen Perspektive wird im 3. Teil noch schärfer herausgearbeitet. Mit den antiken Dichtern wird hier nur das allgemeine Verhältnis zum Stoff verglichen, nicht die spezifisch historische Schau.

71. So Eugène Rambert in der Bibliothèque universelle et Revue suisse, Janv. 1882, zitiert in: Briefe Bd. 1, 134, vgl. die Auseinandersetzung C. F. Meyers mit dieser Kritik ibid.

72. An Spitteler 26. 12. 1885. Briefe Bd. 1, 429. Die Fortsetzung des Zitats lautet: »Elle songe – à tout. Doch das sieht wie Philosophie, das mag ich nicht, das stört, das schwächt.«

73. 22. 10. 1886. Briefwechsel 223. Vgl. An Rodenberg 7. 12. 1886. Briefwechsel 229: »Gut Ding will Weile haben.« – An Rodenberg 28. 3. 1891: »Ich werde, was von jeher meine Untugend war, täglich behutsamer und umständlicher, was man aber

meinen neuen Sachen nicht ansehen wird.« Vergleiche auch Schmeer, SW Nachwort 1125 (ohne Belege).

74. Bei Frey, C. F. M. 135. – Das bekannte Caesarwort: Plutarch, Caesar 11.

75. »Es schüttelt sich der schlanke Baum, / Und Frucht an Frucht zur Erde fällt. / Er steht im Paradiesesraum / Und nicht in dieser herben Welt.« Bei A. Frey, C. F. M. 152.

76. Fassung von 1870, zitiert nach H. Kraeger: C. F. Meyer. Quellen und Wandlungen seiner Gedichte. Palaestra 16. Berlin 1901, 177.

77. Das Leiden eines Knaben, SW 457; hist.-krit. Ausg. Bd. 12, 130. Plin. Epist. III 16.

78. Ibid.   79. So schon in dem Gedicht »Pathos« bei Frey, C. F. M. 152.

80. Bei Frey, C. F. M. 91.   81. Ibid. 151.

82. Huttens letzte Tage 12.   83. Ibid. 34. Ebenso das folgende Zitat.

84. An Fr. v. Wyß 21. 11. 1881. Briefe Bd. 1, 88. Noch deutlicher An Bovet 31. 12. 1881, Briefe Bd. 1, 135: »Au fond et malgré la gaîté du récit je méprise cet humaniste, ce Poggio qui ›voit dans son fils devenu brigand, ou peu s'en faut, sa facilité de vivre dégénérer en crime et ignominie‹. Ce n'est pas pour rien que j'ai mis cela au commencement de mon récit.« Nimmt man Meyers Entrüstung über die französischen Frauen hinzu (s. Frey, C. F. M. 93), so versteht man, daß Th. Mann (Betrachtungen eines Unpolitischen, Berlin 1918, S. 559) an Meyer folgende Züge besonders hervorhebt: »Christlichkeit, Bürgerlichkeit, Deutschheit, das sind, trotz aller romanisierenden Neigung im Artistischen, wenn nicht die Bestandteile, so doch Grundeigenschaften seines Künstlertums, und das Merkmal von allen dreien ist Gewissenhaftigkeit.« Zum Bild des Humanisten vgl. natürlich J. Burckhardt, Die Kultur der Renaissance in Italien[14], Leipzig 1925, 248ff.

85. An Adolf Calmberg 4. 12. 1882. Briefe Bd. 2, 239. Vgl. An Fr. Wille 5. 12. 1885. Briefe Bd. 1, 182: »Das Getane ist für mich verblaßt, es ist nicht mehr ich. Nur das Werdende bin ich selber.« Ähnlich An H. Lingg 13. 8. 1877. Briefe Bd. 2, 297: »Überhaupt, das Fertige, Vollendete ist unvollkommen, das Werdende allein kann uns mit dem Schein der Vollendung täuschen und beseeligen.«

86. »In der Sistina«, »Michelangelo und seine Statuen«, »Il Pensieroso«, »Papst Julius« usw. Vgl. Kalischer (s. Anm. 13, bes. 137ff. – E. Sulger-Gebing: C. F. Meyers Werke in ihren Beziehungen zur bildenden Kunst. Euphorion 23, 1921, 422–495.

87. An A. Meißner 5. 2. 1879. Briefe Bd. 2, 277: »Dann aber die Ouverture zur Lenore von Beethoven. Diese Gewalt und Steigerung predigt mit tausend Zungen was Styl ist.«

88. Der Wert der Quellenanalyse wird deutlich, wenn man die Arbeit Kraegers (Anm. 76) mit der rein »ästhetisch« wertenden August Schröders vergleicht (»Kritische Studien zu den Gedichten C. F. Meyers im Zusammenhang mit einer Kritik der

bis 1926 über C. F. Meyer und sein Gedichtwerk erschienenen Literatur.« Diss. Köln 1928).

89. Homerischen Stoff verwertet »Nächtliche Fahrt« (Odyssee 2, 416, cf. 3, 52). Zu Lucan s. unten Abschnitt c).

90. Kraeger 363 vergleicht – völlig verfehlt – »Die gefesselten Musen« mit Euripides' Bacchen 443 ff.

91. Met. 5, 273 ff.

92. Diese Beobachtung, die wir auch bei der Behandlung historischer Stoffe immer wieder machen werden, kann trotz ihrer scheinbaren Selbstverständlichkeit nicht nachdrücklich genug hervorgehoben werden. Der Vorwurf H. v. Hofmannsthals (C. F. M. als Lyriker, Berliner Tageblatt 11. 10. 1925, zit. in: Jahresbericht über die wiss. Ersch. auf dem Gebiete der dt. Lit. im J. 1925, Berlin 1928, 143, vgl. auch H. v. Hofmannsthal, C. F. Meyers Gedichte. In: Wissen und Leben. Neue Schweizer Rundschau. 18. Jg., Heft 16 [10. Okt. 1925], S. 980–987, bes. 982), C. F. Meyer habe die Sucht, »historische Anekdotenbilder in Strophen umzusetzen«, erledigt sich damit von selbst.

93. *Daulida Threicio Phoceaque milite rura / ceperat ille ferox* (met. 5, 276f.). *Templa petebamus Parnasia* (278). – Noch weiter geht C. F. Meyer in dem Gedicht »Das Ende des Festes«: Dort verliert Alkibiades seinen Namen und wird zum Symbol des Todes (s. unten Abschnitt d).

94. a.O. 364. Zu beachten der Hinweis Kraegers auf das Gemälde »Pentheus von den Mänaden verfolgt« von Charles Gleyre (1806–1874) im Kunst-Museum zu Basel (A. Zäch, hist.-krit. Ausg. Bd. 12, 337, verweist auf die Reproduktion bei Charles Clément, Gleyre, Etude biographique et critique, Paris 1878, 298).

95. Met. 3, 715 ff. Vgl. Theokr. 26, 16.   96. Siehe unten Teil 4.

97. Met. 4, 772 ff.   98. Siehe Anm. 92.

99. ›Balladen‹ 1864. Vgl. Kraeger 29 ff.   100. VIII 6, 16–7, 22.

101. A. Zäch, C. F. Meyers Bibliothek. In: Stultifera Navis 14, 1957, 96f. Zu Livius vgl. unten S. 101 (Tarpeia), 108 (Lucretia). Außerdem wird in ›Jürg Jenatsch‹ II 6 ein Traktat über die Patavinität des Livius erwähnt (SW 89; hist.-krit. Ausg. Bd. 10, 126, 13). Auf die livianische Tullia (Liv. I 48) wird im »Pescara« 2 (SW 626; hist.-krit. Ausg. Bd. 13, 182) und in »Angela Borgia« 9 (SW 749; hist.-krit. Ausg. Bd. 14, 78) angespielt.

102. a.O. 36.   103. Ibid.

104. Goethe, Ballade: Betrachtung und Auslegung. W. A. 41, 1, 223f.

105. Der organischen Erfassung des »produktiven Augenblicks« entspricht die Zurückdrängung der historischen Einzelheiten: So hat C. F. M. in dem Gedicht »Das Joch am Leman« mit Recht nicht alles wiedergegeben, was auf dem Bilde von Gleyre

(im Musée cantonal des Beaux-Arts in Lausanne) zu sehen war, von dem er sich anregen ließ. Vgl. Kraeger 49.

106. Dio Cassius 75, c. 4 (vol. III p. 341 Boissevain).

107. Zur Anregung durch die bildende Kunst vgl. Anm. 135.

108. In späteren Jahren hat C. F. Meyer ähnliche Empfindungen über die Zukunft Deutschlands geäußert: An Wille 7. 12. 1891 (Bismarck war damals schon entlassen). Briefe Bd. 1, 220: »Mir bangt mitunter für Deutschland«. An Wille 12. 2. 1888, ibid. 196 (Todesjahr Wilhelms I. und Friedrichs III.): »Die Zeit ist furchtbar ernst, und Deutschland wird – etwas früher, etwas später – den großen Kampf zu bestehn haben: Gott segne es.«

109. Mommsen, Römische Geschichte I 436. Bekanntlich plante C. F. Meyer mit dem Privatdozenten Alfred Rochat eine Übersetzung dieses Werkes ins Französische (Frey, C. F. M. 135f.). Auch das »Geisterroß« ist durch Mommsen (ibid. III 291) angeregt.

110. Kraeger 258, Frey, C. F. M. 149. – Mit besonderer Sorgfalt ist das Verschwinden des Götterpaares dargestellt, das in der letzten Fassung zu einem Katasterismos wird: »Einer der Jünglinge schwindet im Abend, es schwindet der andre,/Denn wie ein liebendes Paar lassen die Brüder sich nicht./Über der römischen Feste gewaltigem, dunkelndem Umriß/Hebt sich in dämmernder Nacht seliges Doppelgestirn.«

111. Plutarch, Caesar 26.

112. Er gebraucht es An Bovet 8. 12. 1860. Briefe Bd. 1, 121. – Angela Borgia 12, SW 780; hist.-krit. Ausg. Bd. 14, 120.

113. Mommsen, Römische Geschichte III 297.   114. Mommsen III 469.

115. Wie ich nachträglich feststelle, hat auf die Parallele zu Lucan schon Willy Morel, Antikes bei C. F. Meyer, Gymnasium 44, 1933, 25–38 hingewiesen. – Über die Quelle der »Gefesselten Musen« steht bei Morel freilich nichts.

116. Erst 408ff.   117. Lucan 3, 400 *obscurum cingens conexis aëra ramis.*

118. *metuunt* 407, *horror* 411, *attonitos* 415, *metuunt* 416, *timoribus* 416, *timeant* 417, *pavet* 424, *timet* 425.

119. *nec ventus in illas/incubuit silvas* 408f.

120. »Dem Gott« ist unheimlicher als die Plurale: *sacra deum* 404, *numina* 414, *deos* 415, *deis* 423. Der vereinzelte Singular (*dominum luci* 425) ist von Meyer mit Recht als das Wirkungsvollere nachgeahmt worden.

121. *omnisque humanis lustrata cruoribus arbor* (schon 405!).

122. *si robora sacra ferirent,/in sua credebant redituras membra secures* (430f.). – Zu »In dessen Nähe nur der Priester tritt« vgl. 424. »Ein totenblasses Opfer«: Meyer schreibt anschaulicher als Lucan 403ff.

123. *Implicitas magno Caesar torpore cohortes / ut vidit* (432f.).

124. *Iam ne quis vestrum dubitet subvertere silvam, / credite me fecisse nefas* (436f.).

125. *ornus, ilex, alnus, silva Dodones, cupressus* (440ff.).

126. »Die Rinde fliegt! Des Stammes Stärke kracht!«

127. Wenn wir hier Lucan im Zusammenhang mit den Geschichtsschreibern behandeln, so liegt dies mehr am historischen Stoff als an der antiken Einstufung dieses Dichters unter die Prosaiker (vgl. Quint. 10, 1, 90).

128. Kraeger 274ff.   129. Liv. 1, 11, 8f.

130. Vgl. bes. die kunstvolle Gestaltung der »Hochzeit des Mönchs«.

131. I 57. Vgl. Kraeger 37–39. Der Urtext steht Corpus Inscriptionum Latinarum I² (Berlin 1918), S. 590, Nr. 1211:

HOSPES QUOD DEICO PAULLUM EST ASTA AC PELLEGE
HEIC EST SEPULCRUM HAU PULCRUM PULCRAI FEMINAE
NOMEN PARENTES NOMINARUNT CLAUDIAM
SUOM MAREITUM CORDE DEILEXIT SOUO
GNATOS DUOS CREAUIT HORUNC ALTERUM
IN TERRA LINQUIT ALIUM SUB TERRA LOCAT
SERMONE LEPIDO TUM AUTEM INCESSU COMMODO
DOMUM SERUAUIT LANAM FECIT DIXI ABEI.

132. Vergil ecl. 4, 46f., Catull c. 64, 305ff.

133. »Ein christliches Sprüchlein«, Huttens letzte Tage 67.

134. »Ein heidnisches Sprüchlein«, ibid. 68. Vgl. Platon, Apol. 40 c 5ff.

135. Vgl. oben S. 91 die Beseitigung des Namens Pyreneus. – Ob C. F. Meyer die Gemälde Anselm Feuerbachs »Gastmahl des Platon« (1869 und 1873) gekannt hat? Vgl. E. Sulger-Gebing, C. F. Meyers Gedichte aus dem Stoffgebiet der Antike in ihren Beziehungen zu Werken der bildenden Kunst. Festschrift für Berthold Litzmann, Bonn 1920, 402.

136. »Der 1770 ausgegrabene, im Vatikan aufgestellte Torso des schwermütigen Eros (eigentlich Todesgottes), dessen Bild fast zwanzig Jahre nach der Heimkehr aus Italien eine von Betsy aus Rom mitgebrachte Photographie in ihm wieder auffrischte, gab den Anstoß zu dem Gedicht »Der Marmorknabe«; Frey, C. F. M. 117. Dazu Sulger-Gebing, Festschr. Litzmann 390. – Schon verhältnismäßig früh hat C. F. Meyer die Polarität von Liebe und Tod zu gestalten versucht, vgl. die Verse »Das rote Tal« bei A. Frey, C. F. M. 176f. S. jetzt auch Kempter, zit. Anm. 192ff.

137. De sera numinis vindicta 22ff. Kraeger 68ff.

138. An Fr. Wille 30. 3. 1885. Briefe Bd. 1, 176.

139. An Fr. v. Wyß 7. 8. 1889. Briefe Bd. 1, 95: »Durchgemacht in den letzten Jahren habe ich mehr, als ich je eingestehen werde. Was mich hielt, war eigentlich ein Seelenwanderungsgedanke. Ich sagte mir, du hast offenbar in einem frühern Dasein irgend etwas Frevles unternommen. Da sprach das Schicksal: Dafür soll mir der Kerl auf die Erde und ein Meyer werden. Beides muß nun redlich durchgelitten werden, um wieder in eine bessere Lage zu gelangen.« Solcher Buß-Stimmung entstammen Gedichte wie »Die gefesselte Psyche« und das ganze Werk »Engelberg«. Auch das Grübeln der »Sterbenden Meduse« gehört hierher (s.o.). Vgl. jetzt auch Kempter, zit. Anm. 192ff.

140. Vgl. W. Jens, Antikes und modernes Drama. Eranion, Festschrift H. Hommel, Tübingen 1961, 43–62.

141. Die Erwähnung Hermann Linggs in so erlauchter Umgebung ist natürlich ein Kompliment an den Adressaten, nicht unbedingt ein künstlerisches Bekenntnis.

142. An H. Lingg 13. 8. 1877. Briefe Bd. 2, 297.

143. Jenatsch SW 55, hist.-krit. Ausg. Bd. 10, 74, 12. Nach A. Zäch z. St. vielleicht Tac. hist. I 3 *Non enim umquam atrocioribus populi Romani cladibus magisve iustis indiciis adprobatum est non esse curae deis securitatem nostram, esse ultionem.* – In Rom las C. F. Meyer Tacitus »mit großem Vergnügen«. An Fr. v. Wyß 14. 4. 1858, Briefe Bd. 1, 58. Fr. Th. Vischer nennt in einem Brief an den Dichter (13. 12. 1886, abgedr. ibid. Bd. 2, 178) C. F. Meyer den »Tacitus der Novelle«.

144. Siehe vorige Anm.

145. An Bovet 21. 12. 1881. Briefe Bd. 1, 134. Seine einzige »Quelle« war ein französisches Nachschlagewerk; daher das Mißverständnis »Aululaire« – »Aulularius«, das Meyer erst später berichtigt (ibid.). Zur Quellenfrage anders Kalischer 26ff.

146. Die Richterin 3, SW 586; hist.-krit. Ausg. Bd. 12, 212f. – Ovid met. 9, 454ff.

147. An den Schulkameraden Joh. Landis 16. 5. 1840. Briefe Bd. 1, 3.

148. SW 461; hist.-krit. Ausg. Bd. 12, 135. Vgl. Ovid met. 3, bes. 715ff. – Die Einzelheiten der Verfolgung sind frei ausgestaltet. Das Motiv der Felswand begegnet auch in dem auf S. 92 besprochenen Gedicht »Pentheus«. Vgl. auch Anm. 94 (Gemälde von Gleyre).

149. »Von menschlicher Kunst und Wissenschaft war zu Allerheiligen nichts zu lernen als der Poet Virgilius, den ich auch heute noch großenteils auswendig weiß. Der Prior rühmte an diesem Poeten, daß er ein frommer Heide gewesen und Gott ihm zum Lohne seiner Tugenden prophetische Kraft eingehaucht, so daß in seinen Versen die hochgelobte Mutter mit dem Kinde sich spiegle und deutlich zu erkennen sei. Daher kam es, daß die Rolle, aus der ich lernte, ganz von Messerstichen durchlöchert war... Da ich von Allerheiligen schied, ... habe auch ich hineingestochen zu dreien Malen ... und die Worte getroffen: sagittas, calamo, arcui... Mit Pfeil und Bogen hab ich all mein Lebtag zu tun gehabt« (Der Heilige 3, SW 283; hist.-krit. Ausg. Bd. 13, 18f.). Im Sachlichen erlaubt sich Meyer hier einige Ungenauigkeiten

(bes. das ›Hineinstechen‹, das sich historisch nicht auf Rollen, sondern auf Codices bezieht: Man stach zwischen die Seiten, ohne das Buch zu beschädigen); vgl. Morel 27.

150. Vergil, Aen. 1, 462.

151. Der Heilige 8, SW 333; hist.-krit. Ausg. Bd. 13, 86.

152. Der Heilige 2, SW 281; hist.-krit. Ausg. Bd. 13, 15.

153. Aen. 2, 6. Jenatsch SW 28 (hist.-krit. Ausg. Bd. 10, 36, 25). An Wille 27. 12. 1869 (nach Alfred Zäch, hist.-krit. Ausg. Bd. 10, 384. Der von A. Zäch herangezogene Brief ist in der Sammlung der Briefe nicht enthalten).

154. An Haessel 10. 10. 1866 (Briefe Bd. 2, S. 14). — In der Droysenschen Aischylos-Übersetzung, die C. F. Meyer besaß (Berlin 1832), ist auf S. 211f. und 215 (›Didaskalien‹) von dem ›Mordbeil‹ die Rede. Doch läßt sich weder aus dem Wortlaut des Briefes noch aus Droysen zwingend schließen, daß C. F. Meyer die später von Wilamowitz (Griech. Tragödien in deutscher Übersetzung Bd. 2, 1899, 40) wieder aufgenommene Deutung Abreschs, wonach in der Atridenfamilie mehrere Greueltaten immer wieder mit *demselben Beil* verübt wurden, gekannt habe (die Deutung von Choeph. 889 ist in dieser Beziehung umstritten). — Vielleicht folgte C. F. Meyer nicht einem bestimmten Aischylos-Kommentar (Conington?), sondern Eur. El. 279. (Die Hinweise auf Abresch und Wilamowitz verdanke ich Herrn Professor Bruno Snell, die Auskunft über C. F. Meyers Handexemplar Herrn Dr. A. Zäch, Zürich.)

155. An A. Frey 2. 12. 1891, Briefe Bd. 1, 402. Dazu die schöne Schilderung Betsy Meyers (C. F. Meyer in der Erinnerung seiner Schwester, Berlin ²1903, 188f.): »So lag denn der Dichter im Bergwald auf dem Moose zwischen herbduftenden Rhododendronbüschen und blühenden Gentianen und las mir, während die Sonne zwischen den Lärchenwipfeln weiterrückte und ich mit einer Handarbeit auf einer Baumwurzel saß, aus seiner ›Odyssee‹ vor. ›Welche ahnungsvolle Stimmung!‹ rief er dann wohl und legte das Buch weg. ›Wie eine schwere Wetterwolke unversehens die Gegend verdüstert, so senkt sich heimliches Grauen über die prassende Menge der Freier, sobald der gewaltige alte Bettler in die Halle tritt.‹«

156. Angela Borgia 11, SW 771; hist.-krit. Ausg. Bd. 14, 108. Zu dem Satz »Und Strozzis Lachen dröhnte unter der niederen Wölbung« vgl. das »unauslösliche Gelächter«, das Athene unter den Freiern erregt. Gleichzeitig verwirrt sie ihre Gedanken. Od. 20, 346ff. — Zum Motiv der »Geduld« vgl. »Schuß von der Kanzel« 4, SW 246; hist.-krit. Ausg. Bd. 11, 90. »Odysseus bedeutet jede in Knechtsgestalt mißhandelte Wahrheit mitten unter den übermütigen Freiern, will sagen, Faffen, denen sie einst in sieghafter Gestalt das Herz durchbohren wird.« — Über die Bedeutung der »Geduld« des Odysseus für C. F. Meyer vgl. Betsy Meyer a.O. 243.

157. Der Heilige 1, SW 277; hist.-krit. Ausg. Bd. 13, 10.

158. Jürg Jenatsch I 2, SW 13 (hist.-krit. Ausg. Bd. 10, 15, 34). — Hom. Od. 1, 173. 14, 190.

159. »Musensaal«, vgl. auch die Vorstufe »Die neuen Musen« (z. B. bei Kraeger 213).

160. Zu der Verführungsszene Jenatsch II 4, SW 77, hist.-krit. Ausg. Bd. 10, 109 vgl. Livius 1, 58. Bei Livius bedroht Tarquinius die Lucretia mit dem Schwerte und kündigt an, er werde sie töten und mit der Leiche eines Sklaven in unschicklicher Weise liegenlassen. Um ihre Ehre nicht zu beflecken, gibt Lucretia nach und ist untreu, um es nicht zu scheinen. Dann tötet sie sich in Anwesenheit ihres Mannes und ihres Vaters, die sie vergeblich von ihrer Unschuld zu überzeugen suchen. *Nec ulla deinde impudica Lucretiae exemplo vivet.*

161. Jürg Jenatsch I 2, SW 13; hist.-krit. Ausg. Bd. 10, 14, vgl. dazu ibid. Bd. 10, 382. Die Pointe ist, daß der Spitzname des Lehrers »Magaddi« lautet.

162. Anabasis 7, 3, 32.

163. Betsy Meyer, a. O. 181, vgl. auch oben Anm. 155. — C. F. Meyer spielt häufiger auf die Odyssee an als auf die Ilias. Ilias 2, 204 εἷς κοίρανος ἔστω zitiert er in dem Brief an A. Calmberg 5. 11. 1879. Briefe Bd. 2, 234. Auf Priamos zu Achilleus' Füßen (Ilias 24) wird in »Gustav Adolfs Page« 1, SW 405, hist.-krit. Ausg. Bd. 11, 174 angespielt. Im übrigen nimmt selbst das Gedicht »Der tote Achill« nur auf eine Odysseestelle Bezug (Bd. 11, 487 ff.). Das Gedicht »Nächtliche Fahrt« ist durch die Odyssee angeregt (s. Anm. 89). Im »Schuß von der Kanzel« spielt die Dissertation Pfannenstiels über die Symbolik der Odyssee eine Rolle. Vgl. Anm. 156. — Odysseus bei den Sirenen: An Wille 3. 3. 1887, Briefe Bd. 1, 188. Die Lästrygonen: Schuß von der Kanzel, Anf. SW 237; hist.-krit. Ausg. Bd. 11, 78, 10. — Der »irrende Odysseus«: Huttens letzte Tage 1. — »Im Nebel« (Gedicht bei Frey, C. F. M. 224) fühlt der Dichter sich unsichtbar »wie des Homeros Götter«.

164. Jürg Jenatsch I, 3, SW 22; hist.-krit. Ausg. Bd. 10, 27, 34 f.

165. S. Anm. 64.

166. »Die berühmte Römerin verlor sich in einer Dämmerstunde an einen Mann, sein sündiger Geist fuhr in sie, und sie wurde sein willenloses Werkzeug. So war es, glaube mir. *Ich weiß es.*« S. Anm. 101.

167. Angela Borgia 1, SW 698; hist.-krit. Ausg. Bd. 14, 8.

168. Ibid. 701; hist.-krit. Ausg. Bd. 14, 11 f.

169. Angela Borgia 10, SW 761; hist.-krit. Ausg. Bd. 14, 95. Das Bild der Meduse z. B. auch im »Heiligen« 11, SW 350; hist.-krit. Ausg. Bd. 13, 111. — Dem Bereich Dianas und der keuschen Lucretia schließt sich noch Iuno an: Angela Borgia 4, SW 721; krit.-hist. Ausg. Bd. 14, 40.

170. Angela Borgia 1, SW 704; krit.-hist. Ausg. Bd. 14, 15.

171. So träumt er schon prophetisch in Kap. 3, SW 717; hist.-krit. Ausg. Bd. 14, 34. Dort heißt es: »Das von der Jungfrau dir verkündigte Gericht ist da.« Die Jung-

frau ist natürlich Angela, aber zugleich die Virgo der römischen Dichter (z. B. Ovid met. I 149), die Göttin der Gerechtigkeit.

172. Angela Borgia 7, SW 735; hist.-krit. Ausg. Bd. 14, 59.

173. Angela Borgia 12, SW 775 f.; hist.-krit. Ausg. Bd. 14, 114 f.: »Ach Mirabili, ich kenne diese vornehmen Herren nicht, und es will mir nicht gelingen, mich mit ihnen auf den Thron der Tugend zu setzen.«

174. Giulio entwickelt sich vom Bacchanten zum Geläuterten. In Kap. 3 (SW 712; hist.-krit. Ausg. Bd. 14, 28) feiert er ein klassisches Bacchusfest mit einer reizvollen Ariadne. – Auch am Beginn seiner Vision stehen bacchische Gestalten (SW 717; hist.-krit. Ausg. Bd. 14, 34). – Vgl. »Venedigs erster Tag«: »Der Bacchant wird zum Äneas.«

175. Die Kunst des »Identifizierens« erreicht ihren Höhepunkt in der »Hochzeit des Mönchs«; hier spannen sich geheimnisvolle Fäden von den Zuhörern zu den Mithandelnden.

176. Beispielsweise war der »Botenlauf« ursprünglich eine gereimte Dichtung, ebenso der »tote Achill«.

177. Huttens letzte Tage 54.

178. Der schweigend leidende Hutten weiß sich im Gegensatz zum laut klagenden Südländer Philoktet (Hutten 66). Gegen den Wunsch des Achilleus, lieber als Ackerknecht zu leben als bei den Toten König zu sein (s. Anm. 163, ›Der tote Achill‹), verwahrt sich C. F. Meyer mit dem Satz »es lügt Homer«. Dem Bacchanal wird das christliche Speisungswunder gegenübergestellt (Pescara 1, SW 603; hist.-krit. Ausg. Bd. 13, 151), und nicht die Stoa, sondern das Christentum tröstet Giulio (s. Anm. 173). »Der Dichter selbst hatte keine stoische Ader«, Betsy Meyer a. O. 243. – Hutten (1), der sich mit Odysseus vergleicht, wägt sorgfältig Gleichheit und Verschiedenheit ab.

179. Aus christlicher Sicht gestaltet »Engelberg« das Psyche-Motiv. Meyer bezeichnet (An Haessel 22. 2. 1872. Briefe Bd. 2, 45) die Heldin dieser Dichtung als eine Art »mittelalterliche Psyche«.

180. Die Vorstufe »Im Walde 1« bei Kraeger 171 (Romanzen u. Bilder 1870).

181. »Der schöne Tag.«

182. An Rodenberg 27. 2. 1887. Briefwechsel 238: »Ist der neue Boecklin bei Ihnen angelangt, die zwei prächtigen Fischschwänze, der weibliche perlmutterfarbene und der männliche goldenblaue? Ich weiß nicht, aber warum fährt Boecklin nicht fort, wie er früher tat, z. B. in der Nymphe bei Schack, die hellenische Götterwelt à la Heine modern phantastisch zu gestalten? Doch ich bin undankbar: das starke Farbenspiel und die Drolligkeit dieser willkürlichen Meerleute hat mich königlich ergötzt.«

183. »Die Dryas«.

184. Der Schuß von der Kanzel 3, SW 244; hist.-krit. Ausg. Bd. 11, 88, 6.

185. »Die Dryas«, »Der verwundete Baum«. Zum blutenden Holz vgl. z. B. Vergil Aen. 3, 24 ff., Ovid met. 8, 757 ff., 9, 344.

186. »Göttermahl«. 187. »Bacchus in Bünden«.

188. »Der Gesang der Parze«, »Weihnacht in Ajaccio« (vgl. »Liebesjahr«), »Das Heute«.

189. An die Schwester 30. 3. 1857, bei Frey, C. F. M. 92: »Die Griechentempel sollte man durchaus im Freien, am Meer, in der Ferne sanfte Hügel und oben tiefblauer Himmel, sehen; in einem modernen Häusermeer machen sie schlechten Effekt.«

190. Dieser Stufengang ist nicht mit einer geradlinig verlaufenden und einmaligen biographischen Entwicklung zu verwechseln.

191. Vgl. S. 86 mit Anm. 56. Zum ausgeprägteren Realismus in der Neufassung des »Hutten« s. Anm. 66 am Ende. – Bezeichnend auch, daß in der Entwicklung des Motivs »Klio« die anschauliche Darstellung der italienischen Schnitterin am Ende steht (»Der Triumphbogen«, oben S. 76), während das Gedicht »Die neuen Musen«, das die Keime für »Triumphbogen« und »Musensaal« enthält, den Gedanken zunächst abstrakter formuliert. Am Ende paart sich höchste Konkretheit mit größter Bedeutungsfülle.

NACHTRAG

Nach dem ersten Erscheinen der C. F. Meyer-Studie wurden mir folgende an entlegener Stelle veröffentlichte Gedichte C. F. Meyers durch die Freundlichkeit ihres Herausgebers Dr. F. Kempter bekannt:[192] »Die Pythagoräer«[193] (sic) und »Der sterbende Julian«.[194] Das erstgenannte Gedicht, das aus der Spätzeit stammt, liefert eine schöne Bestätigung für die Grundthese unserer Untersuchung, daß für C. F. Meyer antike Motive als Weg zu einem tieferen Verständnis der Natur und der Wirklichkeit dienen können. In diesem Altersgedicht wird freilich (anders als in dem Meisterwerk »Unter den Sternen«) der Bereich des Anschaulichen und Natürlichen transzendiert: Wie auch in der letzten Novelle des Dichters, Angela Borgia, tritt hier das Christlich-Ethische – man wird wohl sagen dürfen: auf Kosten des Plastisch-Anschaulichen – in den Vordergrund. Das noch visuell faßbare »Verschwenden« der Lichtgarben leitet über zu der dem Augenschein entrückten Bitte um das Geschenk der Güte.

In diesem Motiv berührt sich das vorliegende Gedicht übrigens mit dem Entwurf »Der sterbende Julian«, dem wir uns jetzt zuwenden. In folgenden Zeilen können wir einen Versuch des Dichters erkennen, das soeben erwähnte Motiv aus der Abstraktion subjektiven Bittens in die konkrete Erfahrung eines Bildes zu transponieren: Also nicht: »Aber gieb uns, wenn der Tag verglühte, / In dem milden Abendgold die Güte.«, sondern: »Wie der Tag, der wolkenrein verglühte, / tauch ich unter in ein Meer der Güte.« Man versteht rückblickend, warum C. F. Meyer das Gedicht »Die Pythagoräer« nicht veröffentlicht hat.

Leider hat der erste Herausgeber in dem Band »Leuchtende Saat« (anders als in seinem späteren Buch S. 28 f., wo das Autograph vollständig wiedergegeben ist) das von ihm entdeckte Gedicht nicht als Entwurf gekennzeichnet. Wie aus einer von Herrn Dr. A. Zäch, Zürich, auf meine Bitte hin dankenswerterweise vorgenommenen Kollationierung des Autographs hervorgeht (Brief vom 30. 9. 1964), ist nur der Zusammenhang der ersten drei Strophen über jeden Zweifel erhaben. Sie stehen fortlaufend auf der Vorderseite des Autographs; auf der Rückseite lösen sich jeweils Stichworte und ausgearbeitete Strophen ab, deren erste von Meyer 1892 verselbständigt und zu dem Gedicht »Das Ende des Festes« erweitert worden ist. Diese Strophe ist zusammen mit drei auf sie folgenden Stichworten durch Trennungsstriche von ihrer Umgebung abgesetzt. Ich glaube kaum, daß es sich textkritisch rechtfertigen läßt, diese Partie aus dem Gedicht auszuschließen, in dessen Zusammenhang sie ursprünglich entstanden ist. Auch gewinnt der Satz »Kann ich mich entsinnen ...« im Munde des Platonikers Julian erst seine volle Bedeutung.

Es läßt sich wohl auch nicht vertreten, nur die ausgearbeiteten Teile abzudrucken und die dazwischenstehenden Stichworte zu übergehen, die erst den inneren Zusammenhang verständlich machen und von C. F. Meyer wohl noch in weiteren Strophen ausgeführt worden wären. Insbesondere taucht das Wander-Motiv der letzten Strophe so unvermittelt auf, daß auf die vorhergehenden Stichworte (»Schöne Reise. Schnelle Füße") keineswegs verzichtet werden kann. Wahrscheinlich hat Meyer, nachdem er »Das Ende des Festes« verselbständigt hatte, das ganze Julianprojekt aufgegeben. So ist es verfehlt, die restlichen Strophen für ein in sich geschlossenes Gedicht zu halten.

Warum hat C. F. Meyer auf eine weitere Ausarbeitung verzichtet? In dem vorliegenden Entwurf hatte er sich die technisch besonders reizvolle Aufgabe gestellt, zwei verschiedene zeitliche Ebenen der Antike übereinander zu schichten, um das Problem des Todes zu verdeutlichen: Als Rahmen dient das frühe Sterben Julians, die Mitte bildet das Eintreten des Jünglings Alkibiades gegen Ende des Platonischen Symposion, ein Augenblick, der als Todessymbol gedeutet wird, gewiß unter dem Eindruck von Feuerbachs Gemälde. Der verbindende Gedanke ist hierbei die stichwortartige Notiz ganz oben auf der Rückseite des Blattes: »Komm, als Jüngling, zum Jüngling«. Die volle Koordination dieser so unterschiedlichen Szenen stellte den Dichter begreiflicherweise vor fast unüberwindliche Schwierigkeiten. Es spricht für sein Urteil – und für seine unverminderte Kühnheit –, daß er gerade die eigenwillige Deutung der Platonszene verselbständigt und auf die Juliangestalt, an der von ihm kaum mehr als die Topik des frühen Sterbens und die Hingabe an platonische Philosophie herausgearbeitet werden konnten, als blasse Wiederholungen des Zentralmotivs verzichtet hat.

Was die Bearbeitung antiker Motive betrifft, so bestätigt sich bis in diese späte Phase von Meyers Schaffen das Prinzip der Konzentration, des Abstreifens von Beiwerk und der weisen Beschränkung auf das Anschauliche und Wesentliche.

192. C. F. Meyer, Leuchtende Saat. Eine neue Sammlung von Gedichten und Sprüchen, Engelberg 1951 und F. Kempter, C. F. Meyers Ringen um die Frage der wiederholten Erdenleben, Engelberg 1954.

193. Leuchtende Saat, S. 6, erstmals veröffentlicht von M. Bothmer in der Zeitschrift Corona 8, 1938, 394.

194. Erstmals veröffentlicht von Kempter, Leuchtende Saat, S. 68 f. und in C. F. Meyers Ringen..., S. 28 f.

III

NATUR UND GEIST

Lukrez – Cicero – Pascal – Heisenberg

... sed ne mens ipsa necessum
intestinum habeat cunctis in rebus agendis
et devicta quasi cogatur ferre patique,
id facit exiguum clinamen principiorum
nec regione loci certa nec tempore certo.[1]

Aber daß nicht der Verstand selbst einem inneren Zwang unterworfen sei bei allem, was er tun will, und gleichsam wie ein Besiegter gezwungen werde, zu ertragen und zu erleiden, dies bewirkt die kleine Abweichung der Ursprungskörper, die weder in einer festgelegten räumlichen Richtung noch zu einem bestimmten Zeitpunkt stattfindet.

Nach epikureischer Lehre fallen alle Atome im leeren Raum senkrecht nach unten. Damit sie einander begegnen können, nimmt Epikur an, einzelne Atome wichen geringfügig von der Senkrechten ab. Diese Inkonsequenz, die der Willkür Tür und Tor öffnet, wurde von zahlreichen Kritikern beanstandet, so von Cicero[2] (fin. 1, 19f.):

19. *Deinde ibidem homo acutus, cum illud occurreret, si omnia deorsus e regione ferrentur et, ut dixi, ad lineam, numquam fore ut atomus altera alteram posset attingere, † itaque attulit rem commenticiam: declinare dixit atomum perpaulum, quo nihil posset fieri minus; ita effici complexiones et copulationes et adhaesiones atomorum inter se, ex quo efficeretur mundus omnesque partes mundi quaeque in eo essent. Quae cum tota res ⟨est⟩ ficta pueriliter, tum ne efficit ⟨quidem⟩ quod vult. Nam et ipsa declinatio ad libidinem fingitur – ait enim declinare atomum sine causa, quo nihil turpius physico quam fieri quicquam sine causa dicere –, et illum motum naturalem omnium ponderum, ut ipse constituit, e regione inferiorem locum petentium, sine causa eripuit atomis; nec tamen id, cuius causa haec finxerat, assecutus est.* 20. *Nam si*

omnes atomi declinabunt, nullae umquam cohaerescent, sive aliae declinabunt, aliae suo nutu recte ferentur, primum erit hoc quasi provincias atomis dare, quae recte, quae oblique ferantur: deinde eadem illa atomorum — in quo etiam Democritus haeret — turbulenta concursio hunc mundi ornatum efficere non poterit. Ne illud quidem physici, credere aliquid esse minimum; quod profecto numquam putavisset, si a Polyaeno, familiari suo, geometrica discere maluisset quam illum etiam ipsum dedocere.

19. Sodann brachte ebendort der scharfsinnige Mann, da er darauf stieß, daß, wenn alles geradeaus abwärts stürze und, wie gesagt, senkrecht, niemals ein Atom auf das andere treffen könnte, folgendes Hirngespinst vor: Er sagte, ein Atom weiche ganz geringfügig von seiner Bahn ab, so wenig wie nur möglich. So komme es dazu, daß Atome sich umschließen, Paare bilden und aneinanderhängen; daraus entstehe die Welt samt all ihren Teilen und allem, was darinnen ist. Nicht genug damit, daß die ganze Geschichte kindisch erfunden ist, sie erfüllt nicht einmal ihren Zweck. Denn einmal handelt es sich bei der Abweichung selbst um eine willkürliche Erfindung — sagt er doch, das Atom weiche ohne Grund von seiner Bahn ab, und für einen Physiker gibt es keine größere Schande, als zu behaupten, etwas geschehe ohne Grund — und zum anderen hat er jene natürliche Bewegung aller Massen, die, wie er selbst festgesetzt hat, geradeaus nach unten streben, den Atomen ohne Grund genommen; dennoch hat er nicht das erreicht, um dessentwillen er dieses erfunden hat.   20. Wenn nämlich alle Atome abweichen, werden keine jemals zusammenwachsen; wenn aber die einen abweichen, die anderen gemäß ihrer natürlichen Fallbewegung senkrecht stürzen, so heißt dies erstens den Atomen sozusagen Amtsbereiche zuweisen, wobei die einen senkrecht, die anderen schräg zu fliegen haben. Zweitens wird eben dieses wirre Aufeinanderprallen der Atome — und hier weiß auch Demokrit nicht weiter — diese geordnete Welt nicht hervorbringen können. Und nicht einmal dies ist eines Physikers würdig, zu glauben, es gebe irgendein Kleinstes; das hätte er in der Tat nie gedacht, wenn er von Polyaenus, seinem Vertrauten, hätte Geometrie lernen wollen, statt sie auch noch jenem auszutreiben.

Für Epikurs Annahme, die Atome wichen von ihrer Fallrichtung ab, gibt Lukrez hier eine völlig andere Erklärung als diejenige, die Cicero voraussetzt. Sie ist nicht physikalisch, sondern ethisch: Das Postulat des freien Willens, das für die epikureische Philosophie zentrale Bedeutung hat, muß in der Natur begründet werden. Epikur ist nicht bereit, sich dem strengen Determinismus ausnahmsloser physikalischer Gesetze zu fügen.

Die bei Cicero referierte Kritik geht natürlich nicht von den immanenten Bedürfnissen der epikureischen Ethik aus, sondern von den Anforderungen, die man an eine wissenschaftliche Naturerklärung stellen muß. Sie darf sich nicht auf Zufall und Willkür, sondern muß sich auf Kausalitäten berufen. Und weiter: Sie hat nach mathematischen Prinzipien zu verfahren. Daher widerspricht Cicero der Behauptung, es gebe ein Kleinstes. Dies rührt an die Grundfesten der Atomtheorie.

Auf den letztgenannten Punkt soll hier erst später eingegangen werden; aber die beiden wichtigsten Ansätze zur Widerlegung Epikurs lassen sich wissenschaftlich durchaus ernstnehmen.

Desto überraschender ist die Tatsache, daß die moderne Physik gerade im atomaren Bereich an die Grenzen des kausal Begründbaren gestoßen ist. Die damit verbundene Neubewertung nichtkausaler Faktoren für die Erklärung der Naturerscheinungen wurde von den Gelehrten selbst als Schock empfunden. Der Atomphysiker Werner Heisenberg[3] behandelt das Problem in Form eines Dialoges mit Carl Friedrich von Weizsäcker und der Philosophin Grete Hermann. Diese verficht, ausgehend von Kants Philosophie, den Grundsatz, »daß alle Naturwissenschaft das Kausalgesetz voraussetzen muß, daß es nur soweit Naturwissenschaft geben kann, wie es auch Kausalgesetz gibt« (158). Hier bekämpft sie die moderne Atomphysik mit demselben Einwand, der schon bei Cicero gegen Epikur erhoben wird. Demgegenüber versucht Heisenberg zu zeigen, daß die Quantenmechanik dieses Kausalgesetz auflockern will und doch gleichzeitig Naturwissenschaft bleiben möchte.

»Nehmen wir an, wir hätten es mit einem einzelnen Atom der Sorte Radium B zu tun ... Dann wissen wir also, über kurz oder lang wird das Radium B-Atom in irgendeiner Richtung ein Elektron aussenden und damit in ein Radium C-Atom übergehen. Im Mittel wird das nach einer knappen halben Stunde geschehen, aber das Atom kann sich ebensogut schon nach Sekunden oder erst nach Tagen umwandeln. Im Mittel heißt dabei: wenn wir es mit vielen Radium B-Atomen zu tun haben, dann wird nach einer halben Stunde ungefähr die Hälfte umgewandelt sein. Aber wir können, und darin äußert sich eben ein gewisses Versagen des Kausalgesetzes, beim einzelnen

Radium B-Atom keine Ursache dafür angeben, daß es gerade jetzt und nicht früher oder später zerfällt, daß es gerade in dieser Richtung und nicht in einer anderen das Elektron aussendet. Und wir sind aus vielen Gründen überzeugt, daß es auch keine solche Ursache gibt« (159).

Den Kerngedanken formuliert Heisenberg folgendermaßen (164): »Wenn wir aus den atomaren Erscheinungen auf Gesetzmäßigkeiten schließen wollen, so stellt sich heraus, daß wir nicht mehr objektive Vorgänge in Raum und Zeit gesetzmäßig verknüpfen können, sondern – um einen vorsichtigeren Ausdruck zu gebrauchen – Beobachtungssituationen. Nur für diese erhalten wir empirische Gesetzmäßigkeiten ... Diese bestimmte Erkenntnis des Möglichen läßt zwar einige sichere und scharfe Prognosen zu, in der Regel aber erlaubt sie nur Schlüsse auf die Wahrscheinlichkeit eines zukünftigen Ereignisses.«

Es ergibt sich somit, daß im atomaren Bereich kausale Erklärungen ihren Sinn verlieren und nur statistisch fundierte Wahrscheinlichkeitsaussagen möglich sind, ähnlich wie wir auch das Verhalten von Menschen zwar nicht im Einzelfall, aber im statistischen Durchschnitt vorausberechnen können. Epikurs partielle Ausschaltung der Kausalität in bezug auf das Verhalten der Atome findet also eine Parallele in den Feststellungen der modernen Physik. Es ist wohl auch kein Zufall, daß philosophische Verfechter der menschlichen Willensfreiheit sich auf die genannten physikalischen Beobachtungen berufen – ganz ähnlich, wie dies Lukrez einst getan hatte. Freilich haben sie dabei übersehen, daß gerade nach Auffassung der modernen Physik den Atomen keine Gegenständlichkeit im herkömmlichen Sinne zukommt. Ciceros auf den ersten Blick so überzeugende Einwendungen greift die Kantianerin Grete Hermann wieder auf. Die Art der Widerlegung ist freilich neuartig; denn die Wahrscheinlichkeitsrechnung wäre antikem Denken wohl unzuverlässig erschienen und war Epikur ebenso fremd wie die Auflösung der Realität in Beobachtungssituationen und Abstraktionen. Ihm war gerade daran gelegen, durch seine (wie schon der Name sagt) »unteilbaren« Atome die Realität der Materie möglichst fest im Bewußtsein zu verankern und dem Menschen auf diese Weise das Gefühl der Sicherheit und Geborgenheit zu vermitteln. Die moderne Physik stellt demgegenüber das Experiment und seine mathematisch formulierte Deutung in den Vordergrund und scheut sich vielfach überhaupt, von »Dingen« oder »Gegenständen« zu sprechen.[4] Der Primat der Mathematik ist kein Erbstück des epikureischen Materialismus, sondern der platonisch-pythagoreischen Welterklärung. Trotz der ausdrücklichen Berufung moderner Physiker auf Platon[5] muß man freilich auch hier auf Unterschiede aufmerksam machen: Den Zahlen kommt in heutiger Sicht keine metaphysische Realität zu; sie dienen nur als Mittel, um Beobachtungssituationen zu beschreiben, denen ihrerseits keine objektive Gegenständlichkeit eigen ist. Noch weniger kommt den Zahlen physikalische Realität zu, wie dies Platon bei seiner Annahme der fünf platonischen Körper (unter Verwechslung physikalischer und mathematischer Körper) vorausgesetzt hatte. Die Mathematik selbst hat sich gewandelt. Sie hat den Anspruch, eine Grundwissenschaft zu sein und Kausalzusammenhänge aufzudecken, vielfach aufgegeben und wird als angewandte Wissenschaft auf Gebiete übertragen, die nicht die Feststellung von Wahrheit, sondern nur noch von Wahrscheinlichkeiten erlauben.

> *Nunc age, quam tenui natura constet imago*
> *percipe. et in primis, quoniam primordia tantum*
> *sunt infra nostros sensus tantoque minora*
> *quam quae primum oculi coeptant non posse tueri,*
> *nunc tamen id quoque uti confirmem, exordia rerum*
> *cunctarum quam sint subtilia percipe paucis.*
> *primum animalia sunt iam partim tantula, quorum*
> *tertia pars nulla possit ratione videri.*
> *horum intestinum quodvis quale esse putandumst!*
> *quid cordis globus aut oculi? quid membra? quid artus?*
> *quantula sunt! quid praeterea primordia quaeque?*
> *unde anima atque animi constet natura necessumst?*
> *nonne vides quam sint subtilia quamque minuta?*
>
> (Lucr. 4, 110—122)

Nun wohlan, vernimm, von wie feiner Natur das Abbild ist. Und vor allem, weil die Urkörper so weit unterhalb unserer Wahrnehmungsfähigkeit und um so viel kleiner sind als diejenigen Dinge, die unser Auge gerade nicht mehr sehen kann; aber auch um folgendes zu erhärten, vernimm in Kürze, wie fein die Ursprungskörper aller Dinge sind. Erstens gibt es schon Lebewesen, die zum Teil so klein sind, daß man ein Drittel von ihnen überhaupt nicht mehr sehen kann. Wie hat man sich irgendeines ihrer inneren Organe vorzustellen? Wie den Ball des Herzens oder die Augen? Wie die Glieder? Wie die Gelenke? Wie klein sind sie! Und wie erst

> jeden einzelnen Urkörper, aus dem die Seele und das Wesen des Geistes mit Notwendigkeit zusammengesetzt ist? Siehst du nicht, wie fein, wie winzig sie sind?

Im Zusammenhang mit der Erklärung der Sinneswahrnehmung entwickelt Lukrez anschaulich die verschiedenen Eigenschaften der Abbilder, die sich nach der epikureischen Lehre von den Gegenständen ablösen, so daß der Körper gesehen werden kann. Im vorliegenden Abschnitt geht es um die Feinheit dieser Abbilder. Um von ihr eine Vorstellung zu vermitteln, bedient sich Lukrez rhetorischer Mittel. Er regt den Leser dazu an, sich ein winziges Lebewesen vorzustellen. Diese Kleinheit wird noch überboten durch einen zweiten Denkschritt: die Betrachtung einzelner Teile eines solchen Lebewesens. An dritter Stelle wird daraus gefolgert: Wie klein müssen erst die Seelen- und Geistesatome sein! Der Darstellung liegt ein rhetorisches Prinzip zugrunde: Nach Quintilian ist eine Steigerung dann am eindrucksvollsten, wenn das kleinere von zwei Elementen auch schon als groß erscheint.[6] Bei Lukrez handelt es sich hier um die Umkehrung dieser Methode: Verkleinerung statt Vergrößerung, und zwar im wesentlichen in zwei Stufen. Es folgt der Analogieschluß vom – gerade noch – Sichtbaren auf das Unsichtbare, die Seelen- und Geistesatome.

Wir halten fest, daß eine Verkleinerung für Lukrez nur bis zum Atom hin denkbar ist, das somit einen natürlichen Endpunkt bildet.

Das lukrezische Bild des kleinen Lebewesens übernimmt Blaise Pascal und führt es in einem neuen Sinne weiter:[7]

> Qu'est-ce qu'un homme dans l'infini?
> Mais pour lui présenter un autre prodige aussi étonnant, qu'il recherche dans ce qu'il connaît les choses les plus délicates. Qu'un ciron lui offre dans la petitesse de son corps des parties incomparablement plus petites, des jambes avec des jointures, des veines dans ses jambes, du sang dans ses veines, des humeurs dans ce sang, des gouttes dans ses humeurs, des vapeurs dans ces gouttes; que, divisant encore ces dernières choses, il épuise ses forces en ces conceptions, et que le dernier objet où il peut arriver soit maintenant celui de notre discours; il pensera peut-être que c'est là l'extrême petitesse de la nature. Je veux lui faire voir là dedans un abîme nouveau. Je lui veux peindre non seulement l'univers visible, mais l'immensité qu'on peut concevoir de la nature, dans l'enceinte de ce raccourci d'atome. Qu'il y voie une infinité d'univers, dont

chacun a son firmament, ses planètes, sa terre, en la même proportion que le monde visible; dans cette terre, des animaux, et enfin des cirons, dans lesquels il retrouvera ce que les premiers ont donné; et trouvant encore dans les autres la même chose sans fin et sans repos, qu'il se perde dans ces merveilles, aussi étonnantes dans leur petitesse que les autres par leur étendue; car qui n'admirera que notre corps, qui tantôt n'était pas perceptible dans l'univers, imperceptible lui-même dans le sein du tout, soit à présent un colosse, un monde, ou plutôt un tout, à l'égard du néant où l'on ne peut arriver?

Qui se considérera de la sorte s'effrayera de soi-même, et, se considérant soutenu dans la masse que la nature lui a donnée, entre ces deux abîmes de l'infini et du néant, il tremblera dans la vue de ces merveilles; et je crois que, sa curiosité se changeant en admiration, il sera plus disposé à les contempler en silence qu'à les rechercher avec présomption.

Car enfin qu'est-ce que l'homme dans la nature? Un néant à l'égard de l'infini, un tout à l'égard du néant, un milieu entre rien et tout. Infiniment éloigné de comprendre les extrêmes, la fin des choses et leur principe sont pour lui invinciblement cachés dans un secret impénétrable, également incapable de voir le néant d'où il est tiré, et l'infini où il est englouti.

Was ist ein Mensch in der Unendlichkeit?

Aber um ihm ein anderes, ebenso erstaunliches Wunder zu zeigen, sollte er unter dem, was er kennt, das Winzigste (Ungreifbarste) suchen. In der Winzigkeit ihres Körpers weise ihm eine Milbe die unvergleichlich viel kleineren Teile, Gliedmaßen mit Gelenken, Adern (Nerven) in den Gliedmaßen, Blut in den Adern, Säfte im Blut, Tropfen in diesen Säften, Gase in diesen Tropfen; so erschöpfe er seinen Geist, in seiner Vorstellung diese letzten Dinge teilend und teilend, und das letzte, an was er so gelangen kann, sei nunmehr Gegenstand unserer Untersuchung; denn vielleicht wird man meinen, hier wäre das äußerst Kleine der Welt. Ich will ihm darin die unendliche Größe zeigen.

Einen neuen Abgrund will ich ihn darin schauen lassen. Nicht nur das sichtbare Weltall will ich zeichnen, sondern auch die Unermeßlichkeit, die man im Bereich des immer verkürzten Atoms von der Natur erfassen kann. Hierin schaue er eine Unermeßlichkeit von Welten, jegliche habe ihren Weltraum, ihre Planeten, ihre Erde und alles im gleichen Verhältnis der sichtbaren Welt; auf dieser Erde Tiere und endlich Milben, wo er wieder finden wird, was die ersten zeigten; und in ihnen das Gleiche ohne Ende und Abschluß findend, verliere er sich in diesen Wundern, die in ihrer Winzigkeit gleich erstaunlich sind wie die andern in ihrer Weite. Denn wer wird nicht staunen, daß unser Körper, der eben unmerkbar in der Welt war, die selbst unfaßbar in der Höhlung des Alls ist, jetzt ein Koloß, eine Welt oder vielmehr ein All ist, gegenüber dem Nichts, wo wir nie hingelangen können.

Wer sich derart sehen wird, wird vor sich selbst erschaudern und wenn er sich so sich selbst vorstellt, geprägt in den Stoff, den die Natur ihm zuteilte, zwischen den beiden Abgründen des Unendlichen und des Nichts, wird er erbeben vor der Schau dieser Wunder, und ich glaube, daß, wenn sich seine Neugierde in Bewunderung verwandelt hat, er eher bereit sein wird, in Stille darüber nachzusinnen, als sie anmaßend erforschen zu wollen.

Denn, was ist zum Schluß der Mensch in der Natur? Ein Nichts vor dem Unendlichen, ein All gegenüber dem Nichts, eine Mitte zwischen Nichts und All. Unendlich entfernt von dem Begreifen der äußersten Grenzen, sind ihm das Ende aller Dinge und ihre Gründe undurchdringlich verborgen, unlösbares Geheimnis; er ist gleich unfähig, das Nichts zu fassen, aus dem er gehoben, wie das Unendliche, das ihn verschlingt.[8]

Nachdem Pascal den Menschen mit der unendlichen Größe des Alls konfrontiert hat, stellt er ihn der Welt des unendlich Kleinen gegenüber. Ausgehend von dem gleichen Beispiel wie Lukrez vermehrt er — schon innerhalb des Tierbildes — die Zahl der Stufen und akzentuiert die *gradatio* durch eindrucksvolle Wiederaufnahme von Wörtern: *des veines dans ses jambes, du sang dans ses veines, des humeurs dans ce sang* usw.

Dann vollzieht auch Pascal den Schritt vom Sichtbaren zum Unsichtbaren; anders als Lukrez bleibt er jedoch nicht beim Atom stehen, sondern entdeckt innerhalb desselben immer neue, noch kleinere Welten.

So wendet er sowohl das Prinzip der rhetorischen Steigerung als auch den Gedanken der Analogie mit noch größerer Entschiedenheit an als Lukrez. Vor allem aber verfolgt er, konsequenter als Epikur, den Gedanken der Unendlichkeit nicht nur zum unendlich Großen, sondern auch zum unendlich Kleinen hin. Dementsprechend ist der psychologische Effekt der stofflich so nah verwandten Betrachtungen grundverschieden. Pascal will durch die Unendlichkeit der Abgründe, die sich nach beiden Richtungen auftun, den Menschen erschauern lassen und ihn so zu einer religiösen Haltung führen; der epikureische Philosoph dagegen erklärt die Atome für nicht weiter teilbar, stürzt den Menschen also nicht ins Grenzenlose, sondern suggeriert ihm die Geborgenheit in einer materiellen Welt, deren Bestandteile fest und unzerstörbar sind. Sein erklärtes Ziel ist dabei die Überwindung des religiösen Schauers durch Naturerkenntnis. Pascal hingegen möchte durch die Vergegenwärtigung der zwei Unendlichkeiten den Menschen zur Demut führen und ihm den »Fürwitz« (die schon von Augustinus gebrandmarkte *curiositas*) austreiben.

Aber auch wenn man von dem weltanschaulichen Gegensatz absieht, ist das Daseinsgefühl, das bei Pascal zum Ausdruck kommt, für die Neuzeit bezeichnend. Läßt man einmal in Gedanken den religiösen Halt beiseite, der für Pascal den Blick in die beiden Abgründe erträglich macht, so bleibt das Gefühl der eigenen Nichtigkeit, der Angst und des Ausgeliefertseins, eine Erfahrung, die dem Menschen des zwanzigsten Jahrhunderts wohlbekannt ist.

Wie unser Cicero-Text zeigt, wußten antike Mathematiker, daß es kein Kleinstes gibt. Erst die Neuzeit hat freilich die Infinitesimalrechnung entwickelt. Der Schritt vom Anschaulichen zum Unanschaulichen ist seit der Renaissance auf vielen Gebieten mit weit größerer Konsequenz gemacht worden als in der Antike.

Betrachtet man Vorstufen und Grenzen physikalischer Deutung im Altertum, so fällt auf, daß die wichtigsten Denkmodelle — das atomare wie auch das mathematische — und die entscheidenden Erklärungsmethoden — die kausale wie die nichtkausale — in der Antike vorgeprägt sind und daß in der Neuzeit noch zur Berichtigung und Überwindung lukrezischer Vorstellungen lukrezische Bilder verwendet werden.

ANMERKUNGEN

1. T. Lucreti Cari De rerum natura libri sex, rec. et adn. Conr. Müller, Zürich und Freiburg 1975 (hier: Lucr. 2, 289–293).

2. Cic. fin. 1, 19. TEXT: M. Tullius Cicero, De finibus bonorum et malorum, rec. Th. Schiche, Leipzig 1915 = Stuttgart 1961.

3. W. Heisenberg, Der Teil und das Ganze. Gespräche im Umkreis der Atomphysik, München 1969.

4. Heisenberg, S. 164.   5. Heisenberg, 307–319, besonders 317.

6. Quint. inst. 8, 4, 3 und 8, 4, 9; vgl. Anm. 29 zu Kap. 7.

7. Blaise Pascal, Pensées, d'après édition établie par L. Brunschvicg, Paris 1950, 40–41, Nr. 72.

8. ÜBERS.: Blaise Pascal, Über die Religion und über einige andere Gegenstände (Pensées), 8. Aufl., Heidelberg 1978 (Übertr. und hrsg. v. E. Wasmuth), 42f.

IV

NATUR UND MYTHOS

Die Verwandlung
bei E. T. A. Hoffmann und bei Ovid

I

»Am anderen Morgen wurde das zweite Brautpaar, nämlich George Pepusch und Dörtje Elverdink, vermißt, und man erstaunte nicht wenig, als man wahrnahm, daß sie das Brautgemach gar nicht betreten.

Der Gärtner kam in diesem Augenblick ganz außer sich herbei und rief, er wisse gar nicht, was er davon denken solle, aber ein seltsames Wunder sei im Garten aufgegangen.

Die ganze Nacht habe er vom blühenden *Cactus grandiflorus* geträumt und nun erst die Ursache davon erfahren. Man solle nur kommen und schauen.

Peregrinus und Röschen gingen hinab in den Garten. In der Mitte eines schönen Bosketts war eine hohe Fackeldistel emporgeschossen, die ihre im Morgenstrahl verwelkte Blüte hinabsenkte, und um diese Blüte schlang sich liebend eine lila- und gelbgestreifte Tulpe, die auch den Pflanzentod gestorben.«[1]

So verliert am Ende des Märchens »Meister Floh« ein liebendes Paar seine Menschengestalt und erscheint wieder unter dem Bilde zweier engumschlungner Pflanzen. Die Nähe zu Ovid, der seine Erzählungen in den »Metamorphosen« fast regelmäßig mit einer Verwandlung abschließt – wer erinnerte sich nicht an Philemon und Baucis, die am Ende ihres Lebens in zwei benachbarte Bäume verwandelt werden? –, ist bei einem Erzähler des neunzehnten Jahrhunderts überraschend. Die Ungewöhnlichkeit dieses Schlusses wurde denn auch von den Zeitgenossen Hoffmanns stark empfunden. Selbst Heine, der den Dichter sonst sehr schätzte, warf ihm vor, einen Roman mit einer Allegorie abgeschlossen zu haben.[2]

Nun ist aber »Meister Floh« kein Roman, sondern ein Märchen, und dieser merkwürdige Schluß ist keine beliebige Allegorie, sondern eine Metamorphose im Stile Ovids. Die Tatsache, daß Hoffmann zur

Verwunderung seiner Zeitgenossen sein letztes großes Werk mit einer
Metamorphose abschließt, verdient näher untersucht zu werden,
zumal das Verhältnis Hoffmanns zur Antike, insbesondere zu Ovid,
noch kaum beachtet worden zu sein scheint.[3]

Ehe wir die Ovidnähe oder auch die Ovidferne dieser Verwandlung schärfer zu fassen suchen, sei ein Blick auf andere Metamorphosen in den Märchen E. T. A. Hoffmanns geworfen.

Schon im »Goldnen Topf«, dem genialen Erstling unter den Hoffmannschen Märchen,[4] finden wir bei der Darstellung der Verwandlung[5] zwei jedem Ovidleser geläufige Techniken wieder: einmal das
schrittweise Übergehen einer Gestalt in die andere – und zum andern die spielerische Vertauschung und Umdeutung gleichklingender
Worte und Namen im Zusammenhang mit der Verwandlung.

Die – zunächst zu betrachtende – Aufspaltung des Verwandlungsvorgangs in mehrere Stufen im Sinne eines schrittweisen »Modulierens« aus einer Gestalt in die andere rechnet mit der Perspektive
des »Zuschauers«; so läßt Ovid vielfach den Leser die Metamorphose
in allen Phasen miterleben, indem er die beginnende Verwandlung
zunächst als subjektiven Eindruck andeutet oder durch einen Vergleich vorbereitet und dann erst objektiv bestätigt. Als Beispiel stehe
hier ein zu Hoffmanns Zeiten jedem Schüler geläufiger Vers,[6] der
eine Vogelverwandlung schildert:

Et primo similis volucri, mox vera volucris.[7]

Dieser Vers liest sich fast wie ein Kommentar zur Geierverwandlung
des Hoffmannschen Archivarius Lindhorst:[8] ... »und es dem Studenten Anselmus, der verwunderungsvoll dem Archivarius nachsah, *vor-
kam*, als breite ein großer Vogel die Fittiche aus zum raschen Fluge«
... (*et primo similis volucri*) ... »da erhob sich mit krächzendem
Geschrei ein weißgrauer Geier hoch in die Lüfte« (*mox vera volucris*).

Die Verwandlung zunächst subjektiv aus einem sich aufdrängen-
den Vergleich herauszuspinnen und dann objektiv festzustellen ist
gute ovidische Technik.[9] Doch nicht genug damit: auch die Einzelheiten dieser Metamorphose erinnern an Ovid. Die Verwandlung
beginnt mit dem Gewande, das zu Flügeln wird. Bei Ovid lesen wir:

Reicere ex umeris vestem molibar, at illa
pluma erat.[10]

Und bei Hoffmann:[11] »Da setzte sich der Wind in den weiten Überrock und trieb die Schöße auseinander, daß sie wie ein Paar große Flügel in den Lüften flatterten.«

Ähnlich wie Ovid hebt auch Hoffmann die beiden Zuständen gemeinsamen Eigenschaften hervor: Der Archivarius wird zum *weißgrauen* Geier, und kurz vorher war gerade die *weißgraue* Farbe seines Überrocks betont worden: »der Archivarius Lindhorst ... niemand anders war der Mann im weißgrauen Überrock. ...«[12]

Hier ist es die Farbe, die in allem Wandel bestehen bleibt; ovidische Beispiele werden uns im folgenden noch begegnen, fürs erste genüge es, an den *candor* zu erinnern, der Ios Kuh- und Mädchengestalt gemeinsam ist.[13]

Die ovidische Technik schrittweisen »Modulierens« von einer Gestalt in die andere haben wir bei Hoffmann wiedergefunden. Doch wie steht es mit der zweiten Technik, der des Wortspiels?

Wir haben gesehen, daß beide Dichter Züge besonders hervorheben, die der alten wie der neuen Gestalt eigen sind. Nicht immer läßt sich freilich eine äußerliche Gemeinsamkeit, wie soeben die weißgraue Farbe, entdecken. Doch Worte sind mehrdeutig. So deutet bei vielen Verwandlungen Ovid seelische Eigenschaften körperlich um und treibt dabei mit dem Doppelsinn der Worte halb mutwillig, halb tiefsinnig sein Spiel: Um ihrer »schwarzen Seele« willen wird Aglaurus zum schwarzen Stein,[14] kaum anders ergeht es dem – ursprünglich weißen – Raben.[15] Nymphen »zerfließen« in Tränen[16] oder in Schweiß[17] und werden zu Quellen.

Mit einiger Überraschung liest man nun bei E. T. A. Hoffmann eine Wendung, die ebenfalls einen seelischen Zug ins Körperliche hinüberspielt und dadurch die Verwandlung allegorisch-ironisch beleuchtet:[18] »... bis der Selige, der die Geduld verlor, aufsprang und den bösen Bruder die Treppe hinunterwarf. Das *wurmte* meinen Bruder, und er ging stehenden Fußes unter die *Drachen*.«

Gerade Humor und Ironie erschließen bei Ovid wie bei E. T. A. Hoffmann Tieferes. Die Verwandlung, hier wie oft auch bei Ovid das Leibhaftwerden einer seelischen ἕξις,[19] wird durch das Wortspiel treffend erfaßt. Hoffmann ahmt Ovid nicht nur äußerlich nach; er schafft aus innerer Nähe heraus Gleichwertiges.[20]

Beide Dichter verbindet auch das Bestreben, für zwei verschiedene Erscheinungsformen einen gemeinsamen Namen zu finden. Nicht nur in den aitiologischen Mythen, die vielfach von vornherein auf Namensgleichheit aufgebaut sind,[21] sondern auch sonst arbeitet Ovid gerade diesen Zug heraus.[22] Durchaus in Verfolgung der ovidischen Linie scheut auch Hoffmann dabei keineswegs vor Wortspielen zurück: Als scherzhafte ornithologische Bezeichnung paßt der Name »Gelbschnabel« auf den zur Decke geflatterten und in den Käfig gesperrten »bunten Vogel« ebensogut wie auf den jungen Menschen Giglio[23] (überdies war vorbereitend der Vogelaspekt durch den Vergleich mit einem Haushahn hervorgehoben worden).[24]

In dem Märchen »Das fremde Kind« wird Magister Tinte zur Fliege. Der kleine Felix erklärt diesen merkwürdigen Vorgang dem verwunderten Vater in aller Selbstverständlichkeit folgendermaßen: »Habe ich's denn nicht selbst gehört, daß er (Magister Tinte) dir hier vor der Türe sagte, er sei auf der Schule eine *muntere Fliege* gewesen? Nun, was man einmal ist, das muß man, denk ich, auch bleiben.«[25]

In der »Königsbraut« nennt sich der Mohrrübengnom ganz wissenschaftlich mit dem Linnéischen Namen »König Daucus Carota I«; seine ebenfalls Menschentum vortäuschenden Vasallen heißen Pan Kapustowicz (Kohl), Herr von Schwarzrettig, Signor di Broccoli (Kohlsprosse) und Monsieur de Roccambolle (Knoblauch).[26] In all diesen Fällen ist es ein und dasselbe Wort, das, so oder so gedeutet, auf beide Erscheinungsformen paßt.

Es ist reizvoll, festzustellen, daß Hoffmann mit Ovid nicht nur die Vorliebe für Wortspiele teilt, sondern daß diese Vorliebe auch beiden Dichtern von ihren Freunden vorgehalten wurde. Wie der ältere Seneca berichtet,[27] baten Ovids Freunde einmal den Dichter, drei Verse nennen zu dürfen, die er aus seinen Werken entfernen solle. Ovid bat sich dagegen ebenfalls drei Verse aus, die er keinesfalls ändern wolle. Beide Parteien schrieben das Gewünschte nieder; merkwürdigerweise waren es bei beiden — dieselben Verse, und zwar diejenigen, in denen die Wortspiele am pointiertesten waren. — Ähnlich läßt Hoffmann es seinem Kreisler ergehen, als dieser im Freundeskreis das Bühnenstück »Prinzessin Blandina« vorliest, in dem das Wortspiel und die Zerstörung der Illusion geradezu zum Kunstprinzip erhoben sind. Bei der anschließenden Besprechung wurden allerdings, so heißt es lakonisch, »die Wortspiele ... einstimmig verworfen«.[28] Das Stück wurde denn auch in der zweiten Auflage aus den »Kreisleriana« ausgeschieden, so daß sich in der erwähnten Kritik an den Wortspielen wohl das tatsächliche Urteil der Freunde Hoffmanns spiegelt.

Sucht man ein Gleichnis für diese Technik der Umdeutung von Gleichklingendem, die Hoffmann, ähnlich wie Ovid, zur Rechtfertigung der Verwandlung benützt, so drängt sich unmittelbar — bei dem Dichterkomponisten Hoffmann nicht anders zu erwarten – eine musikalische Parallele auf: die »enharmonische Verwechslung«, jene Umdeutung, die eintritt, wenn etwa der Ton As in neuer harmonischer Umgebung als Gis verstanden werden muß. Was sich zunächst nur als Vergleich, als Arbeitshypothese anbot, findet in Hoffmanns musikalischen Schriften unerwartete Bestätigung. Dieser geheimnisvolle musikalische Verwandlungsvorgang hat Hoffmann mehrfach beschäftigt,[29] entscheidend für uns ist die Stelle, an der er poetisch durch ein – Metamorphosenbild gedeutet wird. In »Kreislers musikalisch-poetischem Klub« heißt es unter der Überschrift »E-Dur-Terz-Akkord«.[30] »Sie haben mir eine herrliche Krone gereicht, aber was in den Diamanten so blitzt und funkelt, das sind die Tränen, die ich vergoß, und in dem Golde gleißen die Flammen, die mich verzehrten.«

Es ist hier von einer Verwandlung die Rede, oder sogar von zweien: Tränen wurden zu Diamanten und Schmerzensflammen zu Gold. In welchem Zusammenhang stehen diese Worte? Noch unverwandelt war im vorletzten Akkord, dem As-Moll-Dreiklang, der Schmerz gegenwärtig gewesen:

»Ach! – Sie tragen mich ins Land der ewigen Sehnsucht, aber wie sie mich erfassen, erwacht der Schmerz und will aus der Brust entfliehen, indem er sie gewaltsam zerreißt.«

Dieses schmerzvolle As-Moll hatte dann die enharmonische Verwandlung nach E-Dur erfahren: As war zu Gis, Ces zu H geworden, und das als Dis verstandene Es war nach E geschritten. Die Wandlung zum Lichten hatte sich angebahnt: Der E-Dur-Sextakkord war entstanden. – Doch jetzt, da E-Dur in Terzlage vollends »standfest« geworden ist, sind endgültig die Tränen zu Diamanten, sind die Flammen des Schmerzes, der die Brust gewaltsam hatte zerreißen wollen, zu Gold geworden. Musikalisches Symbol dieser Wandlung ist die »enharmonische Verwechslung«, oder umgekehrt: Poetisches Symbol dieses musikalischen Geschehens ist das Bild der Wandlung.[31]

2

Sahen wir, daß die Hoffmannschen Verwandlungen bis in sprachliche Einzelheiten hinein ovidisches Gepräge tragen und daß sich insbesondere zwei Techniken, die rationale der schrittweisen Modulation und die irrationale der umdeutenden Verwechslung, bei beiden Dichtern finden, so sind wir berechtigt, auch nach äußeren Zeugnissen von Hoffmanns Ovidkenntnis zu fragen.

Das erste, was dem Altphilologen in Hoffmanns Werken auffällt, ist die große Zahl lateinischer Zitate.[32] Viele lateinische Kernsprüche, insbesondere aus Horaz, begleiten Hoffmann als lebendige Erinnerung an seinen letzten Lehrer, den Rektor Stephan Wannowski, dem er noch kurz vor seinem Tode in einem – leider nicht mehr geschriebenen – Werk[33] ein Denkmal setzen wollte. »Wenn er, an einen horazischen Vers anknüpfend, mit polnischem Akzent, aber lebensvoller Beredsamkeit, die den Humor nicht verschmähte, über Sittlichkeit und Religion sprach, wandten die Schüler kein Auge von ihm.«[34] Sicher ist es das Verdienst dieses Erziehers, wenn es Hoffmann im späteren Leben ähnlich erging, wie jenem Major in »Wilhelm Meisters Wanderjahren«, dem in jeder Lebenslage »klassische Stellen« einfielen, die er aber verschwieg, um nicht als Pedant zu erscheinen.[35] Nur mit dem Unterschied, daß Hoffmann sie nicht verschwieg: Sie begegnen uns in seinen Werken, seinen Briefen, seinen Tagebüchern, nicht als totes Bildungsgut, sondern immer eng mit der Situation verknüpft. Daß er sie nicht etwa wie wir armen Heutigen im Lexikon aufsuchen mußte, sondern daß sie ihm frei zu Gebote standen, zeigen die kleinen Ungenauigkeiten der Zitierweise, die aber nie gegen die Sprachrichtigkeit verstoßen. Hoffmann zitierte aus dem Gedächtnis. Und er zitierte nicht nur Horaz,[36] sondern auch Vergil[37] und Ovid.

Er kannte seinen Ovid so gut, daß er selbst in der Absicht, nicht Ovid, sondern Vergil zu zitieren, unversehens den vergilischen Wortlaut unter dem Einfluß einer Ovidreminiszenz veränderte: Das Anm. 37 angeführte Zitat aus der Aeneis (2, 774) ist eine Kontamination dieser Stelle mit der ersten Hälfte eines Ovidverses (Met. 12, 18).

Mit Hoffmanns Ovidzitaten hat es im übrigen freilich eine eigene Bewandtnis: Er legt sie sonst nur dem Ausbund des Philistertums, seinem Kater Murr, in den Mund.[38] Selbst scheint er sich nach Herders Verdikt über Ovid, wie wir es etwa aus Goethes »Dichtung und Wahrheit« kennen,[39] gescheut zu haben, sich so häufig auf Ovid zu berufen wie auf Horaz.

Daß Hoffmann mühelos lateinisch las und somit zur Ovidlektüre die sprachlichen Voraussetzungen hatte, lehren folgende Beobachtungen: Er schlägt nicht nur zu gelehrten Zwecken lateinische Autoren im Urtext nach – so etwa, um sich mit Schillers Erneuerung des antiken Chors auseinanderzusetzen⁴⁰ –, sondern auch aus einem geringfügigen Anlaß, nämlich um ein Theaterkostüm historisch richtig zu treffen.⁴¹

Er wollte nicht nur in literarischen Werken und in offiziellen Briefen mit Lateinkenntnissen prunken, sondern verfügte auch im Alltag mit einer gewissen Selbstverständlichkeit über diese Sprache; das zeigen die selbständig angewandten Ausdrücke in Briefen und Tagebüchern,⁴² und die durchweg richtige Flexion der in den deutschen Text eingestreuten lateinischen Wörter.⁴³ Dagegen reichte Hoffmanns Griechisch gerade noch aus zu Scherzbildungen wie »chorikospasma«, einer Art medizinischen Fachausdrucks, um den Zustand eines Freundes zu definieren, der sich beim Tanzen einen Krampf zugezogen hatte.⁴⁴ Den stilistischen Reiz lateinischer und halbgriechischer – Hoffmann war ja kein ganzer Grieche (vgl. Anm. 44) – Wörter,⁴⁵ insbesondere Termini technici, kannte der Dichter sehr wohl und hat sich sogar, wenn die Bücher versagten, an Fachleute mit der Bitte um einen geeigneten Terminus gewandt.⁴⁶ Dies gilt freilich nur vom Latein der Naturwissenschaften. Für Kirchenlatein und musikalische Termini war Hoffmann als Komponist,⁴⁷ für Geschäfts- und Juristenlatein⁴⁸ als Kammergerichtsrat selbst zuständig.

Daß er den – verhältnismäßig leichten – Ovid lesen *konnte*, steht somit außer Zweifel; daß er ihn, zumindest als Schuljunge, wirklich gelesen hat, ist ebenso sicher: Wer Horaz kannte, kannte auch Ovid, denn mit diesem begann die Dichterlektüre.

Auch in seiner Umgebung konnte ihn vieles an die Welt der ovidischen »Metamorphosen« erinnern: Ovid ist nicht nur bei dem von Hoffmann mit Begeisterung gelesenen Gozzi allgegenwärtig, sondern auch in den Stoffen der italienischen Oper⁴⁹ und in den Gegenständen der klassizistischen bildenden Kunst jener Zeit: Als Dichter, Musiker und bildender Künstler wurde Hoffmann Tag für Tag an die Welt der Metamorphosen Ovids erinnert. Was Wunder, wenn er in »Prinzessin Brambilla« seine Giacinta sich mit der »anmutigen Circe« (Ovid, met. 14, 1 ff.) vergleichen läßt und im selben Zusammenhang die »sehnsüchtige Echo« (Ovid, met. 3, 358 ff.) erwähnt.⁵⁰ Diese Welt begegnete dem Dichter allenthalben: nicht nur in den griechischen Vasenbildern, die er mit bewundernswertem Geschick kopierte (diese zum Teil ganz vorzüglichen Arbeiten haben noch kaum gebührende Beachtung gefunden),⁵¹ sondern auch etwa in den Tieckschen Reliefs am Berliner Theater, die Hoffmann bewunderte; sie stellten die ovidische Niobegeschichte dar.⁵²

Bedürfte es noch eines Beweises, daß Hoffmann Ovid selbst gelesen hat, so ließe er sich etwa folgendermaßen führen: Die Geschichte von Pyramus und Thisbe (Ovid, met. 4, 55 ff.) kannte Hoffmann natürlich auch aus Shakespeares Sommernachtstraum.[53] Was er aber nicht bei Shakespeare finden konnte, war die *Verwandlung* der Früchte des von Blut bespritzten Maulbeerbaums,[54] denn diesen undramatischen Zug hatte Shakespeare gestrichen.

Nun findet sich aber gerade das Motiv, daß Mordblut Pflanzen oder andere Wesen verfärbt und verwandelt, mehrfach bei E. T. A. Hoffmann.

»Kreislers Lehrbrief« berichtet von einem Stein, der, benetzt vom Blut eines sangesfrohen Burgfräuleins, sich mit den wundersamsten Moosen und Kräutern überzog, aus denen der Knabe Chrysostomus Geschichten und Melodien »heraus-sehen« zu können meinte.[55] Noch enger mit der Geschichte von Pyramus und Thisbe berührt sich eine Stelle aus »Meister Floh«: »Alle Blumen, die ringsum standen, tauchten aber ihre Kleider in diesen Ichor und färbten sie *zum ewigen Andenken* der ermordeten Prinzessin.« Sogar das aitiologische Motiv erscheint: »Ihr wißt, ... daß die schönsten dunkelroten Nelken, Amaryllen und Cheiranthen eben aus jenem Zypressenwäldchen, wo der Egelprinz die schöne Gamaheh totküßte, herstammen.«[56]

Dabei ist nicht nur die Aitiologie, sondern auch der Gedanke, daß die Verwandlung »zum ewigen Andenken« der Ermordeten geschieht, ganz ovidisch: Gerade in der Erzählung von Pyramus und Thisbe färben die Früchte des Maulbeerbaums sich zum ewigen Andenken des blutigen Todes der Liebenden (*nostri monimenta cruoris*, met. 4, 161) dunkel.[57]

3

Haben wir bisher, erst innerlich und dann auch äußerlich, die Ovidnähe E. T. A. Hoffmanns aufgezeigt, so sollen im folgenden auch die Gegensätze beider Dichter in der Auffassung der Verwandlung zur Sprache kommen. Die Wandlung des Verwandlungsgedankens, um deren Darstellung es uns hier mehr geht als um Quellenforschung[58] als Selbstzweck, hat ihre geistige Wurzel im Christentum. In Auseinandersetzung mit der antiken Mythologie hat Augustin[59] den Grund gelegt zu einer psychologisierenden, subjektiven und zugleich dämonischen Deutung der Verwandlung, wie sie das Mittelalter beherrscht: Menschen verwandeln sich nicht wirklich in Tiere, sondern nur das *phantasticum* bemächtigt sich einer tierischen Scheingestalt. Aller Schein gehört aber der Welt des Bösen an, und so bleibt bis hin zu Dante[60] die Verwandlung auf den Machtbereich der Dämonen beschränkt. Gerade bei dem »Gespenster-Hoffmann« ist auch dieser dämonische Zug oft spürbar: In seinen Metamorphosen ist mehr »Blendwerk«, mehr »Zauberei« als in den ovidischen. Das wird schon daran deutlich, daß, anders als bei Ovid, nicht Götter, sondern Magier die meisten Verwandlungen herbeiführen.

In Hoffmanns Märchen, auf die wir uns auch hier beschränken, sind die Hauptpersonen, in deren Händen die Fäden der Handlung zusammenlaufen, Magier: Prosper Alpanus in »Klein Zaches«, Lindhorst im »Goldnen Topf«, Celionati, Ruffiamonte und Hermod in »Prinzessin Brambilla«; eine Karikatur dieses Typus ist Dapsul von Zabelthau in der »Königsbraut«. — Männliche Magier fehlen in Ovids Metamorphosen ganz,[61] und auch Zauberinnen wie Circe oder Medea beherrschen das Geschehen nur vorübergehend und nie vollständig; auch bleiben sie in ihrem Wirken selbstsüchtig und parteiisch, ohne die Objektivität eines Prosper oder Celionati zu erreichen. Diese guten und selbstlosen Magiergestalten sind durch zwei Stufen von der Antike getrennt: In ihnen überwindet Hoffmann stillschweigend, Gozzische Ansätze vertiefend, die mittelalterliche, dämonisch-negative Auffassung der Zauberei. Sie sind die vollkommenen Magier: Celionati weiß sich im Besitze der »weißen, schwarzen, gelben und blauen Magie« — bei Hoffmanns Vorbild Gozzi war auch noch die »rote« und »grüne« erwähnt —;[62] damit verkörpert er den universellen Magus, der die Natur im ganzen durchschaut und nicht nur das Teilgebiet der Schwarzen Magie beherrscht wie etwa Swammerdamm und Leuwenhoek in »Meister Floh«, diese »wahnsinnigen Detailhändler der Natur«.[63]

Der dämonische Aspekt der Verwandlungen wird verkörpert durch die *Gegenspieler* jener positiven Magiergestalten. Das Treiben dieser Gegengeister ist reines »Blendwerk der Hölle«. Die Ferne von der Antike zeigt sich dabei an mehreren Zügen: zunächst an der Scheinhaftigkeit, die sich in der Auflösung der Konturen und dem Fluktuieren der Gestalt äußert:

»Der eine, ein alter Mensch von abscheulichem schmutzigen Ansehen, war in einen sehr langen, sehr engen Überrock von fahlschwarzem glänzendem Zeuge gekleidet. Er wußte sich bald lang und dünn zu machen, bald schrumpfte er zu einem kurzen dicken Kerl zusammen, und es war seltsam, daß er sich dabei ringelte wie ein glatter Wurm.«[64]

Sein klarer Blick hat den Dichter auch zum Propheten der Dämonie der Technik werden lassen: Ein weiterer unovidischer und unantiker Zug seiner Verwandlungen ist die *mechanische* Vergrößerung (oder Verkleinerung) der Gestalt, wie sie durch moderne technische Hilfsmittel, etwa das Mikroskop – zumindest optisch-scheinhaft – möglich geworden ist.

In ihrer abgründigen Ironie schwer zu überbieten ist in dieser Beziehung folgende Hoffmannsche Vision:[65]

»In dem Schimmer der Nachtlampe gewahrte er ein kleines, kaum spannlanges Ungeheuer, das auf seiner weißen Bettdecke saß, und vor dem er sich im ersten Augenblick entsetzte ... Wie schon erwähnt, war die Kreatur kaum eine Spanne lang; in dem Vogelkopf staken ein Paar runde glänzende Augen, und aus dem Sperlingsschnabel starrte noch ein langes spitzes Ding wie ein dünnes Rapier hervor, dicht über dem Schnabel streckten sich zwei Hörner aus der Stirne. Der Hals begann dicht unter dem Kopf auch vogelartig, wurde aber immer dicker, so daß er ohne Unterbrechung der Form zum unförmlichen Leibe wuchs, der beinahe die Gestalt einer Haselnuß hatte und mit dunkelbraunen Schuppen bedeckt schien, wie der Armadillo. Das Wunderlichste und Seltsamste war aber wohl die Gestaltung der Arme und Beine. Die ersteren hatten zwei Gelenke und wurzelten in den beiden Backen der Kreatur dicht bei dem Schnabel. Gleich unter diesen Armen befand sich ein Paar Füße und dann weiterhin noch ein Paar, beide zweigelenkig, wie die Arme. Diese letzteren Füße schienen aber diejenigen zu sein, auf deren Tüchtigkeit die Kreatur sich eigentlich verließ, denn außerdem daß diese Füße merklich länger und stärker waren als die andern, so trug die Kreatur auch an denselben sehr schöne goldne Stiefel mit diamantnen Sporen.«

Ob der Leser erraten hat, daß es sich bei dieser Beschreibung nicht um ein Phantasiegebilde handelt, sondern um die naturgetreue Beschreibung eines – Flohs, freilich in starker Vergrößerung? Als Peregrinus nach dem Gebilde greifen will, ist es verschwunden: Scheinhaftigkeit der mikroskopischen Gestalt!

Die Vergrößerungsverwandlung, die bei Meister Floh selbst mehr oder weniger spielerisch bleibt, bekommt unter den Händen der Schwarzmagier Swammerdamm und Leuwenhoek dämonischen Charakter: Im Blütenstaub einer Tulpe entdeckt der Mikroskopschleifer Leuwenhoek die winzige Prinzessin Gamaheh. Zusammen mit Swammerdamm vergrößert er mit Hilfe der Technik ihr Bild und führt das Phantom ins Leben.[66]

»Wir reflektierten ihr Bild mit Hilfe eines herrlichen Kuffischen Sonnenmikroskops und lösten dieses Bild geschickt los von der weißen Wand, welches ohne allen Schaden vonstatten ging. Sowie das Bild frei schwebte, fuhr es wie ein Blitz in das Glas hinein, welches in tausend Stücken zersplitterte. Die Prinzessin stand frisch und lebendig vor uns.«

Der Phantomcharakter dieser Verwandlung braucht nicht eigens unterstrichen zu werden, er äußert sich auch darin, daß Dörtje, um leben zu können, immer wieder des Stiches von Meister Floh bedarf.

Ebensowenig wie mechanische Vergrößerung und Verkleinerung kennt Ovid die Verwandlung von Menschen in Puppen.[67] Mit Recht hat man schon hervorgehoben, daß Hoffmanns Welt manchmal einem Puppentheater gleicht.[68] Ohne engere Anlehnung an literarische Vorbilder[69] – Swifts Gulliver mag aber doch im Hintergrund stehen – gestaltet Hoffmann in »Nußknacker und Mausekönig« das Puppenreich. Anders als bei Swift sind Satire und Parodie hier gutmütig und spielerisch. Im Mittelpunkt steht ein Gedanke, der bei oberflächlicher Betrachtung an Ovids Pygmalion erinnern könnte: Marie erweckt durch ihre Liebe den Nußknacker zum Leben. Der Unterschied läßt sich an der Tatsache ablesen, daß Pygmalions Statue vorher unbelebt war, während der Nußknacker ein verwunschener Jüngling ist. Er ähnelt mehr unseren Märchenprinzen[70] als der »elfenbeinernen Jungfrau« Ovids. Die Liebe schafft ihm keine neue Seele, sondern sie entzaubert ihn nur: Voraus ging die Puppenverwandlung des Menschen.

Zu der ganz unovidischen Verzauberung des jungen Droßelmeier in einen Nußknacker finden wir auch sonst bei Hoffmann manche Parallele. In »Prinzessin Brambilla« fallen Ophioch und Liris in Zauberschlaf und stehen, bis das erlösende Lachen kommt, als Püppchen auf dem Altar im Palast Pistoja.[71] Ähnlich ergeht es der Prinzessin Mystilis, die zum Porzellanpüppchen zusammenschrumpft.[72] In Abwandlung eines Motivs aus Goethes Neuer Melusine[73] sieht die Hoffmannsche Giacinta den Geliebten als Prinzen »so klein, daß ich glaube, Ihr hättet Platz in meinem Konfektschächtelchen«.[74] Daß mit diesen Puppenverwandlungen mehr gemeint ist als nur ein willkürliches Spiel der Phantasie, zeigt sich am Haupthelden des Märchens »Prinzessin Brambilla« – Giglio. Die Kritik an seiner hohlen Schauspielerpose gipfelt darin, »daß das, was wir für Fleisch und Bein hielten, nur eine leblose Puppe ist, die an künstlichen Drähten von außen her gezogen, uns mit ihren seltsamen Bewegungen täuschte«, und von Celionati muß sich der Ärmste sogar schlechtweg mit »Püppchen« anreden lassen.[75] So sind wir auf den Zweikampf vorbereitet, den Giglio mit seinem Ebenbild ausficht. Schließlich wird der tragische Schauspieler tot hinausgetragen, wie sich aber herausstellt, ist er nur eine Puppe aus Pappdeckel.[76] Im einzelnen erinnert dieser Kampf mit dem eigenen Selbst an eine Szene aus Gozzis »König Hirsch«, in der Tartaglia die Gestalt des Königs »anlegt«, darauf seinem früheren Ich den Kopf abschlägt und den Leib ins Gebüsch stößt (Gozzi sorgt durch raffinierte Regieanweisungen dafür, daß die Illusion des Zuschauers vollkommen ist).[77] Hoffmann hat die Szene übernommen und ihr menschliche Tiefe gegeben. Daß der Held sein tragisches Schauspielertum erdolcht, ist das äußere Zeichen dafür, daß Giglio sich zu einem heiteren Menschentum durchgerungen hat: Am Ende des Märchens wechselt er ins Komödienfach über. Liegt doch in diesem Märchen, das zum Tiefsinnigsten gehört, was über Humor geschrieben worden ist, im Lachen das erlösende Element.

Puppe ist für Hoffmann, was arm an Seele und Liebe ist. Wo die Puppe nur Durchgangsstadium ist, da ist Erlösung durch Liebe und durch seelenvolles Lachen möglich: Um erlöst werden zu können, muß die Puppe früher schon Mensch gewesen sein. Wenn aber in ihr nur toter Mechanismus ist, stürzt die Puppe den von Liebe zu ihr Ergriffenen in Wahnsinn und Tod. Hoffmanns Olimpia ist das dämonische Gegenbild zur gottbeseelten Statue des ovidischen Pygmalion. Wandlung durch die Liebe ist bei »Automaten« nicht möglich. Das Geschehen um sie bleibt dämonisches Blendwerk.[78]

4

Man hat von Ovid gesagt, wie Pygmalion der Statue, so habe er der antiken Mythologie in seinem Verwandlungsgedicht noch einmal Leben eingehaucht.[79] Läßt sich von dem Verwandlungsmotiv in Hoffmanns Märchen dasselbe sagen? In welcher Weise hat Hoffmann seinen Stoff durchseelt, geistig durchdrungen? Stehen sich die beiden Dichter bei aller Verschiedenheit der geschichtlichen Bedingtheit gerade in der philosophischen Durchdringung des Verwandlungsgedankens doch wieder nahe?

Bekanntlich gibt Ovid am Ende seines Werkes in der Pythagorasrede eine philosophische Begründung des Verwandlungsphänomens. Man hat die Bedeutung dieser Rede, die noch John Dryden für das Meisterstück der »Metamorphosen« gehalten hatte[80] und deren Einfluß auf Goethes Metamorphosenlehre heute allmählich wieder erkannt wird,[81] einzuschränken versucht. War nicht Ovid nur ein glänzender Erzähler, dem kein philosophischer Ernst zuzutrauen war? Doch heute beginnt man die naturphilosophische Seite Ovids, die ihm nicht zuletzt im Mittelalter den Ruf eines Zauberers und Weisen eingebracht hat, wieder zu entdecken,[82] und der umsichtige Vergleich seiner Verwandlungen mit Poseidonios hat zu ermutigenden Ergebnissen geführt.[83] Ohne den Unterschied zwischen abstraktem Denken und lebendigem Dichten zu verwischen, gilt es, neu des Ernstes im Spiel gewahr zu werden, wie es auch Hoffmann, den man ebenfalls bei uns gemeinhin nur als »spannenden Erzähler« kennt, von dem Leser seiner »Prinzessin Brambilla« erwartet. Im Vorwort beruft er sich dort auf Gozzi, der gesagt habe, ein ganzes Arsenal von Ungereimtheiten und Spukereien reiche nicht hin, dem Märchen Seele zu schaffen, die es erst durch den tiefen Grund, durch die aus irgendeiner philosophischen Ansicht des Lebens geschöpfte Hauptidee erhalte.[84]

An der Stelle, die Hoffmann im Auge hat, sieht Gozzi im Hang zum Wunderbaren – darunter rechnet er nicht zuletzt auch die Verwandlungen[85] – die Königin der menschlichen Leidenschaften.[86] Er will sein Publikum zwar nicht um die Freude am Wunder betrügen, aber er will das *utile* mit dem *dulce* verbinden und nicht nur »erfreuen«, sondern auch »belehren«.[87] Wichtig ist dem Dichter darum außer dramatischen Qualitäten (wie geistvoller Schürzung, gutem Aufbau, überzeugenden Situationen, guter Einführung und Behandlung der »Passion«) ein *scopo* und *fondo morale*.[88] Läßt sich dieser *fondo morale* auch nicht ganz mit dem, was wir heute »Moral« nennen, gleichsetzen, so betont Gozzi doch, wie die Werke selbst zeigen, das »Moralische« viel stärker als E. T. A. Hoffmann: Im »Mostro Turchino« dient die Verwandlung des Prinzen Taer – das zentrale Motiv des Stückes – der Läuterung des Heldenpaares. Auch in »L'augellino belverde« sind alle Verwandlungen moralisch gerechtfertigt: Zur Strafe für frühere Eitelkeit ist ein Mädchen zum Marmorbild geworden.[89] Am Schluß des Stückes verwandeln sich alle »Bösen« in Tiere: Tartagliona wird zur Schildkröte, der eitle Dichter Brighella zum – Esel. Die »Guten« dagegen werden, nachdem sie genugsam gebüßt, aus der Verwandlung erlöst, und ganz am Ende offenbart sich auch der Titelheld, der Grüne Vogel, als König.

Die »Philosophie«, die sich hier mit dem Wunderbaren, insbesondere mit dem Verwandlungsmotiv verbindet, ist also bei näherem Zusehen von der E. T. A. Hoffmanns doch recht verschieden. Hoffmanns Verwandlungen bleiben nicht in moralischer Allegorie stecken, sondern stehen, bei allen äußeren Anklängen an Gozzi, unter einem anderen Vorzeichen, nämlich unter dem einer von Schelling und G. H. Schubert angeregten Naturphilosophie.[90]

Schon für Gozzi war der Scherz Maske des Ernstes gewesen,[91] und in der Leichtigkeit, in der Ungezwungenheit dieser Verbindung kommt Hoffmann wohl als einziger Deutscher ihm nahe. Aber er geht auch über Gozzi hinaus. Wie er übernommene Einzelzüge aus dem Italienischen ins Deutsche umsetzt[92] und auch das Verwandlungsmotiv aus dem Moralischen ins Naturphilosophische überträgt, zeugt von innerer Selbständigkeit. Was Goethe im Naturwissenschaftlichen erreicht hatte, vollzieht Hoffmann im Dichterischen aufs neue: In seinen Märchen gibt er der Metamorphose ihre naturphilosophische Bedeutung zurück. Hoffmann erreicht damit auf neuer geschichtlicher Stufe, was zuletzt Ovid gelungen war: die Verbindung von heiter-ernstem Maskenspiel der Verwandlung mit naturphilosophischer Schau.

Durch die »Neue Melusine« Goethes und durch Fouqués »Undine« war er auf die Welt der »Elementargeister« aufmerksam geworden. In den Verwandlungen dieser Wesen spiegelt sich Hoffmanns Naturauffassung vielleicht am klarsten.

Wiederum erinnern manche Züge der Gestaltung, etwa des eingekörperten Salamanders Lindhorst, an Gozzi, bei dem der »famoso genio« Zelu[93] um seiner Schönheit willen in die häßliche Gestalt des »mostro turchino« gebannt wird. Ähnlich dem ebenfalls aus der Geisterwelt verbannten Hoffmannschen Lindhorst tritt Zelu als Leiter menschlicher Geschicke auf. Doch welch ein Unterschied: Gozzis Zelu gleicht einem etwas tyrannischen Regisseur, der Schicksal spielt und seine Marionetten nur um der Gänsehaut der Zuschauer willen in die schlimmsten Situationen bringt, im übrigen aber recht farblos bleibt. Lindhorst dagegen trägt individuelle Züge: Er ist ein Mensch mit Großstadtwohnung, sogar ein Beamter mit Dienstbezeichnung. Schon das unterscheidet diesen eingekörperten Elementargeist ganz wesentlich von seinem italienischen Bruder. Doch nicht nur die irdische Welt wird von Hoffmann viel realer gesehen als von Gozzi;

neben sie tritt – nicht weniger wirklich – die zeitlose mythische Welt, die ebenso anschaulich geschildert wird wie der Alltag. Diese zeitlose Welt ragt in die Gegenwart herein und macht sie transparent.[94] Die Metamorphosen, die der Elementargeist durchmacht, erklären sich aus seinem Teilhaben an beiden ineinanderwirkenden Welten.

Daher vermag der Elementargeist die Gestalt wie ein Kleid ab- und anzulegen und wie eine Maske zu wechseln: Der Salamander erscheint als Archivarius Lindhorst, als weißgrauer Geier, als Feuerlilienbusch; er kann aber auch als rechter Feuergeist in der Punschterrine sitzen oder auf- und niedersteigen im Glas, das der Dichter an die Lippen setzt.

Diese Fähigkeit, die Gestalt beliebig zu wandeln, haben bei Ovid nur die Götter und ganz wenige Menschen, denen es ein Gott geschenkt hat. Wir denken an die Maskeraden des Proteus, der Thetis, des Vertumnus – und unter den Menschen an Erysichthons Tochter, die von Neptun diese Gabe erhalten hat.[95] Meist jedoch schildert Ovid die Verwandlung als einmaligen Vorgang. Das gilt vor allem von der Menschenverwandlung; denn erst durch die Einmaligkeit wird die Metamorphose, die bei Ovid oft an die Stelle des Todes tritt, zum Schicksal. Merkwürdigerweise sucht Ovid den Verwandlungsvorgang aber auch dann auf einen einmaligen Fall zu konzentrieren, wenn dies dem Doppelwesen der Gottheit, die zugleich elementar und anthropomorph ist, widerspricht: Die Verwandlung einer Nymphe in eine Quelle wird meist als einmaliger Vorgang geschildert. Indem Ovid so die Götterverwandlungen den Menschenverwandlungen annähert, wird der antike Zug zum Umgrenzten sichtbar. Hat doch auch die antike Mathematik und Naturwissenschaft nie in unserem Sinne das »Unendliche« mit einbezogen.

Und doch hat auch Ovid an den Grenzen des Endlichen gerüttelt, und zwar in seinen »Gedankenspielen«: Bacchus ist der Gott, der Midas die Gabe verlieh, alles, was er berührte, in Gold zu verwandeln. Aber Bacchus ist auch der Gott des Weines. Ovid schaut beide Züge zu einer Einheit zusammen. Es entsteht folgende paradoxe Gedankenverbindung: Bacchus hat die Gabe verliehen, und Bacchus wird auch im Wasser vermischt getrunken: *miscuerat puris auctorem muneris undis* (met. 11, 125). Hier sind wir fast schon in der Nähe der letzten Vigilie des Goldnen Topfes, wo der Archivarius Lindhorst den Dichter zu sich einlädt und dann fröhlich im Glase, das Hoffmann an die Lippen setzt, auf- und niedersteigt. Doch auch hier geht

Hoffmann weiter als Ovid. Was bei dem Römer nur ein krauses Gedankenspiel war, wird für Hoffmann zur irrationalen Anschauung.

Einmal bedarf Ceres der Dienste der Fames. Ovid läßt sich die Pointe nicht entgehen, daß sie als Getreidegöttin ja unmöglich mit dem Hungerdämon zusammenkommen kann (sie muß also eine Botin schicken): *neque enim Cereremque Famemque fata coire sinunt* (met. 8, 785f.). Auch hier werden Personen und Element spielerisch vertauscht. Ähnliches begegnet in Hoffmanns Oper »Undine« an einer zentralen Stelle:

> Doch kann Undin' in Liebesgluten
>   Undine sein?[96]

Anthropomorpher Zug und elementarisches Wesen sind hier einander so pointiert gegenübergestellt (Wasser-Gluten!) wie selten bei Ovid.[97]

Abgesehen von den kühnen Kapriolen mancher Gedankenspiele vermeidet Ovid alles Unklare und »Inkommensurable«. Während Hoffmann in der Weise unserer deutschen Märchen die Blumen personifiziert und so weit geht, von »Wehgeschrei der Wurzel« zu sprechen und Blumen »in die trostlose Klage einstimmen« zu lassen,[98] erwähnt Ovid solche menschlichen Züge nur mit strenger Beziehung zur Eigenart der Pflanze und vermeidet alles Unanschauliche. Nur wirklich verletzte Bäume bluten und klagen; seelisch deutet er nur, was sich tatsächlich beobachten läßt: so die Sonnenzugewandtheit der Blume, in die Sols Geliebte Clytie verwandelt wurde.[99] Vor allem aber führt er die Verwandlung stets zu Ende; die monströse Doppelgestalt bildet bei ihm, soweit sie nicht mythologisch sanktioniert ist,[100] immer nur ein Durchgangsstadium, nie den Endpunkt. Ganz anders Hoffmann, der stets bemüht ist, die Dinge im Fluß zu halten. Sein Gnome Pepser, auch ein Elementargeist, verwandelt sich aus einem Magister in eine Fliege: aber in was für eine Fliege! Eine Fliege mit Menschenantlitz. So beschreibt Hoffmann ihn, und so stellt er ihn auch auf der Titelvignette zum »Fremden Kind« dar.[101]

Bei Ovid tendiert die Verwandlung mehr nach der Seite der schrittweisen Modulation als nach der anderen, die wir mit der »enharmonischen Verwechslung« verglichen. Erstere ist sein Hauptanliegen, letztere nur spielerisches Rankenwerk. Bei Hoffmann hat sich der Akzent stark zugunsten der zweiten Art verschoben.

Der Unterschied wird gerade dort am deutlichsten, wo äußerlich Züge der ovidischen Verwandlung erhalten bleiben: Ganz wie so mancher verfolgten Gestalt der Metamorphosen gelingt es auch Hoffmanns Giglio, seinen Mantel auszubreiten und emporzuflattern.[102] Eingefangen, wird er als »Bunter Vogel« und »Gelbschnabel« in einen Käfig gesperrt. Wir kennen bereits die ovidnahen Züge dieser Verwandlung. Doch der Unterschied gegenüber dem antiken Dichter zeigt sich deutlich, als Celionati den Käfig öffnet, und diesem – ohne jede Rückverwandlung – Giglio entsteigt. Seine Metamorphose war nur subjektiv wirklich, sie war aspektbedingt, denn die Damen hatten ihn für den bunten Vogel, den sie suchten, gehalten – und darin auch nicht geirrt, denn war er nicht wie ein richtiger Vogel zur Decke emporgeflattert? – Während die Verwandlung der Menschen Ovids meist endgültig und dem Übergang in eine neue Existenz gleichzusetzen ist, sind die Hoffmannschen Gestalten Bürger zweier Welten und können unter verschiedenen Aspekten jeweils ganz verschieden erscheinen.

Die eigentümliche – und durchaus unantike – Transparenz der Hoffmannschen Wirklichkeit tritt besonders einprägsam bei der Schilderung des Doktors Prosper Alpanus in Erscheinung: »daß, wenn man ihn recht nahe, recht scharf anblickte, es war, als schaue aus dem Gesicht noch ein kleineres Gesichtchen wie aus einem gläsernen Gehäuse.«[103] Daß das wahre Wesen erst bei der Verwandlung in Erscheinung tritt – Prosper enthüllt sich seinen Besuchern bald als Magus[104] – ist ein ovidnaher Zug, aber die Transparenz der ersten Gestalt ist Hoffmann eigen, ist modern. Nicht umsonst hatte Hoffmann solche Freude an jenem Schauspieler, »der, als er in gräßlicher Vermummung im Gozzischen Stück das blaue Ungeheuer spielte, die zierlich gebaute Hand, die ihm die Natur verliehen, unter der bunten Tigerkatzenpfote hervorzustrecken wußte und dadurch die Herzen der Damen schon vor der Verwandlung gewann.«[105] Hoffmann sieht simultan, was Ovid meist in zwei sukzessive Stadien zu zerlegen sucht.[106] Bei allem Realismus, der die Hoffmannsche Milieuschilderung auch in den Märchen grundsätzlich von der seiner romantischen Zeitgenossen unterscheidet, ist seine Realität doch nichts Festes. Das läßt sich auch an Einzelzügen zeigen: »Ob ihre Haare mehr blond oder mehr braun zu nennen, habe ich vergessen, nur erinnere ich mich sehr gut der seltsamen Eigenschaft, daß sie immer dunkler und dunkler wurden, je länger man sie anschaute.«[107] Daß die Realität aspekt- und zuschauerbedingt ist, hat erst die Neuzeit entdeckt. Diese Gedanken, die Hoffmann als einer der ersten dichterisch gestaltet hat, sind der Antike ebenso fremd wie die schon erwähnten modernen Vorstellungen des Irrationalen und des Unendlichen. Selbst Ovid, der ein Epos der Wandlungen schrieb, blieb in seiner Darstellung der Verwandlung als objektiven Naturvorgangs ganz auf dem Boden der Antike.[108]

Ovid erhebt das ironische Wechselverhältnis zweier Wirklichkeiten nie so sehr zum Kunstprinzip wie Hoffmann. Gleich Schauspielern, die aus der Rolle fallen,[109] läßt dieser seine Gestalten oft mit ihren mythischen Urbildern identisch werden: Auch mitten im großstädtischen Alltag werden George Pepusch und Dörtje Elverdink wieder als »Distel Zeherit« und »Prinzessin Gamaheh« bezeichnet, was zu den seltsamsten ironischen Wirkungen führt: »Hinein trat George Pepusch. ›Zeherit!‹ schrie wie in Verwirrung die Kleine auf und sank leblos in den Sofa zurück. Die Distel Zeherit (auch der Erzähler macht jetzt die Vertauschung der Namen mit!) flog aber auf die Prinzessin Gamaheh (!) los ...«[110]

Gerade an Pepusch und Dörtje läßt sich auch das umgekehrte Verhältnis zeigen, in dem bei unseren Dichtern Metamorphose und Unsterblichkeitsgedanke erscheinen. Hinter Ovids Verwandlungen steht die Frage nach dem Fortleben,[111] hinter den Hoffmannschen die nach der Präexistenz: Pepusch hält sich selbst für die Distel Zeherit und die kleine Dörtje für die Prinzessin Gamaheh. »Gut war es, daß er diesen Gedanken andern Leuten nicht sonderlich mitteilte; man hätte ihn sonst vielleicht für wahnsinnig gehalten und eingesperrt, wiewohl die fixe Idee eines Partiell-Wahnsinnigen oft nichts anders sein mag, als die Ironie *eines Seins, welches dem jetzigen vorausging.*«[112] Dörtje und Pepusch waren in früherer Existenz Blumen, »denn beider (der Distel Zeherit und der Prinzessin Gamaheh) Tod war nur die Betäubung des Blumenschlafs, aus der sie ins Leben zurückkehren durften, wiewohl in anderer Gestalt.«[113]

Sind Pepusch und Dörtje menschgewordene Blumen,[114] so war Peregrinus in früherer Existenz gar ein Karfunkel: »Ich habe erkannt«, sagt Leuwenhoek, »daß das psychische Prinzip, welches jetzt den angenehmen Körper meines werten Freundes, des Herrn Peregrinus Tyß, belebt, schon lange vorher existierte, wiewohl nur als Gedanke ohne Bewußtsein der Gestaltung ... Als strahlender Karfunkel lagt Ihr damals im tiefen Schacht der Erde, aber über Euch, hingestreckt auf die grüne Fläche des Bodens, schlummerte die holde Gamaheh ...«[115]

Seiner umgekehrten Fragestellung entsprechend, ist Ovid die Verwandlung von Blumen in Menschen ganz unbekannt, geläufig ist ihm dagegen die Verwandlung von Menschen in Blumen.[116] Während Hoffmann in Verfolgung Schubertscher Gedanken (vgl. Anm. 113) Naturwesen zu Menschen werden läßt und dadurch auch die Menschenwelt seltsam unheimlich und fremd macht, läßt umgekehrt Ovid durch die Verwandlung Menschen in die Natur eingehen; auch die Natur wird bei ihm mit Menschlichkeit durchdrungen, sie wird geheuer, wird zum Garten. Der antike Verwandlungsdichter reduziert auch das Ungeheure auf Menschenmaß, der neuzeitliche erfüllt auch das Beschränkte mit Unendlichkeit.

Gilt diese Gegenüberstellung auch für die Schlußverwandlung des Märchens, von der unsere ganze Betrachtung ausging? Dörtje und Pepusch werden zu Gartenblumen, und schon der Begriff des Gartens scheint mehr in die Richtung Ovids zu weisen, als wir es bei Hoffmann gewohnt sind. Wie auch bei vielen ovidischen Metamorphosen tritt in der Verwandlung der beiden ihr wahres Wesen voll in Erscheinung. Die Frage nach der Präexistenz ist umgebogen in die Frage nach dem Fortleben. Sie mag Hoffmann in seinen letzten Lebensmonaten nähergelegen haben. Die Weise, in der er sie durch eine ovidische Metamorphose beantwortet, überrascht uns um so mehr, als wir erkannt haben, daß seine Fragestellung sonst mit der Ovids nicht identisch ist, vielmehr in einem komplementären Verhältnis zu ihr steht. Darin, daß Hoffmann beide Pflanzen sterben läßt, zeigt sich aber doch auch in dieser Rückkehr zu Ovid ein eigener Zug. Die beiden Pflanzen, welche die Glut der Liebe nicht ertrugen – erinnern sie nicht an den Mythos aus dem Goldnen Topf, wonach die Feuerlilie an der Liebe des Phosphorus verbrannte?[117] Zu Unrecht befürchtete der todkranke Dichter, »daß man dem Schluß doch vielleicht die Schwäche des kranken Autors anmerken möchte«.[118] Gerade dieser Schluß verbindet ovidische Thematik mit Schellingschem, Schubertschem Gedankengut zu eigener mythischer Anschauung: eine Synthese von Verwandlungsdichtung und Naturphilosophie, wie sie in dieser Weise seit Ovids pythagoreisch-posidonianischem Metamorphosenepos nicht mehr vollzogen worden war.

*

Was ergibt unser Vergleich für die Interpretation beider Dichter?
Obwohl die gleichsam »atmosphärische« Allgegenwart antiker Elemente in Hoffmanns Zeit die Quellenforschung erschwert, konn-

te nachgewiesen werden, daß Hoffmann Ovid gekannt hat und sich vor allem in der Darstellung des Verwandlungsvorganges von ihm hat anregen lassen. Über das Erzähltechnische hinaus verbindet beide Dichter der das Groteske nicht verschmähende Humor,[119] vor allem aber auch das Streben nach naturphilosophischer Durchdringung des Verwandlungsphänomens: Für diese Leistung Hoffmanns ergibt erst der Vergleich mit Ovid den richtigen Maßstab.

Daß Hoffmann freilich die »Metamorphosen« einseitig mit den Augen des Romantikers sah, zeigt sich auch dort, wo beide Dichter sich sonst berühren: Ovids Epos der Wandlungen ist nicht, wie in dem sonst ausgezeichneten Buche Hermann Fränkels zu lesen steht, »romantic and sentimental«,[120] sondern rational und antik. Auch dies veranschaulicht der durchgeführte Vergleich in allen Einzelheiten.

Hoffmanns Beziehungen zur Antike wurden bisher übersehen, Ovids Beziehungen zur Romantik überbetont. Der Forschung gegenüber ist man also in der paradoxen Lage, an Hoffmann hervorheben zu müssen, wie nahe er Ovid, an Ovid, wie fern er Hoffmann steht.

ANMERKUNGEN

1. E. T. A. Hoffmann, Poetische Werke (kommentierte Ausgabe) Wissenschaftliche Buchgesellschaft, Berlin und Darmstadt 1958, Band 6, 185 f. (zitierte Ausgabe). Die in dieser Ausgabe nicht enthaltenen Briefe und Tagebücher werden zitiert nach: E. T. A. Hoffmann, Dichtungen und Schriften sowie Briefe und Tagebücher. Gesamtausgabe in 15 Bänden (hrsg. von W. Harich), Weimar 1924, Bd. 14 und 15. – Der vorliegende Beitrag (erstmals erschienen in: Antike und Abendland 10, 1961, 161–180) sammelt Material zu dem Thema »E. T. A. Hoffmann und die Antike«. Der Darstellung selbst geht es aber weniger um äußere Berührungspunkte, als darum, das Wesen antiker und neuzeitlicher Verwandlungsdichtung an einem Vergleich deutlich zu machen. Für die nichtantiken Quellen Hoffmanns durfte die gehaltvolle Arbeit von P. Sucher (s. Anm. 3), für das Problem des romantischen Märchens bei Hoffmann die Diss. O. Reimanns (s. ebd.) als bekannt vorausgesetzt werden. – Über das Wesen der antiken Verwandlungssagen hat J. Burckhardt ein ebenso geistvolles wie materialreiches Kapitel geschrieben (Griech. Kulturgeschichte II³, Berlin und Stuttgart o. J., S. 1–18 und 425–430). Alle Metamorphosenmythen der Griechen behandelt W. Bubbe, De metamorphosibus Graecorum capita selecta, Diss. Halle 1913. –

Dank schulde ich Herrn Dr. Ulrich Fleischer für briefliche Bemerkungen, die einzelnen Anmerkungen zugute kamen.

Ovid wird nach der Ausgabe von R. Ehwald, Bd. 2, Leipzig 1915 (^{2}1932), zitiert. – Außer den in den Anmerkungen angeführten Werken sei noch auf folgende Literatur verwiesen: G. Salomon, E. T. A. Hoffmann, Bibliographie, Weimar² 1927. – E. Martini, Einleitung zu Ovid, Prag 1933. – W. Kraus, Ovidius Naso, RE 36, 1 (Stuttgart 1942) 1910–1986. – L. P. Wilkinson, Ovid Recalled, Cambridge 1955. – E. Zinn, Die Dichter des alten Rom und die Anfänge des Weltgedichts, Antike und Abendland 5 (1956) 7–26.

2. »Briefe aus Berlin«, 3 (7. 6. 1822).

3. Die bewußt als Quellenuntersuchung angelegte Dissertation O. Reimanns (Das Märchen bei E. T. A. Hoffmann, Diss. München 1925, erschienen 1926, S. 74f.) erwähnt als Quelle dieser Verwandlung nur Gotthilf Heinrich Schuberts »Ansichten von der Nachtseite der Naturwissenschaften«. Die Parallelen sind natürlich nicht dichterischer, sondern philosophischer Art. An das bei dichterischer Gestaltung von Verwandlungen Nächstliegende – Ovids Metamorphosen – scheint die Verfasserin überhaupt nicht gedacht zu haben. – Das ältere (und bei weitem bedeutendere) Werk von P. Sucher (Les sources du merveilleux chez E. T. A. Hoffmann, Paris 1912) läßt ebenfalls die Antike unberücksichtigt. Das liegt vielleicht daran, daß man die mythologischen Metamorphosen Ovids nicht als Märchen zu verstehen wagte (dies versucht jetzt S. D'Elia, Ovidio, Napoli 1959, 313–316), weil sie auf den ersten Blick nichts mit Folklore zu tun haben. Tatsächlich hatte aber der altgriechische Mythos zahlreiche Märchenmotive bewahrt oder umgestaltet (vgl. z. B. K. von Fritz, Antike und Abendland 5 (1956) 55f., 8 (1959) 35f.); weil das Märchen in der Antike nicht zu einer eignen Literatur-Gattung ausgebildet wurde, fand es in anderen Gattungen Unterschlupf. Charakteristisch ist, daß zuerst Wilhelm Grimm das Märchenhafte in manchen Erzählungen der Odysee beobachtet hat; vgl. W. Aly, Märchen. Pauly-Wissowa, Realencyclopädie 27 (1928) 254–281, bes. 268. – Im Gegensatz zu der von Tieck und andern gepflegten Sammlung und Nacherzählung von Märchen, Sagen, Legenden aus volkstümlicher Überlieferung hat E. T. A. Hoffmann sich ausschließlich dem literarischen *Kunstmärchen* gewidmet. Das berechtigt dazu, nach seinen Kunstprinzipien zu fragen. Auf Anregungen, die er dafür in der romantischen Schule fand, kann hier nur so weit hingewiesen werden, wie es für die Beurteilung des Verwandlungsmotivs im Vergleich mit Ovid dienlich scheint.

4. Hoffmann selbst schreibt am 30. 8. 1816 an Hippel: »Ich schreibe keinen *goldnen Topf* mehr! – So was muß man nur recht lebhaft fühlen und sich selbst keine Illusion machen.« (Dichtungen und Schriften, hrsg. v. W. Harich, Bd. 15, Weimar 1924, S. 193).

5. Vgl. W. Quirin, Die Kunst Ovids in der Darstellung des Verwandlungsvorgangs. Diss. Gießen 1930; dazu H. Herter, Gnomon 9, 1933, 35–41.

6. An der zweimal verschiedenen prosodischen Behandlung des Wortes *volucris* lernte man, daß eine Silbe *anceps* ist, wenn *muta cum liquida* auf ihren Vokal folgt.

7. Met. 13, 607.

8. Der goldne Topf 4 (Werke 1, 307). (Hervorhebung von mir).

9. Met. 6, 667f. pennis *pendere putares – pendebant* pennis. – Met. 11, 84 gehört auch hierher: esse putes ramos – et non fallere putando (unrichtig Quirin, a.O. 79). Auch sonst führt Ovid in dieser Weise das Wunderbare zunächst subjektiv ein, um es dann objektiv zu konstatieren: Met. 9, 782 *visa* dea *est movisse* suas – *et moverat* – aras. – Met. 11, 739ff. *senserit* hoc Ceyx, an vultum motibus undae/tollere sit visus, populus dubitabat, at ille/*senserat*.

10. Met. 2, 582.

11. Siehe Anm. 8. Gewand und Flügel gehen bei Hoffmann auch sonst ineinander über, so in »Prinzessin Brambilla« 5 (Werke 5, 704: Giglio als bunter Vogel) und in »Nußknacker und Mausekönig« (Werke 3, 264: Pate Droßelmeier, der »statt der Eule auf der Wanduhr saß und seine gelben Rockschöße von beiden Seiten wie Flügel herabgehängt hatte«).

12. Werke 1, 303.   13. Met. 1, 743.   14. Met. 2, 831.

15. Met. 2, 541.   16. Met. 5, 427 Cyane, 15, 549 Egeria.

17. Met. 5, 632 Arethusa.   18. Der goldne Topf, 3 (Werke 1, 297).

19. Vgl. H. Dörrie, Wandlung und Dauer. Ovids Metamorphosen und Poseidonios' Lehre von der Substanz. Der Altspr. Unterr. 4, 2 (1959) 95–116.

20. Vgl. Anm. 90. Zu Hoffmanns Ovid*ferne* s. Abschnitt 3 und 4.

21. Z.B. Ortsbezeichnungen: Icarus – Icaria 8, 235 (vgl. 230). – Felsen: Lichas 9, 229. – Pflanze: Daphne 1, 557ff. – Tier: Lycaon 1, 218 u.v.a.

22. So bei der Umwandlung von Steinen in Menschen 1, 410: Das »Geäder« blieb »Geäder«.

23. Prinzessin Brambilla 5 (Werke 5, 706).

24. Prinzessin Brambilla 2 (Werke 5, 633 und 636), vgl. ibid. Kap. 5 (S. 689). Der Aspekt des »bunten Vogels« wirkt auch noch nach: Kap. 8 (S. 742).

25. Werke 3, 632. Als beiden Erscheinungsformen gemeinsame Züge werden die Naschhaftigkeit und das Brummen hervorgehoben. – Als Fliege mit Menschengesicht erscheint Magister Tinte auf einer Vignette von Hoffmanns eigener Hand, wieder abgedruckt etwa bei Th. Piana, E. T. A. Hoffmann als bildender Künstler, Berlin 1954, S. 65, Abb. 32.

26. Werke 4, 578.   27. Controv. 2, 2, 12.

28. Werke, ed. Grisebach, Bd. 15 (Leipzig 1900) 56. Über »Prinzessin Blandina« vgl. W. Harich, E. T. A. Hoffmann. Das Leben eines Künstlers, Bd. 2, Berlin o. J., S. 12ff. Wenn dagegen Ovid gelegentlich (vgl. U. Fleischer, Antike und Abendland 6, 1957, 36) durch persönliche Einschaltungen die Objektivität des Epikers durchbricht,

so ist dies nicht im Sinne der »romantischen Ironie«, sondern als psychologisches Eingehen auf den Leser zu verstehen, s. M. v. Albrecht, Die Parenthese ... (s. Anm. 97), 189—215.

29. »Über einen Ausspruch Sacchinis und über den sogenannten Effekt in der Musik« (Werke 1, 455): »Hierher gehören auch die wegen des Mißbrauchs oft bespöttelten enharmonischen Ausweichungen, die eben jene geheime Beziehung in sich tragen und deren oft gewaltige Wirkung sich nicht bezweifeln läßt. Es ist, als ob ein geheimes, sympathetisches Band oft manche entfernt liegende Tonarten verbände ...«

30. Werke 1, 422 f.

31. Wenn P. Greeff (E. T. A. Hoffmann als Musiker und Musikschriftsteller, Köln 1948, 105 f.) die Hoffmannschen Charakteristiken der Akkorde den Schubartschen Charakteristiken der Tonarten in einem Schema gegenüberstellt und dabei manche Übereinstimmung, aber auch manchen Widerspruch feststellen muß, so scheint er folgendes zu übersehen: Hoffmann geht es an dieser viel mißdeuteten Stelle nicht um eine Kennzeichnung der Tonarten »an sich«, sondern um eine Charakteristik der Akkorde in dem dargestellten musikalischen Zusammenhang. Darum ist es ein Unding, die Abfolge der Akkorde zu zerreißen und die Beschreibungen, wie Greeff es tut, systematisch anzuordnen. Was beim Wechsel der Harmonie vorgeht, ist musikalisch das Entscheidende, nicht der isolierte Klang als solcher. Nur im Verhältnis zum Vorausgehenden und zum Nachfolgenden hat der jeweilige Akkord den von Hoffmann angedeuteten Sinn. — Wie verschieden dieselbe Wendung in verändertem Zusammenhang klingen kann, hebt Hoffmann selbst in dem Aufsatz »Über einen Ausspruch Sacchinis und über den sogenannten Effekt in der Musik« (Werke 1, 454 f.) hervor: »Die gewöhnlichste, häufigste Modulation, nämlich aus der Tonika in die Dominante und umgekehrt, erscheint zuweilen unerwartet und fremdartig, oft dagegen widrig und unausstehlich.« Was von gleichen musikalischen Vorgängen gilt, gilt um so mehr von gleichen musikalischen Bausteinen: Wenn selbst dieselbe Modulation je nach dem Zusammenhang verschieden wirkt, so gilt dies erst recht vom einzelnen Akkord.

32. Neben den lateinischen sind am häufigsten italienische Zitate. Außerdem erscheinen französische, vereinzelt auch polnische und neugriechische Wörter.

33. »Jakobus Schnellpfeffers Flitterwochen vor der Hochzeit«. Vgl. W. Harich, E. T. A. Hoffmann, Berlin o. J., Bd. 2, 375.

34. Harich ibid. Bd. 1, 28. Vgl. auch folgende Sätze aus Theodor Hippels Erinnerungen, die H. Ehinger, E. T. A. Hoffmann als Musiker und Musikschriftsteller, Olten und Köln 1954, auf Seite 29 zitiert: »Der letzte endlich in dieser originellen Reihe (der Erzieher), der übrigens der erste zu seyn verdiente, war der Rektor der deutschreformirten — damals gelehrten — Schule, Prediger D. Wannowski. Unter ihm und durch ihn erlangte diese Schule in den Jahren von etwa 1785 bis 1800 den Ruf, eine der besten in Königsberg zu seyn. Er besaß das Talent, wie jeder ausgezeichnete

Kopf, Talente zu wecken und an sich zu ziehen ... Wannowski war ein gebohrener Pole aus einer Dissidenten-Familie. In Sachsen gebildet, hatte er sich den Geist der deutschen Sprache so zu eigen gemacht, daß seine Aufsätze wie seine Reden sich nicht nur durch Korrektheit, sondern auch durch Eleganz auszeichneten, wiewohl ihn der Accent seiner Muttersprache nie ganz verlassen wollte.«

35. Goethe, Wilhelm Meisters Wanderjahre II 4 passim.

36. Horaz, carm. 1, 1, 2: Tagebuch vom 6. 10. 1803 (Ausg. v. Harich 14, 176): Der strenge Vorgesetzte wird als das *dulce praesidium* bezeichnet. – Carm. 2, 10, 17: Tagebuch vom 1. 10. 1803 (Ausg. v. Harich 14, 170) »Ein schlechter Anfang – doch *non olim sic erit.*« – Der Spruch begleitet Hoffmann noch während seiner letzten Krankheit und wird zum Leitmotiv der späten Erzählung »Des Vetters Eckfenster«: Werke 6, 744 und 774. – Carm. 2, 20: Vgl. die Schwanenmetamorphose des Dichters im Plan zu den unausgeführten Akten der »Prinzessin Blandina« (hierzu W. Harich, E. T. A. Hoffmann. Das Leben eines Künstlers, Bd. 2, Berlin o. J., 268). – Carm. 3, 3, 1: Im Tagebuch vom 9. 11. 1812 (Ausg. v. Harich 14, 398) ermahnt Hoffmann sich selbst: »Man muß *tenax propositi* sein.« – Carm. 3, 19, 1: An Hippel 7. 12. 1794 (Ausg. v. Harich 14, 8): *quantum distat ab Inacho.* – Carm. 3, 27, 41, vgl. unten Anm. 37 (Verg. Aen. 6, 888). – Sat. 1, 5, 12: Tagebuch vom 14. 5. 1812 (Ausg. v. Harich 14, 361) »Höchste Liebenswürdigkeit – *ohe jam satis*«. – Der Ausruf *ohe!* kehrt auch sonst in den Tagebüchern wieder: 25., 26., 27., 28., 29., 30. und 31. 1. 1804, 7. 2. 1804 (Ausg. v. Harich 14, 190f.). – Epist. 1, 6, 1: Klein Zaches 10 (Werke 5, 126). Des Vetters Eckfenster (Werke 6, 771): *nil admirari.* – Epist. 2, 2, 10: Seltsame Leiden eines Theaterdirektors (Werke 1, 568): »das *poetarum irritabile genus.*« – Ars 39f.: An Kotzebue 22. 10. 1803 (Ausg. v. Harich 14, 168) *quid valeant humeri aut ferre recusent.* – Ars 139: Des Vetters Eckfenster (Werke 6, 766) *parturiunt montes.* – Ars 148: Meister Floh 1 (Werke 6, 7) »nach des alten römischen Dichters weisem Rat *medias in res*«, vgl. Seltsame Leiden eines Theaterdirektors (Werke 1, 531). – Ars 343: Gedanken über den hohen Wert der Musik (Werke 1, 95) *miscere utili dulce.* – Ars 388f.: Vorrede zu den Fantasiestücken in Callots Manier (Werke 1, 56) »Horazische neun Jahre«.

37. Verg. Aen. 1, 204: An Hitzig 4. 10. 1812 (Ausg. v. Harich 14, 390) »... und den Brief erst dorthin geschickt, bis er *per varios casus* an mich gelangte.« – Aen. 2, 774: Briefe aus den Bergen 2 (An Theodor, Werke 6, 201) *obstupuere omnes* (vgl. oben im Text!) *et vox faucibus haesit.* – Aen. 6, 888 (vgl. Hor. carm. 3, 27, 41): Ritter Gluck (Werke 1, 69) »durchs elfenbeinerne Tor«.

38. Werke 5, 329 wird die ars amandi erwähnt. Auf S. 332 werden dann rem. 143f., 333 und 336 als Verse aus der ars zitiert.

39. Dichtung und Wahrheit Buch 10 (Weimarer Ausgabe I 27, 319/23, 238). Hoffmann kannte natürlich dieses Werk, vgl. den langen Brief an Kunz vom 24. 3. 1814 (Ausg. v. Harich 15, 123), der sich unter anderem in folgende Abschnitte gliedert: A. Literatur, B. *Aus meinem Leben (aber bloß Wahrheit ohne Dichtung).*

40. Schreiben eines Klostergeistlichen an seinen Freund in der Hauptstadt (Werke 1, 7) mit dem langen lateinischen Zitat aus Sen. epist. 84.

41. An Kunz, 24. 3. 1814 (Ausg. v. Harich 15, 127) »Über die Kleidung Carl's habe ich den Eginhard nachgelesen ... Nach Eginhard ging Carl bei feierlichen Gelegenheiten manchmal sehr reich und prachtvoll gekleidet. Er beschreibt den Anzug: *in solennitatibus veste auro texta et calicamentis gemmatis et fibula sagum adstringente; diademate quoque ex auro et gemmis ornatus incedebat.*« – Auch für die Erzählung »Der Kampf der Sänger« (vgl. Werke 3, 671, Erläuterungen) hat Hoffmann zum Teil lateinisch geschriebene Quellen benutzt.

42. Vgl. die in den Tagebüchern immer wiederkehrenden Ausdrücke: *dies tristis, dies fatalis, dies ordinarius, dies tristis et miserabilis.* – Selbständig gebraucht Hoffmann auch Adverbien wie *modeste* (Okt. 1794 an Hippel, Harich 14, 3) und *ironice* (Tagebuch 7. 2. 1804, Harich 14, 191).

43. »Einen stat*um* causae« An Hippel 1. 4. 1798 (14, 125), »einen wirklichen lup*um*« An Schall 19. 1. 1822 (15, 330), »genug von diesen allotri*is*« An Speyer 13. 7. 1813 (15, 36), »in politic*is*« An Kunz 26. 4. 1813 (15, 7), ebenso Tagebuch 9. 2. 1813 (15, 63), »in seinem laboratorio« An Itzig 1807 ohne Datum (14, 229), ebenso im Goldnen Topf (Werke 1, 290), »Hang zu den poetic*is*« Gold. Topf (Werke 1, 288), »des mund*i*« An Hitzig 1. 3. 1822 (15, 346), daneben aber auch die eingedeutschte Form »des Äquinoktiums« Gold. Topf (Werke 1, 318 und 328).

44. An Hippel 7. 12. 1794 (14, 6). – Im Gegensatz zu seinen guten Lateinkenntnissen begnügte sich Hoffmann im Griechischen damit, das Alphabet als Geheimschrift zu benutzen. Vgl. die Tagebucheintragungen vom 6. 10. 1803, 15. 10. 1803, 16. 2. 1811, 20. und 23. 1. 1812, 4. 3. 1813 (Harich 14, S. 176, 180, 328, 339, 417). Dabei fließen gelegentlich lateinische Buchstaben mit ein. Der Buchstabe H wird entweder aus dem lateinischen Alphabet übernommen oder einfach weggelassen, manchmal auch (wenn man den Ausgaben trauen darf) durch einen *spiritus lenis* (!), nie durch einen *spiritus asper* wiedergegeben.

45. Hierzu vgl. Briefe aus den Bergen 3 (Werke 6, 209) »Es ist nichts hübscher als in einem Briefe an ein Mädchen lateinische Wörter anzubringen: Es erweckt Respekt ...«

46. Die in »Klein Zaches« zweimal (Werke 5, 92 und 109) wirkungsvoll angebrachte lateinische Bezeichnung des Brüllaffen ist durch Chamisso vermittelt, an den Hoffmann am 6. 11. 1818 (Harich 15, 242) folgende Anfrage richtete: »Verehrtester Weltumsegler und berühmter Naturforscher! Bitte mir gefälligst folgende Auskunft zu geben! Gehören die sogenannten Wickelschwänze zum Geschlecht der Affen oder nicht vielmehr der Meerkatzen? Wie heißt wohl unter diesem Geschlecht der Wickelschwänze eine besondere Art (die sich etwa durch besondere Häßlichkeit auszeichnet und sehr häßlich ist) mit dem Linneischen Namen oder sonst? Ich brauch eben einen solchen Kerl! ...« Lateinische Pflanzennamen sind besonders häufig in der Erzählung Datura fastuosa (Werke 6, 551 f.), doch sei auch an den Cactus grandiflorus im

Meister Floh (Werke 6, 186) und den Daucus Carota im Märchen von der Königsbraut (Werke 4, z.B. 588) erinnert.

47. Kirchenlatein: zahlreiche von Hoffmann vertonte Texte und viele Zitate in Werken und Tagebüchern. So beginnt das Tagebuch vom Januar 1813: *In nomine Domini* (Harich 14, 406). − Musikalische Fachausdrücke: An Zach. Werner 18. 6. 1806 (14, 215): »in der *tonica* und im *modo authentico*«.

48. Lateinische Brocken charakterisieren ebenso das Akademikermilieu im Goldnen Topf (Werke 1, z.B. 288, 310, 346f., 350, 362) wie das Geschäftsmilieu im »Artushof« (z.B. *huius, fit, de anno*. Werke 3, 185f., 195). − Juristenlatein: *in casu quod non* (An Hippel 26. 9. 1805. Ausg. v. Harich 14, 209), *ex propria auctoritate* (An Hippel 11. 12. 1796, Harich 14, 98), einen *statum causae* (An Hippel 1. 4. 1798, Harich 14, 125).

49. Von den zahlreichen bei Hoffmann auftretenden Operntiteln sei nur Glucks »Iphigenie in Aulis« (vgl. Ov., met. 12, 30ff. − »Ritter Gluck« Werke 1, 66) und Speronis »Canace« (Ov., epist. 10. − »Prinzessin Brambilla« 4, Werke 5, 671) genannt. − Zu Gozzi vgl. unten Abschnitt 4.

50. Prinzessin Brambilla 4 (Werke 5, 684).

51. Vgl. W. Steffen und H. von Müller: Handzeichnungen E. T. A. Hoffmanns (in Facsimiledruck, fol.) mit einer Einleitung: E. T. A. Hoffmann als bildender Künstler. Berlin o. J. (1925), S. 14. − Hoffmann scheint 60 Vasenbilder kopiert zu haben. Von diesen Zeichnungen sind 12 erhalten und nur 3 bei Steffen-Müller abgebildet (Taf. 36−38). Mit Recht nennt Hitzig (Erinnerungen I 247) diese Kopien »ein mit ebensoviel Beharrlichkeit als Glück ausgeführtes Werk, von dem noch einzelne Blätter vorliegen, die durch die ungemeine Sauberkeit ihrer Ausführung höchste Bewunderung erregen.«

52. An Hippel 14. 6. 1820 (Harich 15, 305).

53. Das zeigt »Der vollkommene Maschinist« (Werke 1, 129).

54. Met. 4, 125 und 160.   55. Werke 1, 462.   56. Werke 6, 41f.

57. Während an der zitierten Stelle aus »Meister Floh« und in der Pyramusgeschichte nur die *Farbe* der Pflanze sich ändert, entsteht in der erwähnten Metamorphose (aus dem »Lehrbrief«) *neue* Vegetation. Auch Ovid läßt mehrfach aus Mordblut neue Pflanzen entstehen: met. 13, 394ff. (Aiax), 10, 210ff. (Hyacinthus), 10, 735 (Adonis).

58. Zu dem bei einem so originellen Dichter wie Hoffmann besonders schwierigen Quellenproblem vgl. die erste Anm. − »Hauptquelle« war Ovid für Hoffmann natürlich in keinem Falle. Hoffmanns Ovidnähe und Ovidferne erklärt sich vielmehr daraus, daß er die »Metamorphosen« aus der Perspektive der romantischen Naturphilosophie und Ästhetik sah, wobei er manches aufnahm, was ihm modern anmutete, von anderem aber, das gerade für Ovid charakteristisch ist, absehen konnte. Vgl. auch das Schlußwort.

59. De Civitate Dei 18, 16—18. Vgl. Cl. Heselhaus, Metamorphose-Dichtungen und Metamorphosen-Anschauungen. Euphorion 47 (1953) 121—146.

60. Inferno 25.

61. Auch der ovidische Pythagoras (der weniger an den magiekundigen Neupythagoreer Nigidius Figulus als an Sotion — Sen. epist. 108 — erinnert) ist nicht mit Hoffmanns Magiergestalten zu vergleichen, ruft er doch selbst keine Verwandlungen hervor; er hält vielmehr einen didaktischen Vortrag über die Verwandlung als kosmisches Prinzip. Dieser Pythagoras, der sich auch skeptische Nebenbemerkungen erlaubt, ist mehr Philosoph als Magier. — Dem entspricht, daß Hoffmann seinen Magier Prosper Alpanus nicht bei den Griechen, sondern bei dem Perser Zoroaster (Zarathustra) in die Lehre gehen läßt (Klein Zaches 6, Werke 5, 87), den er merkwürdigerweise »in den Pyramiden« lokalisiert.

62. Hoffmann, Prinzessin Brambilla 1 (Werke 5, 617), vgl. Gozzi, Il Re Cervo, Atto I, Prologo (Opere, Venezia 1772, Bd. I, S. 331): la magia bianca, la negra, la rossa, la verde, e credo anche la turchina ...

63. Meister Floh 7 (Werke 6, 179).   64. Meister Floh 6 (Werke 6, 128).

65. Meister Floh 3 (Werke 6, 59). — Kafkas »Verwandlung« wäre ohne Hoffmann wohl kaum geschrieben worden. In der Deutung der Verwandlung setzt diese Erzählung in mancher Beziehung die Hoffmannsche Linie fort. Es bedeutet einen weiteren Schritt in der »Verinnerlichung«, wenn im Gegensatz zu Ovid und auch zu Hoffmann der Urheber der Verwandlung ungenannt bleibt. Äußerlich gibt Kafka freilich die Hoffmannsche Dynamik auf; seine Realität ist nicht mehr fließend, sondern wieder fest umrissen, allerdings in einem paradoxen Sinne. Alle Dynamik ist ins Innere des Verwandelten verlagert, in der Außenwelt entwickelt sich dagegen alles mit unheimlicher, geradezu naturgesetzlicher Folgerichtigkeit. Der bei Ovid nur angedeutete (Io, Callisto), bei Hoffmann beherrschende Konflikt zwischen Innenwelt und Außenwelt (Anselmus in der Flasche, u. ä.) hat sich bei Kafka zur ausweglosen Einsamkeit des »Verwandelten« gesteigert.

66. Meister Floh 2 (Werke 6, 44).

67. Vergrößerung und Verkleinerung erscheinen bei Ovid nur unter gleichzeitiger *Veränderung* der Gestalt: Atlas wird größer, verliert aber dabei die Menschengestalt; er wird zum Berg (met. 4, 661). Ein Knabe wird kleiner, aber wieder ändert sich zugleich die Gestalt; er wird zur Eidechse (met. 5, 457).

68. Vgl. W. Harich, E. T. A. Hoffmann, Bd. 2, Berlin o. J., S. 12—15.

69. Vgl. O. Reimann, a. O. 36.

70. Etwa dem (Grimmschen) »Eselein«. Die These Paul Suchers (vgl. Anm. 3), daß Hoffmann die Folklore überhaupt nicht gekannt habe, ist unwahrscheinlich.

71. Prinzessin Brambilla 5 (Werke 5, 695).   72. Ibid. 701.

73. Wilhelm Meisters Wanderjahre III 6.

74. Prinzessin Brambilla 2 (Werke 5, 641).   75. Ibid. 619 und 633.

76. Ibid. 739, vgl. 728. – Über die Doppelgängerbegegnung bei Hoffmann vgl. K. Ochsner, E. T. A. Hoffmann als Dichter des Unbewußten (Wege zur Dichtung. Zürcher Studien zur Literaturwissenschaft 23) Leipzig 1936, S. 112ff. – M. Roehl, Die Doppelpersönlichkeit bei E. T. A. Hoffmann, Diss. Rostock 1918.

77. Il Re Cervo (Gozzi, Opere, Venezia 1772, Bd. 1, S. 372f.) Akt 2, Szene 7.

78. E. Heilborn (E. T. A. Hoffmann, Der Künstler und die Kunst, Berlin 1926, S. 110) bezeichnet auch Klein Zaches nicht ganz mit Unrecht als »Automaten«. – Mit dieser negativen Einschätzung der Automaten hängt übrigens auch die Ablehnung mechanischen Spielzeugs zusammen, die in dem Märchen »Das fremde Kind« besonders deutlich ist (Werke 3, 607), vgl. »Nußknacker und Mausekönig« (ibid. 252ff.).

79. H. Fränkel, Ovid, A poet between two worlds, Berkeley 1945, 97.

80. Preface to Fables (Works, edd. E. N. Hooker und N. T. Swedenborg, Berkeley und Los Angeles 1956, S. 1444).

81. C. Heselhaus (s. Anm. 59).

82. Z.B. L. Alfonsi, L'inquadramento filosofico delle Metamorfosi Ovidiane. In: Ovidiana (Paris 1958) 265–272. – A. Rostagni, Il verbo di Pitagora, Turin 1924. – Eine allseitige Darstellung fehlt noch.

83. H. Dörrie, Wandlung und Dauer. Ovids Metamorphosen und Poseidonios' Lehre von der Substanz, Der Altsprachliche Unterricht 4, 2 (1959) 95–116.

84. Werke 5, 601f.

85. Vorrede zu Il Re de'genj, Opere, Bd. 3 (Venezia 1772) S. 130: »un' arsenale di stravaganze, di decorazioni, di trasformazioni e di diavolerie ...«

86. »La passione del mirabile ... sarà sempre la regina di tutte le umane passioni« (ibid. 131).

87. Ibid. – Vgl. außerdem die Vorrede zu La donna serpente (Opere, Venezia 1772, Bd. 2, S. 11ff.), der ich die Anspielung auf Horazens Ars Poetica entnehme.

88. Opere 3, 130.

89. Akt 4, Szene 1 (Opere 3, 93), vgl. auch Akt 4, Szene 4.

90. Schon in Dresden hatte Hoffmann Schellings »Weltseele« und G. H. Schuberts »Ansichten von der Nachtseite der Naturwissenschaften« gelesen. Vgl. den Brief vom 19. 8. 1813 an Kunz. Dazu W. Harich, E. T. A. Hoffmann, Bd. 1, Berlin o. J., 231ff. Da romantische Naturphilosophie kein isolierendes Nachdenken über den Teilbereich »Natur« (etwa so, wie es auch Rechts- und Sprachphilosophie gibt), sondern Zusammenschau von »realer Naturwelt« und »idealer Geisteswelt« bedeutet, schließt sie auch den Humor nicht aus. Ist doch dieser für Hoffmann »aus der tiefsten Anschauung der Natur geboren« (Prinzessin Brambilla 3, Werke 5, 663, vgl. dazu meinen in der Anm. 118 genannten Aufsatz). Es lohnt sich festzuhalten, daß auch bei

Ovid, wenn auch in etwas anderer Weise, Erzählerhumor und Naturphilosophisches sich in der Verwandlungsdichtung verbinden.

91. Vgl. seine Vorrede zu »L'augellino belverde«, einem Stück, das im Untertitel »fiaba filosofica« heißt (Opere 3, 10): Sotto un titolo fanciullesco, e in mezzo ad un caricatissimo ridicolo, non credo che nessun uomo bizzarro abbia trattato con più insidiosa facezia morale *le cose serie*, ch' io trattai in questa Fola.

92. Gerade in »Prinzessin Brambilla« 3 finden sich tiefe Einsichten über den Wesensunterschied zwischen Italienern und Deutschen (Werke 5, 648f.).

93. Il Mostro Turchino, Akt 1, Szene 5 (Opere 2, 213).

94. Vgl. dazu R. Reitzenstein, Die hellenistischen Mysterienreligionen, Leipzig und Berlin 1910, 55, und den Abschnitt über »Das Doppelempfinden in der Romantik« ebd. 207f.

95. Ovid, met. 8, 730ff. 11, 243ff. 14, 642ff. 8, 853ff. Die Hoffmannschen Verwandlungs*kämpfe* (etwa im Goldenen Topf 10, Werke 1, 360, und in Klein Zaches 6, Werke 5, 85) erinnern mehr an das Märchen vom Gestiefelten Kater (in dem gleichnamigen Stück Tiecks fehlt übrigens der Verwandlungskampf zwischen Kater und Zauberer: ein weiteres Indiz dafür, daß Hoffmann die Folklore kannte, vgl. Anm. 70) als an den Kampf von Hercules und Achelous (met. 9, 31ff.) bei Ovid.

96. Akt II, Nr. 10. »Undine« ist erst 1906 (bei Peters in Leipzig) im Klavierauszug, bearbeitet von Hans Pfitzner, erschienen.

97. Weitere ovidische Beispiele bei W. H. Friedrich, Der Kosmos Ovids, Festschrift Franz Dornseiff, Leipzig 1953, S. 94–100. – M. v. Albrecht, Die Parenthese in Ovids Metamorphosen und ihre dichterische Funktion, Spudasmata Bd. 7, Hildesheim 1964, 147ff.

98. Meister Floh 2 (Werke 6, 42).   99. Ovid, met. 4, 270.

100. So etwa bei Scylla (met. 14, 59), doch dies sind, ebenso wie die Sirenen, Centauren usw., Züge, die Ovid nicht selbständig erfand, sondern die im Mythos vorgegeben waren.

101. Werke 3, 629: »Der Magister Tinte hatte sich umgestaltet in eine große scheußliche Fliege, und recht abscheulich war es, daß er dabei doch noch ein menschliches Gesicht und sogar auch einige Kleidungsstücke behalten.« Über die Titelvignette s. Anm. 25.

102. Prinzessin Brambilla 5 (Werke 5, 704). Wir haben schon auf die Bedeutung des Gewandes, das Menschen- und Vogelgestalt miteinander verknüpft, hingewiesen.

103. Klein Zaches 5 (Werke 5, 68).   104. Ibid. 86.

105. Prinzessin Brambilla 1 (Werke 5, 622).

106. Um so auffallender ist das gelegentliche ironische Spiel, z.B. met. 8, 51 (der Wunsch nach Flügeln bereitet eine Vogelverwandlung vor), 14, 679 u.ö.

107. Klein Zaches 3 (Werke 5, 40).

108. Daß er als aufgeklärter Römer an der objektiven Realität des überlieferten Wunders zweifelt, kann er deshalb nur gelegentlich andeuten. Dabei erscheint nur sein Glaube an den Mythos als unsicher und ironisch gespalten, nicht die Wirklichkeit selbst als gebrochen und transparent.

109. In seinem Bühnenstück »Prinzessin Blandina« läßt Hoffmann die Schauspieler aus Prinzip aus der Rolle fallen. Vgl. Anm. 28.

110. Meister Floh 4 (Werke 6, 103). Vgl. ibid. 6, 55.

111. Dörrie, a.O. 114ff.

112. Meister Floh 2 (Werke 6, 54). 113. Ibid. 46f.

114. Zu diesem unovidischen Gedanken vgl. G. H. Schubert, Ansichten von der Nachtseite der Naturwissenschaften, S. 250. Dazu K. Ochsner, E. T. A. Hoffmann als Dichter des Unbewußten (Wege zur Dichtung. Zürcher Studien zur Literaturwissenschaft 23) Leipzig 1936, S. 52.

115. Meister Floh 6 (Werke 6, 141).

116. Verwandlungen von Steinen, Regentropfen und Tieren in Menschen erwähnt Ovid gelegentlich (met. 1, 400; 4, 282; 7, 635). Vgl. auch den aus der Erde entsprossenen Tages (15, 553). Doch sind dies Einzelfälle.

117. Der Goldne Topf 3 (Werke 1, 294f.).

118. An Hitzig 1. 3. 1822 (Ausg. v. Harich 15, 346).

119. Vgl. oben S. 149f. und 160 mit Anm. 90. Dazu M. v. Albrecht, Ovids Humor, ein Schlüssel zur Interpretation der Metamorphosen, Der Altspr. Unterricht 6, 2, 1963, 47−72; jetzt in: Ovid, hrsg. v. M. v. Albrecht und E. Zinn, Darmstadt 1968, 405−437.

120. H. Fränkel, a.O. 81. − Die gewichtigste der bisherigen Gegenstimmen: W. H. Friedrich, s. Anm. 97.

V

MYTHOS UND DICHTERSPRACHE

Vondels niederländischer Ovid – ein poetisches Testament[1]

I

Joost van den Vondel hat den ganzen Vergil, sämtliche Oden, Epoden und die Poetik des Horaz sowie die Metamorphosen Ovids zu Bestandteilen der niederländischen Literatur gemacht. Es scheint mir nichts Alltägliches, wenn ein Volk die Meisterwerke der römischen Literatur, verdolmetscht durch seinen bedeutendsten Dichter, lesen kann. Dies wiegt um so schwerer, als z. B. die deutsche Literatur sich die Römer nicht in gleichem Maße wie Homer und Shakespeare zu eigen gemacht hat.

Außer Betracht bleibe hier Vondels mißglückte Heroiden-Übersetzung und auch seine Prosafassung der Metamorphosen, von der die Versübersetzung, wie nachgewiesen wurde, unabhängig ist. Vondels poetische Wiedergabe der Metamorphosen, in hohem Alter geschrieben, ist in gewissem Sinne, wie zu zeigen sein wird, ein poetisches Testament. Sie sei hier unter folgenden Gesichtspunkten betrachtet:

1. Was ist die Absicht der Vorrede und der Widmungsgedichte Vondels? Warum übersetzt er Ovid?
2. Wie übersetzt Vondel? Eine Interpretation soll seine Praxis beleuchten; dabei wird auch auf eine neue Vorlage hinzuweisen sein.
3. Läßt sich Vondels Praxis aus seiner literarischen Theorie begründen?

Aus dem Vergleich ergeben sich Rückwirkungen auf unser Verständnis Ovids und vielleicht auch die Anregung, Vondels Ovid-Übersetzung künstlerisch ernst zu nehmen.

Nun zu unserer ersten Frage:

Warum übersetzt Vondel Ovid? Bevor wir uns Vondels eigenen Worten zuwenden, einige allgemeine Bemerkungen über die Bedeutung des übersetzten Werkes. Paradoxerweise ist die griechische Mythologie Europa vornehmlich durch einen aufgeklärten Großstadtmenschen vermittelt worden: Publius Ovidius Naso. Er lebte zur Zeit des Augustus in Rom und schrieb auch eine Liebeskunst, deren angebliche Unsittlichkeit den Vorwand für seine Verbannung bildete. Seine Metamorphosen in 15 Büchern umfassen in fortlaufender Erzählung über 250 Sagen, die meist eine Verwandlung enthalten. Der chronologische Rahmen spannt sich von der Weltschöpfung bis in des Dichters eigene Zeit.

Ovid selbst ›glaubt‹ keineswegs an die Mythen, die er erzählt. In späteren Werken dienen ihm gerade die Verwandlungen als Schulbeispiel für unglaubhafte Dinge. In welchem Geist erzählt er die alten Geschichten? Sie sind großenteils von ihrem religiösen Ursprung gelöst und werden, auch wenn es sich um Göttersagen handelt, vom rein menschlichen Standpunkt aus betrachtet. Ovid fühlt sich in die Gestalten ein, beseelt sie und gibt den überlieferten Szenen auf diese Weise allgemein menschliche Bedeutung. Ovids ›Weltlichkeit‹, seine weitgehende Freiheit von prononcierter Ideologie, macht seine Werke auch dort assimilierbar, wo andere ideologische und theologische Prämissen gelten als im alten Rom. So konnte der griechische Mythos in Kunst und Poesie den Untergang des Heidentums überleben: als Schatz typischer Schicksale, Situationen, Verhaltensweisen, die anschaulich, wie auf einer Bühne, vorgeführt werden.

Ein anderer Bereich, der die Metamorphosen für die Leser des Mittelalters und der frühen Neuzeit fesselnd machte, ist der naturkundliche. Die Schöpfungsgeschichte am Anfang des Werkes und der Lehrvortrag des Pythagoras im letzten Buch sind im Unterschied zum mythologischen Hauptteil naturwissenschaftlich orientiert (die Erde erscheint nicht als Scheibe, sondern als Kugel, in fünf Zonen eingeteilt; die Lebewesen entstehen aus dem Schlamm; Metamorphosen wie die des Schmetterlings sind unmythologisch). Aber auch die Verwandlungssagen selbst haben bei Ovid naturgeschichtliche Bedeutung: Sie erklären die Entstehung vieler Tier- und Pflanzenarten (übrigens im Gegensatz zu unserer Biologie nicht als Zeugen einer aufsteigenden Entwicklung zum Menschen hin, sondern umgekehrt als Dekadenz- und Erstarrungsformen, die aus einseitigem Verhalten von Menschen entstehen: Arachne, die engstirnig Arbeit und Technik überschätzt, wird folgerichtig zur Spinne).

Der dritte Bereich ist der historisch-politische; er tritt bei Ovid mehr zurück als etwa bei Vergil.

Fragen wir uns nun, wie der große niederländische Dichter Vondel dazu kam, gerade die Metamorphosen zu übersetzen! In der Sekundärliteratur werden vor allem zwei Gesichtspunkte hervorgehoben: verlegerisches Interesse und konfessionelle Tendenziosität. So lesen wir in dem ausgezeichneten Buch von A. M. F. B. Geerts[2] auf Seite 49: »De practisch aangelegde uitgevers wisten dat de naam van de fenix onder de Nederlandsche dichters de beste reklaam was om een vertaling onder het publiek ingang te doen vinden.« Und auf Seite 84: »De glorie van het Gezelschap Jesu is Athanasius Kircher ... Vondel zag in hem niet alleen de geleerde, maar ook de verdediger van het ware geloof ... De vertaling van Ovidius' Herscheppinge werd in het licht gegeven ad majorem Dei gloriam.«

Wenn Vondel das beabsichtigte, so konnte er — außer vielleicht der ars amatoria — schwerlich ein weniger geeignetes Buch finden. Die Ansicht von Geerts ist auf den ersten Blick absurd; wir können aber erklären, wie sie zustande kommt. Vondels Vorwort benützt, wie es seiner Zeit entspricht, in weitem Umfang theologische Zeugnisse und Begründungen; so liegt es nahe, Form und Inhalt zu verwechseln.

Umgekehrt verdient das verlegerische Argument an sich durchaus Beachtung. Die Tatsache, daß damals Übersetzungen antiker Autoren gefragt waren, stellt dem Publikum ein gutes Zeugnis aus — unter anderem wollten Maler, Bildhauer und Auftraggeber die Themen der Kunstwerke, die sie schufen und kauften, in einer modernen Sprache erklärt wissen. Ein Verleger, der dieses Bedürfnis nicht durch einen beliebigen Nachdruck — etwa einer französischen Übersetzung — befriedigt, sondern einen Mann wie Vondel gewinnt, denkt nicht nur kommerziell. Er trägt indirekt dazu bei, die geistigen Schätze seines Volkes zu mehren. Aber die Überlegungen des Verlegers sind in unserem Falle nicht belegt, sehr wohl jedoch der Name des Anregers unserer Übersetzung. Es war kein Geringerer als Gerardus Vossius, der bekannte Historiker und Philologe, der von 1631 bis zu seinem Tode (1649) am Athenaeum in Amsterdam wirkte und auf Vondel einen tiefgehenden Einfluß ausübte. In der Vorrede zitiert der Dichter die aufmunternden Worte des Gelehrten: »Indien myne pen Ovidius Herscheppinge met haere natuurlyke verwen verlichte, dan zoude blyken, dat noit geleerder werkstuk aen den dag quam« (W. B. 7, 393).[3] Vondel erfüllte diese Bitte erst lange nach Vossius' Tod. Rückblickend erkennt man: Vossius wußte, was er sagte; an materiellen Gewinn dachte er sicher nicht.

Doch der Auftrag ist nicht alles. Der Dichter muß auch zustimmen. Für die Erfüllung einer so undankbaren Aufgabe wie der Übersetzung eines Riesenepos in 15 Büchern bedarf es auch eines starken inneren Antriebs.

Läßt sich dieser genauer fassen? Im Widmungsgedicht findet sich wiederholt die zugleich einfachste und überzeugendste Erklärung: »Ich habe Lust« (*Het luste ons hem, die als een arent opgaet streven, in zyne schaduw, laegh langs d'aerde, naer te zweven; ... ik wenschte Ovidius, van dichtlust aengeport, dus t'achterhaelen ...; myn leerzucht ... wil luisteren*; vgl. auch: *Bevangt u lust om met dit stomme boek te spreeken des vormverscheppers*). Mit alledem spielt Vondel natürlich auf Ovids Prooemium an: *In nova fert animus ...* (*My lust t'ontvouwen ...*). Der lateinische Ausdruck umfaßt zugleich Neigung und Inspiration.[4] Aus der Bemerkung des Widmungsgedichts, Ovid würde, wenn er heute lebte, sein Werk nur einem *fenixtolk* anvertrauen, spricht nicht nur Selbstbewußtsein, sondern auch das Gefühl der Verantwortung dem großen Kunstwerk gegenüber. So verbinden sich literarische Nachfolge, dichterischer Wettstreit und indirekte Selbstdarstellung. Vondel spricht hier in eigener Sache.

Die irrationale Motivation wird in der Vorrede in verschiedener Weise rationalisiert und dem Verständnis des Publikums näher gebracht. Eine Vorrede ist in erster Linie für die Leser bestimmt. Wir haben daher zu fragen, welche Schwierigkeiten beim Aufnehmen einer mythologischen Dichtung wie der Metamorphosen damals zu überwinden waren. Einmal wird eine bürgerliche und von religiöser Strenge geprägte Gesellschaft an vielen Mythen moralisch Anstoß nehmen, zum anderen wird eine Bürgerschaft, die sich mit ernsthaften Dingen – wie z.B. Handelsgeschäften – befaßt, nach der Nützlichkeit von Mythos und Poesie fragen. Argumente hierfür sind seit der Antike gesammelt; zusammengefaßt hat sie ein Venezianer des 16. Jahrhunderts, Natalis Comes.[5] Vondel folgt in seiner Vorrede u.a. diesem Autor.[6]

Den Vorwurf der Unsittlichkeit und der Gefahr für die Religion weist Vondel kurz und souverän zurück: Seit überall der wahre Glaube verkündigt werde, sei in dieser Hinsicht nichts mehr zu befürchten (ein ebenso glänzendes wie brüchiges Argument). Daneben erscheinen traditionelle Begründungen, etwa: auch aus giftigen Pflanzen könne man Arzneien bereiten. Stärker betont werden freilich – dem Lernwillen der Zeitgenossen entsprechend – der naturkundliche, der politisch-historische und der moralische Nutzen der Ovid-Lektüre (also die eingangs auch von uns angedeuteten Gesichtspunkte). Man sieht: Bei der – an sich keineswegs neuen – Interpretation der Metamorphosen als Handbuch göttlichen und menschlichen Wissens geht es dem Dichter nicht um Theologie, sondern um eine Apologie der Poesie, z.T. mit recht sophistischen Mitteln.

Beim Nachweis der ›Nützlichkeit‹ werden Mythos, Fabel und Legende nicht sauber geschieden, ebensowenig Symbol und Allegorie. Unscharf ist bereits das lateinische Wort *fabula*. Schon hieraus kann man ersehen, daß es Vondel nicht auf begriffliche Differenzierung ankommt, sondern auf die poetische, künstlerische Darstellungsweise im allgemeinen, ihre Daseinsberechtigung und ihren – wenn auch verhüllten und schwer zu definierenden – Wahrheitsgehalt. Geerts hat im einzelnen eindrucksvoll die Parallelen zwischen Vondel, Natalis Comes und anderen Quellen zusammengestellt. Was aber den niederländischen Dichter von seinen Vorlagen unterscheidet, scheint bisher noch nicht genügend hervorgehoben zu sein. Schon im ersten Absatz der Vorrede fügt er, als Homers Name fällt, eine gewichtige Bemerkung an: *waeronder Heziodus en Homerus – die verreziende blindeman – vaders der fabelen genoemd worden*. So betont Vondel am Anfang die Bedeutung der Dichter, ihre mythenschaffende Kraft.[7] Später wird er Homer dem Aristoteles vorziehen und sich hierfür, nicht ganz mit Recht, auf Alexander den Großen berufen. Schließlich wird er Ovids Ruhm sogar über den des Augustus stellen. Dies alles steht so nicht in seinen unmittelbaren Vorlagen und läßt gerade dadurch die Grundtendenz der Vorrede erkennen: Apologie der Poesie und Apotheose des Dichters.

Was nun diejenigen Teile der Vorrede betrifft, die sich biblischer Argumente bedienen, so sammelt Vondel vor allem Belege für die Bedeutung der Poesie und der Musik. Das (typologisch verstandene)[8] Alte Testament ist für ihn zum großen Teil Praefiguration, Bild, Gleichnis. Ja, der Oberste Lehrmeister selbst redet in Gleichnissen. Das ist bei Vondel keine theologische Knechtung der Poesie, sondern ihre Rechtfertigung aus dem Munde der letzten religiösen Instanz. Dadurch, daß Gott selbst durch Bilder, Gleichnisse und Geschichten spricht, erhält das Tun des Dichters die denkbar höchste Weihe. Diese Probleme hatten für Vondel persönliche Bedeutung; bot er doch seinen Zeitgenossen manche Angriffsflächen, indem er heidnische Themen behandelte, aber auch indem er biblische Stoffe auf die Bühne brachte.

In seiner Beziehung zu Ovid sieht Vondel, wie das Widmungsgedicht zeigt, mehr als nur ein Lehrer-Schüler-Verhältnis. Bei guter Nachfolge, meint Vondel, sind Lehrer und Schüler nicht mehr voneinander zu unterscheiden. Ovid wird für ihn – in seinem Ruhm und in seiner Leistung – zu einer exemplarischen Gestalt, die zu Imitation und Identifikation einlädt. Die Nähe des Dichters zum Göttlichen[9] spiegelt sich in der Verwendung einer charakteristischen Vokabel: Vondel nennt Ovid *vormverschepper*, ähnlich wie er die Götter als *vormherscheppers* bezeichnet.

Weit entfernt, nur eine konfessionelle Bekundung zu sein, ist Vondels Vorrede ein Bekenntnis zur hohen Würde des mythischen Sprechens und der Aufgabe des Dichters.

2

Die Listen bei Geerts (141–156) zeigen, daß Vondel hauptsächlich die Ovid-Ausgabe von Schrevelius benützt hat (1661 und 1662);[10] sogar Schrevels Anmerkungen haben in Vondels Übersetzung deutliche Spuren hinterlassen. Noch nicht erforscht, ja, meines Wissens noch nicht einmal erwogen scheint der Einfluß nichtlateinischer Quellen, besonders von Übertragungen in moderne Sprachen. Auch unabhängig von der Quellenfrage dürfte der Vergleich mit französischen Übersetzungen jener Zeit fruchtbar sein; liefert er doch einen Einblick in das, was damals normalerweise an Abweichungen von der antiken Vorlage notwendig schien, zugleich aber auch einen Maßstab für die relative Treue und Qualität der Übertragung Vondels.

Aus den Forschungen von Geerts ergibt sich, daß Vondel als Graecus überhaupt nicht in Frage kommt und als Lateiner unter den Gelehrten seiner Zeit nur einen bescheidenen Platz einnimmt. Immerhin reichen seine Sprachkenntnisse aus, um die lateinischen Kommentare und Schriften der Humanisten mühelos zu lesen und für seine Übersetzung zu verwerten. Das ist doch weit mehr, als wir heute von dem gebildetsten Dichter verlangen würden. Louis Couperus z.B. schöpft seine Kenntnis der Antike zum großen Teil aus modernen Übersetzungen und Darstellungen. Trotzdem wird auch für uns Geerts' Beobachtung wichtig werden, daß das schwierigere Latein des Poeten Vondel doch einige Mühe bereitet (ein Beleg ist seine mißglückte Heroiden-Übersetzung).

Es ist leicht, Fehler zu finden, z.B. met. 10, 6f. *lacrimosus fumus*, wo die kausative Bedeutung des Adjektivs (›tränenerzeugend‹) Vondel entging. Aber an dieser Stelle strauchelten auch die französischen Übersetzer jener Zeit. Zahl und Art der Fehler in der Versübersetzung der Metamorphosen zeigen, daß Vondel über das Elementare hinaus war. Das Manuskript beweist, daß die Durchsicht durch den Freund Joannes Antonides ter Goes nicht überflüssig war. Die Worte *in ripa Cereris sine munere sedit* (Ovid, met. 10, 74) hatte Vondel zuerst übersetzt: *op Ceres' oever*. Das ist zwar einwandfrei falsch, aber ein schlagender Beweis für Verwendung des originalen lateinischen Textes. Die Zahl der Fehler überschreitet jedenfalls nicht das bei derartigen poetischen Übersetzungen übliche und vertretbare Maß.

Sinnvoller ist es, jeweils einzelne Elemente und die Gesamtstruktur zu vergleichen. Als Beispiel sei der Anfang des 10. Buches der Metamorphosen ausgewählt.

Ovid, met. 10, 1–63

Inde per inmensum croceo velatus amictu
Aethera digreditur Ciconumque Hymenaeus ad oras
Tendit et Orphea nequiquam voce vocatur.
Adfuit ille quidem, sed nec sollemnia verba
5 *Nec laetos vultus nec felix attulit omen.*
Fax quoque, quam tenuit, lacrimoso stridula fumo
Usque fuit nullosque invenit motibus ignes.
Exitus auspicio gravior; nam nupta per herbas
Dum nova Naïadum turba comitata vagatur,
10 *Occidit in talum serpentis dente recepto.*
Quam satis ad superas postquam Rhodopeïus auras
Deflevit vates, ne non temptaret et umbras,
Ad Styga Taenaria est ausus descendere porta
Perque leves populos simulacraque functa sepulcro
15 *Persephonen adiit inamoenaque regna tenentem*
Umbrarum dominum pulsisque ad carmina nervis
Sic ait: ›O positi sub terra numina mundi,
In quem reccidimus, quidquid mortale creamur,
Si licet, et falsi positis ambagibus oris
20 *Vera loqui sinitis, non huc, ut opaca viderem*
Tartara, descendi, nec uti villosa colubris
Terna Medusaei vincirem guttura monstri:
Causa viae est coniunx, in quam calcata venenum
Vipera diffudit crescentesque abstulit annos.

25 *Posse pati volui nec me temptasse negabo:*
Vicit Amor. Supera deus hic bene notus in ora est;
An sit et hic, dubito; sed et hic tamen auguror esse,
Famaque si veteris non est mentita rapinae,
Vos quoque iunxit Amor. Per ego haec loca plena timoris,
30 *Per Chaos hoc ingens vastique silentia regni,*
Eurydices, oro, properata retexite fata!
Omnia debemur vobis, paulumque morati
Serius aut citius sedem properamus ad unam.
Tendimus huc omnes, haec est domus ultima, vosque
35 *Humani generis longissima regna tenetis.*
Haec quoque, cum iustos matura peregerit annos,
Iuris erit vestri: pro munere poscimus usum.
Quodsi fata negant veniam pro coniuge, certum est
Nolle redire mihi: leto gaudete duorum!‹
40 *Talia dicentem nervosque ad verba moventem*
Exsangues flebant animae; nec Tantalus undam
Captavit refugam, stupuitque Ixionis orbis,
Nec carpsere iecur volucres, urnisque vacarunt
Belides, inque tuo sedisti, Sisyphe, saxo.
45 *Tunc primum lacrimis victarum carmine fama est*
Eumenidum maduisse genas, nec regia coniunx
Sustinet oranti nec, qui regit ima, negare,
Eurydicenque vocant: umbras erat illa recentes
Inter et incessit passu de vulnere tardo.
50 *Hanc simul et legem Rhodopeïus accipit heros,*
Ne flectat retro sua lumina, donec Avernas
Exierit valles; aut inrita dona futura.
Carpitur adclivis per muta silentia trames,
Arduus, obscurus, caligine densus opaca.
55 *Nec procul afuerunt telluris margine summae:*
Hic, ne deficeret, metuens avidusque videndi
Flexit amans oculos, et protinus illa relapsa est;
Bracchiaque intendens prendique et prendere certans
Nil nisi cedentes infelix adripit auras.
60 *Iamque iterum moriens non est de coniuge quicquam*
Questa suo (quid enim nisi se quereretur amatam?)
Supremumque ›vale‹, quod iam vix auribus ille
Acciperet, dixit revolutaque rursus eodem est.

Vondel, *Ovidius Herscheppinge* 10, 1—96

De bruiloftsgodt vertrekt van hier in zyn saffraenen
Gewaet, door d'ope lucht naer 't ryk der Traciaenen,
En out Cikoonsch gewest, daer Orfeus, bly van geest,
Hem vruchteloos verzoekt en noot ter bruiloftsfeest.
5 *Hy quam' er wel, doch niet met zyn' gewoonen zegen,*
En vrolyk aenschyn, noch goet voorspook, maer verslegen:
Ook sparkelde de torts in zyne rechte hant,
Besprengkelt met 'n damp van traenen, en zy brant
Niet klaer noch helder: en wat hieraen mocht ontbreeken,
10 *Het ende van dees feest viel zwaerder dan het teken*
En voorspook: want terstont toen goelyke Euridys,
De nieugetroude, ging spansseeren naer lants wys,
In 'n groene velt, bestuwt van blanke veltgodinnen,
Beet een verborge slang die schoone, waert te minnen,
15 *Van achter in den hiel. zy sterft. hy zit in rou.*
De treurige Orfeus, als hy zyn beminde vrou
Langwyligh heeft beschreit, durf entlyk zich verkloeken
Haer' dootschen geest in 't ryk der schimmen op te zoeken,
Door 's afgronts ingang in den duistren jammerpoel
20 *Te stygen naer beneên, daer 't lichaemloos gewoel*
Des volks en geestendoms, van bus en graf versteeken,
Staen onder Prozerpyn, en 't hooft der naere streeken.
Hy trekt de snaeren op zyn' zang, en heft dus aen:
O godtheên, onder wie alle onderaertschen staen,
25 *Daer wy, zoo veelen als op aerde zyn geboren,*
Naer nederdaelen, is 't geoorloft voor uwe ooren
Rechtuit en onverbloemt te spreeken als het is;
Ik koom niet neêrgedaelt in deze duisternis
Het onderaertsche ryk bespieden, en verrassen,
30 *En uwe hellewacht den hont verbiên te bassen,*
Met zyn dry hoofden, ruigh van slangen, uit Meduis
Gesprooten, en hem vast te knevlen in dit huis.
De reden van myn reis en hellevaert van boven
Is myne bedtgenoot, verzonken in dees kloven,
35 *Toen zy, van eene slang gebeeten en besmet,*
In 't allerbloeienst' van haer levens lente, ons bedt
Ontrukt wiert. 'k wenschte dit te kunnen overzetten,
En lochen niet dat ik 't beproefde: maer de wetten

  Der liefde leden 't niet. de liefde viel te sterk.
40 *Dees godt is wel bekent om hoogh, en boven 't zwerk.*
  Ik twyfele of men hem ook kent in deze gronden,
  Doch houde dat zyn maght hier mede wort bevonden.
  Al schaekte gy uw bruit, de liefde, trou van aert,
  Heeft u, is 't zeggen waer, met Persefoon gepaert.
45 *'k Bezweere u beide by dees schroomelyke wyken,*
  By deze woesticheên, en altyt stomme ryken,
  Ontweef d'ontydigheit des doots van Euridies.
  Wy allen zyn u toch een doot, en een verlies
  Van 't leven schuldigh, en hoe lang wy boven wachten,
50 *Wy spoeden vroegh of spa ter rustplaets naer dees nachten.*
  Wy streven te gelyk altzamen herwaert aen.
  Dit is ons leste huis, en alle menschen staen
  Ten dienst van uw gebiet, 't langduurighste van allen.
  Ook zal myne Euridys haer tyt in 't endt vervallen,
55 *En zy zich buigen voor het recht van uw gebiet.*
  Wy eischen slechts 't gebruik van 't leven, anders niet.
  Indienme 't leven van myn vrou niet magh gebeuren,
  Zoo keere ik nimmermeer om hoogh door deze deuren.
  Verlustigh u dan vry met onzer beide doot.
60 *Dus smeekt hy, en de lier, in dezen bangen noot,*
  Op zyn gebedt gestelt, begon al 't hol te steenen,
  Het dootsche zielendom godtsjammerlyk te weenen.
  Nu gaepte Tantalus van dorst niet naer het nat,
  Ontzinkende den mont. Ixion draeit geen radt.
65 *Den leverslokker schynt het byten niet te lusten,*
  En Belus afkomst laet de boômlooze eemers rusten.
  Gedoemde Sisifus blyft zitten op zyn' steen.
  De Razernyen zien nu eerst langs 't aenzicht heen
  De traenen bigglen, zoo 't gerucht loopt. Persefoone,
70 *Godt Plutoos gemaelin, om laegh gevoert ten troone,*
  En Pluto, koning van het donker jammerdal,
  Verstaen niet dat men dit verzoek hem afslaen zal,
  En weigren, neen gewis, maer roepen onder d'aerde
  Haer schim, die onder al de leste schimmen waerde.
75 *Zy quam'er langsaem, mits de hielwonde, aengetreên.*
  De smeekende Orfeus kreegh haer weêr op zyn gebeên.
  Mits dat hy niet naer heur in 't uitgaen om moght kyken,
  Eer zy het jammerdal, en Plutoos droeve ryken

>   *Geruimt had, of 't geschenk zou los en ydel zyn.*
> 80 *Zy volghde haeren man in 't opgaen zonder pyn,*
>   *Door 't stil en stom gewest op 't spoor, dat droef en duister*
>   *Van nevelen bedekt, geen schynsel gaf noch luister.*
>   *Nu warenze geraekt niet verre van den zoom*
>   *Der aerde, als Orfeus, vol van achterdocht en schroom,*
> 85 *Woude omzien ofze op 't spoor hem navolghde onbezweeken,*
>   *Maer hy bevont zich van zyn wederga versteeken.*
>   *De liefste, hier gezocht, ontschoot hem wederom,*
>   *En d'ongelukkige verbaest staet styf en stom.*
>   *Hy wilze omhelzende vast houden in zyne armen,*
> 90 *En strekt de handen naer heur uit, begint te karmen,*
>   *Doch grypt vergeefs, en niet dan dunne en ydle lucht.*
>   *Euridice, anderwerf verscheidende, verzucht,*
>   *En klaeght niet over hem, die krachtigh haer bezinde.*
>   *Wat konze klaegen dan dat hyze trou beminde?*
> 95 *Zy riep in 't ent: vaer wel, het welk hy naulyx hoort,*
>   *En zy deist evenwel te rugge met dit woort.*

Übersetzung von Vondels Nachdichtung

Der Hochzeitsgott zieht von hier in seinem safranfarbenen Gewand durch die freie Luft nach dem Reich der Thraker und dem alten Ciconischen Gebiet, wo Orpheus, frohen Herzens, ihn fruchtlos bittet und zum Hochzeitsfest einlädt. Er kam zwar, doch nicht mit seinem gewohnten Segen und fröhlichem Gesicht, nicht mit gutem Vorzeichen, sondern niedergeschlagen. Auch sprühte die Fackel in seiner rechten Hand Funken, betaut mit einem Dampf von Tränen, und sie brannte nicht klar noch hell. Und was hier noch fehlen mochte: Das Ende des Festes fiel schwerer aus als das Zeichen und die Vorankündigung. Denn zur Stunde, da die holde Eurydice, die neuvermählte, nach Landes Art im grünen Felde ging spazieren, umdrängt von strahlendweißen Feldgöttinnen, biß eine verborgene Schlange die Schöne, wert zu minnen, von hinten in die Ferse. Sie stirbt. Er sitzt in Trauer. Der traurige Orpheus, als er seine geliebte Frau lange Zeit beweint hat, wagte endlich, sich zu erkühnen, ihren Totengeist im Reich der Schemen aufzusuchen, durch des Abgrunds Eingang in den düstren Jammerpfuhl hinabzusteigen, wo das körperlose Gewühl des Volks, der Geisterschar, die Schrein und Grab verlassen, der Proserpina untersteht, und dem Haupt des wüsten Reiches. Er zupft die Saiten zu seinem Gesang und hebt also an: »O ihr Gottheiten, denen alle Unterirdischen unterstehen, wohin wir, soviele auf Erden geboren sind, hinabsteigen! Ist es erlaubt, vor euren Ohren geradeheraus und unverblümt auszusprechen, wie es ist: Ich komme nicht in diese Düsternis herabgestiegen, um das unterirdische Reich auszuspähen und zu überrumpeln und eurem Höllenwächter, dem Hund, das Bellen zu verbieten mit seinen drei Häuptern, starrend von Schlangen, der Medusa entsprossen, und ihn fest zu knebeln in diesem Hause. Die Ursache meiner Reise und Höllenfahrt von droben ist meine Bettgenossin, versunken in diesen Klüften, als sie, von einer Schlange gebissen und vergiftet in der höchsten Blüte von ihres Lebens Lenz unserem Bette entrückt ward. Ich wünschte, darüber hinwegkommen zu können, und leugne nicht, daß ich's versuchte, aber die Gesetze der Liebe litten's nicht. Die Liebe erwies sich als zu stark. Dieser Gott ist in der Oberwelt wohlbekannt und oberhalb der Wolken. Ich zweifle, ob man ihn auch kennt in diesen Gründen, doch nehme ich an, daß seine Macht sich auch hier findet. Obwohl Ihr Eure Braut raubtet, hat doch die Liebe, treu von Art, Euch, ist die Sage wahr, mit Persephone vereint. Ich beschwöre euch beide bei diesen furchterregenden Orten, bei diesen Wüsteneien und allzeit stummen Reichen löst auf [wörtlich: ent-webt] die Unzeitigkeit von Eurydices Tod. Wir alle sind Euch doch einen Tod und einen Verlust des Lebens schuldig, und so lang wir oben weilen, eilen wir früh oder spät zur Ruhestätte in dieses Dunkel. Wir streben gleicherweise alle zusammen hierher. Dies ist unser letztes Haus, und alle Menschen stehen Eurer Herrschaft zu Diensten, die von allen am längsten währt. Auch soll die Zeit meiner Eurydice am Ende verfallen und sie sich vor dem Recht Eurer Herrschaft beugen. Wir fordern nur den Gebrauch des Lebens, sonst nichts. Falls aber mir das Leben meiner Frau nicht zuteil wird, so kehre ich nimmermehr in die Höhe durch dieses Tor zurück. Freut Euch dann frei an unser beider Tod.« So fleht er und die Leier in dieser bangen Not; von seinem Gebet eingenommen, begann die ganze Hölle zu stöhnen, die Schar der toten Seelen gottesjämmerlich zu weinen. Nun schnappte Tantalus nicht vor Durst nach dem Naß, das seinem Mund entsank. Ixion dreht kein Rad, den »Leberschlucker« scheint es nicht nach Beißen zu gelüsten, und die Nachkommenschaft des Belus läßt die bodenlosen Eimer ruhen, der verurteilte Sisyphus bleibt auf seinem Stein sitzen. Die »Rasereien« sehen jetzt zum ersten Mal über ihr Angesicht die Tränen rollen, wie das Gerücht geht.

Persephone, Gemahlin des Gottes Pluto, in die Tiefe entführt zum Throne, und Pluto, König des dunklen Jammertals, verstehen sich nicht dazu, ihm diese Bitte abzuschlagen und zu verweigern. Nein! Sie rufen unter der Erde ihren Schatten, der unter den allerletzten Schatten weilte. Da kam sie langsam, wegen der Wunde in ihrer Ferse, herbeigeschritten. Der flehende Orpheus bekam sie auf seine Bitte wieder, unter der Bedingung, daß er sich beim Hinausgehen nicht umsehe, ehe sie das Jammertal und Plutos düstere Reiche verlassen hätte, oder das Geschenk wäre verloren und nichtig. Sie folgte ihrem Mann auf dem Weg nach oben ohne Schmerz durch das stille und stumme Gebiet auf der Spur, die, trüb und düster von Nebeln bedeckt, keinen Lichtschimmer erkennen ließ. Jetzt waren sie nicht weit vom Saum der Erde angelangt, als Orpheus voller Argwohn und Furcht sich umsehen wollte, ob sie ihm unbeirrt auf der Spur folge. Aber er fand sich von seiner Gemahlin verlassen. Die Liebste, hier gesucht, entschwand ihm wiederum, und der Unglückliche steht erstaunt, starr und stumm. Er will sie umfangen, in seinen Armen festhalten und streckt die Hände nach ihr aus, beginnt zu stöhnen, doch greift vergebens und nichts als dünne, leere Luft. Eurydice, zum zweiten Mal sterbend, seufzt und klagt nicht über ihn, der mit aller Kraft nur an sie dachte. Was konnte sie beklagen, als daß er sie treu liebte? Sie rief endlich ein Lebewohl, was er kaum hört, und sie sinkt gleichwohl zurück mit diesem Wort.

Zunächst zur Struktur des Textes! Ein wichtiger Punkt voraus: Die Gesänge der Metamorphosen sind in Vondels Übersetzung untereinander oft durch Reim verbunden. So reimt sich die erste Zeile des vierten Buches auf die letzte des dritten, usw. Auch andere Mittel unterstreichen die Kontinuität. Schlußwort von Buch IX ist *trouwt*. Buch X beginnt mit dem Wort *bruiloftsgod*. So verdeutlicht Vondel, daß das Thema ›Hochzeit‹ und die Person Hymenaeus eine Brücke zwischen den Büchern schlagen. Ähnlich wird am Anfang von Buch VI das Schlußmotiv des fünften Buches kurz verdeutlicht. Vondel will auf diese Weise wie bei einem Fortsetzungsroman dem Leser das Gefühl stetigen Fortschreitens vermitteln. Der Dichter hat in diesem kardinalen Punkt Ovid besser verstanden als die meisten Philologen, die aus den Metamorphosen einen beliebig zerreißbaren Novellenkranz machen (so auch der große J. H. Voß),[11] wo doch Ovid schon in seinem Prooemium ausdrücklich auf kontinuierliche Erzählung Wert legt: *primaque ab origine mundi / ad mea perpetuum deducite tempora carmen*. Hier hebt Vondel Züge hervor, die von der Forschung erst in jüngster Zeit gebührend beachtet wurden.[12] In gleichem Sinne wirken die Inhaltsangaben, die Vondel freilich nach neulateinischen Vorlagen gestaltet.

Nach diesem positiven Beitrag Vondels zur Strukturanalyse ein negativer: Der Übersetzer benötigt mehr Verse als Ovid. Man hat gesagt, er habe die schlanke und anmutige ovidische Muse in eine behäbige Matrone verwandelt.[13] An dieser Beobachtung ist etwas Richtiges, aber so pauschal trifft sie nicht zu. Vergleicht man die Verszahl der Übersetzung mit der des Originals, so ergibt sich ein Verhältnis von etwa 12 000 : 16 000. Dafür ist aber die durchschnittliche Silbenzahl je Vers bei Ovid größer (ca. 15 : 12), also ergibt sich insgesamt fast die gleiche Silbenzahl. Wenn auch die niederländischen Wörter durchschnittlich etwas kürzer sind als die lateinischen, so wird doch der dadurch gewonnene Raum zum Teil wieder durch notwendige Hilfswörter (Artikel usw.) ausgefüllt.

Setzt man die Versziffern des Originals an den Rand der Übersetzung, so kann man sehen, an welchen Stellen Vondel das Bedürfnis nach größerer Ausführlichkeit hat. Diese Frage führt uns tiefer in die Struktur von Ovids und Vondels Text. Um den Sinn der Erweiterungen zu verstehen, müssen wir sie im einzelnen betrachten.

Sie dienen einerseits schärferer stimmungsmäßiger Kontrastierung: Die freudige Stimmung des Orpheus (3 *bly van geest*) kontrastiert mit der folgenden Trauer (10 *hy zit in rou*). Die Niedergeschlagenheit des Hochzeitsgottes in Vers 5 (*verslegen*) tritt in Gegensatz zu den eigentlich zu erwartenden positiven Stimmungswerten (*vrolyk* und *zegen*).

Andererseits liefern die Zusätze dem Leser Information, die meist den Angaben Ovids vorausgeschickt wird, um das Verständnis zu erleichtern. Durch die Vorbemerkung *ryk der Traciaenen* (2) wird die Fremdheit der folgenden spezielleren Angabe (*Cikoonsch*) gemildert. Ebenso nennt Vondel den Namen der jungverheirateten Frau (den Ovid hier als bekannt beiseite läßt) und schickt diesem seinerseits ein affektives Adjektiv voraus, das Sympathie und Vertrautheit herstellt. Statt *nupta nova* also: *goelyke Euridys / de nieugetroude* (7 f.). Er sagt ausdrücklich, daß der Hochzeitsgott zum Hochzeitsfest gerufen wird (3 *ter bruiloftsfeest*). Der Leser braucht nicht zu wissen, wer Hymenaeus, die Ciconen und die Najaden sind, auch setzt Vondel nicht die Bekanntheit des Namens Eurydice voraus.

Die wichtigste Erweiterung betrifft die Erzählung von Eurydices Tod. Hier kommt eine interessante chronologische Umstellung hinzu. Vondel stellt gegenüber Ovid die normale Reihenfolge der Ereignisse her. Der Römer bringt in einer Art Schlagzeilentechnik das Wichtigste zuerst: Sie starb. Dann erst folgt in partizipialem Nachtrag die Ursache (10 *occidit in talum serpentis dente recepto*). Vondel vermeidet das Hysteron-Proteron und macht aus der Kurznachricht eine kleine Erzählung. Fast von selbst stellen sich Ausmalungen ein: *beet een verborge slang die schoone, waert te minnen, van achter in den hiel. zy sterft. hy zit in rou.* Auf einen langen folgen zwei sehr kurze Sätze: Es entsteht eine dramatische Erzählung. Zu dem formalen kommt ein inhaltlicher Kontrast hinzu: Das scheinbar müßige Attribut *waert te minnen* steigert den Gegensatz zum wirklichen Schicksal der Eurydice (*zy sterft*) und hebt das Hauptthema der Geschichte hervor, die Liebe. Als weitere Funktion der Zusätze ergibt sich also die Unterstreichung thematisch bedeutsamer Elemente.

Erweiterungen haben somit die Aufgabe, Stimmungskontraste zu unterstreichen, sie dienen sachlicher Information und Vorbereitung, sie heben thematisch bedeutsame Züge hervor. Daran läßt sich beobachten, was Vondel bei seinem Publikum voraussetzt, was ihm an der Geschichte wichtig ist und wie er seine Leser führt.

Die chronologische Umstellung ist aber damit in ihrer Bedeutung noch nicht ausgeschöpft. Zweifellos trägt sie zur Glättung bei und entspricht auch den Anforderungen der *ratio*. Aber die Umwandlung der knapp exponierenden Mitteilung in eine dramatische Erzählung bleibt nicht ohne Folgen für die Proportionen des Gesamttextes. Hinsichtlich der Ausführlichkeit besteht kein Unterschied mehr zwischen Exposition und Haupterzählung.

Dasselbe gilt von der emotionalen Anteilnahme. Ovid berichtet hart, fast trocken. Vondel zeigt Mitgefühl (*die schoone, waert te minnen*) und dramatisiert (*zy sterft, hy zit in rou*). Auch im folgenden Satz spricht Ovid distanziert, fast salopp. »Nachdem der Sänger sie zur Genüge an der Oberwelt beweint hatte, ging er in die Unterwelt.« Vondel spürt richtig die intellektualistische Kälte dieser Antithese und sucht sie nach Kräften zu mildern: *de treurige Orpheus, als hy zyn beminde vrou langwyligh* (statt *satis!*) *heeft beschreit*.

Die rationale Distanzierung, die Ovid in exponierenden und abschließenden Partien nicht verschmäht, hat Vondel auch am Anfang nicht nachgeahmt (3 *Orphea nequiquam voce vocatur*): Sogar (oder ausgerechnet) Orpheus' Stimme hat keinen Erfolg. Damit hatte Ovid ein weiteres Thema seiner Erzählung vorbereitet: Erfolg und Mißerfolg des Sängers (genauer: Erfolg des Sängers und Scheitern des Menschen Orpheus). Nichts davon bei Vondel. Weniger erfreut am Verstandesmäßigen, betont er stärker das Thema Liebe und Treue.

Wir sehen, daß Vondel die anmutige Distanz zu bestimmten Teilen der Erzählung, wie sie für Ovid charakteristisch ist, nicht sucht. Die narrative Architektur der ovidischen Erzählung mit ihrem Wechsel von verschiedenen Tempi, Nah- und Fernsicht wird nicht übernommen. An ihre Stelle tritt eine emotionale und dramatische Erzählweise, die sich um gleichmäßiges Tempo bemüht.

Die beobachteten Elemente scheinen in eine bestimmte Richtung zu weisen: Normalisierung der Reihenfolge der Ereignisse, Steigerung von Ethos und Pathos (Hervorhebung der Liebe, gefühlvolle Teilnahme, z.T. mit Rücksicht auf den guten Ton), französische Namensformen. Die Auflösung der künstlerischen Struktur des lateinischen Originals kann mitbedingt sein durch die Benutzung einer Vorlage, die diese Struktur nicht deutlich erkennen läßt, also einer Prosa-Übersetzung. Danach scheint noch nie gefragt worden zu sein.

Ein Text, der all diese Eigenschaften verbindet und mit Vondel enge wörtliche Berührungen aufweist, ist die französische Übersetzung von N. Renouard, Paris 1633:

Le dixiesme livre des Metamorphoses d'Ovide

Le Dieu nopcier couuert de sa robe iaune, se retirant du festin qui se fit aux espousailles d'Iphis & d'Ianthe, se ietta dans l'air, & prit le chemin de Thrace, où l'attiroit la voix charmeresse d'Orphée, qui l'appelloit à son mariage auec Euridice. Il s'y rendit à la verité, mais ce ne fut pas auec vn visage esclairé d'allegresse, il n'y prononça point les solemnelles paroles qu'il dit ordinairement à telles festes, & ne fit point voir le presage qui promist vn heureux succès du mariage auquel il assistoit. La torche qu'il auoit en main estoit d'une cire coulante, qui sembloit pleurer, & petillante sans cesse ne faisoit que fumer: toutes les secousses qu'il luy donna du bras ne la peurent jamais bien allumer, qui estoit vn signe funeste de ce qui arriua depuis: car la mariée quelque temps apres s'esgayant sur l'herbe, avec vne trouppe de Nymphes, fut blessée au talon par vn serpent, qui la fit cheoir morte sur la place. Orphée en eut tant de regret, qu'apres auoir mille fois importuné les Cieux de ses plaintes, il se resolut, puisque les hautes divinitez n'auoient point eu pitié de luy, de recourir aux basses puissances qui gouvernent les ombres aux Enfers. Il y descendit par cet horrible precipice, qui est en Laconie à costé du mont Tenare, & ayant trauersé la foule de ces tristes peuples, qui ne sont plus qu'ombres legeres parmy les tenebres, se rendit deuant le Throsne de Proserpine & de l'espouuantable Prince qui porte le Sceptre des morts. Il fit en leur presence resonner sur la lyre les plus pitoyables accens, dont la douleur peut animer & sa voix & ses cordes, il fit mille souspirs & mille cris tesmoins de ses regrets, & d'vn accord tristement agreable, leur fit oüyr ainsi le lamentable subiect de son affliction: Souveraines puissances de ce morne Royaume englouty dans les entrailles de la terre, auquel il faut que tous hommes descendent, si vous me permettez de vous raconter mes douleurs, ie vous diray, sans vous entretenir d'vn discours mensonger, que ce n'a point esté la vaine curiosité de voir vos Palais tenebreux, qui m'a fait venir icy, ny l'ambitieux desir d'enchaisner vostre portiere Cerbere, pour me vanter de l'auoir dompté. La mort de ma femme Euridice est la seule occasion de mon voyage, c'est pour elle que ie viens rechercher vostre faueur, pour elle, dis-je, qu'vn venimeux serpent m'a rauie au milieu d'vn champ. Helas! la fleur de ses agreables beautez ne faisoit que s'esclorre, elle a trouué son hyuer aux premiers iours de son printemps, & m'a laissé veuf de sa cōpagnie deuant que j'eusse sauouré les delices que ie deuois gouster auec elle. I'ay resisté autant qu'il m'a esté possible aux efforts de la douleur, & ne puis nier que ie n'aye essayé de vaincre mon martyre en le souffrant: mais ma patience s'est trouuée foible contre mon amour. Ce petit Dieu dont l'inuincible puissance est si cogneuë là haut sur terre, m'a forcé de venir icy, ie ne sçay pas si son brandon y a quelque pouuoir: toutesfois ie croy qu'oüy: si le bruit du larcin que vous fistes autrefois à Ceres n'est vn mensonge, vous auez esprouué la rigueur de ses traits, & ses liens sont les douces chaisnes qui vous ont ioincts ensemble. Ie vous supplie donc, puisque vous auez ressenty que peut le doux mal de ses cuisantes blesseures, octroyer Euridice à la violence de ma passion: ie vous prie par ce noir chaos, où l'horreur & l'effroy habitent, & par le morne silence de ce vaste Empire, faire qu'Euridice me soit renduë, que le fil de ses iours couppé deuant le temps soit renoüé, & que ie puisse la reuoir encore là haut auec moy. Tout ce qui vit vous doit vn iour venir rendre hommage: tost ou tard il faut que nous passions l'Achéron, c'est vn chemin duquel personne ne peut s'esgarer. Vos Palais sont la retraicte de tous les hommes du monde, où par sa force, ou de leur bon gré la necessité les amene. Quand ma femme aura sur terre accomply le cours de ses années, elle sera encore à vous, vous ne la sçauriez perdre pour la laisser viure dauantage, ne me refusez donc point la faueur que ie vous demande, permettez qu'elle iouisse encore de la veüe des clartez du Soleil, et qu'Orphée ioüisse de ses delicieux embrassemens. Ou bien si les destins ne peuuent consentir à mes voeux, arrestez moy icy, ie ne souhaite plus d'aller viure là haut s'il faut que j'y aille sans elle. Ie ne permettray point à la mort de nous separer; si vous la retenez vous retiendrez nos deux ombres ensemble.

Il chantoit d'une voix plaintiue en disant cela, et maritoit si piteusement les tristes accens de ses cordes à ceux de sa parole, qu'il faisoit trouuer des larmes pour pleurer aux ames despoüillées de leurs corps, qui estoient autour de luy. Tantale tout rauy durant qu'il chanta, ne pensa point à sa soif, qui ne se peut esteindre, et n'essaya point de moüiller ses léures dedans l'eau qui le suit. La roüe d'Ixion demeura sans se mouuoir: les vautours qui rongent le coeur de Tytie s'oublierent lors de le becquetter: les filles de Belus ne se peinerent point à remplir leur vaisseaux, et Sisiphe pour oüir Orphée plus à son aise s'assit dessus sa pierre, sans la rouler comme il fait tousiours. On tient mesme que les Furies, dont les yeux iamais n'auoient esprouué que c'estoit que de verser des larmes, sentirent alors leurs ioües moüillées, et se laisserent vaincre aux piteux vers de ce Poëte esploré. En fin ny la Royne des ombres, ny l'implacable Prince des tenebres ne peurent refuser à Orphée ce dont il les prioit. Ils appellerent Euridice, qui se pourmenoit en clochant d'vn pied, parmy les ombres nouuellement descenduës là-bas, et la rendirent à son mary, à telle condition, qu'il ne se retourneroit point pour la voir, iusqu'à ce qu'il fust hors des antres obscurs des enfers, ou, qu'autrement elle y demeureroit encore. Orphée accepta la condition et tout resioüy prit le sombre chemin par lequel il deuoit se retirer.

Il monta long-temps sans sçauoir presque ce qu'il deuenoit: car là il n'y auoit autre air qu'vne espaisse fumée, au trauers de laquelle il luy estoit fort difficile de se pouuoir conduire. Toutes fois il n'auoit pas beaucoup plus à marcher dans l'obscurité, il estoit desia fort proche de la terre où le Soleil donne, quand il fut saisi d'vne crainte que sa femme qui le suiuoit ne fust esgarée: desireux de la voir il tourna la teste, et sa veuë la fit mourir pour la seconde fois; il la voulut embrasser, mais il n'embrassa rien qu'vne ombre, qui desia s'esuanoüyssoit: Miserable il veid l'autre mort d'Euridice, qui ne se pleignoit point de luy en mourant (car de quoy eust-elle peu se plaindre, sinon de ce qu'il l'auoit trop aymée), mais, laschant un foible souspir, luy dit tout bas le dernier adieu, et s'enuola derechef au lieu d'où en vain il l'auoit sortie.

Vergleichen wir im einzelnen!

Ovid	*Renouard*	*Vondel*
Hymenaeus	le dieu nopcier	De bruiloftsgod
per inmensum aethera	dans l'air	d'ope lucht
Ciconum	Thrace	Traciaenen
et	où	daar
Orphea voce	la voix charmeresse	bly van geest (mißverstanden: charmée)
adfuit	il s'y rendit	hy quam
sollemnia verba	les solemnelles paroles qu'il dit ordinairement	met zyn gewonen zegen
quam tenuit	en main	in zyne rechte hand
stridula	petillante	sparkelde
occidit in talum serpentis	(Reihenfolge:) fut blessée au talon par un serpent,	beet een verborge slang die schoone, waert te
dente recepto	qui la fit cheoir morte sur la place. Orphée en eut tant de regret	minnen, van achter in den hiel. zy sterft. hy zit in rou.
Taenaria porta	par cet horrible precipice	's afgronts ingang

Die Analogien gehen weiter. An einer Stelle glaubt man zu ahnen, daß eine Besonderheit der französischen Übersetzung Vondel auf eine falsche Fährte gelockt hat. Man vergleiche:

> et ayant traversé la foule de ces tristes peuples, qui ne sont plus qu'ombres legeres parmy les tenebres, se rendit devant le Throsne de Proserpine et l'espouuantable Prince qui porte le sceptre des morts.

> *Door's afgronts ingang in den duistren jammerpoel*
> *Te stygen naer beneên, daer't lichaemloos gewoel*
> *Des volks en geestendoms, van bus en graf versteeken,*
> *Staen onder Prozerpyn, en 't hooft der naere streeken.*

Auf seine von Ovid stark abweichende Satzkonstruktion scheint Vondel durch den abschließenden Relativsatz der französischen Übersetzung gekommen zu sein.

Konfrontiert man Vondels Übertragung mit der vorliegenden (und einer weiteren französischen Übersetzung, derjenigen von P. Du Ryer),[14] so ergibt sich unabhängig von der Quellenfrage zweierlei:

Während die Franzosen sich immer wieder in sentimentalen Ausmalungen gefallen, schreibt Vondel eher streng, kräftig und maßvoll. Man sieht, daß er sich auch vom Original (Leitfehler: *Cereris ripa*) und den Kommentaren anregen ließ und den französischen Übersetzungen an Eigenständigkeit und sprachlicher Schöpferkraft überlegen ist. Vergleicht man ihn mit diesen, so gewinnt man einen gerechteren Maßstab für seine Leistung, als wenn man ihn unmittelbar mit Ovid konfrontiert.

Es liegt nahe, die zahlreichen Übereinstimmungen zwischen Vondel und Renouard auf unmittelbare Benützung der französischen Übersetzung durch unseren Dichter zurückzuführen. Aber damit ist noch nicht erklärt, warum Vondel in vielen Punkten Renouard die Gefolgschaft verweigert: Da unser Dichter außerdem nachweislich mindestens eine kommentierte Urtext-Ausgabe verwendet, beruht der Anschluß an den Franzosen je und je auf freier Wahl. Wir müssen also von einer mechanistischen Quellenanalyse loskommen und nach den Normen fragen, die jeweils Vondels Entscheidung für diese oder jene Übersetzung bestimmen.

Erinnert nicht die Bevorzugung visueller Elemente an die rhetorische Lehre von der *Enargeia*, die strengere Beachtung der Chronologie an die Forderung, die rhetorische *narratio* müsse *aperta* sein? Und kommt das durchweg zu beobachtende Streben nach Beseelung und Kontrast nicht römischen Literaturprinzipien sehr nahe?

3

Bei der Beantwortung dieser schwierigen Fragen kann uns ein Dokument helfen, in dem Vondel selbst seine literarischen Grundsätze niedergelegt hat, und zwar anläßlich der zweiten Ausgabe seiner *Verscheide Gedichten* (1650). Der Titel der Schrift lautet: *Aenleidinge ter nederduitsche dichtkunste*.[15] Die Heranziehung dieses Textes ist um so sinnvoller, als Vondel selbst im Vorspann zu seiner Metamorphosen-Übersetzung seine Nachahmung der Alten definierte als Nachfolge *op een nederduitschen trant*. Konfrontieren wir nun jeweils seine Übersetzungspraxis mit den Hauptpunkten seiner theoretischen Schrift!

1. *Purismus.* Wir beobachten in der Ovid-Übersetzung einen gewissen Purismus in bezug auf die Umsetzung der Eigennamen: Chaos wird zu *baaierd*, Amor zu *Liefde*, die Giganten zu *Reuzen*, alle Hunde Actaeons bekommen holländische Namen. Niederländische Phraseologie bestimmt die Wahl der Adjektive: *inmensum aethera: d'ope lucht; per herbas: 't groene velt; felix omen: goet voorspook*. Zur Steigerung der Vertrautheit trägt auch bei, daß aus dem schnellen Hirsch ein Windhund und aus den steilen Bergen kreidige Küstenklippen werden. Vor allem im Sprachlichen strebt Vondel auch theoretisch nach Reinheit (er lehnt ›Bastardworte‹ und ›Undeutsches‹ ab).

2. *Koppelwoorden.* Gleich am Anfang seiner Übersetzung gibt Vondel einen ganzen lateinischen Satz durch ein einziges Wort wieder: aus *nam vos mutastis et illas* wird *vormherscheppers*. Man sieht: Der Dichter ist nicht immer langatmig (hier kostet es ihn Mühe, das Wort zu finden: es handelt sich um eine Korrektur im Manuskript). Weitere bezeichnende Wortzusammensetzungen: der Raubvogel, der in der Unterwelt die Leber des Tityos verzehrt, heißt auf Niederländisch *leverslokker* (met. 10, 65 der Übersetzung), *vates: waarzanger; flamen: 't labberkoeltje; falsa imago: momaanzicht; Triton: zeetrompetter;* sein Instrument: *kinkklaroen* (nicht: *kin-*). Die Verwendung (und Neuschöpfung) solcher Vokabeln ist in Vondels Theorie fest verankert. Er ist sich der besonderen Möglichkeiten, die ihm seine Sprache bietet, voll bewußt (*nieuwe koppelwoorden, waer in onze spraeck niet min geluckigh dan de Grieksche is*); solche Worte könne man, sagt Vondel, noch hinzuerwerben, wenn man mit Urteil zu Werke gehe.

3. *Syntax.* Vondel ersetzt die lateinische Syntax durch die niederländische. An die Stelle von Partizipialkonstruktionen (z.B. *croceo velatus amictu*) treten präpositionale Ausdrücke (*in zyn saffraenen gewaet*), ebenso an die Stelle von Relativsätzen (vgl. *in zyne rechte hant* für *quam tenuit*). Das Streben nach einer übersichtlichen und der eigenen Sprache angepaßten Syntax und Wortstellung erfüllt die theoretische Forderung, nicht *al te latynachtig* zu schreiben (*men vermijde, gelijck een pest, de woorden, tegen den aert onzer tale, te verstellen*).

4. *Reim.* Wir hatten oben der Versuchung widerstanden, Vondels Zusätze aus dem Bedürfnis des Reimes zu erklären. Betrachten wir unseren Text, so drängt sich eine solche Deutung eigentlich nur an einer Stelle auf (Vers. 89f. der Übersetzung): *Hy wilze omhelzende*

vast houden in zyne armen, / En strekt de handen naer heur uit, begint te karmen. Im übrigen sahen wir, daß die Reimworte die Interpretation des Geschehens stützen, indem sie Stimmungskontraste herausarbeiten oder thematisch wichtige Elemente hervorheben. Vondels Rat, nicht vom Dichter zum Reimer zu werden, sondern vom Reimer zum Dichter, stellt an die Reime recht hohe Anforderungen. Der Reim muß nicht nur sprachgemäß sein: *Het rijmwoort schijne niet gevonden om het rijm te vinden, maer zy zoo gestelt of het geen rijmterm waer.* Der Vers darf aber auch nicht kraftlos sein: *De stijl zy snedigh, en geen stomp mes gelijck.* Diese Forderung (*acutum*) erfüllen besonders die ›antithetischen‹ Reimwörter.

5. Wortreichtum. Die Fülle von doppelten und dreifachen Ausdrücken, die jedem Leser auffällt, ist in Vondels Augen kein Mangel, sondern Ausdruck seines Stolzes auf die *copia verborum*, die er erobert. Er empfiehlt nicht nur zur Übung, *een zelve zaeck en zin op verscheide manieren te bewoorden, en cierlijck uit te drucken*. Die doppelte Ausdrucksweise entspringt auch einer gewissen Rücksicht auf den Leser. Da die Musen *maeghden* sind, müssen die Verse *vriendelijck en zuiver zijn*. Die Lieblichkeit (*dulces Musae*) ist ein Teil der Leserfreundlichkeit, einer sozialen Qualität, die Vondel erstrebt. Wir sahen, wie er seinen Lesern durch vorausgeschickte Erläuterungen den Weg zum Verständnis ebnet. Seine sogenannte Breite ist rezeptionsorientiert. So ist es nur konsequent, wenn er vor allzu gedrungenen Versen warnt.

6. Attribute. Ganz zentral und eine schlagende Bestätigung unserer Interpretation ist, was er über Beiwörter sagt: *Bynamen moeten niet ledigh staen, nochte voor stopwoorden dienen, maer de beelden slachten, die eenen balck of het gewelf onderstutten, en hun werck doende, met een tot cieraet des gebouws strecken.* Glänzend ist damit die thematische Bedeutung der Beiwörter gekennzeichnet.

7. Stilhöhe. Vondels Breite hängt auch mit der Wahl der Stilhöhe zusammen. Während das Sublime oft nach Kürze verlangt, gehört zum mittleren Stil Klarheit und eine angenehme Wohlredenheit, deren rhetorischer Schmuck freilich nicht weit hergeholt sein darf. So gelangt Vondel zu einer gewissen Breite – auch auf Grund seiner Anwendung der rhetorischen Lehre von den drei Stilebenen auf die Poesie (Ovid hatte die Klarheit der Konturen gelegentlich bewußt verwischt, besonders wenn es sich um sehr bekannte Stoffe handelte).

8. *Carmen perpetuum.* Vondel achtet nicht nur auf die Verknüpfung, sondern auch allgemein auf den durchgehenden Schwung im

Gedicht: *Zet ghy een werck op van eenen langen adem; laet het in 't midden, nochte in 't einde niet bezwijcken, maer doorgaens volstaen,*[16] *overal zich zelf gelijck zijn, en zijnen meester nergens beschamen.*

9. Heranziehung von Fachgelehrten zur Beratung. Vondels Praxis entspricht auch in diesem Punkt seiner Theorie (»Laßt euch von anderen beraten«). Außer in der *nederduitschen dichtkunste* betont Vondel auch im Vorwort zu Vergil die Notwendigkeit der Beratung. Daß Geerts (z.B. 48) derartiges als Zeugnis geistiger Unselbständigkeit versteht, muß verwundern. Es handelt sich um Bescheidenheit aus Selbsterkenntnis.

10. Gedankenfolge. Auch eine der auffallendsten Änderungen Vondels, die Herstellung der chronologischen Reihenfolge, können wir aus seiner Theorie belegen: *Boven al let wel op de orde of den draet van uwe rede, en het vervolgh van zaecken: want zelfs geleerde bazen, die groot schijnen, zijn zomtijts wispelturigh, springen van den os op den ezel, en mengen alle elementen onder een.*

Somit hat Vondel seinen Ovid nicht beliebig in Reime gefaßt, sondern gemäß seiner eigenen Auffassung von niederländischer Dichtkunst. Seine Theorie bestätigt unsere Beobachtungen in willkommener Weise.

Für unser Verständnis Vondels ergibt sich so vielleicht ein Ansatz zu einer adäquateren Würdigung seiner Übersetzungen, als wenn man allein auf die Fehler starrt. Es zeigt sich, daß gerade die größeren Abweichungen nicht auf Zufall, sondern auf poetischer Reflexion beruhen. Die Qualität seiner Leistung läßt sich am Vergleich mit gleichzeitigen französischen Übersetzungen ermessen, der Bewußtheitsgrad an Hand der Theorie Vondels. In dieser Sicht kann man die Metamorphosen-Übersetzung als Exemplifikation seiner Auffassung von niederländischer Dichtkunst verstehen. Im Verein mit der allgemeinen Rechtfertigung der Poesie und der Würde des Dichters in der Vorrede wird die Metamorphosen-Übersetzung zu einem poetischen Testament.

Was gewinnen wir für unser Ovidverständnis? Kann es hier eine Rückwirkung der sogenannten Wirkungsgeschichte auf die Klassische Philologie geben? Zwar ist das Verständnis eines großen Dichters für einen anderen notgedrungen subjektiv, dafür aber kongenial. So finden wir bei Vondel Einsichten, die der Wissenschaft erst viel später gelangen: Mit Vondel sehen wir heute die Metamorphosen als *carmen perpetuum*. Umgekehrt ist aber auch eine Betrachtung ›gegen‹ Vondel fruchtbar: Man merkt, wie sparsam in seinen Mitteln, wie zurückhaltend, wie ›klassisch‹ der angeblich barocke Ovid ist und wie er seinen Text im kleinen und im großen architektonisch aufbaut.

Halten wir schließlich noch folgende Beobachtung fest: Hier emanzipiert sich eine moderne Literatursprache in kontrastiver Sprachreflexion vom Lateinischen; zugleich findet sie am Lateinischen, das eine ständige produktive Herausforderung ist, zu sich selbst.

ANMERKUNGEN

1. Erstveröffentlichung: Lampas 12, 1979, 154–172. – A. D. Leeman in Freundschaft zugeeignet.

2. A. M. F. B. Geerts, Vondel als Classicus bij de Humanisten in de leer, Tongerloo 1932.

3. De Werken van Vondel. Volledige en geïllustreerde tekstuitgave in tien deelen (hrsg. J. F. M. Sterck), Bd. 7, Amsterdam 1934, und Bd. 8, 1935 (Vondels Ovid ist von L. C. Michels bearbeitet).

4. M. v. Albrecht, Zu Ovids Metamorphosenprooemium, Rheinisches Museum 104, 1961, 269–278.

5. Mythologiae libri, Patavii 1616. Derselbe Autor ist Quelle von Vondels ›Voorbericht‹ zu ›Phaëton‹.

6. Nachweise bei Geerts (zit. oben Anm. 2) 120ff. Zu der Vorrede s. jetzt J. D. P. Warners, Vondels voorrede bij zijn Ovidiusvertaling, De Nieuwe Taalgids 70, 1977, 324–331.

7. Vgl. letztlich Herodot 2, 53.

8. Zum Begriff der Typologie: G. N. Knauer, Die Aeneis und Homer, Göttingen 1964 (Schlußkapitel); E. Auerbach, Figura, in: E. A., Neue Dantestudien, Istanbuler Schriften 5, 1944, 11–71.

9. Vgl. Macrob. sat. 5, 1, 19; s. jetzt auch: R. v. Tiedemann, Fabels Reich, zur Tradition und zum Programm romantischer Dichtungstheorie, Berlin 1978 (Komparatistische Studien 8). Zur Kreativität des Menschen vgl. Ovid, met. 6, 1ff.

10. Wir zitieren Ovid im folgenden nach der Ausgabe von H. Breitenbach, Zürich 1964^2. Vondels Übersetzung muß an folgenden Stellen mit älteren Ausgaben verglichen werden: 18 *reccidimus: decidimus* Farnabius, Paris 1636; 32 *debemur* Heinsius 1659: *debentur* Farn.; *afuerunt* Heins.: *-ant* Farn.; 61 *nisi se* Farn.: *sese* Heins.

11. P. Ovidius Naso, Verwandlungen, von J. H. Voß, Berlin 1798.

12. W. Ludwig, Struktur und Einheit der Metamorphosen Ovids, Berlin 1965; B. Otis, Ovid as an Epic Poet, Cambridge 1970².

13. J. C. Arens, Ovidius om te zingen, De Nieuwe Taalgids 46, 1953, 220–222.

14. Les Métamorphoses d'Ovide, ... de la traduction de M. Pierre Du-Ryer ..., 1. Auflage 1660 (mir lag die 2. Auflage, Bruxelles 1677, vor).

15. S. über dieses Werk: E. K. Grootes, Vondels Aenleidinge ter Nederduitsche Dichtkunste (1650), in: Weerwerk, Opstellen aangeboden aan G. Stuiveling, Assen 1973, 81–95; 253–258; S. F. Witstein, Aandacht voor de Aenleidinge, Tijdschrift voor Nederlandse Taal- en Letterkunde 88, 1972, 81–106. Neue Ausgabe: J. van Vondel, Aenleidinge ter Nederduitsche dichtkunste, uitgegeven en toegelicht door een werkgroep van Utrechtse neerlandici, Utrecht 1977. Für freundliche Hinweise danke ich E. K. Grootes und A. D. Leeman (Universiteit van Amsterdam).

16. Entweder *vólstaan* (wie Segel) oder (eher) *volstáán* (›voldoende zijn‹).

VI

SPRACHE UND STIL

Antike Elemente in Puškins Sprache und Stil

Welche Funktion haben Wörter griechischer Herkunft bei Puškin? Welche Rolle spielt die Antike bei der Ausbildung einer lebenden Literatursprache von klassischer Geltung? Wir beschränken uns hier auf fünf Punkte: griechische Wörter im Russischen (1), Puškins Kriterien der Sprachbehandlung (2), einige politische Begriffe (3), Vokabeln griechischer Herkunft im Kontext (4), Puškins Berührungen mit der Antike im Laufe seines Lebens (5).

1. Griechische Wörter im Russischen[1]

In zwei großen Wellen ist Antikes in die russische Sprache eingeströmt: einmal in ihrer Frühzeit, zum anderen in der Neuzeit, besonders seit Peter dem Großen. Die erste Welle kam unmittelbar aus dem griechischen Kulturkreis durch das Altbulgarische, die zweite über Westeuropa, also auf dem Umweg über das Lateinische und die neueren Sprachen.

So kommt es, daß manches griechische Wort zweimal übernommen wurde, z.B. планит(а) (1073 belegt) und (modern) планета. Die erstgenannte Lautgestalt spiegelt die byzantinische Aussprache des griechischen Eta (η = i) wider, während die aus Westeuropa entlehnte Form auf dem Lateinischen fußt, das die antike Aussprache η = e wiedergibt. Ein anderes Beispiel wäre das alte феолог neben dem modernen теолог. Das griechische Theta, mittelgriechisch wie das englische th ausgesprochen, fällt im Russischen[2] lautlich (und seit 1917 auch graphisch) mit f zusammen, während das Lateinische den meisten westeuropäischen Sprachen (außer dem Englischen) die t-Aussprache vererbt hat.

Wir können es also im Russischen vielen Wörtern griechischer Herkunft ansehen, daß sie erst in der Neuzeit eingedrungen sind; umgekehrt garantiert die byzantinische Lautform natürlich nicht in jedem Falle ein höheres Alter. Sekundäre Anpassung an die einheimische byzantinische Aussprachetradition ist nicht von vornherein auszuschließen, sie ist in der zweiten Hälfte des 18. Jh. sogar manchmal zum Programm erhoben worden.³ Man ging dabei freilich nicht konsequent vor. Durchgesetzt hat sich die byzantinische Lautform überwiegend bei dem griechischen Theta, vor allem wohl deswegen, weil der Buchstabe selbst im russischen Alphabet noch bis ins 20. Jh. existierte (daher noch heute: Феокрит, Фукидид).

Die Koexistenz von Dubletten bedeutet eine Bereicherung der Sprache und bietet die Möglichkeit zu semantischer oder stilistischer Differenzierung; die byzantinische Form klingt dabei entweder feierlich oder volkstümlich, die latinisierte ›modern‹, wissenschaftlich: So steht планида (volkstümlich) ›Horoskop, Schicksal‹ neben dem astronomischen Fachterminus планета; феология (›mystische Theologie‹) neben теология (›wissenschaftliche Theologie‹),⁴ вивлиофика (›Klosterbibliothek‹) neben библиотека (›moderne Bibliothek‹); пиит und пиита klingen archaischer (z.T. feierlicher) als поэт; афей (›der Gottlose‹) emotionaler und abwertender als атеизм.

Kein Wunder, daß ein großer Schriftsteller wie Puškin sich diesen durch die kulturhistorische Entwicklung gegebenen sprachlichen Reichtum zunutze macht.⁵

Viele Übernahmen der ersten Phase sind ursprünglich eng mit der Religion verbunden. Sie haben dementsprechend einen starken Gefühlswert, der ihnen auch in säkularisierten Texten trotz Abstreifung des theologischen Bezuges bleibt: Worte wie ›Engel‹ (ангел), ›Dämon‹ (демон), ›Hölle‹ (ад) sind auch in weltlichen Texten und auf irdische Verhältnisse bezogen in ihrem Gefühlswert nach wie vor positiv oder negativ ausgeprägt. Es kommt hinzu, daß diese Wörter, da sie sehr frühzeitig übernommen wurden, nicht als Fremdgut empfunden werden; es fehlt ihnen die Distanziertheit, die vielen Fremdwörtern der zweiten Phase eigen ist: Man denke nur an die literarischen Fachtermini, die in der Neuzeit ins Russische eindringen: эпиграмма, эпиграф, эпический. Manche übernommenen Vokabeln bringen freilich ihrerseits einen neuen Gefühlswert mit, den sie in der westeuropäischen Gesellschaft erworben haben; ein gutes Beispiel ist идол (Idol). Im Altrussischen hat es, der kirchlichen Tradition entsprechend, einen negativen Beiklang (›Götze‹). Die Gesellschaft des 18. und 19. Jh. übernimmt das Wort aus dem Französischen in positivem Sinne. Eine eindrucksvolle Persönlichkeit bezeichnet man als den ›Abgott‹ (идол) der Gesellschaft. Hier wird ein altererbtes Lehnwort mit einer modernen Bedeutung versehen.[6]

Neben den Lehn- und Fremdwörtern gibt es das hochinteressante Gebiet der Lehnprägungen, das heißt der Nachbildung griechischer Wörter mit einheimischem Sprachmaterial.[7] Zahlreiche Begriffe für Geistiges sind auf diese Weise entstanden, so nach griechisch συνείδησις lateinisch *con-scientia*, deutsch Ge-wissen, slawisch со-вѣсть. Die Lehnübersetzungen lassen erkennen, wie ein Volk sich durch die Berührung mit fremder Kultur der in der eigenen Sprache schlummernden Möglichkeiten bewußt wird und lernt, schöpferisch mit ihnen umzugehen. Noch heute wird die russische Sprache auf diese Weise bereichert. Dabei ist es als ein Glücksfall anzusehen, daß das Russische bei Neologismen auf das ihm sehr nah verwandte Altslawische zurückgreifen kann, während die westeuropäischen Sprachen zum Lateinischen oder Griechischen ihre Zuflucht nehmen (neuerdings scheint sich insofern ein Ausgleich anzubahnen, als in Ost und West gleichermaßen die englischen Wörter überhandnehmen).

Wenn wir uns hier auf das Gebiet der Lehn- und Fremdwörter beschränken, so handelt es sich um einen weniger erforschten Bereich des russischen Wortschatzes. Die Fremdwörter, dieser wichtige Gradmesser kultureller Beziehungen, werden vielfach als Vokabeln zweiten Ranges behandelt; so ist es schwer, über ihre Wortgeschichte genauere Auskunft zu bekommen. Die etymologischen Wörterbücher interessieren sich wenig für sie: Preobraženskij (zit. Anm. 1) übergeht sie mit Vorliebe, und Vasmer, der stolz darauf ist, sie zu behandeln, begnügt sich oft mit sehr summarischen Angaben. Gelegentlich neigt er dazu, den Einfluß des Deutschen auf das Russische zu überschätzen; so soll die volkstümliche Bezeichnung für den Priester, поп, von althochdeutsch *pfaffo* abhängen, was schon wegen des f unglaubwürdig ist. Das zugehörige Femininum попадья stammt zudem eindeutig aus dem Griechischen, und es empfiehlt sich doch wohl nicht, das Maskulinum aus einer anderen Sprache herzuleiten als das Femininum. In einer früheren Publikation (zit. Anm. 2, S. 156f.) hat übrigens Vasmer selbst die richtige Lösung gefunden: Der Genetiv παππᾶ wird übernommen (slawisch попа) und sekundär durch den ›regelmäßigen‹ slawischen Nominativ поп ergänzt. In diesem Fall bildet das etymologische Wörterbuch einen Rückschritt gegenüber den früheren Forschungen des Verfassers.

Die einschlägige Arbeit von Christiani (zit. Anm. 5) betont demgegenüber die Vermittlerrolle des Polnischen, verzichtet jedoch meist darauf, Belege aus vorpetrinischer Zeit zu sammeln. Neuere Forscher[8] konnten manche Vokabeln, die man für moderne Übernahmen gehalten hatte, aus älterer Zeit belegen, so асфальт (Vasmer: »junges Lehnwort aus französisch *asphalte* oder neuhochdeutsch *Asphalt*«), das bereits im 12. Jh. in Rußland nachweisbar ist, also direkt aus dem Griechischen kommt. Einen wichtigen Fortschritt bilden die Arbeiten von Gerta Hüttl-Worth (zit. Anm. 1 und 4), die das Aufkommen von Vokabeln in der gesellschaftlichen Umgangssprache auch vor der schriftlichen Kodifizierung berücksichtigen. Im einzelnen konnte Hüttl-Worth (1956) die meisten Vokabeln, deren Schöpfung man dem Begründer der modernen russischen Prosa, Karamzin, zuschrieb, schon in älteren Texten nachweisen. Die zweite Arbeit von Hüttl-Worth (1963) ist für jede Beschäftigung mit Fremdwörtern im Russischen grundlegend. Ihre Hauptthese ist der Einfluß des Ukrainischen auf das Großrussische. Hilfreich ist die historische Aufgliederung des russischen Wortschatzes im dritten Band der »Russischen historischen Grammatik« (Heidelberg 1975) von V. Kiparsky. Hier kann man in systematischen Listen den russischen Wortschatz in seiner chronologischen Entwicklung überblicken. Für unser Thema besonders wichtig sind die Listen »vorpetrinischer« bzw. »petrinischer und nachpetrinischer« Lehnwörter. Auch hier ist im einzelnen noch manches zu verbessern; so belegt Kiparsky (S. 165) das Wort фаетон erstmals 1806, während es tatsächlich schon Mitte des 18. Jh. in Rußland auftaucht.[9]

In ein neues Stadium ist die Erforschung der Fremdwörter im Russischen durch das zweite Werk von G. Hüttl-Worth[10] getreten. Es wird nun möglich, die Geschichte der Übernahme weiter zu differenzieren. Hüttl-Worth unterscheidet folgende Wege, auf denen griechische Wörter ins Russische gelangt sind:[11] griechisch – russisch; griechisch – lateinisch – russisch; griechisch – lateinisch – polnisch – russisch; griechisch – ukrainisch/weißrussisch – russisch; griechisch – lateinisch – deutsch – russisch; griechisch – lateinisch – polnisch – ukrainisch/weißrussisch – russisch; griechisch – lateinisch – deutsch – polnisch – ukrainisch/weißrussisch – russisch; griechisch – lateinisch – deutsch – polnisch – russisch; griechisch – lateinisch – deutsch – ukrainisch/weißrussisch – russisch.

Hinzufügen müßte man diejenigen griechischen Vokabeln, die durch das Französische vermittelt sind.

Eine Gliederung nach Bedeutungsgruppen läßt sich nur in Umrissen geben. Die alten Lehnwörter (spurenweise sogar noch aus vorchristlicher Zeit)[12] betreffen Schiffahrt und Fischfang, die Entlehnungen aus der Zeit der Christianisierung vor allem den Wortschatz für Geistiges (Religion, Philosophie, Moral, Wissenschaft, Literatur, Rhetorik); sie werden durch die frühe Übersetzertätigkeit laufend ergänzt. Übersetzt werden mit Vorliebe spätantike Kirchenväter, aber auch einzelne Werke der heidnischen Wissenschaft. So kommt es, daß viele Termini, die man für junges Lehngut halten müßte, in Rußland schon eine lange Tradition haben.

Im 16. und noch mehr im 17. Jh. spielen Polen und Südwestrußland eine Vermittlerrolle für Begriffe aus dem Militärwesen, dem Bereich der Verwaltung und der Technik. In der zweiten Hälfte des 17. Jh. wirken einflußreiche aus der Ukraine stammende Autoren und Übersetzer in Moskau, prägen die grammatische und rhetorische Unterweisung im Kirchenslawischen im Sinne einer Anlehnung an das Altgriechische, bringen aber auch die syllabische Poesie polnischen Zuschnitts, den Barockstil und das Schuldrama nach Moskau.

Seit Peter dem Großen verstärkt sich der deutsche Einfluß (Verwaltung und Militärwesen); für das Seewesen sind das Holländische und Englische maßgebend. Die Zahl der letztlich aus dem Griechischen stammenden wissenschaftlichen Begriffe nimmt zu. Das Deutsche wird danach durch das Französische abgelöst, das die Umgangssprache der höheren Stände beeinflußt.

Zu den Angaben bei Hüttl-Worth schließe ich einige geringfügige Präzisierungen an:

Wenn im Laufe des 18. Jh. viele griechische Wörter in latinisierter Form auftreten, liegt dies nicht nur an der »erasmischen Aussprache« des klassischen Griechisch in jener Zeit (so Hüttl-Worth, 1963, S. 30), sondern auch daran, daß das Lateinische viele der in Frage stehenden griechischen Wörter (z. B. *poeta, poema*) zu einer Zeit übernahm, als die griechische Aussprache tatsächlich der lateinischen Umschrift weitgehend entsprach. Die byzantinische Form des Wortes ›Bibliothek‹ belegt Hüttl-Worth (S. 31) aus dem 17. und 18. Jh., »still used by Novikov«. Man muß hinzufügen, daß noch Puškin 1833/35 diese Form verwendet. Die Beschränkung auf die Zeit vor 1800 muß bei Benützung des Buches streng beachtet werden. Novikov ist nur in der beobachteten Zeit, nicht aber absolut der letzte, der das Wort verwendet. Verwirrend ist auch die Angabe: »Even Karamzin still used вакханты« (a.a.O., S. 31). Auch Puškin schreibt вакханка und verwendet die Namensform Вакх 37mal. Dazu kommen sechs Ableitungen von diesem Namen. Dagegen ist Бахус (sic) bei Puškin nur an sieben Stellen belegt. Für alle Ableitungen ist die Form mit V bei Puškin die allein herrschende. Noch heute sind die V-Formen in der Gräzistik die allgemein üblichen. Das Wörterbuch von N. Lenstroem aus dem 19. Jh. (Leipzig o. J.) notiert Вакх und daneben Бахус, aber nur вакханка ›Bacchantin‹. Hier entsteht bei Hüttl-Worth der Eindruck, als handle es sich um eine Ausnahme; dabei ist es in diesem Falle gerade die byzantinische Form, die sich durchgesetzt hat (vgl. oben über Theta).

Die Transkription des Spiritus asper durch g (das ukrainisch als h gesprochen wird) bildet einen Analogiefall zur Transkription des deutschen h (Hans = Ганс; Heine = Гейне). Hier kann mit starkem deutschem oder holländischem Einfluß gerechnet werden.

Folgende interessante lautliche Abweichung ist bei Hüttl-Worth (59 zu аристократия) nicht notiert: Puškin schreibt manchmal аристокрация; das läßt an Einfluß des Französischen (wo -cratie [-krasi:] ausgesprochen wird) oder des Polnischen denken (-kracja).

Für die Geschichte der griechischen Wörter im Russischen ist die neue Arbeit von Hüttl-Worth ein solider Ausgangspunkt. Ihre präzisen und illusionslosen Angaben (sehr häufig: »no date«) lassen erkennen, wie groß unsere Wissenslücken noch sind. Vor allem für Texte des 16. und des 17. Jh. bedarf es lexikographischer Erschließung. Auch eine Untersuchung der rhetorischen und literaturtheoretischen Fachterminologie griechischer Herkunft in der älteren russischen Literatur wäre wünschenswert.

Fremdwörter sind wichtige Indizien kultureller und zivilisatorischer Beziehungen zwischen Völkern; hier steht die Forschung noch am Anfang. Es wäre reizvoll, auch die umgekehrten Wirkungen zu untersuchen. So spricht Kondrašov[13] (leider ohne Belege) vom Einfluß des Russischen auf das Polnische — beim Ukrainischen versteht er sich von selbst. Neuerdings kommen auch ins Deutsche griechische und lateinische Vokabeln auf dem Umweg über das Russische, z. B. »die Lexik« (das weibliche Geschlecht stammt aus dem russischen лексика, das nach dem französischen *le lexique* gebildet ist, aber sein Geschlecht ähnlichen Wörtern angeglichen hat, z. B. *la physique*, russisch физика. Zu den weniger erfreulichen Exportartikeln dieser Art gehört ›Exponat‹.

Es liegt im Wesen der Sache, daß der vorliegende Beitrag mehr Fragen aufwerfen als beantworten kann. Viele wichtige Einzelheiten der Wortgeschichte griechischer Termini im Russischen ließen sich wohl nur durch Quellenstudien an Ort und Stelle klären.

2. Puškins Kriterien der Sprachbehandlung

a) Voraussetzungen

Es ist nicht selbstverständlich, daß die sprachliche Leistung eines Einzelnen von der Gesamtheit als gültig anerkannt wird, wie dies bei Puškins schöpferischer Behandlung der russischen Sprache der Fall war und in gewissem Sinne auch heute noch ist. Von der Rezeption her hat dieser Autor klassische Geltung; um das Geheimnis solcher Wirkung zu verstehen, gilt es zu fragen, welche Kriterien ihn bei der Handhabung und Beurteilung von Sprache und Stil leiteten,[14] und mit welchen Traditionen er sich auseinandersetzen mußte.

Auch auf die russische Literatur- und Stiltheorie hat das Griechische früh eingewirkt. Für die christlichen Prediger war die Rhetorik als Lehre von der Beeinflussung des Zuhörers durch das Wort auch praktisch ein unentbehrliches Hilfsmittel. Schon im ersten Teil der »Izborniki Svjatoslava« (1073) ist ein Traktat über Tropen und Figuren[15] enthalten. Da Werke des Hellenismus und der frühen Kirchenväter übersetzt werden, wirkt das spätantike Griechisch fast stärker ein als das byzantinische.[16] Topoi als Fundstätten für Gedanken und Argumente, Exordialtopik wie Anrufung von Musen bzw. Heiligen, Demutsformeln (im 19. und 20. Jh. z.T. durch – ihrerseits antikisierende – »Unbescheidenheitsformeln« ersetzt), Exkurse (*locus amoenus*) gehören zum festen Inventar der antiken wie auch der altrussischen literarischen Technik.[17]

Nach griechischem Vorbild wird die Grammatik des Kirchenslawischen normalisiert und zuletzt von dem Ukrainer Meletij Smotrickij verfeinert; sein Buch, Mitte des 17. Jh. in Moskau wieder aufgelegt, erlangt dort kanonische Geltung. Um diese Zeit erlebt das Kirchenslavische eine restaurative Renaissance, ähnlich dem klassischen Latein im Westen, und erstarrt zur Maske, um bald endgültig der lebenden Sprache Platz zu machen. Seit dem 17. Jh. dringt über Polen und die Ukraine auch die lateinische Rhetorik mit ihren Fachtermini ein; in der ersten Hälfte des 18. Jh. kommt durch die Reformen Peters des Großen und die von ihm angeregte lebhafte Übersetzertätigkeit der holländische und deutsche Einfluß hinzu. So wendet sich Tredjakovskij (1703–69) gegen die Vorherrschaft des Lateinischen und Griechischen und mahnt, sich mehr den westeuropäischen Sprachen und Kulturen zuzuwenden.[18] Er ist ein bedeutender Wortschöpfer. Zunächst begeistert er sich für die Volkssprache, später paßt er sich der Tendenz der zweiten Hälfte des 18. Jh. an, im »hohen Stil« aufs Kirchenslawische zurückzugreifen. Griechisch-byzantinische Namensformen strebt er im »hohen Stil« eigens an: Омир (Homer), ирой (›Heros‹), пиима (›Poem‹).[19] Indem er so aus einem Extrem in das andere zu fallen scheint, setzt er sich herber Kritik aus. Gemeinsam ist beiden Phasen die Betonung des Einheimischen gegenüber dem Fremden. Puškin kennt Tredjakovskijs Werke aus eigener Lektüre[20] und schätzt ihn. Er lobt besonders seinen Sinn für das Schöne, Elegante.[21] Tredjakovskij erkennt, daß der russischen Sprache ein akzentuierender Versbau angemessen ist – im Unterschied zur syllabischen Metrik der Franzosen und Polen. Das ist eine große Entdeckung. Puškin lobt auch Tredjakovskijs Entschluß, Fénelons Telemach-Roman als Versdichtung zu übersetzen.[22] Vielleicht sieht er darin eine Bestätigung seiner eigenen Neigung zur Gattung des Versromans. Es ist sprachpsychologisch nicht uninteressant, daß Puškin dem stark vom Französischen geprägten Tredjakovskij mehr Sympathie entgegenbringt als Lomonosov, der tiefer in deutscher Kultur wurzelt.

Der große Universalgelehrte M. Lomonosov (1711–1768)[23] verwendet die antike Lehre von den drei Stilebenen, die auch im 16. und 17. Jh. in den slawischen Rhetoriken vertreten war, als Rahmen für die Abgrenzung grundlegender stilistischer Kontexte. Das Kirchenslawische soll nicht restauriert werden, sondern nur als Reservoir für Begriffe und Bilder dienen. So wird das russische Sprachgefühl zum Kriterium der Literatursprache – auch bei der Auswahl der kirchenslawischen Elemente. Die Gattungen unterscheiden sich nach dem Grad der Mischung beider Komponenten.[24]

Für unser Problem – die Fremdwörter – ist wichtig, daß Lomonosov fordert, die Sprache gemäß ihrer Eigenart zu entwickeln, aus anderen Sprachen nichts Wesensfremdes und Unnützes einzuführen, aber das Gute nicht liegenzulassen (das letztere vergaßen seine von Puškin abgelehnten Nachfolger manchmal, die in der Russifizierung zuviel des Guten taten).

Die slawische Sprache ist für Lomonosov Erbin und Vermittlerin der antiken und christlichen Kultur, der »griechischen Fülle«. »Von daher vermehren wir den Reichtum des russischen Wortes, das sowohl durch seinen eigenen Wert groß ist, als auch befähigt ist, die

Schönheiten des Griechischen durch Vermittlung des Slawischen aufzunehmen.«[25] Abstrakte Begriffe und wissenschaftliche Termini können aus dem Kirchenslawischen entwickelt werden. Während das Lateinische für Deutsche und Polen eine völlig fremde Sprache war, ist das Kirchenslawische mit dem Russischen verwandt. Es geht also nicht darum, die Sprache der mittelalterlichen Wissenschaft und Literatur zu negieren, sondern sie fortzuentwickeln.

Fremdwörter werden nur geduldet, wenn sie entweder unübersetzbar oder bereits allgemein verbreitet sind: Griechische Wörter übernimmt Lomonosov besonders im mathematisch-naturwissenschaftlichen Bereich. Auf diesem Gebiet sind auch seine sprachlichen Leistungen von Dauer. Schnellerem Wandel ist seine Auffassung von Stil und Rhetorik unterworfen (gegen die er übrigens selbst verstößt, wenn er volkstümliche Vokabeln im Hohen Stil verwendet).

Zwar bemerkt er selbst: »Was wir am lateinischen, französischen oder deutschen Stil lieben, ist manchmal im Russischen lächerlich.«[26] Aber im »Mittleren Stil« preßt er eine verhältnismäßig einfache Sprache in das Korsett einer am Deutschen und Lateinischen geschulten Syntax. Später wird man den Autoren des ausgehenden 18. Jh. ihre langen Sätze und ihre »verwirrte« Wortstellung vorwerfen. Lomonosov entwickelt eine Theorie der periodischen Rede.[27] Es ist etwas Besonderes, daß er seine Rhetorik in russischer Sprache schreibt, eine Morphologie oder Grammatik der Gedanken und ihres Ausdrucks. Ein methodischer Ansatz, der in antiker Tradition steht, ist hier auf eine Sprache angewandt, deren Geist Lomonosov auch nach Puškins kritischem Urteil gut erfaßt hat.[28]

Wir halten fest, daß Puškin bei Lomonosov, gegen dessen Autorität er als einer der ersten offen rebelliert, nicht nur poetisch-romantische Qualitäten (Inspiration, Gefühl, Einbildungskraft, Originalität, Volkstümlichkeit) vermißt, sondern auch Einfachheit und Genauigkeit.

Zu den Vorläufern der letztgenannten Forderung Puškins kann man N. I. Novikov mit seinem Streben nach klarem, leicht faßlichem Stil und Sprachreinheit[29] rechnen, ebenso aber den von Puškin geschmähten Klassizisten A. P. Sumarokov. Dieser Anhänger von Boileaus Poetik bekämpft Lomonosovs Hohen Stil, Tredjakovskijs Schwulst und die Gallomanie der Gesellschaft der zweiten Hälfte des 18. Jh. Er schränkt die Freiheit der Wortstellung ein. Seine Sprache ist einfach, manchmal monoton, aber der Stil hat einen neuen Wohlklang, der in die Zukunft weist: »Fühle genau, denke klar, singe einfach und harmonisch.«[30] Genauigkeit, Einfachheit, klares Denken und harmonischen Stil werden wir auch als wesentliche Bestandteile von Puškins stilistischem Credo kennenlernen. Der junge Puškin vermißt bei Sumarokov freilich Originalität, Kraft, Verstand und Wärme.[31] Es sind dies großenteils die Vorwürfe der romantischen Schule gegen den Klassiker des Klassizismus. Wenn Puškin, wie wir sehen werden, dennoch in stilistischer Beziehung die klassischen Maßstäbe, zum Teil (wohl unbewußt) in wörtlicher Übereinstimmung mit Sumarokov, vertreten wird, so beweist dies, daß er nicht bei romantischen Kriterien stehen blieb.

Die Fundamente von Puškins Sprache und Stil, zu denen er sich bekennt, liegen jedoch anderswo: für die Prosa bei Karamzin, für die Poesie bei Žukovskij und Batjuškov.

Seit Ja. Grot[32] gilt Karamzin als Begründer des »neuen Stils« (новый слог) in der russischen Prosa. Viele Wortschöpfungen, die man ihm zuschrieb, sind in Wahrheit älter,[33] aber wichtiger als die Frage der Sprachbereicherung ist in diesem Falle die der Stilbildung. Und hier hat Karamzin in der Tat bestimmend gewirkt. Puškin hält ihn für den besten russischen Prosaiker (was jedoch, wie er ironisch hinzufügt, noch kein großes Lob sei).[34] Karamzin schöpft aus der Umgangssprache der ›guten Gesellschaft‹. Hier liegen die Vorzüge und gelegentlich auch die Grenzen seiner Leistung. Freilich ist die damalige Umgangssprache der gebildeten Gesellschaft keine feste Größe; es gilt weniger zu übernehmen als zu formen, wenn auch auf subtilere Weise als durch plumpe Neuerungen: »Der angehende russische Schriftsteller, unzufrieden mit den Büchern, soll sie schließen und den Gesprächen um sich her lauschen, um die Sprache vollkommener kennenzulernen. Da kommt freilich ein neues Unheil: In den besten Häusern spricht man bei uns mehr französisch. Viele Frauen ... bezaubern uns durch nichtrussische Phrasen.« »Was bleibt dem Autor zu tun? Ausdrücke ausdenken, erfinden; die beste Wortwahl bewahren; alten Vokabeln irgendeinen neuen Sinn geben, — sie in neuer Verbindung darbieten, aber so kunstvoll, daß er die Leser täuscht und die Ungewöhnlichkeit seines Ausdrucks vor ihnen verbirgt.«[35] So läßt sich Karamzins Sprach- und Stilschöpfertum schwer fassen: Es liegt weniger im einzelnen Wort als in der Harmonie ganzer Sätze und Abschnitte und in der »Lebendigkeit«,[36] die Puškin bewundert.

Die entschiedene Hinwendung nach Europa, wie sie Peter der Große auf allen Gebieten vollzogen hatte, vollendet Karamzin auf dem Gebiet des Stils: »Peter der Große, der mit seiner mächtigen Hand das Vaterland umgestaltete, machte uns den anderen Europäern ähnlich. Klagen sind zwecklos. Die Verbindung zwischen dem Denken der alten und der neuesten Russen ist auf ewig zerrissen. Wir wollen die Ausländer nicht nachahmen, aber wir schreiben, wie sie schreiben, weil wir leben, wie sie leben. ... Die besonderen Schönheiten, die den Charakter eines nationalen Schrifttums ausmachen, weichen allgemeinen Schönheiten; die ersteren verändern sich, die letzteren sind ewig. Gut ist's, für Russen zu schreiben, noch besser, für alle Menschen zu schreiben.«[37]

Lomonosov schuf die Sprache, Karamzin den Prosastil. Seine Sätze sind kurz und übersichtlich. An die Stelle der lateinischen und deutschen Satzkonstruktion tritt (wie z. T. schon bei Fonvizin) die französische; er verwendet freilich auch viele lexikalische und syntaktische Gallizismen. Auf Kritiken hin – genannt sei der Slawophile Šiškov – ersetzt Karamzin in späteren Fassungen seiner »Briefe eines russischen Reisenden« fremde durch einheimische Wörter. In seine spät verfaßte »Geschichte des russischen Staates« nimmt er, der vaterländischen Literaturgattung entsprechend, sogar archaische, kirchenslawische Sprachelemente auf.

Die Grenzen von Karamzins Stil liegen in der engen standesmäßigen Bindung. Die Sprache ist empfindsam, galant und aufgeklärt. Sein Gegner Šiškov beanstandet u. a. die Umständlichkeit[38] phrasenhafter Umschreibungen. Hier wird der auf Kürze und Deutlichkeit bedachte Puškin dem sonst von ihm verehrten Karamzin die Nachfolge verweigern.[39]

Auf Karamzin bauen Puškins Zeitgenossen auf. Sie rühmen dem Dichter Dmitriev nach, er habe für die Poesie dasselbe geleistet wie Karamzin für die Prosa. Einen Maßstab für Puškins Tat gewinnen wir aus seiner Kritik an dem damals hoch geschätzten Dmitriev: Bei ihm herrsche der Einfluß der französischen Poesie, die schüchtern und affektiert sei. Dmitriev habe »nur übernommene« Gefühle und Gedanken; seine Fabeln seien »kalt und zerdehnt«.[40] Für diesen nicht unbegabten Dichter ist die Schule Karamzins eher eine Fessel. Seine Sprache ist tadelfrei, aber farblos. Bildhaft gesprochen könnte man sagen, daß Puškin in das vornehme Grau der Salonsprache einerseits Farbigkeit, andrerseits scharfe Zeichnung eingebracht hat.

Von seinen unmittelbaren Vorgängern schätzt Puškin besonders Batjuškov wegen seiner eleganten Versifikation und Žukovskij wegen der harmonischen »Süße« seiner Dichtersprache.

b) Einfachheit und Genauigkeit

Puškins Abrechnung mit dem 18. Jh. läßt an Deutlichkeit nichts zu wünschen übrig. Formal werden die eintönigen und einengenden Formen beanstandet, das Ermüdende, Schwerfällige, Schwülstige, Gesuchte. Positive Kriterien sind demgegenüber Einfachheit und Genauigkeit. Dem Übermaß an Nachahmung[41] steht die Originalität gegenüber, der Eintönigkeit und einengenden Formenstrenge Inspiration, Gefühl und Einbildungskraft, dem Gesuchten und Geschwollenen die Volkstümlichkeit. Bekämpft wird einerseits die trockene Vernünftigkeit Lomonosovs, andrerseits der »Widersinn«[42] der Tragödien Sumarokovs. Manche dieser Kriterien erinnern an den »Sturm und Drang«, aber es bleibt bemerkenswert, daß Puškin das »Grobe« und »Barbarische« negativ bewertet. Als »barbarische, verzärtelte Sprache«[43] kennzeichnet Puškin treffend Sumarokovs unausgeglichenen, teils archaischen, teils modernen Stil, der noch nicht den klassischen Ausgleich gefunden hat, also dem von Sumarokov selbst erhobenen Anspruch, klassisch zu sein, nicht genügen kann.

Damit sind wir bei Puškins formalen Kriterien. Er legt großen Wert auf exakte Beherrschung der Sprache und der Versifikation. Daher geht er auch mit seinem genialen Vorgänger Deržavin hart ins Gericht, obwohl er ihm »Gedanken, Bilder und wahrhaft poetische Bewegungen« zubilligt:[44] »Liest man ihn, so scheint es, als lese man eine schlechte, freie Übersetzung eines herrlichen Originals. Bei Gott, sein Genius dachte auf tatarisch, kannte aber das russische ABC nicht, weil er keine Zeit dafür hatte ...«. »Dieser Sonderling (чудак) kannte weder das ABC noch den Geist der russischen Sprache (darum steht er auch tiefer als Lomonosov). Er hatte keinen Begriff von Stil und Harmonie, nicht einmal von den Regeln der Versifikation. Darum muß er jedes unterscheidungsfähige Ohr zur Raserei bringen. Er hält nicht nur eine Ode nicht durch, sondern nicht einmal eine Strophe.«[45]

Puškins Kritik haftet hier nicht am Einzelnen, sie hat das Ganze einer Ode oder Strophe im Blick. Es geht um die musikalische Harmonie und die stilistische Einheitlichkeit. Zugleich wird eine soziale Qualität angesprochen. Чудак nennt man einen, der sich nicht nach der allgemeinen Norm richtet. Ursprünglich bezeichnet es den Ausländer, vor allem finnischer Herkunft. Es steht also Puškins obiger Bemerkung sehr nahe, Deržavins Genius habe »tatarisch« gedacht. Indirekt wird an dieser Kritik deutlich, wie sehr Puškin die Sprache seines Volkes sprechen will, eine Sprache, die von den anderen nicht als fremd oder eigenbrötlerisch empfunden wird. In diesem Bestreben liegt eine der Ursachen dafür, daß Puškins Sprache allgemein akzeptiert worden ist. Ästhetisches und Sozial-Kommunikatives bilden keinen Gegensatz. Die Kritik an Deržavin läßt erkennen, wie eng für Puškin beides zusammengehört.

Für unser Problem der Fremdwörter stellt sich die Frage nach der inneren Einheit der Dichtungen und Strophen in besonderer Weise.[46] Es wird zu prüfen sein, wie Puškin die Fremdwörter in den Zusammenhang seiner Texte einfügt (s. unseren Abschnitt über »Onegin«).

Da Puškin die Farbigkeit des Wortschatzes nach allen Richtungen (vom Volkstümlichen über das Westeuropäische bis hin zum Kirchenslawischen) verstärkt, kennt er das Problem der Buntscheckigkeit, das er bei Deržavin sieht, sehr genau. Ohne sich durch klassische Regeln beengen zu lassen, findet sein poetischer Takt, sein Sinn für Harmonie hier jeweils die richtige Lösung. Er schreibt einmal in späteren Jahren, die Kritik habe ihm im Laufe der Jahre insgesamt fünf Verstöße[47] gegen die russische Sprache nachweisen können. Diese Zahl ist im Verhältnis zur Menge des Geschriebenen verschwindend klein.

Während wohl niemand im Ernst Puškins Ansicht vertreten hat, Deržavin habe in tatarischer Sprache gedacht, lassen sich einige Argumente dafür ins Feld führen, daß Puškin selbst zwar nicht tatarisch, aber französisch gedacht habe. Außer den biographischen Tatsachen haben wir das Zeugnis des französischen Übersetzers von »Pique-Dame«, Prosper Mérimée.[48] Puškins Text läßt sich nach seiner Meinung so mühelos ins Französische übersetzen, daß sich ihm die Frage aufdrängt, ob die russischen Adligen nicht ihre Texte französisch meditieren, bevor sie sie in ihrer Muttersprache niederschreiben. Beispiele für syntaktische Gallizismen hat man gefunden, und gewiß wird die wissenschaftliche Erschließung von Puškins Französisch auch auf seinen russischen Sprachgebrauch noch manches Licht werfen. Trotzdem glaube ich, daß man Mérimées Satz mißversteht, wenn man aus dem Kompliment eine tatsächliche Behauptung macht. Man darf nicht vergessen, daß für den Franzosen seine Sprache identisch ist mit der Sprache der Vernunft. In diesem Sinne verstanden, gewinnt Mérimées Beobachtung erst ihre volle Bedeutung. Puškins Prosa erscheint dem Franzosen nicht deswegen vertraut, weil sie französisch gedacht wäre, sondern weil sie klar, nüchtern und präzise ist. Hier geht es nicht mehr um Nachahmung, sondern um den Rückgriff auf das Prinzip. Mögen die französische Sprache und Voltaire[49] ihn gelehrt haben, Verstand, Vernunft und Aufklärung hochzuschätzen, so war es doch Puškins Leistung, seiner Muttersprache die Transparenz und Präzision seines eigenen Denkens mitzuteilen.[50]

Seine Verstandeshelle sträubt sich gegen die Philosophie der romantischen Schellingianer. In dieser Beziehung bleibt er ein Sohn des 18. Jh. So übernimmt Puškin aus der französischen Kultur das Beste, die Hochschätzung von Geistesschärfe und Intelligenz, verwirft aber das Affektierte, Gezierte und Phrasenhafte.[51] Derselbe Mérimée reagiert begeistert und bestürzt auf Puškins Darstellungsweise im »Festmahl Peters des Großen« – solcher Direktheit scheint ihm das Französische unfähig.[52] Puškin streift das »Blumenreiche« des »Mittleren Stils« ab: »Was den Stil betrifft, so wird er je einfacher, desto besser sein.«[53]

Ein Kernbegriff ist für ihn die ›Genauigkeit‹ (точность), der wir uns jetzt zuwenden. Die Ausdrucksweise von Jazykov nennt er »fest, genau und sinnerfüllt«,[54] Ozerovs Schreibart eher »poetisch«, dabei aber »ungenau und verrostet«.[55] Dagegen lobt er den Stil eines neuen Heiligen-Lexikons: »Er ist einfach, sinnerfüllt und knapp.«[56]

»Genauigkeit und Kürze: das sind die ersten Tugenden der Prosa.«[57] Entsprechendes gilt aber auch für die Poesie. Das Talent zeigt sich in der »Harmonie« und »Genauigkeit« des Stils.[58] In einem frühen Brief ist von »poetischer Genauigkeit« die Rede.[59] Diese erstaunliche Wortverbindung besagt mehr als Boileaus Forderung exakten Versbaus und chronologischer Abfolge (›vers exact‹, Art poétique 2, 79). Die Verwendung genauer Bezeichnungen, d.h. der eigentlichen Ausdrücke anstelle von Umschreibungen, scheint auf den ersten Blick prosaisch, alltäglich, volkstümlich. Die Verbindung von solcher Präzision und poetischer Harmonie ist ein Geheimnis von Puškins Genie. Er fördert auch ähnliche Bestrebungen seiner Freunde: »Endlich hast Du Dir die Genauigkeit der Sprache erworben.«[60] Im Streben nach Einfachheit und Präzision[61] scheut er sich nicht, einerseits volkstümliche, andererseits kirchenslawische Elemente aufzunehmen: »Nie werde ich die Aufrichtigkeit und Genauigkeit des Ausdrucks einer provinziellen Zimperlichkeit zum Opfer bringen und der Furcht, volkstümlich, slawophil und dergl. zu scheinen.«[62] In dieser Tendenz bestärkt ihn auch die Lektüre Shakespeares.[63]

Der Begriff ›Genauigkeit‹ (précision)[64] hat seine Entsprechung in dem antiken Prinzip der ›proprietas verborum‹, der Verwendung der

Vokabeln in ihrem eigentlichen Sinne, der Cäsarischen ›elegantia‹.[65] Caesars »e-legante«, »er-lesene« Vokabeln wirken nicht gesucht, sondern es sind die jeweils treffendsten Ausdrücke; solche Wörter nennt der römische Rhetor Quintilian ›nomen eximium‹.[66] Die terminologische französische Übersetzung hierfür ist ›précis‹ (terme exactement circonscrit).[67] Puškins Termini точный, точность sind also über das Französische mit dieser antiken Tradition verbunden.

Verwandt ist Puškins Forderung nach »genau-russischen« Ausdrücken (точно-[sic!] русские).[68] So verlangen die antiken Rhetoren ›Latinitas‹ bzw. ›Ἑλληνισμός‹. Puškin erweitert diese Forderung auf die gesamte Vorstellungswelt. Vermengung von Altgriechischem und Modern-Christlichem[69] oder von Westeuropäischem und Russischem stört sein Stilempfinden. Batjuškov läßt an einer Stelle als Siegeslied »Wir loben den Herren« singen. Puškin bemerkt dazu am Rande: »Te Deum laudamus, aber in unserer Sprache (unserem Brauch entsprechend) müßte es ›Himmlischer König‹ (Царю небесный) heißen.«[70] In ähnlichem Sinne spricht er von »historischer Genauigkeit«[71] und vermißt sie in einer Beschreibung bei Mickiewicz.[72] Puškins Kritik ist durchaus »realistisch«. Batjuškov dichtet: »Wie das Maiblümchen unter der tödlichen Sichel des Schnitters ...« Dazu Puškin: »Nicht unter der Sichel, sondern unter der Sense. Das Maiblümchen wächst auf Wiesen und in Wäldchen, nicht auf besäten Äckern.«[73] In einer Tibull-Nachdichtung Bajuškovs stehen die Worte »mit dem Wein aus frohen Trinkschalen«. Dazu Puškin: »Früher hieß es ›mit dem Wein aus verschütteten Trinkschalen‹ — genauer (точнее).«[74] Er stellt sich den Vorgang realistisch vor.

So verwirklicht Puškin den altrömischen Grundsatz: »rem tene, verba sequentur.« Die Sache hat den Vorrang. Die Wahl des Wortes wird freilich nicht dem Zufall überlassen; es soll der Sache angepaßt sein.

Daher verabscheut er schwülstige Metaphern. Er will auch poetische Texte beim Wort nehmen dürfen. Ein spaßhaftes Beispiel dafür findet sich in einer Randnotiz.[75] »Dein Freund gibt dir von neuem auf ewig Herz und Hand.« Zu diesen Versen Batjuškovs an Gnedič notiert Puškin: »Batjuškov heiratet Gnedič.«

Puškin will Genauigkeit mit Klarheit und Kürze verbinden. Im Bereich der Syntax bedeutet dies: Parataxe nach französischem Vorbild statt Hypotaxe. Der Satzbau wird in Puškins Nachdichtung von Horaz, Carmen 2, 7, spürbar einfacher. So lauten bei ihm die letzten Zeilen: »Wie ein wilder Skythe will ich trinken. Ich feire mit dem

Freund das Wiedersehen. Ich bin froh, den Verstand zu ertränken.« Daraus macht sein Herausgeber Žukovskij einen langen Satz: »Wie ein wilder Skythe will ich trinken und – mit dem Freunde Wiedersehen feiernd – im Wein die Vernunft ertränken.«[76] Übrigens muß diese in unseren Handbüchern stehende Behauptung etwas eingeschränkt werden. Puškin hatte, wie ich mich bei Studium seines Konzeptes überzeugen konnte, lange mit dem Gerundium »feiernd« (празднуя) experimentiert. Žukovskij hat nur »daß« (что) durch »und« (и) ersetzt und in der letzten Zeile »im Wein« (в вине) geschrieben. Bezeichnend bleibt natürlich dennoch Puškins letzte Entscheidung für die Parataxe; aber Žukovskijs Fassung beruht nicht auf reiner Willkür.

In Puškins Prosaerzählungen kontrastieren die kurzen Sätze und der sparsame dichterische Schmuck mit den Themen, die bei anderer Behandlung romantisch wirken würden. Inwieweit literarisch-parodistische Absicht zugrunde liegt, werden wir nie mit Bestimmtheit sagen können. Aber sicherlich geht es darum, ›romantisch‹ wirkende Stoffe durch nüchterne und gleichsam entlarvende Behandlung bis zu einem solchen Grade zu objektivieren, daß der Eindruck beängstigender Realität entsteht.

So hat Puškin in Verbindung mit dem (stoischen) Stilprinzip der Kürze (›brevitas‹), der ›proprietas verborum‹ (κυριολογία), der Verwendung der jeweils treffendsten Vokabel, dem Gebrauch der Wörter in ihrem eigentlichen Sinn, zum Durchbruch verholfen. Seine ›Genauigkeit‹ ist eine Form der intellektuellen und sprachlichen Redlichkeit, die an das Vorgehen der Attizisten der Antike erinnert und dazu einen klassischen Analogiefall bildet. *Nihil enim in historia pura et inlustri brevitate dulcius.* So sagt Cicero über Caesars Commentarii.[77] Cicero verbindet hier mit der ›brevitas‹ den musikalisch-ästhetischen Reiz des ›dulce‹. Dies ist eine Paradoxie, die sich nur bei den größten Autoren bewahrheitet (bei Puškin wohl noch mehr als bei Caesar). Die Anmut des Schlichten kennen wir auch aus Xenophon; Puškin findet in der »treuherzigen Nacktheit der Chronik« die »romanhafte Lebendigkeit der Wahrheit«,[78] was aber kein rein ästhetischer Wert ist. Die »Nacktheit« ist ein Begriff, der seit der Antike in derartigem Zusammenhang steht (s. Cicero ebd.).

Einfachheit kann Ausdruck der Würde sein – ein Grundsatz des bekannten Traktats Ps.-Longins »Über das Erhabene«. So redet der Mohr des Zaren in Paris »einfach und würdevoll«[79] – in wohltuendem Gegensatz zu französischen Spitzfindigkeiten. Wieder etwas anderes ist die »erlesene Schlichtheit«. So ist Petrons Schlafzimmer »einfach« ausgestattet.[80] Einfachheit und Vornehmheit stehen sich gerade in sprachlichen Dingen sehr nahe: »Dein lieber, einfacher, aristokratischer Ton.«[81]

c) Angemessenheit und Harmonie

Wenn Puškin nun freilich das Prinzip der точность für alle Literaturgattungen gelten läßt, so liegt ihm dabei fern, den Unterschied zwischen Prosa und Poesie zu übersehen. Seine Randnotizen zu Batjuškovs Lyrik enthalten häufig die Bemerkung »Prosa«.[82] Oft beanstandet Puškin in ein und demselben Text einerseits Prosaisches, andererseits Ungenaues. Letztlich zielt seine Kritik also auf die Einheitlichkeit von Strophen und ganzen Gedichten, wie wir es schon bei seiner Deržavin-Rüge beobachteten. Es geht darum, anstelle starrer Regeln dem höheren Prinzip des Angemessenen Geltung zu verschaffen. Ein unbestechlicher Sinn für Harmonie und für das jeweils passende Wort, den rechten Ton, hat seiner Dichtung klassische Geltung verliehen.

Über die Überwindung der Lomonosovschen drei Stilebenen hat B. V. Tomaševskij das Entscheidende gesagt. Bei Puškin findet keine Gleichmacherei, keine Neutralisierung des Stilniveaus der Vokabeln statt. Seine Sprache ist nie neutral. »Die stilistische Färbung eines Wortes, die in seinen eigenen historischen Schicksalen liegt, nicht aber in einem künstlichen System vorgegeben ist, ... bildet für Puškin eine Quelle der Charakteristik seiner Helden, des Erzählers und sogar der eigentlichen Ideen, auf deren Zusammenstoß die lyrische Bewegung sich gründet.«[83] Wir werden dies in den interpretierenden Abschnitten im einzelnen verfolgen.

»Der wahre Geschmack besteht nicht in der Ablehnung dieses Wortes oder jener Redewendung, sondern im Gefühl für Symmetrie und Angemessenheit« (соразмерность и сообразность).[84] Hierin liegt die Verabschiedung der alten Doktrin von den »Stilebenen«. Damit erneuert Puškin freilich eine andere antike Lehre, die vom »Angemessenen« (πρέπον, aptum), die auch schon im Altertum ein höheres Prinzip war als die drei Stile. Bei Košanskij, der Puškin auch in Rhetorik und Poetik unterwies, wird er diesen Begriffen begegnet sein: соразмерность (als Lehnübersetzung des griechischen συμμετρία oder τὸ σύμμετρον) und сообразность gehören in den Bereich des ›conveniens‹ und ›aptum‹[85] im Hinblick auf die betreffenden Personen (*quid cuique personae conveniat*), das Verhältnis der Werkteile untereinander und auf das einzelne Wort.[86]

In bezug auf die musikalischen Qualitäten der Verse lautet Puškins Terminus »Harmonie«. So sagt er im »Roman aus dem römischen Leben« (1833–35) über Petronius: »Er liebte das Spiel der Gedanken und die Harmonie der Worte.«[87] Die griechische Bezeichnung, in Rußland seit langem als армония eingebürgert,[88] dann in der ›germanisierten‹ Form гармония neu übernommen, ist semantisch von französischer Poetik beeinflußt: »harmonieux: qui a un ton flatteur pour l'oreille« (Boileau).[89] Es entspricht also dem lateinischen ›dulcis‹ und ›iucundus‹. So bescheinigt Puškin den Versen Žukovskijs »bezaubernde Süße« (сладость),[90] und sieht dementsprechend in der »Harmonie« eine Haupterrungenschaft dieses Meisters, zu dessen Schule er sich rechnet. Das bestätigt folgende Äußerung über den Dichter F. N. Glinka:[91] »Sein Stil erinnert nicht an Lomonosovs majestätisch ruhigen Fluß, nicht an Deržavins leuchtende und ungleichmäßige Malerei, nicht an die harmonische Genauigkeit, welche die von Žukovskij und Batjuškov gegründete Schule auszeichnet.«

So lobt Puškin in den Randnotizen seines Batjuškov-Textes die »Harmonie« bestimmter Strophen, Versgruppen und ganzer Gedichte: »Dieses Gedicht (мои пенаты) atmet einen gewissen Rausch des Luxus, der Jugend und des Genusses; der Stil pulsiert nur so von Leben und fließt nur so dahin — die Harmonie ist bezaubernd.«[92] Besonders klangvoll seien die letzten Verse mit ihren »Glockentönen« und der von Zeile zu Zeile wechselnden Silbenverteilung. Auch in Batjuškovs »Tavrida« lobt er die »Harmonie«: »An Gefühl, Harmonie, Kunst des Versbaus, Reichtum und Gelöstheit der Imagination ist dies Batjuškovs beste Elegie.«[93] Was mit »Harmonie« gemeint ist, lassen Batjuškovs von Puškin angemerkte Lieblingsverse in diesem Gedicht deutlich erkennen.

> весна ли красная блистает средь полей,
> иль лето знойное палит иссохши злаки,
> иль, урну хладную вращая, Водолей
> валит шумящий дождь, седый туман и мраки.[94]

Der Wechsel der Wortlänge und Silbenverteilung von Vers zu Vers, die Abwandlung der Vokalfarben von Zeile zu Zeile sind keine Lautmalerei, sondern eine »Musik in Worten«, die ihren eigenen Gesetzen folgt, den Inhalt nicht so sehr nachahmt als vielmehr unaufdringlich begleitet.

Wir können das Wort »Harmonie« nicht ohne sein slawisches Pendant betrachten, eine Lehnübersetzung, die Harmonie und Präzision verbindet (стройность, ›strukturelle Qualität, Wohlgestalt, vernünftige Ordnung, Stimmigkeit‹), also dem griechischen etymologischen Sinn ›Gefügtheit‹, ›Fügung‹, sehr nahekommt. Wichtig ist Puškins Äußerung über Del'vigs frühe Horaz-Nachdichtungen: »In ihnen ist schon das ungewöhnliche Empfinden für Harmonie und für jene klassische Stimmigkeit der Struktur (стройность) bemerkbar, der er nie untreu geworden ist.«[95] Die Nähe seines Harmonie- und Strukturbegriffs zur Klassik hebt Puškin (1831) also selbst hervor.

d) Literarische Nachfolge: Puškins Praxis

So urteilt er in reiferen Jahren auch besonnener über ein Prinzip, das in seiner Jugend als Grundfehler der Klassizisten galt, die ›Nachahmung‹ (подражание): »Das Talent ist unfrei, und seine Nachahmung ist kein Raub, dessen man sich schämen muß, kein Zeichen geistiger Armut, sondern ein edles Vertrauen auf die eigenen Kräfte, eine Zuversicht, neue Welten zu entdecken, indem man auf den Spuren des Genius vorwärtsstrebt!«[96] Den antiken Grundsatz der literarischen Nachfolge macht sich Puškin nach Byrons Tod in neuer Freiheit zu eigen. An die Stelle romantischen Originalitätsdenkens tritt das klassische Prinzip des »Lernens«, als dessen Archegeten Puškin seinen Zeitgenossen den großen Karamzin vor Augen stellt.[97]

Wie verwirklicht Puškin seine Stilprinzipien in seiner Nachdichtung von Horazens erster Ode (1833)?[98]

Maecenas atavis edite regibus
o et praesidium et dulce decus meum,
sunt quos curriculo pulverem Olympicum
collegisse iuvat metaque fervidis
evitata rotis palmaque nobilis
terrarum dominos evehit ad deos.
hunc si nobilium turba Quiritium
certat tergeminis tollere honoribus ...

Царей потомок меценат,
мой покровитель стародавный,
иные колесницу мчат

в ристалище под пылью славной
и заповеданной ограды
касаясь жгучим колесом
победной ждут себе награды
[и] [мнят быть] [равны] [с божеством].
Другие на свою главу
сбирают титла знамениты,
непостоянные квириты
им предают . . . молву . . .

Einerseits sehen wir hier bei Puškin Kürze, Verzicht auf Attribute (*atavis, dulce*), Vereinfachung des Ausdrucks (*terrarum dominos, turba*), *verba propria* (мчат, ждут, победная награда) und sogar ein *verbum eximium* (ристалище), exakte Veranschaulichung (касаться für *evitata*).

Andererseits vermeidet er das Prosaische durch felix iunctura, treffend kühne Wortverbindung: пыли славной (»ruhmreicher Staub«) ist ein glücklicher Ersatz für *pulverem Olympicum* und enthält eine eigene Pointe, die horazisch gedacht und empfunden ist. Die ›Harmonie‹ der Verse drängt sich bei lautem Lesen unmittelbar auf; Monotonie ist dadurch vermieden, daß z. B. Verteilung und Silbenzahl der Wörter von Vers zu Vers wechseln; Symmetrie findet sich z. B. in Zeile 6 (касаясь жгучим колесом); vor allem aber sind die Reime nicht äußerlich aufgesetzter Schmuck, sondern nur der Gipfel eines Eisberges von Assonanzen, welche die Zeilen untereinander verbinden (Zeile 1–2 Alliteration потомок – покровитель; 5–7 Assonanz заповеданной – победной; 6–7 жгучим – ждут).

So ist die Sprache trotz ihrer ›Genauigkeit‹ durch ebenso kunstvolle wie unauffällige stilistische Mittel (»Harmonie«) dem Prosaischen enthoben.[99]

e) Ratio

Puškin überwindet die alte Theorie der Stilebenen durch höhere Prinzipien, die teils auf romantischen Einfluß zurückgehen (Innerlichkeit, Gefühl, Inspiration, Aufrichtigkeit, Originalität, Freiheit der Form und des Inhalts, Nationalität), teils ausgesprochen klassische Züge tragen (Einfachheit, Genauigkeit, Harmonie, Angemessenheit, literarische Nachfolge). Wichtig ist die Betonung des Gedankens als Grundlage des guten Stils. In dieser Beziehung bleibt Puškin stets der Voltairianer, der er von Jugend auf war. Die Ratio ist oberstes stilistisches Kriterium. »Genauigkeit und Kürze sind die ersten Tugenden der Prosa, sie verlangt Gedanken und nochmals Gedanken – ohne sie nützen glänzende Ausdrücke nichts.«[100] »Die Aufgeklärtheit des Jahrhunderts fordert Nahrung für das Denken; die Geister können sich nicht nur mit Spielereien der Harmonie und der Einbildungskraft begnügen« (1825).[101] Dies ist eine klare Absage an Übertreibungen der romantischen Schule.[102] Das letzte Wort behält die ›Aufklärung‹, ein Grundprinzip der antiken und der europäischen Kultur. »Puškin psychologisierte nicht in seiner Prosa, sondern er logisierte sie, erfüllte sie mit Gedanken.«[103]

Der Verstand dominiert, aber er spielt keine verneinende, vernichtende Rolle (wie im »Dämon«), und er erschöpft sich auch nicht in entgegenständlichender romantischer Ironie. Er beherrscht Geschmack und Gefühl, ohne sie zu zerstören. Nach E. A. Baratynskij[104] verbindet Puškin »die Flamme schöpferischer Einbildungskraft und die Kühle des nachprüfenden Verstandes«. Das Eingreifen der Ratio ist freilich nicht einem zweiten Arbeitsgang vorbehalten; ein angeborener Sinn für Harmonie führt dem Dichter die Feder, so daß in seinem Stil das Natürliche nicht mit dem Vernünftigen in Widerspruch steht. Diese Einheit von Verstand und Gefühl, die Vernünftigkeit seines Sprachinstinkts macht Puškin zu der wahrhaft klassischen Erscheinung in der Geschichte der russischen Sprache und des russischen Stils.[105]

Warum bleibt dem westlichen Leser die ›Klassizität‹ Puškins oft verschlossen? Kenner beschränken ihn aus Gründen der Epoche und bestimmter thematischer Elemente oft auf die ›romantische‹ Stilrichtung, und ein sonst besonders feinfühliger Kritiker wie R. Kassner[106] meint, er sei ›barock‹, werde überschätzt und müsse sogar überschätzt werden. Hier mag einmal die Scheu mitspielen, mit dem Phänomen der ›späten Klassik‹ zu rechnen; schon in Deutschland fällt die Klassik in eine erheblich spätere Zeit als in Frankreich, nämlich zwischen ›Sturm und Drang‹ und ›Romantik‹; was Wunder, wenn sie in Rußland noch später – zwischen Romantik und Realismus – erscheint! Die zeitliche Phasenverschiebung von Westen nach Osten läßt sich rezeptionsgeschichtlich leicht erklären. Zudem ist Klassik mehr als nur ein Epochenbegriff. – Einen weiteren Grund solcher Fehlurteile legen unsere Untersuchungen nahe: Erst die sprachlich-stilistische Dimension scheint eine feste Handhabe zu bieten, Puškins ›Klassizität‹ literatursoziologisch zu fundieren.

»Die nationale Eigenart (народность) im Schriftsteller ist eine Qualität, die völlig nur von Landsleuten gewürdigt werden kann.« Dieser Satz Puškins (1825)[107] gilt in besonderem Maße von Sprache und Stil, deren ›Klassizität‹ sich in der Aufnahme durch die Sprachgemeinschaft bewährt. Dazu hat – wir sahen es – Puškin selbst durch seine Kriterien der Sprachbehandlung den Grund gelegt. Durch die Romantik endgültig vom klassizistischen Schematismus befreit, findet er auf der Suche nach dem Echten, Einfachen, Genauen, Harmonischen zu wahrhaft klassischen Maßstäben. Neben der unbestrittenen, wenn auch manchmal überbetonten emanzipatorischen Rolle des Romantischen wirkt in Puškins Leben dauernd und zunehmend die befreiende Kraft des Klassischen, auf die wir im Schlußabschnitt zurückkommen werden.

Welcher Puškin ist nun der wahre, der ›genaue‹ oder der ›harmonische‹? Der ›Realist‹ oder der ›Sprachkünstler‹? Für Puškin jedenfalls schlossen sich Genauigkeit und Harmonie nicht aus, und vielleicht liegt darin ein Geheimnis seiner klassischen Wirkung.[108]

3. Einige politische Begriffe griechischer Herkunft bei Puškin

Im Vergleich mit den spezifisch poetischen und literarischen Vokabeln griechischer Herkunft treten die politischen Begriffe bei Puškin eher zurück.[109] Ihr Auftreten hängt mit der Lebensgeschichte des Dichters zusammen. Schon früh finden sich scharf ablehnende Äußerungen gegen den Despotismus. Im Lyzeum in ›Carskoje Selo‹ gerät der Dichter, der bereits in der Kindheit Voltaire gelesen hat, unter den Einfluß liberal gesinnter Freunde und Lehrer, zu denen ein Bruder des französischen Revolutionärs Marat zählt.[110] Puškins Ode »Freiheit« verherrlicht jedoch nicht die Französische Revolution (die Tötung Ludwigs XVI. wird sogar verurteilt), sondern – in der auf Hugo Grotius und Montesquieu zurückgehenden Tradition – die Herrschaft von Recht und Gesetz (kein Fürst, aber auch kein Volk steht über dem Gesetz).[111] Die neuere sowjetische Forschung hat diese Tatsache im Gegensatz zu den modernisierenden Interpretationen früherer Jahrzehnte in aller Klarheit herausgearbeitet.[112] Der »Gallier«, auf den sich Puškin in der Freiheitsode beruft, ist André Chénier,[113] ein Dichter, der die Französische Revolution zunächst begrüßte, ihr aber bald darauf wegen seiner Freimütigkeit selbst zum Opfer fiel. Immerhin findet sich in unserem Gedicht ein Aufruf zum

Kampf gegen die Tyrannen, der an die Marseillaise anklingt. Anders als ›Monarch‹[114] sind ›Despotismus‹ und ›Tyrannei‹ für Puškin ausgesprochen negativ gefärbte Begriffe. So heißt es in dem Gedicht »An Licinius« (1815):[115] »Der Liebling des Despoten regiert den schwachen Senat.« Der junge Dichter identifiziert sich hier mit der römisch-republikanischen Opposition: »Durch Freiheit ist Rom groß geworden, durch Sklaverei wurde es zunichte.«[116] Die Römermaske wird Puškin in politischer Beziehung auch später verwenden, so in seiner Nachahmung von Horaz, carmen 2, 7, und in dem bissigen Gedicht »Auf die Genesung Luculls« (1835).[117] Ein sehr persönlicher Brief an einen Freund schließt mit den Worten: »Weil ich dich liebe – und den Despotismus hasse.«[118]

Bemerkenswert ist auch der Versuch, von Napoleon die Bezeichnung Tyrann fernzuhalten. Der Dichter stellt sich ihn als Heros vor. Den Unterschied zwischen Heros und Tyrann definiert er folgendermaßen: »Laßt dem Heros das Herz! Was wäre er ohne es? Ein Tyrann.«[119] Sogar noch im Siegesjubel (»Napoleon« 1821) heißt der Korse zwar zweimal Tyrann, aber seine Größe bleibt unangetastet: »Lob sei ihm! Er hat dem russischen Volk sein hohes Los gezeigt und der Welt die ewige Freiheit aus dem Dunkel der Verbannung vermacht.«[120] Auch in diesem Gedicht wird Napoleon im Ernst als Heros bezeichnet, wenn auch das Adjektiv »hochmütig« eine Einschränkung bedeutet.

Damit sind wir bei dem zweiten Gedankenkreis: Patriotismus. Dieses Thema spielt vor allem im Zusammenhang mit den Ereignissen von 1811/12 eine Rolle. Das hierauf bezügliche »Fragment aus den unveröffentlichten Aufzeichnungen einer Dame« (»Roslavlev«, 1831) nimmt manches von der Stimmung und sogar der Personencharakteristik von Tolstojs »Krieg und Frieden« vorweg. Reizvoll ist der Einfall, das Problem des Patriotismus von jungen Menschen diskutieren zu lassen, während Napoleon nach Rußland eindringt. Realistisch der Stimmungsumschwung: »Alle sprachen von dem nahe bevorstehenden Krieg, und zwar, soweit ich mich erinnern kann, ziemlich leichtsinnig. Es war Mode, den französischen Ton der Zeiten Ludwigs XV. nachzuahmen. Vaterlandsliebe schien Pedanterie zu sein. Die damaligen Klugschwätzer verherrlichten Napoleon mit fanatischer Beflissenheit und scherzten über unsere Mißerfolge. Unglücklicherweise waren die Fürsprecher des Vaterlandes ein wenig einfältig – sie wurden verlacht, was ziemlich unterhaltend war, und hatten keinerlei Einfluß. Ihr Patriotismus beschränkte sich auf die harte Verurteilung des Gebrauchs der französischen Sprache in Gesellschaft, der Einführung von Fremdwörtern ... usw. Die jungen Leute sprachen von allem Russischen mit Verachtung oder Gleichgültigkeit ...«[121] Doch auf die Nachricht von Napoleons Anmarsch und nach dem Aufruf des Zaren schlug die Stimmung um: »Die Verfolger der französischen Sprache ... bekamen auf Gesellschaften entschieden die Oberhand, und die Salons füllten sich mit Patrioten. Der eine schüttete den französischen Tabak aus seiner Dose und begann, russischen zu schnupfen; der andere verbrannte ein Dutzend französische Broschüren; ein dritter verzichtete auf Bordeaux (Lafitte)[122] und machte sich über seine saure Kohlsuppe. Alle gelobten, nicht mehr französisch zu sprechen, alle führten laut die Nationalhelden Požarskij und Minin im Munde und begannen, den Volkskrieg zu predigen, während sie sich anschickten, auf Fuhrwerken in die Dörfer um Saratov zu verschwinden.«[123]

Beide Verhaltensweisen stoßen Polina ab: »Polina konnte ihre Verachtung nicht verbergen, wie sie vorher ihre Empörung nicht verborgen hatte. Ein so rascher Meinungswechsel und so viel Ängstlichkeit brachten sie um ihre Geduld. Auf dem Boulevard ... sprach sie absichtlich französisch; bei Tisch widersprach sie in Anwesenheit der Dienerschaft absichtlich der patriotischen Prahlerei, absichtlich sprach sie von der zahlenmäßigen Stärke der napoleonischen Truppen, von seinem Feldherrngenie. Die Anwesenden erbleichten aus Furcht vor Denunziation und beeilten sich ihr vorzuwerfen, sie sei dem Vaterlandsfeind zugetan. Polina lächelte verächtlich: ›Gebe Gott‹, sagte sie, ›daß alle Russen ihr Vaterland so liebten wie ich‹.«[124]

Puškin unterscheidet hier zwischen einem opportunistischen Patriotismus, der sich in Lippenbekenntnissen gefällt, und einem echten Gefühl, das sich hinter einer Fassade von Ironie und Gleichgültigkeit verbirgt.

Dasselbe beobachten wir nachher im Zusammenhang mit den patriotischen Opfern.[125] Auf Polinas Frage, was er denn opfern wolle, antwortet der junge Held der Erzählung zunächst ironisch: »Ich habe nichts als 30 000 Rubel Schulden. Ich opfere sie auf dem Altar des Vaterlandes.« Auf ihren empörten Vorwurf antwortet der junge Mann (ungalant, aber wahrheitsgetreu): »Wer im Gespräch mit einer Frau scherzt, kann trotzdem im Angesicht des Vaterlandes und seines Feindes den Scherz beiseite lassen.«[126] Er meldet sich freiwillig und fällt.[127] Der Gedanke des Opfers durchzieht das vorliegende Kapitel (das größte Opfer ist der Brand Moskaus, durch den Rußland gerettet wird). Der Begriff Patriotismus tritt in dem Augenblick, da Taten sprechen, zurück. Das Fremdwort bezeichnet im wesentlichen die Außenseite, das Programmatische und Verbale, während die wahren Gefühle nicht durch Phrasen, sondern durch Taten zum Ausdruck kommen. Ein Wort griechischer Herkunft, das auch jetzt noch seinen hohen Klang behält, ist Heros. Polina hält den Gefallenen für einen »Märtyrer, einen Heros«.[128] Will man Puškins leichte, manchmal frivole Sprechweise richtig verstehen, so darf man, glaube ich, den hier dargestellten Sachverhalt nie aus dem Auge verlieren. Die Gestalten, die Puškin schätzt, tragen patriotische, politische, philosophische und religiöse Überzeugungen nicht öffentlich zur Schau. Es ist dies mehr als nur eine extreme Folgerung aus dem Prinzip des ›guten Tons‹ der damaligen Gesellschaft. Puškin ringt zwar um eine möglichst einfache und unmittelbare Ausdrucksweise, aber in seinem Werk »offenbart« er sich uns nicht nur, er entzieht sich uns auch.

Puškins Ablehnung des Phrasenhaften, Unechten kommt deutlich in seiner bewußten Verwendung und Aussparung der Fremdwörter zum Ausdruck. Die Ambivalenz der Sache spiegelt sich bei ihm im Januscharakter des Wortes ›europäisch‹. Dieses Adjektiv kann bei Puškin einen sehr hohen Klang haben (»europäische Aufklärung«),[129] aber auch einen sehr verächtlichen (»europäische Ziererei«).[130] Der ›westliche‹ Zuschnitt des Lebens, Sprechens und Denkens ist nur äußerer Firnis, der im entscheidenden Augenblick abfällt, wenn Helden und Feiglinge ihr wahres Gesicht zeigen.

Für den modernen Leser besonders schwierig ist die Verwendung der Begriffe Aristokratie und Demokratie. Die wichtigsten Äußerungen zu diesem Thema stammen aus Puškins Spätzeit. Er wird von vielen Seiten angegriffen, und nicht nur wegen des angeblichen Verfalls seines Talents. Viele Anfeindungen sind außerliterarischer Art und betreffen unmittelbar seine Stellung in der damaligen Gesellschaft. In den letzten Lebensjahren verteidigt er sich – man kann beinahe sagen: mit einer gewissen Besessenheit – gegen Angriffe auf seine gesellschaftliche Stellung. Immer wieder betont er das hohe Alter seines Adelsgeschlechts und die Tatsache, daß seine Vorfahren nicht etwa durch schuldhaftes Verhalten, sondern nur infolge ihres Stolzes und ihrer Unbeugsamkeit bei den jeweiligen Zaren in Ungnade fielen. Hier wird der Begriff Aristokratie in seiner Problematik beleuchtet. Der zu Puškins Zeit herrschende Adel ist kaum mehr der eigentliche alte Bojarenstand; er besteht zum Teil aus Emporkömmlingen, die sich beim Zaren eingeschmeichelt haben. In dieser Beziehung bedauert Puškin, daß man die eigene ruhmreiche Tradition vergißt: »Mir tut es leid, daß unseres Ruhmes Klänge/uns schon fremd sind; daß wir schlichtweg/aus dem Adel in den dritten Stand kriechen,/daß uns die Wissenschaften keinen Nutzen brachten/und daß uns dafür, wie mir scheint, niemand dankeschön sagen wird ...,[131] daß den heraldischen Löwen/jetzt auch der Esel/mit demokratischem Huf/tritt: So weit ist es mit dem Zeitgeist gekommen.«[132] Zwar geht es dem Dichter hier darum, den Kontrast zwischen seinem unbedeutenden Helden und dessen edlen Vorfahren zu untermalen, aber Standesbegriffe dominieren auch in Puškins sozialer Selbstdarstellung (1830) (»Mein Stammbaum«):[133] »Grausam über den Mitbruder lachend,/nennen mich die russischen Schreiber zuhauf/einen Aristokraten.« Demgegenüber bezeichnet sich der Dichter selbst als Bürger; doch läßt er durchblicken, daß er aus einer vornehmen Familie stamme, die nur wegen ihres Stolzes wiederholt in Ungnade fiel, während viele sogenannte Aristokraten sich ihre Stellung bei Hofe würdelos erdient hätten. Sein Stolz beruhe nicht auf einer äußeren Stellung, sondern auf einer Familieneigenschaft, die er ironisch als »Geist des Eigensinns«[134] bezeichnet. Hierher gehört auch das »unbeugsame Haupt« im Gedicht »Exegi monumentum«. Es ist konsequent, wenn der selbstverantwortliche Dichter sich Zar nennt (»Dem Dichter«; 1830):[135] »Poet, lege keinen Wert auf Beliebtheit beim Volke; der minutenlange Lärm begeisterter Lobsprüche wird vergehen, hören wirst du das Urteil des Toren und das Lachen der kalten Menge; du aber bleibe hart, ruhig und finster. Du bist König (царь), lebe allein; gehe den freien Weg, wohin dein freier Geist dich zieht.«[136]

Es dürfte deutlich geworden sein, daß die Aristokratie (das Wort wie die Sache selbst) in der damaligen politischen Realität doppeldeutig geworden ist. Auch die Vokabel Demokratie ist entwertet; sie erscheint zweimal bei Puškin und beide Male in negativem Sinne.[137]

Gegenbegriff zu ›aristokratisch‹ ist bei Puškin unter anderem ›demagogisch‹. So sagt er in einem Brief:[138] »Meine Zeit vergeht zwischen aristokratischen Mahlzeiten und demagogischen Streitigkeiten.« Offenbar war es gefährlich, sich selbst direkt als Demokraten zu bezeichnen; daher die Maskierung durch das leicht pejorative ›demagogisch‹. Die Wörter Demokrat und demokratisch stehen in dem Gedicht »Stammbaum meines Helden« (aus dem unvollendeten Werk »Jezerskij«). Hier finden sich Berührungen mit Puškins Selbstdarstellung als Bürger. Doch klingt das Ganze leicht ironisch: »Ich bin ein Bürger, wie euch bekannt ist, und in diesem Sinne ein Demokrat.«[139] Ein Mädchen aus altadliger, aber verarmter Familie sagt ironisch über ihren (neu-)reichen Angebeteten: »Er ist Aristokrat, ich eine demütige Demokratin« (»Briefroman«; 1829).[140] Hier beginnt unsere Vokabel aus einem Schimpfwort zu einem Ehrentitel zu werden; vgl. auch Briefe 70, 54, wo Christus als »gemäßigter Demokrat« erscheint.

Einer unwürdigen Aristokratie will Puškin nicht angehören. Er distanziert sich gern von dem Pöbel (чернь, толпа), den man manchmal mit der damaligen frischgebackenen Aristokratie identifiziert.

Wer sich vom Pöbel abwendet, läuft freilich Gefahr, in neuer Weise als Aristokrat angegriffen zu werden. Puškin muß also gleichzeitig mit einem zweiten, quasi entgegengesetzten Vorwurf rechnen: Er verhalte sich in seinem literarischen Schaffen aristokratisch.[141] Die Presse, die sich gegen diese Art der Aristokratie wendet, nennt er demokratisch. Es ist eigenartig zu sehen, daß diese Bezeichnung von den entsprechenden Journalisten mit Empörung zurückgewiesen wird.[142] Anfang der dreißiger Jahre hat dieses Wort in Rußland offenbar immer noch keinen guten Klang; auch für Puškin selbst verbindet sich damit vor allem der Gedanke an den widerrechtlichen Gebrauch der Macht durch das Volk, also das ebenbürtige Gegenstück zur Tyrannis, den Mißbrauch der Macht durch einen Einzelnen. Dieser für uns überraschend negative Gefühlswert des Wortes Demokratie hängt mit der betont restaurativen Tendenz der letzten Jahre Alexanders I. und der ganzen Regierungszeit Nikolaus' I. zusammen, vielleicht auch mit den blutigen Erinnerungen an die Französische Revolution, die auch bei dem so freiheitlich gesinnten Puškin dem Ansehen der Demokratie schwer geschadet hat. Demokratie als Haß auf den Adel[143] und als philosophisch verbrämter »niedriger Egoismus«[144] ist nicht Puškins Sache. Um so bemerkenswerter sind die von uns beobachteten gelegentlichen Ansätze zu einer Aufwertung des Wortes bei ihm.

Die ›fortschrittliche‹ Rolle des verarmten alten Adels im damaligen Rußland wird noch deutlicher, wenn wir sie im Zusammenhang mit der Problematik der Monarchie betrachten. Vergegenwärtigt man sich die eigentümliche psychologische Situation, in der sich Puškin in seinen letzten Jahren befand, so erscheinen seine Äußerungen zum Thema Aristokratie und Demokratie nicht mehr ganz so widersprüchlich. Bei genauer Prüfung der Zeugnisse sieht man, daß Puškin nicht, wie manchmal behauptet wird, ein unbedingter Anhänger des Zarismus war. Er spricht zwar von seiner persönlichen Bindung an Nikolaus I., aber dieser Ausdruck ist vielsagend und wird voll und ganz durch die Tatsache erklärt, daß der Zar Puškins Werke in höchsteigener Person als Zensor begutachtete — eine besonders ehrenvolle Form moralischen Terrors. In den letzten Jahren kamen dann noch die Ernennung zum Kammerjunker (Puškin spottet bitter: warum nicht gar Kammerpage?)[145] und das allerhöchste Wohlgefallen an der Gattin des Dichters[146] hinzu. Eine letzte Demütigung war der Entzug der persönlichen Zensur. Von einem Manne, der an das Wohl seiner Familie denken muß und dem solchermaßen die Hände gebunden sind, kann man nicht viele freiheitliche Äußerungen erwarten.[147] Noch dazu wird seine Post laufend geöffnet oder überwacht. Unter diesen Voraussetzungen ist man eher überrascht, wie vieles von den Überzeugungen seiner Jugend dennoch durchschimmert: 1834 schreibt er an seine Frau: »Ich will nicht, daß man mich der Undankbarkeit verdächtigen kann. Das ist schlimmer als Liberalismus.«[148] Es geht um die piquierte Reaktion der Regierung auf sein Abschiedsgesuch. Indirekt beweist dieser Brief, daß der Vorwurf des Liberalismus immer noch besteht. In dem Gedicht »Exegi monumentum« (1836), dem Fazit seines Schaffens, ist der Dichter stolz darauf, »daß ich in meiner grausamen Zeit die Freiheit rühmte«.[149] Er ist also seinen früheren Idealen treu geblieben.

Von der Einstellung des späten Puškin zu Monarchie und Adel sollte man sich kein allzu idyllisches Bild machen.[150] Bestenfalls ist die Monarchie für ihn ein notwendiges Übel. Auch für den Adel erstrebt er nicht unbedingt die Vorherrschaft; denn nach der alten Formel Montesquieus wünscht er für keinen Stand eine übergesetzliche Machtfülle. Er sagt einmal, zum Glück sei eine Aristokratie Rußland im 18. Jahrhundert erspart geblieben.[151] An einer anderen Stelle erwähnt er das Fehlen einer im strengen Sinne ›feudalen‹ Epoche in der russischen Geschichte.[152] Wenn er die bedeutende Rolle eines gebildeten[153] und aufgeklärten Adels betont, so, weil dies zu seiner Zeit faktisch eine wichtige kulturtragende Schicht in Rußland war,[154] nicht aber weil er grundsätzlich die Bildung auf wenige Familien hätte beschränkt wissen wollen. Auch hier also ist Puškin kein ideologisch festgelegter Doktrinär, sondern nüchtern beobachtender Realist.

Gänzlich unerwartet ist die Tatsache, daß Puškin dem Bruder des Zaren ein Übermaß an Demokratie vorwirft. Er sagt sogar, die Romanovs hätten schon immer mit dem Volk gegen den Adel paktiert, sie seien »Revolutionäre und Gleichmacher«.¹⁵⁵ Vgl. auch »Reise von Moskau nach Petersburg 1834«:¹⁵⁶ »Seit der Thronbesteigung der Romanovs ist die Regierung bei uns auf dem Gebiet der Bildung und Aufklärung immer voraus. Das Volk folgt ihr immer träge und bisweilen auch ungern.« Übrigens darf man diesen Satz nicht als Beweis für monarchistische Gesinnung anführen. Die Regierung ist nicht der Monarch, und das Schwergewicht des Satzes liegt auf der Aufklärung. Außerdem ist das Kompliment zweischneidig. Den Ehrentitel eines Revolutionärs gibt Puškin Peter dem Großen. Er ist für ihn »Robespierre et Napoléon (la Révolution incarnée)«.¹⁵⁷

Auf den ersten Blick wirkt es befremdlich, daß er in der Erblichkeit des Hochadels ein Gegenmittel gegen Despotismus sieht: »L'hérédité de haute noblesse est une garantie de son indépendance – le contraire est nécessairement moyen de tyrannie, ou plutôt d'un despotisme lâche et mou; despotisme: lois cruelles, coutumes douces.«¹⁵⁸ Erst ein Blick auf den historischen Kontext läßt uns das schwierige Zitat verstehen. Die Schicht, von der Puškin spricht, verband damals ausreichenden Bildungsstand mit materieller oder geistiger Unabhängigkeit; daher sah Puškin hier einen realen Anhaltspunkt, um ein Gegengewicht gegen die Despotie des Zaren zu schaffen. Das Volk war machtlos, und der neue Geldadel war begreiflicherweise eng mit dem Zaren verbunden. Man sieht, daß Puškin hier eine realpolitische Feststellung macht. Wir sollten uns hüten, sie zu einer ideologisch-programmatischen Äußerung umzudeuten. Auch hinsichtlich der Aristokratie herrscht bei Puškin Vorurteilslosigkeit. Er durchschaut falschen Hochmut: »Man kann seine Kritiker keiner Antwort würdigen, wie der Herausgeber der Geschichte des russischen Volkes aristokratisch über sich selber sagt« (1830).¹⁵⁹ Der Kontext scheint das Wort aristokratisch leicht ironisch zu färben. Puškin brandmarkt aristokratische Steifheit: »Ihre Aufrichtigkeit, ihre unerwarteten Streiche, ihr kindlicher Leichtsinn machten anfangs einen angenehmen Eindruck, und die große Welt war derjenigen sogar dankbar, die von Minute zu Minute das würdevolle Einerlei des aristokratischen Kreises durchbrach.«¹⁶⁰ Er spricht spöttisch von »aristokratischen Vorurteilen«, wonach ein Lehrer »eine Art Diener oder Handwerker sei«.¹⁶¹ Zunehmend verdichten sich unsere Zweifel an der These von Puškins »Aristokratismus«. Die Bestätigung liefert folgende (erst seit 1910 bekannte) Notiz aus dem Jahre 1835:¹⁶² »La libération de l'Europe viendra de la Russie, car

235

c'est là seulement que le préjugé de l'aristocratie n'existe absolument pas. Ailleurs on croit à l'aristocratie, les uns pour la dédaigner, les autres pour la haïr, les troisièmes pour en tirer profit, vanité etc. — En Russie rien de tout cela. On n'y croit pas, voilà tout.« Es ist bedrückend zu sehen, daß Puškin, der selbst für die damalige Zeit verhältnismäßig wenig Standesvorurteile hegte und solche auch in Rußland nicht zu sehen glaubte, ihnen durch seinen Tod im Duell selbst zum Opfer fiel.

Politische Begriffe wendet Puškin nicht ohne gründliche Überlegung an. So lassen seine Gedanken zu Patriotismus und Aristokratie erkennen, daß er zwischen wahren und falschen Vorstellungen scharfe Grenzen zu ziehen sucht und ein feines Ohr für den fremden und etwas programmatischen Klang dieser ursprünglich griechischen Wörter hat. Sein Umgang mit ihnen gibt uns ein Beispiel der Behutsamkeit, die der Dichter jedem Wort schuldig ist, ganz besonders aber solchen Begriffen, die leicht zu inhaltslosen Schlagwörtern und zum Deckmantel selbstsüchtiger Gedanken entarten können (s. bei Puškin jene Prediger des Volkskrieges, die selbst die Flucht ergreifen).

Die Eingliederung solcher Vokabeln in den literarischen Text hat ihre eigenen Schwierigkeiten. Wir haben gesehen, wie feinfühlig Puškin die Fremdwörter zurücktreten läßt, sobald an die Stelle der großen Worte Taten treten.

Noch fester werden Wörter durch Bedeutungsverschiebung in das literarische Kunstwerk eingeschmolzen. Metaphorisch kann die Mode zum Tyrannen werden:[163] Die Vorstellung ist aus dem Bereich des Staates in den der Gesellschaft gewandert. Der Beleg findet sich nicht zufällig im »Onegin«, einem Roman in Versen, dessen Kosmos die damalige russische Gesellschaft ist. Es gehört zu den Paradoxien jener Kreise, die Puškin mit Scharfblick beobachtet und schildert, daß die oberste Gewalt von einer so fragwürdigen Instanz wie der Mode ausgeht. Das griechische Wort Tyrann deutet zugleich die absolute Herrschaft und die Illegitimität des Anspruchs an. Die Metapher dient also einer entlarvenden Kritik.

Noch in einen weiteren Bereich wird dieses Wort übertragen: den der menschlichen Seele. »Tatjana, liebe Tatjana, mit Dir vergieße ich jetzt Tränen. Du hast schon Dein Schicksal in die Hände des modischen Tyrannen gelegt. Du wirst zugrunde gehen.«[164] Hier ist doch gewiß nicht an Onegin, sondern an die ›romantische‹ Liebe zu denken. Das Wort Tyrann gewinnt hier etwas von der schicksalhaften Macht eines antiken Dämon zurück; das Adjektiv ›modisch‹ bildet in seiner Oberflächlichkeit dazu einen gewollten Kontrast. Die Übertragung aus der Außenwelt in die Innenwelt ist wiederum keine beliebige Metaphorik. Tatjana verliert ihre Freiheit. Das Wort aus dem Bereich der politischen Zwangsherrschaft stellt uns diesen Zustand mit aller Nachdrücklichkeit vor Augen. Dieses wichtige Thema wird übrigens im Roman bis zum Schluß festgehalten. Noch in der letzten Szene sagt Tatjana ›nein‹, weil sie nicht mehr frei ist. Das Grundthema ist hier variiert. An die Stelle der Tyrannei Onegins bzw. der Leidenschaft für ihn tritt die legitime Bindung der Ehe. Puškin steht auch in seinen Dichtungen auf der Seite von Gesetz und Recht, was nicht immer berücksichtigt wird. Manche wollen in Tatjana nur das Beispiel einer Frau sehen, die allein in der Jugend Leidenschaft zeigt.[165] Auch Dubrovskij, dem verspäteten Entführer, der erst nach vollzogener Trauung erscheint, erteilt die Geliebte durch ihre Absage eine Lektion in legalem Denken. Dies ist ein wenig beachteter Aspekt von Puškins Dichten, der uns davor warnen sollte, in Dubrovskij nur Räuberromantik zu suchen. Der Gedanke der Legalität bleibt Puškin von der frühesten bis zur spätesten Zeit eigen. So gewinnen wir einen Standpunkt, der es uns ermöglicht, die verschiedenen Epochen seines Schaffens zusammenzuschauen. Puškin ist nicht etwa in der Frühzeit nur für Freiheit und in den reiferen Jahren nur für das Recht eingetreten, sondern immer für Freiheit und Recht. Die Verbindungslinien zwischen seinen späten Gedichten wie »Pamjatnik« und seiner Frühzeit (wie sie Aleksejev[166] in seiner Monographie über dieses Gedicht nachgewiesen hat) erstrecken sich also auch auf das Ideologische. Puškins Rückkehr zu Elementen seiner Jugenddichtung ist eine umfassende Erscheinung, die zugleich genau differenziert werden muß. Wir werden im Zusammenhang mit der Frage nach Puškins poetisch-stilistischen Kriterien darauf zurückkommen.

Die Wörter Patriot und Kosmopolit werden ebenfalls in die poetische Welt des Oneginromans als Facetten des vielseitigen Helden aufgenommen. In einer Strophe, die angeblich das Rätsel seines Wesens aufklärt, in Wahrheit aber die Schwierigkeiten nur vergrößert, rechnet Puškin mit denjenigen ab, die seinen Onegin nur für eine Nachahmung oder Parodie halten. Es ist erstaunlich, daß die sonst so feinhörige Literaturwissenschaft sich dennoch immer wieder dazu verführen läßt, den »Onegin« als bloße Parodie zu lesen.[167] Vielmehr sind hier die Schlagwörter (Patriot, Kosmopolit) ebenso wie die literarischen Reminiszenzen bestenfalls Hilfsmittel, das Wesen des Helden zu umschreiben, es mehr verhüllend als offenbarend. Dies gilt in einem noch umfassenderen Sinne. Die westeuropäischen Ausdrucksmittel, darunter auch die politischen Begriffe, dienen dazu, nur Seiten des eigenen Charakters zu benennen. Man darf hier Wort und Sache nicht miteinander verwechseln.

Besonders gelungen ist die Übertragung der Vorstellung des Aristokratischen ins Reich der Literatur und Ästhetik. In der Erzählung »Ägyptische Nächte« finden wir die reizvolle Wortverbindung: »aristokratisches Händchen«. Bei einer Vorführung bittet ein italienischer Improvisator, jemand aus dem Publikum möge einen Zettel mit einem Thema aus einer Urne ziehen. Die in der ersten Reihe sitzenden Damen sind sich zu gut dazu; schließlich läßt sich eine Schöne aus der zweiten Reihe dazu herbei, mit ihrem »aristokratischen Händchen« in die Urne zu greifen. Das Adjektiv unterstreicht den Kontrast zwischen gesellschaftlichem Rang und einfacher Tätigkeit. Ähnlich empfiehlt Ovid dem vornehmen Liebhaber, sich nicht zu gut zu sein, der Geliebten den Spiegel zu halten, »mit seiner freigeborenen Hand« (ars 2, 215 f.). Puškin betont durch die Wortverbindung die einfache Anmut, mit der die erwähnte Dame die konventionelle Steifheit der anderen durchbricht.

4. Vokabeln griechischer Herkunft im Kontext

a) Poesie und Historie

Das Gedicht »Der Heros« (Герой 1830)[168] kleidet den Gegensatz zwischen Poesie und Geschichtsschreibung in einen Dialog zwischen dem Dichter (поэт) und einem Freund. Das Motto bildet die Pilatus-Frage: »Was ist Wahrheit?« Der Poet betont die Überlegenheit einer erhebenden Lüge über die sogenannten Wahrheiten des Historikers. Er begeistert sich für die Legende, Napoleon habe pestkranke Soldaten besucht und ihnen furchtlos die Hand gegeben. »Laß dem Helden (Heros) das Herz! Was wird er denn ohne es sein? Ein Tyrann.« Obwohl dieser schmerzvolle Ausruf den letzten Reim des Gedichtes bildet, bleibt er nicht ohne ironisches Gegengewicht. Das letzte Wort hat der »realistische« Freund, und es ist vielsagend: »Tröste dich!...« Dieses Gespräch lebt von der Spannung zwischen Poesie und Historie. Die Pole bilden Vokabeln griechischer Herkunft: Heros – Tyrann und Poet – Historiker. Grundaspekte der besprochenen Persönlichkeit und der möglichen Betrachtungsweisen treten hier in Gestalt griechischer Vokabeln auf, die das geistige Gerüst des Gedichtes hervortreten lassen.

Dieser Struktur entspricht der Inhalt. Poet und Heros werden hier nicht einseitig betrachtet, sondern in ihrer Wechselwirkung mit einem Gegenüber (dem Freund) und der historischen Wirklichkeit. Die Poesie soll weder absolut gesetzt noch demaskiert werden. Vielmehr stellt Puškin die beiden Standpunkte, den des Dichters und den des Historikers, objektiv nebeneinander. Die Antithese ist uralt. Aristoteles sagt in der Poetik,[169] Poesie sei philosophischer und ernsthafter als Geschichte, diese stelle dar, was wirklich geschah, jene, was geschehen könne, diese das Besondere, jene das Allgemeine. Die Wechselwirkung von Poesie und Historie ist auch für Puškins eigenes Schaffen bestimmend. Im Laufe seines Lebens verschiebt sich das Schwergewicht von der Poesie auf die Prosa, und in seinen letzten Lebensjahren stehen historische Forschungen im Vordergrund.[170] Die Tatsache, daß in dieser Zeit dennoch einige seiner bedeutendsten Gedichte entstanden, beweist, daß Puškin den Gegensatz als dauernde produktive Spannung in seinem Wesen erlebte. Eine Seite dieses Widerstreits spiegelt sich auch in der Polarität von Romantik und Realismus, die nicht umsonst die Puškin-Deutung beschäftigt.

Die Vokabeln griechischer Herkunft dienten Puškin hier im Kontext dazu, das Problem auf eine knappe, klassische Formel zu bringen.

b) Antike Vokabeln und Bilder in Schlüsselstellung

Einer der wichtigsten Texte, die uns einen Einblick in Puškins Verwendung griechischer Vokabeln geben, sind die »Ägyptischen Nächte«. Hier steht der Begriff Poet im Mittelpunkt. Schon das erste Motto stößt den Leser auf die literatursoziologische Problematik: »Quel est cet homme? – Ha, c'est un bien grand talent, il fait de sa voix tout ce qu'il veut. – Il devrait bien, Madame, s'en faire une culotte.« Die Begegnung zwischen einem unbemittelten italienischen Improvisator und einem schriftstellernden russischen Aristokraten gibt Anlaß zu allgemeineren Erwägungen: »Sie irren sich, Signor«, unterbrach ihn Čarskij, »einen Berufsstand der Dichter gibt es bei uns nicht. Unsere Dichter stehen nicht unter der Protektion vornehmer Herren; unsere Dichter sind selbst Herren, und wenn unsere Mäzenaten (hol sie der Teufel!) das nicht wissen, desto schlimmer für sie! Bei uns gibt es keine abgerissenen Abbés, die ein Musiker zwecks Abfassung eines Librettos von der Straße auflesen könnte. Bei uns gehen die Poeten nicht zu Fuß von Haus zu Haus und bitten um Unterstützung.«[171]

Der dichtende Aristokrat setzt sein Talent herab. Die Inspiration nennt er wie eine Krankheit »so ein Lumpenzeug«, aber nach Klärung der ersten Mißverständnisse zeigt er sich nicht herzlos, sondern hilft seinem ausländischen Kollegen, indem er für ihn einen Abend arrangiert.

Skizzierte das erste Kapitel die soziale Problematik, so zeigt uns das zweite den Dichter als Inspirierten. Čarskij stellt dem Italiener folgendes Thema: »Der Dichter (поэт) selbst wählt die Gegenstände für seine Lieder; die Menge hat kein Recht, seine Inspiration zu lenken.«[172] Der Gedanke wird von dem Improvisator alsbald zu einem packenden Gedicht verarbeitet. — Die Reihenfolge »wirtschaftliche Erwägungen — Inspiration« wiederholt sich im dritten Kapitel: Einerseits versteht es der Italiener erschreckend gut, sich zu verkaufen, andererseits ist er ein hochbegabter Dichter. Das Thema der abschließenden Improvisation ist die Anekdote von Kleopatra, die den Tod als Kaufpreis für ihre Liebe bestimmte; in der Tat fanden sich Verehrer, die eine solche Bedingung nicht abschreckte. Der Inhalt steht im Gegensatz zum praktischen Verhalten des Italieners: hier äußerste Berechnung, dort das Wegwerfen des Lebens um eines kurzen Glückes willen. Ebenso herrscht ein Gegensatz zwischen dem ersten Thema (der Dichter wählt seinen Gegenstand selbst) und dem tatsächlichen Vorgehen des Improvisators, der sich seine Themen ja grundsätzlich von anderen stellen läßt. Puškin kommt es hier auf die Erfahrung der dichterischen Existenz in ihrer Widersprüchlichkeit an. Darauf deutet das Motto des zweiten Kapitels hin: »Ich bin König, bin Sklave, bin Wurm, bin Gott« (Deržavin).

Hier stammen nicht nur die zentralen Worte aus dem Griechischen: Poet, Talent.[173] Sie stehen auch formal an wichtigen Stellen: »Aber er war ein Dichter (поэт).« So lesen wir im letzten Abschnitt der Einführung des Haupthelden (der alles tut, um nicht ein Poet zu heißen). Und der mittellose Dichterkollege stellt sich vor: »Ich kam nach Rußland im Vertrauen auf mein Talent.« Kurz danach nennt er Čarskij einen »hervorragenden Poeten«: »Ich habe viel von Ihrem erstaunlichen Talent gehört.«

Betont heißt es wieder am Anfang des zweiten Kapitels: »Sie sind ein Poet, genau wie ich.« »Sie sind Dichter, Sie werden mich besser als sie [d.h. die Zuhörer] verstehen.« Der Gedanke kehrt im »Pamjatnik« wieder: »Und berühmt werde ich sein, solange auf der Welt unter dem Monde auch nur ein Dichter leben wird.«

Nach der ersten Improvisation des Fremden wird Čarskij einfach als »der Dichter« (поэт) bezeichnet. Die Stelle, an der dies geschieht, ist besonders auffällig, da soeben im Gedicht поэт schon zweimal Subjekt war. So wird Čarskijs tiefes Verständnis, seine Ergriffenheit von dem Gedicht durch die Namensgleichheit unterstrichen.

Am Ende des zweiten Teils, unmittelbar vor dem ernüchternden Übergang zum Geschäftlichen, steht als Eckpfeiler nochmals das Stichwort Talent. Wieder wird seine Unerklärbarkeit betont.

Die Schlüsselstellung der bedeutungsschweren Wörter ist nicht alles. Auch die Themen selbst sind antik und werden in antiken Bildern konkretisiert. Der Gegenstand der ersten Improvisation, die Freiheit der Themenwahl, ein Lieblingsgedanke Puškins seit 1814,[174] ist bereits in der Odyssee belegt.[175] Schon dort ist das Motiv mit der Vorstellung des inneren poetischen Antriebs (νόος ὄρνυται) verbunden. Inspiration und Göttlichkeit des Dichters betont Puškin hier in ausgesprochen »heidnischer« Weise, wie es vor ihm bereits Horaz und – trotz seiner Weltlichkeit – Ovid getan haben. Puškins Horaz-Imitationen zeigen, daß er sich für diese Thematik nicht nur mit romantischen[176] Zwischenquellen begnügt. Die einzig genannte Quelle – Deržavin – (Motto zu Kap. II) ist nicht romantisch, auch der Typus des Dichters, der wie Čarskij und auch der Improvisator mitten im Leben steht, ist nicht ganz mit Unrecht als »antischellingianisch« bezeichnet worden.[177] Die Wesensart des Dichters und seines Schaffens wird durch antike Bilder (›Aquilo‹, Jupiterstatue in Marmor)[178] dargestellt. Das griechisch-biblische Wort Talent ist ein urban-bescheidener Ersatz für den Genie-Begriff, aber daneben gibt es auch die antike Muse.[179]

Nicht weniger zentral als der Gedanke der souveränen Eigenverantwortlichkeit des Dichters ist das antik inszenierte Thema der zweiten Improvisation: Intensives Leben, dessen Kaufpreis der Tod ist. Man könnte es das »Ritter-Olaf-Motiv« nennen.[180] Wir wissen, daß Puškin frei von Todesfurcht war, ja oft die Gefahr gesucht zu haben scheint: Er beantragt wiederholt, zur kämpfenden Truppe versetzt zu werden, und nimmt an einer Schlacht teil – im Frack. Seine Duellierlust ist bekannt. In vielen seiner Werke finden sich Hinweise auf gesteigertes Lebensgefühl in Todesnähe. So ist in der Erzählung »Die Hauptmannstochter« der Held besonders davon beeindruckt, mit welcher Hingabe die Aufständischen ein Lied singen, das von einem Hingerichteten handelt; sie ahnen, daß auch ihnen der Galgen droht.[181]

Deutlicher ausgesprochen ist der Gedanke im »Gastmahl während der Pest« (1830):[182] »Es gibt einen Rausch im Kampfe und am Rande des finsteren Abgrundes und im wütenden Ozean zwischen den drohenden Wellen und der stürmischen Finsternis und im arabischen Orkan und im Anhauch der Pest. Alles, alles, was uns mit Untergang bedroht, birgt für das sterbliche Herz unerklärliche Wonnen.« Auch der Hinweis auf einen Kuß, der vielleicht mit Pest ansteckt, fehlt nicht. Das Leitmotiv »todbringende Liebe« wandelt auch das Don-Juan-Thema. Im »Steinernen Gast« ist Don Juans Untergang nicht die Strafe für seine Sünden, sondern die Folge seiner aufrichtigen Liebe zu Doña Anna. Überdies ist Don Juan ein Dichter.

In den »Ägyptischen Nächten« ist die Idee besonders plastisch ausgeformt, zu größter Anschaulichkeit verdichtet. Kleopatra fordert für ihre Liebe den Tod als Preis. Die Anekdote schöpft Puškin aus einem unscheinbaren Werk, das man einem gewissen Aurelius Victor zuschreibt: »Sein Büchlein ist ziemlich unbedeutend, aber darin findet sich die Sage von Kleopatra, die mich so frappierte.«[183] Der Dichter fragt nicht nach großen Namen. Er entdeckt hier in einem antiken Text die Situation, die ihm am Herzen liegt. Somit finden beide Grundmotive der »Ägyptischen Nächte« – »Eigengesetzlichkeit des Dichters« und »gesteigertes Lebensgefühl in Todesnähe« – in antiken Bildern ihren gültigen Ausdruck.

An dem vorliegenden Beispiel konnten wir sehen, daß die griechischen Stichwörter in wohlüberlegter Stellung Grundgedanken verdeutlichen, während die antiken Bilder die entscheidenden Sachverhalte und Situationen urbildhaft vorstellen. Diese Elemente sind hier nicht Schmuck oder totes Bildungsgut, sondern Träger dessen, was Puškin sagen will.

c) Griechische Wörter und ihre stilistische Funktion im »Onegin«

Den Weg für stilistische Analysen hat Tomaševskij[184] gewiesen. Seine Feststellung, daß bei Puškin die Sprache keine Nivellierung erfährt, daß jedes Wort die seiner Geschichte entsprechende Stilnuance behält,[185] muß uns auch bei der Untersuchung der Funktion der Wörter griechischer Herkunft leiten.

Die stilistische Vielfalt im »Onegin« ist beachtet worden, so die ständische Differenzierung zwischen der Sprache der ›Aristokratie‹ und der des ›Gesindes‹;[186] weiter hat man bei Puškin ›romantische‹ Wortfelder (Wärme, Bewegung, Traum, Leidenschaft, Wahnsinn) beachtet.[187] Auch der verschiedene Grad der Konventionalität der Vergleiche bzw. ihrer Ernsthaftigkeit[188] und auch die Bedeutung einer Vorstellung griechischer Herkunft, der Muse, im achten Kapitel wurde erkannt.[189] Eine genauere Analyse des Stellenwertes der Vokabeln griechischer Herkunft im »Onegin« dürfte Aufschlüsse geben über die Verwendung von Vokabelgruppen verschiedener rationaler oder emotionaler Färbung, verschiedenen Grades der Aneignung (vgl. Teil 1), über Einheit und Vielfalt von Puškins Stil (vgl. Teil 2). Besonders in dem vorliegenden Abschnitt müssen wir uns auf Beispiele beschränken.

Epos und Roman

Onegin wird sogleich (1, 2) als Heros (герой) des Romans eingeführt, eine Bezeichnung, die ihn durch das ganze Werk begleiten soll. Antikes Kolorit erhält die Erzählung durch die Erwähnung des griechischen Göttervaters: »Nach dem allerhöchsten Willen des Zeus« ist Onegin der Erbe aller seiner Verwandten. Beabsichtigt ist der Kontrast, der sich im Reim niederschlägt: Wie im Prooemium der Ilias ist vom »Willen des Zeus« die Rede; auf den Namen des allerhöchsten Gottes reimt sich aber der saloppe Ausdruck повеса (etwa: ›Hans Liederlich‹, ›Galgenstrick‹, ›Schelm‹). Der stilistische Niveauunterschied zwischen den beiden Reimwörtern ist ebenso eine Provokation wie die Erhebung eines in der ersten Strophenzeile als повеса Bezeichneten zum Heros.

Beide Wörter griechischer Herkunft (Zeus und Heros) haben in dieser Strophe relativ hohen Stilwert,[190] der jedoch durch den Kontrast mit dem niedrigen Sujet leicht ironisiert wird. Freilich bleibt die Ironie schwebend. Onegin ist nicht nur Anti-Held in einem Anti-Epos, nicht nur Dandy in einem Schelmenroman auf den Spuren Petrons, er ist auch ein ›Held seiner Zeit‹ in einem durch und durch modernen Epos, das die eigene Epoche, die eigene Gesellschaft darstellt. Dem neuzeitlichen Zuschnitt des Helden entspricht die westliche Lautform (герой), und dies trotz Trediakowskijs Forderung, im Epos habe man (nach byzantinischer Art) ирой zu sagen.

Der Konstanz der Bezeichnung наш герой (ohne Zusatz)[191] entspricht ihre leitmotivische Wiederkehr an wichtigen Stellen (z. B.

5, 17; 7, 17; 8, 48). Ein Analogiefall ist der (ebenfalls feste) Titel поэт für Lenskij (s. unten).

Dem ›Heros‹ tritt als ›Heroine‹ (героиня) Tatjana an die Seite. Puškin läßt Tatjanas Liebe sich in ihrer Lektüre spiegeln; so entsteht eine reizvolle doppelte Perspektive: Die Liebende liest ihre Romane mit ganz neuen Augen, stellt sich selbst als ›Heldin‹ dieser Bücher (героиня 3, 10; vgl. 3, 20) vor und identifiziert Onegin mit den Helden (герой 3, 10 und 11) dieser Bücher. Puškin läßt keinen Zweifel daran, daß Onegin dem idealen traditionellen Romanhelden ganz und gar unähnlich ist. Er ist nicht ein Ausbund an Vollkommenheit, gefühlvoll, schön, rein, immer begeistert und opferbereit. Man lebt ja in der Zeit Byrons. Nicht mehr die Moral, sondern Romantik und Egoismus herrschen (3, 12).[192] Die Verwendung und Deutung der Termini ›Heros‹ und ›Heroine‹ erlaubt Puškin somit eine Abgrenzung nach zwei Seiten: zum hohen Epos und zum ›empfindsamen‹ Roman.

Dem gebrochenen Verhältnis zu klassizistischen Traditionen entspricht die Verwendung epischer Vergleiche in bald ernster, bald scherzhafter Funktion. Die konventionelle Olga wird mit der antiken Aurora und in vergilischer Tradition[193] mit einer Schwalbe verglichen (5, 21), Onegin, der sich sorgfältig gekleidet und zurechtgemacht hat, mit Venus (1, 25). Man erkennt besonders an dem letzten Beispiel, daß Puškins Ironie auch vor seinem Helden nicht haltmacht. Die griechischen Götter erscheinen hier (wie auch sonst oft) in lateinischer Brechung, wie es dem Bildungsstand der damaligen Gesellschaft und Puškins selbst entspricht: Nicht nur die Lautgestalt, auch die Namen und die Vorstellungswelt sind romanisiert.[194] Daran wird deutlich, wie bestimmend die Leserschaft und die eigene Epoche für Puškin sind.

Dem griechischen Epos und dem Mythos entstammen auch antikische Metaphern für moderne Erscheinungen: »der kleinstädtische Paris« (5, 39), »dörfliche Priamusse« (7, 4), »dörfliche Zyklopen« (7, 34), »unsere Automedonten« (Wagenlenker; 7, 35). Hier konnte Puškin bei seinen Lesern offenbar respektable Grundkenntnisse griechischer Namen und Mythen voraussetzen, so daß die witzige Verfremdung[195] verstanden wurde (ein Prunken mit Gelehrsamkeit liefe seiner Stiltendenz zuwider − s. Teil 2 −; daß er tatsächlich sehr belesen ist, steht auf einem anderen Blatt).

Zur Entschuldigung seiner angeblichen Vorliebe für Bankettszenen (5, 36 »die Heroen des Whist-Spiels«) beruft sich Puškin auf den großen Homer (5, 36), dessen Name an dieser Stelle in seiner byzantinischen Gestalt (Омир) zitiert wird. Die Feierlichkeit der Form kontrastiert mit dem alltäglichen Inhalt. Dagegen erscheint aus Onegins Perspektive der alte Dichter natürlich in modern-westlicher Lautform (»er schmäht Homer und Theokrit«).

Zur Genüge hat man den ironischen Charakter des verspäteten epischen Prooemiums am Ende des siebenten Kapitels betont. Auf die Anrufung der epischen Muse (7, 55)[196] folgt ein Stoßseufzer: »Genug! Die Last ist von den Schultern weg! Ich habe dem Klassizismus die Ehre gegeben: Zwar spät, aber eine Einleitung ist da.« Offensichtlich handelt es sich hier um einen Seitenhieb gegen Kritiker, die ein episches Prooemium vermißt hatten.

Der Anfang des 8. Kapitels zeigt freilich, daß die Musenanrufung doch ihre Bedeutung hat. Der Dichter blickt zurück auf seine Schulzeit, in der ihm die Muse erschien und seine Studentenzelle (келья) erleuchtete. Die Zelle ist hier Bild für die Einsamkeit.[197] Die Vorstellung ist säkularisiert, behält aber ihren Gefühlswert. Die autobiographische Erinnerung an die erste Begegnung mit der Muse setzt sich fort: Auf Deržavins Segen (als eine Art Dichterweihe) folgt der gemeinsame Weg des Dichters mit der Muse. Er führt sie in den Bereich des Symposions, an dem sie (man beachte das griechische Bild) »wie eine kleine Bacchantin«[198] ihre Freude hat (8, 3). Weiter versüßt sie ihm den Weg in den Kaukasus und nach Tauris (8, 4). Diese autobiographischen Bemerkungen erinnern stark an Ovids persönliche Musenbindung in seiner Lebensdarstellung[199] (auch Ovids Liebeskunst beherrscht Onegin: 1, 8; vgl. auch 4 Anf.). Puškin weiß, daß sein Epos neuartig ist: »Und jetzt führe ich die Muse erstmals auf ein abendliches Treffen der großen Welt...« Die Muse als Verkörperung der Poesie wird hier durchaus ernsthaft dargestellt. Neu ist die Vertauschung der Führerrolle: Der Dichter ist es, der seiner Muse einen neuen Stoff gibt: die moderne Gesellschaft. Darum spricht Puškin in seinem Poem auch die Sprache seiner Helden und seiner Leser.

Поэт und Poetisches

Wie Onegin ›unser Held‹, so heißt Lenskij schlichtweg ›der Poet‹.[200] Bei diesen Hauptgestalten haben die griechischen Vokabeln jeweils emphatische Bedeutung und bedürfen daher keiner differenzierenden Adjektive.

Die Wahl der ›modernen‹ Form поэт hängt damit zusammen, daß Lenskij ein Poet im Sinne der damals zeitüblichen Romantik ist. Demgegenüber klingt das altertümliche пиит entweder feierlich,[201] oder es hat Zitat-Charakter (Onegin 1, 48, 4: Der пиит Muraviev hatte sich selbst so bezeichnet; ebenso 4, 29 der Armee-Dichter – durch Kursivdruck als Zitat gekennzeichnet).[202] Aus dem Gebrauch bei Puškin geht hervor, daß die latinisierte Form поэт für ihn bereits die normale ist; die byzantinische Variante wirkt etwas altertümlich und kann somit zu pathetischen und humoristischen Zwecken eingesetzt werden.[203]

In bezug auf andere Personen als Lenskij[204] wird die Vokabel поэт nicht ohne kennzeichnende Zusätze verwendet. Der Salondichter Triquet, der ein altes Liedchen durch Namensänderung der Situation anpaßt, heißt zweimal поэт, aber beide Male sind die Adjektive voll sprechender Ironie: »Der findige Poet« (догадливый 5, 27) und gar »der Poet aber, bescheiden, wenn auch groß« (5, 33). Oder die Relativierung liegt in der Ortsbezeichnung: »mein Dichter aus Tambov« (5, 39). Dagegen ist das Wort поэт ohne Ergänzungen eindeutig Lenskij vorbehalten (5, 44), ebenso wie in derselben Strophe ›unser Held‹ Onegin bleibt.

Poet, Muse, Lethe, Lyra bilden im Versroman »Onegin« geradezu Schlüsselbegriffe. Der Tod des Dichters Lenskij klingt in der Darstellung durch Puškin an die Erwägungen des Dichters über seinen eigenen Tod in dem Gedicht »An Ovid« (1821) an. Andererseits distanziert sich Puškin auch von dem romantischen jungen Dichter.

Der Stellenwert der Schlüsselvokabeln läßt sich von Fall zu Fall deutlicher bestimmen, wenn man die Verbindungen beachtet, in denen sie stehen, z.B. 7, 3 »poetischer Traum« (romantisch) und 7, 5 »eigenwillige Muse« (für Puškin bezeichnend).[205] Hierher gehören auch Reimwörter:[206] Es gibt halb scherzhafte Reime wie поэты/где ты (3, 1) (»Poet – wo [bist] du?«). Schon am Anfang der Handlung wird hier einerseits Lenskij als Poet charakterisiert, andererseits wirkt der betont umgangssprachliche Reim leicht ironisch. Die Stildifferenz ist beabsichtigt. Die Frage, wo er seine Abende zubringe, leitet zum Thema »Liebe« über. Lenskijs Neigung, abends die Familie Larin zu besuchen, kennzeichnet Onegin durch bukolisch-idyllische Vokabeln (эклога, Филлиду 3, 2). Schon hier wird die Tendenz sichtbar, Lenskijs Angebetete, Olga, in ihrer Nähe zum Konventionellen zu einem Hintergrund für die so andersartige Tatjana werden zu lassen. Onegin sagt schonungslos (3, 5): »Ich hätte die andere gewählt, wenn ich wie du ein Poet wäre.« Das Stichwort поэт steht hier nicht umsonst: Onegin erkennt mit dem ihm eigenen Scharfblick, daß Olga kein würdiges Objekt einer hochpoetischen Liebe ist. In der Tat: Der Reim »Dichter – wo [bist] du?« erweist sich hier als sinnvolles Ausdrucksmittel.

Die Kritik an den Poesiealben (im vierten Buch) gibt Anlaß zur Verwendung literarischer oder poetischer Termini, die letzten Endes aus dem Griechischen stammen: 4, 27 ff. Киприда, стих (»Vers«), том (»Band«), библиотека,[207] рифма (»Reim«)[208] – daraus рифмач (»Reimer«).[209] Es ist reizvoll zu beobachten, wie der griechische Wortstamm hier nicht mehr als fremd empfunden wird und somit einheimische Suffixe annehmen kann. Kein Zufall ist es auch, daß die Spezies des Reimers in beiden Fällen in der Mehrzahl auftritt; es handelt sich nicht um dichterische Individualität.

Welche Literaturgattungen sind in dem vorliegenden Exkurs genannt? An erster Stelle das Epigramm – das der Poet freilich taktvoll für sich behält (»Wenn eine glänzend aufgeputzte Dame mir ihren Quartband überreicht, packt mich ein Zittern, packt mich Bosheit, und es regt sich ein Epigramm in der Tiefe meiner Seele – aber Madrigale soll man ihnen schreiben!«). Zum Epigramm gehört hier wie in Kapitel 4, 19 die Boshaftigkeit, doch ist hier der literarische Charakter stärker spürbar. Lenskij freilich schreibt keine Madrigale, sondern Elegien; zu dieser Gattung gehört für Puškin mehr die »lebendige Wahrheit« und das Schreiben aus eigenem Erleben. So erscheint die Elegie in angemessener Weise als zweiter griechischer Gattungsbegriff in diesem Exkurs. An dritter Stelle nennt ein Kritiker, der ewigen Klage müde, die Ode. Das Reimwort auf Ode ist im Russischen »Freiheit« (ода – свобода). Der Kunstrichter möchte den Dichtern ein hohes, überpersönliches Ziel vor Augen stellen. Freilich wendet Puškin mit Recht ein, Mädchen hätten wenig Sinn für Odendichtung. So bekennt er von sich selbst, seine Verse nur seiner alten Amme oder einem Nachbarn, der sich zu ihm verirrte, vorzulesen oder, von Sehnsucht und Reimen geplagt, durch süßtönende Strophen die Wildenten zu verjagen. Hier tauchen neben »Reim« und »Strophe« auch das Adjektiv »harmonisch« auf und sogar die »Tragödie«, wenn auch nur als Mittel, um dem Nachbarn damit in der Ecke den Atem zu nehmen. Die Problematik, die in diesem Exkurs berührt wird, ist literatursoziologisch. Es geht um die Frage, für wen der Dichter eigentlich schreibt. Für die Geliebte? Aber sie schätzt andere Eigenschaften an ihm. Um Nachbarn und

Tiere zu verjagen? Aber das ließe sich auch einfacher machen. Für den Kritiker und die Öffentlichkeit? Aber solche Gedichte liest die Geliebte vollends nicht. Die paradoxe Situation des Dichters in der Gesellschaft jener Zeit ist klar erkannt und scharf diagnostiziert. Immerhin hat Puškin hier trotz der ironischen Einkleidung zwei bewegende Themen großer Dichtung – Liebe und Freiheit – genannt. Deutlich wird auch seine innere Unabhängigkeit als Dichter, die er immer wieder betont (so z. B. »Exegi monumentum« und das Gedicht »Mein Stammbaum«: »Der Geist des Eigensinns hat uns allen böse mitgespielt.«). Schließlich ist wohl auch der Hinweis auf die alte Amme literatursoziologisch nicht ganz uninteressant. Ein Dichter, der ›dem Volk aufs Maul sah‹ und den schlichten Stil zur Literatursprache machte, bedurfte in der Tat in besonderem Maße der Nachprüfung und Bestätigung durch eine Vertreterin des Volkes. Freilich sollte auch hier der unmittelbare Kontext (Erwürgen des Nachbarn und Vertreibung der Wildenten) vor romantischer Verklärung warnen.

So gab die Erwähnung verschiedener literarischer Gattungen Anlaß zur Verwendung griechischer Vokabeln, und zwar in sinnvoll aufsteigender Reihenfolge: Epigramm, Elegie oder Tragödie. Man hat den Onegin nicht zu Unrecht eine »geistesgeschichtliche Chronik« genannt.[210] Wir werden im folgenden Abschnitt in Onegin I–III ein ähnliches Crescendo finden (s. u.).

Ein Beleg dafür, wie tief die Reflexion über Literatur unseren Versroman durchdringt, ist die Tatsache, daß Literarisches zum Mittel der Veranschaulichung wird. Das Wort für »Vers« (стих), aus dem Griechischen übernommen, steht überraschend im Gleichnis: Der winterliche Weg ist glatt »wie ein Vers (стих) ohne Gedanken in einem modischen Lied« (8, 35). Der Reiz liegt in der Umkehrung: Das Literarische dient als Bild für das Natürliche.

Poesie über Poesie für Poeten ... Oder doch nicht nur?

Säkularisation griechisch-christlicher Vorstellungen

Die beiden Hauptgestalten waren durch die Bezeichnung als ›Heros‹ und ›Heroine‹, wenn auch leicht ironisch, erhöht worden. Die heidnische Religion als – mit modernem Sentiment belebte – Quelle poetischer Verklärung wird zunächst durch die metaphorische Beschwörung des Liebesdämons (»modischer Tyrann«) säkularisiert und modernisiert – Tatjana verfällt ihm –, dann durch griechische

Vokabeln christlicher Herkunft überboten. Den Übergang bildet die Griechen wie Christen gemeinsame Vorstellung des Hades (ад). Die Hölle dient zunächst als Bild für die eiskalten Schönen vom Neva-Strand: »Ich las mit Entsetzen über ihren Augenbrauen die Inschrift des Hades« (ад): »Laß auf immer alle Hoffnung fahren« (3, 22).[211]

Dann aber folgt als Höhepunkt die ernsthafte Verwendung griechischer Wörter mit eindeutig christlicher Vergangenheit: In Tatjanas Brief erscheint der Geliebte, dem sie ihr Schicksal anvertraut (3, 31; vgl. 3, 15), geheimnisvoll ambivalent als Schutzengel (ангел) oder — byronistisch — als Versucher (so auch 5, 10; 5, 19 »höllische« Gespenster). Das Wort »Engel« wird hier auf einen Menschen übertragen, also säkularisiert, es behält aber seinen hohen Gefühlswert. Die Stelle unterscheidet sich fühlbar vom landläufigen Vergleich der Geliebten mit Engeln oder Madonnen.[212] Wichtiger als die Häufung konventioneller Belege ist es, die besondere Ausdruckskraft des griechischen Wortes an unserer Stelle hervorzuheben, mitbedingt durch die bereits erwähnten vorbereitenden Begriffe. Tatjana erkennt die schicksalhafte Bedeutung ihrer Begegnung mit Onegin, und zwar unabhängig davon, ob sein Einfluß auf sie gut oder böse sein mag. Die Identifikation mit dem Schutzengel wird erkennbar als konsequente Fortführung der Hochstilisierung des Partners zum Heros, wie sie sich aus Tatjanas Romanlektüre erklärt. Von den bisher verwendeten Vokabeln ist ангел bei weitem die am stärksten mit Gefühlen beladene.

Betrachten wir die literarischen Reminiszenzen, die griechische Vokabeln anklingen ließen, so erkennen wir eine Steigerung: Eklogenpoesie, sentimentaler Roman, Lord Byron, Dante und schließlich den Übergang aus der literarischen in die ›religiöse‹ Sphäre (Schutzengel und Versucher).

Vor dem Brief der Liebenden mit seiner starken Äußerung des Gefühls wird um des ästhetischen Gleichgewichtes willen ein ironischer Schutzwall literarischer Reflexion mit den zugehörigen nüchternen Fachtermini стихи (3, 27), грамматика (28) errichtet. Puškin fingiert, er habe den Liebesbrief aus dem Französischen übersetzt, da die russischen Schönen seiner Zeit sich besser in diesem Idiom ausdrückten als in ihrer Muttersprache. Die spezifisch ›literarischen‹ Fremdwörter dienen hier der Distanzierung; ihre Funktion ist derjenigen der Engelvorstellung entgegengesetzt.

Onegins Rolle als ›Schutzengel‹ oder ›Versucher‹ ist zu trennen von dem häufigeren Fall, daß der Liebhaber als ›Dämon‹, die Angebetete als ›Engel‹ erscheint: So heißt z. B. im »Steinernen Gast« Doña Anna ›Engel‹ (3. Szene), Don Juan ›Dämon‹ (4. Szene). Besonders klar ist die Polarität in dem Gedicht »Der Engel« (Ангел, 1827) ausgedrückt. Personen- und Ortsbezeichnungen entsprechen sich genau: ангел – демон; эдем(а) – ад(ской). H. Raab[213] glaubt, in diesem Gedicht sei dem Genius des Zweifels der Engel als Prinzip der Lebens- und Weltbejahung gegenübergestellt. So findet er hier einen Ansatz zur Überwindung der byronistischen Lebensverneinung (vgl. das rätselhafte Gedicht »Der Dämon« 1823, dazu Puškins Hinweis auf den »Geist, der stets verneint« in Goethes Faust). Ich halte Puškins »Engel« für ein Liebesgedicht. – Sozial aufschlußreicher ist die Dämonie des Geizes im »Geizigen Ritter«: »Wie ein Dämon kann ich ... die Welt regieren«;[214] besonders aber der Kontrast zwischen Namen und Wesen des Heuchlers Angelo (!), der sich als ›Dämon‹ entpuppt.[215] Hier ist ebenfalls die täuschende Ähnlichkeit von Engel und Dämon thematisiert.

Noch einige Bemerkungen zum Stilwert griechischer Wörter aus der kirchlichen Tradition: In einem seiner bekanntesten Gedichte nennt Puškin die Eiche »Patriarch der Wälder«.[216] Auch im »Onegin« (2, 38) hat das Wort eine feierliche Note: Der Poet Lenskij ehrt den »patriarchalischen Staub« seiner Eltern durch eine Grabinschrift. Beide Verwendungsweisen sind säkularisiert. Erstaunlich ›entfremdet‹ wirkt der ›schwarze Mönch‹, der nur als ›böses Vorzeichen‹ einen folkloristisch reizvollen Farbfleck bildet (5, 6).

Im Zusammenhang mit religiösen Bräuchen treten bestimmte griechische Wörter auf:[217] Eine sardonische Variante kirchlichen Chorgesangs ist der »Chor« der streitenden Erben (7, 11); als Stimmungselemente dienen im achten Kapitel der »Hauptmannstochter« кивот (»Lade«, »Heiligenschrein«), лампада (»Lampe vor dem Heiligenbilde«) und келья (»Mönchszelle«). An dieser Stelle hat die Häufung der Vokabeln christlicher Provenienz eine ausgesprochen literarisch-ästhetische Funktion: Sie vermittelt das Gefühl der Ehrfurcht und Rührung beim Betreten der Kammer des unschuldigen Mädchens. Der Inhalt ist säkularisiert, aber den Worten haftet noch die Atmosphäre heiliger Scheu an.[218]

Christliche und heidnische Bilder mischen sich in der Schilderung von Onegins Alleinsein: Er lebt als »Anachoret« (4, 36) und durchschwimmt ein Flüßchen, das als »Hellespont« (ebd.) stilisiert wird. Zur Selbstdarstellung des Dichters gehört am Anfang des 8. Kapitels die Mönchszelle (келья 8, 1). Die alten Vorstellungen dienen als

Metaphern für die moderne Erfahrung der Einsamkeit. Tatjana betritt das verlassene Zimmer, in dem Onegin gewohnt hatte. Die feierliche Atmosphäre wird durch griechische Vokabeln christlichen Charakters unterstrichen (лампада in 7, 19, келья 7, 20: Das Wort kommt letzten Endes aus dem Lateinischen, aber über das mittelgriechische Diminutiv κελλίον, pl. κελλία). Tatjana liest nun Onegins Bücher, vor allem Lord Byron. Sie beginnt sein Wesen besser zu verstehen. Bemerkenswert ist hier die Selbstironie Puškins, der vielleicht schon auf Kritiken an den früheren Gesängen Bezug nimmt: »Der traurige und gefährliche Sonderling, Geschöpf des Hades (ад) oder der Himmel, dieser hochmütige Teufel, was ist er denn? Etwa eine Nachahmung, ein nichtiges Scheinbild oder gar ein Moskauer in Harolds Mantel, Auslegung fremder Grillen, ein Lexikon voller Modeworte ..., ist er etwa gar eine Parodie?« (7, 24).

Der Gegensatz zwischen existentieller und rein literarischer Sphäre spiegelt sich jeweils in griechischen Vokabeln aus grundverschiedenen Bereichen: auf der einen Seite stark emotionsgeladene Wörter mit religiöser Vergangenheit: »Hades« (Hölle) und »Engel«, auf der anderen die kühlen literaturwissenschaftlichen Benennungen: »Lexikon«, »Parodie«.

In der vorliegenden Strophe ist somit das Paradoxon Literatur auf eine eindrucksvolle Formel gebracht. Dabei spielen die griechischen Vokabeln eine wichtige charakterisierende Rolle. Indem das Problem in Tatjanas Bewußtsein gespiegelt wird, bleibt ein rein ›parodistisches‹ Mißverstehen von vornherein ausgeschlossen. Demselben Ziele dient die Voranstellung der gefühlsstarken Vokabeln (»Engel«, »Hölle«), vor deren Hintergrund die folgenden philologischen Etikettierungen in ihrer Plattheit entlarvt werden.

An der Grenze zwischen Sakralem und Profanem steht das Wort трапеза (›Tisch‹), das kurz vor dem tödlichen Schuß die Gemeinschaft der Freunde unterstreicht (6, 28). Das Wort wird hier zwar rein weltlich verwendet, doch schwingt noch das Gefühl mit, daß Tischgenossen einander nicht feind sein sollten.

Bei den Vokabeln christlicher Provenienz kommt es nicht auf die religiöse Herkunft, sondern auf den Gefühlswert an, der auch in säkularisiertem Zusammenhang im allgemeinen deutlich spürbar ist. Die Nuance ist vielfach durch das moderne Lebensgefühl und durch Zeitströmungen bestimmt.

Sprache einer Gesellschaft

Das vierte Kapitel des »Onegin« beginnt mit Anklängen an Ovids »ars amatoria«, die bereits in 1, 8 in enge Verbindung mit Onegins Wesen gebracht worden war. Die Distanzierung ist freilich bei Onegin noch weiter fortgeschritten als bei Ovid und selbst bei Horaz: Die Liebe ist ihm zu einem gleichgültigen Spiel geworden. Onegins Antwort an Tatjana enthält zwei schablonenhafte, aber modische Vokabeln griechischer Herkunft: Ideal (4, 13) und Hymenaeus (4, 14): »Hätte ich mein früheres Ideal gefunden, hätte ich Sie allein erwählt« und »Urteilen Sie doch selbst, was für Rosen uns Hymenaeus bereiten wird, und das vielleicht auf viele Tage!« In beiden Sätzen ist die Kühle deutlich zu spüren. »Ideal« klingt erheblich weniger affektiv als »Schutzengel«; Puškin selbst empfindet es als blasses Modewort: »Über dem Modewort ›Ideal‹ schlummerte Lenskij sanft ein« (6, 23).[219] Und Hymenaeus, der Gott der Ehe, hat bei Puškin auch sonst eine schlechte Presse; man blättere nur ein paar Seiten weiter, um zu sehen, wie Ehe und Hausstand als schlimmste Gefahr für Lenskijs Dichtertum erscheinen (7, 38−39; vgl. 5, 50).

Die Wirkung der Worte Onegins auf Tatjana ist so stark, daß ihr eine unmittelbare Reaktion unmöglich wird. Sie hört ihn ohne Widerspruch an; auf den Arm, den Onegin ihr bietet, stützt sie sich ›mechanisch‹ (машинально). Puškin hebt das Fremdwort durch eine Parenthese deutlich hervor (4, 17): »Wie man sagt, mechanisch.« Die Lautgestalt verrät die Wanderung aus dem Griechischen über das Lateinische und Französische ins Russische. Das Wort, das schon bei Karamzin[220] vorkommt, wird immer noch deutlich als Fremdwort empfunden. Als solches paßt es ausgezeichnet in die Situation der Entzauberung.

Die Lage spiegelt sich im unterschiedlichen Gebrauch griechischer Wörter. Auf Tatjanas von existentiellem Ernst getragene Worte entgegnet Onegin mit phrasenhaften Vokabeln. Das entspricht seiner Charakteristik, die am Anfang gegeben wird. Wir können es dort an der Verwendung des Wortes »Talent« ablesen (1, 5). »Talent« (талант) hat bei Puškin durchaus positiven Gefühlswert (die Lautform mit a deutet auf unmittelbare Übernahme aus dem griechischen τά-λαντον; dagegen lateinisch talentum, daraus französisch talent, deutsch Talent, polnisch talent). Ursprünglich Bezeichnung für ein Gewicht und eine Münzeinheit, dient das Wort schon im Neuen Testament als Bild für die dem Menschen von Gott verliehenen Gaben, die er zu entwickeln hat (Matth. 25, 15—28, wo das Wort schon kirchenslawisch mit ›талантъ‹ wiedergegeben ist). Im Westen wurde es in der Neuzeit stark aufgewertet;[221] es dient oft als bescheideneres Ersatzwort für ›Genie‹.[222] Bei Puškin ist das Wort im allgemeinen noch positiver akzentuiert als an unserer Stelle. Hier bezeichnet es nur die Fähigkeit, ein gewandter Gesellschafter zu sein; an den übrigen Belegstellen ist das poetische Talent gemeint.[223] Die Ausbreitung des Wortes und seine leichte Entwertung zum Gefälligen hin ist gewiß nicht Puškin zu verdanken, sondern einer am französischen Geschmack orientierten Gesellschaft. Man sieht umgekehrt, daß Puškin dem Wort überwiegend seinen vollen Sinn zurückgibt; aber daß die klischeehafte Verwendung im Zusammenhang mit Евгений steht, ist für die Person typisch.

In derselben Strophe (1, 5) bezeichnet эпиграмма eine geistreiche und etwas boshafte Bemerkung im geselligen Gespräch. Das Wort ist aus dem Französischen übernommen, wo es seit Ende des 14. Jh. belegt, aber erst seit dem 16. Jh. häufiger ist (Vasmer vermutet Vermittlung durch neuhochdeutsch Epigramma, was aber wegen des Geschlechts unwahrscheinlich ist: Im Russischen ist das Wort wie im Französischen weiblich. Auch ist die Bedeutung ›bissige Bemerkung‹ [vgl. 4, 19 u. ö.] eindeutig durch das Französische beeinflußt). Wieder überwiegt das Gesellschaftliche gegenüber dem Literarischen.

Die sechste Strophe mit dem schlagenden Beginn »Latein ist heute aus der Mode« charakterisiert die gefällige Durchschnittsbildung Onegins auf diesem Gebiet. »So, um euch die Wahrheit zu sagen, konnte er genügend Latein, um ›Epigraphe‹ (d. h. Motti) zu entziffern, über Juvenal zu diskutieren, ans Ende des Briefes ein ›vale‹ zu setzen; er konnte, wenn auch nur mit Ach und Krach, zwei Verse aus der Aeneis auswendig. Er hatte keine Lust, im chronologischen Staub der Weltgeschichtsschreibung zu wühlen. Doch die Anekdoten vergangener Tage von Romulus bis auf unsere Zeit bewahrte er im Gedächtnis.« Das russische Wort анекдот stammt, schon wegen der fehlenden Endung, eindeutig aus dem Französischen (richtig Vasmer); zugrunde liegt ursprünglich ein als Femininum mißverstandenes Neutrum im Plural (τὰ ἀνέκδοτα). Die Vokabel hat bei Puškin ebenfalls keine rein literarische Bedeutung; sie bezeichnet oft nicht einmal die Erzählung von einem einprägsamen Ereignis, sondern dieses selbst.

Vokabeln, die auf den ersten Blick ›literarisch‹ wirken, sind also in diesem Abschnitt gerade nicht unter dem Aspekt der Literatur, sondern der Geselligkeit herangezogen. Sie sind ›entliterarisiert‹, so wie der Begriff ›Talent‹ in unserem Zusammenhang ›ent-theologisiert‹ ist. Es sind nicht eigentlich ›gelehrte‹ Wörter; sie bilden vielmehr ein ›atmosphärisches‹ Element und charakterisieren beiläufig auch Евгений.

Auch das Wort »Ökonom« (эконом)[224] hat im Zusammenhang mit Onegin nur abgeschwächte Bedeutung; es bezeichnet hier einen Mann, der in Gesellschaft über Ökonomie reden kann (1, 7)! Ebenso ist ein »Epikureer« (7, 4) kein Philosoph, sondern ein Genießer. Für sich selbst spricht die weitgehende Zweckentfremdung wissenschaftlichen Vokabulars in der Charakteristik des Duell-Fachmannes (also wieder auf einem für die damalige Adelsgesellschaft bezeichnenden Gebiet). Der ehemalige Wüstling Zareckij lebt in einer »philosophischen«[225] Einsamkeit (6, 4) und ist ein dörflicher »mechanicus« (6, 26); vor allem aber beseelt ihn innige Liebe zur »Methode«: »In Duellen ein Klassiker und Pedant, liebte er die Methode aus Herzensneigung, und er erlaubte, einen Menschen niederzustrecken – doch nicht irgendwie, sondern nach den strengen Regeln der Kunst« (6, 26). Auffällig ist, daß »Methode« hier in der weiblichen Form, wie wir sie aus dem Deutschen kennen, verwendet ist; doch da Zareckij keinen deutschen Namen trägt, scheint der Gegenstand des Spottes nicht die deutsche Pedanterie, sondern die Pedanterie schlechthin zu sein.

Einfluß der Gesellschaftssprache finden wir z. B. auch bei der Aufwertung von Begriffen wie ›Talent‹ (s. o.) und ›Idol‹.[226] Ein amüsantes Beispiel ist музыка, das bei Puškin fast immer ›Tanzmusik‹, ›Gesellschaftsmusik‹ bedeutet (für das Höhere tritt гармония ein). Gelegentlich eingefügte Fachausdrücke, die Onegin nicht versteht (1, 7 Jambus und Choreus) kennzeichnen indirekt die Oberflächlichkeit seiner ›Bildung‹.

Schablonenhaftigkeit poetischen Wortgebrauchs entlarvt Puškin in der Schilderung des Übergangs vom Sommer zum Herbst und Winter: Das Wort роза (›Rose‹), das letztlich wohl aus dem Griechischen stammt, im Russischen aber in seiner lateinischen Form gebräuchlich ist, wird kaltblütig als bloßes Reimwort dem Leser überreicht: »Und schon klirrt der Frost (морозы) und gänzt silbrig mitten auf den Feldern … der Leser wartet schon auf den Reim »Rosen« (розы), da, nimm ihn, so schnell es geht!«

Von der Vielfalt des Puškinschen Vokabulars gibt die Untersuchung der griechischen Bestandteile deswegen einen besonders farbigen Eindruck, weil die Fremdwörter auf sehr verschiedenen Wegen und zu verschiedenen Zeiten ins Russische gelangt sind und z.T. noch Spuren ihrer Geschichte an sich tragen. Die Betrachtung der griechischen Wörter im Onegin läßt uns zugleich ahnen, wo die Einheit in der Vielfalt zu suchen ist. Ein wichtiges einheitschaffendes Element — wir sahen es zuletzt — ist die Sprache der Gesellschaft, für die Puškin schreibt und auf die auch fachsprachliche, archaische und sonst am Rande stehende Elemente bezogen werden.

Diese Gesellschaftssprache ist seit Karamzins Zeiten gefestigt, und Puškin kann sie getrost in den Mittelpunkt stellen, da die ›Welt‹ seines modernen Epos oder seines Versromans eben die Gesellschaft seiner Zeit ist. So spiegelt sich die Einheit des Stoffes und der Epoche auch im Sprachmaterial. Aber dies ist nur das Fundament. Darauf errichtet Puškin den Bau seiner Dichtung und seiner poetischen Sprache. Er distanziert sich kritisch von den verschiedensten Klischees der Salonsprache, aber auch der klassizistischen und der romantischen Poesie. Seine Maßstäbe kennen wir aus einem früheren Kapitel. Leere Worte, hohle Phrasen entgehen seinem Scharfblick nie. Seine Gesellschaftskritik ist auch Sprachkritik. Aber weder die Gesellschaft noch die Sprache werden negiert; sie finden in diesem kritischen Werk — und nicht zuletzt in der poetischen Verwendung und vollen Einschmelzung der fremden Wörter — ihre vollkommene künstlerische Gestalt.

5. Puškins Berührungen mit der Antike im Laufe seines Lebens

Viele Voraussetzungen für Puškins Rezeption der Antike ergeben sich aus dem allgemeinen geistigen Klima seiner Epoche; ihn bestimmen frühe sprachliche und literarische Eindrücke, die zum Teil noch im Zeichen der Aufklärung stehen. Die französische Sprache, die er bereits in Moskau in seinem Elternhause lernt, wird ihm auch später antikes Geistesgut vermitteln. Frühzeitige Voltaire-Lektüre prägt ihn nachhaltig. Sein heller und kritischer Verstand äußert sich spontan in der Freude am Epigramm, an transparenter Klarheit der Form. In der geläuterten Gegenständlichkeit von Puškins später Prosa wird die früh entwickelte Ratio zu edler Reife gelangen. So schlägt Puškin die Brücke zwischen der rationalistischen Sachbezogenheit des 18. und dem kritischen Realismus des 19. Jh. Sein Glaube an Vernunft und Aufklärung läßt ihn nicht in der Romantik aufgehen und verbindet ihn mit der Antike, mit der er sich in seinen letzten Lebensjahren wieder produktiv auseinandersetzen wird.

Ein zweiter wichtiger Bereich seiner Begegnung mit dem Griechentum ist der ästhetisch-erotische. In der Jugend erscheinen ihm die antiken Götter in doppelter künstlerischer Brechung: einmal in den Statuen, die geheimnisvoll lockend Gärten und Parks [227] bevölkern, zum anderen durch die lebensfrohe anakreontische Poesie, wie sie von seinen älteren Zeitgenossen und auch noch in seiner Generation gepflegt wurde, tändelnde Träume von Schönheit und Liebe, geschmückt mit einem verschwenderischen Aufgebot von Namen aus der griechischen Mythologie. An diese Tradition knüpft auch Puškin in seinen Jugendgedichten an. Die mythischen Eigennamen, ursprünglich Chiffren für lebensbestimmende Mächte und für bezeichnende Lebensläufe, waren im 18. Jh. durch allzu häufigen Gebrauch zu poetischem Kleingeld geworden. So konnte es nicht ausbleiben, daß man es eines Tages als einen Akt sprachlicher und intellektueller Redlichkeit betrachten mußte, statt ›Venus‹ und ›Amor‹ einfach ›Liebe‹, statt ›Grazie‹ ›junges Mädchen‹ zu sagen und den Götterapparat wie eine alte Perücke beiseite zu legen. In einer wertvollen Untersuchung über den symbolischen Sinn antiker Namen bei Puškin hat Suzdal'skij [228] gezeigt, wie Konventionelles bei unserem Dichter immer mehr zurücktritt, die für seine Dichtung wahrhaft wesentlichen antiken Elemente aber erhalten bleiben und sogar mit immer tieferer Bedeutung erfüllt werden. Besonders gilt dies von der Vorstellung der ›Muse‹.

Die Lyzeumszeit bringt auch die Begegnung mit antiker Literatur im Original, wenigstens was das Lateinische betrifft. Puškin hatte in Latein sogar ein besseres Zeugnis als in Russisch: »... Seine Leistungen in Latein sind gut; im Russischen nicht so sehr festgegründet als glanzvoll.« [229] Der solchermaßen auf solide sprachliche, rhetorische und poetologische Ausbildung bedachte Lehrer N. F. Košanskij (»Meinem Aristarch« 1815) [230] wurde zeitweilig durch einen anderen vertreten, Galič, der seine Schüler für Literatur begeisterte und auch an ihren Zechereien teilnahm. Wenn Puškin später lateinische Dichter – Horaz und Ovid – unter Heranziehung des Originaltextes lesen konnte, [231] so verdankt er dies Košanskij, Galič aber vielleicht die Motivation, überhaupt wieder nach den antiken Texten zu greifen. Schon in der Schulzeit sprengt Puškin den Rahmen der Schulautoren: »Ich las mit Freuden Apuleius,/doch Cicero, den las ich nicht.« [232] Demnach wäre auch seine spätere Beschäftigung mit dem

Kunstmärchen (und dem Roman)²³³ durch einen antiken Autor mit angeregt. Vielleicht ist es kein Zufall, daß Puškins erste größere Dichtung »Ruslan und Ludmila« die Literaturgattung von »Amor und Psyche« fortsetzt. Jedenfalls behält die frühe Begegnung mit dem brillanten und phantastischen Erzählstil des Apuleius gerade in diesem Werk neben anderen Einflüssen – Žukovskij, Wieland, Ariost – ihre Bedeutung.

Von griechischen Dichtern, die Puškin in Übersetzungen liest, sei vor allem Anakreon genannt, von dem er in späteren Jahren einige Lieder nachgestalten wird. Derartige Rückgriffe auf erste Eindrücke sind keine Seltenheit bei Puškin; noch in seinen letzten Jahren wird Horaz ihn aufs neue beschäftigen; die Tatsache, daß man die Nachdichtung der Ode 2, 7 (»Wer von den Göttern ...« 1835)²³⁴ ursprünglich für ein Jugendwerk hatte halten können, während sie in der Tat der Spätzeit angehört, beweist einmal mehr den Zusammenhang zwischen beiden Schaffensepochen. So bestätigt sich die Beobachtung von Puškins Freunden, daß »keine Lektüre, kein Gespräch, keine Minute des Nachdenkens ihm fürs ganze Leben verloren ging«.²³⁵

Ein dritter wichtiger Aspekt von Puškins Aufnahme antiker Elemente ist der politische. Die römische Republik ist für ihn das Modell, an dem er seine politischen Gedanken veranschaulicht; die Römermaske ist auch ein Mittel, um sich der Zensur zu entziehen. Das gilt gleichermaßen von frühen Gedichten (»An Licinius« 1815)²³⁶ wie von späten (»Auf die Gesundung Luculls« 1835).²³⁷ Wenn einmal in seinem Freundeskreis ein Livius-Text in scherzhafter Weise im ›monarchistischen‹ Stil Karamzins umgeschrieben wird, so ist die Grundlage der Komik das tiefeingewurzelte Bewußtsein vom Republikanertum der Römer: »Die Römer der Zeiten des Tarquinius, die kein Verständnis für den heilbringenden Nutzen der Autokratie (Monarchie) hatten, und Brutus, der seine Söhne zum Tode verurteilte – denn nur selten können sich die Gründer von Republiken rühmen, zartfühlend zu sein –, waren natürlich sehr komisch« (1834).²³⁸ Puškin teilt Karamzins monarchistische Anschauungen nicht; sein ›republikanisches‹ Römerbild ist zweifellos durch die Schule gefestigt worden. Ich denke dabei weniger an Puškins Französischlehrer, den leiblichen Bruder des Revolutionärs Marat (ein bizarres Beispiel zaristischer Personalpolitik), als vielmehr an den Petersburger Professor Kunicyn, Verfasser eines »Naturrechts«, der am Lyzeum politische Wissenschaft unterrichtet und die Hoffnungen der jungen Menschen auf die großzügigen politischen Reformpläne der ersten Zeit Alexanders I. lenkt. Dieser Lehrer, der nach Verbot seines Buches 1821 vor Gericht gestellt wird, vermittelt seinen Schülern die Grundbegriffe legalen Denkens, wie sie der freiheitliche Niederländer Hugo Grotius und der französische Staatsdenker Montesquieu entwickelten. Vor allem Montesquieu zieht die Römische Republik durchweg als Beispiel heran. »Durch Freiheit ist Rom groß geworden, durch Sklaverei zugrunde gegangen.« Dieser Satz des jungen Puškin atmet Montesquieus Geist.[239] Die Vorstellung, daß Freiheit und Recht untrennbar zusammengehören, verdankt Puškin der am Römertum geschulten Tradition, wie sie ihm theoretisch in Kunicyn und praktisch in Čaadajev und seinen Freunden begegnet. Hier liegt auch eine Quelle für Puškins Verwendung politischer Begriffe griechischer Herkunft. Wenn seine Dichtung bis 1820 immer deutlicher freiheitliche Akzente erhält, so darf man das nicht durch Hinweis auf Erlebnisse der Schulzeit entschärfen: »Stell dir einen zwölfjährigen Jungen vor, der sechs Jahre lang im Angesicht des Schlosses und in der Nachbarschaft der Husaren lebt, und wirf dann Puškin seine Ode auf die Freiheit ... vor.«[240] Als Schutzbehauptung eines wohlmeinenden Gönners wie A. Turgenev ist eine solche Verharmlosung begreiflich, ja löblich, als wissenschaftliche Meinung[241] jedoch nicht. Hier ist so gut wie alles schief: Puškin hat seine Ode nicht im Lyzeum geschrieben, wo Turgenev ihn künstlich sechs Jahre lang zwölf Jahre alt sein läßt, sondern als Einundzwanzigjähriger. Die individualpsychologische Erklärung muß durch eine soziale ersetzt werden. Vom Wiener Kongreß bis zum Jahre 1819 hatte man vergebens auf Reformen gewartet; ja das Regime Alexanders I. hatte sich der Erhaltung des Bestehenden verschrieben. Unter diesen Umständen war die Enttäuschung, war der Ruf nach Freiheit kein psychologisch bedingter Einzelfall, sondern ein allgemeines gesellschaftliches Problem.

Doch man verschließt die Augen vor den Tatsachen und schickt den unbequemen Mahner nach Südrußland ins Exil. Diese Erfahrung bringt Puškin innerlich und auch äußerlich dem römischen Dichter Ovid nahe, der von Augustus ans Schwarze Meer verbannt wurde. – Gleichzeitig begeistert sich der russische Dichter für Byron. So ist die berühmte Erzählung über Ovid in ein byronistisches Poem, »Die Zigeuner« (1824), eingefügt.[242] Die Elegie »An Ovid« (1821)[243] gipfelt in der bewundernden Erwähnung des griechischen Freiheitskampfes, mit dem sich auch der große Engländer identifizierte. Die Elegie zeugt von genauer Kenntnis der Exilpoesie des Römers; N. V. Vulich[244] hat nachgewiesen, wie eingehend sich Puškin mit dem Ovidtext auseinandersetzt und wie weit die Wahlverwandtschaft beider Dichter geht. Man beachte die zeitliche Überlagerung zweier scheinbar konträrer Einflüsse: einerseits die Wirkung Byrons, welche die Abwendung vom Klassizismus und die Rezeption romantischer Elemente beschleunigt, andererseits die Begegnung mit Ovid aufgrund verwandter existentieller Erfahrung und damit der erste Schritt zur Wiederentdeckung der Antike.

Weit von der Antike hinweg führt die Beschäftigung mit Shakespeare, die unter anderem in dem historischen Drama »Boris Godunov« ihren Widerhall findet[245] und den Bruch mit manchen (wenn auch nicht allen) Normen des Klassizismus besiegelt. Die Wendung zur Geschichte findet ihren Niederschlag in historischen Romanen (»Die Hauptmannstochter«, »Der Mohr Peters des Großen«) und auch in Darstellungen zunehmend wissenschaftlichen Charakters (der »Geschichte von Pugačovs Aufstand« und der unvollendeten »Geschichte Peters des Großen«). Puškins Auseinandersetzung mit Tacitus reicht von Napoleons Kritik an dieser antiken »Tyrannengeißel« (»Lektürenotizen« 1825, 5, 10) bis zu dem späten »Roman aus dem römischen Leben« über den von Tacitus (ann. 16, 18f.) beschriebenen Tod des Petronius.

Zwei bisherige Hauptthemen – zugleich zwei Aspekte seiner Auseinandersetzung mit der Antike – faßt treffend ein Properz-Zitat zusammen, das an der Spitze seiner Gedichtausgabe vom Jahre 1826 (erschienen am 30. 12. 1825) steht: *Aetas prima canat veneres, extrema tumultus* (Propertius 2, 10, 7).

In Übereinstimmung mit dem Zeitgeist fesselt den Dichter die Folklore: Er zeichnet Volkslieder und Märchen auf (1824–1826 in Michajlovskoje und 1833 in Boldino),[246] er dichtet westslawische Volkslieder nach[247] (1834, veröffentlicht 1835) und wendet sich auch orientalischer Poesie zu: dem Hohen Liede (1825),[248] Hafis (1829)[249] und dem Koran (1824).[250] Ausgerechnet in der Beschäftigung mit dem »Lied der Lieder« wollte man[251] ein Zeugnis für Puškins Christentum sehen. (Dafür gibt es überzeugendere). Eher gilt das Gegenteil: Er genießt jetzt die Bibel als Dichtung und sakralisiert dafür in antiker Art seine Poesie. Welche stilistischen Qualitäten schätzt Puškin an der Bibel, die er nach seinem eigenen Bekenntnis neben Walter Scott liest?[252] Es ist ein eigentümlich heidnisch und im besten Sinne antik anmutender Zug: die »biblische Schamlosigkeit« (библейская похабность), die harte, ungeschminkte Sprache, die er als Schriftsteller im Russischen verwirklichen möchte.[253] Diesen Wunsch äußert

Puškin schon verhältnismäßig früh, doch dauert es einige Zeit, bis er seinem neuen Stilwillen zum Durchbruch verhilft. »Ich predige aus innerer Überzeugung, aber aus Gewohnheit schreibe ich anders.«[254] Dieses Ziel ist spätestens in dem Gedicht »Der Prophet« (пророк) erreicht, das dem dichterischen Selbstbewußtsein mit antiker Unbescheidenheit und in religiöser Sprache Ausdruck verleiht (1836);[255] so entdeckt er auf der Suche nach dem Ursprünglichen, Volkstümlichen und Unmittelbaren, die ihn auch zu einer eingehenden Auseinandersetzung mit dem altrussischen Igorlied führt, den starken Ausdruckswert des Kirchenslawischen wieder. In der Würdigung dieses Aspektes des vaterländischen Erbes ist Puškin auch mit vielen Dekabristen einig. Die Unbescheidenheitsformel ist ebenso ein antiker, klassischer Zug wie die künstlerische Auswertung von Wortgruppen, die der romantischen Dichtersprache fremd sind. Die Aneignung entspringt keiner Laune, sondern innerer Notwendigkeit.

Daß die biblische Sprache hier keinem christlichen, sondern einem poetischen Credo dient, sollte man nicht eigens hervorheben müssen.[256] Das Sendungsbewußtsein eint Puškin mit Horaz, dessen Oden er auf der »Reise nach Arzrum« (1829) aus dem Gedächtnis zitiert. Auf neuer Stufe findet Puškin zur Ode zurück. Es ist freilich nicht mehr die klassizistische Ode der Jahrhundertwende, sondern die Horazische. Wie Puškin in dem Gedicht »Exegi monumentum« Persönliches mit antiker und moderner Tradition verbindet, hat M. P. Aleksejev in seiner Monographie[257] gezeigt. Man könnte auch verfolgen, wie die Nachdichtung der Ode 2, 7 das in der Jugend verachtete Prinzip der Nachahmung (подражание) zu neuer Geltung erhebt und zum Mittel eigener Aussage macht.[258] Wieder sind es eigene Erfahrungen, die der Dichter bei seinem antiken Vorgänger entdeckt: Das Überleben der Dekabristen-Katastrophe (das Puškin übrigens auch im antiken Symbol »Arion«[259] spiegelt), berührt sich mit Horazens wundersamer Errettung in der Schlacht bei Philippi und der selbstbewußte Rückblick auf das eigene Schaffen mit Horazens »Exegi monumentum«. Die Hinwendung zur Antike vollzieht sich jetzt mit neuer Unmittelbarkeit, aufgrund einer Wahlverwandtschaft. So kann sich Puškin die antiken Motive und Formen (z. B. das Distichon) neu aneignen. Horaz,[260] Anakreon,[261] Xenophanes,[262] die Dichter der griechischen Anthologie,[263] Ion von Chios,[264] Athenaios,[265] Catull[266] und Juvenal[267] treten wieder in seinen Gesichtskreis. Ein Thema, das ihn viele Jahre begleitet, die unmittelbare Nachbarschaft des Todes, die uns die Süße des Lebens doppelt stark empfinden läßt, liegt wohl auch seinem schon erwähnten Petronius-Roman, ganz besonders aber den »Ägyptischen Nächten« (1835) zugrunde. Quelle ist hier eine Notiz bei Aurelius Victor, die Puškin seit 1824 beschäftigt. Es kommt ihm nicht auf die literarische Bedeutung des Autors an, sondern auf das Motiv, das ihn unmittelbar ergreift. Eine antike Erzählung sagt hier mit einmaliger Klarheit das Wesentliche.

Frühe Kindheitseindrücke (die Flucht aus dem Religionsunterricht in den fremden Garten) werden schließlich als Erfahrung der Polarität von christlicher und poetischer Religiosität gedeutet.[268] Das späte Gedicht (»В начале жизни школу помню я ...«) kennzeichnet die eigene poetische Erfahrung durch heidnische Gottheiten. In zwei griechischen Göttergestalten verdichten sich die inspirierenden Mächte der Kunst und der Liebe, die Prinzipien von Intellekt und Sinnlichkeit, Struktur und Bewegung, Apollinischem und Dionysisch-Erotischem. Diese Gewalten begegnen dem Dichter nicht in Büchern, sondern in der Natur. Dabei ist die Sphäre der Schule, der traditionellen christlichen Religion und Moral, auch sprachlich dem Altertum gegenübergestellt. Kirchenslawische Vokabeln (словеса) verfremden die Darstellung der heidnischen Götter und geben ihr den Reiz des Verbotenen (кумиры ›Götzen‹, бесы ›Teufel‹, празднномыслить ›unnütze Gedanken hegen‹ als Positivum). Auf der anderen Seite stehen die griechischen Wörter, die bereits ›modernen‹ Klang haben (мраморные, лиры, лавры, порфиры, идол, идеал, демон). So ist der Zusammenstoß zweier Welten, der ›vorpetrinisch-christlichen‹ und der naturhaft-antiken, auch im sinnvoll kontrastierten Sprachmaterial gespiegelt.

Die befreiende Kraft der Antike gestattet es dem Dichter, seine vom Traditionellen abweichende Erfahrung zu bewältigen, die ihm unmittelbar begegnenden Lebensmächte zu benennen und so der Wirklichkeit des Lebens, der Natur und des eigenen Bewußtseins souverän gegenüberzustehen.

Wir sehen, wie der Weg Puškins von der konventionellen Übernahme – oder auch Ablehnung – klassizistischer Tradition ausgeht, um schließlich auf der Suche nach dem Einfachen, Gültigen in einer persönlichen Begegnung mit der Antike zu enden: von der Nachahmung von Literatur zur in Worte gebannten Wirklichkeit, vom Bildungserlebnis zur zweiten Unmittelbarkeit, vom Klassizismus oder Antiklassizismus zu einer persönlich erkämpften Klassizität.

ANMERKUNGEN

1. Erstmals in: Soziale Typenbegriffe im alten Griechenland und ihr Fortleben in den Sprachen der Welt, hrsg. von E. Ch. Welskopf †, Bd. 6, Berlin 1982, 459–515. – Im folgenden Text wird der Name Пушкин wie alle anderen russischen Wörter und Namen nach den Regeln der Transliteration übertragen. – ZITIERTE AUSGABE: A. C. Пушкин, Полное собрание сочинений, Изд. Ак. Наук СССР, 16 Bde. u. 1 Indexbd., geb. in 21 Bde., Moskau 1937–1959. Die Ausgabe war mir durch freundliche Vermittlung von Frau Dr. Conrad, Slav. Inst. der Univ. Heidelberg, zugänglich. Die Abkürzungen sind diejenigen des Puškin-Wörterbuchs: Словарь языка Пушкина, 4 Bde., hrsg. von V. V. Vinogradov u. a., 1956–1961. Die größeren Werke sind dort in leichtverständlicher Weise abgekürzt; Gedichte (Ged.) 1–3 bezeichnet die Bände 1–3 der Ausgabe; Ž 1 und Ž 2 (journalistische Prosa) die Bände 11 und 12. Die Briefe sind fortlaufend durchnumeriert. Die Eigennamen stehen meist nicht im Wörterbuch, sondern im Index-Band der Ausgabe (17). Ein Lexikon der französischen Vokabeln Puškins ist angekündigt. Grundlegend M. Vasmer, Russisches etymologisches Wörterbuch, 3 Bde., Heidelberg 1953–1958. Siehe auch А. Г. Преображенский, Этимологический словарь русского языка (1910–1949), Moskau 1958. Die sonstigen wissenschaftlichen Wörterbücher sind bei G. Hüttl-Worth, Foreign Words in Russian, A Historical Sketch 1550–1800, Univ. of California Publications in Linguistics, vol. 28, Berkeley and Los Angeles 1963, nachgewiesen. Alle im folgenden angeführten Übersetzungen russischer Zitate stammen vom Verfasser. Sonstige Abkürzungen: M. (Moskau), L. (Leningrad), SPb. (St. Petersburg).

2. Es gibt auch alte vulgäre Formen mit т: s. M. Фасмер, Грекославянские этюды 3, Греческие заимствования в русском языке, in: Сборник отделения русского языка и словесности Имп. Ак. Наук 86, St. Petersburg (im folgenden SPb.) 1909; z. B. S. 202 тимиам (vulgär), фимиам (literarisch).

3. S. unten Anm. 5 zu Tredjakovskij.

4. Bezeichnend die »moderne« т-Form in der Zusammensetzung модных теологов »der Modetheologen« (G. Hüttl-Worth, Die Bereicherung des russischen Wortschatzes im 18. Jahrhundert, Wien 1956, S. 48).

5. Tredjakovskij hat mit feinem Gefühl den Stilwert der »östlichen« bzw. »westlichen« Lautform empfunden: In Werken, die kirchenslawisch geschrieben sind und religiösen, philosophischen oder poetischen Inhalt haben, zieht er die byzantinische, in der weltlichen Sprache aber die lateinische Form vor: »Wörter, die zu den weltlichen Wissenschaften gehören, klingen heutzutage in ihrer ›westlichen‹ Aussprache vertrauter, z. B. schreiben und sprechen wir базис, nicht васис, трагедия, nicht трагодия, академия, nicht академия, ... трон, nicht фрон.« (Zitiert bei G. Hüttl-Worth, a. a. O. [s. Anm. 4], S. 30f.). In hoher Poesie schreibt Tredjakovskij ирой (»Heros, Held«), obwohl daneben seit der petrinischen Zeit герой begegnet. Bei Tredjakovskij sind also Doubletten wie атлет – афлит, трон – фрон jeweils beide belegt und nach der stilistischen Höhenlage differenziert (Stellennachweise bei W. A.

Christiani, Über das Eindringen von Fremdwörtern in die russische Schriftsprache des 17. und 18. Jh., Diss. Berlin 1906, S. 51 ff.). Noch Karamzin wird die Form ирой verwenden (G. Hüttl-Worth, a.a.O., S. 48). Bei Puškin ist герой alleinbeherrschend (161 Belege, außerdem die Ableitungen героизм (1), героиня bzw. -на (18), геройство (8). Die Ausnahmen bestätigen, daß die Formen mit и in Puškins persönlichem Sprachgebrauch nicht mehr lebendig waren: Die zwei einzigen Belege für ироический gehören zu dem festen Ausdruck »heroisches Poem«, sind also fester Terminus für eine Gattung des hohen Stils; in allen anderen Fällen sagt Puškin героический. Für Ovids »Heroiden« verwendet Puškin die moderne Form mit г, während er die Dichtung eines Freundes, die den Titel »Ироида« trägt, natürlich in der altertümlichen Form zitiert. Auch hier spielt es eine Rolle, daß ироида ein Begriff der Gattungspoetik ist. Der einzige Beleg für иройский (neben геройский) ist stark ironisch gefärbt und gehört in Puškins Frühzeit. эсфетика steht in ausgesprochen poetologisch-philosophischem Zusammenhang (Ž 1, 177, 2), эстетика in einem Brief in etwas weniger technischem Sinne (Brief 35, 28: Ästhetik sei nicht Sache der Zensur).

Auf den Stilwert von поэт − пиит werden wir bei den Interpretationen zurückkommen. Keine Wahl besteht für Puškin zwischen пиитика − поэтика. Er kennt nur die byzantinische Lautform (im Puškin-Wörterbuch fehlt ein wichtiger Beleg: »Das Häuschen in Kolomna«, Str. 9: »der gepuderten Poetik − пиитике − zum Trotz«). Ähnlich wie bei ироида scheint hier die Fachsprache des 18. Jh. nachzuwirken. Омир (= Homer) ist die in Rußland altvertraute Namensform (ein Homerzitat in der Ignatiuschronik erwähnt D. Tschižewskij, Geschichte der altrussischen Literatur, Frankfurt a. M. 1948, S. 314, vgl. auch S. 390 über Homer bei Klim Smoljatič, 12. Jh.). Sie erscheint noch bei Batjuškov; Puškin sagt im allgemeinen Гомер, spart sich aber für besonders feierliche oder ironische Anlässe die alte Form auf. Analysiert man die Belegstellen vom Anfang des 18. Jh. bei. П. Пекарский, Наука и литература в России при Петре Великом 2, SPb. 1862, so stellt man fest, daß die in Moskau gedruckten Bücher Омир schreiben (S. 214, 77, 501), während ein in Amsterdam gedrucktes (S. 28) die Namensform Гомер enthält. Der einzige weitere Beleg (ebenda Bd. 1, S. 557) steht in einem Bericht, der von einem Deutschen verfaßt ist. Die Herkunft der Namensform mit Г aus Holland und Deutschland ist somit dokumentarisch belegt.

6. Historisch interessant ist die christliche Ab- und moderne Aufwertung des alten Namens der Griechen (Ἕλληνες): kirchenslawisch heißt елини »Heiden, Ketzer« (bulgarisch »Riesen«, bulgarisch und serbisch »Betrüger«). Die Bezeichnung für Nichtjuden dringt aus den Evangelien ins Volk und wird phantasievoll ausgeschmückt. Im 19. Jh. greifen die Griechen, die sich in byzantinischer Zeit »Romäer« genannt hatten, auf ihren alten Namen zurück. So gebraucht auch Puškin эллинский, эллада in durchaus positivem Sinne. (Zur Wortgeschichte: J. Matl, Zur Bezeichnung und Wertung fremder Völker bei den Slaven, in: Festschrift für M. Vasmer, Wiesbaden 1956, S. 293−306).

7. K. Schumann, Die griechischen Lehnbildungen und Lehnbedeutungen im Alt-

bulgarischen. Veröffentlichungen der Abt. für slawische Sprache ... Bd. 16, Berlin 1958.

8. D. Tschižewskij bei G. Hüttl-Worth, a.a.O. (s. Anm. 1), S. VIII mit Hinweis auf die Arbeiten von I. I. Ohienko.

9. W. A. Christiani, a.a.O. (s. Anm. 5), S. 57, aus dem Tagebuch von S. A. Porošin, 1741–1769.

10. Zit. oben Anm. 1.   11. A.a.O., S. 13f.

12. Schiff (корабль), Segel (парус), Galeere, Zwangsarbeit (каторга) sind alte griechische Lehnwörter im Russischen.

13. Славянские языки, Moskau 1956, S. 129.

14. Grundlegend В. В. Виноградов, Язык Пушкина, Moskau/Leningrad 1935. В. В. Виноградов, Стиль Пушкина, Moskau 1941. В. В. Виноградов, Очерки по истории русского литературного языка XVII–XIX вв., Moskau 1938² (zitierte Ausgabe), Neudr. Leiden 1949. Siehe auch Vinogradov, The History of the Russian Literary Language... (condensed with an introduction by L. L. Thomas), Madison 1969. Sehr wertvoll daneben die Arbeiten von Б. В. Томашевский, besonders Вопросы языка в творчестве Пушкина, in: Пушкин, Исследования и материалы 1, 1956, S. 126–184. Immer noch nützlich А. Н. Пыпин, История русской литературы 4, SPb. 1903², S. 356–418. Zu den lateinischen und griechischen Vokabeln bei Puškin fehlen neuere Spezialuntersuchungen. Die Vokabeln sind im Словарь языка Пушкина, Moskau 1961, nachgewiesen, die Eigennamen im Registerband der Großen Akademie-Ausgabe.

15. D. Tschižewskij, Geschichte der altrussischen Literatur im 11., 12. und 13. Jahrhundert, Frankfurt a.M. 1948, S. 87, vgl. G. Vinokur, Die russische Sprache, übers. von R. Trautmann, Leipzig 1949, S. 39 (»poetische Formen«).

16. D. Tschižewskij, a.a.O. (s. Anm. 15), S. 71.

17. D. Čyževs'kyj, Zur Stilistik altrussischer Literatur: Topik, in: Festschrift M. Vasmer, Wiesbaden 1956, S. 105–112.

18. В. В. Виноградов, Очерки (s. Anm. 14), S. 72ff.

19. V. V. Vinogradov, a.a.O., S. 89.

20. Г. Г. Ариель – Залесская, К изучению библиотеки А. С. Пушкина, in: Пушкин, Исследования и материалы 2, Moskau/Leningrad 1958, S. 334–353, bes. S. 340f. Dort weitere Literatur (S. 342).

21. »Reise von Moskau nach Petersburg« (1833–1834), 11, S. 253–54; vgl. auch А. Н. Пыпин, История русской литературы 4, SPb. 1903², S. 373; (positiv auch an Lažečnikov am 3. 11. 1835, Werke 16, 62); anders freilich der junge Puškin im Sendschreiben an Žukovskij (1817): »растерзанный стенает Телемах« (!).

22. »Reise...« ebenda.

23. A. Martel, M. Lomonossoff et la langue russe, L. 1933.

24. Lomonosov unterscheidet folgende Ebenen des aktiven und passiven Wortschatzes: (1) sehr veraltete und ungebräuchliche kirchenslawische Wörter (sie sind überhaupt zu meiden); (2) kirchenslawische Wörter, die im Alltag nicht verwendet werden, aber verständlich sind; (3) Wörter, die dem Kirchenslawischen und dem Russischen gemeinsam sind; (4) russische Wörter, die im Kirchenslawischen fehlen, aber der gebildeten Umgangssprache angehören; (5) volkstümliche Wörter. – Hoher Stil: Nr. 2 und 3; mittlerer Stil: Nr. 3 und in geringem Umfang Nr. 2 und 4. – Niederer Stil: Nr. 3, 4 und gelegentlich 5 (В. В. Виноградов, Очерки [s. Anm. 14], S. 95 ff.).

25. »Abhandlung über den Nutzen der kirchlichen Bücher in der russischen Sprache« bei Vinogradov, a.a.O., S. 93.

26. Ebenda.

27. Er unterscheidet drei Arten der Periodisierung: In der »runden« sind die Einzelglieder etwa gleich groß, in der »schwankenden« sehr unterschiedlich, in der »abgerissenen« alle kurz.

28. »Er eröffnet uns die wahren Quellen unserer Dichtersprache... Aber wenn wir Lomonosovs Leben erforschen, so werden wir finden, daß die exakten Wissenschaften immer seine Haupt- und Lieblingsbeschäftigung waren, das Dichten aber manchmal ein Zeitvertreib, öfter eine Pflichtübung. Wir würden vergeblich in unserem ersten Lyriker feurige Aufschwünge des Gefühls und der Einbildungskraft suchen« (1825; Ž 1, 32, 39). »Er schuf die erste Universität, er war, besser gesagt, selbst unsere erste Universität; aber in dieser Universität ist der Professor für Poesie und Eloquenz nichts anderes als ein korrekter Beamter, kein Dichter, der von oben inspiriert ist, kein Redner, der gewaltig zu fesseln versteht. Die eintönigen und einengenden Formen, in die er seine Gedanken goß, verleihen seiner Prosa einen ermüdenden und schwerfälligen Gang. In Lomonosov gibt es weder Gefühl noch Einbildungskraft. Seine Oden, geschrieben nach dem Vorbild der damaligen deutschen Dichter, die selbst in Deutschland schon lang vergessen sind, wirken ermüdend und geschwollen. Sein Einfluß auf das Schrifttum war schädlich und klingt bis heute darin nach: Der Schwulst, die Gesuchtheit, die Abneigung gegenüber Einfachheit und Genauigkeit, das Fehlen jeglicher Volkstümlichkeit und Originalität – das sind die Spuren, die Lomonosov hinterlassen hat« (Ž 1, 249).

29. G. Hüttl-Worth, a.a.O. (s. Anm. 4), S. 38 ff.

30. »Stelzen nicht verwenden, wo die Füße dienen können... Tiefsinn in Klarheit hüllen und Gedankenfülle in Leichtigkeit des Stils, um allen erträglich zu werden.« Zu Sumarokovs Kampf um den »einfachen Stil« Vinogradov, a.a.O. (s. Anm. 14), S. 136 f.

31. »Sendschreiben an Žukovskij«, Ged. 1, 63, 56 (1817).

32. Я. Грот, Карамзин в истории русского литературного языка (1867), in: Я. Грот, Филологические разыскания 1, SPb. 1885³, S. 62–117.

33. G. Hüttl-Worth, a.a.O. (s. Anm. 4), passim.

34. »Vom Stil« (1822) Ž 1, 19.

35. Karamzin, »Warum es in Rußland wenig schriftstellerische Talente gibt«, zit. bei Vinogradov, a.a.O. (s. Anm. 14), S. 158.

36. C'est palpitant comme la gazette d'hier (17. 8. 1825 an Žukovskij), Briefe 206.

37. Akademierede vom 5. 12. 1818. Dazu Vinogradov ebenda.

38. V. V. Vinogradov, a.a.O. (s. Anm. 14), S. 160.

39. Die geschraubten Umschweife »provinzieller« Höflichkeit wirken auf Puškin lächerlich, während die unverblümten, originellen Ausdrücke der einfachen Leute sich auch in der höchsten Gesellschaft wiederholen. »Gute Gesellschaft kann es auch außerhalb des höchsten Kreises geben, überall, wo es ehrliche, gescheite und gebildete Menschen gibt« (Ž 1, 98, 16). So durchbricht Puškin die Schranken der Standessprache. Auch bekämpft er schon früh unnötige Metaphern (»Vom Stil« 1822; Ž 1, 18) – ein Zug, der von D. Tschižewskij zu den Merkmalen des Realismus gezählt wird (Russische Literaturgeschichte des 19. Jahrhunderts, Bd. 2, Der Realismus, München 1967, S. 11).

40. A. N. Pypin, a.a.O. (s. Anm. 14), S. 377.

41. Die »Nachahmer« heißen »kalt« (Ged. 2, 301, 5) oder »welk« (Ž 1, 50, 15). Bemerkenswert, daß Horaz ausdrücklich aus der Schar der »Nachahmer« ausgeschlossen wird (Briefe 175).

42. Ž 1, 179, 26.   43. Ebenda.

44. An A. A. Del'vig, Juni 1825 (Brief 177).   45. Ebenda.

46. Karamzins Gegner Šiškov hatte betont, daß Fremdwörter die Einheitlichkeit des Stils beeinträchtigen (Vinogradov, a.a.O. [s. Anm. 14], S. 197).

47. Ž 1, 148, 7f. »Опровержение на критики« 1830.

48. Mérimée an Sobolevskij, zit. bei Vinogradov, der auf S. 247 ein Stück aus »Pique dame« Mérimées Übersetzung gegenüberstellt.

49. »Voltaire kann als das beste Vorbild für den vernünftigen Stil gelten« (»Vom Stil« 1822; Ž 1, 18).

50. Briefe 183, 11: »Du hast gut daran getan, offen für die Gallizismen einzutreten. Irgendwann muß man es doch laut sagen, daß die russische metaphysische ⟨etwa: abstrakte⟩ Sprache sich bei uns noch in einem wilden Zustand befindet. Gebe Gott ihr, sich irgendwann einmal nach dem Bilde des Französischen zu formen (der klaren, genauen Sprache der Prosa, d.h. der Sprache der Gedanken). Darüber habe ich auch im Onegin etwa drei Strophen geschrieben« (13. 7. 1825 an P. A. Vjazemskij).

51. Reizvoll ist in dieser Beziehung seine Anprangerung des blumenreichen Stils der Salonsprache: »Diese Leute werden nie ›Freundschaft‹ sagen, ohne hinzuzufügen:

›dieses heilige Gefühl, dessen edle Flamme...‹. Man müßte sagen: ›früh morgens‹, aber sie schreiben: ›Kaum hatten die ersten Strahlen der aufgehenden Sonne die östlichen Ränder des azurblauen Himmels erhellt‹« (»Vom Stil« 1822, Ž 1, 18).

52. A. N. Pypin, a.a.O. (s. Anm. 14), S. 406, Anm. 2.

53. Briefe 1072, 11 (16. 6. 1835).   54. Ž 1, 117, 19 (1830).

55. Briefe 49, 11 (6. 2. 1823).   56. Ž 2, 102, 36 (1836).

57. Ž 1, 19, 1 (1822).   58. Ž 1, 48, 7 (1827).

59. Briefe 45, 15 (Ende 1822 an P. A. Pletnev).

60. Briefe 48, 27 (30. 1. 1823 an den Bruder; die Stelle bezieht sich auf Del'vig).

61. Vgl. Ž 1, 249, 20 über Lomonosovs schädlichen Einfluß (»Reise von Moskau nach Petersburg« 1834).

62. Ž 1, 159, 22 ff. (1830).

63. M. P. Alexejew (sic), Shakespeare und Puschkin, in: Shakespeare-Jahrbuch 104, 1968, S. 141–174, bes. S. 150.

64. Précision: brièveté avec justesse. H. Lausberg, Handbuch der literarischen Rhetorik, München 1960, Bd. 2, S. 934 s.vv. précision und précis (discours, style où il n'y a rien de superflu).

65. M. v. Albrecht, Meister römischer Prosa, Heidelberg 1983², S. 76, 82, 145.

66. Quint. inst. 8, 2, 8.

67. H. Lausberg, Handbuch der literarischen Rhetorik, München 1960, Bd. 2, S. 934.

68. Briefe 231, 23.

69. Randnotiz zu Batjuškovs Gedicht »Мои пенаты« (Ž 2, 273).

70. Ž 2, 279.   71. Ž 1, 207, 28.

72. »Der eherne Reiter«, Anm. Puškins 3, 4.   73. Ž 2, 260.

74. Ž 2, 262 (Tibull 1, 10, 31 f.; Batjuškov »Elegie« Ž 1, 57).   75. Ž 2, 275.

76. V. V. Vinogradov, a.a.O. (s. Anm. 14), S. 251 (m. Literatur).

77. Brut. 75, 262.   78. Ž 1, 121, 29.

79. »Der Mohr Peters...« 5, 13.

80. »Roman aus dem römischen Leben« 388, 2.   81. Briefe 854, 28.

82. Zum Beispiel Ž 2, 262 (zweimal).

83. Б. В. Томашевский, Вопросы языка в творчестве Пушкина, in: Пушкин, Исследования и материалы 1, 1956, S. 126–184, bes. 179, 175, 164.

84. Ž 1, 52, 3 (»Bruchstücke aus Gedanken und Notizen« 1827).

85. H. Lausberg, Handbuch der literarischen Rhetorik, München 1960, § 258, 1055 ff. u. a.

86. Ebenda § 1059, 1149, 1157, 289, 1144.   87. 8, 388, 18.

88. G. Hüttl-Worth, a. a. O. (s. Anm. 1), S. 65.

89. Boileau, Art Poétique 1, 109; 3, 277.

90. »Zu einem Bildnis Žukovskijs« (Ged. 2, Nr. 33, 1; S. 60).

91. Ž 1, 110, 9; »Карелия...« 1830.

92. Ž 2, 274; vgl. Ž 2, 268 (zu Batjuškovs »Мечта«).   93. Ž 2, 263.

94. Батюшков, Таврида 68–70, ebenda.

95. Ž 1, 274, 6 (»Del'vig« 1831).   96. Ž 2, 82, 8.

97. Briefe 228, 5 an Bestužev, 30. 11. 1825.

98. Ged. 3, Nr. 210, S. 299 (1833).

99. Wahrung eines genügenden Maßes an Deutlichkeit (σαφήνεια), ohne in Gemeinheit zu verfallen, ist eine Zielvorstellung der griechischen Poetik (H. Lausberg, a. a. O. [s. Anm. 64] § 1239).

100. Ž 1, 19 (1822).   101. Ž 1, 34, 4.

102. Vorrang der Ratio und der Arbeit (gegen Küchelbecker 1825) Ž 1, 41.

103. W. Lednicki, The prose of Pushkin; Slavonic and East European Review 28, 1949, S. 377–391.

104. Sobr. soč. Petrogr. 1915, Bd. 2, S. 212.

105. »Definiert man die Klassik als äußerste Klarheit des Gedankens und Vollendung der Form, die sich dem tiefsten, an die letzten Dinge streifenden Gehalt organisch verbindet, so wird Puškins Werk als ein überragendes Beispiel wahrhaft klassischer Dichtung gelten.« V. Setschkareff, Geschichte der russischen Literatur im Überblick, Bonn 1949, S. 77. Ausgehend vom Stil der Erzählungen Puškins (nur kurze Nebensätze, wenige Epitheta und Metaphern) sagt D. Tschižewskij: »So entsprechen die Erzählungen fast dem Ideal, das zu erreichen den Klassizisten nicht gelang« (Russische Literaturgeschichte des 19. Jahrhunderts, Bd. 1, München 1964, S. 66f.).

106. R. Kassner, Werke 4, Pfullingen 1978, S. 268.

107. »Über die nationale Eigenart in der Literatur« 1825 (Ž 1, 40, 22).

108. Schon Puškins frühe Dichtungen besitzen ungewöhnliche formale Vorzüge; es fehlt das Überspannte und Unaufrichtige der Klassizisten, aber auch das Abgeschmackte der empfindsamen Poesie und das Nebulose einer mystischen Romantik. Klarheit und Sachlichkeit treten zunehmend als bestimmende Züge seiner Dichtung hervor.

109. Zum Beispiel: поэт (»Poet«) 454mal, поэма (»Poem«) 148mal, поэзия (»Poesie«) 182mal, поэтический (»poetisch«) 75mal (zus. 859mal); стих (»Vers«) 565mal, Ableitungen davon insgesamt 262mal; рифма (»Reim«) 68mal, Ableitungen davon 16mal; лавр (»Lorbeer«) 40mal, das zugehörige Adjektiv 13mal; лета (»Lethe«) 15mal; гимн (»Hymnus«) 27mal; элегия 75mal, элегический 23mal (und 1mal als Adverb); эпиграмма 79mal (und zwei Belegstellen von Ableitungen), эпиграф 17mal; эпопея (»Epos«) 5mal, эпос 1mal, эпический 8mal; муза (»Muse«) 174mal. Монарх 4mal, монархия 4mal (sonstige Ableitungen 7mal); тиран (»Tyrann«) 24mal, тиранство (»Tyrannei«) 3mal; деспот 4mal, деспотизм (»Despotismus«) 5mal; аристократ 29mal, аристократия 41mal (sonstige Ableitungen 4mal); демократия 2mal, демократ 3mal, демократический 15mal; демагог 1mal, демагогический 1mal; политика 25mal, политический 79mal (aber fast nur in Briefen und journalistischen Artikeln), политик (»Politiker«) 3mal (zus. 107mal); полиция (»Polizei«) 27mal, полицейский 18mal, полицмейстер 3mal; экономия 9mal (davon 6mal in politischem Sinn), экономический 3mal.

110. Sogar in der ihm abgenötigten Denkschrift über Volkserziehung, wohl seinem ›reaktionärsten‹ Dokument, vertritt Puškin mit Entschiedenheit die Notwendigkeit der Diskussion liberaler Gedanken im Schulunterricht, damit die Zöglinge derartigen Ideen im späteren Leben nicht unvorbereitet begegnen.

111. »Wenn die gesetzgebende und die vollziehende Gewalt bei der gleichen Person oder in dem gleichen körperschaftlichen Organ vereinigt sind, kann man von Freiheit nicht sprechen; denn man hat Grund zu fürchten, daß der gleiche Monarch oder der gleiche Senat tyrannische Gesetze erläßt, um sie dann tyrannisch durchzusetzen... Alles wäre schließlich verloren, übte die gleiche Person oder die gleiche Körperschaft von Großen, von Adeligen oder aus dem Volk alle drei Gewalten aus... Staatsoberhäupter, die sich zu Despoten machen wollten, haben deshalb immer damit begonnen, in ihrer Person alle staatlichen Ämter zu vereinen.« (Charles de Montesquieu [1689–1755], De l'esprit des lois, übers. v. F. A. v. d. Heydte, Berlin 1950, S. 130). Originaltext: »Lorsque dans la même personne ou dans le même corps de magistrature, la puissance législative est réunie à la puissance exécutrice, il n'y a point de liberté; parce qu'on peut craindre que le même monarque ou le même sénat ne fasse des loix tyranniques pour les exécuter tyranniquement. ... Aussi les princes qui ont voulu se rendre despotiques ont-ils toujours commencé par réunir en leur personne toutes les magistratures.« Charles de Montesquieu, De l'esprit des loix (sic), texte établi et présenté par Jean Brethe de la Gressaye, Buch 11, 6 (= Band 2, S. 63 und 64f.), Paris 1955.
Puškin 2, 46, 43f.: »Und wehe, wehe den Völkern, wo entweder das Volk oder die Zaren die Möglichkeit haben, über das Gesetz zu verfügen.« Vgl. A. Chénier, Œuvres complètes, t. 3 Paris 1932, S. 240f.: »Peuple! Ne croyons pas que tout nous soit permis.«

112. В. В. Пугачев, Предыстория Союза благоденствия и пушкинская ода »Вольность«, in: Пушкин, Исследования и материалы 4, Moskau/Leningrad 1962, S. 94–139.

113. А. Л. Слонимский, О каком »Возвышенном галле« говорится в оде Пушкина »Вольность«?, in: Исследования и материалы 4, Moskau/Leningrad 1962, S. 327–335.

114. »Monarch« in (rein konventionell) positivem Sinne, Brief 10, 7 (28. 11. 1815). Wichtig ist natürlich Царь mit seiner Doublette Кесарь (eine stilistische Untersuchung der verschiedenen Bezeichnungen für den Zaren im »Mohr Peters d. Gr.« wäre lohnend).

115. Ged. 1, 111–113.   116. Ebenda.

117. Ged. 3, 404.   118. An P. B. Mansurov, 27. 10. 1819; Briefe 1, 11.

119. Gedicht »Der Heros« (Герой) 3, 180.   120. Ged. 2, 146, 16.

121. 8, 152f.

122. Vasmer (Russisches etymologisches Wörterbuch, Bd. 2, Heidelberg 1955, 19) belegt Лафит (Lafitte) nur aus Mel'nikov. Der viel ältere Beleg aus Puškin wäre nachzutragen.

123. 8, 153.   124. Ebenda.

125. 8, 154.   126. Ebenda.

127. Seine spaßhaften Briefe von der Front säen ein neues Mißverständnis: »Die Belanglosigkeit der Briefe meines Bruders entsprang nicht der Tatsache, daß er ein unbedeutender Mensch gewesen wäre, sondern einem Vorurteil, das für uns Frauen übrigens äußerst kränkend ist. Er glaubte, man müsse im Umgang mit Frauen eine Sprache verwenden, die der Schwäche ihrer Begriffe angepaßt wäre, und wichtige Gegenstände gingen uns nichts an. Eine solche Meinung wäre überall unhöflich, bei uns ist sie außerdem noch töricht. Ohne Zweifel sind die russischen Frauen gebildeter, lesen mehr und denken mehr als die Männer, die Gott weiß womit beschäftigt sind« (ebenda).

128. 8, 156.   129. Ž 1, 269, 9.   130. Briefe 71, 15.

131. Ged. 3, 427, 79ff.   132. Ged. 3, 428, 96ff.   133. Ged. 3, 261.

134. Ged. 3, 262, 41.   135. Ged. 3, 223.

136. Das ist nicht identisch mit einem Bekenntnis zum l'art pour l'art und schon gar nicht mit einem derartigen Programm; Raab (zit. Anm. 141) 64 nach K. A. Varnhagen von Ense: Jahrbücher f. Wissenschaftl. Kritik, Berlin 1838, S. 510f. Allerdings haben wir auch ein sprechendes Briefzeugnis (14. 3. 1825 an den Bruder; Briefe 145): »Bei Euch herrscht Ketzerei... Man sagt, daß in den Versen nicht die Verse die Hauptsache seien. Was ist denn die Hauptsache? Die Prosa?« Den Gedanken des l'art pour l'art sieht Setschkareff, a.a.O. (s. Anm. 105), S. 193 bei Puškin. Auf eine Rede M. Lobanovs, der in der neuen französischen Literatur und der neuen deutschen Philosophie den Liberalismus verkörpert sieht und zur »Wachsamkeit« aufruft, antwortet Puškin u.a. folgendes: »Die kleinliche und falsche Theorie, die von antiken Rhetoren festgelegt wurde und wonach angeblich der Nutzen Bedingung und Zweck

der schönen Literatur sein sollte, hat sich durch sich selbst vernichtet. Man begann zu fühlen, daß der Zweck der Kunst das Ideal und nicht die Morallehre sei.« (»Мнение М. Е. Лобанова о духе словесности« 1836; 12, 67–74, bes. 70, 17ff.). Es ist deutlich, daß hier der Gedanke des l'art pour l'art nicht Selbstzweck ist, sondern der Verteidigung der Kunst gegen Gängelung dient. Die Moral ist nicht Zweck, kann aber Folge der Kunst sein, vgl. Puškins ›Pamjatnik‹.

137. Ž 2, 104, 11; Ž 2, 66, 2.   138. Briefe 18. 6. 1820.

139. Ged. 3, 427, 74.   140. 8, 49, 14.

141. Zu den Angriffen auf Puškin von zwei verschiedenen Seiten: »Während Polevoj subjektiv ehrlich von den Positionen seiner Klasse aus den Adel angriff – was ihn, nebenbei gesagt, nicht hinderte, die Monarchie als Institution zu bejahen – so war der Vorwurf des »Aristokratismus« im Munde des charakterlosen Reaktionärs und Helfershelfers der zaristischen Geheimpolizei Bulgarin eine Anspielung auf die Dekabristenbewegung und somit eine indirekte politische Denunziation, auf die Puškin seinerseits mit Epigrammen und seinem berühmten Gedicht »Mein Stammbaum« antwortete. Der romantische Idealist Polevoj verstand den Realismus des reifen Puškin nicht. Als radikaler Verfechter einer Mittelstandsideologie konnte er in der »aristokratischen« Literatur keine progressiven Tendenzen entdecken. Das reaktionäre Triumvirat Bulgarin, Greč und Lenkovskij führte demgegenüber einen systematischen Kampf gegen die von Puškin begründete Literatur. Unter dem Deckmantel von mittelständischen Biedermännern verfolgten sie jede Regung, die an den Geist der Adelsrevolutionäre von 1825 erinnerte.« (H. Raab, Die Lyrik Puškins in Deutschland, Berlin 1964, S. 57).

142. Vgl. Ž 1, 173, 40ff.   143. Ž 1, 161, 35.   144. Ž 1, 55, 10.

145. Ž 2, 318, 24; Briefe 919, 12.   146. »Kammerpagin«: Briefe 925, 23.

147. Briefe 250, 14 (7. 3. 1826 an Žukovskij): »Wie auch meine politische und religiöse Denkart beschaffen sein mag, ich behalte sie für mich und habe nicht die Absicht, der allgemein akzeptierten Ordnung und der Notwendigkeit wahnwitzig zu widersprechen.«

148. Briefe 979, 29.   149. Ged. 3, 424.

150. Setschkareff, a.a.O. (s. Anm. 105), S. 32.

151. Ž 1, 14 (1822): »Notizen zur russischen Geschichte des 18. Jahrhunderts«.

152. Ž 1, 127: »Über den 2. Band der ›Geschichte des russischen Volkes‹ von Polevoj«.

153. А. В. Предтеченский, Дневник Пушкина (1833–1835), in: Пушкин, Исследования и материалы 4, Moskau/Leningrad 1962, S. 282ff., bes. S. 284 (gebildeter Adel).

154. Der alte verarmte Adel als eine Art ›dritter Stand‹ (8, 42) »Гости съезжались...« 1828–1830. Unser Zitat gehört zu dem fr. 3 (1829–30).

155. 1834; Ž 2, 335.   156. Ž 1, 223.

157. »Über den Adel« (1830?): Ž 2, 205.   158. Ebenda.

159. Ž 1, 166, 21: »Опыт отражения ...«

160. 8, 39, 21 »Гости съезжались ...« (1828–1830).   161. Dubrovskij 188, 16.

162. Ž 2, 207.   163. EO 5, 42.   164. EO 3, 15.

165. V. Setschkareff, Puschkin, Wiesbaden 1963, S. 129f.

166. М. П. Алексеев, Стихотворение Пушкина »Я памятник себе воздвиг ...«, Leningrad 1967.

167. Den ganzen »Onegin« halten für eine Parodie: В. Шкловский, Пушкин и Стерн, in: Очерки по поэтике Пушкина, Berlin 1923; A. Isačenko, Čo je Eugen Onegin, in: Slovenské pohl'ady 59, 1943. Dagegen mit Recht: D. Čyževskyj, Die neuere Puškin-Forschung III, Zeitschrift für Slavische Philologie 19, 1947, S. 401f.; V. Setschkareff, a.a.O. (s. Anm. 165), S. 129.

168. Ged. 3, 180.   169. Aristot. Poet. 1451 b 1ff.

170. In Puškins späteren Prosawerken wird die historische Treue zum erklärten Ziel, ja geradezu zur Affektation, so in der »Geschichte des Dorfes Gorjuchino« (127) mit den ironischen Bemerkungen über einen gewissen Kurganov, den geheimnisvollen Verfasser eines Briefstellers: »Das Dunkel der Unbekanntheit umgab ihn wie irgendeinen antiken Halbgott. Manchmal zweifelte ich sogar an der Wirklichkeit seiner Existenz. Sein Name schien mir ausgedacht, und die Überlieferung über ihn ein bloßer Mythos, der der Erforschung durch einen Niebuhr harre.« In dem folgenden Satz freilich führt Puškin auch den sogenannten Realismus mancher Historiker ad absurdum, die sich so sehr in ihren Gegenstand vertiefen, daß sie ihn schließlich auf ihren eigenen kleinen Erfahrungskreis reduzieren: »Indessen verfolgte er meine Phantasie fort und fort, und ich versuchte, dieser geheimnisvollen Person irgendeine Gestalt zu geben, und beschloß schließlich, er müsse dem Beisitzer der Landstände Korjučkin ähnlich gesehen haben, einem kleinen alten Mann mit roter Nase und blitzenden Augen.« Im Ernst beruft sich Puškin in seiner Erzählung »Der Mohr Peters des Großen« (1827 begonnen) auf das »Zeugnis aller historischen Aufzeichnungen« (3, 21). Auch in dem Vorwort zur ersten Auflage der Dichtung »Poltava« betont Puškin seine Absicht, Mazepa weder zum Freiheitsheros hochzustilisieren noch melodramatisch zum grausamen Feigling herabzuwürdigen: »Es wäre besser, den wirklichen Charakter des aufrührerischen Hetman zu entwickeln und zu erklären, ohne die historische Person eigenmächtig zu entstellen« (vgl. Ž 1, 160; über die Historizität der Liebe Marias zu Mazepa Ž 1, 164, 10; vgl. auch 158, 32).

171. »Ägyptische Nächte« S. 266. Zur Forschung: Л. С. Сидяков, К изучению »Египетских ночей«, in: Пушкин, Исследования и материалы 4, Moskau/Leningrad 1962, S. 173–182.

172. Ebenda, S. 268.

173. Zur Charakteristik dieser Worte s. unten S. 245f., S. 252f.

174. Vgl. schon 1814 »Sendschreiben an Batjuškov«: »O Dichter, in deinem Ermessen stehen die Gegenstände«.

175. Odyssee 1, 346; vgl. 8, 73. M. v. Albrecht, Zu Ovids Metamorphosenproömium, Rheinisches Museum 104, 1961, S. 269–278.

176. Zur romantischen Dichteridee s. jetzt R. v. Tiedemann, Fabels Reich, Zur Tradition und zum Programm romantischer Dichtungstheorie, Berlin/New York 1978, bes. S. 196ff. (»Die Sakralisierung«); zur russischen Romantik s. die folgende Anm.

177. Л. Я. Гинзбург, Пушкин и лирический герой русского романтизма, in: Пушкин, Исследования и материалы 4, Moskau/Leningrad 1962, S. 140–153. Das »Doppelleben« des Dichters als solches ist freilich nicht unromantisch, s. E. T. A. Hoffmanns Archivarius Lindhorst und Prosper Alpanus, die ein »bürgerliches« und ein »poetisches« Leben führen.

178. »Ägyptische Nächte« S. 269, 270.   179. »Ägyptische Nächte« S. 264.

180. H. Heines »Ritter Olaf« kann wegen der Entstehungszeit Puškin nicht bekannt gewesen sein.

181. »Die Hauptmannstochter« S. 331.

182. Frei nach John Wilson (1785–1854) »The City of the Plague«, Vers 156ff.

183. »Ägyptische Nächte« S. 421.   184. Zit. oben Anm. 14.

185. Vgl. oben S. 223f. mit Anm. 83.

186. Zum Beispiel: A. S. Orlow (sic), Puschkin, der Schöpfer der russischen Literatursprache, in: Sowjetwissenschaft, hrsg. v. J. Kuczynski und W. Steinitz, Berlin 1949, S. 234–255.

187. D. Tschižewskij, Russische Literaturgeschichte des 19. Jahrhunderts, 1, München 1964, S. 60f.

188. B. Lange, Die Vergleiche im »Evgenij Onegin«, Zeitschrift für Slavische Philologie 35, 1971, S. 187–208. Olga wird mit konventionelleren Vergleichen bedacht als Tatjana. Die Vergleiche in Kap. 8 sind neutral oder ernst, in Kap. 4 und 5 überwiegend ironisch (außer 5, 30), u.v.a.m.

189. V. Setschkareff, a.a.O. (s. Anm. 165), S. 133.

190. Puškin verwendet die lateinische Lautform im Gegensatz zu Tredjakovskijs Forderung (ирой) im Epos. Das Wort »Heros« hat bei Puškin fast immer einen guten und vollen Klang. Oft versteht er darunter einen Kriegshelden, so in einem Brief aus dem Jahr 1820 über Rajevskij (Briefe 16): »Ich sah in ihm nicht den Heros, den Ruhm des russischen Heeres, ich liebte in ihm den Menschen mit dem klaren Verstand, mit der einfachen, schönen Seele.« Ebenso in dem zu Puškins Lebzeiten nicht gedruckten Gedicht »An Davydov« (Ged. 3, 257): »Dir, dem Dichter, dir, dem Heros« (d.h. dem tapferen Offizier). Halb ernst steht das Wort in einem Gedicht, das an einen ehemals

tapferen, nun aber heruntergekommenen Soldaten gerichtet ist: »Zwar bist du wirklich ein Held, aber ein ganzer Schlingel« (1829; Ged. 3, 117). Ironisch erscheint das Wort in dem Gedicht »Ich weiß nicht wo, doch nicht bei uns?«, wo ein unbegabter, aber erfolgreicher »Lord Midas« als »mein Heros« (Ged. 3, 282) bezeichnet wird. In den meisten Fällen jedoch bezieht sich das Wort einfach auf den Helden eines Romans oder einer Erzählung. Einen leicht ironischen Unterton hat das Wort »Heroine« in der Erzählung »Das Fräulein als Bauernmädchen«: »Was ist mit dir? Bist du verrückt geworden? widersprach ihr der Vater. Seit wann bist du so schüchtern geworden? Oder hegst du ihnen gegenüber einen Erbhaß wie eine Romanheldin?« (героиня 118, 31). Einen wenig heldenhaften Menschen charakterisiert das Fragment »Stammbaum meines Helden« (Ged. 3, 266). Der Reim »Zeus-Lump« stammt übrigens aus N. V. Majkovs Eposparodie »Jelisej«.

191. Dagegen mit Zusatz: 5, 36 »die Heroen des Whist-Spiels«.

192. Puškin spielt mit dem Gedanken, sich später einmal der Prosa zuzuwenden und als Alterswerk einen biederen Familienroman zu verfassen. Das freilich wäre für ihn identisch mit seiner Selbstaufgabe als Dichter: »Vielleicht, nach dem Willen des Himmels, werde ich aufhören, ein Dichter zu sein.« (3, 2).

193. Aen. 12, 474.

194. Neben Racine, Byron und Walter Scott nennt Puškin als große Autoren interessanterweise keine Griechen, sondern Vergil und Seneca (5, 22).

195. Eine andere Art der Verfremdung ist die Vermischung von Christlichem und Heidnischem: »Er erwählte den Erzengel zum Merkur« (Gavr. 138).

196. Vgl. auch die Nennung von drei Musennamen in Strophe 50.

197. Siehe unten S. 250f.

198. Zum Vergleich mit der Bacchantin: V. Pöschl, Dichtung und dionysische Verzauberung in der Horazode 3, 25, in: Miscellanea di Studi alessandrini in memoria di Augusto Rostagni, Torino 1963, S. 615–625.

199. Ov. trist. 4, 10.

200. Поэт über Lenskij z.B. 6, 8; 10; 12; 36–40; 42; 46; 7, 6; 11; 14.

201. So in der Ode Exegi monumentum (Ged. 3, 265, 8) und auch als Äußerung Cromwells zu Milton (ты пиит) Ž 2, 140, 19.

202. Reimzwang scheidet 4, 29 aus.

203. Die Form пиита ist ganz veraltet und wirkt altväterisch (Ž 1, 53, 29 als Titel Tredjakovskijs: »Hofpoet«), sonst erscheint sie nur scherzhaft (Ged. 2, 258 wiederholt). Пиитический hat dagegen eine herbere, würdevollere Note als поэтический: »poetisches Entsetzen« (»Hauptmannstochter« 331, 25); über Milton Ž 2, 143, 26. Bei пиитика besteht keine Wahl; es ist für Puškin das normale Wort.

204. Aus Puškins Perspektive wird 5, 3 Vjazemskij als »ein anderer Poet« zitiert. Nicht nur blickt Puškin seinem Lenskij immer wieder über die Schulter, auch die

Leser werden gelegentlich als поэты (3, 27) mit einbezogen (man beachte den Plural!).

205. Vgl. im »Pamjatnik« (»mit nicht demütigem Haupt«) Ged. 3, 265, 3.

206. Поэта – света (6, 36; 37; 42; 46) (Dichter und Welt), лира – мира (37). Der Auftrag des Dichters für die Welt ist noch nicht ausgeführt. Daneben поэта – лета (griech. »Vergessenheit«; russ. »Jahre«: Vergänglichkeit).

207. An anderer Stelle schwankt Puškin zwischen der lateinischen und der byzantinischen Form; s. das Fragment »Caesar reiste...«. Dort lesen wir auf S. 387, 31 die byzantinische (»der alte Verwalter führte ihn in die Bibliothek«), auf S. 389, 5 die lateinische Form (»ich fand ihn in der Bibliothek«). An der zweiten Stelle ist der Stil spürbar entspannt und umgangssprachlich, während an der ersten Stelle das leichte Archaisieren durch die ehrwürdige Gestalt des alten Freigelassenen und die respektvolle Stimmung der Eintretenden mitbedingt sein kann; doch ist der Unterschied der Nuancen hier nicht so deutlich wie bei поэт/пиит. Die lateinische Form auch im »Fragment aus unveröffentlichten Aufzeichnungen einer Dame« (150, 7).

208. Aus griech. ῥυθμός, wie nhd. Reim aus lat. rhythmus. Die weibliche Endung im Russischen scheint noch nicht genügend erklärt zu sein. Vielleicht ist die Vermutung erlaubt, daß das Französische (la rime!) eingewirkt hat; ein wichtiger Grund dürfte auch der Wohlklang gewesen sein.

209. 4, 30; 32; 33. Vgl. auch 5, 36 строфы; 40 тетрадь.

210. D. Tschižewskij, a.a.O. (s. Anm. 187), S. 59.

211. In einer Anmerkung verweist Puškin auf Dante. Wußte er, daß bei Plautus derselbe Spruch den Eingang eines Hetärenhauses bezeichnet (Bacch. 368–370)? Seine obszöne Andeutung in der Anmerkung geht freilich über Plautus hinaus.

212. Vgl. z.B. das Gedicht »Ihre Augen« (Ged. 3, 66); »Die Hauptmannstochter« (Kap. 5) »engelhafte Stimme« (308, 2); Kap. 6 »Lebe wohl, mein Engel« (320, 31); zahlreiche Belege in Puškins Briefen an seine Frau.

213. H. Raab, a.a.O. (s. Anm. 141), S. 177.   214. »Der geizige Ritter« 2, 21.

215. Angelo 2, 159.   216. Ged. 3, 135, 10.

217. Zum Beispiel эпитимия (»Kirchenbuße«): »Hauptmannstochter« (Kap. 4) 404, 23.

218. Interessant, daß im »Märchen von der toten Zarentochter« sogar икона und лампада gemieden werden; stattdessen stehen »die Heiligen«; »Kerzchen«. Hier ist der Stil bewußt volkstümlich.

219. Der Begriff ist aus dem Westen eingeführt. Das Substantiv ist in Frankreich seit 1765 belegt, und schon 1775 bezeichnet Wieland es in Deutschland als Modewort (Kluge/Götze); Puškin, Onegin 7, 49: »Einer, irgendein trauriger Narr, findet sie ideal und präpariert, sich an die Türe lehnend, für sie eine Elegie.« Oft bezeichnet das Wort »Ideal« die Wunschvorstellung des Helden von der Geliebten.

220. Машинально aus Fonvizin belegt bei В. В. Виноградов, Очерки (s. Anm. 14), S. 127.

221. Zu талант: G. Hüttl-Worth, a.a.O. (s. Anm. 4), S. 25 ff.; a.a.O. (s. Anm. 1), S. 109. Hier wäre hinzuzufügen, daß Puškin die Form бесталанный rügt (Ž 2, 71, 32: »Мнение М. Е. Лобанова...« 1836) und in бесталантный verbessert. Er distanziert sich hier, vielleicht ohne es zu wissen, von einer volkstümlichen Form (von ihm selbst verwendet Ž 1, 169, 9), die wohl auf das Mittelalter zurückgeht, und stellt den »korrekten« Lautstand wieder her.

222. Zum Beispiel »Der Teufel brachte mich darauf, in Rußland mit einer Seele und einem Talent geboren zu werden« (Briefe 1197, 35).

223. Nur einmal scherzhaft eine spezifisch deutsche Begabung: die Ordnungsliebe (Briefe 592, 3).

224. Эконом (»Ökonom«, laut Vasmer seit Peter dem Großen belegt) eher aus dem Französischen oder Deutschen als aus dem Polnischen. Dieses Wort ist eine Doublette zu dem alten Wort иконом (altrussisch, aus dem Griechischen: M. Vasmer, a.a.O. (s. Anm. 1), Bd. 1, S. 477).

225. Философический, bei Karamzin филоз- (G. Hüttl-Worth, a.a.O. [s. Anm. 4], S. 49).

226. Das Wort идол ist eine direkte Übernahme aus dem Griechischen (»Götzenbild«, häufig im NT, z.B. 1. Kor. 12, 2). Die Verwendung bei Puškin entspricht derjenigen in der französischen Literatur seit dem 17. Jahrhundert. »Personne ou chose qui est l'objet d'une sorte d'adoration« (Robert). So lesen wir in dem »Fragment aus unveröffentlichten Aufzeichnungen einer Dame« (»Roslavlev« 149, 23): »Der Bruder war das Idol unserer ganzen Familie und konnte mit mir machen, was er wollte.« Diesem Wort fehlt die pejorative Note, die es in den christlichen Texten besaß. So erscheint der große Feldherr und Befreier Rußlands als »Idol der nördlichen Scharen« (Ged. 3, 189, 8).

227. Vgl. z.B. das Gedicht »В начале жизни школу помню я...« (1830): Ged. 3, 254.

228. Ю. П. Суздальский, Символика античных имен в поэзии А. С. Пушкина, in: Русская литература и мировой лит. процесс, Leningrad 1973, S. 5–42.

229. V. Setschkareff, Alexander Puškin, Sein Leben und sein Werk, Wiesbaden 1963, S. 6.

230. Ged. 1, 152ff.

231. Я. М. Боровский (Временник Пушкинской Комиссии 1972, ersch. 1974, S. 117–119) betont Puškins Belesenheit in den lateinischen Autoren und seine Sprachkenntnis, die über seine Selbsteinschätzung (Gr. Akad.-Ausg. 11, S. 149f.) hinausgeht. Puškin spricht auch von seinen Französischkenntnissen wegwerfend (an E. M. Chitrovo am 20. 6. 1831).

232. EO 8, 1, 3; im Konzept lauteten die Verse: »Heimlich las ich Apuleius und gähnte über dem Virgil.« Ursprünglich erwähnte Puškin hier nicht Apuleius, sondern Majkovs »Jelisej«, eine Epen-Parodie. Diese Änderung beweist jedoch nichts *gegen* Apuleius-Lektüre.

233. An den Schelmenroman (z. B. Petron) erinnert die Figur des »Dandy« Onegin.

234. Ged. 3, 389.

235. А. Н. Пыпин, История русской литературы 4, SPb. 1903² (Nachdr. Den Haag 1968), S. 406.

236. Ged. 1, 111–113.   237. Ged. 3, 404f.

238. Ž 2, 306, 24. Die Abkürzungen sind diejenigen des Словарь Языка Пушкина, Bd. 1–4, Moskau 1956–1961.

239. Ged. 1, 113, 76 (»An Licinius« 1815).

240. В. Вересаев, Пушкин в жизни, Систематический свод подлинных свидетельств современников, Moskau 1936⁶ (Nachdr. Den Haag 1969), 1, S. 220.

241. V. Setschkareff, a.a.O. (s. Anm. 229), S. 11.

242. 4, 186f.   243. Ged. 2, 218ff.

244. Н. В. Вулих, Образ Овидия в творчестве Пушкина, in: Временник Пушкинской Комиссии 1972, ersch. 1974, S. 66–76; dies., Pouchkine et Ovide, Revue de Litt. Comp. 41, 1967, S. 24–36.

245. M. P. Aleksejev (Alexejew), Shakespeare und Puschkin, in: Shakespeare-Jahrbuch 104, 1968, S. 141–174. Puškin las Shakespeare in französischer Übersetzung, scheint aber auch das Original herangezogen zu haben.

246. S. Kleine Akad.-Ausgabe, Bd. 3, Moskau 1957, S. 407ff. und S. 535ff.

247. Ged. 3, 333ff.

248. S. hierüber М. Ф. Мурьянов, Пушкин и Песнь песней, in: Временник Пушкинской Комиссии 1972, ersch. 1974, S. 47–65. S. Große Akad.-Ausgabe 2, 1, S. 442; 2, 2, S. 974f.; 1172 (»В крови горит«) und ebenda S. 441; 974ff.; 1172 (»Вертоград«).

249. Ged. 3, 163 »Из Гафиза«.

250. Große Akad.-Ausgabe 2, 1 (1947), S. 352–358; 2, 2 (1949), S. 885ff.; 1148ff.

251. A. N. Pypin, a.a.O. (s. Anm. 235), S. 393f. Zum folgenden vgl. auch R. v. Tiedemann, Fabels Reich, Berlin 1978, S. 200ff.

252. In einem Brief vom 20. 11. 1824 verlangt er dringend nach einer Bibel, und zwar unbedingt einer französischen (Briefe 117, 26). Im September 1834 schreibt er an seine Frau: »Ich lese Walter Scott und die Bibel.« (Briefe 1001, 3). Im Register der Großen Akad.-Ausgabe sind in nahezu fünf Spalten Bibelstellen nachgewiesen (zum Vergleich: Voltaire 3 Spalten, Horaz immerhin 1 Spalte, Ovid 3/4 Spalten).

253. Briefe 71, 14 (Dez. 1823) im Zusammenhang mit dem orientalischen Kolorit der »Fontäne von Bachčisaraj«.

254. Briefe 71, 17f.   255. Ged. 3, 424.

256. Ein Gedicht wie 3, 254 (1830) zeigt, daß Puškin zwischen christlicher und dichterischer Religiosität scharf zu unterscheiden wußte. Zur Wiederbelebung der Prophetenrolle des Dichters in der Romantik R. v. Tiedemann, a.a.O. (s. Anm. 176), S. 201. Zur russischen Romantik (F. Glinka) und dem Motiv des Dichterpropheten s. auch Л. Я. Гинзбург, Пушкин и лирический герой..., in: Пушкин, Исслед. и мат. 4, Moskau/Leningrad 1962, S. 140–153 (mit Berücksichtigung der Unterschiede zwischen Puškin und der Romantik).

257. М. П. Алексеев, Стихотворение Пушкина, »я памятник себе воздвиг...«, Leningrad 1967.

258. S. Verf. in: Временник Пушкинской Комиссии 1977 (ersch. 1980), S. 58–68.

259. Ю. П. Суздальский, »Арион« Пушкина, in: Литература и мифология, Leningrad 1975, S. 3–22.

260. S. auch Ged. 3, 299 (1833) Царей потомок, Меценат.

261. B. Cooper, Pushkin and the Anacreontea, in: Slav. and East European Rev. 52, 1974, S. 182–187. Puškins Nachdichtung der Ode 57 ist maßvoll und »klassisch« im Verzicht auf alles Überflüssige. Die Texte: 3, 373–375 (1835).

262. Ged. 3, 290 (1832). Я. Левкович, К творческой истории перевода Пушкина »Из Ксенофана Колофонского«, in: Временник Пушкинской Комиссии 1970, ersch. 1972, S. 91–100. Der Verfasser beobachtet das Streben nach Konzentration und die Aneignung des Werkes durch Puškin, der sich nie mit der Rolle des bloßen Übersetzers begnügte. Statt der Moral setzt Puškin kurz »die Wahrheit beachten«. Interessant ist auch die leicht archaisierende Verfremdung der Sprache und die Wahrung des antiken Lokalkolorits. Allg. Г. Д. Владимирский, Пушкин переводчик, in: Пушкин. Временник Пушкинской Комиссии 4–5, 1939, S. 318.

263. Noch 13, 381 (Brief 63a, 4. 11. 1823) kritisch über A. Chénier: »Niemand verehrt ihn mehr als ich, aber er ist ein wahrer Grieche, unter den Klassikern ein Klassiker. C'est un imitateur savant ⟨?⟩ ... Er riecht geradezu nach Theokrit und der ›Anthologie‹. Er ist frei von den italienischen concetti und den französischen antithèses, aber er enthält noch keinen Tropfen Romantik.« S. später Ged. 3, 51 »лук звенит« (1827; Parodie!).

264. Ged. 3, 298 (1833).   265. Ged. 3, 291 (1832).   266. Ged. 3, 283 (1832).

267. Ged. 3, 429–430 (1836). Juvenal beschäftigt Puškin schon früher (s. Index in Bd. 17).

268. Ged. 3, 254.

VII

POESIE UND RHETORIK

Spuren der Rhetorik
in antiker und in neuzeitlicher Dichtung

Es ist nicht selbstverständlich, nach Spuren der Rhetorik in der Dichtung zu suchen. Scheinen sich beide Gebiete nicht eher auszuschließen? Hier Innerlichkeit, Ausdruck des Individuums, Kunst um der Kunst willen, dort äußere Wirkung, Zweckbestimmtheit, gesellschaftliche Bedingtheit? Bei manchen Literaturkritikern droht »Poesie« zu einem Synonym für »gut«, »Rhetorik« zu einem Synonym für »schlecht« oder doch »mittelmäßig« zu werden. Paul Verlaine ruft in seiner »Art poétique« gar zur Ermordung der Eloquenz auf: »Prends l'éloquence et tords-lui son cou!«[1] Hören wir dagegen den jüngeren Dumas: »Jede Literatur, die nicht die Vervollkommnung, die Versittlichung, das Ideal, kurz gesagt: das Nützliche anvisiert, ist rachitisch, ist krank, ist totgeboren.« Doch Benedetto Croce kontert:[2] »Die ›Literatur‹ – vielleicht; aber die Poesie – niemals, die eben deswegen Poesie ist, weil sie nichts ›anvisiert‹.« Das von Croce an anderer Stelle erwähnte Fehlen des Publikumsbezugs[3] ist freilich kein brauchbares Kriterium zur Bestimmung von Dichtung. Und wie steht es mit der »Aufrichtigkeit«?[4] Selbst wenn sie meßbar wäre, verlöre sie als Kategorie spätestens dann ihren Sinn, wenn ein Dichter *fremde* Gefühle darstellt; oder soll man etwa Epos, Drama, Chorlyrik, Rollengedichte aus der Poesie ausschließen? Legt Croce die »Literatur« beiseite und greift er nach »Poesie«, so ist ihm, als trete er aus einer Stube (in der es bestenfalls einen mechanischen Ventilator gibt) in die freie Natur.[5] Mit dem »mechanischen Ventilator« dürfte Croce die Rhetorik meinen. Es sei versucht, dieses wenig schmeichelhafte Bild an poetischen Texten zu überprüfen und zurechtzurücken.

Man kann das Begriffspaar Poesie – Rhetorik aber auch als fruchtbare Polarität begreifen, zwischen der sich das Leben der Literatur abspielt. Als Lehre vom Gebrauch der Rede hat die Rhetorik eine wichtige kulturelle Aufgabe. Ist das Wort das menschliche Spezifikum, so ist humane Kultur nur möglich als rhetorische Kultur.[6] In

Griechenland besaß die Poesie einen zeitlichen Vorsprung vor der Rhetorik; Homer diente später als Beispielsammlung für Figuren und Tropen, deren Namen ihm noch unbekannt waren. Auch für die Theoretiker lag es nahe, Dichtung und Redekunst nicht zu scharf voneinander zu trennen; hatten doch hellenische Verse vielfach didaktischen Charakter, oder sie wurden in protreptischem Geiste gelesen. Für den platonischen Protagoras (316d und 317b) sind Homer, Hesiod, Simonides, Orpheus und Musaios »Sophisten« wie er selbst; in Platons *Gorgias* (502c) nennt Sokrates die Poesie eine Art Rhetorik, und im gorgianischen »Lob auf Helena« besitzen beide Künste dieselbe magische Überredungskraft (8–14). Die Theorie des »erhabenen Stils«,[7] zu deren Ahnherren Gorgias und Demokrit gehören, gipfelt für uns in dem anonymen Traktat »Über das Erhabene«, der nur gelegentlich auf Unterschiede zwischen poetischer und rhetorischer Rede hinweist,[8] meist aber beides zusammen behandelt. Wie im fünften Jahrhundert Philosophen und Sophisten, so wetteifern spätestens seit Isokrates die Rhetoren mit den alten Dichtern darin, dem Volk ἱστορία und παιδεία zu vermitteln. Für Isokrates,[9] eine Schlüsselfigur der antiken Geistesgeschichte und einen Redelehrer, den sogar Platon gelten ließ (Phdr. 278e–279b) heißt recht reden lernen so viel wie recht denken und recht leben lernen. Er betont selbst (Antid. 46) die Verwandtschaft seines Stils mit dem der Poesie und die entsprechende Wirkung auf die Zuhörer.[10] In Konkurrenz mit der Dichtung tritt er auch dadurch, daß er seine Reden als Bücher publiziert.

Wenn sich in Rom[11] Poesie und Rhetorik noch weniger trennen lassen als in Hellas, so ist dies letzten Endes dem Einfluß des *praeceptor Europae* Isokrates mit zu verdanken. Unterscheiden sich doch schon die Altmeister Livius Andronicus und Ennius dadurch von Homer, daß sie die Schule der griechischen Grammatiker und Rhetoren durchlaufen haben. Ennius nennt sich stolz *dicti studiosus*.[12] So hat sich der Vorsprung der literarischen Praxis vor der Theorie, den wir in Griechenland beobachteten, in Rom in mancher Beziehung geradezu ins Gegenteil verkehrt. Der Einfluß der Redekunst mußte mit dem Aufkommen lateinischer Rhetorenschulen noch zunehmen. In Vergils »Aeneis« sind die rhetorischen Elemente noch nicht ausreichend untersucht. Ist das zweite Buch nicht eine Rede, in der Aeneas seinen (im Grunde doch wenig heldenhaften) Abzug aus Troja sorgfältig motiviert? Wenn das Unheroische dieser Flucht dem Leser so wenig bewußt wird, so spricht dies für Vergils rhetorische

Meisterschaft. Florus[13] behandelt die Frage, ob Vergil Redner oder Dichter sei, und Macrobius[14] kommt nach langen Überlegungen zu dem Ergebnis, Vergil habe in allen Redegattungen geglänzt, Cicero hingegen nur im *genus copiosum*. Nach R. Heinze[15] verdankt Vergil der rhetorischen Schulung »die Sprachkunst, Sorgfalt und den feinen Takt in Wahl und Stellung der Worte, die Klarheit und Präzision, Knappheit und Fülle des Ausdrucks, die Freiheit zugleich und Gebundenheit der Periode« (431), darüber hinaus sogar den »allgemeinen Typus seiner Reden«; lassen sich doch die Unterschiede gegenüber homerischen Reden auf rhetorische Lehren zurückführen.[16] Und noch mehr: In der Rhetorenschule hat Vergil ein Spezifikum seines poetischen Talents ausgebildet, nämlich die Fähigkeit, »auf dem Pathos seiner römischen Leser wie auf einem vertrauten Instrumente zu spielen, so daß ihm jeden Augenblick die Formen, in die er sein Gefühl zu gießen hatte, um das anderer zu erregen, mühelos zu Gebote standen: war doch die Erregung des πάθος, ein Hauptziel seiner epischen Poesie, zugleich eines der Hauptziele kunstvoller Prosareden« (435). Diese Sätze eines *Gegners* der rhetorischen Vergilinterpretation sollten uns doch zu denken geben.

Noch deutlicher sind die Spuren bei Ovid[17] und Lucan. In den »Metamorphosen« meint man das geradezu sportliche Vergnügen zu spüren, mit dem das antike Publikum jede geschickte Wendung, jeden rhetorischen Coup verfolgte – und das gilt nicht nur von dem mit so viel Freude am Detail inszenierten Rededuell zwischen Aiax und Ulixes um die Waffen des Achill.[18] Die Kommunikation zwischen Dichter und Leser bricht nie ab; diese Autoren wollen wirken – vielleicht ein Parallelfall zu der Bevorzugung der Fassadenwirkungen in der römischen Architektur.

Den Zusammenhang zwischen Poesie und Rhetorik unterstreichen auch lateinische Theoretiker. Von dem auffälligsten Merkmal, der Versform, hält Cicero (wie schon Aristoteles[19]) nicht allzuviel (orat. 66ff.): Gibt es doch den Prosarhythmus; und Platons oder Demokrits[20] Prosa steht wegen ihres hohen Stils oft der Dichtung näher als die Verse der Komödienschreiber. Cicero spricht von graduellen Unterschieden (mehr Freiheit in der Wortbildung, im Satzbau und in der Wahl kühner Klangeffekte und Metaphern: orat. 202);[21] außerdem rechnet er mit einer prinzipiellen Verschiedenheit, die er aber nicht näher beschreibt. Vielleicht denkt er an ψεῦδος und μῦθος, die Fiktionalität.[22] Früher hatte Cicero seine Gedanken knapper und schärfer formuliert (de orat. 1,70): *est enim finitimus oratori poeta* (vgl.

hierzu 3,27), *numeris adstrictior paulo, verborum autem licentia liberior, multis vero ornandi generibus socius ac paene par.*

Dichterlektüre dient in der Antike der rhetorischen Ausbildung. Begleiterscheinungen sind die Rhetorisierung der Poesie und auch eine gewisse »Literarisierung«[23] der Rhetorik. Im Mittelalter beherrscht die Rhetorik die Poetik. In der Neuzeit bietet die Wiederentdeckung der »Poetik« des Aristoteles eine Gelegenheit zur Verselbständigung der Poetik.[24] Praktisch wurde dennoch die Poetik meist weiterhin nach dem Vorbild der Rhetorik behandelt, was schon das Fortbestehen der Gliederung *inventio – dispositio – elocutio* beweist. Noch im 17. Jahrhundert gehören Poesie und Redekunst eng zusammen.[25]

Etwa zwischen der Mitte des 18. und des 20. Jahrhunderts steht das Individuum im Mittelpunkt des künstlerischen Interesses, und man verabscheut Rhetorisches in der Poesie; in Deutschland verachtet man sogar ganze Nationalliteraturen, die stärker von der Rhetorik geprägt sind, besonders die französische und die römische. Literarische Richtungen, die einander zunächst auszuschließen scheinen, wie die romantische Erlebnispoetik einerseits und das *l'art pour l'art* andererseits gehören freilich insofern zusammen, als sie das Individuum absolut setzen und mehr auf die Produktion als auf die Rezeption des Kunstwerks achten. Mit dem Schwinden der im 19. Jahrhundert selbstverständlichen Voraussetzungen – Geniekult und Mäzenatentum bei Adel und Bürgertum – ist die Frage nach der Beziehung zwischen Autor und Leser und auch die Frage nach dem Verhältnis von Poesie und Rhetorik heute in ein neues Stadium getreten.

In dieser Situation mag eine interpretierende Besinnung von Nutzen sein. Die Bedeutung rhetorischer Elemente in verschiedenen Dichtungsgattungen sollen lyrische, dramatische und epische Texte verdeutlichen.

I

Begonnen sei mit der Lyrik; scheint sie doch der Rhetorik am fernsten zu stehen. In der Tat: Von »Über allen Gipfeln ist Ruh« führt zu unserem Thema wohl kein Weg. Ganz anders steht es aber mit der Lyrik des 17. Jahrhunderts. Als Ausgangspunkt diene eines der schönsten Gedichte dieser Epoche.[26]

1. Geh aus, mein Herz, und suche Freud
In dieser lieben Sommerzeit
An deines Gottes Gaben;
   Schau an der schönen Gärten Zier
Und siehe, wie sie mir und dir
Sich ausgeschmücket haben.

2. Die Bäume stehen voller Laub,
Das Erdreich decket seinen Staub
Mit einem grünen Kleide;
   Narzissus und die Tulipan,
Die ziehen sich viel schöner an
Als Salomonis Seide.

3. Die Lerche schwingt sich in die Luft,
Das Täublein fleugt aus seiner Kluft
Und macht sich in die Wälder;
   Die hochbegabte Nachtigall
Ergötzt und füllt mit ihrem Schall
Berg, Hügel, Tal und Felder.

4. Die Glucke führt ihr Völklein aus,
Der Storch baut und bewohnt sein Haus,
Das Schwälblein speist die Jungen;
   Der schnelle Hirsch, das leichte Reh
Ist froh und kommt aus seiner Höh
Ins tiefe Gras gesprungen.

5. Die Bächlein rauschen in dem Sand
Und malen sich in ihrem Rand
Mit schattenreichen Myrten;
   Die Wiesen liegen hart dabei
Und klingen ganz von Lustgeschrei
Der Schaf und ihrer Hirten.

6. Die unverdroßne Bienenschar
Fleucht hin und her, sucht hie und dar
Ihr edle Honigspeise.
   Des süßen Weinstocks starker Saft
Bringt täglich neue Stärk und Kraft
In seinem schwachen Reise.

7. Der Weizen wächset mit Gewalt,
Darüber jauchzet Jung und Alt
Und rühmt die große Güte
  Des, der so überflüssig labt
Und mit so manchem Gut begabt
Das menschliche Gemüte.

8. Ich selbsten kann und mag nicht ruhn;
Des großen Gottes großes Tun
Erweckt mir alle Sinnen;
  Ich singe mit, wenn alles singt,
Und lasse, was dem Höchsten klingt,
Aus meinem Herzen rinnen.

9. Ach, denk ich, bist du hier so schön
Und läßt du uns so lieblich gehn
Auf dieser armen Erden,
  Was will doch wohl nach dieser Welt
Dort in dem festen Himmelszelt
Und güldnen Schlosse werden!

10. Welch hohe Lust, welch heller Schein
Wird wohl in Christi Garten sein!
Wie muß es da wohl klingen,
  Da so viel tausend Seraphim
Mit eingestimmtem Mund und Stimm
Ihr Halleluja singen!

11. O wär ich da, o stünd ich schon,
Ach, süßer Gott, vor deinem Thron
Und trüge meine Palmen,
  So wollt ich nach der Engel Weis
Erhöhen deines Namens Preis
Mit tausend schönen Psalmen!

12. Doch gleichwohl will ich, weil ich noch
Hier trage dieses Leibes Joch,
Auch nicht gar stille schweigen;
  Mein Herze soll sich fort und fort
An diesem und an allem Ort
Zu deinem Lobe neigen.

13. Hilf mir und segne meinen Geist
Mit Segen, der vom Himmel fleußt.
Daß ich dir stetig blühe!
Gib, daß der Sommer deiner Gnad
In meiner Seelen früh und spat
Viel Glaubensfrücht erziehe!

14. Mach in mir deinem Geiste Raum,
Daß ich dir werd ein guter Baum,
Und laß mich wohl bekleiben;
Verleihe, daß zu deinem Ruhm
Ich deines Gartens schöne Blum
Und Pflanze möge bleiben!

15. Erwähle mich zum Paradeis
Und laß mich bis zur letzten Reis
An Leib und Seele grünen;
So will ich dir und deiner Ehr
Allein und sonsten keinem mehr
Hier und dort ewig dienen.

Paul Gerhardts Sommerlied »Geh aus, mein Herz, und suche Freud« beginnt mit einer Anrede an das eigene Herz. Damit stellt es sich in die Tradition der Psalmen (in denen die eigene Seele angeredet wird), aber auch in die Tradition der rhetorischen Selbstbeeinflussung, die uns P. Rabbow neu sehen gelehrt hat.[27] Mit rhetorischen Mitteln wirkt der Mensch der Antike und der frühen Neuzeit nicht nur auf andere Personen, sondern auch auf den eigenen Willen ein.

Die ersten Zeilen stellen das Thema auf: »Suche Freud / In dieser lieben Sommerzeit / An deines Gottes Gaben«. Dieser allgemeine Gedanke wird in den ersten sieben Strophen in allen Einzelheiten entfaltet. Der Hinweis auf Gott und das Motiv der Gärten (»Schau an der schönen Gärten Zier«) bilden Ansatzpunkte für die Fortentwicklung im zweiten Teil.

Aber bleiben wir noch bei der detaillierten Schilderung der sommerlichen Natur in Strophe 2—7! Die Reihenfolge ist systematisch: Bäume, Gras und Blumen (Strophe 2), singende Vögel (Strophe 3), brütende Vögel (Strophe 4), Tiere auf freier Wildbahn (Strophe 4), zahme Tiere, idyllische Landschaft, Schafe und Hirten (Strophe 5), Bienen (Strophe 6). Am Ende stehen also Nutztiere, denen besonderer Rang und auch Symbolwert zukommt: Schafe und Bienen.[28] Die unterschwellige Symbolik wird in den beiden letzten Naturbildern evident: Weinstock (6) und Weizen (7), die als Naturpflanzen und sakramentale Elemente den krönenden Abschluß der Naturschilderung bilden. Ihre Trennung von den übrigen Pflanzen (Strophe 2) hängt mit ihrer besonderen Würde zusammen, entspricht also einem rhetorischen Prinzip, dem der Steigerung. Auf der höchsten Stufe steht der Mensch (Strophe 7: »Darüber jauchzet jung und alt«). In ihm kommt das Lob Gottes, das in der Naturschilderung nur mitschwang, ausdrücklich zur Sprache: »Und rühmt die große Güte/ Des, der so überflüssig labt ...

Es ergibt sich somit eine Amplifikation des Hauptgedankens in systematischer Gliederung und in einer hierarchisch aufsteigenden Folge. Paul Rabbow[29] hat in der Methode der »Vergrößerung durch die ansteigende Reihe« (*per incrementum*) ein typisch rhetorisches Mittel der Selbstbeeinflussung nachgewiesen.[30] Dies bezieht sich auf die Form. Inhaltlich liegt Amplifikation durch Zerlegung vor[31] (*per partitionem*).[32] Gleichzeitig wird größte Anschaulichkeit erstrebt[33] (*evidentia*). Für die hier von dem Lyriker angewandte Methode der Betrachtung ist die Rhetorik ein konstituierendes Element.[34]

Am Ende der siebten Strophe wird klar, daß der Mensch der Empfangende ist: »Des ⟨sc. Gottes⟩, der so überflüssig labt/Und mit so manchem Gut begabt/*Das menschliche Gemüte.*« Die bisher aufgezählten Naturerscheinungen haben nicht nur Beispielfunktion – so wenn Gärten und Blumen sich schmücken und die Nachtigall singt –, vielmehr sind sie lebendige Beweise der Güte Gottes, der die Menschen beschenkt. Daß die Reihe so verstanden werden will, war auch schon in der ersten Strophe angedeutet worden: »Und siehe, wie sie *mir und dir*/Sich ausgeschmücket haben.«

Die achte Strophe bildet das Zentrum und den Wendepunkt des ganzen Gedichtes. Das lyrische Ich stellt sich nun bewußt in den bisherigen Zusammenhang, und zwar in einem zweifachen Sinne: Einmal dient die Vergegenwärtigung der Gaben Gottes als auslösendes Moment für die eigene Reaktion (»Des großen Gottes großes Tun/Erweckt mir alle Sinnen«), zum anderen gibt die Natur Muster für rechtes Verhalten (»Ich singe mit, wenn alles singt«). Unsere Strophe zieht also aus der detaillierten Betrachtung der Strophen 1–7 die Konsequenzen für das lyrische Ich. Mit der Erwähnung Gottes und des eigenen Herzens wird zugleich eine Brücke zum Anfang (Strophe 1) geschlagen.

Aneinandergereihte Beispiele, denen am Ende die eigene Handlungsweise gegenübergestellt wird, fügen sich zu einer Form, die wir auch aus der mittelalterlichen Lyrik kennen; man nennt sie Priamel (lat. *praeambulum*);[35] letzten Endes geht diese Technik auf rhetorische Tradition zurück. Die Beispielreihe tritt hier freilich nicht in reiner Ausprägung auf (etwa: »Die Blumen loben Gott, die Tiere loben Gott, die Menschen loben Gott, ich will es auch tun«), vielmehr erscheint die Natur in erster Linie als Beweis der Güte Gottes, der durch sein Tun das menschliche Gemüt bereichert. Auf diese Weise wird das lyrische Ich[36] zu einem Zentrum, das keiner Massensuggestion erliegt, sondern in bewußter rhetorischer Analyse sein Ziel erreicht, d. h. freiwillig und in eigener Verantwortung handelt. Kenntnis der Rhetorik erlaubt nicht nur, von außen kommende Einflüsse zu durchschauen und abzuwehren, sondern auch eine eigene innere Welt aufzubauen.

Rhetorik bestimmt auch die zweite Hälfte des Gedichtes, und zwar formal durch Hervorhebung des Schlußteils (hier mittels affektiver Belebung), inhaltlich durch die Anwendung der Analogie und Allegorie.

Die Analogie[37] ist eines der wichtigsten Prinzipien menschlichen Denkens, weit über das Gebiet der Rhetorik hinaus. Den Grundsatz, vom Sichtbaren auf das Unsichtbare zu schließen, haben bereits Anaxagoras und Epikur[38] formuliert. Spezifisch rhetorisch ist aber die antithetische Parallelisierung, die den Schluß vom Kleineren aufs Größere plausibel macht: »Ach, denk ich, bist du hier so schön/ Und läßt du uns so lieblich gehn/ Auf dieser armen Erden,/ Was will doch wohl nach dieser Welt/ Dort in dem festen Himmelszelt/ Und güldnen Schlosse werden!« Den Parallelismus unterstreicht die Antithese zwischen »hier« und »dort«, »armer Erde« und »reichem Himmelszelt«. Bisher hat der Dichter die Vorstellung des »Gartens« noch nicht für Analogien verwertet. Vorläufig scheint eher der *Gegensatz* zwischen Erde und Himmel betont zu werden, der freilich schon hier dazu dient, den Analogieschluß vorzubereiten: Zeigt sich Gottes Güte schon auf der armseligen Erde so herrlich, um wieviel großartiger wird sie sich dann im Himmel offenbaren! Zugrunde liegt das rhetorische Prinzip, schon das Geringere von zwei miteinander verglichenen Dingen als groß darzustellen, um so den Rang des Bedeutenderen doppelt zu erhöhen (vgl. Anm. 30). Mit einem Analogieschluß[39] verbunden, findet sich der steigernde Vergleich auch in Lehrbüchern der Redekunst, gestützt durch literarische Belege, so etwa: »P. Scipio hat als Privatmann den C. Gracchus getötet, und wir als Konsuln sollen Catilina gewähren lassen?«

In der zehnten Strophe wird das Motiv »Garten« in den jenseitigen Kontext transponiert: »Christi Garten«. Doch führt der Dichter diese Metapher[40] zunächst nicht näher aus. Über das Paradies stellt er keine eigenen Spekulationen an; er kennzeichnet es nur indirekt durch biblische Bilder, wie den Lobgesang der Seraphim (Strophe 10) und der Engel (Strophe 11), besonders aber durch die offene Ausdrucksweise, die eine Steigerung voraussetzt, ohne sie zu spezifizieren (»Was will doch wohl../Welch hohe Lust, welch heller Schein .../Wie muß es da wohl klingen?«). Die rhetorischen Mittel — Ausruf und Frage — sind hier angemessen, da es um Dinge geht, die unser Vorstellungsvermögen übersteigen.[41] Gerade diese Empfindung ist es, die der Dichter in den vorliegenden Strophen wecken will. Die Seraphim erhalten dasselbe Epitheton wie die Bienen in Strophe 6: »unverdrossen«. Auf diese Weise wird die Analogie zwischen dem Diesseits und dem Jenseits unterstrichen, ebenso wie die Entsprechung zwischen erster und zweiter Gedichthälfte. Das Jenseits veranschaulichen der »Thron« (Strophe 11), das »güldene Schloß« (Strophe 9) und die »Palmen« als Symbol der Huldigung an den König (Strophe 11).

So bleibt die Vorstellung des Paradieses auf wenige Bilder aus der Heiligen Schrift beschränkt; schwärmerische Einzelausmalung ist bewußt vermieden. Der Eindruck des Erhabenen entsteht durch den emotionalen, rhetorischen Stil, sowie durch die lange Vorbereitung, die Schilderung der irdischen Herrlichkeit, die jetzt überboten werden soll. Die Darstellung ist also indirekt. Rhetorik ist auch eine Kunst des Weglassens: Der Phantasie des Lesers wird genügend Spielraum gewährt. Pädagogisch geschickt[42] weiß Paul Gerhardt den Zuhörer zwar aufs gründlichste vorzubereiten, aber ihm auch im richtigen Augenblick die Initiative zu überlassen.

Noch bezeichnender scheint folgendes: Er bleibt nicht enthusiastisch bei der Ahnung des Paradieses stehen, sondern er kehrt wieder auf die Erde zurück. In diesem Sinne bilden die Strophen 11 und 12 ein Gegensatzpaar, — hier ein utopischer Wunsch, dort eine Absichtserklärung für das irdische Leben, hier Konjunktiv, dort Indikativ: »O wär ich da, o stünd ich schon,/Ach, süßer Gott, vor deinem Thron/Und trüge meine Palmen:/So wollt ich nach der Engel Weis'/Erhöhen deines Namens Preis/Mit tausend schönen Psalmen!//Doch gleichwohl will ich, weil ich noch/Hier trage dieses

Leibes Joch, / Auch nicht gar stille schweigen; / Mein Herze soll sich fort und fort / An diesem und an allem Ort / Zu deinem Lobe neigen.«

Die Erinnerung daran, daß der Lyriker sich noch nicht im Paradies befindet, sondern auf der Erde, mündet folgerichtig in ein Gebet (Strophe 13–15). Hier kehren die Bilder der ersten Gedichthälfte wieder: »Daß ich dir stetig blühe«, »der Sommer deiner Gnad«, »Glaubensfrücht'« (Strophe 13). Die Metaphern verdichten sich zur Allegorie:[43] »Daß ich dir werd' ein guter Baum, / Und laß mich wohl bekleiben.« Die Entsprechung zu Strophe 2 (»Die Bäume stehen voller Laub«) ist evident; die Allegorese stützt sich auf biblische Reminiszenzen (z.B. Psalm 1,3 und Matth. 7,17ff.). Das zweite allegorische Bild (»daß zu deinem Ruhm / Ich deines Gartens schöne Blum / Und Pflanze möge bleiben«) erinnert ebenfalls an die zweite Strophe (»Narzissus und die Tulipan«), aber auch an den Schluß der ersten: »Schau an der schönen Gärten Zier, / Und siehe, wie sie mir und dir / Sich ausgeschmücket haben.« So wird die Metaphorik des Gartens nicht nur ins Jenseits projiziert, sondern auch für das diesseitige Leben fruchtbar gemacht (*applicatio*). Der Dichter begnügt sich nicht mit der »mystischen« Sinndeutung, er fügt noch die »moralische« hinzu. Es geht um die Veränderung des Menschen: »Mach in mir deinem Geiste Raum, / Daß ich dir werd' ein guter Baum.« Der Mensch *ist* nicht gut, er soll es *werden*. Der Gedanke wird als Gebet formuliert, wie es der Tradition entspricht; nach rhetorischer Lehre[44] gehören affektive Stilmittel vorzugsweise an das Ende einer Rede.

Die letzte Strophe faßt die Motive des gesamten Gedichtes zusammen. Die ersten beiden Zeilen kennzeichnen nochmals ausdrücklich die beiden Pole, zwischen denen sich der Gedanke bewegt: »Erwähle mich zum Paradeis / Und laß mich bis zur letzten Reis / An Leib und Seele grünen«. Bis hierher wurde das Wort »Paradeis« aufgespart. Es nennt die Zielvorstellung des Liedes. Die Bilderwelt aus dem Bereich der Natur setzt sich, auf die irdische Existenz bezogen, in der Metapher des »Grünens« fort: Diese Farbe bringt die im Gedicht vorherrschende Stimmung zum Ausdruck. Das Lied endet mit dem Versprechen, »hier und dort« Gott und seiner Ehre zu dienen. Damit wird aus der Betrachtung eine praktische Schlußfolgerung gezogen, die diesseitiges und jenseitiges Leben umspannt.

Bei der Analyse von Paul Gerhardts »Sommerlied« ging es weniger um den religiösen Gehalt und um poetische Qualitäten als vielmehr um rhetorische Denkstrukturen. Welches sind ihre wichtigsten Funktionen? In dem betrachteten Gedicht dienen sie zunächst nicht der Einwirkung auf andere, sondern der Selbstbeeinflussung, die in einer Bitte und einem Versprechen gipfelt. Diesen Willensakt bereitet eine sehr detaillierte Reihe äußerer Beobachtungen vor, die priamelartig in eine erste persönliche Aussage mündet. Die metaphorische Verwendung einer Grundvorstellung (Garten bzw. Paradies) deutet das transzendente Ziel an. Hier ist im Gegensatz zum Anfang auf Einzelausmalung bewußt verzichtet, um der schöpferischen Phantasie des Lesers, seiner Hoffnung und Freude freien Raum zu lassen. Mit Hilfe der Allegorie wird schließlich die eigene diesseitige Existenz in eine pädagogisch-ethische Beziehung zum Thema gesetzt. So läßt sich das Gedicht als rhetorisch aufgebaute Meditation interpretieren.

Das Resultat ist einigermaßen überraschend. Die lyrischen Qualitäten des analysierten Textes sind über jeden Zweifel erhaben; symptomatisch ist die Tatsache, daß das Lied auch in v. Arnims und Brentanos Sammlung »Des Knaben Wunderhorn« aufgenommen wurde, also auch romantischen Maßstäben genügte. Andererseits beruhen der Aufbau und die thematische Orientierung des Ganzen auf spezifisch rhetorischen Techniken. Entweder ist Paul Gerhardts »Sommerlied« keine Dichtung (eine Möglichkeit, die durch den Augenschein und durch die Wirkungsgeschichte widerlegt ist), oder Rhetorik und Poesie schließen sich nicht aus.

Hängt diese Eigenart der Lyrik des siebzehnten Jahrhunderts mit dem Charakter der damaligen Schulbildung zusammen? Dann wäre das »Sommerlied« eine Bestätigung dafür, daß rhetorische Erziehung die Beobachtungsgabe schult, zu einer Bildung der Phantasie und des Gemütes beiträgt, aber auch zum selbständigen Denken anregt.

Das Wesen der Rhetorik hat in der Neuzeit wohl niemand klarer definiert als Francis Bacon.[45] Während sich die Logik allein an die Vernunft wendet, ist die Rhetorik bestrebt *to apply Reason to Imagination for the better moving of the Will.*[46] Die Rhetorik erzieht die Vorstellungskraft, die Vernunft nicht zu unterdrücken, sondern zu unterstützen (*to second Reason and not to oppress it* 6,298). Bacon folgt der besten philosophischen Würdigung der Rhetorik, dem Werk des Aristoteles.[47] Belegt das Sommerlied die Ausstrahlung dieses Aspekts der Rhetorik auf die Praxis und deren Rückwirkungen auf die Poesie?

Fragt man nach der Einwirkung rhetorischer Theorien auf die Poesie des 16.–18. Jahrhunderts[48] so finden sich – trotz aller Selbständigkeit der Poetik – beinahe zu viele Belege. In allen Künsten breitet sich der Einfluß der Rhetorik aus. So wird die Entsprechung zwischen Malerei[49] und Poesie zu einer Angleichung der Malerei an die Rhetorik fortentwickelt.[50] Ähnliches gilt für die Musiktheorie.[51]

Die rhetorische Grundlegung der Poetik vollzieht in der Renaissance Girolamo Fracastoro,[52] und zwar vor allem im Anschluß an Cicero. Seine Rhetorik umfaßt auch Philosophie und Geschichtsschreibung, hat also bereits fachübergreifenden Charakter.[53] Die Rhetorik erlaubt es somit, den kommunikativen Aspekt und die Publikumsorientierung verschiedener Künste umfassend zu beschreiben.

In unserem Gedicht kreuzt sich die Anwendung des Prinzips *ut pictura poesis* mit einem anderen, eher verborgenen, aber desto stärkeren Strom des Fortwirkens antiker Rhetorik: der pädagogischen Praxis der Meditation, der verbalen Selbstbeeinflussung. Die Lebendigkeit dieser Tradition hat Paul Rabbow[54] z.B. für Ignatius von Loyola nachgewiesen. Unser Lied – keineswegs das einzige seiner Art – beweist, daß diese psychagogische Einübung rhetorischer Denkstrukturen nicht auf den Jesuitenorden beschränkt war.

In der Tat wurde durch die Lateinschulen, deren Zahl im sechzehnten Jahrhundert erheblich zugenommen hatte, Rhetorik nicht nur theoretisch gelehrt; sie diente auch dazu, den Schüler zu eigener Tätigkeit anzuleiten.[55] Luther und Melanchthon setzten sich energisch für die rhetorische Bildung ein. Paul Gerhardt selbst studierte in Wittenberg unter anderem bei August Buchner, »dem viel geliebten und verehrten Professor der Poesie und Rhetorik«,[56] unterrichtete dieses Fach als Hauslehrer und verstand seine Lieder als *praxis pietatis*. Die werkimmanent gewonnenen Resultate werden also durch die äußeren Fakten voll bestätigt.

Vom geistlichen wenden wir uns nun dem weltlichen Bereich zu, der Gedankenlyrik Voltaires: Sein *Mondain* ist eine Huldigung an den Luxus und an den Kirchenvater aller Weltkinder, Ovidius.

Ovid, *Ars amatoria* 3, 121–134[57]

prisca iuvent alios, ego me nunc denique natum
  gratulor: haec aetas moribus apta meis,
non quia nunc terrae lentum subducitur aurum
  lectaque diverso litore concha venit,

125 *nec quia decrescunt effosso marmore montes,*
   nec quia caeruleae mole fugantur aquae,
   sed quia cultus adest nec nostros mansit in annos
   rusticitas priscis illa superstes avis.
   vos quoque non caris aures onerate lapillis,
130 *quos legit in viridi decolor Indus aqua,*
   nec prodite graves insuto vestibus auro:
   per quas nos petitis, saepe fugatis, opes.
   munditiis capimur: non sint sine lege capilli;
   admotae formam dantque negantque manus.

121 Das Altertum möge andere erfreuen, ich preise mich glücklich, daß ich erst jetzt geboren bin. Diese Zeit paßt zu meiner Art, nicht weil jetzt der Erde geschmeidiges Gold entrissen wird und weil die am fremden Strand aufgelesene Perlmuschel zu
125 uns kommt, und auch nicht, weil Berge durch das Schürfen nach Marmor abgetragen werden, und auch nicht, weil die Mole das blaue Meer vertreibt, sondern weil feine Lebensart herrscht und weil sich das bäurische Wesen nicht bis auf unsere
129 Tage gehalten und die Urväter überlebt hat. Beschwert auch ihr nicht ehre Ohren mit teuren Steinen, die der fahle Inder im grünlichen Wasser sammelt, und geht nicht mit golddurchwirkten Kleidern belastet an die Öffentlichkeit; mit dem
133 Prunk, der uns anlocken soll, verjagt ihr uns oft. Sauberkeit nimmt uns ein, das Haar sei nicht ungeordnet, ein Handgriff kann ihm die rechte Form geben und nehmen.

Prisca iuvent alios: Im Lateinischen ist das Behagen an der Zivilisation schlicht ausgedrückt (Voltaire wird den Gedanken in einer wachsenden Reihe ausgestalten und die antiken Vorstellungen durch eine christliche erweitern).

Die zweite Reihe hat Ovid priamelartig aufgebaut (*non quia, -que, nec quia, nec quia, sed quia*). Gold, Muscheln aus fernen Ländern, Marmor und Bauluxus lassen ihn kalt (123—128). Er begnügt sich mit schlichter Eleganz (*cultus*). Die positive Charakteristik des *cultus* zeigt einen ähnlichen Aufbau: keine schweren indischen Perlen, keine golddurchwirkten Prunkgewänder, sondern *munditiae*, saubere Schönheit, die sich dezent und individuell schmückt. Es folgt eine Parade verschiedener Frisuren. Während Ovid hier also das *aptum* der Rhetorik und der Mittleren Stoa gegen den Luxus ausspielt, ist Voltaires Weltmann weniger asketisch:

Voltaire, *Le mondain* (1736)[58]

Regrettera qui veut le bon vieux temps,
Et l'âge d'or, et le règne d'Astrée,
Et les beaux jours de Saturne et de Rhée,
Et le jardin de nos premiers parents;
Moi, je rends grâce à la nature sage
Qui, pour mon bien, m'a fait naître en cet âge
Tant décrié par nos tristes frondeurs:
Ce temps profane est tout fait pour mes mœurs.
J'aime le luxe, et même la mollesse,
Tous les plaisirs, les arts de toute espèce,
La propreté, le goût, les ornements:
Tout honnête homme a de tels sentiments.
Il est bien doux pour mon cœur très-immonde
De voir ici l'abondance à la ronde,
Mère des arts et des heureux travaux,
Nous apporter, de sa source féconde,
Et des besoins et des plaisirs nouveaux.
L'or de la terre et les trésors de l'onde,
Leurs habitants et les peuples de l'air,
Tout sert au luxe, aux plaisirs de ce monde.
O le bon temps que ce siècle de fer!
Le superflu, chose très-nécessaire,
A réuni l'un et l'autre hémisphère.
Voyez-vous pas ces agiles vaisseaux
Qui, du Texel, de Londres, de Bordeaux,
S'en vont chercher, par un heureux échange,
De nouveaux biens, nés aux sources du Gange,
Tandis qu'au loin, vainqueurs des musulmans,
Nos vins de France enivrent les sultans?
Quand la nature était dans son enfance,
Nos bons aïeux vivaient dans l'ignorance,
Ne connaissant ni le tien ni le mien.
Qu'auraient-ils pu connaître? ils n'avaient rien,
Ils étaient nus; et c'est chose très-claire
Que qui n'a rien n'a nul partage à faire.

Sobres étaient. Ah! je le crois encor:
Martialo n'est point du siècle d'or.
D'un bon vin frais ou la mousse ou la sève
Ne gratta point le triste gosier d'Ève;
La soie et l'or ne brillaient point chez eux,
Admirez-vous pour cela nos aïeux?
Il leur manquait l'industrie et l'aisance:
Est-ce vertu? c'était pure ignorance.
Quel idiot, s'il avait eu pour lors
Quelque bon lit, aurait couché dehors? ...

Mag, wer da will, der guten alten Zeit nachtrauern,
dem Goldenen Zeitalter, Astraeas Herrschaft,
Saturns und Rheas schönen Tagen
und dem Garten unserer Ureltern;
ich aber danke der weisen Natur,
die, zu meinem Besten, mich in diesem Zeitalter geboren werden ließ,
das bei unseren finsteren Nörglern so verschrien ist;
diese profane Zeit ist ganz und gar für meine Sitten geschaffen.
Ich liebe den Luxus und sogar die Weichlichkeit,
alle Freuden, die Künste aller Art,
die Sauberkeit, den Geschmack, den Schmuck:
Jeder Ehrenmann hat solche Gefühle.
Es ist sehr süß für mein sehr unreines Herz,
hier ringsum zu sehen, wie
die Fülle, Mutter der Künste und der erfolgreichen Arbeiten,
uns aus ihrer befruchtenden Quelle
neue Bedürfnisse, neue Freuden bringt.
Das Gold der Erde und die Schätze der Wogen,
ihre Bewohner und die Völker der Luft,
alles dient dem Luxus, den Freuden dieser Welt.
O, welch eine gute Zeit ist dieses Eiserne Zeitalter!
Das Überflüssige — eine sehr notwendige Sache —
hat beide Halbkugeln der Welt verbunden.
Seht ihr nicht diese beweglichen Schiffe,
die von Texel, von London, von Bordeaux,
ausfahren, um in glücklichem Austausch
neue Güter zu holen, die an den Quellen des Ganges entstanden sind,
während in der Ferne, Überwinder der Muselmänner,
unsere französischen Weine die Sultane berauschen?

> Als die Natur noch im Kindesalter stand,
> lebten unsre guten Ahnen in Unwissenheit dahin,
> sie kannten weder Dein noch Mein.
> Was hätten sie kennen können? Sie hatten nichts,
> sie waren nackt; und es ist völlig klar,
> daß wer nichts hat, es auch nicht teilen kann.
> Sie waren nüchtern. Ah! Ich glaub es gern.
> Martialo ist kein Kind des Goldenen Zeitalters.
> Eines guten kühlen Weines Schäumen, Saft und Kraft
> hat nie Evas trübselige Kehle gespült;
> Seide und Gold glänzten nicht bei ihnen,
> Bewundert ihr deswegen unsere Vorväter?
> Es fehlte ihnen an Fleiß und Geschicklichkeit:
> Ist das Tugend? Es war reine Unwissenheit.
> Welcher Narr, hätte er damals
> irgend ein gutes Bett gehabt, hätte draußen geschlafen?

Voltaire bekennt sich offen zum Luxus: *J'aime le luxe, et même la mollesse*. Er beginnt mit der semantisch auffälligen *propreté*. Die Kommentatoren Descombes-Heibel bemerken zur Stelle[59] nicht unrichtig: »hier: die Eleganz; heute: die Sauberkeit«. Genauer müßte man freilich sagen, daß *propreté* schon immer »Sauberkeit« bedeutet hat und daß es seine Spezialbedeutung hier der lateinischen Vorlage verdankt: Es ist Lehnübersetzung für Ovids *mundities*.

Aber Voltaire geht viel weiter als Ovid. Er erklärt seinen Standpunkt spielerisch für den einzigen, der eines anständigen Menschen würdig ist: *Tout honnête homme a de tels sentiments*. Die von Ovid als unwichtig betrachteten Schätze wertet Voltaire in deutlicher Polemik ausdrücklich positiv: »das Gold der Erde und die Schätze des Meeres« (*l'or de la terre et les trésors de l'onde*). Die antithetische Formulierung bringt zugleich einen Gewinn an rhetorischer Eleganz. Den von Ovid stark auf die Körperpflege hin orientierten *cultus* entwickelt Voltaire weiter im Hinblick auf die Künste im allgemeinen: *l'abondance* erscheint personifiziert als Mutter aller Künste und glücklichen Tätigkeiten. Aus dem ovidischen Lobpreis des *cultus* macht Voltaire ein Lob der Kultur. Diese stellt er polemisch dem maßvollen ovidischen *cultus* gegenüber; dazu verwendet er neben der rhetorischen Antithesentechnik und der Personifikation auch noch die Paradoxie: »Welch gute Zeit ist doch unser eisernes Zeitalter« (*O le bon temps que ce siècle de fer!*) und gar: »Das Überflüssige, eine sehr notwendige Sache« (*le superflu, chose très nécessaire*). Dieser letzte Satz bekämpft die epikureische[60] Unterscheidung zwischen Bedürfnissen, die natürlich und notwendig sind (z.B. Nahrungsaufnahme), solchen, die nur natürlich sind (z.B. Sexuelles), und solchen, die weder natürlich noch notwendig sind (z.B. Statuen). Voltaire hingegen erklärt die sogenannten überflüssigen Dinge für sehr notwendig. Er bejaht den Luxus, weil dieser die Kultur ermöglicht. Im Gegensatz zu Voltaire denkt Ovid hier nicht über die wirtschaftlichen Bedingungen der Entstehung von Kultur nach, sondern er hat allein ihre Erscheinungsform im Blick, und zwar speziell die weibliche Schönheitspflege. (Selbst dafür gibt es einen rhetorischen Grund: Auch wenn Ovid wollte, dürfte er hier nicht offen dem Luxus das Wort reden, weil er ja im dritten Buch zu den Frauen spricht. Es liegt ja nicht in seinem Interesse, die finanziellen Ansprüche der Geliebten noch höher zu schrauben!)

Ovid hatte vor dem zitierten Abschnitt von der alten Zeit gesprochen; Voltaire kehrt die Reihenfolge um und macht so den Tadel der Vorzeit (der bei dem Römer nur leicht ironisch mitschwingt) zum Hauptthema. Er zerstört den Mythos von der Tugend der Väter: *Sobres étaient. Ah, je le crois encor/... Il leur manquait l'industrie et l'aisance./ Est-ce vertu? C'était pure ignorance.* (vgl. Sen. epist. 90, 46 *ignorantia rerum innocentes erant;* s. auch Montaigne, Essais 1, 26).

Die Ausweitung ins Kulturphilosophische nimmt Voltaire mit rhetorischen Mitteln vor: Amplifikation durch Aufgliederung, verbunden mit Personifikation, Antithese, Paradox. Er versucht hier den *nequitiae poeta* auf seinem eigensten Gebiet, der Rhetorisierung der Poesie, auszustechen – stellenweise mit brillantem Erfolg: *O le bon temps que ce siècle de fer. – Le superflu, chose très nécessaire. – Le paradis terrestre est où je suis.* Diese Verse sind mit Recht zu geflügelten Worten geworden. Die Rhetorik wird hier zum Vehikel der Propagierung einer Philosophie des Diesseits und des Fortschritts, die Ovid in dieser Unbedingtheit fremd war.

Man erkennt: Rhetorische Denkformen haben im Bereich der Lyrik dort ihren legitimen Ort, wo es um Selbst- oder Fremdbeeinflussung geht. Die antiken und neuzeitlichen Dichter wenden diese Formen bewußt an, und zwar sowohl in meditativer Lyrik als auch in öffentlichkeitsbezogener Tendenzpoesie.

2

Welche Rolle spielt die Rhetorik im Drama? Drama heißt »Handlung«; die Gestalten handeln durch Taten, aber auch durch Worte. Die verbale Einwirkung eines Menschen auf andere kann mit rhetorischen Kategorien erfaßt werden. Schon die griechische Tragödie zeigt daher zahlreiche Berührungen mit der Redekunst, und das bedeutende Fortleben Senecas, über das sich die Literaturwissenschaft manchmal gewundert hat, hängt gewiß mit dem eminent rhetorischen Charakter seiner Dramatik zusammen.

Das erste Textbeispiel stammt aus Shakespeares Julius Caesar.[61] In Plutarchs Antonius-Vita[62] ist davon die Rede, daß Marcus Antonius dem Volk den Mantel des ermordeten Caesar zeigte und es dadurch zu Gewalttätigkeiten aufwiegelte. Shakespeare hat diese Andeutung, wie folgt, näher ausgeführt:

> *Look! in this place ran Cassius' dagger through:*
> *See what a rent the envious Casca made:*
> *Through this the well-beloved Brutus stabb'd;*
> *And as he pluck'd his cursed steel away,*
> *Mark how the blood of Caesar follow'd it,*
> *As rushing out of doors, to be resolv'd*
> *If Brutus so unkindly knock'd or no;*
> *For Brutus, as you know, was Caesar's angel:*
> *Judge, O you gods! how dearly Caesar lov'd him.*
>
> Hier, schauet! fuhr des Cassius Dolch herein;
> Seht, welchen Riß der tück'sche Casca machte!
> Hier stieß der vielgeliebte Brutus durch.
> Und als er den verfluchten Stahl hinwegriß,
> Schaut her, wie ihm das Blut des Cäsar folgte,
> Als stürzt' es vor die Tür, um zu erfahren,
> Ob wirklich Brutus so unfreundlich klopfte,
> Denn Brutus, wie ihr wißt, war Cäsars Engel. –
> Ihr Götter, urteilt, wie ihn Cäsar liebte.

(A. W. v. Schlegel)

Die Technik ist derjenigen des »Sommerliedes« verwandt. Hier wird eine Andeutung der historischen Quelle rhetorisch entfaltet. Jeden einzelnen Stich in dem Mantel zeigt Antonius dem Publikum und nennt jeweils den Namen eines Täters. Den Abscheu gegenüber der Mordtat vertieft die Aufgliederung in Einzelbilder ebenso wie die steigernde Anordnung. Am längsten verweilt der Redner bei der Wunde, die Brutus schlug. Hier kommt als zusätzliches Mittel die Personifikation hinzu. Wie im vorigen Textbeispiel die Gärten, Narzissen und Tulpen, so ist hier das Blut personifiziert. Es werden ihm Gedanken und Gefühle zugeschrieben. Auf diese Weise ist ein Maximum an Intensität erreicht.

Wie bewußt Shakespeare vorging, mag der Vergleich mit seiner Quelle verdeutlichen, die (wegen der rhetorischen Terminologie) in einer alten lateinischen Übersetzung, wie sie damals im Umlauf war,[63] zitiert sei: *admiscuit laudibus commiserationem stimulosque animorum* (»er mischte dem Lob die Erregung des Mitleids bei, und er stachelte ihre Gemüter auf«) *et in perorando vestem Caesaris explicuit ...* (»und während des Schlußteils der Rede entfaltete er vor ihnen Caesars Gewand«).

Bei Appian[64] findet sich eine wörtliche Parallele zu Shakespeares »*our Caesar's vesture wounded*«. Muir[65] legt großen Wert auf diesen Anklang: *Then falling into moste vehement affections, vncoured Caesar's body, holding vp his vesture with a speare, cut with the woundes, and redde with the bloude of the chiefe Ruler.*

Die für Shakespeare entscheidende Bemerkung hat aber der alte englische Plutarch:[66] *showing what a number of cuts and holes it had vpon it.* Hier liegt die Anregung zu der rhetorisch so wirkungsvollen Aufzählung der Wunden und der Mörder. Den gleichen Gedanken legt die Fortsetzung bei Plutarch nahe: *he vnfolded before the whole assembly the bloudy garments of the dead, thrust through in many places with their swords.*

Shakespeare hat sich genau an diese Angabe gehalten. Unser Passus findet sich im Schlußteil der Rede. Das Lob verfeinert der Dichter, indem er Antonius von Anfang an erklären läßt, er komme *nicht*, um Caesar zu loben (*I come to bury Caesar, not to praise him*).

Antonius ist der Meister der *dissimulatio*, der rhetorischen Ironie.[67] »Das Böse, das Menschen tun, überlebt sie, das Gute wird oft mit ihren Gebeinen begraben. So soll's mit Caesar geschehen.« Aber der Redner verbirgt nicht nur seine Gedanken unter Worten, die das Gegenteil besagen, er versteckt auch seine Kunst:

> *I am no orator, as Brutus is;*
> *But, as you know me all, a plain blunt man,*

> That love my friend; and that they know full well
> That gave me public leave to speak of him.
> For I have neither wit, nor words, nor worth,
> Action, nor utterance, nor the power of speech,
> To stir men's blood: I only speak right on;
> I tell you that which you yourselves do know.

> Ich bin kein Redner, wie es Brutus ist,
> Nur, wie ihr alle wißt, ein schlichter Mann,
> Dem Freund ergeben, und das wußten die
> Gar wohl, die mir gestattet, hier zu reden.
> Ich habe weder Schriftliches noch Worte,
> Noch Würd' und Vortrag, noch die Macht der Rede,
> Der Menschen Blut zu reizen; nein, ich spreche,
> Nur gradezu, und sag' euch, was ihr wißt.
>
> *(A. W. v. Schlegel)*

Antonius will nur als der schlichte Mann erscheinen, der seinen Freund liebt (Ethos des Redners, der sympathisch wirken möchte).[68] Er treibt sein Spiel mit der rhetorischen Kunstlehre so weit, daß er die wichtigsten Kapitel des Rhetorik-Lehrbuches aufzählt: *I have neither wit (inventio), nor words (verba), nor worth (auctoritas, gravitas), action (actio), nor utterance (elocutio), nor the power of speech (vis).* Welch ein Aufwand an Fachausdrücken, nur um zu zeigen, daß man sie – nicht kenne! Hier überschlägt sich die Ironie des Antonius, und seine Worte überführen ihn. Gleichzeitig haben wir damit den Beweis in der Hand, daß Shakespeare die Rhetorik kennt und bewußt mit ihr spielt.

Die Verbindung von Poesie und Rhetorik zeigt sich auch in der konsequenten Auswertung der Metaphern:

> *Show you sweet Caesar's wounds, poor poor dumb mouths,*
> *And bid them speak for me: but were I Brutus,*
> *And Brutus Antony, there were an Antony,*
> *Would ruffle up your spirits, and put a tongue*
> *In every wound of Caesar, that should move*
> *The stones of Rome to rise and mutiny.*

> Ich zeig' euch des geliebten Cäsars Wunden,
> Die armen stummen Munde, heiße die

> Statt meiner reden. Aber wär' ich Brutus,
> Und Brutus Mark Anton, dann gäb' es einen,
> Der eure Geister schürt', und jeder Wunde
> Des Cäsar eine Zunge lieh', die selbst
> Die Steine Roms zum Aufstand würd' empören.
>
> (A. W. v. Schlegel)

Der Grundgedanke, Cäsars Wunden für ihn sprechen zu lassen, wird zu einem allegorischen Bild fortentwickelt: Den Wunden sollen ebensoviele Zungen verliehen werden – eine Anspielung auf den Tausend-Zungen-Topos. Diese Vorstellung bildet den eindrucksvollen Abschluß der Rede. Sie greift auch ein Grundmotiv (die angebliche rednerische Unfähigkeit des Antonius) auf und führt es kühn weiter. Die bildhafte Schlußsynthese hat wegen ihrer vereinheitlichenden Kraft poetische Substanz. Die sublime Wirkung der »Beseelung« durch kühne Metaphern betont Quintilian.[69] Goethe hat Shakespeares Fähigkeit, Metaphern und sonstige ›Tropen‹ zu bilden, kongenial erfühlt:[70] »Shakespeare ist reich an wundersamen Tropen, die aus personifizierten Begriffen entstehen und uns gar nicht kleiden würden, bei ihm aber völlig am Platze sind, weil zu seiner Zeit alle Kunst von der Allegorie beherrscht wurde.« Der deutsche Dichter würdigt hier die poetische Produktivität rhetorischer Kategorien. Es ist die systematische rhetorische Übung, die in solchen Fällen die dichterische *inventio* beflügelt.

Man ist überrascht zu sehen, daß ein Gelehrter vom Range Roman Jakobsons der Metapher in unserem Drama eine relativ geringe Bedeutung beimißt,[71] worin ihm eine Autorität wie R. A. Brower beipflichtet.[72]

Sollte dem wirklich so sein, so müßte die Schlußmetapher unserer Rede eine Ausnahme bilden; sie wächst aber logisch aus den Hauptmotiven hervor und verdichtet sie zu bildhafter Anschauung. Shakespeare zeigt sich auch und gerade in der Antoniusrede als der große Meister der Metapher, und die Rhetorik ist es, die ihm die Erfindung des großartigen Schlußbildes ermöglicht hat. Wieder einmal sehen wir, daß die Trennung von Poesie und Rhetorik (Julius Caesar gilt als die »oratorischste« Tragödie Shakespeares[73]) selbst feinfühlige Kritiker in die Irre führen kann.

In der dramatischen Literatur unseres Jahrhunderts ist der Zusammenhang zwischen Poesie und Rhetorik dort besonders deutlich, wo die Poesie in den Dienst einer Idee tritt, also das Publikum zu Willensentscheidungen führen möchte. Ein Beispiel für rhetorische Beeinflussung des Zuschauers ist der Schluß von Bert Brechts Drama »Der gute Mensch von Sezuan«.[74]

Epilog

Vor den Vorhang tritt ein Spieler und wendet sich entschuldigend an das Publikum mit einem Epilog.

Verehrtes Publikum, jetzt kein Verdruß:
Wir wissen wohl, das ist kein rechter Schluß.
Vorschwebte uns: die goldene Legende.
Unter der Hand nahm sie ein bitteres Ende.
Wir stehen selbst enttäuscht und sehn betroffen
Den Vorhang zu und alle Fragen offen.
Dabei sind wir doch auf Sie angewiesen
Daß Sie bei uns zu Haus sind und genießen.
Wir können es uns leider nicht verhehlen:
Wir sind bankrott, wenn Sie uns nicht empfehlen!
Vielleicht fiel uns aus lauter Furcht nichts ein.
Das kam schon vor. Was könnt die Lösung sein?
Wir konnten keine finden, nicht einmal für Geld.
Soll es ein andrer Mensch sein? Oder eine andre Welt?
Vielleicht nur andere Götter? Oder keine?
Wir sind zerschmettert und nicht nur zum Scheine!
Der einzige Ausweg wäre aus diesem Ungemach:
Sie selber dächten auf der Stelle nach,
Auf welche Weis dem guten Menschen man
Zu einem guten Ende helfen kann.
Verehrtes Publikum, los, such dir selbst den Schluß!
Es muß ein guter da sein, muß, muß, muß!

Im Verlauf des Dramas hat der »gute Mensch« Shen Te keine Antwort auf seine Lebensfragen erhalten. Die Götter speisen ihn mit freundlichen Worten ab und entschweben in ihr epikureisches Nichts:[75] eine Parodie auf den antiken *deus ex machina*. Der Knoten wird weder gelöst noch gewaltsam zerhauen, sondern bleibt unverändert bestehen. Das Unbehagen daran soll den Zuschauer aktivieren, wie der rhetorische Epilog zeigt: »Verehrtes Publikum, jetzt kein Verdruß:/Wir wissen wohl, das ist kein rechter Schluß.« Die Anrede an das Publikum ist ein Zug des ›epischen Theaters‹. Im antiken Drama ist sie aber auch nicht unbekannt und hat vor allem zu Beginn und am Ende des Stückes nichts Auffälliges.[76] So steht Brechts Schlußwort durchaus in dramatischer Tradition. Das Eigentümliche daran ist, daß es die Unzufriedenheit der Zuschauer mit dem Schluß des Dramas verbalisiert, also gewissermaßen die dadurch angestauten Energien in die vom Autor gewünschte Bahn lenkt.

Zuerst wird der Kontrast zwischen angeblich Geplantem und tatsächlich Erreichtem in rhetorischer Antithese entfaltet: »Vorschwebte uns die goldene Legende./Unter der Hand nahm sie ein bitteres Ende«. Noch schärfer und anschaulicher prangert ein zweites Gegensatzpaar den offenen Schluß an: »Wir stehen selbst enttäuscht und sehn betroffen/Den Vorhang zu und alle Fragen offen.«

In gespielter Naivität folgt eine wirtschaftliche Überlegung: Die Schauspielertruppe ist finanziell auf die Gunst des Publikums angewiesen. Schon hier erinnert Brecht an die große Bedeutung — ja die Macht — der Zuschauer. Der Schauspieler fährt fort: »Vielleicht fiel uns aus lauter Furcht nichts ein.« Indirekt ist damit gesagt, daß es um eine Entscheidung geht, die vom Publikum Mut fordert. Der Epilog, der solchermaßen die Schwäche, Armut und Angst der Theatertruppe unterstreicht, ist durchaus vergleichbar mit der Rede des Marcus Antonius bei Shakespeare, deren agitatorische Wirkung ebenfalls durch die Betonung der Treuherzigkeit und Schwäche des Redners gesteigert wird. Beiden Texten ist die Technik rhetorischer Ironie und Insinuation gemeinsam.

Der Kommentar »Das kam schon vor« ist ein auffallendes Understatement. Man könnte eher sagen, es sei die Regel, daß den Menschen aus lauter Furcht nichts einfällt. Gerade durch diese ironische Verharmlosung wird das Publikum vorsichtig auf den Gedanken gebracht, es könnte eventuell auch selbst allzu furchtsam sein.

Nach guter rhetorischer Tradition wird am Schluß eine Mahnung stehen. Diese ist durch eine Reihe von Fragen vorbereitet, deren erste ganz unscheinbar mitten in der Zeile erklingt: »Das kam schon vor. Was könnt die Lösung sein?« So beginnt der Schlußteil ohne deutlichen Einschnitt. Die Verzahnung mit dem Vorhergehenden unterstreicht der folgende Vers: »Wir konnten keine finden, nicht einmal für Geld.« Die allgemeine Frage nach der Lösung wird nun spezifiziert, und zwar dem Prinzip der Aufgliederung gemäß, das uns bereits bekannt ist. »Soll es ein anderer Mensch sein? Oder eine andere Welt?/Vielleicht nur andere Götter? Oder keine?« Wir haben schon bei der Interpretation des Sommerliedes gesehen, daß die Zielvorstellung (dort: das Paradies) überwiegend indirekt dargestellt wird, wobei die Form des Ausrufs und der Frage eine wichtige psychagogische Rolle spielt. Hier bringt Brecht seine ideologischen Ziele (Veränderung der Welt und Atheismus) jeweils am Versende, also an rhetorisch besonders wirkungsvoller Stelle, in Frageform versuchsweise zur Sprache, noch ohne sie dem Publikum direkt aufzudrängen.

Man ist nicht überrascht, daß hier die Form des Ausrufs erscheint: »Wir sind zerschmettert, und nicht nur zum Scheine!« So kommt die Aporie in stark affektiver Form zum Ausdruck, wie es dem Wendepunkt dieses Epilogs angemessen ist. Die letzten Worte »nicht nur zum Scheine« verlassen die bisherige Ebene des Understatement. Sie sprengen den Rahmen der dramatischen Fiktion, für die der Schauspielertruppe angeblich kein besserer Schluß einfiel. Die Not entpuppt sich als eine reale und allgemeine.

Dieser Satz schließt sich formal eng an zwei frühere an: »Wir sind bankrott...« und »Wir konnten keine (Lösung) finden«. Unser Vers ist der Höhepunkt: Während der Bankrott nur ein gedachter war, handelt es sich jetzt um eine existentielle Not. Auch die Metapher ist in unserem Vers besonders stark (»zerschmettert«). Brecht hat also eine wachsende Reihe aufgebaut (*incrementum*), die zudem durch Wortwiederaufnahme in jedem dritten Vers deutlich markiert ist.

Der Schlußabschnitt bringt die Lösung: Brecht appelliert an die Selbsttätigkeit des Publikums. Die Aufforderung ist sehr höflich formuliert: »Der einzige Ausweg wäre aus diesem Ungemach:/Sie selber dächten auf der Stelle nach,/Auf welche Weis' dem guten Menschen man/Zu einem guten Ende helfen kann.« Die Wiederaufnahme des Adjektivs »gut« im Zusammenhang mit der Gestaltung des Schlusses arbeitet mit der doppelten Bedeutung des Wortes. Bisher schien der Schluß vor allem künstlerisch unbefriedigend, jetzt aber, in enger Verbindung mit dem Ausdruck »guter Mensch«, geht es um das wirkliche Leben. Die »Parabel« wird als solche transparent. Die letzten Zeilen rufen zur Aktivität auf; erst hier läßt der Dichter endgültig die Maske fallen: »Verehrtes Publikum, los, such dir selbst den Schluß!/Es muß ein guter da sein, muß, muß, muß!« Die Wiederkehr der Anrede und des Reimwortes der Anfangszeilen trägt zur ästhetischen Geschlossenheit des Epilogs bei, ist aber auch ein rhetorisches Element. Die Anrede an das Publikum, die am Anfang mehr formalen Charakter hatte, enthüllt erst jetzt ihren Sinn, sie steigert sich zum Appell.

Vergleicht man den vorliegenden Dramenschluß mit Shakespeares Antonius-Rede, so stellt man in rhetorischer Beziehung Gemeinsamkeiten fest: Antonius gibt vor, davon auszugehen, daß Caesar begraben und nicht gelobt werden solle und daß man von seinen Taten die schlechten zu behalten, die guten zu vergessen habe. Er konfrontiert sein Publikum mit einer ungerechten Ausgangssituation, der er nicht ausdrücklich widerspricht, überläßt es seinen Zuhörern, daraus Folgerungen zu ziehen und versteht es, durch Betonung seiner eigenen Schwäche die innere Auflehnung und den Tatendrang des Volkes zu steigern.

Brecht überträgt das Verhältnis aus dem innertheatralischen Bereich auf die Beziehung zwischen Dichter und Zuschauer. In dieser Hinsicht hat Shakespeares Publikum mehr Distanz, es befindet sich weniger unter dem unmittelbaren Einfluß der Psychagogie. Brecht verwendet (was bei einem angeblichen Gegner der Psychagogie überraschen mag) fast die gleichen rhetorischen Mittel[77] wie Shakespeare, zwar sparsam, aber nicht weniger durchdacht. Eine Poesie, die versucht, aus der Kunst wieder ins Leben einzugehen, stellt sich notgedrungen in alte rhetorische und psychagogische Tradition. Das Überspringen aus der Literatur in die Lebenspraxis findet sich übrigens schon am Ende der Spruchsammlung des Angelus Silesius:[78] »Freund, es ist auch genug. Im Fall' du mehr willst lesen/So geh und werde selbst die Schrift und selbst das Wesen.« Der Unterschied zwischen der christlichen Psychagogie eines Angelus Silesius oder eines Paul Gerhardt und der marxistischen Bert Brechts liegt im Objekt der Veränderung: Bei Brecht sind es die gesellschaftlichen Verhältnisse, bei den Christen ist es der Mensch.

3

Abschließend ein Beispiel aus dem Epos! Der caesarianischen Rhetorik in Shakespeares Drama entspricht in Lucans *Pharsalia* die anticaesarianische.

Lucan 7, 576 – 596[79]

promovet ipse acies, impellit terga suorum,
verbere conversae cessantes excitat hastae.
in plebem vetat ire manus monstratque senatum;

>   *scit, cruor imperii qui sit, quae viscera rerum,*
580   *unde petat Romam, libertas ultima mundi*
>   *quo steterit ferienda loco. permixta secundo*
>   *ordine nobilitas venerandaque corpora ferro*
>   *urguentur: caedunt Lepidos caeduntque Metellos*
>   *Corvinosque simul Torquataque nomina, rerum*
>   *saepe duces summosque hominum te, Magne, remoto.*
586   *illic plebeia contectus casside voltus*
>   *ignotusque hosti quod ferrum, Brute, tenebas!*
>   *o decus imperii, spes o suprema senatus,*
>   *extremum tanti generis per saecula nomen,*
590   *ne rue per medios nimium temerarius hostis*
>   *nec tibi fatales admoveris ante Philippos,*
>   *Thessalia periture tua. nil proficis istic*
>   *Caesaris intentus iugulo: nondum attigit arcem*
>   *iuris et humani columen, quo cuncta premuntur,*
595   *egressus meruit fatis tam nobile letum;*
>   *vivat et, ut Bruti procumbat victima, regnet.*

»Selber trieb er die Reihen vor, stieß seine Leute ins Gefecht, wenn sie sich von der Stelle wandten, und scheuchte Zaudernde mit Hieben einer umgedrehten Lanze auf. Er wehrte den Soldaten, einfache Männer anzugreifen, und wies auf Senatoren; wußte er doch, wo die Lebensader des Reichs und wo die Organe des Staatswesens waren, an welcher Stelle er Rom fassen konnte, welches die letzte Bastion der Freiheit in der Welt war, die er treffen mußte. Der Adel und mit ihm die Ritterschaft, ehrfurchtheischende Gestalten, wurden mit dem Stahl bedrängt: Manchen Lepidus erschlug man, erschlug manchen Metellus, manch einen Corvinus zugleich und angesehenen Torquatus, Männer, die oft den Staat geleitet hatten und nach Pompejus an erster Stelle standen. Du, Brutus, bargst dort dein Gesicht unter gemeinem Helm und bliebst dem Gegner unerkennbar, mit welchem auserschenen Stahl in deiner Hand! Du Stolz des Reichs, du höchste Hoffnung des Senats und Namenserbe eines durch Jahrhunderte hoch angesehenen Geschlechts, stürme nicht zu tollkühn mitten durch die Feinde und führe dir den Schicksalstag von Philippi nicht vor der Zeit herbei, sollst ja den Tod in einer eigenen Schlacht Thessaliens finden! Hier richtest du nichts aus mit einem Anschlag auf das Leben Caesars: Noch hat er keine Zwingburg erklommen, noch nicht den Gipfel menschlicher Gewalt, vor dem sich alles duckt, überschritten und sich bei der Fügung einen Tod von dieser edlen Hand verdient – er soll am Leben bleiben und, um als Opfer eines Brutus hinzusinken, erst Tyrann sein.« (W. Ehlers)

Caesar weist seine Soldaten an, nicht auf plebejische Feinde, sondern nur auf Senatoren zu zielen (576–578). Es folgt ein vom Dichter »beiseite« gesprochener Kommentar: »Er weiß, wo das Herzblut des Imperiums fließt, wo er Rom am härtesten treffen kann, wo der letzte Rest an Freiheit empfindlich getroffen werden kann, den es auf der Welt noch gibt.« Der rhetorische Charakter dieses Einschubs wird schon durch die Anapher *qui, quae, unde, quo* deutlich. Rhetorisch ist auch die dreifache Umschreibung desselben Sachverhalts, teils durch Personifikation *(Roma, libertas, imperium)*, teils durch Bilder, die den Gedanken an ein verwundbares Lebewesen nahelegen (579–581). Die nächste Tatsache, die berichtet wird, ist die Ermordung der *nobiles* (581–583). Der anschaulichen Vergegenwärtigung dient die uns bereits bekannte Technik der Aufgliederung. Statt zu sagen: »der Senat«[80] oder »die römische Republik«, zählt Lucan die erlauchtesten Namen auf *(Lepidos, Metellos, Corvinos, Torquataque nomina)*. Den krönenden Abschluß der Reihe bildet die Erinnerung an Pompeius (nur ihm stehen jene Helden nach, 581–585). Hier wird man weniger an die sogenannten Kataloge in den alten Epen denken, obwohl die Funktion verwandt ist: Spiegelt doch der homerische Schiffskatalog die lückenlose Präsenz Griechenlands im Troianischen Krieg. Die in den historischen Quellen fehlende Aufzählung der vornehmsten Geschlechter veranschaulicht den von Caesar verursachten Untergang des republikanischen Rom.

Brutus freilich bleibt am Leben. Erfindet Lucan hier eine neue Szene?[81] Von der Vernichtung der römischen Führungsschicht lenkt er den Blick auf Caesars künftige Bestrafung. Der Dichter redet Brutus an (der sich unter einem Plebejerhelm verbirgt) und fordert ihn auf, sich nicht tollkühn unter die Feinde zu mischen, damit er nicht vor der Zeit falle. Weiterhin hält Lucan Brutus ausdrücklich davon ab, Caesar schon jetzt töten zu wollen; habe doch Caesar noch nicht die Höhe erreicht, auf der er würdig wäre, von der Hand eines Brutus zu sterben. Dazu müsse er erst noch *rex* werden. Der Abschnitt, der von Brutus handelt, ist nicht episch-erzählerisch angelegt, sondern kontemplativ. Die Erwägungen und lebhaften Anreden schildern kaum ein äußeres Geschehen. Man sollte daher mit der Annahme vorsichtig sein, bei Lucan liege hier eine neue Version vor und er habe an einen konkreten Mordversuch gedacht. Dieser »reflektierende« Passus eröffnet einen Ausblick in die Zukunft und ermöglicht es dem Leser, das Geschehen aus der Vogelperspektive zu überblicken; freilich tritt an die Stelle der Objektivität des alten Epos die Einfühlung in Gestalten und Situationen. Die betrachteten Verse wirken im erzählerischen Kontext wie eine »ariose« Einlage. Bei früheren Epikern gibt es Kommentare des Erzählers an vereinzelten, besonders wichtigen Stellen.[82] Dabei handelt es sich um tatsächliche Ereignisse und Situationen, die in gewissem Sinne für den betroffenen Helden »den Anfang vom Ende« bedeuten. Nachdem Patroklos die Waffen von Achill erbeten hat, schaltet der Dichter folgende Überlegung ein (Ilias 16,46): »Also sprach er gar töricht, denn, fürwahr, er sollte sich dadurch selbst das Todesschicksal erflehen.« Meist wird der Kommentar aber einem Mithandelnden in den Mund gelegt: so dem sterbenden Patroklos (Ilias 16, 844 ff.), dem sterbenden Hektor (22, 358 ff.) oder bei Sarpedons Tod Zeus selbst (16, 431 ff.). Ganz anders verhält es sich in der *Pharsalia*. Es liegt keine konkrete Situation vor; bei näherem Zusehen bleibt nur die Tatsache, daß Brutus überlebt. Daran knüpft der Dichter eine allgemeine Betrachtung, die mit allen rhetorischen Mitteln arbeitet.

Bei Lucan hat die Rhetorisierung des Epos einen Grad erreicht, der schlechthin nicht mehr zu überbieten ist. An kurze berichtende Sätze reihen sich betrachtende Partien, die oft erheblich länger sind und die Bedeutung des Geschehens weniger durch Schilderung als durch rationale und emotionale Stellungnahmen zur Sprache bringen. Solche persönlichen Betrachtungen belegen auch hier im Epos den »emanzipatorischen« Effekt, den rhetorisch strukturiertes Denken haben kann: Lucan verfällt nicht der Suggestion seines Helden, obwohl es sich um keinen Geringeren als Caesar handelt. Durch seine Kommentare will er auch den Leser davor bewahren. Der Dichter begleitet das Geschehen (obwohl oder gerade *weil* er sich schwer damit abfinden kann) mit lebhafter Anteilnahme. An den besten Stellen erhebt sich die Sprache zu lyrischer Höhe. Bei Lucan fallen Rhetorisierung und Lyrisierung vielfach zusammen.

Wie verträgt sich dieses Ergebnis mit dem üblichen Urteil über Lucan? Quintilian lobt seinen feurigen Schwung und seine Sentenzen, nennt ihn aber *magis oratoribus quam poetis imitandus* (10, 1, 90).

Diese geistreiche Einschränkung des Poetischen an Lucan läßt die meisten Kritiker vergessen, daß der Satz in einem Lehrbuch für Redner steht, also im ursprünglichen Zusammenhang eine Empfehlung bedeutet. Es überrascht nicht, daß Croce[83] Quintilians Urteil nachspricht und es verabsolutiert. Tiefer blickt Pichon,[84] der mitten in der spätromantischen Epoche die damals unerhörten (und dementsprechend ungehört verhallten) Sätze schreibt: »Wir, für die das Poetische besonders in der persönlichen Intervention des Schriftstellers liegt, finden es bei Lucan ebenso sehr und vielleicht mehr als bei Vergil; selten hat ein Autor sich stärker, gewaltiger in seinem Werk ausgedrückt.« Von hier aus ist zu einer Erkenntnis der Konvergenz von Rhetorisierung und Lyrisierung des Epos, rhetorischer Mittel und lyrischer Wirkungen, nur noch ein Schritt.

4

Die Begriffe ›Poesie‹ und ›Rhetorik‹ stehen auf verschiedenen Ebenen und sollten nicht gegeneinander ausgespielt werden. Poesie ist ein Sammelbegriff für bestimmte literarische Texte, die durch Versform, Fiktivität und *plot* gekennzeichnet sind. Die Rhetorik hat ein umfassenderes Feld: Als eine Theorie der Auffindung und Anordnung von überzeugenden Argumenten und Ausdrücken ist sie eine Kommunikationswissenschaft. Ihre Methoden sind auf verschiedene Bereiche anwendbar: Prosa wie Poesie, sogar Malerei und Musik.

Welche Bedeutung kann Rhetorik für die Dichtung besitzen? Sie dient in Gedankenlyrik und didaktischer Poesie der systematischen Auffindung konkreter Einzelbeispiele, die dem darzustellenden Inhalt Leben und Farbe verleihen. Sie regt den Autor auch an, sich in seinem Ausdruck zu einem gewissen Schwung zu erheben. Die Rhetorik kann also gerade in den sogenannten unpoetischen Gattungen zu einer Steigerung der spezifisch poetischen Wirkung führen.

Im Bereich der Lyrik, vor allem in Gedichten, die andere Menschen oder den Sprecher selbst rational und emotional beeinflussen sollen, ermöglicht es die Rhetorik, eine Idee in sorgfältiger Analyse nachzuvollziehen, mit eigener Erfahrung anzureichern, überhaupt der poetischen Meditation scharfe Umrisse zu verleihen und klare Ziele zu stecken. Historisch hat die Rhetorik zur Entwicklung des inneren Dialogs und zur Befreiung des lyrischen Ich beigetragen.

Im Drama ist die Rhetorik recht eigentlich zu Hause, da in dieser Kunstform Menschen durch Reden aufeinander einwirken, durch Worte handeln. Im Epos können rhetorische Mittel wie in anderen

Literaturgattungen dazu dienen, einen Gesamtvorgang anschaulich in allen Einzelheiten zu evozieren; die Rhetorik vermittelt freilich auch durch den ihr eigenen emotionalen Tenor dem Epos lyrische Züge.

Ein Dichter von Rang, der durch die Rhetorenschule gegangen ist, Ovidius Naso, schreibt einmal an einen Redner: *utque meis numeris tua dat facundia nervos, / sic venit a nobis in tua verba nitor.*[85] Die Sehnen sind ein Bild für die Spannkraft und Tatkraft. Dichtung, die im Kontakt mit einem Publikum lebt, kann auf die Mittel der Rhetorik nicht verzichten.[86]

ANMERKUNGEN

1. Paul Verlaine, Gedichte, Franz. und dt., hrsg. und übertragen von H. Hinderberger, Heidelberg ⁴1979, 218.

2. B. Croce, La poesia. Introduzione alla critica e storia della poesia e della letteratura, Bari ⁵1953 (Saggi filosofici 8), 235f. (dort auch das Dumas-Zitat). Dumas: »Toute littérature qui n'a pas en vue la perfectibilité, la moralisation, l'idéal, l'utile en un mot, est une littérature rachitique et malsaine, née morte.« Croce: »La ›letteratura‹, forse, ma non mai la poesia, che è poesia appunto perché non ha niente ›en vue‹.«

3. Croce 237 (Publikumsbezug für rhetorische Literatur bezeichnend).

4. Ebd.   5. Ebd. 255.

6. H. Rahn, Die rhetorische Kultur der Antike, Der Altsprachliche Unterricht 10,2, 1967, 23 – 49, bes. 29. Vgl. auch J. Glahn, Rhetorisches in der Dichtung, ebd. 11,4, 1968, 47 – 68 (Situationsgebundenheit rednerischer Texte; Interpretation von Horaz-Satiren). R. Johnson, The Poet and the Orator, Classical Philology 54, 1959, 173 – 176. Allgemein zur Bedeutung der Rhetorik s. jetzt G. W. Most, Rhetorik und Hermeneutik. Zur Konstitution der Neuzeitlichkeit, Antike und Abendland 30,1, 1984, 62 – 79.

7. F. Wehrli, Der erhabene und der schlichte Stil in der poetisch-rhetorischen Theorie der Antike, in: Phyllobolia für P. von der Mühll, Basel 1946, 9 – 34; K. Adam, *Docere, delectare, movere.* Zur poetischen und rhetorischen Theorie über Aufgaben und Wirkung der Literatur, Diss. Kiel 1971.

8. Z. B. 15,2ff. Über die verschiedenen Funktionen der φαντασία (»Vergegenwärtigung«): in Dichtung ἔκπληξις, in der Rhetorik ἐνάργεια.

9. R. Johnson (zit. oben Anm. 6); s. auch N. Zink, Isokrates und die griechische Rhetorik, Der Altsprachliche Unterricht 10,2, 1967, 50 – 64.

10. »Pindarische« Züge der Einleitung des *Panegyrikos:* betont kunstvoller Stil, Aufarbeitung der Tradition, Absicht, das Publikum zu erfreuen und Rivalen zu übertreffen.

11. Allgemein: G. Kennedy, The Art of Rhetoric in the Roman World 300 B.C. – A.D. 300, Princeton 1972.

12. Enn. ann. 216 V.

13. Ein Fragment ist erhalten (ed. O. Rossbach, Leipzig 1896, 183 – 187; neuere Ausgabe: Florus, Œuvres, ed. P. Jal, Bd. 2, Paris 1967, 111 – 115.

14. Sat. 5,4.

15. R. Heinze, Virgils epische Technik, Leipzig und Berlin ³1915, Nachdruck Darmstadt 1965, 431 – 435.

16. Es handelt sich um »die Vermeidung des in kurzer Rede und Gegenrede sich entwickelnden Dialogs, den Verzicht auf willkürliche Abschweifungen, das Erschöpfende der Argumentation, die Berechnung auf den Charakter des Hörers, die überlegte und klare Disposition« (Heinze 434).

17. Vgl. z.B. H. Naumann, Ovid und die Rhetorik, Der Altsprachliche Unterricht 11, 4, 1968, 69 – 86.

18. Ov. met. 13,1ff.   19. Poet. 1, 1447 a 28ff.

20. Philodem (de poem. 271,18) hält Demosthenes und Herodot für Dichter.

21. Nach Strabon 1,2,6 verhält sich die poetische φράσις zur rhetorischen wie innerhalb der Poesie die tragische zur komischen und innerhalb der Prosa die historische zur prozessualen.

22. Plut. quom. adulesc. 2 (= mor. 16c).

23. M. Fuhrmann, Einführung in die antike Dichtungstheorie, Darmstadt 1973, 162.

24. K. Werner, Die Gattung des Epos nach italienischen und französischen Poetiken des 16. Jahrhunderts, Frankfurt a.M. 1977 (Heidelberger Beiträge zur Romanistik 11), 171 (über Th. Sebillet).

25. E. Bergmann, E. Platner und die Kunstphilosophie des 17. Jahrhunderts, Leipzig 1913, 193. Die Selbständigkeit der Poetik gegenüber der Rhetorik seit der Renaissance betont W. S. Howell, Poetics, Rhetoric, and Logic in Renaissance Criticism, ed. by R. R. Bolgar, in: Classical Influences on European Culture, A. D. 1500 – 1700, Cambridge 1976, 155 – 162. Zum Fortbestehen rhetorischer Gliederungsstrukturen und Einflüsse: Fuhrmann (zit. oben Anm. 23), Index, s. v. Rhetorik.

26. Paul Gerhardt, Dichtungen und Schriften, hrsg. und textkritisch durchgesehen von E. von Cranach-Sichart, München 1957, 119 – 122.

27. P. Rabbow, Seelenführung, Methodik der Exerzitien in der Antike, München 1954. Zum Einfluß der Psalmen auf unser Lied s. bes. Ps. 104 (Literatur: s. Anm. 56).

28. Vgl. zu den Bienen: Verg. Aen. 6,707ff. (Seelen der Römer); 7,64ff. (Staatsvolk), Dante, Div. Com., Paradiso 31 (himmlische Heerscharen).

29. P. Rabbow (zit. oben Anm. 27), 66 und 81.

30. *Incrementum:* Quint. inst. 8,4,3 *Incrementum est potentissimum, cum magna videntur etiam quae inferiora sunt. Id aut uno gradu fit aut pluribus.* 8,4,9 *Augendo enim, quod est infra, necesse est extollat id quod supra positum est.*

31. Z. B. Aufteilung des Lebens in seine Einzelbilder.

32. *Amplificatio per partitionem:* Quint. inst. 8,3,70 *Minus est tamen totum dicere quam omnia.*

33. P. Rabbow (zit. oben Anm. 27) 72; 85; 76. Zur ἐνάργεια *(evidentia, repraesentatio):* Quint. inst. 8,3,61ff. *(clare atque ut cerni videantur... exprimi et oculis mentis ostendi)* und besonders 6,2,32: *Insequitur* ἐνάργεια, *quae a Cicerone illustratio et evidentia nominatur, quae non tam dicere videtur quam ostendere; et affectus non aliter quam si rebus ipsis intersimus, sequentur.*

34. P. Rabbow (zit. oben Anm. 27) 87.

35. Zur Priamel (Beispielreihe): E. R. Curtius, Europäische Literatur und lateinisches Mittelalter, Bern 1948, 293; W. Kröhling, Die Priamel (Beispielreihung) als Stilmittel in der griechisch-römischen Dichtung, Greifswald 1935; U. Schmid, Die Priamel der Werte im Griechischen von Homer bis Paulus, Diss. Tübingen 1960, Wiesbaden 1964.

36. Es gilt, das lyrische Ich von dem privaten Subjekt zu unterscheiden. Gegen eine subjektivistische Interpretation des »Ich« bei P. Gerhardt wendet sich R. A. Schröder, Paul Gerhardt, Ein Festvortrag 1942, in: R. A. Schröder, Gesammelte Werke in fünf Bänden, Bd. III, Berlin und Frankfurt a. M. 1952, 561 – 597, bes. 564f. und 573 („wie irreführend jenes Geraune von dem ›Ichwesen‹ des Gerhardtschen Liedes sei«).

37. P. H. Schrijvers, Le regard sur l'invisible. Etude sur l'emploi de l'analogie dans l'œuvre de Lucrèce, in: Lucrèce, Entretiens sur l'antiquité classique (Fondation Hardt) 24, Vandoeuvres-Genève 1978, 77 – 121.

38. Anaxagoras B 21 a Diels-Kranz; Epikur ad Herod. 40,2; ad Pyth. 104,4; Philod. de sign.p.66 de Lacy; Quint. inst. 1,6,4.

39. Quint. inst. 8,4,9 – 13 (s. o. Anm. 30) mit Hinweis auf Cic. Catil. 1,1,3 (von uns im Text paraphrasiert).

40. Quint. 8,6,4ff. *Incipiamus igitur ab eo (sc. tropo) qui cum frequentissimus est tum longe pulcherrimus, translatione dico, quae* μεταφορά *Graece vocatur... Transfertur ergo nomen aut verbum ex eo loco in quo proprium est in eum in quo aut proprium deest aut translatum proprio melius est. Id facimus aut quia necesse est aut quia significantius aut... quia decentius.*

41. Ausrufe und Fragen haben eine suggestive Wirkung, sie lassen eine »Leerstelle« offen. Besonders angebracht sind sie, wo es darum geht, eine Steigerung anzulegen,

die über normale Begriffe hinausgeht, so zu steigern, daß am Ende die Worte versagen: Cic. Verr. II 5,66,170 *Facinus est vincire civem Romanum, scelus verberare, prope parricidium necare: quid dicam in crucem tollere?* Dazu Quint. inst. 8,4,5 *Ita cum id, quod maximum est, occupasset, necesse erat in eo, quod ultra est, verba deficere.*

Zur *Amplificatio quae fit per comparationem:* Quint. inst. 8,4,10 und 8; Cic. Phil. 2,25,63 *Si hoc tibi inter cenam et in illis immanibus poculis tuis accidisset, quis non turpe duceret? In coetu vero populi Romani, negotium publicum gerens, eques populi Romani...* Hier dient der Schluß vom Kleineren aufs Größere weniger dem Beweis als der Steigerung.

42. Paul Gerhardt hatte als Hauslehrer reiche pädagogische Erfahrung, vgl. z.B. W. Matthias, Religion in Geschichte und Gegenwart 2, Tübingen 1958³, 1413.

43. R. Hahn, Die Allegorie in der antiken Rhetorik, Diss. Tübingen 1967, bes. 162ff. Über Allegorie als durchgehende Metapher Quint.inst. 9,2,46. Vgl. auch 8,6,44 *Allegoria, quam inversionem interpretantur, aut aliud verbis aliud sensu ostendit aut etiam interim contrarium. Prius fit genus continuatis translationibus.*

44. Quint, inst. 6,1ff.

45. London 1561–1626. Unvollendetes Lebenswerk *Instauratio Magna;* ein Hauptstück daraus ist das *Novum Organon* (Neue Ausgabe: The New Organon and Related Writings, ed. F. H. Anderson, New York 1960. In *De dignitate et augmentis* unterscheidet Bacon drei Wissenschaften: Geschichte (Gedächtnis), Poesie (Einbildungskraft) und Philosophie (Verstand).

46. The Works of F. Bacon, ed. J. Spedding, R. L. Ellis, D. D. Heath, Boston 1860–1865, Bd. 6,298.

47. W. S. Howell (zit. oben Anm. 25).

48. V. M. Bevilacqua, Classical Rhetorical Influences in the Development of Eighteenth-Century British Aesthetic Criticism, Transactions of the American Philological Association 106, 1976, 11–28.

49. P. Pino, Dialogo di pittura, Venezia 1548; L. Dolce, Dialogo della pittura, Venezia 1557; G. I. Vossius, De graphice sive arte pingendi, in: G. I. V., De quator artibus popularibus, Amstelaedami 1660, cap. V; R. de Piles, The Art of Painting, London 1706; G. Turnbull, A Treatise on Ancient Painting, Nachdruck der Ausgabe London 1740, hrsg. von V. M. Bevilacqua, München 1971.

50. Beide Gedanken verbindet z.B. Charles Alphonse du Fresnoy, De arte graphica, Paris 1668. Lat.-franz. Ausgabe: Roger de Piles, L'art de peinture de C. A. du Fresnoy. Traduit en français. Enrichi de remarques, augmenté d'un dialogue sur le coloris, Nachdruck der Ausgabe Paris 1673, Genève 1973; Lat.-engl. Ausgabe: The Art of Painting of C. A. du Fresnoy. Translated into English Verse by William Mason. With Annotations by Joshua Reynolds, Nachdruck der Ausgabe York 1783, New York 1969.

51. Joh. Forkel, Allgemeine Geschichte der Musik, Leipzig 1788; zur *dispositio* auch schon Joh. Gottfried Walther, Praecepta der musicalischen Composition (1708), hrsg. von P. Benary, Leipzig 1955 (erste Veröffentlichung), 160. Zu Bach und Quintilian: U. Kirkendale, The Source for Bach's »Musical Offering«, Journal of the American Musicological Society 1980, 1.

52. Verona 1478 – 1553, auch Verfasser des bekannten Gedichts *Syphilis sive de morbo Gallico* 1521, gedruckt 1530.

53. G. Fracastoro, Naugerius sive de poetica dialogus, with an English Translation by R. Kelso and an Introduction by M. W. Bundy, Urbana, Illinois 1924 (University of Illinois Studies in Language and Literature 9,3). Zur fachübergreifenden Bedeutung der *antiken* Rhetorik A. Michel, Rhétorique, philosophie et esthétique générale, Revue des Etudes Latines 51, 1973, 302 – 326; Rhétorique et poétique, ebd. 54, 1976, 278 – 307.

54. Zit. oben Anm. 27.

55. Der Humanist Rodolphus Agricola, Verfasser einer einflußreichen Schrift *De inventione dialectica*, gibt an anderer Stelle detaillierte Vorschriften über die Methodik des Lernens. Als Beispiel wählt er ein Vergilzitat, das der Schüler Wort für Wort entfalten und erklären soll. Für diese Übungsform beruft sich Agricola auf die Sophisten Gorgias, Prodikos, Protagoras, Hippias (»sie haben sich selbst auf diese Weise geformt und dann die anderen angeleitet«), und er erkennt auch die Bedeutung Quintilians. Agricola kommt wie Erasmus aus der Schule der *devotio moderna* (s. M. A. Nauwelaerts, Rodolphus Agricola, Den Haag 1963, bes. 128f., 101 ff., 131).

56. So R. A. Schröder (zit. oben Anm. 36), 567. Luther wünscht, daß die deutsche Jugend »rhetoricen et poeticen treibe« (an Eobanus Hessus, zit. bei K. Dockhorn, Kritische Rhetorik?, in: H. F. Plett (Hrsg.), Rhetorik. Kritische Positionen zum Stand der Forschung, München 1977, 266, vgl. 262 (der Heilige Geist als *fidelis suasor:* der »S. Spiritus treibt eine *rhetoricam usque ad finem psalmi«.)* Zur Rolle der *praxis pietatis* in der lutherischen Orthodoxie: W. I. Sauer-Geppert, Paul-Gerhardt-Tage in Wittenberg, in: Jahrbuch für Liturgik und Hymnologie 21, 1977, 174. Für Literaturhinweise zu Paul Gerhardt danke ich Herrn D. Frieder Schulz, Universität Heidelberg. Biblische Parallelen zu unserem Lied: R. Köhler, Die biblischen Quellen der Lieder, Göttingen 1965 (Handbuch zum ev. Kirchengesangbuch I 2), 533f. Eine rhetorisch-hermeneutische Gesamtinterpretation unseres Liedes fehlt bisher, soweit ich sehe.

57. TEXT: E. J. Kennedy, Oxford 1961. ÜBERS. v. M. v. Albrecht, München 1979.

58. F. M. A. de Voltaire, Œuvres complètes, nouv. éd., t.10, Paris 1877, 83 – 84 (erster Teil des Gedichts).

59. Dreißig französische Dichter vom XV. – XIX. Jh., Auswahl und Erläuterungen von J. Descombes und E. P. Heibel, Mainz o. J., 107.

60. Epikur, ad Menoec. bei Diog.Laert. 10,127.

61. Shakespeare, Julius Caesar, III. Akt, 2. Szene (Auszüge) aus: Shakespeares Werke, engl. und dt., hrsg. von L. L. Schücking, 3. Band, Berlin und Darmstadt 1955. Mir bisher unzugänglich: G. Kennedy, Antony's Speech at Caesar's Funeral, Quarterly Journal of Speech 54, 1968, 99 – 106; empfehlenswert Wolfgang G. Müller, Die politische Rede bei Shakespeare, Tübingen 1979, 127 – 149. Allgemein s. J. W. Velz, Shakespeare and the Classical Tradition. A. Critical Guide to Commentary 1660 – 1960, Minneapolis 1968; J. W. Velz, The Ancient World in Shakespeare: Authenticity or Anachronism? A Retrospect, Shakespeare Survey 31, 1978, 1 – 12; J. W. Velz, Clemency, Will, and Just Cause in ›Julius Caesar‹, Shakespeare Survey 22, 1969, 109 – 119; V. K. Whitaker, Shakespeare's Use of Learning. An Inquiry into the Growth of his Mind and Art, San Marino, California 1953; W. Clemen, Shakespeares Bilder. Ihre Entwicklung und ihre Funktionen im dramatischen Werk. Mit einem Ausblick auf Bild und Gleichnis im Elisabethanischen Zeitalter, Diss. Bonn 1936 (Bonner Studien zur englischen Philologie 27); R. Miola, Shakespeare's Rome, Cambridge 1983.

62. Plutarch, Antonius 14, 6 – 8 (in: Plutarchi vitae parallelae, rec. C. Lindskog – K. Ziegler, fasc. III. 1, Leipzig 1971; Übers.: Plutarch, Große Griechen und Römer, eingel. und übers. von K. Ziegler, Band 5, München/Zürich/Stuttgart 1960). Die Antonius-Vita ist zu wenig beachtet bei R. A. Brower, Hero and Saint, Shakespeare and the Greco-Roman Heroic Tradition, Oxford 1971.

63. Plutarchi Cheronei Graecorum Romanorumque illustrium vitae, Basileae apud M. Isengrinium 1553, fol. 342 B. Shakespeare las Plutarch in folgender Übersetzung: Plutarch's Lives of the Noble Grecians and Romans, Englished by Sir Thomas North, 1579 (Neuausgabe von G. Wyndham, 6 Bände, London 1895 – 96). – Gelegentlicher Rückgriff auf lateinische Quellen wird von manchen Gelehrten nicht ausgeschlossen, s. z.B. E. Wolff, Shakespeare und die Antike, Antike und Abendland 1, 1945, 78 – 107. Ich behaupte hier nicht, Shakespeare habe die lateinische Plutarch-Übersetzung gelesen; ich benütze sie zur Verdeutlichung der rhetorischen Terminologie.

64. App. bell. civ. 44; Shakespeare's Appian. A Selection from the Tudor Translation of Appian's Civil Wars, ed. by E. Schanzer, Liverpool 1956 (Neuausgabe der alten englischen Übersetzung).

65. K. Muir, The Sources of Shakespeare's Plays, London 1977, 116 – 125, bes. 119.

66. S. Anm. 62.   67. Zur Ironie: Quint. inst. 8,6,54; *dissimulatio* 9,2,44.

68. Ethos: Quint. inst. 6,2,13; 5,12,19; Aristot. rhet. 1,2,3 – 5; Verbergen der eigenen Vorbereitung und Vorbildung: Quint. 4,1,8 – 10; 4,2,57f.

69. *Praecipue... ex his oritur mira sublimitas, quae audaci et proxime periculum translatione tolluntur, cum rebus sensu carentibus actum quendam et animos damus* Quint. inst. 8,6,11.

70. Maximen und Reflexionen, zit. bei E. R. Curtius 307 (zit. oben Anm. 35).

71. R. Jakobson, Linguistics and poetics, in: Style in language, ed. Th. A. Sebeok, New York und London 1960, 350–377, bes. 374ff.

72. R. A. Brower (zit. oben Anm. 62), 217.   73. Brower ebd.

74. B. Brecht, Der gute Mensch von Sezuan, aus: B. B., Stücke 1935 – 1945, Stuttgart und Hamburg o. J.

75. V. Klotz (zit. in: dtv Kindlers Literaturlexikon 10,4202) vergleicht diesen Schluß mit einer »Ellipse«. Man möchte eher an eine Aposiopese denken.

76. Relativ am häufigsten reden Plautus und Aristophanes ihr Publikum an. Rhetorische Züge finden sich in den literaturkritischen Prologen des Terenz. Ein Komödienschluß mit moralisierender Anrede an das Publikum z. B. in Plautus' *Mercator*.

77. Brechts Ablehnung des traditionellen Theaters als »Rauschgiftbude« hängt mit seiner Betonung des Rationalen, Zweckhaften zusammen. Sein späteres Bekenntnis zu einer hedonistischen Kunstauffassung könnte dadurch mitbedingt sein, daß sozialistische Staaten der Kunst nur im Raum des Ästhetischen eine Daseinsberechtigung zuerkennen.

78. Aus des Angelus Silesius Cherubinischem Wandersmann, nebst Geistlichen Liedern, Leipzig o. J. [1924], S. 46.

79. Lucan, Bellum civile. Der Bürgerkrieg, hrsg. und übers. von W. Ehlers, München 1973.

80. Bezug auf den Senat: W. D. Lebek, Lucans Pharsalia. Dichtungsstruktur und Zeitbezug, Göttingen 1976 (Hypomnemata 44), 258 f.

81. So Duff z. St. (Lucan, with an English Translation by J. D. Duff, London 1928, 412).

82. R. Heinze (zit. oben Anm. 15), 370–373.

83. a. o. S. 239 (zit. oben Anm. 1).

84. R. Pichon, Histoire de la littérature latine, Paris 1901, 570: »Nous, pour qui la poésie consiste surtout dans l'intervention personnelle de l'écrivain, nous la retrouvons chez Lucain autant et plus peut-être que chez Virgile; rarement un auteur s'est exprimé plus fortement, plus violemment dans son œuvre.«

85. Ov. Pont. 2,5,69 f.

86. Albino Luciani, der spätere Papst Johannes Paul I., hat eine Reihe Briefe an berühmte historische Persönlichkeiten verfaßt, mit denen er auf diesem Wege Zwiesprache über Probleme unserer Zeit hielt. Zu den Adressaten zählen auch mehrere antike Gestalten, unter anderem Quintilian. Das Thema ist jeweils dem Adressaten angepaßt (oder der Adressat dem Thema). Im Falle Quintilians geht es, dem gewaltigen Einfluß seines Lehrbuchs der Beredsamkeit entsprechend, um Erziehung. In dem lesenswerten und rhetorisch geschliffenen Epilog beruft sich der spätere Papst auf Menschen so unterschiedlicher Weltanschauung wie den Demokraten Theodor

Mommsen, der Quintilian guten Geschmack, rechtes Urteil und die Fähigkeit, ohne Pedanterie zu belehren, zubilligte, und den Kommunisten Concetto Marchesi, der Quintilians Rhetorische Schule als »Bildnerin des Geistes« bezeichnete. Ein Satz der italienischen Originalfassung, der in der deutschen Übersetzung fehlt, verdient, der Vergessenheit entrissen zu werden: »Ich wünsche mir sehr, daß in der Schule von der humanistischen Bildung nicht alles verlorengehe und daß deine (d. h. Quintilians) Grundsätze weiterhin die Erzieher beeinflussen.« A. Luciani, Illustrissimi, Lettere del Patriarca, Padova ³ 1978, 267 – 276, bes. 275 f. Übers.: Johannes Paul I, Ihr ergebener Albino Luciani, Briefe an Persönlichkeiten, dt. von W. Bader und H. Heilkenbrinker, München 1980, 181 f. In der deutschen Übersetzung fehlen in dem zitierten Absatz die Hinweise auf die humanistische Bildung, oder sie sind stark verändert: *La cultura umanistica... è oggi oscurata dalle scienze sul mondo e sul uomo:* »Der Humanismus [!]... ist heute von den Wissenschaften [!] überholt [!!].« Richtig wäre: »Die humanistische Bildung ist heute von den Wissenschaften, die von der Welt und dem Menschen handeln, in den Schatten gestellt.«

VIII

DENKEN UND LEBEN

Praktische Philosophie
im Zeichen des Sokrates – zwischen römischer Daseinsbewältigung und moderner Physiognomik[1]

In der Vorrede des fünften Buches der *Tusculanae disputationes* an Marcus Brutus (entstanden im Sommer 45 v. Chr.) bereitet Cicero das Thema dieses Teiles vor: Für das glückliche Leben soll die Tugend an sich genügen. Dementsprechend wird in der Einleitung die Philosophie in einem Gebetshymnus als »Führerin des Lebens« gerühmt.[2] Die enge Verbundenheit von Philosophie und Existenz – einen Zusammenhang, von dem nach Ciceros Meinung viele Menschen nichts wissen – belegen die Gestalten der sieben Weisen sowie Lykurg, Odysseus und Nestor. Vor allem aber gilt Pythagoras als Archeget der kontemplativen Daseinsform, Erfinder des Wortes »Philosophie« und bedeutender Gestalter des öffentlichen und des privaten Lebens in Großgriechenland. Hier setzt unser Text ein:[3]

> *Sed ab antiqua philosophia usque ad Socratem, qui Archelaum, Anaxagorae discipulum, audierat, numeri motusque tractabantur, et unde omnia orerentur quove reciderent, studioseque ab iis siderum magnitudines intervalla cursus anquirebantur et cuncta caelestia. Socrates autem primus philosophiam devocavit e caelo et in urbibus conlocavit et in domus etiam introduxit et coegit de vita et moribus rebusque bonis et malis quaerere. Cuius multiplex ratio disputandi rerumque varietas et ingenii magnitudo Platonis memoria et litteris consecrata plura genera effecit dissentientium philosophorum, e quibus nos id potissimum consecuti sumus, quo Socratem usum arbitrabamur, ut nostram ipsi sententiam tegeremus, errore alios levaremus et in omni disputatione, quid esset simillimum veri, quaereremus. Quem morem cum Carneades acutissime copiosissimeque tenuisset, fecimus et alias saepe et nuper in Tusculano, ut ad eam consuetudinem disputaremus.*

Aber von der alten Philosophie bis hin zu Sokrates, der Archelaus,[4] einen Schüler des Anaxagoras, gehört hatte, handelte man von Zahlenverhältnissen, von Bewegungen und davon, woraus alles entstehe und wohin es zurücksinke; eifrig erforschten jene Denker die Größe der Gestirne, ihren Abstand, ihren Lauf und alles, was sich auf den Himmel bezieht. Sokrates jedoch hat als erster die Philosophie vom Himmel herabgerufen, sie in den Städten angesiedelt, ja sie in die Häuser eingeführt und gezwungen, nach dem sittlichen Leben und nach Gut und Böse zu fragen. Seine vielfältige Methode des Erörterns, die Verschiedenartigkeit der von ihm behandelten Gegenstände und die Größe seines Genies, die in treuem Andenken Platon in seinen Schriften verewigt hat, brachte mehrere voneinander abweichende Arten des Philosophierens hervor; wir haben uns vor allem derjenigen von ihnen angeschlossen, die nach unserer Ansicht Sokrates selbst angewandt hat, nämlich unsere eigene Meinung zu verbergen, andere vom Irrtum zu befreien und in jeder Erörterung nach dem jeweils Wahrscheinlichsten zu fragen. Da sich Karneades mit ebensoviel Schärfe wie Fülle des Ausdrucks an diese Gepflogenheit gehalten hat, sind wir, wie sonst, auch jüngst auf unserem Tusculanum in unseren Erörterungen diesem Brauche gefolgt.

In der Tat kleidet Cicero in dem vorliegenden Werk seine Disputationen in folgende Form: Eine Person stellt eine These auf, eine zweite bekämpft sie. Im Prinzip soll durch Rede und Gegenrede die Wahrheit – oder besser: das Wahrscheinlichste – gefunden werden. Auf Sokrates beruft sich Cicero hier unter zwei ganz verschiedenen Aspekten: Einmal hat jener (wie schon Panaitios betonte)[5] innerhalb der Philosophiegeschichte den entscheidenden Schritt vom Makrokosmos zum Mikrokosmos, vom All zum Menschen, von der Physik zur Ethik getan. Da die vorliegende Schrift Ciceros von Tod, Schmerz, Kummer, den sonstigen Gemütsbewegungen und schließlich von dem glückseligen Leben handelt, das durch die Tugend garantiert wird, ist der Rückgriff auf eben dieses Sokratesbild hier besonders angemessen (wir können für unseren Zweck davon absehen, daß zur anthropologischen Wende der Philosophie auch die Sophisten wesentlich beigetragen haben und daß man neuerdings[6] schon bei den Vorsokratikern Ansätze existentiellen Philosophierens beobachtet hat). – Zum anderen ist Sokrates für den Römer auch methodologisch von größter Bedeutung; macht doch Cicero den Ironiker, Maieutiker, Aporetiker und Eristiker zum Ahnherrn der akademischen Skepsis, zu der er sich bekennt.[7] Die Kunst, »die eigene Meinung zu verbergen, andere vom Irrtum zu befreien und in jeder

Erörterung nach dem jeweils Wahrscheinlichsten zu fragen«, verbindet die sokratische Ironie mit der Methode, die der römische Redner gründlich bei Philon von Larissa gelernt hat, dem Antipoden von Ciceros anderem akademischen Lehrer, dem Dogmatiker Antiochos von Askalon. Matthias Gelzer[8] hat gezeigt, daß Cicero Philons Lehren unmittelbar für seine rhetorische Praxis verwenden konnte. Karneades, Hauptvertreter der sogenannten Mittleren Akademie und illustres Mitglied der Philosophengesandtschaft, die im Jahr 156/5 v. Chr. nach Rom kam, hatte dadurch die Empörung des alten Cato hervorgerufen, daß er an zwei aufeinander folgenden Tagen mit gleicher Beredsamkeit für und wider die Gerechtigkeit plädierte.[9] Die Technik des *in utramque partem dicere*[10] mußte Cicero besonders fesseln, war er doch als Anwalt darauf angewiesen, auch die Argumente der Gegenpartei zu erschließen, um sie wirksam bekämpfen zu können.

So ist Sokrates der geeignete Schutzpatron für den Inhalt wie für die Form der *Tusculanae Disputationes*. Darüber hinaus erkennen wir, daß Sokrates für Cicero als Redner und Politiker eine in die Praxis unmittelbar eingreifende Bedeutung hat. Was vor allem zählt, ist seine Methode. Diese Betonung des Rationalen an Sokrates ist um so bemerkenswerter, als sie sich in einer Schrift findet, deren moralischer Inhalt eine emotionale Ausgestaltung nahegelegt hätte. Cicero weiß eben die philosophische Bildung als solche sehr hoch zu schätzen, und dies nicht nur, weil er ihr für seine politische Laufbahn viel verdankt. Aktion und Reflexion stehen zwar in ständiger Wechselwirkung, werden aber nicht vermengt. Die Schriften bieten Information und methodische Belehrung in Beispielen, keine missionarisch-militante Erbauung.

Wenden wir uns nun dem Paralleltext bei Seneca zu![11]

> *Erige te, Lucili virorum optime, et relinque istum ludum litterarium*[12] *philosophorum qui rem magnificentissimam ad syllabas vocant, qui animum minuta docendo demittunt et conterunt: fias*[13] *similis illis qui invenerunt ista, non qui docent et id agunt, ut philosophia potius difficilis quam magna videatur. Socrates, qui totam philosophiam revocavit ad mores et hanc summam dixit esse sapientiam, bona malaque distinguere, ›sequere‹ inquit ›illos, si quid apud te habeo auctoritatis. Ut sis beatus, et te alicui stultum videri sine. Quisquis volet tibi contumeliam faciat et iniuriam, tu tamen nihil patieris, si modo tecum erit virtus. Si vis inquit ›beatus esse, si fide bona vir bonus, sine contemnat te aliquis‹. Hoc nemo*

praestabit nisi qui omnia bona exaequaverit, quia nec bonum sine honesto est et honestum in omnibus par est.

Steh auf, Lucilius, bester der Männer, und verlaß diese Elementarschule der Philosophen,[14] welche die herrlichste Sache auf Silbenstechereien hinauslaufen lassen, welche Kleinigkeiten lehren und so den Geist herabdrücken und aufreiben: Du werde denjenigen ähnlich, welche diese Dinge gefunden haben, nicht denen, die sie nur lehren und sich befleißigen, die Philosophie lieber schwierig als groß erscheinen zu lassen. Sokrates, der die ganze Philosophie auf die Sittlichkeit bezogen und es für die höchste Weisheit erklärt hat, Gut und Böse zu unterscheiden, sagt: »Folge du jenen, wenn ich auf dich nur den geringsten Einfluß habe. Um glücklich zu sein, laß es ruhig auch zu, daß du dem einen oder anderen töricht scheinst. Mag, wer da will, dir Schimpf und Kränkung antun: Dir wird dennoch kein Leid geschehen, sofern nur die Tugend bei dir ist. Willst du, sagt er, glückselig sein, guten Gewissens ein guter Mensch, so laß zu, daß jemand dich verachtet.« Das wird nur vollbringen, wer alle Güter auf die gleiche Stufe stellt: Denn es gibt kein Gut ohne das sittlich Gute, und das sittlich Gute ist in allem Tun von gleichem Wert.

Der Autor unseres Briefes, L. Annaeus Seneca, lebt nicht mehr wie Cicero in der römischen Republik, sondern unter dem Kaiser Nero. Die Möglichkeiten politischer Betätigung haben sich erheblich gewandelt. Zudem ist für Seneca gegen Ende seines Lebens, zur Zeit der Abfassung der *Epistulae morales,* eine staatsmännische Tätigkeit kaum mehr möglich. Zwar steht die Ethik nach wie vor im Vordergrund der philosophischen Überlegungen, doch verengt sich ihr Rahmen noch mehr. Aus Staat und Gesellschaft – dem Raum, in dem sich Ciceros Denken noch selbstverständlich bewegt und bewährt –, zieht sich bei Seneca die Moralphilosophie in den privaten Bereich zurück. Dies führt zu einer in Rom geradezu überraschenden Aufwertung des *otium* und der kontemplativen Lebensform. Zu den nicht immer genügend beachteten Früchten dieser Wandlung zählt die Möglichkeit, reine Wissenschaft als höchsten Lebensinhalt anzuerkennen, eine Konsequenz, die in der Vorrede der *Naturales quaestiones* gezogen ist. Unser Text freilich läßt ganz andere Folgen der skizzierten Entwicklung erkennen.

Seneca beginnt mit einem Imperativ und einem Vokativ. Die Anrede an den Adressaten entspricht dem philosophischen »Predigtstil«

der sogenannten »Diatribe«,[15] die sich dem Gesprächston nähert. Bereits dieser Anfang verdeutlicht einen wesentlichen Unterschied gegenüber unserem Cicerotext: Dort ruhige Betrachtung und dialektische Analyse, hier das offensichtliche Bestreben, auf den Willen des Lesers einzuwirken. Stilistische und rhetorische Mittel erscheinen bei beiden Autoren in verschiedener Funktion. Schon rein äußerlich gliedert sich Ciceros Text in vier Sätze, der Senecapassus – trotz seiner Kürze – in sechs. Bei Cicero wechseln syntaktische Einheiten verschiedener Länge miteinander ab, bei Seneca zerfallen auch umfangreiche Strukturen in knappe Kola: Im Detail herrscht ein Streben nach Eindringlichkeit, im ganzen eine gewisse Gleichförmigkeit. Auffällig die Antithesen: *qui invenerunt, non qui docent; potius difficilis quam magna; ad syllabas vocant ... revocavit ad mores*. Bezeichnend ist auch die verschiedene Funktion der Konjunktive: Bei Cicero stehen sie in Nebensätzen und geben Problemstellungen oder Absichten wieder, bei Seneca finden sie sich – mit einer Ausnahme – in Hauptsätzen und haben befehlende Funktion. Der aggressive Charakter von Senecas Rhetorik offenbart sich in zahlreichen Wortwiederholungen: *qui ... qui; qui ... non qui; fide bona ... vir bonus; omnia bona ... quia nec bonum sine honesto est, et honestum ...* Die Emphase in *fide bona vir bonus* betont den hohen Rang des erstrebten Zieles; entlarvend ist umgekehrt die Prägnanz karikierender Ausdrücke wie *ludum litterarium philosophorum* oder *syllabas* (dieses Wort bildet auch dank seiner Kürze eine verblüffende Antiklimax nach *magnificentissimam*). Die reiche Palette sinnverwandter Wörter wirkt manchmal mehr extensiv als intensiv: z.B. *exaequaverit – par est; alicui stultum videri – sine contemnat te aliquis*. Diese besondere Variationskunst Senecas muß auch bei der Beurteilung der fingierten Sokrateszitate in unserem Text berücksichtigt werden. Wer die Eigentümlichkeiten unseres Schriftstellers kennt – und speziell seine Neigung, Sokrates redend einzuführen, auch wo es sich eindeutig um Gedanken Senecas handelt[16] –, wird dem Römer die kühne Identifikation mit dem Exemplum zutrauen.

Die Erwähnung des Sokrates klingt deutlich an Cicero an; doch ist die Formulierung verschärft, der Inhalt verallgemeinert (*totam philosophiam*). Kennzeichnend für Senecas historische Situation ist die Auslassung der Polis (Cicero: *in urbibus*): Ethik soll die »ganze« Philosophie sein, und zwar eine Ethik, in der Staat und Gesellschaft nicht mehr eigens hervorgehoben werden. Noch auffälliger ist ein weiterer Unterschied gegenüber Cicero: Der logisch-dialektische

Aspekt, der bei dem Vorgänger konstitutive Bedeutung hatte, wird geradezu polemisch beiseitegeschoben. Es klingt gewiß zunächst souverän und befreiend, wenn sich Seneca über die Silbenstechereien der Schulphilosophen erhebt. Aber die Gefahren, die der Philosophie als Wissenschaft drohen, wenn die vermeintliche Torheit, von der Seneca spricht, von echten Toren als Alibi mißbraucht wird, sind unverkennbar. Seneca selbst trifft dieser Vorwurf noch nicht; sehen wir doch aus seinen späteren Briefen, daß er auch theoretischen Problemen nicht aus dem Wege geht, und wir dürfen ihm auch glauben, daß es ihm mit dem Lob der wissenschaftlichen Erkenntnis in den *Naturales quaestiones* ernst war.

Während Sokrates bei Cicero als Kronzeuge für die akademische Skepsis auftritt, beansprucht ihn Seneca für die Stoiker. Das zweite Sokrateszitat – genauer: die eigene Paraphrase des ersten – läßt der Römer in einen Gedankengang münden, dem das stoische Paradoxon von der Gleichheit aller Güter zugrunde liegt. Mit römischem Ernst faßt Seneca Sokrates als *exemplum* auf,[17] stellt sich als Schüler und Lehrer in seine Nachfolge, nimmt ihn sogar als Sprecher in seine Dienste. Hauptziel Senecas ist Befreiung des Menschen vom Urteil der Menge. Dem entsprechen die Bedeutungen der Verba, die Seneca in positivem Sinne gebraucht: *erige te, relinque* (im Gegensatz zu *demittunt, conterunt*), *invenerunt* (gegenüber *docent*), *distinguere* und sogar *stultum videri*. Leitstern ist die höchste Weisheit, nicht Weltklugheit. Der Weise soll bereit sein, auch Verkennung und Spott in Kauf zu nehmen.

Fassen wir zusammen! Als Schriftsteller ist Seneca zum Schöpfer einer neuen Prosa geworden, die von den Predigten der Kirchenväter bis zu den geschliffenen Aphorismen neuzeitlicher Moralisten und Essayisten fortgewirkt hat. Zwar stellt er die Rhetorik in den Dienst der Philosophie, doch immerhin ist es noch Philosophie, nicht Religion, für deren Verbreitung er sich einsetzt. Aufrichtung des Menschen in die ihm gemäße Vertikale ist gleichbedeutend mit philosophischer Erkenntnis, nicht mit mystischer Erlösung.

Apuleius lebt in Nordafrika im 2. Jahrhundert n. Chr. und fühlt sich als platonischer Philosoph, wovon u. a. Schriften über den Gott des Sokrates und über Platons Lehre zeugen. Er ist in verschiedene Mysterienreligionen eingeweiht und bekennt sich in seinem Roman, den »Metamorphosen« – man zitiert sie auch als den »Goldenen Esel« –, zu der ägyptischen Göttin Isis. Im Geiste jener Epoche, die man die »Zweite Sophistik« nennt, entfaltet er als gefeierter Redner, der gleichermaßen Griechisch und Latein beherrscht, eine ausgedehnte Vortragstätigkeit. Auszüge aus seinen Reden sind uns in den *Florida* erhalten. Betrachten wir die Rolle des Sokrates in dieser »Blütenlese«![18]

> *At non itidem maior meus Socrates, qui cum decorum adulescentem et diutule tacentem conspicatus foret, ›ut te videam‹, inquit, ›aliquid et loquere‹. Scilicet Socrates tacentem hominem non videbat; etenim arbitrabatur homines non oculorum, sed mentis acie et animi obtutu considerandos. Nec ista re cum Plautino milite congruebat, qui ita ait: ›Pluris est oculatus testis unus quam auriti decem.‹[19] Immo enimvero hunc versum ille ad examinandos homines converterat: Pluris est auritus testis unus quam oculati decem. Ceterum si magis pollerent oculorum quam animi iudicia, profecto de sapientia foret aquilae concedendum. Homines enim neque longule dissita neque proxume adsita possumus cernere, verum omnes quodammodo caecutimus; ac si ad oculos et optutum istum terrenum redigas et hebetem, profecto verissime poeta egregius dixit velut nebulam nobis ob oculos offusam nec cernere nos nisi intra lapidis iactum valere.[20]*
>
> *Sicuti navem bonam, fabre factam, bene intrinsecus compactam, extrinsecus eleganter depictam, mobili clavo, firmis rudentibus, procero malo, insigni carchesio, splendentibus velis, postremo omnibus armamentis idoneis ad usum et honestis ad contemplationem, eam navem si aut gubernator non agat aut tempestas agat, ut facile cum illis egregiis instrumentis aut profunda hauserint aut scopuli comminuerint! Sed et medici cum intraverint ad aegrum, uti visant, nemo eorum, quod tabulina perpulchra in aedibus cernant, et lacunaria auro oblita et gregatim pueros ac iuvenes eximia forma in cubiculo circa lectum stantis, aegrum iubet, uti sit animo bono; sed, ubi iuxtim consedit, manum hominis prehendit, eam pertractat, venarum pulsum et momenta captat; si quid illic turbatum atque inconditum offendit, illi renuntiat male morbo haberi. Dives ille cibo interdicitur, ea die in sua sibi copiosa domo panem non accipit, cum interea totum eius servitium hilares sunt atque epulantur. Nec in ea re quicquam efficit condicione.*

Aber nicht in gleicher Weise hat mein Meister Sokrates gesprochen; als er einen schönen Jüngling erblickt hatte, der auffallend lange schwieg, sprach er: »Sag etwas, damit ich dich sehe.« Nun ja: Sokrates sah einen schweigenden Mann nicht; war er doch der Meinung, man müsse Menschen nicht mit dem Scharfblick der Augen, sondern mit dem des Geistes und dem Blick der Seele betrachten. Hierin stimmte er nicht mit dem Soldaten des Plautus überein: »Mehr wert ist ein Zeuge mit Augen im Kopf als zehn, die Ohren besitzen.« Vielmehr hatte Sokrates den Sinn dieses Verses umgekehrt, um die Menschen zu prüfen: »Mehr wert ist ein Zeuge mit Ohren als zehn, die Augen besitzen.« Wäre nämlich das Urteil der Augen gewichtiger als das des Geistes, so müßten wir in der Tat dem Adler den Vorrang in der Weisheit lassen. Wir Menschen können allerdings weder scharf sehen, was ein wenig zu weit entfernt ist noch was ganz nah ist, sondern wir sind alle in gewissem Sinne blind. Und wenn man es auf die Augen und diese schwache irdische Sehkraft bezieht, hat der große Homer in der Tat die reine Wahrheit gesagt, nämlich vor unseren Augen sei gewissermaßen ein Nebel ausgebreitet und wir könnten nur einen Steinwurf weit sehen.

Als Gleichnis diene ein gutes Schiff, meisterhaft gebaut, innen gut zusammengefügt, außen trefflich bemalt, mit beweglichem Steuer, festen Tauen, einem hochragenden Mast, einem ausgezeichneten Topp, mit glänzend weißen Segeln, überhaupt mit aller Ausrüstung, die zugleich zweckmäßig ist und schön anzusehen: Wenn dieses Schiff entweder der Steuermann nicht lenkt oder der Sturm mit sich forttreibt, wie leicht werden es samt seinen vortrefflichen Instrumenten entweder die Tiefen verschlingen oder die Felsen zerschellen lassen! Aber auch [21] wenn die Ärzte gekommen sind, einen Kranken zu besuchen, wird dennoch – mögen sie auch in den Hallen sehr schöne Bildergalerien, vergoldete Kassettendekken und scharenweise Knaben und Jünglinge von ungewöhnlicher Schönheit sehen, die im Schlafzimmer um das Bett stehen – keiner von ihnen deswegen den Kranken auffordern, er solle guten Mutes sein; sondern der Arzt setzt sich neben ihn, nimmt den Menschen bei der Hand, befühlt sie und versucht, den Puls der Adern und seinen Rhythmus zu erhaschen; wenn er hierbei darauf stößt, daß etwas verwirrt und unrhythmisch ist, erklärt er ihm, um seine Gesundheit stehe es schlecht. Jenem reichen Mann wird das Essen untersagt, an diesem Tage bekommt er in seinem eigenen wohlversehenen Hause für sich kein Brot, während seine ganze Dienerschaft fröhlich ist und es sich schmecken läßt. In diesem Punkt kann er auch durch seinen Reichtum nichts ausrichten.

Hier ist Sokrates wieder ein anderer: weder der Dialektiker noch der Anwalt einer strengen, betont schlichten Moral. Apuleius verweilt lange bei der Blindheit der Menschen. Wir sehen nur einen Steinwurf weit; was sehr nahe oder sehr fern ist, können wir nicht erkennen. Käme es freilich nur auf physisches Sehvermögen an, so wäre der Adler das weiseste aller Geschöpfe.

Diese Überlegungen dienen in mehrfachem Sinne der Auslegung der Anekdote von der Begegnung des Sokrates mit einem schönen jungen Mann, der sich in Schweigen hüllt. Das Wort »sag etwas, damit ich dich sehe« stößt den Leser auf die Tatsache, daß hier unter »Sehen« etwas anderes verstanden wird als im täglichen Leben. Zur Verdeutlichung konstatiert Apuleius zunächst ironisch noch einmal den paradoxen Sachverhalt: »Offenbar *sah* Sokrates einen Menschen nicht, solange dieser schwieg.« Dann folgt die Erklärung: »Er war nämlich der Meinung, man müsse Menschen nicht mit dem Scharfblick der Augen, sondern mit dem des Geistes und mit dem Blick der Seele betrachten.« Hier ist der erste Kontrast deutlich geworden: physisches und geistiges Sehen.[22] Was geistiges Sehen ist, klärt eine zweite Gegenüberstellung: die entgegengesetzte Bewertung von Auge und Ohr im Urteil des Durchschnittsmenschen bzw. des Philosophen. Der Veranschaulichung dient ein Komödienzitat und seine Umkehrung. Erläuternd sei hinzugefügt, daß die hohe Bewertung des Gehörs damit zusammenhängt, daß es der Übermittlung des Wortes dient, das als Logos das Wesen des Menschen ausmacht, also bei der Einschätzung von Personen den Vorrang hat.[23] Die beiden besprochenen Antithesen laufen auf eine dritte hinaus: diejenige zwischen Sokrates und der Menge. Diese ist blind, urteilt nach dem Augenschein. Sokrates allein weiß um die wahre Rangordnung von Hören und Sehen, weiß was Sehen im eigentlichen, vollen Sinne bedeutet. So geht es Apuleius letztlich um den Gegensatz zwischen der Sicht des Eingeweihten (angedeutet wohl auch in Adlerblick und Adlerflug) und des Außenstehenden, eine Unterscheidung, die ihm auch sonst am Herzen liegt.

Unser zweiter Text veranschaulicht nach Art der Diatribe die konträren Werteskalen: Ein technisch hervorragend ausgerüstetes Schiff, dem der Steuermann fehlt, ein reich, ja verschwenderisch ausgestattetes Haus, das seinem kranken Eigentümer nichts nützt. Der wahre Fachmann — hier in Gestalt des Arztes — läßt sich indessen von äußerem Glanz nicht blenden. Sein Blick dringt in die Tiefe; der Heilkundige versteht es, den Puls zu fühlen[24] und so den wirklichen Zustand eines Menschen zu ergründen.

In aller Kürze sei auf einen dritten Text hingewiesen, in dem Sokrates wiederum zum Prüfstein für menschliches Urteilen wird: An einer wichtigen Stelle im Eselsroman ist die Entscheidung des bestochenen Paris für die Sinnlichkeit (Venus) mit dem Fehlurteil der Athener – dem Justizmord an Sokrates – in Verbindung gebracht.[25]

Sokrates ist für Apuleius eine Schlüsselfigur, *maior meus:* Der Platoniker erkennt in ihm seinen Meister, freilich unter einem anderen Gesichtswinkel als Cicero, obwohl dieser ebenfalls in der Nachfolge Platons steht. Es geht jetzt weniger um den Dialektiker als um den Menschenkenner, den feinfühligen, unbestechlichen Diagnostiker. Dieser Aspekt wird in der Neuzeit fortwirken. Daneben stehen jedoch Züge, die für die Epoche des Apuleius bezeichnend sind: der Eingeweihte und begnadete Hellseher, der sich von der großen Menge unterscheidet. Im Vergleich mit Seneca hat sich der Akzent spürbar vom Ethischen aufs Anthropologische, von der philosophischen auf die religiöse Erkenntnis verlagert. Während der Autor der *naturales quaestiones* der wissenschaftlichen Neugier – auch auf dem Gebiet der Natur – einen hohen Wert zuerkennt, brandmarkt Apuleius in seinem Roman die *curiositas;* er selbst beschäftigt sich zwar auch noch mit empirischer Einzelbeobachtung,[26] aber in der Folgezeit wird *curiositas* noch schärfer verurteilt werden, so von Augustinus. Auf längere Sicht wird die naturwissenschaftliche Forschung einschlafen.

Die kontinuierliche Zunahme der religiösen Färbung des Sokratesbildes von Cicero über Seneca bis Apuleius wird in unseren neuzeitlichen Texten keine direkte[27] Fortsetzung finden. Stark wirken hingegen die ›dynamischen‹ Aspekte weiter, die Apuleius in den Vordergrund stellt, die anthropologische Orientierung. Sokrates wird der Mann des rechten Hörens und Sehens, der Arzt am Puls der Menschheit bleiben, aber in einem säkularisierten Sinne.

Dieselbe Anekdote wie Apuleius verwendet fast anderthalb Jahrtausende später der spanische Moralist Baltasar Gracián (1601 – 1658),[28] ebenfalls als Beleg für die eigene Grundauffassung, aber in einem anderen Geiste.

> *Tener el arte de conversar: en que se haze muestra de ser persona. En ningún exercicio humano se requiere más la atención, por ser el más ordinario del vivir. Aquí es el perderse o el ganarse, que si es necessaria la advertencia para escrivir una carta, con ser conversación de pensado y por escrito, ¡quánto más en la ordinaria, donde se*

haze examen pronto de la discreción! Toman los peritos el pulso al ánimo en la lengua, y en fe de ella dixo el Sabio: habla si quieres que te conozca. Tienen algunos por arte en la conversación el ir sin ella, que ha de ser olgada como el vestir. Entiéndese entre mui amigos que quando es de respeto ha de ser más substancial y que indique la mucha substancia de la persona. Para acertarse se ha de ajustar al genio y al ingenio de los que tercian; no ha de afe[c]tar el ser censor de las palabras, que será tenido por gramático, ni menos fiscal de las razones, que le hurtarán todos el trato y le vedarán la comunicación. La discreción en el hablar importa más que la eloqüencia.

Die Kunst der Unterhaltung besitzen – sie ist es, in der ein ganzer Mann sich produziert. Keine Beschäftigung im Leben erfordert größere Aufmerksamkeit; denn gerade weil sie die gewöhnlichste ist, wird man durch sie sich heben oder stürzen. Ist Behutsamkeit nötig, einen Brief zu schreiben, welches eine überlegte und schriftliche Unterhaltung ist, wieviel mehr bei der gewöhnlichen Unterhaltung, in welcher die Klugheit eine unvorbereitete Prüfung zu bestehen hat! Die Erfahrenen fühlen der Seele den Puls an der Zunge, und deshalb sagte der Weise (Sokrates): »Sprich, damit ich dich sehe.«[29] Einige halten dafür, daß die Kunst der Unterhaltung gerade darin bestehe, daß sie kunstlos sei, indem sie locker und lose, wie die Kleidung, sein müsse. Von der Unterhaltung zwischen genauen Freunden gilt dies wohl; allein, wenn mit Leuten geführt, die Rücksicht verdienen, muß sie gehaltvoller sein, um eben vom Gehalt des Redenden Zeugnis zu geben. Um es recht zu treffen, muß man sich der Gemütsart und dem Verstande des Mitredenden anpassen. Auch affektiere man nicht, Worte zu kritisieren, sonst wird man für einen Grammatikus gehalten; noch weniger sei man der Fiskal der Gedanken, sonst werden alle uns ihren Umgang entziehen und die Mitteilung teuer feil haben. Im Reden ist Diskretion viel wichtiger als Beredsamkeit.

Stilistisch scheint Gracián Seneca verwandt, ein Meister des schlagenden Gedankens, der zugespitzten[30] Sentenz, des *concepto*,[31] den er in Anlehnung an italienische Vorbilder fortentwickelt. Zugleich schlicht und sublim, verlangt diese Schreibart auch eine gewisses Maß an poetischer »Dunkelheit«;[32] wendet sie sich doch weniger an das logische Denken als an die Vorstellungskraft. Wir sehen uns hier einem »Attizismus« gegenüber, der zugleich barocke, manieristische Züge trägt und sich hierin dem Asianismus nähert.[33] Die Kola sind kurz, die Satzverbindung ist lose, der Ausdruck pointiert, Antithesen stehen ohne Übergang nebeneinander. Eine erstrebte Qualität ist die Kürze (*más valen quintas esencias que fárragos*[34]) gemäß dem Prinzip, den Appetit des Lesers nie restlos zu stillen (*dejar con hambre* Orác. 299). Im einzelnen beobachten wir Prägnanz (*persona, gramatico, fiscal*), Ellipse (*la ordinaria,* sc. *conversación*), kühne Bilder (*toman ... el pulso al animo en la lengua; fiscal de las razones; el perderse o el ganarse*), Wortspiele (*al genio y al ingenio*), Andeutung (*el sabio* statt Sokrates), Synonyme in steigender Reihung (*atención – advertencia – discreción*). Nebensätze fehlen; dafür stehen präpositionale Ausdrücke (*por ser; con ser; para acertarse*). Epitheta, Pronomina und Konjunktionen sind sparsam gesetzt. Die durchdachte Form und die innere Geschlossenheit unseres Textes sprechen übrigens dafür, daß Gracián die Ausgabe selbst redigiert hat.[35]

Eine Analyse des Wortschatzes vermag uns auch inhaltliche Aufschlüsse zu geben. Welche Wörter haben bei Gracián positiven Klang? Einerseits *persona* und *substancia* (späte Nachwirkungen von Boethius' Definition der Person als *individua substantia*),[35a] andererseits *arte, todos*. Das zuletzt genannte Wort ist besonders wichtig: »Besser mit allen ein Narr als allein gescheit.«[36] Hier zeigt sich Gracián als Antipode Senecas, der gefordert hatte, man solle sich nichts daraus machen, wenn man gewissen Leuten als dumm erscheine. Lang ist die Reihe der Abstrakta, welche die Einordnung in die Gruppe bezeichnen: *comunicación, atención, advertencia, discreción* (zweimal), *respeto*. Nicht weniger aufschlußreich sind die Verben: *conversar, ajustarse, ganarse, acertarse*. So ist im ganzen das Vokabular der »Anpassung« vorherrschend – ganz im Gegensatz zu Seneca! Äußere Geltung hält Gracián für erstrebenswert, Seneca für gleichgültig. Das hängt damit zusammen, daß Gracián ein aktives, Seneca in den *Epistulae morales* und manchen *Dialogi* ein kontemplatives Ideal verfolgt.

Dies bestätigen folgende nah verwandte Texte, die wir in einem kurzen Exkurs vergleichen wollen:[37]

Faciles etiam nos facere debemus, ne nimis destinatis rebus indulgeamus, transeamusque in ea in quae nos casus deduxerit nec mutationem aut consili aut status pertimescamus, dummodo nos levitas, inimicissimum quieti vitium, non excipiat. Nam et pertinacia necesse est anxia et misera sit, cui fortuna saepe aliquid extorquet, et levitas multo gravior nusquam se continens. Utrumque infestum est tranquillitati, et nihil mutare posse et nihil pati. Utique animus ab omnibus externis in se revocandus est ...

Wir müssen auch uns selbst anpassungsfähig machen, daß wir uns nicht allzusehr nach dem richten, was wir uns fest vorgenommen haben. Laß uns zu dem übergehen, wohin uns der Zufall geführt hat, und keine Veränderung unseres Planes oder unserer Lage scheuen, wenn nur die Flatterhaftigkeit, ein Laster, das des Seelenfriedens schlimmste Widersacherin ist, uns nicht in die Fänge bekommt. Denn notwendigerweise muß sowohl der Starrsinn sorgenvoll und unglücklich sein, dem das Schicksal oft gewaltsam etwas entreißt, als auch die Flatterhaftigkeit, die noch viel schlimmer ist, weil sie sich nirgends ständig aufhält. Beides ist der Ruhe Feind, gleichermaßen die Unfähigkeit, etwas umzustoßen, wie diejenige, etwas zu ertragen. In jedem Falle muß der Geist von allen äußeren Dingen in sich selbst zurückgerufen werden.

Auch in den früheren Kapiteln seiner Schrift »Über die Seelenruhe« warnt Seneca besonders vor der Unbeständigkeit *(inconstantia).* Selbst in diesem Buch, das entstand, als er unter Nero großen politischen Einfluß besaß, ist das oberste Ziel die Seelenruhe.

Graciáns Vorliebe für dieses »höfischste« Werk Senecas bezeugt folgender Abschnitt aus dem »Handorakel«:

Vivir a la ocasión. El governar, el discurrir, todo ha de ser al caso; querer quando se puede, que la sazón y el tiempo a nadie aguardan. No vaya por generalidades en el vivir, si ya no fuere en favor de la virtud, ni intime leyes precisas al querer, que avrá de bever mañana del agua que desprecia hoi. Ai algunos tan paradoxamente impertinentes que pretenden que todas las circunstancias del acierto se ajusten a su manía, y no al contrario. Mas el sabio sabe que el norte de la prudencia consiste en portarse a la ocasión.

Nach der Gelegenheit leben. Unser Handeln, unser Denken, alles muß sich nach den Umständen richten. Man wolle, wenn man kann, denn Zeit und Gelegenheit warten auf niemanden. Man lebe nicht nach ein für allemal gefaßten Vorsätzen, es sei denn zugunsten der Tugend, noch schreibe man dem Willen bestimmte Gesetze vor, denn morgen schon wird man das Wasser trinken müssen, welches man heute verschmähte. Es gibt so verschrobene

Querköpfe, daß sie verlangen, alle Umstände bei einem Unternehmen sollen sich nach ihren verrückten Grillen fügen und nicht anders. Der Weise hingegen weiß, daß der Leitstern der Klugheit darin besteht, daß man sich nach der Gelegenheit richte.

In unserem Text fehlt die Ruhe als Ziel. Gracián ist weit vom Quietismus entfernt, der erst nach seiner Zeit wieder aufkommen wird.[38] Der Spanier will mehr vor Starrsinn als vor Wankelmut warnen (vgl. auch Orác. 261: »Nicht seine Torheit fortsetzen« und gar: »Weder das unüberlegte Versprechen noch der irrige Entschluß legen Verbindlichkeit auf«, *no proseguir la necedad ... ni la promesa inconsiderada, ni la resolución errada induzen obligaciones,* und 183: »Die Festigkeit gehört in den Willen, nicht in den Verstand«, *el tesón ha de estar en la voluntad, no en el juizio*). Farbige Ausdrücke dienen dazu, die Unbelehrbarkeit lächerlich zu machen (*manía, paradoxamente impertinentes*) und andererseits flexibles Verhalten zu empfehlen, so eine Metapher aus der Seefahrersprache (*norte*) und die sprichwörtliche Redensart vom Wasser, das man heute verschmäht und morgen trinken muß.

An diesen beiden Texten beobachten wir, daß Seneca mit der Empfehlung der Wendigkeit eine Warnung vor ihrem Extrem verbindet und diese durch ein Oxymoron unterstreicht (*levitas multo gravior*, etwa: »Leichtfertigkeit wiegt viel schwerer«), während Gracián umgekehrt den Starrsinn aufs Korn nimmt. Hier betont Seneca auch die Notwendigkeit der inneren Loslösung von den äußeren Dingen, Gracián die Anpassung, ein Unterschied, der bei der engen Verwandtschaft der Themen zu denken gibt.

Nun zurück zu unserem ersten Gracián-Text (S. 330ff.)! Im Unterschied zu Apuleius findet sich dort von einer religiösen Deutung keine Spur – und dies, obwohl der Verfasser Geistlicher ist. In jenem Goldenen Zeitalter Spaniens weiß sich das Individuum so sehr in die Gesellschaft einbezogen und von ihr geprägt, wie wir es in unseren Textbeispielen zuletzt im Falle Ciceros beobachteten, ja vielleicht noch stärker. Die Ratschläge des *Oráculo manual* sind weniger eine Schule der Moral (um von Dialektik und Religion zu schweigen) als vielmehr der Lebensklugheit (*prudencia*), die bei aller schuldigen Reverenz vor Tugend und Heiligkeit doch nicht selten an Verstellung grenzt. In dieser Beziehung geht Gracián auch über praktisch orientierte antike Schriften wie Ciceros Pflichtentraktat hinaus und nähert sich der Gattung der Erfolgsbücher, zu deren unfreiwilligen Ahnen

Horazens Erbschleichersatire[39] und Ovids »Liebeskunst« zählen. Freilich ist für Gracián nicht der Erfolg das oberste Ziel, sondern im höfischen Sinne der »rechte Mann«, dem auch Züge des stoischen Weisen[40] (vgl. 137) und christlichen Heiligen nicht ganz fehlen.

Welche Bedeutung erhält Sokrates in diesem Zusammenhang? »Die Kunst des Gespräches besitzen – sie ist es, in der ein ganzer Mann sich produziert.« Der Praxisbezug des Buches wird schon in der Ausdrucksweise deutlich. Es kommt durchaus nicht nur darauf an, etwas zu sein (*persona*, d. h. ein Mann von Geistesgaben und Wert), sondern auch, sich ins rechte Licht zu setzen (vgl. *haze muestra*). Diesem Ziel soll die Kunst (*arte*) des Gespräches dienen. Sie ist nicht etwa in erster Linie ein Weg zur Darlegung gegensätzlicher Standpunkte (wie bei Cicero) bzw. zur Findung einer abstrakten philosophischen Wahrheit oder Wahrscheinlichkeit. Wie Seneca weist Gracián kleinliches Kramen in Worten zurück und lehnt es auch ab, wie ein Staatsanwalt jeden Gedanken und Ausspruch zu zerpflücken. Damit wird das sokratische Prinzip, den Gegner in die Enge zu treiben und ihm zu beweisen, daß er nichts weiß, ausdrücklich bekämpft und ins Lächerliche gezogen. Kommunikation (*comunicación*) ist in einer gesellschaftsbezogenen Kultur ein höherer Wert als theoretische Einsicht. Doch auch die Verständigung ist nicht Selbstzweck. Es geht darum, in der Wertschätzung der anderen zu steigen und nicht zu fallen (*el perderse o el ganarse*). Richtschnur ist nicht abstrakte Weisheit, sondern praktische Klugheit.

Als Schlüsselwort dient hier das schwer übersetzbare *discreción*. Etymologisch so viel wie »Unterscheidungsvermögen«, entfaltet die Vokabel eine ganze Palette von Bedeutungen: »Besonnenheit«, »Klugheit«, »eigenes Urteil« (daraus die Spezialbedeutung »Belieben«, »Bescheidwissen« über sich selbst, mithin auch »Bescheidenheit«, »Zurückhaltung«). Durch die Verbindung mit dem Erkennen der eigenen Stellung in der Gemeinschaft wird das Unterscheidungsvermögen sozialen Maßstäben unterworfen – im Gegensatz zu Senecas Aufforderung, Gut und Böse auf höchster Ebene, unabhängig von den Normen der Gesellschaft, zu unterscheiden: Die durchaus sokratische Verbindung von Bescheidenheit und Bescheidwissen transponiert Gracián aus dem Philosophischen ins Gesellschaftliche. Für die sokratische Ironie, welche die eigene Kraft verbirgt, statt sie zur Unzeit zu entfalten, hat der Spanier sehr viel Sinn. Freilich gibt er, ganz anders als der Grieche, dem Prinzip des Angemessenen im gesellschaftlichen Sinne den Vorzug und verzichtet auf die Entlarvung des Gesprächspartners. Hier spielen die ciceronisch-panaetianische Ethik von *De officiis* und die rhetorische Lehre vom *aptum* eine Rolle.

Auf Probleme des sozialen Ranges verweist auch der Ausdruck *de respeto*. Eine Unterredung, die Gracián brachylogisch durch diese beiden Wörter kennzeichnet, vollzieht sich zwischen Personen, die einander Achtung und Rücksicht schulden. Man fühlt sich wiederum an Cicero erinnert, der viele seiner philosophischen Dialoge von vornehmen Römern führen läßt, wobei der Ton der Auseinandersetzung spürbar höflicher und gedämpfter ist als in Platons oder auch Xenophons Ausformung der Gespräche des Sokrates im demokratischen Athen.

Gracián unterstreicht die Notwendigkeit der Anpassung an Temperament und Verstand des Gegenübers, und hierin greift er den ureigenen Ansatz des Sokrates auf, bei der Unterhaltung mit Athenern von deren unmittelbaren Alltagssorgen auszugehen. Die Forderung, der Gesprächsinhalt solle wesentlich sein (*substancial*) und von der Substanz des Sprechers (*substancia de la persona*) zeugen, steht ebenfalls nicht im Widerspruch zu dem Vorgehen des Sokrates. Gracián selbst beweist hier auch feines Empfinden dafür, was er seiner Würde als Mann des Geistes schuldig ist.

Welche Bedeutung Sokrates für ihn hat, zeigt er an dem Apophthegma, das wir schon aus Apuleius kennen.[41] Es verbindet sich mit dem Bild vom Fühlen des Pulses, für das die Kommentare zum *Oráculo manual* bisher keinen Beleg liefern. Wir wissen, daß es ebenfalls aus Apuleius stammt.[42] Die kühne Zuspitzung (*el pulso al ánimo en la lengua*) ist durch Kontamination zweier zusammengehöriger Motive entstanden, die sich bei Apuleius an verschiedenen Stellen finden. Während Gracián hier die Vorstellung bis zur Absurdität konkretisiert, schwächt er in dem Sokrateszitat die Paradoxie ab: *Habla si quieres que te conozca* (»Sprich, wenn du willst, daß ich dich erkenne!«). Es geht nicht mehr um geistiges Sehen, sondern um Menschenkenntnis. Graciáns Zugang zu Sokrates ist rein menschlich. Die von Apuleius hervorgehobene Fähigkeit des Diagnostizierens erhält tragende Bedeutung, der religiöse Hintergrund tritt jedoch gegenüber dem gesellschaftlichen zurück.[43] Trotz enger Berührungen im Wortlaut kommen geradezu konträre Mentalitäten zum Ausdruck. So überrascht es nicht, daß Gracián sich hinter einem weltlichen Herausgeber, Vincencio Juan de Lastanosa, verbirgt, um seine Oberen nicht herauszufordern.

Etwa 200 Jahre jünger als Gracián ist der italienische Dichter Giacomo Leopardi (1798 – 1837), für den das leidenschaftliche Studium der Antike eine Befreiung aus der Strenge und Enge seines Elternhauses bedeutet. In seinen Dichtungen wie in seiner Prosa ist die klassische Tradition als Hintergrund gegenwärtig. Er leidet unter dem Gegensatz zwischen der einstigen Größe und der Erniedrigung seines Vaterlandes in der nachnapoleonischen Zeit. Die düstere Stimmung seiner Gedichte und der satirische Zug seiner moralischen Schriften haben eine gemeinsame Wurzel: ein untrügliches Empfinden für Größe, wofür ihm das Altertum die Maßstäbe bot. In seiner Umwelt fühlt er sich nicht mehr so heimisch wie Gracián: Unsicherheit der Existenz, ein kränkelnder Körper und die Notwendigkeit, von der eigenen Schriftstellerei zu leben, lassen den großen italienischen Moralisten die Gesellschaft nicht mehr von innen, sondern gleichsam von außen sehen. Unser Text stammt aus einem höchst originellen Werkchen, der Biographie und Doxographie eines erfundenen Philosophen. Wie so mancher damalige Schriftsteller ist auch Ottonieri – so tauft ihn sein Autor – ein Außenseiter. Er lebt in keiner wirklichen Polis, sondern in einem »Wolkenkuckucksheim« (*Nubiana*) in der Provinz *Valdivento* (»Tal des Windes«).

Ottonieri fühlt sich als Sokratiker: Das Verbindende liegt vor allem in der ironischen und zuweilen verhüllten Redeweise. Was uns hier besonders beschäftigen muß, ist Leopardis Herleitung der sokratischen Ironie aus der Psyche dieses Mannes, gewissermaßen als Kompensation seiner Häßlichkeit, die ihn nicht nur von der Liebe, sondern auch weitgehend von einer politischen Tätigkeit ausschließt:[44]

> *Nella filosofia, godeva di chiamarsi socratico; e spesso, come Socrate, s'intratteneva una buona parte del giorno ragionando filosoficamente ora con uno ora con altro, e massime con alcuni suoi familiari, sopra qualunque materia gli era somministrata dall'occasione. Ma non frequentava, come Socrate, le botteghe de' calzolai, de' legnaiuoli, de' fabbri e degli altri simili; perché stimava che se i fabbri e i legnaiuoli di Atene avevano tempo da spendere in filosofare, quelli di Nubiana, se avessero fatto altrettanto, sarebbero morti di fame. Né anche ragionava, al modo di Socrate, interrogando e argomentando di continuo; perché diceva che, quantunque i moderni sieno più pazienti degli antichi, non si troverebbe oggi chi sopportasse di rispondere a un migliaio di domande continuate, e di ascoltare un centinaio di conclusioni. E per verità non avea di*

Socrate altro che il parlare talvolta ironico e dissimulato. E cercando l'origine della famosa ironia socratica, diceva: Socrate nato con animo assai gentile, e però con disposizione grandissima ad amare; ma sciagurato oltre modo nella forma del corpo; verisimilmente fino nella giovanezza disperò di potere essere amato con altro amore che quello dell'amicizia, poco atto a soddisfare un cuore delicato e fervido, che spesso senta verso gli altri un affetto molto più dolce. Da altra parte, con tutto che egli abbondasse di quel coraggio che nasce dalla ragione, non pare che fosse fornito bastantemente di quello che viene dalla natura, né delle altre qualità che in quei tempi di guerre e di sedizioni, e in quella tanta licenza degli Ateniesi, erano necessarie a trattare nella sua patria i negozi pubblici. Al che la sua forma ingrata e ridicola gli sarebbe stata di non piccolo pregiudizio appresso a un popolo che, eziandio nella lingua, faceva pochissima differenza dal buono al bello, e oltre di ciò deditissimo a motteggiare. Dunque in una città libera, e piena di strepito, di passioni, di negozi, di passatempi, di ricchezze e di altre fortune; Socrate povero, rifiutato dall'amore, poco atto ai maneggi pubblici; e nondimeno dotato di un ingegno grandissimo, che aggiunto a condizioni tali, doveva accrescere fuor di modo ogni loro molestia; si pose per ozio a ragionare sottilmente delle azioni, dei costumi e delle qualità de' suoi cittadini: nel che gli venne usata una certa ironia; come naturalmente doveva accadere a chi si trovava impedito di aver parte, per dir così, nella vita. Ma la mansuetudine e la magnanimità della sua natura, ed anche la celebrità che egli si venne guadagnando con questi medesimi ragionamenti, e dalla quale dovette essergli consolato in qualche parte l'amor proprio; fecero che questa ironia non fu sdegnosa ed acerba, ma riposata e dolce.

Così la filosofia per la prima volta, secondo il famoso detto di Cicerone, fatta scendere dal cielo, fu introdotta da Socrate nelle città e nelle case; e rimossa dalla speculazione delle cose occulte, nella quale era stata occupata insino a quel tempo, fu rivolta a considerare i costumi e la vita degli uomini, e a disputare delle virtù e dei vizi, delle cose buone ed utili, e delle contrarie. Ma Socrate da principio non ebbe in animo di far quest'innovazione, né d'insegnar che che sia, né di conseguire il nome di filosofo; che a quei tempi era proprio dei soli fisici o metafisici; onde egli per quelle sue tali discussioni e quei tali colloqui non lo poteva sperare: anzi professò apertamente di non saper cosa alcuna; e non si propose altro che d'intrattenersi favellando dei casi altrui; preferito questo passatempo alla filosofia stessa, niente meno che a qualunque altra scien-

za ed a qualunque arte, perchè, inclinando naturalmente alle azioni molto più che alle speculazioni, non si volgeva al discorrere, se non per le difficoltà che gl'impedivano l'operare. E nei discorsi, sempre si esercitò colle persone giovani e belle più volentieri che cogli altri; quasi ingannando il desiderio, e compiacendosi d'essere stimato da coloro da cui molto maggiormente avrebbe voluto essere amato. E perciocché tutte le scuole dei filosofi greci nate da indi in poi, derivarono in qualche modo dalla socratica, concludeva l'Ottonieri, che l'origine di quasi tutta la filosofia greca, dalla quale nacque la moderna, fu il naso rincagnato, e il viso da satiro, di un uomo eccelente d'ingegno e ardentissimo di cuore. Anche diceva, che nei libri dei Socratici, la persona di Socrate è simile a quelle maschere ciascuna delle quali nelle nostre commedie antiche,[45] ha da per tutto un nome, un abito, un' indole; ma nel rimanente varia in ciascuna commedia.

In der Philosophie machte es ihm Spaß, sich einen Sokratiker zu nennen, und wie Sokrates unterhielt er sich oft einen großen Teil des Tages damit, bald mit dem einen, bald mit dem andern philosophische Unterredungen zu führen und besonders mit einigen Vertrauten über jeden beliebigen Stoff, den ihm der Zufall gerade bot. Aber er besuchte nicht wie Sokrates die Werkstätten der Schuhmacher, Schreiner, Schmiede und sonstiger Handwerker; war er doch der Ansicht, zwar hätten die Schmiede und Schreiner Athens zum Philosophieren Zeit gehabt, diejenigen von Nubiana aber wären, wenn sie dergleichen getan hätten, Hungers gestorben. Auch führte er die Unterredung nicht wie Sokrates, indem er fortwährend fragte und argumentierte; sagte er doch, mögen auch die Modernen noch so viel geduldiger sein als die Alten, würde sich dennoch heute keiner finden, der es aushielte, auf tausend aufeinanderfolgende Fragen zu antworten und hundert Schlußfolgerungen anzuhören. Und in Wahrheit hatte er von Sokrates nichts anderes als die zuweilen ironische und verhüllte Redeweise; und indem er nach dem Ursprung der berühmten sokratischen Ironie forschte, sagte er: Sokrates war eine sehr edle Sinnesart angeboren und doch besaß er eine sehr große Liebesfähigkeit, allein, was seine körperliche Gestalt betraf, war er vom Schicksal über die Maßen benachteiligt. Wahrscheinlich verzweifelte er schon in seiner Jugend daran, jemals eine andere Liebe erfahren zu können als die Liebe der Freundschaft, die doch wenig geeignet ist, ein zartfühlendes und glühendes Herz zu befriedigen, welches häufig für andere eine viel innigere Zuneigung empfindet. Andererseits scheint

er bei allem Überfluß an jenem Mut, welcher der Vernunft entspringt, doch nicht hinreichend mit demjenigen ausgestattet gewesen zu sein, den die Natur verleiht, noch mit den anderen Eigenschaften, die in jenen Zeiten der Kriege und des Aufruhrs und bei der so großen Zügellosigkeit der Athener notwendig waren, um in der eigenen Vaterstadt die öffentlichen Geschäfte zu führen. Dabei wäre seine abstoßende und lächerliche Erscheinung von vornherein eine große Beeinträchtigung für ihn gewesen in den Augen eines Volkes, das auch in der Sprache kaum zwischen dem Guten und dem Schönen unterschied und obendrein dem Spott mit Hingabe frönte. So war in einer freien Stadt, voll von Lärm, Leidenschaften, Geschäftigkeit, Vergnügungen, Reichtümern und anderen Glücksumständen, Sokrates arm, von der Liebe verstoßen, wenig geeignet für eine öffentliche Tätigkeit und nichtsdestoweniger mit dem größten Genie begabt, das in Verbindung mit solchen Bedingungen alles, was an ihnen lästig war, über die Maßen steigern mußte; so nahm er sich vor, um sich die Zeit zu vertreiben, über die Handlungen, Gewohnheiten und Eigenschaften seiner Mitbürger feine Überlegungen anzustellen, wobei er sich einer gewissen Ironie bediente, wie es natürlicherweise einem Manne widerfahren mußte, der sich sozusagen behindert fühlte, am Leben teilzunehmen. Doch die Sanftmut, die Großmut seines Wesens und auch die Berühmtheit, die er sich durch eben diese Unterredungen erworben hatte und mit der sich seine Eigenliebe bis zu einem gewissen Grade getröstet haben mußte, bewirkten, daß diese Ironie nicht verächtlich und bitter, sondern gelassen und sanft war.
So wurde die Philosophie zum ersten Male – nach dem berühmten Wort Ciceros – von Sokrates vom Himmel heruntergeholt und in die Städte und in die Häuser hineingeführt; sie wurde von der Spekulation über Geheimwissenschaften, mit der sie bis dahin beschäftigt gewesen war, abgebracht und wandte sich der Betrachtung des menschlichen Lebens und seiner Gewohnheiten zu, sowie der Auseinandersetzung über Tugenden und Laster, Gutes und Nützliches und deren Gegenteil. Aber von Anfang an hatte Sokrates nicht im Sinn, diese Neuerung einzuführen noch irgend etwas zu lehren noch den Titel eines Philosophen zu erlangen; denn in jener Zeit kam dieser nur den Physikern und Metaphysikern zu; deshalb konnte er für seine Diskussionen und Unterredungen einen solchen nicht erhoffen. Im Gegenteil – er erklärte öffentlich, nichts zu wissen, und nahm sich nichts anderes vor, als sich im Gespräch über die Angelegenheiten anderer zu unterhalten. Er zog diesen Zeitvertreib der eigentlichen Philosophie vor ebenso wie

irgendeiner anderen Wissenschaft oder anderen Kunst, denn da er
von Natur aus viel mehr zur Tat als zur Spekulation neigte, wandte
er sich nur zum Reden, weil ihn Schwierigkeiten am Handeln
hinderten. Und in seinen Reden beschäftigte er sich viel lieber mit
jungen und schönen Leuten als mit anderen; es war, als betrüge er
seinen Wunsch und gefalle sich darin, von denjenigen geachtet zu
werden, von denen er viel lieber hätte geliebt sein wollen. Und da
alle Schulen der griechischen Philosophen, die danach entstanden,
in irgendeiner Weise von der sokratischen abstammten, schloß
Ottonieri, daß der Ursprung fast der ganzen griechischen Philosophie, aus der die moderne hervorging, die Stupsnase war und das
Satyrgesicht eines Mannes mit vortrefflichem Geist und glühen-
dem Herzen. Er sagte auch, daß in den Büchern der Sokratiker die
Person des Sokrates jenen Masken gleicht, deren jede einzelne in
unseren alten Komödien überall einerlei Namen, Gewand und
Charakter hat, aber im übrigen in jeder Komödie wechselt.

Allein schon die Fülle und Lebendigkeit von Leopardis Stil erinnert an Cicero. Noch mehr gilt dies vom Inhalt. Wie Cicero, auf den
er sich ausdrücklich beruft, geht Leopardi von der philosophie-
geschichtlichen Wende aus, die Sokrates herbeigeführt hat. Während
Seneca Ciceros Worte vereinfacht, um die Beschränkung der Philosophie auf die Ethik noch schärfer herauszuarbeiten, läßt Leopardi
die Anschaulichkeit des ciceronischen Textes bestehen. Es kommt
ihm dabei mehr auf die Schilderung von Sokrates' Verhalten an als
auf die Ethisierung der Philosophie. Aber auch gegenüber Cicero
besteht ein Unterschied: Weit entfernt, Sokrates bereits zum Ahnherrn der wissenschaftlichen Methoden der akademischen Skepsis zu
machen, ja nicht einmal wie Apuleius und Gracián zum Diagnostiker, schreibt Leopardi ihm keinerlei Absicht zu: Sokrates wollte
nichts lehren und überhaupt nicht ein Philosoph heißen.[46] Vielmehr
war das Gespräch für ihn nur ein Ersatz für das Handeln, genauer
gesagt für die Liebe, von der ihn seine Häßlichkeit ausschloß.[47] An
die Stelle einer normativen Betrachtungsweise, die Sokrates als Beispiel oder Vorbild für das Verhalten in einem bestimmten erkenntnis-
theoretischen, ethischen, religiösen oder gesellschaftlichen Rahmen
für sich beansprucht, tritt eine psychologische, biographisch-histori-
sche. Die Ursachen einer großen geistesgeschichtlichen Entwicklung
sucht Leopardi im Individuum. Es geht ihm nicht mehr so sehr darum, Sokrates als Autorität zu zitieren, als vielmehr, die innersten

Triebfedern seines Handelns bloßzulegen. In satirischer Überzeichnung – die häßliche Nase eines einzelnen Mannes als *primum movens* der abendländischen Philosophiegeschichte! – wählt Leopardi hier im Gegensatz zu allen bisher zitierten Vorgängern einen historischen, geradezu historistischen Standort.[48]

Dabei ist besonders bemerkenswert, daß Leopardi Absicht und Wirkung klar auseinanderhält. Er stellt fest, Sokrates habe ursprünglich keineswegs geplant, Neuerungen einzuführen, irgend etwas zu lehren oder den Titel eines Philosophen zu beanspruchen. So zieht er eine Trennungslinie zwischen dem geschichtlichen Sokrates und den Sokratesbildern der verschiedenen Philosophenschulen, die sich auf ihn berufen.[49] Der methodische Ansatz findet eine Parallele in den etwa gleichzeitigen – zum großen Teil aber späteren – Versuchen, zwischen dem historischen Jesus und dem Christus der Dogmengeschichte zu unterscheiden. Immerhin schreibt Leopardi ein Jahrzehnt vor David Friedrich Strauß und mehrere Jahrzehnte vor Renan.

Leopardis Feststellung, daß Sokrates den verschiedenen Denkern, die in seiner Nachfolge stehen, gleichsam als Maske dient – vergleichbar den Typen der italienischen *Commedia dell'Arte*, wobei Namen, Gewand und Charakter festliegen, alles übrige aber in jeder Komödie verschieden ist –, wird durch unsere bisherige Textreihe bestätigt. Freilich gilt dies auch für Leopardis eigenes Sokratesbild, das seinerseits von bestimmten unausgesprochenen Prämissen ausgeht: Historische Prozesse werden von Individuen ausgelöst; die Motive für das Handeln von Personen leiten sich aus deren Lebens- und Seelengeschichte her, entspringen mehr dem Unterbewußten als einem Vorsatz. Psychisches Verhalten geht auf körperliche Ursachen zurück; philosophische Lehren und Methoden sind in erster Linie als Ausdruck und Reflex des Lebens zu studieren, das in seiner Entwicklung betrachtet werden muß. Diese Voraussetzungen sind nun ihrerseits charakteristisch für die Epoche, der Leopardi angehört. Die Geschichts- und Naturwissenschaften verdanken ihnen wesentliche Anstöße. Der Scharfblick ist erstaunlich, mit dem Leopardi sie schon zu einem recht frühen Zeitpunkt in satirischer Überzeichnung festgehalten hat. Indem er selbst die Maske Ottonieris benutzt und diesen diejenige des Sokrates gebrauchen läßt, deutet er doch wohl an, daß auch das hier von ihm entworfene Sokratesbild trotz seiner historischen Sicht nur eines von vielen bleibt. Ein Grundzug Ottonieris ist die sokratische Ironie; sie kommt hier als Mentalität zur Geltung, wie überhaupt die Epoche der Romantik die Ironie aufwertet.

Jedenfalls ist bei Leopardi die Befreiung der Sokratesgestalt von ihrer Unterordnung unter Systemzwänge verschiedener Art bisher am weitesten fortgeschritten. Der Schriftsteller, der nicht mehr in der Gesellschaft seiner Zeit aufgeht, sondern sie als einzelner gleichsam von außen betrachtet, entdeckt auch an Sokrates das Individuum und versucht es psychologisch zu deuten: Der Verzicht auf Idealisierung bringt einen Gewinn an menschlicher Nähe. So vollendet Leopardi den römischen lebensphilosophischen Ansatz und nimmt zugleich als einer der bedeutendsten Moralisten seiner Zeit spätere historische und psychologische Fragestellungen vorweg.

Hier wird Sokrates zum Vorläufer der großen Einsamen des 19. Jahrhunderts, die nicht so sehr moralisieren als vielmehr einen zeitkritischen Standpunkt einnehmen und psychologisieren. Die echt sokratische Rolle der »Stechmücke«, des unbequemen Zeitgenossen, werden Männer wie Schopenhauer und Nietzsche auf sich nehmen. Besonders aber ist hier der einsame dänische Denker Sören Kierkegaard (1813 – 1855) zu nennen.[50]

See, Socrates var en Lærer i det Ethiske, men han var opmærksom paa, at der intet ligefremt Forhold er mellem Læreren og den Lærende, fordi Inderligheden er Sandheden, og Inderligheden i de Tvende netop Veien bort fra hinanden. Fordi han indsaae dette, derfor var det formodentlig, at han var saa glad over sit fordeelagtige Ydre ... Hvorfor mon nu hiin gamle Lærer var saa glad over sit fordeelagtige Ydre, uden fordi han indsaae, at det maatte hjælpe til at fjerne den Lærende, saa denne ikke blev hængende i et ligefremt Forhold til Læreren, maaskee beundrede ham, maaskee lod sine Klæder sye paa samme Maade, men maatte fatte ved Modsætningens Frastød, hvilket igjen i en høiere Sphære hans Ironie var, at den Lærende har væsentlig med sig selv at gjøre, og at Sandhedens Inderlighed ikke er den kammeratlige Inderlighed, hvormed to Busenfreunde gaae med hinanden under Armen, men den Adskillelse, hvori hver for sig selv er existerende i det Sande.

Sieh, Sokrates war ein Lehrer im Ethischen, aber er war darauf aufmerksam, daß es zwischen dem Lehrer und dem Lernenden kein unmittelbares Verhältnis gibt, weil die Innerlichkeit die Wahrheit und die Innerlichkeit in jedem der beiden gerade der Weg ist, der sie voneinander führt. Weil er dies einsah, darum war er vermutlich so froh über sein vorteilhaftes (sic) Äußere. ... Weshalb sonst, als weil er einsah, daß es zur Entfernung des Lernenden mitwirken würde, so daß dieser nicht in einem direkten Verhältnis zum Lehrer hängen bliebe, ihn vielleicht bewunderte, vielleicht seine Kleider wie die seinen machen ließe, sondern durch das Abstoßen des Gegensatzes begreifen müßte, was wieder in einer höheren Sphäre seine Ironie war, daß der Lernende wesentlich mit sich selbst zu tun habe und daß die Innerlichkeit der Wahrheit nicht die kameradschaftliche Innerlichkeit ist, mit der zwei Busenfreunde Arm in Arm gehen, sondern die Innerlichkeit der Trennung, in der jeder für sich selbst im Wahren existierend ist.

Auf den ersten Blick scheint Kierkegaard einiges mit Leopardi gemeinsam zu haben: einmal die Pseudonymität; in beiden Fällen erscheint der Autor als »Herausgeber«. Bei dem dänischen Autor ist dieses Streben nach »Indirektheit«, Mittelbarkeit ein Element seiner Pädagogik (was gerade unser Text hervorhebt). Zum anderen hat er wie Leopardi eine hohe Meinung von der sokratischen Ironie, und er lebt diese Haltung selbst. Drittens deutet auch er die Häßlichkeit des Sokrates psychologisch.[51] Ein Unterschied freilich besteht: Während Leopardi das abstoßende Äußere des Philosophen durchaus für einen Mangel hält, aus dem sich sein Verhalten erklärt, macht Kierkegaard aus dem Fehlen der Schönheit geradezu einen Vorzug; schließt es doch ein erotisches Mißverstehen der didaktischen Beziehung von vornherein aus. So wirkt das Aussehen des Sokrates auf den Lehrer wie auf den Schüler befreiend. Es unterstreicht die Tatsache, daß der einzelne für sich selbst etwas werden soll, nicht im Verein mit dem Lehrer oder in Abhängigkeit von ihm. Für Kierkegaard verkörpert der einzelne einen der höchsten Werte, und es ist Sokrates, der diese Kategorie entscheidend geltend gemacht hat, und zwar »zur Auflösung des Heidentums. In der Christenheit wird sie gerade umgekehrt, das zweite Mal, dazu dienen, die Menschen, die Christen zu Christen zu machen«.[52] Kierkegaard unterstellt Sokrates also nicht ein Bedürfnis nach Zärtlichkeit (wie Leopardi), sondern ganz im Gegenteil ein Streben nach didaktisch fruchtbarer Distanz (was zu Kierkegaards bewußt gewählter Einsamkeit paßt). Ironie wird für den dänischen Denker eine Haltung, die der Lehrende mit seiner ganzen Existenz einzunehmen hat: »Denn zwischen Mensch und Mensch ist das μαιεύεσθαι (Hebammendienste leisten) das höchste; das Zeugen gehört Gott zu.«[53]

Weiter als bei Leopardi wird Sokrates dem Menschlichen entrückt; er handelt doch wiederum mehr in lehrhafter Absicht. Es entspricht Kierkegaards Rollenverständnis, ein Lehrender ohne Amt und Anspruch zu sein. Als ein Sokrates seiner Zeit strebt er weder nach weltlicher Macht noch nach kirchlicher Vollmacht, sondern will seinen Zeitgenossen die rechte Lebensführung nahebringen. Seine rege schriftstellerische Tätigkeit, die ihn auf den ersten Blick geradewegs zum Antipoden des Sokrates werden läßt, entspringt folgerichtig seiner Auffassung von sokratischer Ironie. Das geschriebene Wort verbürgt jenen Abstand, auf den es Kierkegaard ankommt, ist also für ihn diejenige Form des sokratischen Dialogs, die dem Gegenüber ein Höchstmaß an Freiheit gewährt. Für die Absicht, den einzelnen dem Massendasein zu entreißen, beruft er sich wieder auf Sokrates. »Zuletzt ist es die Menge, auf die ich es in meiner Polemik abgesehen habe; und das habe ich von Sokrates gelernt. Ich will die Menschen darauf achten lassen, ihr Leben nicht zu vergeuden und nicht zu verschwenden.«[54] Neben der hohen Bewertung des einzelnen ist es also die Bedeutung der Existenz, die Kierkegaard hervorheben will: »Mein Hauptgedanke war, daß man in unserer Zeit über dem vielen Wissen vergessen hätte, was Existieren ist und was Innerlichkeit zu bedeuten hat.«[55]

So erneuert Kierkegaard zwei sokratische Ansätze: die Ironie und den existentiellen Anspruch.[56] Das Unsystematische seines Philosophierens deutet dabei weniger auf Platon hin als auf die römischen und europäischen Nachfolger des Sokrates. Wie Seneca die Schulphilosophie im Namen der Moral kritisiert, so Kierkegaard die Kirche im Namen des Christentums. Beide berufen sich für ihre Aufgabe auf Sokrates, der nach dem oben besprochenen Senecawort[57] zu jenen gehört, die »entdeckten, nicht nur lehrten«, also eine existentielle Erfahrung ihr eigen nannten, nicht nur Doktrinen und Dogmen weitertradierten. Auch der starke ethische Impetus ist bei Kierkegaard und Seneca verwandt, obwohl dieser Römer als Mensch gewiß vor Kierkegaards Kritik nicht hätte bestehen können, dem wohlhabende Geistliche, die vor Reichen erbaulich über Nächstenliebe predigten, ein Greuel waren.

Nicht um historische Erkenntnis geht es Kierkegaard. Mit der Aufnahme sokratischen Fragens und dem Mißtrauen gegenüber abstrakter Spekulation steht er in der Tradition der römischen Moralisten.

Nun zu Friedrich Nietzsche!

Als jener Physiognomiker[58] dem Sokrates enthüllt hatte, wer er war, eine Höhle aller schlimmen Begierden, ließ der große Ironi-

> ker noch ein Wort verlauten, das den Schlüssel zu ihm gibt. »Dies ist wahr«, sagte er, »aber ich wurde über alle Herr.« *Wie* wurde Sokrates über *sich* Herr? — Sein Fall war im Grunde nur der extreme Fall, nur der in die Augen springendste von dem, was damals die allgemeine Not zu werden anfing: daß niemand mehr über sich Herr war, daß die Instinkte sich *gegen*einander wendeten. Er faszinierte als dieser extreme Fall — seine furchteinflößende Häßlichkeit sprach ihn für jedes Auge aus: er faszinierte, wie sich von selbst versteht, noch stärker als Antwort, als Lösung, als Anschein der *Kur* dieses Falls.[59]

Unser Text wandelt eine antike Anekdote ab, die an mehreren Stellen überliefert ist. Die Kürze der Sätze und der Gebrauch der direkten Rede erinnern an die Fassung der Geschichte in den Persiusscholien.[60] Doch kann das Scholion nicht Nietzsches einzige Quelle sein, da inhaltliche Unterschiede bestehen. Nietzsche spricht von *allen* Begierden, das Scholion nur von der Sinnenlust. Hier ist die Überwindung noch Aufgabe, dort vollbrachte Leistung. Der Sache nach steht Nietzsche folgendem Cicerotext am nächsten:[61]

> *Qui autem natura dicuntur iracundi aut misericordes aut invidi aut tale quid, ei sunt constituti quasi mala valetudine animi, sanabiles tamen, ut Socrates dicitur: cum multa in conventu vitia conlegisset in eum Zopyrus, qui se naturam cuiusque ex forma perspicere profitebatur, derisus est a ceteris, qui illa in Socrate vitia non agnoscerent, ab ipso autem Socrate sublevatus, cum illa sibi insita, sed ratione a se deiecta diceret.*

> Diejenigen aber, von denen man sagt, sie neigten von Natur zum Zorn oder zu übermäßigem Mitleid oder zum Neid oder zu einer anderen Eigenschaft dieser Art, besitzen als Anlage gewissermaßen eine Kränklichkeit der Seele, doch sind sie heilbar, wie es von Sokrates heißt: Als nämlich Zopyrus, der sich anheischig machte, die Natur jedes Menschen an seiner äußeren Erscheinung zu erkennen, ihm vor versammelten Zuhörern einen ganzen Katalog von Lastern zuschrieb, wurde er von den übrigen verspottet, die an Sokrates diese Fehler nicht wahrnehmen konnten, von Sokrates selbst jedoch unterstützt, indem er sagte, diese Triebe seien ihm angeboren, aber durch Vernunft von ihm bezwungen.

Cicero ordnet die dramatische Erzählung in einen gedanklichen Zusammenhang ein; er beginnt mit dem allgemeinen Satz, innere Stetigkeit (*constantia*) beruhe auf Wissen, innere Unruhe (*perturbatio*) auf Irrtum. Solche Störungen können einer natürlichen Anlage oder dem Vorsatz entspringen. Unser Passus behandelt nur die erste Gruppe. Cicero nennt zunächst schlechte Veranlagungen von Menschen. So leiten drei Beispiele zum Bild der seelischen Kränklichkeit über. Mit dieser Vorstellung arbeitet der Autor weiter und gelangt so zur Metapher der Heilbarkeit. Darauf folgt als Exempel die kurze Erzählung: Der Name des Mannes, der jene Anfälligkeiten überwunden hat, Sokrates, steht als Subjekt am Anfang. Auch im weiteren ist die Reihenfolge der Gedanken bedeutungsvoll: Ein Temporalsatz nennt die Voraussetzungen: Vor versammelten Zuhörern hat Zopyrus Sokrates viele Laster zugeschrieben. Am Ende des Nebensatzes tritt der Name des Physiognomikers hervor. An den Eigennamen schließt sich ein erläuternder Relativsatz an, der den Anspruch des Zopyrus verdeutlicht, das Wesen einer Person aus ihrem Aussehen zu erschließen. Diese waghalsige Behauptung, die anscheinend durch die Situation Lügen gestraft wird, steht nicht zufällig unmittelbar vor dem ersten Hauptverb: *derisus est*. So beginnt der Hauptsatz, der die Reaktionen der Menge und des Sokrates einander chiastisch gegenüberstellt:

Die Sperrung der Hauptverben unterstreicht die Antithese. Zugleich steht das Wort *ceteris* unmittelbar vor dem zugehörigen Relativsatz (*qui illa in Socrate vitia non agnoscerent*). So entsteht eine Parallele zu *Zopyrus qui ... profitebatur*. Die eigentlichen Worte des Sokrates finden sich zum Schluß in einem Nebensatz; hier ist es der Parallelismus (*sibi insita – a se deiecta*), der dem Gedanken Leuchtkraft verleiht. Sokrates ist nur am Anfang und am Ende der Anekdote grammatikalisches Subjekt; den Kern der Episode beherrscht Zopyrus. Ein Kontrast besteht zunächst zwischen seiner Selbsteinschätzung und seiner Beurteilung durch das Publikum, dann zwischen der Reaktion der sonstigen Anwesenden und dem Verhalten des Sokrates. Die Rückkehr zum ursprünglichen grammatischen Subjekt Sokrates wird vorbereitet durch die passivische Konstruktion, bei der Sokrates bereits das logische Subjekt ist. Die Periodenstruktur gibt somit eine Deutung der Anekdote; es kommt Cicero nicht auf dramatische Erzählung an – daher z.B. der Verzicht auf direkte Rede –, sondern auf die Einordnung in den gedanklichen Zusammenhang und auf die überzeugende Entwicklung zum Hauptgedanken hin (*ratione a se deiecta*). Dieser steht auch hinter der vorsichtigen Ausdrucksweise (*dicuntur*), denn nach der Lehre, die Cicero hier vertritt, entspricht nichts der Natur, was der Vernunft widerspricht.[62]

Die vorliegende ciceronische Periode gliedert sich dem Inhalt nach in zwei Hauptteile, einen allgemeinen und einen besonderen. Der erstere besteht aus einem steigenden Element, dem Nebensatz, und einem fallenden, dem Hauptsatz. Der zweite Hauptteil ist umfangreicher: Ein Wendepunkt liegt unmittelbar vor Beginn des Hauptsatzes, der andere vor seinem Schlußstück. Der gesamte zweite Hauptteil wird durch den oben erwähnten Chiasmus zusammengehalten. Zur Interpretation unserer Stelle sei auf folgende Äußerung Nietzsches aus »Jenseits von Gut und Böse«[63] hingewiesen:

> Eine Periode ist, im Sinne der Alten, vor allem ein physiologisches Ganzes, insofern sie von *einem* Atem zusammengefaßt wird. Solche Perioden, wie sie bei Demosthenes, bei Cicero vorkommen, zweimal schwellend und zweimal absinkend und alles innerhalb *eines* Atemzugs: das sind Genüsse für *antike* Menschen, welche die Tugend daran, das Seltene und Schwierige im Vortrag einer solchen Periode, aus ihrer eignen Schulung zu schätzen wußten – *wir* haben eigentlich kein Recht auf die *große* Periode, wir Modernen, wir Kurzatmigen in jedem Sinne!

Wie eine Nutzanwendung dieser Theorie klingt Nietzsches Umformung unseres Ciceropassus. Der einzige Nebensatz, der in der Neufassung erhalten bleibt, ist der exponierende Temporalsatz. Er referiert auch bei Nietzsche die Äußerung des Physiognomikers. Der anschließende Hauptsatz freilich beschränkt sich auf die Erwähnung der Antwort des Sokrates, verbunden mit einem neuen Hinweis auf ihre Bedeutung. Die Reaktion der Zuhörer bleibt unerwähnt: In dieser Beziehung schränkt Nietzsche das Dramatisch-Mimetische noch weiter ein. Dafür setzt er den Ausspruch des Sokrates, auf den es ihm besonders ankommt, in wörtliche Rede um. Auf diese Weise bekommt das Apophthegma, das Cicero in die Periode einbezogen hatte, selbständiges Gewicht. Das entspricht auch Nietzsches Absicht, der nun in engem Anschluß an den Wortlaut in kurzen Sätzen gleichsam dialogisch über dieses Sokrateswort meditiert. Typische Stilmerkmale sind dabei: das Pendeln zwischen Frage und Antwort, emphatische, gleichsam zitierende Wiederaufnahme von Wörtern

(»wurde Herr – wurde Herr – Herr war«), charakteristische Umakzentuierungen des Gedankens durch besondere Intonation – daher das unruhige Druckbild mit den zahlreichen Sperrungen, das wesenhaft zu Nietzsches akustisch geprägtem Stil gehört (in unserem Text allein vier Hervorhebungen), weiter Anaphern (»Daß niemand ... daß die Instinkte«; vgl. auch »als Antwort ... als Lösung ... als Anschein«). Erinnern wir uns an unseren Senecatext, so entdecken wir mehr als nur eine Gemeinsamkeit: die Kürze der Satzglieder, die Emphase, die auf einzelnen Vokabeln ruht, die Wiederaufnahme von Schlüsselwörtern, den dialogischen Stil. Es gibt wohl keinen Meister der deutschen Prosa, der Senecas Schreibart näher gekommen wäre.

Was den Inhalt betrifft, so wird das Geschehen hier noch stärker als bei Cicero auf einzelne Personen reduziert; das Publikum, um dessen Reaktionen sich Nietzsche wenig schert, entfällt. Im Sokrateswort fehlt bezeichnenderweise der Begriff *ratio*, auf den bei Cicero alles ankam. Zwar ist die Vernunft, deren Bedeutung für Sokrates Nietzsche voll erkennt, im Kontext erwähnt, aber in dem Zitat legt der deutsche Denker, der gerne mit seinem polnischen Aristokratenblut kokettiert, den Akzent auf das Wort »Herr«. Vor allem verleiht er der Diagnose des Physiognomikers größeres Gewicht: Er wählt einen bildhaften Ausdruck (»eine Höhle aller schlimmen Begierden«) und übernimmt selbst die volle Verantwortung für die Behauptung des Zopyrus (»*enthüllt* hatte, wer er *war*«). Die Umsetzung in den Pointenstil führt auch zu dem ebenso knappen wie anschaulichen Ausdruck »Kur« anstelle des ciceronischen *sanabiles*. Eine Funktionsverschiebung beobachten wir in der Verwendung der Kategorie des Scheines. Während Cicero, von seiner philosophischen Position ausgehend, in den natürlichen Veranlagungen zu lasterhaftem Verhalten etwas Scheinbares sieht (*qui autem natura* dicuntur *iracundi*; vgl. auch Tusc. 4, 81 *potest* videri *natura ad aliquem morbum proclivior*), ist in Nietzsches Augen umgekehrt die Heilung fragwürdig (»Anschein der Kur«). Folgerichtig wird die Häßlichkeit des Sokrates bei Nietzsche zu einem Symptom der Dekadenz,[64] während Cicero sie als Denkanstoß bewertet. Entsprechend steigert Nietzsche Senecas Verachtung der Schulphilosophen in ungeahnter Weise: Sokrates samt seiner Dialektik erscheint ihm pöbelhaft.[65] Mit Seneca[66] teilt Nietzsche auch die Neigung, seine Zeitgenossen durch respektlose Äußerungen über große Männer vor den Kopf zu stoßen.

Friedrich Nietzsches Verhältnis zu Sokrates ist nicht ungebrochen. Der Begründer der rationalen Ethik war dem Antimoralisten zutiefst verhaßt. Trotzdem hat Nietzsche bekannt, Sokrates stehe ihm so nahe, daß er fast immer mit ihm kämpfe.[67] Und in einem Punkt fühlt er sich mit Sokrates einig: in der Schwierigkeit, mit »Meistern« zu diskutieren.[68] Jeder Fachmann kennt nur einen Teilbereich, während der Kulturphilosoph für sich den gesamten Überblick beansprucht.

In einem Aphorismus[69] bedauert Nietzsche das Fehlen großer Moralisten in seiner Zeit. Er nennt hier anerkennend auch den sonst von ihm verspotteten Seneca. Sich selbst sieht er als »Freigeist«, und zwar ähnelt sein Verhältnis zu den Vertretern der Einzelwissenschaften dem des Sokrates zu den »Meistern«. Nietzsche ist sich dieser Parallelität bewußt.

Unser erster Text beweist, daß der Haß Nietzsche sehend gemacht hat. Der physiognomische Ansatz, der nicht zufällig in der Neuzeit bei Leopardi mit der Wiederentdeckung der Person, des Menschen Sokrates verbunden ist, wird von Nietzsche weiterentwickelt. Die schreiende Diskrepanz zwischen physischer Veranlagung und geistig-sittlicher Leistung des Sokrates entgeht Nietzsches Scharfblick schon deswegen nicht, weil sie die härteste Herausforderung für seine Philosophie darstellt. Gegenüber Leopardi bedeutet seine psychologische Analyse freilich eine Vergröberung: Das antike Schema — Sokrates als Überwinder tierischer Instinkte durch Vernunft — wird unbefragt übernommen; nur die Bewertung hat sich ins Gegenteil verkehrt. Es ist Nietzsche weniger gelungen, sich von den antiken Denkschemata zu befreien, als Leopardi. Sokrates beschäftigt ihn nicht als Individualität, sondern als Vertreter einer Richtung.

Trotzdem hat die bestechend klare physiognomische Analyse fortgewirkt. Folgender Text Rudolf Kassners wäre wohl ohne Friedrich Nietzsche so nicht geschrieben worden:[70]

> In Sokrates blieb nach der Auffassung, die Platon von ihm der Nachwelt überliefert haben wollte, der Gott im Tier oder das Tier im Gott, wenn Sie mir den Ausdruck gestatten, hängen, und es kam statt zur Verwandlung oder zur Vollendung des Bogens zur menschlichen Persönlichkeit, die zunächst als Zwischenwesen auftrat und nur als solches und gar nicht anders aus den gegebenen mythischen Vorstellungen heraus dem antiken Menschen geläufig gemacht werden konnte (Platons »Gastmahl«).[71] Als Zwischenwesen und damit als Träger der Sprache, als Führer der Rede, denn durch das Wort allein, durch eben die Rede kann und muß sich der Mensch als Persönlichkeit (zwischen Gott und Tier) beweisen und behaupten.

Die Erkenntnis, daß Sokrates durch die Doppelheit von tierischen Gesichtszügen und göttlicher Weisheit die Stellung des Menschen zwischen zwei Daseinsbereichen symbolisiert, entspricht noch der antiken Perspektive. Neuartig ist in diesem Zusammenhang das Auftreten des Wortes »Persönlichkeit«.

Mit der treffenden Kennzeichnung des Sokrates als »Führer der Rede« ist ein Thema aufgegriffen, das uns bisher in ganz verschiedenen Ausprägungen begegnet ist. Bei Apuleius will Sokrates einen jungen Mann zum Sprechen bringen, um ihn zu durchschauen; bei Gracián ist das Gespräch das Feld der Entscheidung über Wert oder Unwert eines Menschen, und zwar sowohl im moralischen als auch im gesellschaftlichen Sinne. Im Gespräch dokumentiert sich das »Personsein« (*ser persona*) des Menschen, seine »Substanz« (*substancia*). Kassner kommt es nun nicht auf das Gesellschaftliche, sondern auf das Anthropologische an. Die Sprache dient nicht so sehr der Kommunikation als vielmehr der Selbstbehauptung des Menschen als Persönlichkeit zwischen Gott und Tier. Damit ist das Individuum sogar für die Sprache, die doch erst einmal Mittel der Kommunikation ist, maßgebend geworden, wie es der ›physiognomischen‹ Blickrichtung der Moderne entspricht. Diese generelle Feststellung wird ergänzt durch eine spezielle Beobachtung, die in einer gewagten Metapher (»blieb ... hängen«) die unvollkommene Annäherung von Tierischem und Göttlichem in Sokrates und damit die besondere Notwendigkeit der Rede für diesen Menschen zur Selbstbehauptung seiner Persönlichkeit zwischen den auseinanderstrebenden zwei Naturen andeutet.

Wir wissen, daß schon in der Antike die Entstehung des Portraits und der Biographie[72] in gewissem Sinne mit dem Auftreten des Sokrates verbunden ist. Trotzdem haben wir beobachtet, daß in den Texten der antiken Moralisten und auch noch bei Gracián das Individuelle gegenüber der allgemeineren Bedeutung und jeweiligen Beispielfunktion zurücktrat. Die neuzeitliche Wende zum Interesse für das Einzelwesen dokumentiert sich in unseren Texten bei Leopardi. Friedrich Nietzsche zeigt sich hier, wie so oft, von zwei Seiten: Seine scharfe Beobachtungsgabe führt zu einer Analyse, auf die der Physiognomiker Rudolf Kassner zurückgreifen wird, und die Auseinandersetzung mit den »Meistern« läßt Sokrates indirekt zum Prototyp des neuzeitlichen Kulturkritikers werden. Anderseits legt sich Nietzsche starr auf ein antimoralisches Programm fest, wodurch das Sokratesbild wieder die menschlichen Züge verliert und aufs neue

– wenn auch in umgekehrtem Sinne wie in der Antike – typisiert wird.

Es ging uns weniger um die Wandlungen des Sokratesbildes als vielmehr darum, an Texten sichtbar zu machen, wie der römische Beitrag zur Lebensphilosophie bei den europäischen Essayisten und Moralisten fortgewirkt hat. Philosophiehistoriker werfen so manchem der hier betrachteten Autoren Oberflächlichkeit vor. Besonders in bezug auf präzise Begriffsbildung und widerspruchsfreie Argumentation geschieht dies oft zu Recht. Wie unsere Texte zeigen, beruht dieser Mangel jedoch nicht selten auf einer bewußten Entscheidung. In der Werteskala steht für Seneca das sittliche Verhalten höher als logische Operationen, die er als Silbenstechereien bezeichnet, für Gracián die Kommunikation höher als ein Verhalten, das er als Wortklauberei und Rechthaberei karikiert, für Leopardi der Gedankenaustausch mit jungen Menschen höher als die tausend Fragen und hundert Schlußfolgerungen der platonischen Dialoge. So verschieden die Maßstäbe, an die sich die einzelnen Moralisten halten, auch sein mögen, – eins ist ihnen gemeinsam: der hohe Rang, den sie dem Menschen, dem Leben und den Forderungen, die es hier und jetzt an uns stellt, einräumen, und der Primat der Praxis vor der Theorie. Auch in dieser Haltung verwirklicht sich eine Mentalität, die sich in vielen Punkten auf die Römer berufen kann. Nietzsche nennt sie etwas provozierend »Oberflächlichkeit aus Tiefe«. Diese Tradition, die weniger von strengen Systematikern als von weltoffenen Kulturkritikern getragen wurde, verwirklicht einen genuin sokratischen Ansatz, der in der Schulphilosophie immer wieder verschüttet zu werden drohte, aber in den Schriften der Römer und ihrer europäischen Nachfolger mit existentieller Entschiedenheit zum Durchbruch gekommen ist. Vieles, was die Neuzeit theoretisch bewältigen muß, haben die römischen Moralisten praktisch erfahren und in eindrucksvolle Sentenzen und Bilder gefaßt: Leben als Dialog (Cicero), Philosophie nicht als System, sondern als Prinzip (Cicero und Seneca).

Dieses Daseinsgefühl wirkt sich auch auf die Art des Schreibens aus. Mindestens zwei Typen prosaischer Darstellung hat es hervorgebracht und entscheidend gefördert. Der eine leitet Gedanken nicht dogmatisch her, sondern entwickelt sie organisch in lebendiger Rede. In diesem Sinne führt eine literarhistorische Linie von Cicero über Augustinus bis hin zu Leopardi und Kassner. Eine andere Gruppe bilden Seneca, Gracián und Nietzsche. Ihre Stärke liegt nicht in der allmählichen Entfaltung der Gedanken in strömender Rede, sondern in deren Kristallisation zur Maxime, zur Sentenz. Beide Traditionen haben die Entwicklung der europäischen Prosa wesentlich bereichert, die eine durch eine extravertierte Rhetorik der Kommunikation, die andere durch eine introvertierte Rhetorik der Meditation.

ANMERKUNGEN

1. Grundlegend zur römischen Lebensphilosophie: B. Groethuysen, Philosophische Anthropologie, München und Berlin 1931 (Handbuch der Philosophie III A), Nachdr. Darmstadt 1969, bes. 47ff.

2. Cic. Tusc. 5,5; H. Hommel, Ciceros Gebetshymnus an die Philosophie. Tusculanen V 5, Heidelberg 1968 (Sitzungsberichte der Heidelberger Akademie der Wissenschaften. Phil.-hist. Klasse, Jg. 1968, Abh. 3).

3. Cic. Tusc. 5,10f.; TEXT: M. Tulli Ciceronis Tusculanarum disputationum libri quinque, rec. H. Drexler, Roma 1964; Übersetzung von mir.

4. Archelaos von Athen, Schüler des Anaxagoras, vielleicht eher Mitschüler des Sokrates als sein Lehrer (Vorsokratiker Nr. 60 Diels-Kranz); das Problem ist umstritten: J. Stenzel, Sokrates, Pauly-Wissowa, Realencyclopädie 3 A1, 1927, 814f.

5. M. Pohlenz, Panaitios, Pauly-Wissowa, Realencyclopädie 18,3, 1949, 427f.; ders., Die Stoa. Geschichte einer geistigen Bewegung, Bd. 1, 4. Aufl., Göttingen 1970, 194f.; Bd. 2, 5. Aufl., Göttingen 1980, 10; 98.

6. U. Hölscher, Das existentiale Motiv der frühgriechischen Philosophie (Antrittsvorlesung München), in: Probata – Probanda. Hrsg. von F. Hörmann, München 1974 (Dialog Schule – Wissenschaft. Klassische Sprachen u. Literaturen, 7), 58–71.

7. W. Burkert, Cicero als Platoniker und Skeptiker. Zum Platonverständnis der ›Neuen Akademie‹, Gymnasium 72, 1965, 175–200; M. J. Buckley, Philosophic Method in Cicero, Journal of the History of Philosophy 8, 1970, 145–154; K. Döring, Exemplum Socratis. Studien zur Sokratesnachwirkung in der kynisch-stoischen Popularphilosophie der frühen Kaiserzeit und im frühen Christentum, Wiesbaden 1979 (Hermes Einzelschriften 42), 8.

8. M. Gelzer, Cicero. Ein biographischer Versuch, Wiesbaden 1969, 7f.; M. Gelzer, M. Tullius Cicero (als Politiker), Pauly-Wissowa, Realencyclopädie 7 A1, 1939, Sp. 831.

9. Cic. de or. 2,155.   10. Cic. acad. 1,7; fin. 2,2.

11. Sen. epist. 71, 6f.; Text: L. Annaei Senecae ad Lucilium epistulae morales, rec. L. D. Reynolds, I, Oxford 1965; Übersetzung von mir.

12. *Litteralium* Lipsius.

13. Ich lese so mit den *deteriores* und Lipsius; so auch Döring (s. Anm. 7) 22, Anm. 18.

14. Oder, wenn wir Justus Lipsius folgen: diese Schule der Buchstabenphilosophen.

15. Seit H. Usener, Epicurea, Leipzig 1887, S. LXIX (nicht ganz unumstrittene) Bezeichnung für volkstümliche philosophische Unterweisung in hellenistischer Zeit, bes. Bion von Borysthenes, Teles (»kynischer Prediger«). A. Oltramare, Les origines de la diatribe romaine, Lausanne 1926.

16. So *De vita beata* 27. Das gesamte textkritische Problem unserer Partie behandelt zuletzt Döring (s. Anm. 7) 23.

17. Vgl. Döring (s. Anm. 7) 21; griechische Vorgänger ebd. 12ff.

18. Apul. flor. 2 und 23; Text: Apulei Platonici Madaurensis opera quae supersunt, II,2: Florida, rec. R. Helm, Nachdr. (mit Addenda) der 1. Aufl. von 1910, Leipzig 1959; Übersetzung von mir. Die *Florida* behandelt Döring (zit. Anm. 7) in seinem Sokratesbuch nicht.

19. Plaut. Truc. 2,6,8 = 489.   20. Hom. Il. 3,12.

21. Ich vermute: *sic et* (»so auch«).   22. Vgl. auch De deo Socratis 20.

23. Zur Bedeutung des Gehörs s. auch De Platone et eius dogmate 1,14.

24. Vgl. auch Apul. flor 19: Ein Arzt erkennt am Puls, daß ein vermeintlich Toter noch lebt: Widerlegung des Augenscheins durch Einsicht!

25. Apul. met. 10,33.   26. Vgl. Apul. apol. 29–41.

27. Eine der Ausnahmen wäre J. G. Hamann: »Sokrates hatte also freilich gut unwissend zu sein; er hatte einen Genius, auf dessen Wissenschaft er sich verlassen konnte, den er liebte und fürchtete als seinen Gott, an dessen Frieden ihm mehr gelegen war als an aller Vernunft der Ägypter und Griechen« (W. Ziesemer, Der Magus im Norden. Aus den Schriften und Briefen J. G. Hamanns, Wiesbaden 1950, 45. Hamann schließt sich hier [was noch nicht beachtet worden zu sein scheint] wohl an Apuleius, De deo Socratis 16ff. an. Religiös war auch das Sokrates-Bild bei manchen Romantikern [vgl. Anm. 49]).

28. Oráculo manual, Nr. 148; Text: Baltasar Gracián, Oráculo manual y arte de prudencia, ed. M. Romera-Navarro, Madrid 1954, 291 f.; Übersetzung: Baltasar Gracián, Oraculo manual y arte de prudencia (Madrid 1653), übers. von Arthur Schopenhauer (1832), hrsg. von K. Voßler, Stuttgart 1942.

29. Gracián sagt: »Erkenne«. Schopenhauer (s. Anm. 28) hat den antiken Wortlaut wiederhergestellt.

30. *Acutum* – span. *agudeza:* A. Scaglione, The Classical Theory of Composition from its Origins to the Present. A Historical Survey, Chapel Hill (Baltimore) 1972 (University of North Carolina Studies in Comparative Literature 53), 180.

31. Zu dem Stilprinzip allgemein: Scaglione (s. Anm. 30) 144; 168, mit Hinweis auf die Vorgänger Pellegrino (1598) und Zuccari (1607).

32. Gracián, Oráculo Nr. 253; Scaglione (s. Anm. 30) 164; 181; Quint. inst. 8,2,18 (aus Livius). Bouhours vermißt bei Gracián Klarheit, zit. bei Scaglione 211. Über Graciáns Vorgänger Fernando de Herrera s. Romera-Navarro (s. Anm. 28) S. XVII.

33. Über die ungewollte Nähe eines solchen ›Attizismus‹ zum Asianismus: Scaglione (s. Anm. 30) 185.

34. Zitiert bei Scaglione (s. Anm. 30) 286; zur Bedeutung von *quinta* vgl. B. Gracián, El criticón 2,61 (n.80 in der Ausgabe von M. Romera-Navarro, Philadelphia 1938).

35. So auch Romera-Navarro, Ausgabe des Oráculo manual (s. Anm. 28) S. XIXff.

35a Zu Boethius (Über die zwei Naturen): A. Hufnagel, in: Thomas von Aquin, Das Geheimnis der Person, Stuttgart 1949, 18ff.

36. Oráculo Nr. 135.

37. Sen. dial. 9 (De tranquillitate animi), 14,1f., und Gracián, Oráculo Nr. 288. Senecatext (zu Gracián s. Anm. 28): L. Annaei Senecae Dialogorum libri duodecim, rec. L. D. Reynolds, Oxford 1977; Übersetzung von mir.

38. Vgl. Voßler (s. Anm. 28) S. XVIII.   39. Hor. sat. 2,5.

40. Vgl. Gracián, Oráculo 137.   41. Apul. flor. 2.

42. Apul. flor. 23 und 19. Zu unserer Stelle im *Oráculo* verweist Romera Navarro (s. Anm. 28) auf Sirach 4,29, wo aber gerade das Prüfen des Pulsschlages fehlt.

43. Daß Sokrates ein guter Staatsbürger war (J. Stenzel, s. Anm. 4,839), kommt hier indirekt zur Geltung. Besonders bei Kierkegaard tritt dieser Aspekt zu stark zurück.

44. TEXT: Giacomo Leopardi, Detti memorabili di Filippo Ottonieri (Erstveröffentlichung 1827), in: G. L., Operette morali, hrsg. von M. Oliveri, Milano 1951, 138 – 141 (aus dem ersten Kapitel); Übersetzung von mir. Nur kurz erwähnt ist das hier besprochene Werk Leopardis bei H. L. Scheel, Leopardi und die Antike, München 1959, 63, Anm. 16. Zur klassischen Bildung Leopardis: N. Betta, Studi su G. Leopardi, in: Atti della Accademia Roveretana, Rovereto 1978, 77 – 100, bes. 81 – 84. Mir bisher unzugänglich: M. Carbonara Naddei, Socrate e Leopardi, in: Leopardi e il mondo antico. Atti del V convegno di studi leopardiani (1980), Firenze 1982, 361 – 372, A. Dolfi, Lo stoicismo greco-romano e la filosofia pratica di Leopardi, ebd. 397 – 428.

45. D.h. in der *Commedia dell'Arte:* Pulcinella usw.

46. Vgl. J. G. Hamann: »Die Unwissenheit des Sokrates war Empfindung« (kein Lehrsatz), in: W. Ziesemer (zitiert Anm. 27), 45.

47. Daß Häßlichkeit auch für eine politische Tätigkeit ein Hindernis bedeutete, sagt Leopardi wenige Zeilen zuvor. Über Sokrates' erotische Veranlagung: Platon, Symp. 216d.

48. Die Demaskierung der Tugend im 19. Jahrhundert als Gegenschlag auf ihre blinde (und brutale) Verherrlichung im 18. Jahrhundert steht bei Leopardi gewiß auch in »moralistischer« Tradition. Schon im 17. Jahrhundert hatte La Rochefoucauld viele Tugenden als »verkleidete Laster« entlarvt (M. Wandruszka, Der Geist der französischen Sprache, Hamburg 1959, 43). Aber der ›historische‹ Ansatz bei Leopardi ist neu.

49. Hier kann man hinzufügen: »... den Aufklärungssokrates Mendelssohns, den gemäßigt deistisch denkenden Popularphilosophen, ... den Sokrates der Kantianer, den Kritizisten, der durch seine Dialektik und Moral der philosophische Zuchtmeister auf Kant geworden ist; ... den Sokrates der Romantiker, ... den religiös-gläubigen Mystiker ... und auch (den) Sokrates Hegels, (den) grundsätzliche(n) Rationalist(en) und Subjektivist(en) ...« (Heinrich Maier, Sokrates. Sein Werk und seine geschichtliche Stellung, Tübingen 1913, 2).

50. S. Kierkegaard, Abschließende unwissenschaftliche Nachschrift zu den »Philosophischen Brocken«. Mimisch-pathetisch-dialektische Sammelschrift. Existentieller Beitrag von Johannes Climacus, hrsg. von S. Kierkegaard (1846). Originaltitel: Afsluttende uvidenskabelig Efterskrift til de Philosophiske Smuler. Mimisk-patetisk-dialektisk Sammenskrift, existentielt Indlæg, af Johannes Climacus. Udgiven af S. Kierkegaard, Kjøbenhavn 1846. Dänische Gesamtausgabe: S. Kierkegaards Samlede Værker, udg. af A. B. Drachmann, J. L. Heiberg, H. O. Lange (hier: Band 7, 2. Aufl., Kjøbenhavn 1925, 233; 234f.). Deutsche Ausgabe: Gesammelte Werke, 16. Abt., Düsseldorf und Köln 1957, 240f. (Übersetzung von H. M. Junghans). Hier ist die Übersetzung von H. Diem bevorzugt, in: Kierkegaard, ausgew. und eingel. von H. Diem, Frankfurt a.M. und Hamburg 1956, 121f. Trotz des Titels für unser Thema nicht ergiebig: G. Giampiccoli, Kierkagaard e Leopardi, in: Gioventù Cristiana, 18, a. 9, 1940, 2−3, 62−65.

51. Eine moderne psychologische Erklärung des Sokrates (nach Adler, aber ohne Höhenflug) liefert G. Lebzeltern, Der Tod des Sokrates aus individualpsychologischer Sicht, Zeitschrift für Individualpsychologie 4, 1979, 137−151.

52. Kierkegaard, zit. bei H. Diem (s. Anm. 50), S. 10. 53. Zit. ebd.

54. Papirer A23; Originaltext in: S. Kierkegaards Papirer, udg. af P. A. Heiberg og V. Kuhr, Bd. 8,1, Kjøbenhavn und Kristiania 1917, 15; Übersetzung zitiert nach P. Schäfer und M. Bense, Kierkegaard-Brevier, Wiesbaden 1951, 18.

55. Dieser Satz steht in der Fortsetzung unseres Haupttextes (s. S. 343 m. Anm. 50), ÜBERSETZUNG: Diem (s. Anm. 50) 122.

56. TEXT: S. Kierkegaards Papirer (s. Anm. 54), A. 490 (Bd. 8,1, 220). – ÜBERSETZUNG (S. K., Tagebücher, Bd. 2, Düsseldorf und Köln 1963, 198): »In bezug auf Sokrates gilt schon, daß die Schwierigkeit nicht ist, seine Lehre zu verstehen, sondern ihn selbst zu verstehen: wieviel mehr dann in bezug auf Christus. Hiermit ist der ganzen Spekulation ein Ende gesetzt, denn ihr Geheimnis ist gerade, das Verhältnis umzudrehen.«

57. Siehe oben S. 322.

58. Zopyros, ein orientalischer »Magus«: siehe Cic. Tusc. 4,80; fat. 10; Schol. Pers. 4,24; Alex. Aphrod. de fato 6 (Scriptores physiognomonici Graeci et Latini, rec. R. Foerster, vol. I, Leipzig 1893, S. VIII – X).

59. F. Nietzsche, Götzen-Dämmerung, in: Werke in drei Bänden, hrsg. v. K. Schlechta, Band 2, 7. Aufl., Darmstadt 1973, 954f.

60. Schol. Pers. 4,24: *Zopyrus autem φυσιόλογος de vultu hominum mores agnoscebat, qui cum ad Socratem veniret, ait ei: Libidinosus es. Alcibiades risit. At illum iniuriis discipuli afficere voluerunt, quod de magistro eorum iniuriose locutus sit. Tunc ille ait: Parcite, sum quidem libidinosus: sed meum est ipsam libidinem vincere.* – TEXT: A. Persii Flacci Satirarum liber cum scholiis antiquis, ed. O. Jahn, Leipzig 1843, Nachdr. Hildesheim 1967, 314.

61. Cic. Tusc. 4,80; TEXT: s. Anm. 3; Übersetzung von mir.

62. Cic. Tusc. 4,37,79.

63. F. Nietzsche, Jenseits von Gut und Böse 247, in: Werke (s. Anm. 58), Band 2,714.

64. Z. B. Götzen-Dämmerung. Das Problem des Sokrates 4, in: Werke (s. Anm. 58), Band 2, 952.

65. Siehe Götzen-Dämmerung. Das Problem des Sokrates 3 und 5 – 7, in: Werke (s. Anm. 58), Band 2, 952 – 954. Heute will man Sokrates zum Teil umgekehrt als Aristokraten und Reaktionär abstempeln: N. Wood, Socrates: Saint of counter-revolution, in: E. M. Wood und N. Wood, Class ideology and ancient political theory. Socrates, Plato, and Aristotle in social context, Oxford 1978 (Blackwell's Classical Studies), 81 – 118.

66. Gell. 12,2.

67. Wissenschaft und Weisheit im Kampfe, in: Werke (s. Anm. 58), Band 3,333.

68. Diese Problematik kann man in Nietzsches Biographie verankern: einmal seine Verehrung für Richard Wagner, die in Haß auf den Bayreuther »Meister« umschlägt, zum andern sein gespanntes Verhältnis zur Zunft der Altphilologen bis hin zu der bekannten häßlichen Polemik zwischen seinem Freund Erwin Rohde und Wilamowitz. Vgl. F. Nietzsche, Menschliches, Allzumenschliches, Bd. 1, Nr. 361: »*Die Erfahrung des Sokrates.* – Ist man in einer Sache Meister geworden, so ist man gewöhnlich eben dadurch in den meisten anderen Sachen ein völliger Stümper geblie-

ben; aber man urteilt gerade umgekehrt, wie dies schon Sokrates erfuhr. Dies ist der Übelstand, welcher den Umgang mit Meistern unangenehm macht.« TEXT: Werke (s. Anm. 58), Bd. 1, 638.

69. Menschliches, Allzumenschliches, Bd. 1, Nr. 282, in: Werke, (s. Anm. 58), Bd. 1, 619.

70. R. Kassner, Das Ebenbild und der Einzelne, in: Das physiognomische Weltbild (1930), Sämtliche Werke, hrsg. von E. Zinn und K. E. Bohnenkamp, Bd. 4, Pfullingen 1978, 463.

71. Platon, Symp. 215a–222b. Kassner hat Platons *Symposion* übersetzt; s. E. Zinns Anmerkung (s. Anm. 69) zu unserer Stelle. Ich halte darüber hinaus Nietzsche für eine Quelle Kassners, da dort explizit gesagt ist, was Kassner nur andeutet, insbesondere die ausdrückliche Antithese »Gott – Tier« und ihre Erläuterung.

72. Vgl. A. Dihle, Studien zur griechischen Biographie, Göttingen 1956 (Abhandlungen der Akademie der Wissenschaften zu Göttingen, Philol.-hist. Klasse, 3,37).

IX

MENSCH UND GEMEINSCHAFT

A. Epos:
Vergil – Camões – Tasso – Milton

Vergil und Homer

Das Thema »Vergil und Homer« ist in verschiedenen Epochen unter verschiedenen Gesichtspunkten behandelt worden. Aus der Antike kennen wir *obtrectatores Vergili*, die dem römischen Epiker »Diebstahl« vorwarfen, aber auch apologetische Stimmen, angefangen mit einer überlieferten Äußerung Vergils, es sei leichter, dem Hercules die Keule zu entwinden als dem Homer einen einzigen Vers (*Vita Donati* 195). Viele Gegenüberstellungen homerischer und vergilischer Verse finden sich in den »Saturnalien« des Macrobius. Während somit in der Antike Vergil neben Homer steht, liest das Mittelalter Vergil ohne Homer. Die Renaissance der griechischen Studien im Westen führt zu einem Neuanfang des Vergleichens. Iulius Caesar Scaliger stellt in seiner »Poetik« (1561) Vergil über Homer (den er einem geschwätzigen alten Weib gleichsetzt). Die großen europäischen Epiker des 16. und 17. Jahrhunderts wetteifern mit beiden antiken Autoren: Vergil und Homer stehen nun wieder nebeneinander. Mit der Hochschätzung des *original genius* und der Volkspoesie seit dem 18. Jahrhundert beginnt Homers Siegeszug, verstärkt noch durch den deutschen Philhellenismus des 19. Jahrhunderts. Um die Wende zum 20. Jahrhundert wird Vergil als großer Dichter von der Philologie in Deutschland wiederentdeckt (genannt seien Richard Heinze und Eduard Norden). Auch die deutschen Dichter unseres Jahrhunderts finden eine neue Beziehung zur Tradition der römischen Kultur (Stefan George, Rudolf Alexander Schröder, Hermann Broch u. a.). Im 20. Jahrhundert ist dementsprechend der Vergleich mit Homer in der Forschung zurückgetreten gegenüber einer verstehenden, werkimmanenten Interpretation der Aeneis als Kunstwerk.[1]

Die Wiederaufnahme unserer Fragestellung beginnt mit dem monumentalen Werk von G. N. Knauer.[2] Der Verfasser hat die Geschichte der Aeneis-Kommentierung aufgearbeitet und ihren Ertrag in Listen und Schaubildern zusammengestellt. Hinzu kommen wichtige Beobachtungen zu Entsprechungen ganzer Szenen und größerer

Komplexe der vergilischen und homerischen Epen. Interessant ist auch die (von Ernst Zinn angeregte) Heranziehung der »typologischen« Deutung (ausgehend von E. Auerbachs Klärung des Begriffes *figura* in den »Neuen Dantestudien«, Istanbul 1944, S. 11 – 71): Wie etwa Adam *figura* Christi ist, so können homerische Gestalten als »Typoi« vergilischer Personen gelten.

Heute ist es wohl an der Zeit, das Problem »Vergil und Homer« unter einem etwas anderen Gesichtspunkt wieder aufzunehmen, und zwar unter demjenigen der Rezeptionsgeschichte. Man beachtet gegenwärtig in der Literaturwissenschaft besonders die Beziehungen zwischen Dichter und Leser. So sollen im folgenden zwei Probleme im Vordergrund stehen: 1. Vergils Homerrezeption, d.h.: Wie liest Vergil Homer? 2. Die Orientiertheit der Aeneis auf ihre Leser hin, d.h.: Wie bereitet Vergil im Prooemium sein Publikum auf die Aeneis vor, und wie benützt er hierfür dessen Homerkenntnisse? Wir beschränken uns im folgenden auf eine Interpretation der Prooemien, denen für unsere Fragestellung besondere Bedeutung zukommt.

  Μῆνιν ἄειδε, θεά, Πηληϊάδεω Ἀχιλῆος
  οὐλομένην, ἣ μυρί' Ἀχαιοῖς ἄλγε' ἔθηκε,
  πολλὰς δ' ἰφθίμους ψυχὰς Ἄϊδι προΐαψεν
  ἡρώων, αὐτοὺς δὲ ἑλώρια τεῦχε κύνεσσιν
5 οἰωνοῖσί τε πᾶσι, Διὸς δ' ἐτελείετο βουλή,
  ἐξ οὗ δὴ τὰ πρῶτα διαστήτην ἐρίσαντε
  Ἀτρεΐδης τε ἄναξ ἀνδρῶν καὶ δῖος Ἀχιλλεύς.
   Τίς τ' ἄρ σφωε θεῶν ἔριδι ξυνέηκε μάχεσθαι;
  Λητοῦς καὶ Διὸς υἱός· ὁ γὰρ βασιλῆϊ χολωθεὶς
10 νοῦσον ἀνὰ στρατὸν ὦρσε κακήν, ὀλέκοντο δὲ λαοί,
  οὕνεκα τὸν Χρύσην ἠτίμασεν ἀρητῆρα
  Ἀτρεΐδης·[3]

Den Zorn singe, Göttin, des Peleus-Sohns Achilleus,
Den verderblichen, der zehntausend Schmerzen über die
              Achaier brachte
Und viele kraftvolle Seelen dem Hades vorwarf
Von Helden, sie selbst aber zur Beute schuf den Hunden
5 Und den Vögeln zum Mahl, und es erfüllte sich des Zeus
              Ratschluß –
Von da beginnend, wo sich zuerst im Streit entzweiten [leus.
Der Atreus-Sohn, der Herr der Männer, und der göttliche Achil-

> Wer von den Göttern brachte sie aneinander, im Streit zu kämpfen?
> Der Sohn der Leto und des Zeus. Denn der, dem Könige zürnend,
> 10 Erregte eine Krankheit im Heer, eine schlimme, und es starben die Völker,
> Weil den Chryses, den Priester, mißachtet hatte
> Der Atreus-Sohn.
>
> *(Wolfgang Schadewaldt)*

Zählen wir die wichtigsten Themen des Iliasprooemiums auf:

1. Der dominierende Affekt, die treibende Kraft, wird genannt: Achills Zorn.
2. Die Muse (vielmehr: die Göttin) wird in Befehlsform angerufen (nicht der Dichter will, sondern die Muse soll singen).
3. Der Hauptheld wird vorgestellt: Achilleus (Vers 1 und 7).
4. Die schmerzlichen Folgen des Zorns werden ausführlich beschrieben (Pathos) und naturalistisch ausgemalt.
5. Der Dichter weist darauf hin, daß hinter dem Geschehen der Wille des Zeus oder ein göttlicher Plan steht.
6. Als Ausgangspunkt der Handlung dient der Streit zwischen Agamemnon und Achilleus (vielmehr zwischen dem Machthaber – ἄναξ ἀνδρῶν – und dem göttlichen Helden).

Der achte Vers fragt nach dem Gott, der das Zerwürfnis herbeigeführt hat. Mit der Antwort auf diese Frage kommt das Geschehen in Gang.

Im Mittelpunkt des Prooemiums stehen die bösen Folgen von Achills Zorn für die anderen Helden, am Ende unseres Textes wird der Anfangspunkt der Handlung zeitlich fixiert. Dies dient als Überleitung zur Erzählung. Das Iliasprooemium ist außerordentlich kurz gefaßt. Das erste Wort ist mit dem Thema identisch. Charakteristisch ist die Tatsache, daß die Musenanrufung am Anfang steht und daß sie nicht mit der zur Handlung überleitenden Frage (Vers 8) zusammenfällt.

Weiter ist wichtig, daß in Vers 9 mit γάρ die Vorgeschichte eingeführt wird: Apollon zürnt Agamemnon und schlägt das Heer mit Pest. Erst in Vers 11 wird die Ursache (οὕνεκα) dafür angegeben: Der Atride hatte den Priester Chryses entwürdigend behandelt. Bis hierher (Vers 12) bewegt sich der Gedanke chronologisch rückwärts: Tod und Verderben der Griechen (2–5), Streit zwischen Agamemnon und Achilleus (6 – 7), Zorn Apolls (9), Beschimpfung des Chryses durch Agamemnon (11). Mit Vers 12 beginnt dann die chronologisch fortschreitende Handlung.

Der Einführung im weiteren Sinne dienen also die ersten elfeinhalb Verse. Bei dem Iliasprooemium handelt es sich, was bisher wohl noch nicht gesehen wurde, um eine Art Anti-Erzählung, die in kausaler Analyse immer weiter zurückliegende Ursachen aufdeckt, bis der Rhapsode am Ausgangspunkt des Epos angelangt ist.

Ein solches Vorgehen wirkt auf den ersten Blick überraschend, da es der normalen Reihenfolge schlichten Erzählens widerspricht. Es hat aber auch seinerseits eine natürliche Grundlage: die Mechanismen des menschlichen Erinnerungsvermögens, das jeweils das jüngst Zurückliegende am leichtesten hervorholt. Die Reihenfolge der Vorstellungen im Iliasprooemium ist also nicht mimetisch, sondern mnemotechnisch, d. h. psychologisch bedingt. Die Anrufung der Muse, der »Sinnenden und Mahnenden«, steht nicht zufällig am Anfang.

Doch das Mechanische des Erinnerns erklärt nicht alles. Das *movens* der Denkbewegung ist das Zurückschreiten von den Folgen zu den Ursachen, also ein intellektueller Impuls.

Wichtig ist auch, daß hinter den menschlichen Handlungen der Affekt als Triebfeder erkannt wird (hier Achills Zorn). Dieser steht freilich in einem größeren Zusammenhang, der als »Wille oder Plan des Zeus« (Vers 5) umschrieben wird.[4] In diesem Rahmen beobachtet der Dichter eine Kette von Kausalitäten: Agamemnon beleidigt Apollons Priester; daraufhin zürnt der Gott, schickt die Pest und führt den Streit zwischen Achill und Agamemnon herbei. Der Zorn des Menschen Achill ist also eine Folge göttlichen Zürnens, und dieses wiederum ist durch ungerechtes Verhalten des Menschen Agamemnon ausgelöst. So sind göttliches und menschliches Wirken eng miteinander verflochten.

Fassen wir einige Beobachtungen zum Iliasprooemium zusammen!

1. Im Unterschied zu den kyklischen Epen, zur »Odyssee« und den homerischen Hymnen (außer dem Aphroditehymnus, der ἔργα Ἀφροδίτης ankündigt) wählt der Iliasdichter als Thema nicht so sehr einen bestimmten Gegenstand oder Helden als vielmehr dessen Verhalten, dessen Zürnen. So gewinnt die »Ilias« ein einigendes Band, das nicht nur äußerlich ist (wie W. Schadewaldt[5] gezeigt hat, entfaltet sich Achills Zorn in zwei Phasen: Zunächst ist gekränkte Ehre die Ursache, später Rache für den Freund).

2. Das Iliasprooemium schreitet (was einmal ausgesprochen zu

werden verdient) kontinuierlich chronologisch rückwärts, um einen Ausgangspunkt für die epische Erzählung zu gewinnen.
3. Diesen Prozeß des Erinnerns leitet die Musenanrufung ein.
4. Der Dichter scheut sich nicht, Zeus mit dem Leiden und Sterben von Menschen in Verbindung zu bringen.
5. Im engeren Sinne umfaßt das Prooemium sieben, im weiteren elf Verse.
Nun zum Odysseeprooemium![6]

>Ἄνδρα μοι ἔννεπε, Μοῦσα, πολύτροπον, ὃς μάλα πολλὰ
>πλάγχθη, ἐπεὶ Τροίης ἱερὸν πτολίεθρον ἔπερσε·
>πολλῶν δ' ἀνθρώπων ἴδεν ἄστεα καὶ νόον ἔγνω,
>πολλὰ δ' ὅ γ' ἐν πόντῳ πάθεν ἄλγεα ὃν κατὰ θυμόν,
>5 ἀρνύμενος ἥν τε ψυχὴν καὶ νόστον ἑταίρων.
>ἀλλ' οὐδ' ὣς ἑτάρους ἐρρύσατο, ἱέμενός περ·
>αὐτῶν γὰρ σφετέρῃσιν ἀτασθαλίῃσιν ὄλοντο,
>νήπιοι, οἳ κατὰ βοῦς Ὑπερίονος Ἠελίοιο
>ἤσθιον· αὐτὰρ ὁ τοῖσιν ἀφείλετο νόστιμον ἦμαρ.
>10 τῶν ἁμόθεν γε, θεά, θύγατερ Διός, εἰπὲ καὶ ἡμῖν.

Den Mann nenne mir, Muse, den vielgewandten, der gar viel umgetrieben wurde, nachdem er Trojas heilige Stadt zerstörte. Von vielen Menschen sah er die Städte und lernte kennen ihre Sinnesart; viel auch erlitt er Schmerzen auf dem Meer in seinem Mute, bestrebt, sein Leben zu gewinnen wie auch die Heimkehr der Gefährten. Jedoch er rettete auch so nicht die Gefährten, so sehr er es begehrte. Selber nämlich verdarben sie, die Toren, die die Rinder des Sohns der Höhe, Helios, verzehrten. Der aber nahm ihnen den Tag der Heimkehr. Davon — du magst beginnen, wo es sein mag — Göttin, Tochter des Zeus, sage auch uns!

1. An erster Stelle steht nicht der Affekt, sondern der Mann. Der Held ist grammatikalisch das Subjekt der folgenden Verben. Er, nicht etwa der Zorn, ist Verursacher der Taten; und wiederum er, nicht die Masse der anderen, ist Träger der Leiden und Schmerzen (Vers 4).

2. Die Muse wird angerufen. Sie soll nicht selbst singen, sondern dem Dichter (μοι) den Heros nennen.

3. Als Thema erscheint Odysseus, der zahlreiche Irrfahrten zu bestehen hat.

4. Wichtig ist der chronologische Ausgangspunkt: nach Troias

Zerstörung. Das Ziel bleibt ungenannt (anders bei Apollonios Rhodios).

5. An Odysseus wird nicht der Affekt, sondern das Sehen und Erkennen hervorgehoben (Vers 3) – ein rationaler Aspekt.

6. Odysseus gefährdet nicht wie Achill die anderen Griechen, sondern er bemüht sich, seinen Gefährten zur Heimkehr zu verhelfen (Vers 5) – eine Haltung, die von Ethos zeugt.

Im Hinblick auf das Sozialverhalten besteht also eine bewußte Antithese zum Iliasprooemium: Es geht um die Rettung des eigenen Lebens und desjenigen der Gefährten, zwei Dinge, die Achill völlig fernlagen. Eigens betont der Dichter, daß die Schuld am Untergang der Gefährten nicht etwa Odysseus trifft, sondern diese selbst (Vers 7). Hier geht der Dichter zwei Schritte in die Vergangenheit zurück (»Sie verzehrten die Rinder des Helios«) und dann wieder einen Schritt vorwärts (»Er raubte ihnen den Tag der Heimkehr«). Doch bleibt er damit – im Unterschied zum Iliasdichter – im zeitlichen Rahmen seines Epos, greift also hier nicht in die Vorgeschichte zurück. In Vers 10 wird die Anrufung aus der ersten Zeile wieder aufgenommen. So hat das Prooemium einen geschlossenen Rahmen. Es ist ganz auf den Charakter des Helden hin orientiert und bestrebt, ihn zu verherrlichen (»Er ist's, der Troia zerstört hat!«) und von Vorwürfen zu entlasten (»Die Gefährten sind selbst an ihrem Untergang schuld«).

Im ganzen ist das Odysseeprooemium nicht nach dem Prinzip des zeitlichen Rückwärtsschreitens aufgebaut. Nur an einer Stelle findet sich diese Technik, und zwar bei der Frage nach dem Grund des Untergangs, analog dem Iliasprooemium, das nach den Ursachen für das Sterben der Helden vor Troia forscht. Hier wie dort der gleiche Kausalnexus: Frevel von Menschen, strafendes Eingreifen einer Gottheit, Sterben von Menschen. In der »Odyssee« ist die Kausalität insofern strenger, als es sich bei den Schuldigen und den Bestraften um dieselben Personen handelt – was der Dichter hervorhebt –, während in der »Ilias« die Verkettung von Schuld und Zorn auch zahlreiche Unbeteiligte und Unschuldige ins Verderben reißt.

Der Gedanke, die Verse 6–9 einem anderen Dichter zuzuschreiben als den Rest des Prooemiums (W. Schadewaldt 7), ist angesichts der strukturellen Analogien zum Iliasprooemium, die sich gerade auch in diesen Versen finden, nicht überzeugend. Der Versuch einer Rechtfertigung des Helden, einer Theodizee und einer Rationalisierung des Verhältnisses von Schuld und Sühne entspricht zudem der

Gesamttendenz des Odysseeprooemiums, den Helden in günstigem Lichte zu zeigen und im Gegensatz zu den emotionalen und pathetischen Aspekten der Ilias die rationalen Züge und das Ethos hervortreten zu lassen.

Neu ist, daß die Leiden des Helden (Vers 4) zum Thema des Werkes erhoben werden.

Von der Fahrt des Odysseus wird nur der Ausgangspunkt genannt. Die Heimkehr ist lediglich im Zusammenhang mit den Gefährten erwähnt (Vers 5 und 9); für Odysseus kann sie nur indirekt aus der Gegenüberstellung mit diesen erschlossen werden. Ein Kontrast liegt auch in dem Adjektiv νήπιοι (»Toren«) im Gegensatz zu Odysseus, der viel gesehen und erkannt hat (Vers 3). So dient die von Schadewaldt in ihrer Echtheit angezweifelte Charakterisierung der Gefährten als Folie für die Weisheit des Odysseus.

Man sieht also, daß der Odysseedichter gerne das Mittel der indirekten Kennzeichnung anwendet. Indem er das Ziel nicht ausdrücklich nennt, bleibt auch ein wenig Spannung erhalten. In diesem Punkt besteht eine Entsprechung zum Iliasprooemium, das keine späteren Ereignisse antizipiert, sondern nur auf die Grundlinien hinweist.

Fassen wir auch zur »Odyssee« einige Bemerkungen zusammen!

1. Der Odysseedichter besingt (etwas apologetisch) einen Helden in seinem Leiden sowie seinen ethischen und rationalen Eigenschaften. An die Stelle des Pathos tritt Ethos.

2. Die Gottheit wird moralisch entlastet.

3. Ein systematisches Rückwärtsschreiten ist nicht festzustellen, die Verbindung mit dem folgenden ist nicht durch spiegelbildliche Reihenfolge der Motive hergestellt.

4. Das Odysseeprooemium ist insofern »offen«, als es nur zum Teil spätere Motive vorbereitet. Andere wichtige Themen erklingen erst kurz nach dem Prooemium (z.B. Poseidons Zorn). Das Prooemium ist durch seine virtuose Multivalenz und bewußte Verschwommenheit mit dem folgenden Text verbunden.

Nun zum Aeneisprooemium!

> *Arma virumque cano, Troiae qui primus ab oris*
> *Italiam fato profugus Laviniaque venit*
> *litora, multum ille et terris iactatus et alto*
> *vi superum, saevae memorem Iunonis ob iram,*
> 5 *multa quoque et bello passus, dum conderet urbem*

inferretque deos Latio; genus unde Latinum
Albanique patres atque altae moenia Romae.
Musa, mihi causas memora, quo numine laeso
quidve dolens regina deum tot volvere casus
10 *insignem pietate virum, tot adire labores*
impulerit. tantaene animis caelestibus irae?
   Urbs antiqua fuit (Tyrii tenuere coloni)
Karthago, Italiam contra Tiberinaque longe
ostia, dives opum studiisque asperrima belli,
15 *quam Iuno fertur terris magis omnibus unam*
posthabita coluisse Samo. hic illius arma,
hic currus fuit; hoc regnum dea gentibus esse,
si qua fata sinant, iam tum tenditque fovetque.
progeniem sed enim Troiano a sanguine duci
20 *audierat Tyrias olim quae verteret arces;*
hinc populum late regem belloque superbum
venturum excidio Libyae; sic volvere Parcas.
id metuens veterisque memor Saturnia belli,
prima quod ad Troiam pro caris gesserat Argis –
25 *necdum etiam causae irarum saevique dolores*
exciderant animo; manet alta mente repostum
iudicium Paridis spretaeque iniuria formae
et genus invisum et rapti Ganymedis honores:
his accensa super iactatos aequore toto
30 *Troas, reliquias Danaum atque immitis Achilli,*
arcebat longe Latio, multosque per annos
errabant acti fatis maria omnia circum.
tantae molis erat Romanam condere gentem.

Waffen sing ich und Mann, den Erstling, welchen von Troja
Ans Lavinergestad, gen Italien flüchtend, das Schicksal
Sandte, den lang durch Meer und Land im Irren umhertrieb
Götterbeschluß vorm Grimm der friedlos zürnenden Juno:
5 Litt viel Mühen im Krieg und gründete Mauern und Wohnstatt,
Der seine Götter gen Latium trug, daher denn lateinisch
Volk und Albanersenat und Romas ragende Zinne.
   Muse, gedenke mir nun der Ursach: Welche Verfehlung,
Welche Beleidigung war's und bewog der Göttinnen Erste,
10 Soviel Pein und Plagen dem Mann, dem frömmsten von allen,
Anzutun? Schwellt solch ein Zorn unsterbliche Herzen?

War eine Stadt, uralt, von tyrischen Mannen besiedelt,
Ward Carthago genannt, lag fern vor der Mündung des Tiber
Und Italien, reich an Gut, voll grausamer Kriegslust.
15 Juno, sagen sie, hielt die Burg vor sämtlichen Orten,
Selbst vor Samos lieb und wert: hier stand ihr Gewaffen,
Hier ihr Gefährt, hier ruht, wo glückliche Fügungen walten,
Künftig das Zepter der Welt: so will's und eifert die Göttin.
Zwar sie vernahm: Nachkommenschaft aus troischen Adern
20 Wird erwachsen und wird die Burg der Tyrier brechen,
Königlich Volk steht auf, schlägt Schlacht nach Schlacht und bereitet
Libyens Untergang; denn also spannen's die Parzen.
Solches befürchtet und denkt Saturnia aller der Kämpfe,
Die sie vor Ilium focht, zulieb dem Heer der Argiver,
25 Hat noch immer des Grams Ursach und grimmigen Unmut
Nicht verwunden: bewahrt in des Herzens innerster Tiefe,
Kränkt sie des Paris Spruch, die Schmach mißachteter Schönheit
Und das verhaßte Geschlecht, Ganymeds Entführung und Ehre.
Siehe, so hielt denn ihr Zorn auf sämtlichen Meeren die Troer,
30 Alle, soviel Achill und die Danaer übriggelassen,
Lange von Latium fern, die Jahr um Jahr ihr Verhängnis
Mitten durchs Meer von Strand zu Strand in die Fremde verschlagen.
Soviel Mühe bedurft's, das Volk der Römer zu gründen!

1. Als Thema erscheint *arma virumque*,[9] also eine Kombination von Ilias und Odyssee.
2. *cano*: Die Ankündigung steht in der ersten Person und ist von der Musenanrufung unterschieden, die bei Vergil erst später erfolgt.[10]
3. Wie der Odysseedichter gibt Vergil den Ausgangspunkt der Fahrt seines Helden an (*Troiae ... ab oris*), im Unterschied zu Homer nennt er aber auch schon im Prooemium das Ziel (dies verbindet Vergil mit Apollonios Rhodios). Vergil kennt ein näheres Ziel (*Italiam ... Laviniaque litora*) und ein entfernteres (Rom). Der gesamte erste Hauptteil des Prooemiums (1−7) ist umrahmt von den Namen, die Ursprung und Endpunkt bezeichnen (*Troiae* und *Romae*). Vergil spricht von Troias Küsten und Laviniums Gestaden; auf diese Weise erzeugt er präzise räumliche und geographische Vorstellungen; Homer kam es hingegen darauf an, einen *zeitlichen* Ausgangspunkt zu fixieren (»nachdem er Troias heilige Stadt zerstört hatte«).

4. Aus der Odyssee übernimmt Vergil auch den Hinweis auf die Leiden und zugleich auch die Anapher *multum ... multa*. Die Tatsache, daß der Held nicht nur auf dem Meer, sondern auch nach der Ankunft im ersehnten Land vieles zu erdulden hatte (in der Odyssee erst *nach* dem eigentlichen Prooemium angedeutet), betont Vergil schon im Prooemium sehr stark (*et bello* 5). Man kann darin eine Konzentration von Motiven sehen, die in der Odyssee vorgegeben sind, aber auch die Absicht, Odyssee und Ilias in einem Gedicht zu verbinden. Der leidende Held Vergils steht in der Nachfolge des homerischen Odysseus.

5. Aeneas ist *fato profugus*. So weist Vergil schon im zweiten Vers auf den schicksalhaften Hintergrund hin, der in der Ilias erst im fünften Vers (»So ward Zeus' Wille vollendet«) und in der Odyssee erst in Vers 17 erscheint (»Die Götter haben ihm zugesponnen, heimzukehren«). Das Fatum zielt nicht auf den Untergang (wie Zeus' Wille in der Ilias), sondern auf den Aufbau einer Stadt: theologische Begründung einer geschichtlichen Sendung.

6. Iunos Zorn wird von Vergil schon im vierten Vers genannt. Die Funktion entspricht dem Zorn Poseidons in der Odyssee, der jedoch dort erst nach dem eigentlichen Prooemium eingeführt wird. Wieder hat Vergil Odysseemotive nach vorn konzentriert.

7. Neu ist, daß der Held selbst Träger der Götter ist (Vers 6); das entspricht seiner Stifterrolle. Wenn er als *primus* bezeichnet wird, so ergibt sich dies rückblickend aus römischer Perspektive,[11] ebenso das *unde* in Vers 6. Gemäß einer Vorstellungsweise, die den Römern seit Catos *Origines* vertraut ist, erscheint Aeneas als ἥρως κτίστης.

In den bisherigen sieben Versen folgt Vergil zunächst der äußeren Bewegung des Aeneas von Troia nach Lavinium, dann greift er auf die Leiden der Irrfahrten zurück und auf die Kämpfe zu Lande voraus, um schließlich den Blick auf die historische Zukunft zu lenken. Im Mittelpunkt der sieben Eingangsverse steht die Macht der Götter, insbesondere Iunos Zorn.

Der zweite Abschnitt des Prooemiums (8—11) fragt nun nach den Ursachen dieses himmlischen Zornes. An dieser Stelle leitet die Musenanrufung einen welthistorischen Rückblick ein (vergleichbar den sogenannten »Archäologien« bei Historikern).

Der dritte Teil des Prooemiums (12—33) ergänzt den geographischen Gegensatz Troia—Italien durch einen neuen: Karthago—Italien. Iuno liebt Karthago. Eine Ursache ihres Zornes ist die Sorge um diese Stadt, die von Römern zerstört werden soll; andere Gründe liegen in der fernen Vergangenheit: das Parisurteil und der Raub Ganymeds (28).

Beim Vergleich unseres Textes mit Ilias und Odyssee stellen wir fest: Viele Einzelheiten finden ihre Entsprechung im Odysseeprooemium, das Vergil durch Konzentration zu überbieten versucht, die Gesamtbewegung bei ihm ist jedoch die einer langsam, aber stetig nach rückwärts verfolgten Kette von Kausalitäten, und zwar ausgehend vom Motiv »Zorn«. Diese chronologische Rückwärtsbewegung entspricht dem Gang des Iliasprooemiums (mit dem Unterschied, daß Vergil zeitlich viel weiter hinter den Beginn der Handlung zurückgreift).

Während sich in der Ilias das Motiv »Zorn« auf einen Menschen und einen Gott verteilte, ist es in der Aeneis allein der Gottheit zugeordnet und in diesem Sinne bewußt schon im Anfangsteil des Prooemiums eingeführt, um auf diese Weise einem eher odysseischen Stoff iliadische Tiefe und iliadisches Pathos zu verleihen.

Fassen wir einige Merkmale von Vergils Arbeitsweise zusammen:

1. Inhaltlich führt Vergil die historisch-politische Zukunftsperspektive ein; dadurch stellt er das Epos in einen weiteren Rahmen.

2. Was die Form betrifft, so verbindet Vergil iliadische und odysseische Elemente: Aus der Ilias kennen wir das Pathos, die zentrale Stellung des Zornmotivs und das zeitliche Zurückgreifen, aus der Odyssee die Bedeutung des Ethos, die Tatsache, daß ein Held im Mittelpunkt steht und daß der Zorn nur einer Gottheit zugeschrieben wird.

Vergil verbindet beide homerischen Prooemien also nicht im Sinne einer Addition, sondern einer wechselseitigen Durchdringung. Den Teilen wie dem Ganzen verleiht er innere Geschlossenheit.[12]

Neuerungen sind in inhaltlicher Beziehung die exakte Zielangabe und der genaue Hinweis auf Geographisches, in formaler Hinsicht die Trennung des Musenanrufs vom Anfang: Vergil scheidet die *propositio* von der eigentlichen Aitiologie oder »Archäologie«. Nur für diesen welthistorischen Rückblick, der die Perspektive eines einzelnen Menschen übersteigt,[13] bedarf er der Hilfe der Musen. Neu ist auch ein Wort wie *causa*, das die Aitiologie in der historischen »Archäologie« thematisiert. Neu auch die Nähe zur Geschichtsschreibung, die dieses Epos auszeichnet.

Die Eigenart der Aeneis als multidimensionales Epos, das sich im politisch-historischen Kosmos bewegt, bestimmt somit Vergils Homerrezeption.

Versuchen wir zum Schluß, die eingangs gestellten Fragen zu beantworten!

1. Wie liest Vergil Homer? Hier sind zunächst zwei einander scheinbar widersprechende Tatsachen festzuhalten:

a) Vergils Homerlektüre überspringt Jahrhunderte. Sie ist gewissermaßen ein »Gipfelgespräch« zwischen zwei großen Dichtern über den Abgrund der Zeiten hinweg. Das bewußte Anknüpfen an Homer hängt mit dem hohen Anspruch zusammen, den Vergil an sich selbst stellt (wir werden darauf zurückkommen).

b) Dennoch ist Vergils Homerlektüre auch zeitgebunden. Er steht in einer Tradition hellenistischer und römischer Homerrezeption, kennt wissenschaftliche Homerkommentare und versucht, die von den Kritikern beanstandeten »Fehler« zu vermeiden. Insbesondere strebt er danach, jedem Detail eine Funktion innerhalb des Ganzen zu verleihen und auf diese Weise Elemente, die durch das homerische Vorbild vorgegeben sind, besser in der Struktur der »Aeneis« zu verankern. Ein Beispiel für ein solches Motiv ist der Zorn Poseidons, der in der »Odyssee« nur gelegentlich eine Rolle spielt, während Iunos Zorn für die ganze »Aeneis« bestimmend ist. Ähnliches gilt von der großen Zukunft, die Aeneas und seinen Nachkommen verheißen wird: In der »Ilias« ist dies nur ein Exkurs, in der »Aeneis« beherrscht dieser Aspekt das gesamte Epos.

Zur Funktionalität tritt ein weiteres Prinzip hinzu: die Konzentration. Wir haben gesehen, daß Vergil Elemente, die sich in der Umgebung des Odysseeprooemiums finden, in seinem eigenen Prooemium konzentriert und auf diese Weise den Text mit Bedeutung anreichert.

Für die Eigenart von Vergils Homerlektüre gewinnen wir also folgendes Ergebnis: Vergil liest Homer sehr genau und nimmt jede Einzelheit ernst. Er verschmäht auch nicht die Hilfsmittel, welche die damalige Philologie ihm bietet. Aber gerade die große Ernsthaftigkeit seiner Lektüre führt dazu, daß er nichts nur äußerlich nachahmt. Er befragt vielmehr den homerischen Text nach Möglichkeiten zur Gestaltung von Personen, Szenen, Themen und Motiven, aber nicht in der Absicht, sie mechanisch zu kopieren, sondern ihnen in dem neuen Kontext möglichst noch tiefere Bedeutung zu verleihen, sie noch organischer darin zu verankern. So ist Vergil zugleich der ehrerbietigste und der kritischste Leser. Die volle Aneignung Homers führt die Elemente der Vorlage über sich selbst hinaus und läßt sie in einer höheren Einheit aufgehen.

In diesen Zusammenhang gehört auch die Assimilation und schöpferische Umkehrung der stoischen Hermeneutik. Allegorie und Typologie werden aus Mitteln der Rezeption zu Prinzipien poetischer Produktion. Aktualisierendes Lesen schlägt sich schöpferisch nieder in einer eigenen Dichtung, die mit Homer wetteifert.

Unter diesen Gesichtspunkten erweist sich der Anschluß an Homer nicht als Belastung, sondern als Mittel, die eigenen Intentionen so genau wie möglich zum Ausdruck zu bringen. Für den großen Dichter führt gerade das umfassende und eingehende Studium der Tradition zu einer inneren Befreiung, hat also einen „emanzipatorischen" Effekt. Die Eigenart von Vergils Homerlektüre ist zum Modellfall für die Aneignung Homers und Vergils bei den großen Epikern Europas geworden.

2. Nun zur Orientierung des Aeneisprooemiums auf den Leser hin! Wie vermittelt Vergil seinem Publikum im Prooemium das rechte Verständnis der Aeneis? Wir haben gesehen, daß er seine Leser stufenweise in die Thematik und Struktur seines Werkes einführt. Von Bedeutung ist dabei nicht nur die Reihenfolge der einzelnen Mitteilungen, sondern auch die Verwendung formaler Mittel, um thematische Zusammenhänge zu verdeutlichen, so z.B. die Anfangsstellung von *Troiae* und die Endposition von *Romae*. Für unser Thema ist besonders wichtig, daß Vergil zur Information und Vorbereitung des Lesers auch dessen Homerkenntnisse benutzt und die Erwartungen verwendet, die das Publikum aufgrund seiner bisherigen literarischen Erfahrungen an ein neues Epos stellt. (Letzten Endes können wir die Gesetze literarischer Gattungen vielfach als Kristallisation von Lesererwartungen verstehen.) Die Homerkenntnis des Lesers ist für den Dichter ein wertvolles Koordinatensystem, in das er die Angaben seines Prooemiums eintragen kann. Auf diese Weise vermag er seine Intentionen Punkt für Punkt deutlich zu machen. So hat die Auseinandersetzung mit Homer nicht lediglich esoterischen Charakter und stellt nicht nur eine reizvolle technische Aufgabe dar (ein Element, das freilich ebenfalls zur hellenistischen und römischen Poesie gehört); sie ist vielmehr auch eine Form der Verständigung mit dem Leser, wobei der Dichter auf das dem Publikum Vertraute eingeht, daran anknüpft und es in neuer Weise weiterführt. So sehen wir in Vergils Homernachfolge nicht nur einen Dialog mit dem großen Vorgänger, sondern auch eine Form des Dialogs mit seinem Leser.

ANMERKUNGEN

1. V. Pöschl, Die Dichtkunst Virgils. Bild und Symbol in der Äneis, Berlin, New York³ 1977; F. Klingner, Virgil, Zürich, Stuttgart 1967; M. C. J. Putnam, The Poetry of the Aeneid, Cambridge, Mass. 1965.

2. G. N. Knauer, Die Aeneis und Homer. Studien zur poetischen Technik Vergils mit Listen der Homerzitate in der Aeneis, Göttingen 1964 (Hypomnemata 7).

3. Homer, Ilias 1,1–12. TEXT: Homeri opera, edd. D. B. Monro et Th. W. Allen, Bd. 1: Ilias 1–12, Nachdruck der 3. Aufl. von 1920, Oxford 1959. – ÜBERSETZUNG: Homer, Ilias. Wolfgang Schadewaldts neue Übertragung, Frankfurt a. M. 1975.

4. W. Kullmann, Ein vorhomerisches Motiv im Iliasproömium, Philologus 99, 1955, 167–192.

5. W. Schadewaldt, Iliasstudien, Leipzig 1938 (Abhandlungen der Sächsischen Akademie der Wissenschaften, Philos.-hist. Klasse, Bd. 43,6).

6. Homer, Odyssee 1,1–10. TEXT: Homeri opera, ed. Th. Allen, Bd. 3: Odyssee 1–12, Nachdruck der 2. Aufl. von 1917, Oxford 1954. – ÜBERSETZUNG: Homer, Die Odyssee. Deutsch von Wolfgang Schadewaldt, Zürich und Stuttgart 1966.

7. Nachwort zur »Odyssee«-Übertragung (s. Anm. 6) 445.

8. Verg. Aen. 1,1–33. TEXT: P. Vergili Maronis opera, ed. R. A. B. Mynors, korrig. Nachdruck der 1. Aufl. von 1969, Oxford 1972. – ÜBERSETZUNG: Vergil, Bucolica–Georgica–Aeneis. Deutsch von R. A. Schröder, Darmstadt 1976 (Sonderausgabe aus: R. A. Schröder, Gesammelte Werke, Band 5, Berlin und Frankfurt a. M. 1952).

9. Ich halte diese Wortverbindung nicht für ein Hendiadyoin.

10. Die erste Person erinnert an kyklische Epenanfänge.

11. Verwandt Ilias 1,6: ἐξ οὗ δὴ τὰ πρῶτα ...

12. Vgl. Th. Halter, Form und Gehalt in Vergils Aeneis. Zur Funktion sprachlicher und metrischer Stilmittel, Diss. Zürich 1963, München 1963.

13. Und sich außerdem auf Iunos Psyche bezieht.

Luis de Camões (1524–1580): *Os Lusíadas* (1572)[1]

1,1–6

As armas e os Barões assinalados
Que, da Ocidental praia Lusitana,
Por mares nunca de antes navegados
Passaram ainda além da Taprobana,
Em perigos e guerras esforçados,
Mais do que prometia a fôrça humana,
E entre gente remota edificaram
Novo Reino, que tanto sublimaram;

E também as memórias gloriosas
Daqueles Reis que foram dilatando
A Fé, o Império, e as terras viciosas
De África e de Ásia andaram devastando,
E aqueles que por obras valerosas
Se vão da lei da Morte libertando:
Cantando espalharei por toda parte,
Se a tanto me ajudar o engenho e arte.

Cessem do sábio Grego[2] e do Troiano[3]
As navegações grandes que fizeram;
Cale-se de Alexandro e de Trajano
A fama das vitórias que tiveram;
Que eu canto o peito ilustre Lusitano,
A quem Neptuno e Marte obedeceram.
Cesse tudo o que a Musa antiga canta,
Que outro valor mais alto se alevanta.

E vós, Tágides minhas, pois criado
Tendes em mim um novo engenho ardente,
Se sempre em verso humilde celebrado
Foi de mim vosso rio alegremente,
Dai-me agora um som alto e sublimado,
Um estilo grandíloquo e corrente,
Por que de vossas águas Febo ordene
Que não tenham enveja às de Hipocrene.

Dai-me uma fúria grande e sonorosa,
E não de agreste avena ou frauta ruda,
Mas de tuba canora e belicosa,
Que o peito acende e a côr ao gesto muda;
Dai-me igual canto aos feitos da famosa
Gente vossa, que a Marte tanto ajuda;
Que se espalhe e se cante no Universo,
Se tam sublime preço cabe em verso.

E vós, ó bem nascida segurança
Da Lusitana antiga liberdade,
E não menos certíssima esperança
De aumento da pequena Cristandade;
Vós, ó novo temor da Maura lança,
Maravilha fatal da nossa idade,
Dada ao mundo por Deus, que todo o mande,
Para do mundo a Deus dar parte grande...

Die Waffen und der Herrn erlauchte Scharen,
Die aus dem West, vom Lusitanerstrande,
Auf Meeren zogen, die noch nie befahren,
Noch weiter als zu Taprobanens Sande,
Und die, beherzt in Kämpfen und Gefahren
Mehr als sonst irgendwer aus Menschenlande,
In fremdem Volk ein neues Reich errichtet,
Davon so hohen Ruhm ihr Werk berichtet,

Und auch der Könige berühmte Namen,
Die, Reich und Christenglauben auszubreiten,
Beflissen waren und den sündigen Samen
Von Asien, Afrika dem Jammer weihten, –
Ja alle, die durch Tat zum Preise kamen,
So daß sie sich von Sterblichkeit befreiten,
Will ich, in alle Welt verkündend, sagen,
Genügt nur Geist und Kunst zu solchem Wagen.

Schweigt von des Troers Fahrten und den Bahnen
Des klugen Griechen über weiten Meeren,
Schweigt von den Alexandern und Trajanen,
Von ihren Siegen, ihren ruhmesschweren;

Ich sing die hehre Brust des Lusitanen,
Den Mavors und Neptun gehorsam ehren.
Versinke, was die Muse sang der Alten,
Ein größerer Mut will sich vor uns entfalten!

Und ihr, o Tejo-Nymphen, die gewiesen
Mir einen neuen Geist von brünstigem Drange,
Hab ich euch jemals euren Strom gepriesen
Bescheidenen Verses und mit heiterem Sange,
Helft mir nun den erhabenen Ton erkiesen,
Die Rede groß, von breitem Fluß und Klange,
Daß mit Apollos Beistand eure Welle
Dem Ruhme Hippokrenens sich geselle.

Gebt Leidenschaft von großem, vollem Schwalle,
Nicht wie sie Hirtenrohr und Flöte kündet,
Daß tönend sie wie Kriegstrompete schalle,
Die neu die Herzen schafft, die Brust entzündet;
Gebt mir Gesang, der ebenbürtig halle
Eurem berühmten Volk, dem Mars verbündet,
Daß er durchs Weltall, sich verbreitend, klinge,
Wenn's möglich, daß man solchen Wert besinge.

Und Ihr, o Zuversicht, so wohlgeboren,
Die Freiheit Lusitaniens zu wahren,
Nicht weniger auch zur Hoffnung auserkoren
Auf Mehrung der geringen Christenscharen,
Ihr, neuer Schrecken lanzenkundiger Mohren,
Zum Wunder uns gesetzt in unseren Jahren,
Das Gott, der alles lenkt, zur Welt gesendet,
Daß deren größeren Teil Ihr zu ihm wendet ...

Camões beginnt mit »Waffen und Männern«. Das erste Wort steht dem Vergiltext besonders nahe. Das zugehörige Verb folgt freilich auffallend spät (erst am Ende der zweiten Stanze!). Wichtig ist, daß Camões von vornherein mehrere Personen feiern will (*barões*) – im Unterschied zu Milton und Tasso, die sich strenger an *arma virumque* halten. Für den Plural ist der historische Epiker Silius Italicus das Vorbild (*viros* Pun. 1,5). Die Heroen werden durch ein Epitheton rühmend hervorgehoben (*assinalados*). Allerdings ist die Sprache des portugiesischen Dichters im Original herber und nüchterner als in manchen Übersetzungen, besonders in von Belzigs Bearbeitung.[4] Die Vielzahl der Helden und der enkomiastische Zug verbinden Camões mit demjenigen der römischen Epiker, der auf Kenntnis und Vermittlung historischer Fakten größten Wert legt: mit Silius Italicus. Gegen die italienische Epik Ariosts (dem, wie wir sehen werden, auch Tasso seinen Tribut gezollt hat) polemisiert Camões ausdrücklich (1,11):

> *Ouvi: que não vereis com vãs façanhas*
> *Fantásticas, fingidas, mentirosas,*
> *Louvar os vossos, como nas estranhas*
> *Musas, de engrandecer-se desejosas:*
> *As verdadeiras vossas são tamanhas,*
> *Que excedem as sonhadas fabulosas,*
> *Que excedem Rodomonte e o vão Rugeiro,*
> *E Orlando, inda que fora verdadeiro.*

Nicht Dichtung ohne Wahrheit, ohne Leben,
O glaub es mir! nicht eitle Phantasien
Soll'n Deinem Volke Ruhm und Ehre geben,
Wie sonst wohl die Kamöne sie verliehn;
Denn Taten, die das Dichterwort erst heben,
es adeln, sind in Deinem Schoß gediehn:
Jetzt muß ein Rodomont, ein Roland schweigen
Wie wahr und klar auch Taten für sie[5] zeugen.[6]

Helden des Werkes sind die Lusiaden, die Nachkommen des Lusus, des Stammvaters der Lusitanier, die Portugiesen. Dies ist eine genaue Analogie zu den Aeneaden, deren Ruhmestaten Silius Italicus ankündigt. Wie dieser, so beabsichtigt auch Camões eine Fortsetzung und Spiegelung der Aeneis im Geschichtlichen; steht doch auch bei ihm sein eigenes Volk im Mittelpunkt. Der Titel ist von Camões in bewußtem Anklang an das Prooemium des Silius Italicus gewählt. Es folgt, wie bei Vergil, die Kennzeichnung des Weges durch Ausgangs- und Endpunkt. Führt dort die Bahn von Osten nach Westen (von Troia nach Lavinium), so hier umgekehrt aus dem Abendland in den Orient. Das Ziel bleibt geheimnisvoll in der Schwebe (»über Taprobana hinaus«). Unabhängig von Vergil kennzeichnet Camões den Weg: »durch vorher nie durchfahrene Meere«. Die Leistung Vasco da

Gamas wird dadurch angemessen charakterisiert. Der Ausdruck läßt zugleich an die Argonautenfahrt denken (auf sie spielt Camões selbst in der Folge an: *os vossos Argonautas* 1,18). Die Helden heißen »wakker in Gefahren und Kriegen« (hier verkürzt Camões Vergils Doppelung *terris iactatus et alto,* Aen. 1,3, und *bello passus,* Aen. 1,5). Aber *esforzado* bezeichnet eine aktive Tüchtigkeit, wie sie bei Vergil hier nicht auftaucht. Wichtig ist die Steigerung »mehr als was menschliche Kraft verspricht«: Die Leistung der Helden ist übermenschlich (auch dies erinnert an Silius Italicus: *caelo se gloria tollit / Aeneadum* Pun. 1,1f.). Allerdings sind die Übersetzungen hier wieder etwas zu großsprecherisch: »Was sonst kein Sterblicher bestand« (von Belzig); »mehr als sonst irgendwer aus Menschenlande« (von Taube). Es geht Camões doch wohl eher darum, anzudeuten, daß hinter der Leistung der Portugiesen eine göttliche Macht steht. In der Aeneis erscheint als Ziel eine Stadtgründung (*dum conderet urbem* Aen. 1,5), nämlich Lavinium, das auf Rom vorausweist (Aen. 1,7). Anstelle dieser doppelten Perspektive tritt bei Camões der Aufbau eines neuen Reiches in Indien (*entre gente remota edificaram / Novo Reino, que tanto sublimaram*). So entsprechen die ersten acht Verse formal und inhaltlich sehr weitgehend den sieben Eingangsversen der Aeneis. Verändert ist freilich die Himmelsrichtung der Fahrt. Der Weg ist weiter und schwieriger. Es handelt sich um noch unbefahrene Meere (v. 3).

Stilistisch spiegelt sich die Betonung der kollektiven Leistung in der Häufigkeit der dritten Person Plural (1,4; 1,8; 2,4; 2,6). In der Verwendung des Plurals weicht Camões bewußt von Vergil ab. Um die Spuren des großen Römers nicht allzu offensichtlich zu verlassen, hatte Silius Italicus, der ebenfalls keinen Einzelhelden verherrlicht, im Prooemium das Kollektivum *Roma* vorgezogen.

Camões geht in der *propositio* insofern über Vergil hinaus, als er in der zweiten Strophe auch den Inhalt seiner historischen Exkurse angibt. Diese erhalten dadurch mehr Gewicht. Bei dem Augusteer könnte man allenfalls in den letzten Worten der Ankündigung eine Andeutung sehen: *genus unde Latinum / Albanique patres atque altae moenia Romae* 1,6f.). Die geschichtlichen Rück- und Ausblicke vermitteln bei Camões nicht nur ein Gesamtbild der portugiesischen Geschichte; sie stehen insgesamt im Zeichen einer missionarischen (*dilatando / A Fé*) und einer imperialen Idee (*o Império*). Dabei tritt das Religiöse weiter zurück als bei Tasso, der kein spezifisch italienisches, sondern ein christlich-europäisches Epos schreibt. Vergil betont das *fatum,* Tasso die göttliche Gnade; Camões spricht nur von

Königen, die den Glauben und das Reich ausbreiten, verstärkt also die aktiven Züge. Der Sieg über das sündige, d.h. heidnische Afrika und Asien drückt ähnlich (wie dann auch bei Tasso) die Absicht aus, sowohl Griechenlands Sieg über Troia als auch Roms Triumph über Karthago zu überbieten. Die Verherrlichung der Helden, die sich »vom Gesetz des Todes befreiten«, ist für ein episches Prooemium ungewöhnlich explizit und findet wiederum nur bei Silius Italicus eine Parallele (vgl. Pun. 1,1f.). Es ist unwahrscheinlich, daß Camões hier generell nur an christliche Heilige denkt (obwohl er immerhin die Thomas-Legende erzählt, 10,108–119; bes. 118,5). Er meint vielmehr irdischen Tatenruhm (*por obras valerosas* 2,5). Die Perspektive ist also weltlicher als bei Tasso. Eine durch Heldentaten errungene Unsterblichkeit steht nicht innerhalb des selbstgewählten christlichen Rahmens, sondern neben ihm. Das Daseinsgefühl ist stärker als religiöse Prinzipien. Es kommt dem Dichter vor allem darauf an, historische und natürliche Wirklichkeit darzustellen. Dazu dient indirekt auch der heidnische Götterapparat. Theologische Widersprüche, die sich aus seiner Verwendung ergeben, hat man Camões zum Vorwurf gemacht. Tatsache ist, daß die olympischen Götter selbstverständlicher Bestandteil von Camões' poetischer Weltdarstellung sind. Insbesondere sind sie bei ihm so gut wie die einzigen Träger fiktiver Handlung. Dies entspricht hinwiederum der Poetik unseres Dichters, der, in betontem Gegensatz zu den Italienern, nur Wahrheit verkünden will. Daher läßt er Erfundenes nur im Bereich der Götter spielen, deren Fiktivität von seinen christlichen Lesern sofort durchschaut wird. Man hat bisher zu einseitig Theologie mit Theologie verglichen und auf die wenigen Punkte gestarrt, an denen Heidentum und Christentum bei Camões zusammenstoßen. Den Intentionen des portugiesischen Dichters angemessener scheint es, nicht religiöse, sondern poetologische Maßstäbe anzulegen. Die Verwendung der heidnischen Götter als unmißverständliche und sozusagen einzige Träger des Fiktionalen entspringt einer Poetik der »Wahrhaftigkeit«. Gerade die vielfach beanstandeten Stellen, die sich auf Götter beziehen, bekommen in unserem Zusammenhang einen neuen Sinn: Wenn Bacchus den Portugiesen vorgaukelt, im heidnischen Afrika feiere ein Priester das Meßopfer (2,12), so geht es nicht um die theologische Absurdität, daß hier ein antiker Gott einen christlichen Ritus vollzieht, sondern um die poetische Absicht, Blendwerk in jeder Hinsicht als solches zu kennzeichnen. Noch eindeutiger ist die Aussage der zweiten Stelle (10,82):

> *Aqui, só verdadeiros, gloriosos*
> *Divos estão, porque eu, Saturno e Jano,*
> *Júpiter, Juno, fomos fabulosos,*
> *Fingidos de mortal e cego engano.*
> *Só pera fazer versos deleitosos*
> *Servimos; e, se mais o trato humano*
> *Nos pode dar, é só que o nome nosso*
> *Nestas estrelas pôs o engenho vosso.*

> Hier ist der eine wahre Gott[7] zu sehn,
> Denn um Saturn und Ianus und die Horen,
> Zeus, Iuno und um mich ist's längst geschehn,
> Die Menschenwahn und -blindheit hat geboren.
> Wir dienen nur, dem Dichter zu erhöhn
> Die Lust am Sang; doch da ihr uns erkoren
> Zu bess'rem Los, so gebet ihr dem Reigen
> Der Sterne unsre Namen noch zu eigen.[8]

Die Gelehrten haben sich darüber erheitert, daß Tethys sich selbst die eigene Unwirklichkeit bescheinigt. Aus unserer Sicht wird deutlich, daß Camões hier nicht auf den negativen Aspekt der Aussage Wert legt, sondern auf den positiven: Die Götter gehören in den Bereich des Poetischen und Fiktiven.

Nimmt man die Fortsetzung dieser Stelle noch hinzu, so sieht man, daß Camões fromme Bedenken zu beschwichtigen weiß: Auch das Christentum kennt helfende und schadende Mächte — Engel und Dämonen —, und in der Bibel werden sie als »Götter« bezeichnet (10,84). Dies aber ist nicht eigentlich Camões' Problem; für ihn ist es viel wichtiger, daß Tethys zum Sprachrohr seiner Poetik wird.

Am Ende der zweiten Strophe wird die recht umfassende und anspruchsvolle Themastellung durch eine urban-bescheidene Einschränkung aufgefangen. »Wenn Begabung und Kunst mir so weit helfen ...«. Ariosts scherzhafte Anspielung (*Orlando furioso* 1,2) auf das eigene, durch Verliebtheit geschwächte *ingenium* hebt Camões auf eine würdevollere Ebene, vor allem durch die traditionelle Zusammenstellung von *ingenium* und *ars*.[9]

Die dritte Strophe verdeutlicht den Rang des Gegenstandes, den Camões besingen will: Die zurückgelegten Strecken sind weiter als die Seefahrten des Odysseus und Aeneas, die erfochtenen Siege größer als diejenigen Alexanders und Traians. Die Tapferkeit der Portugiesen bezwingt Neptun und Mars, überwindet also die Gefahren des Meeres und des Krieges: Hier wird der Doppelaspekt von Aen. 1,3—5 wieder aufgegriffen.

Man mag aus dieser Strophe folgern, daß Camões Vergil und Homer in den Schatten stellen will. Aber eine solche rein literarische Betrachtungsweise entspricht nicht ganz seiner Poetik. Die Bedeutung seines Werkes leitet er vielmehr objektiv aus der Würde seines Stoffes ab. Diese Argumentationsweise erinnert weniger an Epiker- als an Historikertradition (vgl. z. B. Cato bei Gellius 3,7;[10] Sall. Catil. 8). Selbst hier, wo Camões sich parteiisch zeigt, stützt er sich – und dies ist für seine Denkweise bezeichnend – auf objektive Größenverhältnisse: Vasco da Gama ist in der Tat auf seinen Fahrten viel weiter vorgestoßen als Odysseus und Aeneas, und entsprechend weiter ist auch der Ruhm der Portugiesen gedrungen. Das Properzzitat der ersten Zeile der dritten Strophe *Cedite Romani scriptores, cedite Grai* (2,34,65) bleibt kein leeres Wort: Gemäß seiner am Gegenstand orientierten Poetik stellt Camões seinen Anspruch auf ein solides Fundament, läßt seine Person hinter der Sache zurücktreten.

Auf die *propositio* folgt die Musenanrufung. Bezeichnend ist bereits die Benennung der Musen: *Tágides* »Töchter des Tejo«. Der Dichter weiß, daß die Musen ursprünglich Nymphen sind. Er lokalisiert seine Dichtergottheiten im Fluß seiner Heimat. Welch ein Unterschied zu Tasso, der die himmlische Muse anrufen wird! Camões' wichtigste Inspirationsquelle ist nicht religiös, sondern national. Mit neuem Selbstbewußtsein stellt Camões der Hippokrene, der antiken Musenquelle, den Tejo an die Seite. Daher auch seine Überzeugung, von einem neuartigen *ingenium* erfüllt zu sein. Das Beiwort *ardente* klingt an Statius an und nimmt Tasso vorweg (s. unten S. 391), aber der Zusatz *novo* unterstreicht die Welten, die ihn von den bisherigen Epikern trennen.

Die Form der Anrufung zeigt, daß Camões die antike Gebetssprache beherrscht (zu dem Bedingungssatz vgl. z. B. Verg. georg. 1,17); doch ist dieser reich geschmückte Gebetsstil in epischen Prooemien nicht das Übliche. Er unterstreicht hier die enge persönliche Beziehung des Dichters zu seinen Musen (die ebenfalls an Vergils Haltung in den *Georgica* erinnert[11]); in gleichem Sinne wirkt das Possessivpronomen *minhas*. Unsere Strophe entfaltet das am Ende der zweiten aufgestellte Begriffspaar *ingenium* und *ars*. Zur Begabung muß ein großartiger und strömender Stil hinzukommen. Beides ist Sache der Musen des Tejo. Auch diese spezifisch poetischen Qualitäten werden hier also recht deutlich mit dem nationalen Element in Verbindung gebracht. Zwischen dem heimatlichen Strom und dem Redefluß des Dichters bestehen metaphorische Beziehungen: Beispielsweise passen die Attribute *alto* und *corrente* auf beides. Ist der vaterländische Stoff die Quelle von *ingenium* und *ars,* so ergibt sich Camões' Musenverständnis mit logischer Konsequenz aus seiner gegenstandsbezogenen Poetik.

Die fünfte Strophe erhebt dies zur Evidenz: Der Dichter bittet darum, die Musen möchten seinem Gesang eine dem Gegenstand entsprechende Größe und Gewalt verleihen. Der Gegensatz zwischen kriegerischer Tuba und Hirtenflöte belegt den Unterschied zwischen Epos und bukolischer Poesie. Vor allem aber macht der Dichter abschließend klar, daß die universale Weite des portugiesischen Weltreiches auch den Epiker zwingt, in kosmischen Maßstäben zu denken.

Nicht in gleicher Ausführlichkeit betrachten wir die nun folgende Widmung an den König. Sie steht in einer Tradition, die, wie noch zu zeigen sein wird, auf die Epen der Kaiserzeit und auf Vergils *Georgica* zurückgeht. Portugal erscheint hier als Weltreich, von Sonnenaufgang bis Sonnenuntergang (1,8), das allen Menschen ermöglicht, Gott die Ehre zu geben (1,6). Entscheidend sind auch in der Widmung die grundsätzlichen Aussagen: Vaterlandsliebe steht im Mittelpunkt von Camões' Werk (1,10); vor allem aber geht es ihm darum, sich gegen die Phantasiedichtung abzugrenzen. Anders als in der ausländischen Poesie, die ihre Gegenstände durch Erfindungen steigert, ist bei Camões der Stoff so bedeutend, daß er alle Phantasie übertrifft (1,11).

Es klingt auch die Absicht an, dem König selbst seine Bedeutung für die Welt vor Augen zu führen, ihm gewissermaßen als Spiegel zu dienen (1,10,5 ff.):

> *Ouvi: vereis o nome engrandecido*
> *Daqueles de quem sois senhor superno,*
> *E julgareis qual é mais excelente,*
> *Se ser do mundo Rei, se de tal gente.*

> O, höre mich! Die Helden deiner Krone,
> Die rühmlichsten, nun werden dir bekannt:
> Du aber wirst, was rühmlicher, erfahren,
> Herr einer Welt zu sein, Herr solcher Scharen.[12]

Hier liegt der Gedanke des Fürstenspiegels nicht mehr fern. Camões schließt mehrere seiner Gesänge mit moralischen Betrachtungen ab (1; 5; 6; 8; 10); vor allem am Ende des zehnten Gesanges erteilt der Dichter dem König Ratschläge (149 ff.). Von den hier betrachteten neuzeitlichen Epikern ist Camões auch der einzige, der das Motiv »Inspiration durch den Herrscher« — wenn auch vorsichtig — wieder aufnimmt (1,9,5 ff.):

> *Os olhos da real benignidade*
> *Ponde no chão: vereis um novo exemplo*
> *De amor dos pátrios feitos valerosos,*
> *Em versos devulgado numerosos.*

Die zarte Andeutung des Originals hat der Übersetzer stark vergröbert:

> Laß Gnade deines Auges Strahl mir schenken,
> Mir Niedrigen, daß mich, von Huld beglückt
> Die Liebe zu der Ahnen Heldenstamme
> Zum ehernen Klang des Heldenlieds entflamme.[13]

Der Dichter drückt sich erheblich schlichter aus: »Du wirst ein neues Beispiel sehen der Liebe zu den wackeren Taten der Väter, unter das Volk gebracht in rhythmischen Versen.« Der König wird also die Vaterlandsliebe *sehen*, nicht sie oder das Gedicht hervorbringen. Camões erwartet keinen Lohn (1,10,1–2): *não movido / De prémio vil;* allerdings wird er in den erwähnten Schlußmeditationen bittere Klage darüber führen, daß seine Landsleute zu sehr am Gelde hängen und den Wert der Poesie nicht zu würdigen wissen.

Befreien wir das Bild des Camões von den Übermalungen seines wilhelminischen Übersetzers, so steht kein Großsprecher und Fürstendiener vor uns, sondern ein selbständiger Dichter, der von der Würde seines Stoffes durchdrungen ist und aus diesem seine Inspiration schöpft. Camões scheidet ungewöhnlich klar zwischen Phantasie und Wahrheit und fühlt sich auch als Dichter allein im Dienste der letzteren. Die Betonung der Wahrheit bedingt eine Nähe seiner Dichtung zur Geschichtsschreibung; die sachgemäße Darstellung von Naturphänomenen (die Alexander von Humboldt an Camões rühmt[14]) und die Ausweitung der Geographie zur Kosmologie (10,77 ff.) ist ein Aspekt, der die »Lusiaden« in die Nähe der Lehrdichtung rückt. Die souveräne Verwendung des Götterapparats als Träger der spezifisch poetischen Fiktion zeigt Camões als reflektierenden Dichter, der die verschiedenen Bereiche nicht vermengt, sondern klar zu scheiden weiß und auf diese Weise ein Maximum an Gegenständlichkeit und symbolischer Bedeutsamkeit erreicht.

ANMERKUNGEN

1. Textausgabe: Luís de Camões, Os Lusíadas, ed. E. P. Ramos, 7. Auflage, Porto und Lisboa o. J.; zweisprachige Ausgabe: Luis de Camões, Die Lusiaden. Ausgewählt, übertragen und eingeleitet von O. von Taube, zweisprachige Ausgabe, Freiburg i.Br. 1949, Reprograph. Nachdruck Darmstadt 1979; ältere Übersetzung: Die Lusiaden des Camões. Unter Zugrundelegung der Übersetzung von F. A. Kuhn und K. Th. Winkler gänzlich umgearbeitet von R. von Belzig. Mit einer biographisch-litterarhistorischen Einleitung von K. von Reinhardstoettner, Stuttgart 1886 (Cotta'sche Bibliothek der Weltliteratur). Zu Camões' Kunst der *imitatio* s. auch: R. W. Garson, Vergilian Similes in the ›Lusiads‹ of Camões, in: Neuphilologische Mitteilungen 79, 1976, 471–477.

2. Odysseus.   3. Aeneas.

4. S. Anm. 1.   5. Doch wohl »ihn«: für den französischen Roland.

6. Übersetzung von v. Belzig (s. Anm. 1).

7. Im Original: »Götter«, lt. Kommentar von Ramos (s. Anm. 1) »die Heiligen«; eher vielleicht die Engel und noch höhere Mächte.

8. Übersetzung von v. Belzig (s. Anm. 1).

9. Vgl. H. Lausberg, Handbuch der literarischen Rhetorik. Eine Grundlegung der Literaturwissenschaft, München 1960, § 1152.

10. = Historicorum Romanorum reliquiae, ed. H. Peter, Leipzig, Bd. I, 1914[2], fr. 83; p.78; hierzu M. von Albrecht, Meister römischer Prosa von Cato bis Apuleius, 2., durchges. Aufl., Heidelberg 1983, 38–50.

11. M. von Albrecht, Römische Poesie. Texte und Interpretationen, Heidelberg 1977, 55–60. – Man könnte erwägen, ob Vergils Bindung an seinen Heimatfluß Mincius Camões zur Lokalisierung der Musen am Tejo angeregt hat.

12. Übersetzung von v. Belzig (s. Anm. 1).

13. Wie Anm. 12; vgl. auch v. Taube (s. Anm. 1) S. 26f.

14. K. von Reinhardstoettner, Einleitung (s. Anm. 1) S. 19.

Torquato Tasso: *Gerusalemme liberata*[1]

CANTO PRIMO

1

Canto l'arme pietose e 'l capitano
che 'l gran sepolcro liberò di Cristo:
molto egli oprò co 'l senno e con la mano,
molto soffrí nel glorïoso acquisto:
e in van l' Inferno vi s'oppose, e in vano
s'armò d'Asia e di Libia il popol misto;
il Ciel gli diè favore, e sotto a i santi
segni ridusse i suoi compagni erranti.

2

O Musa, tu che die caduchi allori
non circondi la fronte in Elicona,
ma su nel cielo in fra i beati cori
hai di stelle immortali aurea corona,
tu spira al petto mio celesti ardori,
tu rischiara il mio canto, e tu perdona
s'intesso fregi al ver, s'adorno in parte
d'altri diletti, che de' tuoi, le carte.

3

Sai che lá corre il mondo, ove piú versi
di sue dolcezze il lusinghier Parnaso;
e che 'l vero condito in molli versi,
i piú schivi allettando ha persuaso:
cosi a l'egro fanciul porgiamo aspersi
di soavi licor gli orli del vaso:
succhi amari ingannato intanto ei beve,
e da l'inganno suo vita riceve.

4

Tu, magnanimo Alfonso, il qual ritogli
al furor di fortuna e guidi in porto
me peregrino errante, e fra gli scogli
e fra l'onde agitato e quasi absorto,
queste mie carte in lieta fronte accogli,

che quasi in vóto a te sacrate i' porto.
Forse un dí fia che la presága penna
osi scriver di te quel ch'or n'accenna.

5

È ben ragion, s'egli avverrá ch'in pace
il buon popol di Cristo unqua si veda,
e con navi e cavalli al fero trace
cerchi ritòr la grande ingiusta preda,
ch'a te lo scettro in terra, o, se ti piace,
l'alto imperio de' mari a te conceda.
Emulo di Goffredo, i nostri carmi
in tanto ascolta, e t'apparecchia a l'armi.

ERSTER GESANG

1

Den Feldherrn sing ich und die frommen Waffen,
die des Erlösers hohes Grab befreit.
Viel führt er aus, was Geist und Arm geschaffen,
viel duldet er im glorreich kühnen Streit.
Und fruchtlos droht die Hölle, fruchtlos raffen
sich Asien auf, und Libyen, kampfbereit;
denn Gottes Huld führt zu den heilgen Fahnen
ihm die Gefährten heim von irren Bahnen.

2

O Muse, die mit welker Lorbeerkronen
nie auf dem Helikon die Stirn umflicht,
doch die im Himmel, wo die Selgen wohnen,
strahlt mit des Sternenkranzes ewgem Licht;
hauch in die Brust mir Glut aus Himmelszonen!
Erleuchte du mein Lied; und zürne nicht,
füg ich zur Wahrheit Zier, schmück ich bisweilen
mit anderm als nur deinem Reiz die Zeilen.

3

Du weißt ja, daß die Welt, wo seiner Gaben
Parnaß die süßesten verströmt, sich drängt;

und da die Wahrheit manches Mal vergraben
in holden Reim, die Sprödsten lockt und fängt.
So reichen wir auch wohl dem kranken Knaben
des Bechers Rand mit süßem Naß besprengt;
getäuscht empfängt er ohne Widerstreben
den herben Saft und, durch die Täuschung, Leben.

4

Großmütiger Alfons, erhabner Retter
des irren Wandrers, den das Glück verriet,
der aus dem Wogendrang, aus Sturm und Wetter,
gescheitert fast, in deinen Hafen flieht:
Mit heitrer Stirn empfange diese Blätter;
wie zum Gelübde weih ich dir mein Lied.
Einst tönt vielleicht die ahnungsvolle Leier,
statt leisen Winks, von dir mit lauter Feier.

5

Wohl ist es recht, – wenn je in künftgen Jahren
die Völker Christi sich in Frieden sehn,
und nun mit Schiff und Roß kühn den Barbaren
die große Beute zu entreißen gehn –
daß sie die Führung, wie du willst, der Scharen
zu Wasser oder Land dir zugestehn.
Nacheifrer Gottfrieds, horch auf seine Siege
in unserm Lied und rüste dich zum Kriege!

Die erste Zeile knüpft an das Prooemium der Aeneis an: *Canto l'arme pietose e'l capitano*. Die Waffen sind wie dort vor dem Helden genannt; im Unterschied zu Vergil steht aber das Verb *canto* an erster Stelle (vgl. den Anfang des historischen Epos des Silius Italicus: *ordior arma*). Das Attribut *pietose* kennzeichnet die Waffentaten des ersten Kreuzzuges als fromm, den Krieg als heilig. Dieser Akzent ist deutlicher gesetzt als bei Vergil, entspricht aber der Tendenz der Aeneis, die R. A. Schröder als »Sakralgedicht« bezeichnet hat.

Die zweite Zeile gibt den Hauptinhalt des Epos an: die Befreiung von Christi Grab. Vergil hatte an der entsprechenden Stelle durch die Namen Troia und Lavinium einen Weg bezeichnet, den der Held auf Weisung des Fatums vollendete. Tasso nennt hingegen sogleich den Erfolg: die Befreiung des Heiligen Grabes (1099 n. Chr.). Sein Held,

Gottfried von Bouillon, hat sein Ziel voll erreicht, während die Taten des Aeneas auf Fernziele hin transparent bleiben: die Gründung Roms (Aen. 1,7). Der Ausblick auf Augustus unterbleibt im Aeneisprooemium; er wird u.a. in der Juppiterprophetie des ersten Buches nachgeholt. Tassos Huldigung an Alfonso II. d'Este in Ferrara (1,4—5) ist nicht direkt vergleichbar; sie gehört in die Tradition der kaiserzeitlichen Epik, die in dieser Beziehung weniger an die Aeneis als an die *Georgica* anknüpft. Vergil beginnt dort (1,24—42) mit *tuque adeo* (vgl. Tasso 1,4 *tu*). Er rühmt seinen Caesar (den späteren Augustus) als Beschwichtiger der Stürme und als Meergott; ähnlich preist Tasso Alfonso als Retter aus Seenot. Valerius Flaccus (1,7—21) bringt das Herrscherhaus ebenfalls mit dem Meer in Verbindung: Vespasian ist über den Ozean nach Britannien gefahren, wird als Gestirn an den Himmel versetzt werden und den Seefahrern als Leitstern dienen. Sein Sohn Domitian soll die Eroberung Jerusalems durch Titus besingen. Am nächsten steht Tassos Anrede an Alfonso in dieser Beziehung Statius, der sich mit *tuque* an Domitian wendet (Theb. 1,17—33) und ihm (wie Tasso in seiner vierten Strophe) verspricht, später die Heldentaten des Herrschers zu verherrlichen. In diesem Sinne hat man meist auch Vergils Verheißung (georg. 3,16) verstanden, seinem Caesar einen Tempel zu errichten. Wenn Tasso hier sein Epos als Votivgabe für die Rettung durch Alfonso versteht, so dürfte dies ebenfalls durch das Prooemium zum dritten Buch der *Georgica* angeregt sein.[1b] Seine Huldigung gewinnt dadurch einen viel persönlicheren Charakter als diejenigen der antiken Epiker. Auch verzichtet Tasso auf die Apotheose des Herrschers und dessen Anrufung als Inspirator. Vor solchen Übertreibungen bewahrt ihn die christliche Religion — zum Vorteil der künstlerischen Wirkung.[2] Die höchste Ehre, die sich Tasso für seinen Fürsten vorstellen kann, ist die Führung eines Kreuzzuges (Strophe 5). So verhält sich Alfonso zu Gottfried wie Augustus zu Aeneas, freilich ohne daß das Epos insgesamt wie die Aeneis auf die Gegenwart hin transparent würde. Die Huldigung bleibt als Widmung lokal begrenzt.

Kehren wir nun zum Anfang des Prooemiums zurück! Vergil hatte in anaphorischer Form (*multum*) die beiden Hälften seines Epos einander gegenübergestellt: Irrfahrten und Krieg. Dabei lag in beiden Fällen der Akzent auf den Leiden (*iactatus* und *passus*); Tasso hingegen, der die Antithese »Irrfahrten« und »Krieg« nicht verwerten kann, ersetzt sie durch eine neue: Tun und Leiden. So tritt das tätige Wirken des Helden stärker in den Vordergrund: *molto egli oprò co'l senno e con la mano.* Planender Geist und aktives Kämpfertum treten hier stärker hervor als in der »Aeneis«, wo sich Heldentum vor allem im Ertragen und Durchhalten bewährt. Jetzt wird auch deutlich, warum Gottfried im ersten Vers nicht einfach als »Mann«, sondern als Befehlshaber vorgestellt wird. Das Leiden ist zwar erwähnt (*molto soffrì*),[3] aber sogleich durch Hinweise auf Ruhm und Eroberung neutralisiert (*nel glorioso acquisto*). Von *gloria* spricht Vergil im Eingang der »Aeneis« nicht. Der einzige lateinische Epiker, der im Prooemium den Tatenruhm seiner Helden betont, ist Silius Italicus (1,1 *caelo se gloria tollit* und 3 *decus laborum*). In dem letztgenannten Ausdruck sind Leiden und Ruhm ähnlich miteinander verbunden wie in der soeben interpretierten vierten Zeile Tassos.

Die zweite Hälfte der ersten Strophe nennt zuerst die Gegner — die Hölle sowie Asien und Libyen —, dann den wichtigsten Verbündeten: den Himmel, der Gnade schenkt und den Gefährten die Heimkehr beschert. Hier hat Tasso Linien verstärkt, die in der Aeneis zwar angedeutet sind, aber im Prooemium nicht so klar hervortreten: Dort wird nur gesagt, daß Aeneas *fato profugus* ist, d.h. daß sein Flüchtlingsschicksal auf Götterspruch beruht. Der positive Ausdruck der Gnade des Himmels bei Tasso überbietet die Aeneis und auch die Odyssee: Im Unterschied zu Odysseus, der seine Gefährten verliert, führt Gott die Schar Gottfrieds wohlbehalten in die Heimat. Tasso erhebt nicht ausdrücklich den Anspruch, die Vorgänger zu übertrumpfen, aber er gibt zu verstehen, daß sein Gott der mächtigere, hilfreichere ist. Demgegenüber erscheint die Gegenseite als ›diabolisch‹. Dies ist vor allem im siebten Buch der Aeneis vorbereitet: Dort steigt Juno in die Unterwelt hinab, um die Kriegsfurie zu entfesseln. Tassos Hölle trägt übrigens zum Teil noch heidnische Züge — ihr Herrscher heißt Pluto; dagegen ist der Himmel christianisiert, wobei freilich die Mechanismen des alten Epos fortbestehen: Gottvater entsendet Gabriel wie der homerische Zeus seinen Boten Hermes und der vergilische Juppiter den Merkur.[4]

Nicht nur Homer, sondern auch Vergil soll in den Schatten gestellt werden. In der Aeneis bildet das afrikanische Karthago den Gegenpol, jetzt sind es zwei Kontinente: Afrika und Asien. Der Sieg der Griechen über Troja — Homers »Ilias« — und die Überwindung Karthagos durch die Römer — ein Gegenstand lateinischer Epik von Naevius bis Silius Italicus — müssen hinter Gottfrieds Taten zurückstehen. Wieder ist Tasso zu vornehm, dies offen auszusprechen. Er verweist auf die Gnade des Himmels als Ursache des Erfolgs. So kennzeichnet die erste Stophe insgesamt das Thema und seine Bedeutung, auch im Vergleich mit den Vorgängern. Die Form der Selbstdarstellung ist dabei eher zurückhaltend. Tasso betont auch stärker die göttliche Gnade und das aktive Heldentum.

Die zweite Strophe (9 ff.) bringt die Musenanrufung, und zwar an gleicher Stelle wie das Aeneisprooemium (Aen. 1,8 ff.).[5] Daraus ergibt sich jedoch ein theologisches Problem. Für den erhabenen christlichen Stoff sind die Musen vom Helikon weder bedeutend genug noch überhaupt zuständig. So stellt Tasso dem vergänglichen Lorbeer der heidnischen den unvergänglichen der christlichen Muse[6] gegenüber. Diese besitzt oben im Himmel inmitten seliger Chöre eine goldene Krone aus unsterblichen Sternen. Indirekt ist damit wieder die Überlegenheit der eigenen Dichtung über frühere Epen ausgedrückt. Die Erwähnung des Helikon hat hier eine doppelte Funktion. Einmal soll dieser Berg im Vergleich zum Himmel als kleiner und bescheidener Hügel erscheinen. Zum anderen symbolisiert er eine Tradition, an die sich Tasso im folgenden ausdrücklich anschließen wird: Der Musenberg spielt vor allem in der didaktischen Poesie seit Hesiod eine wichtige Rolle. Es genügt, an das dritte Buch der *Georgica* (3,11) zu erinnern, besonders aber an Lukrez.[7] Dieser spricht von dem altrömischen Epiker Ennius, der vom Helikon den Dichterkranz holt (Lucr. 1,117 f.). Dabei berichtigt Tasso seinen Vorgänger, der dem Kranz Unverwelklichkeit zugesprochen hat (*perenni fronde* 118), und nennt den Lorbeer vom Helikon »hinfällig« (*caduchi allori*). Ein feiner Zug: Das Werk des Ennius ist verlorengegangen; Tasso darf also in diesem Falle mit Recht von »vergänglichem Lorbeer« sprechen. Die Ausweitung auf die übrigen heidnischen Epiker überläßt er stillschweigend wiederum dem Leser.

Die Bitte um Inspiration (vgl. Aen. 9,525, Ov. met. 1,3) bildet trotz formaler Anklänge eine inhaltliche Antithese zum Heidentum. Statius, auf den Tasso auch sonst anspielt, sprach von »piërischer Glut« (*Pierius ... calor* Theb. 1,3). Es ist nur konsequent, wenn der christliche Dichter, der dem Helikon den Himmel gegenüberstellt, die piërische durch die himmlische Glut ersetzt (*celesti ardori*). Am Ende der Strophe treten die Begriffe »Klarheit« und »Schmuck« auf, die auch in Aristoteles' Poetik (Kap. 22) eine Rolle spielen. Bezugspunkt bleibt aber auch hier Lukrez, dessen ganzes Bemühen der Klarheit gilt; diesem Dichter verdankt Tasso in der folgenden Strophe (3) das Bild des Arzneibechers, dessen Rand mit Honig bestrichen ist, um kranke Kinder zu ihrem eigenen Besten zu täuschen

(Lucr. 1,921–950). Die Schlußzeile (*e da l'inganno suo vita riceve*) faßt epigrammatisch zusammen, was Lukrez ausführlicher entwickelt (941 f.). Das Stichwort *vita* meint mehr als nur die Gesundheit (Lucr. 942 *valescat*): Tasso will auch mit der Erlösungslehre des Lukrez in Konkurrenz treten und sie überbieten. Die Heilung ist ein Bild für das Heil, das er seinen Lesern in dichterisch anziehender Form vermitteln möchte. Nicht ganz im Sinne Lukrezens ist dabei freilich der Gegensatz zwischen Wahrheit (*ver*) und Schmuck (*fregi*). Gerade die neuere Lukrezforschung[8] hat gezeigt, daß bei ihm der »Schmuck« wesentlich zur sachlichen Klarheit beiträgt, diesem Prinzip also nicht zuwiderläuft. Tasso hingegen bittet die Muse dafür um Vergebung, wenn er andere als nur himmlische Freuden einflicht. Hier spürt man eine gewisse Diskrepanz zwischen dem hochgespannten religiösen Anspruch des Werkes und dem diesseitigen Lebensgefühl des Autors und seiner Epoche.

Auf einer anderen Ebene liegt bei jedem historischen Epos ein Konflikt zwischen Dichtung und Wahrheit vor. Denn einerseits verpflichtet der geschichtliche Gegenstand den Dichter zur Treue, andererseits verlangt die Gattung bestimmte Elemente des *ornatus*. Tasso bereitet schon an dieser Stelle seine Leser darauf vor, daß er der poetischen Erfindung weiten Spielraum lassen wird. Doch scheint hier das Problem der historischen Richtigkeit eine geringere Rolle zu spielen als das der theologischen. Feilt er doch unentwegt an seinen Versen, und zwar weniger aus ästhetischen als aus dogmatischen Rücksichten. Man weiß, wie sehr ihm gerade in dieser Beziehung an Kritik gelegen war. Das Ergebnis dieses langen Revisionsprozesses wird eine Neufassung sein: *Gerusalemme conquistata*.

Welche Bedeutung haben die antiken Vorbilder für Torquato Tassos Prooemium?

Homer wird überboten: Anders als Odysseus' Gefährten kehrt Gottfrieds Schar nach Hause zurück. Vergil bietet wichtige Ansatzpunkte: Waffen und Musenanrufung dienen formal als Anfangsmotive von Strophen, inhaltlich erinnert an Vergil das Motiv der historischen Mission und ihrer Erfüllung. Dabei wird das vergilische Fatum durch die Gnade des Himmels und das Duldertum des Aeneas durch Gottfrieds aktives Heldentum in den Schatten gestellt.

Anders als Vergil, der ein mythisches Geschehen schildert und die Geschichte nur prophetisch als künftige Erfüllung aufscheinen läßt, berichtet Torquato Tasso von historischen Ereignissen. Bei ihm liegt das Ziel also nicht außerhalb seines Werkes. Die Nähe zur historischen Epik dokumentiert sich bei Tasso auch in den Anklängen an Silius Italicus.

Wenn Tasso über die epische Tradition im engeren Sinne hinausgreift und sich die Poetik des lukrezischen Lehrgedichts zu eigen macht, so entspricht dies seiner missionarischen Tendenz, die ihn von Homer und Vergil unterscheidet. Aber tiefer als bei Lukrez ist die Diskrepanz zwischen der reizvollen Oberfläche und dem verborgenen Sinn. Wenn er unter anderem auch Liebesgeschichten ankündigt, so nur unter ausdrücklichem Hinweis auf die Bedürfnisse des poetischen *ornatus* und auf die Möglichkeit allegorischer Deutung. Ein historisches Epos, das durchgehend auf eine »verborgene Wahrheit« bezogen ist, kennen wir aus der Antike: die Punica des Silius Italicus, eine Spiegelung der Aeneis in der römischen Geschichte. Wie die Helden der Punica auf die Aeneis bezogen sind, so diejenigen des Befreiten Jerusalem auf drei Traditionen: das antike Epos, den mittelalterlichen Ritterroman und das Christentum. Während also Vergil seinen Leser dazu anregt, den berichteten Mythos zu geschichtlicher Anschauung zu konkretisieren, will Tasso sein Publikum in den erzählten teils historischen, teils fiktiven Handlungen die verborgene religiöse Wahrheit aufsuchen lassen.

ANMERKUNGEN

1. TEXT: Torquato Tasso, Gerusalemme liberata, a cura di L. Bonfigli, Bari 1930, 1–2. ÜBERSETZUNG: Torquato Tasso, Das Befreite Jerusalem. Nach der Übersetzung von J. D. Gries hrsg. und neu bearb. von Wolfgang Kraus, München 1963, 11f. Nur kurz bespricht das Antike im Prooemium: E. De Maldè, Le fonti della Gerusalemme Liberata, Parma 1910, 25–33. Vgl. auch V. Vivaldi, La Gerusalemme liberata studiata nelle sue fonti, Trani 1901–1907.

1a. Zitiert bei E. Zinn, Nachwort, in: Vergil, Aeneis, deutsch von R. A. Schröder, Hamburg 1963, 517.

1b. Vgl. auch Servius zu georg. 3,17.

2. In dieser Beziehung bedeutet die spätere Fassung *Gerusalemme conquistata* Strophe 4ff. einen deutlichen Rückschritt, da die Huldigung an Cinzio Passeri, den Neffen von Clemens VIII., hyperbolische Züge trägt.

3. In der späteren Fassung (*Gerusalemme conquistata* I,1) ist das Leiden noch weiter zurückgedrängt (I,1,7).

4. In Gleichnissen und Metaphern spielt der Mythos noch eine Rolle: z.B. Mars 5,44, Proteus 5,63, Enceladus 6,23 (neben Goliath).

5. Es ist nur konsequent, wenn Tasso im ersten Buch vor dem Truppenkatalog nicht die Musen, die Töchter der Erinnerung, sondern die Erinnerung selbst anruft. Hier ist die Entmythologisierung von Stellen wie Ilias 2,484 ff., Aen. 7,641 ff. sehr gut gelungen. Es entbehrt nicht der Pikanterie, daß Tasso im Zusammenhang der Mächte der Finsternis (zu denen auch die heidnischen Götter gehören) die Muse anruft, wobei ein Zitat aus Aeneis 7 hinzukommt (Ger. 4,19). Neutral ist freilich die Musenanrufung 6,39.

6. In der späteren Fassung wird Tasso den Namen der Muse tilgen und erklären, Papst Clemens eröffne ihm den Himmel und Cinzio Passeri den Helikon.

7. Es ist wohl kein Zufall, daß in der späteren Fassung die Hinweise auf den Materialisten Lukrez entfallen.

8. Vgl. z.B. P. H. Schrijvers, Horror ac divina voluptas. Études sur la poétique et la poésie de Lucrèce, Amsterdam 1970, passim.

John Milton (1608–1674): Das verlorene Paradies[1]

Of Mans First Disobedience, and the Fruit
Of that Forbidd'n Tree, whose mortal tast
Brought Death into the World, and all our woe,
With loss of Eden, *till one greater Man*
5 *Restore us, and regain the blissful Seat,*
Sing Heav'nly Muse, that on the secret top
Of Oreb, *or of* Sinai, *didst inspire*
That Shepherd, who first taught the chosen Seed,
In the Beginning how the Heav'ns and Earth
10 *Rose out of* Chaos: *Or if* Sion Hill
Delight thee more, and Siloa's *Brook that flowd*
Fast by the Oracle of God; I thence
Invoke thy aid to my adventrous Song,
That with no middle flight intends to soar
15 *Above th'* Aonian *Mount; while it persues*
Things unattempted yet in prose or Rime.
And chiefly Thou O Spirit, that dost preferr
Before all Temples th' upright heart and pure,
Instruct me, for Thou know'st; Thou from the first
20 *Wast present, and with mighty wings outspred*
Dove-like satst brooding on the vast Abyss
And mad'st it pregnant: What in mee is dark
Illumin, what is low raise and support;
That to the highth of this great Argument
25 *I may assert Eternal Providence,*
And justifie the wayes of God to men.
    Say first, for Heav'n hides nothing from thy view
Nor the deep Tract of Hell, say first what cause
Mov'd our Grand Parents in that happy State,
30 *Favoured of Heav'n so highly, to fall off*
From thir Creator, and transgress his Will
For one restraint, Lords of the World besides?
Who first seduc'd them to that foul revolt?
Th' infernal Serpent ...

Des Menschen erste Sünde, den Genuß
Von des verbotnen Baumes Frucht, die Tod
Und alles Weh erzeugt hat und die Menschheit

Aus Eden bannte, bis ein Größrer einst
5 Sie wieder einführt in den Sitz des Heils —
Sing, Himmelsmuse, die du auf des Horeb
Einsamer Höh und auf dem Sinai
Den Hirten hast begeistert, der zuerst
Dem auserwählten Volke kundgetan,
10 Wie Erd und Himmel aus dem Chaos stiegen!
Doch liebst du Sion und den Bach Siloah
Am Gott-Orakel mehr, fleh ich von dort
Um deinen Beistand für mein kühnes Lied,
Das über Aoniens Musenberg hinaus
15 Sich schwingen will, weil es nach Höherm strebt,
Als Vers bisher und Prosa noch gewagt.
Und du, o Geist, vor dem ein reines Herz
Mehr gilt als Tempelpracht, belehre mich!
Du kannst es, denn von Anbeginn warst du;
20 Die Tiefe deckend, einer Taube gleich,
Mit mächt'gen Fittichen, befruchtetest
Du ihren Schoß. Was in mir dunkel ist,
Erhelle, und was niedrig, richt empor,
Daß, würdig des erhabnen Stoffes, ich
25 Die ew'ge Vorsehung und Gottes Wege
Rechtfert'gen und den Menschen künden mag!
   Sprich denn — vor deinem Blicke birgt sich nichts
Im Himmel noch im tiefen Höllenschlunde —,
Sprich, was hat unser Elternpaar vermocht,
30 So hoch beglückt, vom Schöpfer abzufallen
Und wider dessen einziges Verbot,
Sonst Herrn der Erdenwelt, zu sündigen?
Wer, sprich, verführte sie zum Ungehorsam?
Der Höllendrache war es ...

Milton beginnt sofort mit der *propositio:* Ausgangspunkt seines Werkes ist »der erste Ungehorsam des Menschen« und »die Frucht des verbotenen Baumes, deren tödlicher Geschmack das Sterben in die Welt brachte und all unser Weh«. Auch in der Ilias ging es um das Verhalten eines Mannes und die Konsequenzen für die anderen. Wie der Zorn Achills für das Heer der Griechen, so hat Adams Ungehorsam für die ganze Menschheit tödliche Folgen. So weit entspricht

Miltons Prooemium demjenigen der Ilias, es wiederholt einen homerischen Typos, transponiert ihn aber in eine tiefere, umfassendere Schicht. An die Aeneis erinnert die Polarität von Verlust (4) und Wiedergewinnung einer Heimat, d. h. die historische Gesamtperspektive mit dem Ausblick auf künftiges Heil — wieder noch mehr ins Prinzipielle verlagert. Das Fernziel wird wie bei Vergil in einem konjunktivischen Nebensatz in Aussicht gestellt (*dum conderet urbem/inferretque deos Latio; till one greater man/Restore us and regain the blissful seat*).

Auch der Held (*vir*) hat wie Aeneas eine Stifterrolle (*primus; first*). Zweimal erklingt das Wort *man* und bildet so die Eckpfeiler der *propositio*, wobei allerdings Milton unter Verzicht auf die vergilische Einheit der Person die Idee des Menschen in zwei typologisch aufeinander bezogenen Gestalten dialektisch entfaltet: in Adam, der das Paradies verliert, und Christus, der es neu erringt (in dem vorliegenden Epos bleibt Adam freilich menschliche Zentralfigur; die Wiedergewinnung des Paradieses wird Gegenstand eines anderen Epos sein). Neutestamentliche Belege hierfür sind 1. Kor. 15,45 und besonders Röm. 5,14—21: »Denn wie durch den Ungehorsam (vgl. *disobedience*!) des einen Menschen die vielen sündig geworden sind, so werden auch durch den Gehorsam des einen die vielen gerecht werden.« Die Bezeichnung Christi als *man* und nicht etwa *God* ist hier durch die Autorität des Paulus gedeckt, darf also nicht als Zeugnis für einen »Arianismus« Miltons verwendet werden. Es kommt hinzu, daß *man* hier das vergilische *vir* vertritt, es heißt also nicht etwa ›nur Mensch‹, sondern ›Held‹. Vergil wird überboten: Es geht um den Repräsentanten nicht eines Volkes, sondern der Menschheit. Die Kenntnis der antiken Vorlagen schützt hier vor Fehlinterpretationen. Milton benützt vergilische Elemente, um zu präzisieren, was er meint.

Zu dem vergilischen Eingangswort *arma* erwartet man in einem religiösen Epos keine Entsprechung, zumal es sich um Werkzeuge handelt, die Tod und Schmerz bringen. Überrascht stellt man fest, daß Milton dennoch aus der biblischen Geschichte ein überzeugendes Mittel des Todes anzuführen weiß: *the fruit/Of that forbidden tree, whose mortal taste/Brought death into the world and all our woe*. Die bedeutungsvolle Erwähnung des Baumes am Anfang des Epos findet übrigens ihr Gegenstück in Evas ersten Worten nach dem Sündenfall (795); sie sind an den Baum gerichtet.[1] So erfüllt die *propositio* die wesentlichen vergilischen Kategorien mit tieferem Sinn: Waffen, Mann, seine Rolle als Initiator und Exemplum, weiter die

Polarität von Vertreibung und Wiederherstellung sowie die Identität von Ziel und Urheimat.

Die Anrufung der Muse steht, anders als in der »Ilias«, nicht in der ersten Zeile; wie bei Vergil erscheint sie etwas später. Milton hat diesen zweiten Teil seines Prooemiums sehr kunstvoll ausgestaltet und im Vergleich zu seinen Vorgängern erheblich erweitert. Er spricht nicht mehr in der ersten Person; Elemente, die in der Aeneis getrennt waren, – Ankündigung und Musenanrufung –, vereinigt er zu einem Ganzen, indem er, in der Nachfolge Homers, der Muse zu singen gebietet. Wie Torquato Tasso ruft er die »himmlische Muse« an. Aber er schreibt ihr einen konkreten Wohnsitz zu, was er vielleicht von Camões gelernt hat. Freilich siedelt er seine Muse nicht etwa an der Themse an, sondern in der biblischen Landschaft: auf dem Horeb (Deut. 4,10) bzw. dem Sinai (Exod. 19,20), auf dessen verborgenem Gipfel Mose den Brennenden Dornbusch sah (Exod. 3) und das Gesetz empfing. Milton zitiert ihn hier als Autor der Genesis: *in the beginning how the heavens and earth / Rose out of chaos* (9f.). Die Tatsache, daß Mose Hirte der Herde Jethros war, ermöglicht die Parallelisierung mit der Musenvision des Schafe hütenden Hesiod auf dem Helikon (Theog. 23). So beruft sich der christliche Epiker hier auf seinen Grundtext, der ihn inspiriert und an dessen Inspiration er teilhaben möchte. Mose ist der erste Lehrer (*first*). Das vergilische *primus* wird also auch dem Stifter der biblischen Überlieferung zuerkannt.

In der Weise antiker Anrufungen läßt der Dichter der Gottheit die Wahl zwischen verschiedenen heiligen Stätten: So nennt Milton an zweiter Stelle Sion, Jerusalems Berghöhe, die geistige Mitte der Psalmen Davids –, mit der zugehörigen Quelle Siloah. Dieser Bach bildet ein Gegenstück zu der Musenquelle. Ist es aber Aganippe, wie Carey und Fowler glauben?[3] Die Antike kennt zwei Musenberge; so auch der christliche Dichter: Sion mit dem Bach in der Nähe des göttlichen Orakels (des Tempels) entspricht dem Parnaß mit dem delphischen Orakel und der kastalischen Quelle.

Milton bittet die himmlische Muse um Hilfe für seinen wagemutigen Gesang, der über den aonischen Berg Helikon fliegen, d.h. die antike Dichtung übertreffen möchte, und zwar »nicht in mittelmäßigem Flug« (vgl. Hor. carm. 2,20 und 4,2). Der Inspirationstopik entspricht auch die nach Ariost formulierte Ankündigung, Neues zu besingen.[4]

Die Musenanrufung wird gekrönt durch eine Bitte an den Heiligen

Geist, als dessen Wohnstätte — in Überbietung der bisherigen Lokalisierungen — Menschenherzen erscheinen. Für diese Vorstellung gibt es neben biblischen auch heidnische Quellen.[5] So ist die Inspiration weitgehend ins Innere des Dichters verlegt (ohne daß freilich das logische Verhältnis zwischen der himmlischen Muse und dem Heiligen Geist geklärt würde). Während Dante (Inf. 2,7) ›Musen‹, den ›erhabenen Geist‹ und das ›Gedächtnis‹ nebeneinanderstellt, scheint Milton eher eine Identität der ›himmlischen Muse‹ und des Heiligen Geistes anzudeuten. Der Stoff seines Epos ist biblisch: Milton bedarf der Inspiration im vollen Sinne des Wortes.

Aber die Form geht auf epische Tradition zurück: Ganz homerisch ist der Satz *for thou know'st* (ὑμεῖς γὰρ θεαί ἐστε πάρεστέ τε ἴστε τε πάντα[6]). Auch bei Milton hat also die Musenanrufung die Aufgabe, dem Dichter überpersönliches Wissen, tiefere Quellen der Eingebung zu erschließen.

Und noch mehr: auch Homers πάρεστε (das durch Konjektur schon in παρῆστε geändert worden ist) findet bei Milton seine Entsprechung: *thou ... wast present*. Der Heilige Geist war bei der Schöpfung anwesend, ist also für das Thema die richtige Instanz. Die Betonung der »Zuständigkeit« der angerufenen Gottheit ist fester Bestandteil der antiken Tradition.[7]

Ziel Miltons ist die Theodizee (dies verbindet ihn mit dem Odysseedichter): *and justify the ways of God to men.*

Es folgt die Suche nach dem Schuldigen an der Entwicklung. Die Form von Frage und Antwort erinnert an die Ilias:

Who first ...	τίς τ᾽ἄρ᾽ ...
The infernal serpent	Λητοῦς καὶ Διὸς υἱός.

Aber die formale Verselbständigung der Frage nach den *causae* stammt wiederum aus Vergil.

Aufs Ganze gesehen verdankt Milton Homer formale Elemente, aber auch Themen: Aus der Ilias entnimmt er den Zusammenhang zwischen Achills Zorn und dem Verderben der Achaeer, aus der Odyssee den Versuch einer Theodizee. Bei Vergil findet Milton, Wort für Wort nachvollziehend und neu erschaffend, inhaltliche Kategorien. Besonders führt er die geschichtstheologische Linie der Aeneis fort. So zieht Miltons Paradise Lost nicht nur die Summe[7a] aus früherer Epik, es führt ihre Ansätze jeweils auf eine tiefere Wurzel zurück. Es liegt in Miltons Absicht, ein ursprüngliches, urbildliches

Geschehen darzustellen, von dem sich alle übrigen Ereignisse herleiten. Um dies auszudrücken, und nicht etwa, um die eigene Unselbständigkeit zu unterstreichen, bedient sich Milton des traditionellen Materials: Trotz ihrer zeitlichen Priorität werden Vergils und Homers Werke zu Abbildern und bloßen Vorahnungen der christlichen Wahrheit. Milton zitiert sie aber nicht, um sie aufzuwerten, sondern um die hohe Bedeutung seiner Botschaft im Vergleich sichtbar werden zu lassen. Die Überlieferung ist so eingeschmolzen, daß die Urbildlichkeit von Miltons Stoff hervortritt und Homer und Vergil als Abglanz und Präfiguration erscheinen. Sie sind Bestandteile einer ›natürlichen‹ Weisheit, die erst durch die biblische Offenbarung vollendet wird, um in ihr aufzugehen.

Blicken wir auf unser Epos-Kapitel im ganzen zurück!

Homers Epen sagen etwas aus über die Heroen in ihrer Umwelt. Vergil und Camões stellen den Menschen in einen politischen Kosmos und einen weltgeschichtlichen Zusammenhang. Milton rückt die Heilsgeschichte in den Vordergrund. Er läßt das Patriotische, das für den Römer eine große Rolle spielt, beiseite.

Aus dem heroischen ist seit Vergil ein ›institutionelles‹, seit Milton ein rein religiöses Epos geworden. Der Anspruch der Gattung, eine »umfassende Darstellung göttlicher, heroischer und menschlicher Dinge und Taten« zu sein (περιοχὴ θείων καὶ ἡρωϊκῶν καὶ ἀνθρωπίνων πραγμάτων), wird also jeweils in anderer Weise erfüllt. Camões ist den antiken Göttern äußerlich am treuesten geblieben; Tasso christianisiert heidnische Götterszenen: Gottvater und Gabriel verhalten sich bei ihm wie Iuppiter und Merkur. Milton greift die heilsgeschichtlichen Aspekte der Aeneis auf und gibt ihnen einen neuen, tieferen Sinn.

Poetologisch ist Camões besonders fesselnd, nicht nur als Fortsetzer des nationalen Aspekts antiker Geschichtsepik, sondern auch als Meister einer faktenbezogenen Darstellung der Natur und der Geschichte, als Schöpfer eines »Weltgedichts« im diesseitigen Sinne. Von allen betrachteten Epikern hat er am klarsten zwischen Realitätsschilderung und poetischer Fiktion unterschieden und so dem antiken Mythos eine eindeutige Funktion zugewiesen.

Milton verdient besonders unter dem Gesichtspunkt der Hermeneutik unsere Aufmerksamkeit. Seiner Erfüllung und Überbietung in der Aeneis angelegter Sinnstrukturen liegt eine Vergildeutung zugrunde, deren Tendenz spezifisch christlich ist, deren Gestaltung und Denkweise aber in der antiken Tradition wurzeln.

Zwischen Miltons heilsgeschichtlichem Epos und dem Nationalgedicht des Camões steht Tasso, dessen »Befreites Jerusalem« von einem Versuch handelt, Christentum historisch durchzusetzen. Sein Epos hat sowohl an den weltlichen als auch an den religiösen Aspekten Anteil, welche die anderen beiden Werke einseitig bestimmen. In dieser Beziehung verwirklicht Tasso einen Grundzug vergilischer Dichtung: ihre Mehrdeutigkeit und Mehrplanigkeit.

Jedes der betrachteten Werke trägt somit im Rückblick auch zur Erhellung bestimmter Aspekte der Aeneis bei.

Was aber ist an den untersuchten Epen unvergilisch? Der Ungehorsam von Miltons Adam bildet einen Gegensatz zur *pietas* des Aeneas, obwohl andere Züge beiden Gestalten gemeinsam sind. Bei Tasso und Camões sind die Helden aktiver, tatkräftiger als bei dem römischen Dichter. Zum Teil kündigt sich schon das »titanische« Heldentum der Neuzeit an.

Das Fortwirken des antiken Epos ist auch durch die Wissenschaft mitbedingt. Schon Ennius und Vergil haben die Homerkritik berücksichtigt und versucht, »Fehler« der Vorlage zu vermeiden. Vergil kehrt die Methoden der antiken Hermeneutik um und schafft auf diese Weise einen sinnhaltigen Mythos. In seiner Aeneis vermag er die Forderungen des Hellenismus (die man seit Aristoteles in Homer erfüllt sah) in höherem Maße zu realisieren. Ohne es zu wollen, liefert er dadurch späteren Epochen Waffen zur Homeranalyse und Gründe, Homer als Klassiker zu entthronen. Bis zu welchem Grade auch die neuzeitlichen Epiker *poetae docti* waren, dürfte klar geworden sein.

Die Wirkungsgeschichte läßt erkennen, daß das abendländische Epos die patriotischen und religiösen Elemente, vor allem aber das eigene Streben nach strengem, klarem Aufbau und symbolischen Strukturen in der Aeneis belegt fand. An Homer schätzte (oder belächelte) man lange Zeit seine Ursprünglichkeit und Frische. Heute sieht man mit W. Schadewaldt und R. Gordesiani[9] in ihm keinen naiven Barden der Menschheitsfrühe, sondern einen (typologisch gesprochen) »späten«, kunstreichen Dichter, der aus langer mündlicher Tradition schöpft. Das Iliasprooemium vermittelt eine hohe Meinung von Homers Künstlertum.

Der Vergleich kann also die überzeitliche Bedeutung der großen Epiker wie auch ihre historisch, national und künstlerisch bedingten Unterschiede sichtbar machen und den Blick für ihre Leistung schärfen.

Vom Standpunkt der Literaturwissenschaft zeigt sich einmal die psychologische Bedeutung der Prooemien für den Leser als Einführung in ein längeres Werk, zum anderen die Rolle der antiken Vorbilder sowohl für die formale Gestaltung als auch für den Inhalt: Liefern sie doch einen Themen- und Motivkatalog, mit dem sich die Nachfolger bis ins einzelne auseinandersetzen. Für die Art und Weise der Aufnahme klassischer Texte hat vor allem Vergil entscheidende Vorarbeit geleistet. Seine zugleich gründliche und schöpferische Aneignung Homers hat für alle späteren Epiker hohe Maßstäbe gesetzt — auch für ihre Vergilnachfolge.

In der Gattung des Epos läßt sich die Originalität eines Dichters paradoxerweise gerade dort mit besonderer Präzision ablesen, wo er sich äußerlich scheinbar ganz eng an seine Vorgänger anschließt. Deshalb ist das Epos ein Prüfstein für innere Selbständigkeit und technische Meisterschaft.

ANMERKUNGEN

1. TEXT: The Poetical Works of John Milton, vol. I, ed. H. Darbishire, Oxford 1952; ÜBERSETZUNG: B. Schuhmann, München 1966; KOMMENTAR: The Poems of John Milton, ed. by J. Carey and A. Fowler, London 1968. – Literatur bei: C. Huckabay, John Milton. An Annotated Bibliography 1929–1968, revised edition, Pittsburgh and Louvain 1969 (Duquesne studies, Philological series 1). Reiche Bibliographie bei: A. Himy, J. Milton, Thèse Paris 1975, Lille 1977. Zum Prooemium: D. P. Harding, The Club of Hercules, Studies in the Classical Background of Paradise Lost, Urbana 1962, 26; 34ff. Auf das Prooemium geht nicht genauer ein: F. C. Blessington, Paradise Lost and the Classical Epic, Boston, London and Henley 1979. Hingewiesen sei jedoch auf Miltons Selbstzeugnisse über die »heidnische Weisheit« und ihren Nutzen ebd. 100–103. Zum theoretischen Hintergrund: R. W. Condee, Milton's Theories Concerning Epic Poetry. Their Sources and their Influence on Paradise Lost, Abstract of a thesis, Urbana, Illinois 1949. Vgl. auch S. Budick, Poetry of Civilization, New Haven and London, Yale University Press 1974, 57–80, bes. 68 (»that the ancient dream contains a still more ancient reality«). Über Miltons Bilder als Ideenträger: R. M. Frye, Milton's imagery and the visual arts, iconographic tradition in the epic poems, Princeton 1978 (sieht von der Antike vielfach ab). Über die Nähe von Miltons Bildern zur Prophetensprache der Bibel, seinen Verzicht auf freie Erfindung: M. Murrin, The allegorical epic – essays in its rise and decline, Chicago und London 1980, bes. 153–171. (Ähnliches werden wir bei P. Gerhardt beobachten,

s. S. 290.) A. B. Giamatti, The earthly paradise and the renaissance epic, Princeton 1966, 295 nennt Paradise Lost »the most classical ... and the most Christian epic ... (it) sums up all that came before it«.

2. Diesen Zug hat Vergil hinzugefügt.

3. The Poems (s. Anm. 1) S. 1 Anm. 1 (zur Stelle). Vgl. auch *Paradise Lost* 3,26—32.

4. Vgl. Ariost, *Orlando furioso* 1,2: *cosa non detta in prosa mai né in rima.* Zur Topik: E. R. Curtius, Europäische Literatur und lateinisches Mittelalter, Bern 1948, 95f. und V. Pöschl, Dichtung und dionysische Verzauberung in der Horazode 3,25, in: Miscellanea di studi alessandrini in memoria di Augusto Rostagni, Torino 1963, 615—625; s. besonders Lucr. 1,922—930.

5. Vgl. H. Flasche, *Similitudo templi*, Deutsche Vierteljahrsschrift 23, 1949, 81—125. Weitere Literatur bei M. v. Albrecht, Silius Italicus, Freiheit und Gebundenheit römischer Epik, Amsterdam 1964, 59, Anm. 26 (mit Hinweis auf Lukrez).

6. Ilias 2,485; vgl. auch Verg. Aen. 7.

7. Vgl. bes. Ov., met. 1,2; ars 1,1 u.a.

8. Il. 1,8f. Auch die spätere Schilderung von Luzifers Sturz gemahnt an die »Ilias«, und zwar an Hephaistos' Fall (Il. 1,590—594).

9. W. Schadewaldt, Von Homers Welt und Werk, Stuttgart [4]1965. Р. В. Гордезиани, Проблемы гомеровского зпоса, Тбилиси 1978. R. Gordesiani, Kriterien der Schriftlichkeit und Mündlichkeit im homerischen Epos, Studien zur klassischen Philologie 19, Frankfurt a.M., Bern, New York 1986.

B. Drama:
Plautus' Aulularia und Molières Avare[1]

Gültige Ausformungen der Komödie als Gattung kennen wir aus der antiken Polis, dem Italien der Renaissance, dem elisabethanischen England, dem Spanien der Zeit um 1600 und dem Frankreich Ludwigs XIV. Eine Grundvoraussetzung für große Komödiendichtung scheint also das Vorhandensein einer hochentwickelten Gesellschaft mit bestimmten ethischen, politischen und ästhetischen Grundvorstellungen zu sein. Grenzfälle und Abweichungen von der jeweils gültigen Humanität werden dem befreienden Gelächter preisgegeben oder in anmutiger Form zur Diskussion gestellt.

Wir lassen hier einerseits die volkstümliche Posse außer acht, die freilich für Plautus wie für Molière einen Mutterboden bildete (ich denke an die römische Atellane und die italienische Commedia dell'Arte), andererseits die sogenannte Alte Komödie des Aristophanes, die mit ihrer unverblümten politischen Kritik, ihrer phantastischen Handlung und ihrem am Geschehen beteiligten und zum Publikum sprechenden Chor eine Sonderstellung einnimmt. Die Stücke von Plautus und Molière, die wir miteinander vergleichen wollen, gehören derjenigen Gattung an, die auf die Neue attische Komödie zurückgeht. Von ihrem Hauptvertreter Menander sind uns in den letzten Jahrzehnten durch Papyrusfunde längere Originaltexte bekannt geworden.[2] Sein Werk verzichtet auf unmittelbare politische Angriffe, die Handlung spielt im Lebenskreis des attischen Bürgers; maßgebend sind vielfach die dramatischen Gesetze der Tragödie, die der späte Euripides nahe an das bürgerliche Schauspiel herangeführt hat.

Den großen Komödiendichtern des Abendlandes war Menander nicht im Urtext bekannt, sondern in der Spiegelung durch seine römischen Nachfolger Plautus und Terenz. Was Komödie ist, was Drama, hat Europa von den Römern gelernt.[3] In der Neuzeit folgt auch die Tragödie vielfach den Gesetzen des römischen Lustspiels: Z.B. haben unsere Trauerspiele in der Regel keinen Chor, dafür aber zahlreiche Monologe, wie die Komödie sie kennt. Plautus und Terenz sind (neben Seneca) die Ahnherren des europäischen Theaters.

Bei einem Vergleich zwischen Plautus und Molière muß man unterscheiden zwischen

1. einer Elementarverwandtschaft, die aus dem Wesen des Menschen, des Komischen, des Theaters entspringt,

2. dem Einfluß der römischen Komödientechnik im allgemeinen: Viele gattungsspezifische Kunstgriffe wurden Molière durch italienische, spanische und französische Vorgänger vermittelt; letzten Endes sind sie antik: z. B. die Exposition durch Dialog (häufig bei Terenz), die Doppelintrige (ebenso), die Wiedererkennung am Ende,

3. der unmittelbaren Abhängigkeit bestimmter Stücke und Szenen von anderen (literarische Nachfolge im engsten Sinne).

Molière hat antike Vorbilder vor allem in folgenden Werken benützt: Plautus im *Amphitryon*[4] und im *Avare*,[5] Terenz in *Les Fourberies de Scapin* (*Phormio*) und *L'École des Maris* (*Adelphoe*). Während in der Forschung zuletzt der Stilvergleich im Vordergrund stand,[6] sei im folgenden vor allem danach gefragt, welche Unterschiede sich durch die Transposition aus dem antiken Rom oder Athen in das Paris Ludwigs XIV. ergeben.[7]

Betrachten wir nun die *Aulularia* des Plautus und Molières Komödie *L'Avare!*

Aulularia heißt soviel wie »Topfkomödie«: In der Tat bildet der Goldtopf den Mittelpunkt dieses Stückes. Euclio, ein unbegüterter, ehrenwerter Bürger wird durch einen Schatz, den er findet, plötzlich reich. Er bewacht ihn ängstlich. Ein wohlhabender Nachbar, Megadorus, bittet ihn um die Hand seiner Tochter Phaedria, ohne eine Mitgift zu beanspruchen. Euclio sagt zu, obwohl ihn als armen Mann die Verbindung mit einem reichen Hause erschreckt. Vor den Köchen und Sklaven, die der Nachbar ihm freundlicherweise zur Vorbereitung des Hochzeitsmahles schickt, will Euclio sein Gold in Sicherheit bringen, indem er es im Heiligtum der Fides verbirgt. Dabei wird er von einem Sklaven beobachtet; so vergräbt er den Schatz im Hain des Silvanus; doch der Sklave bemerkt auch dies und stiehlt den Goldtopf. Inzwischen liegt Euclios Tochter Phaedria, die Lyconides, der Neffe des Megadorus, vergewaltigt hat, in Geburtswehen. Der Onkel verzichtet auf sie zugunsten des Neffen. Bald entdeckt Euclio den Verlust des Schatzes und verliert darüber beinahe den Verstand. In diesem Augenblick kommt der junge Mann zu ihm, um über die Heirat zu sprechen, und klagt sich selbst des Raubes an. Euclio bezieht dies auf den Schatz; so ergibt sich ein köstliches Quiproquo. Lyconides sichert seinem Sklaven die Freiheit zu und veranlaßt ihn so, Euclio den Goldtopf zurückzugeben. Dieser verzichtet seinerseits zugunsten der jungen Leute darauf. So findet am Ende keine Erpressung statt, sondern ein edelmütiger Wettstreit.

Verwickelter ist die Handlung bei Molière. Der Titel, *L'Avare*, deutet bereits eine Akzentverschiebung an: Nicht der Goldtopf steht im Mittelpunkt, sondern der Geizhals mit dem redenden Namen Harpagon (»Enterhaken«, »Raffke«). Er hat zwei Kinder, die jeweils heimlich verlobt sind: der Sohn, Cléante, mit Mariane, einem Mädchen ohne Vermögen, die Tochter, Elise, mit ihrem Lebensretter Valère. Harpagon will aber selbst Mariane heiraten, seinen Sohn mit einer wohlhabenden Witwe und seine Tochter mit dem alten Anselme verehelichen. Cléantes Diener findet Harpagons Gold, so daß sein junger Herr den Geizhals erpressen kann. In der abschließenden Erkennungsszene erweist sich Anselme als Vater von Mariane und Valère. Er richtet beiden Paaren die Hochzeit aus und kommt für die Aussteuer auf. Harpagon behält seinen Schatz.

Es ist deutlich, daß diese Komödie nicht ausschließlich aus der *Aulularia* hergeleitet werden kann. Die Verliebtheit des Alten, die Zweizahl der Liebespaare, die Anagnorisis und die Erpressung stammen aus einer anderen Vorlage: der Komödie *Les Esprits* von Pierre de Larivey[8] (1555–1612), die ihrerseits Lorenzino de Medicis *Aridosio* (1549) nachgebildet ist, einer Kontamination aus Plautus' *Aulularia*, *Mostellaria* und *Asinaria*.

Die unmittelbare Benutzung der *Aulularia* durch Molière beweisen dennoch eine Reihe paralleler Szenen:

Plautus	Molière	
1,1; 4,7	1,3	Der Geizige jagt einen Bedienten aus dem Hause, um nach dem Schatz sehen zu können. Er durchsucht den Diener.
5,1	4,6	Gespräch des Dieners mit seinem jungen Herrn.
4,9	4,7	Katastrophenmonolog des Geizigen.
4,10	5,3	Gespräch zwischen dem Geizigen und dem jungen Mann (Quiproquo: Mädchen bzw. Schatz).

Die Unterschiede sind zum Teil gesellschaftlich bedingt. Manches Plautinische ist für Molière zu derb (z.B. die Sklavenszene), aber auch manches Menandrische, so die Schwangerschaft des Mädchens. Der Wegfall dieses Motivs könnte mit dem höfischen Milieu zusammenhängen, zumal der in einer bürgerlichen Polis lebende Niederländer P. C. Hooft (1581–1647) in seinem Lustspiel *Warenar* (1616) das Motiv beibehält.

Für unsere Untersuchung können wir von einigen Feststellungen der bisherigen Kritik ausgehen. Als Exponenten seien genannt: A. W. von Schlegel,[9] ein rückhaltloser Parteigänger des Plautus, und Molières temperamentvoller Verteidiger Humbert.[10] Beide macht die Liebe blind und der Haß sehend; so problematisch ihre Urteile auch sein mögen, so treffend sind manche ihrer Bemerkungen, vor allem in bezug auf den jeweils abgelehnten Autor. Den Vorwürfen liegen vielfach richtige Beobachtungen zugrunde. Es lohnt sich diesen nachzugehen, um dann nach der Intention der Dichter zu fragen.

Schlegels Einseitigkeit beruht auf dem Shakespearekult seiner Zeit, der Vorliebe für das »selbstbewußte Komische«, den »bevorrechtete(n) Lustigmacher«[11] und der Abwertung der französischen Klassik. Schlegel ist der Meinung, Molière strebe einer idealen Geizkomödie zu, der das antike Vorbild bereits nähergekommen sei. Er beobachtet richtig die ständige Wirkung der unsichtbaren Gegenwart des Schatzes bei Plautus. Aber wir werden sehen, daß sich die *Aulularia* nicht als ideale Geizkomödie, ja wohl überhaupt kaum als Geizkomödie verstehen läßt.

Erhellender als Schlegels positive Äußerungen zu Plautus sind seine kritischen Bemerkungen zu Molière. Wir fassen hier kurz die wichtigsten in der Forschung erhobenen Vorwürfe zusammen:

1. Im Bestreben, den Geiz allseitig darzustellen, macht Molière aus Harpagon geradezu die verkörperte Abstraktion des Geizes (Sallet).[12] Daher gibt z. B. Puškin Shakespeares Shylock den Vorzug; sei doch dieser ein lebendiger Mensch und verbinde mehrere Eigenschaften miteinander.[13] Die Charakterzeichnung ist bei Molière offenbar einer Absicht untergeordnet, die sich dem Satirischen nähert.

2. Harpagons Geiz äußert sich in zwei einander widersprechenden Verhaltensweisen: Vergraben des Schatzes und Wucher passen nicht zusammen. Schlegel hat hier etwas Richtiges gesehen: Plautus' Euclio verkörpert nur die eine Seite – mangelnde Bereitschaft, Geld auszugeben, Knauserei –, Molières Harpagon dagegen auch die andere: Habgier und Wucher. Humbert muß einigen Scharfsinn aufbieten, um nachzuweisen, wie sich bei Molière beides miteinander verträgt: Das Vergraben, das bezeichnenderweise nur einmal stattfindet, ist hier lediglich Zwischenstation zwischen zwei Ausleihvorgängen. Damit ist freilich die zentrale Rolle des Schatzes nicht mehr gegeben. Wenn Molière diese Nachteile in Kauf nimmt, so deswegen, weil er im Gegensatz zu Plautus ein allseitiges Bild des Geizes entwerfen will.

3. Geiz und Verliebtheit sind schwer miteinander zu vereinbaren; die Koexistenz beider Affekte hält man spätestens seit Rousseaus Zeit für unwahrscheinlich.[14] Es kommt hinzu, daß diese Konstellation die Bande der Pietät zwischen Harpagon und seinen Kindern zerreißt:[15] Diese Schwierigkeiten, vor die uns das Stück stellt, sind Symptome dafür, wie sehr Molière darauf bedacht ist, den Konflikt zwischen Geiz und menschlichen Bindungen aufzuzeigen.

4. Schlegel meint, über dem Liebeshandel verliere man Harpagon aus dem Auge. Dies ist zwar übertrieben, aber in der Tat ist im ganzen dritten Akt von dem Schatz keine Rede. Das Zurücktreten dieses Motivs läßt indirekt erkennen, daß es Molière mehr auf das Thema »Geiz und Mitmenschlichkeit« (ein Satirenmotiv!) ankommt. So erlauben gerade die »Schwächen« der Komödie Rückschlüsse darauf, daß der Dichter andere Prioritäten gesetzt hat. Molières künstlerische Absichten werden wir im Laufe unserer Untersuchung genauer zu erfassen suchen.

Durchmustern wir nun einige Vorwürfe, die gegen Plautus erhoben worden sind!

1. Man hat darin einen Fehler gesehen, daß Euclio ein armer Geiziger sei.[16] Das sei unwahrscheinlich, denn nach drei Generationen Geiz müsse sich doch ein gewisses Kapital angesammelt haben. Hier liegen drei Denkfehler vor: a) Die Ersparnisse früherer Generationen befinden sich ja eben in dem Goldtopf; b) Knauserei (die einzige Form des Geizes, die Euclio praktiziert) macht aus einem armen Mann noch keinen reichen; zudem haben neuere wirtschaftsgeschichtliche Forschungen gezeigt, daß die Mehrzahl der attischen Bürger tatsächlich wenig Geld besaß und zu großer Sparsamkeit gezwungen war;[17] c) man hat Euclios Stellung in der Polis nicht beachtet, ein Umstand, der uns im folgenden Abschnitt beschäftigen soll.

2. Es wurde vorgebracht, ein Armer, der einen Goldtopf finde, werde eher verschwenderisch als geizig.[18] Dies mag unter der Voraussetzung zutreffen, daß er sich unbeobachtet fühlt; aber wer ist in einer Kleinstadt unbeobachtet? Seit Euclio den Schatz gefunden hat, ist er von Mißtrauen erfüllt. Er meint, seine Mitbürger könnten etwas von seinem heimlichen Reichtum ahnen. So verstärkt er seine allgemein bekannte Knauserei, nur um ja nicht aufzufallen. Die Weltmacht »Neid« und ihre große Bedeutung in der Polis hat H. Schoeck[19] eindrucksvoll dargestellt. In Rom war übrigens das Verschweigen des Besitzes von Edelmetall ein aktuelles Thema, da im

Jahr 210 v. Chr. alle Römer vom Staat aufgerufen worden waren, alles, was sie an Gold, Silber und Kupfer besaßen, abzuliefern.[20]

3. Euclio kommt letzten Endes von seinem starren Geiz ab. Er ist sogar froh, daß die kostbare Bürde ihn nicht länger drückt und daß er wieder ruhig schlafen kann (Aul. frg. 4). Man hat diese Inkonsistenz des Charakters mehrfach beanstandet.[21] Dagegen wurde ein dramaturgisches Argument vorgebracht: Das Stück brauche einen allseits befriedigenden Abschluß.[22] In der Tat hat nach Aristoteles im Drama die Handlung den Vorrang vor der Charakterzeichnung.[23] Hinzu kommt eine Eigentümlichkeit der griechischen Neuen Komödie, die wir seit der Entdeckung von Menanders *Dyskolos* besser verstehen: Der Mensch, der sich durch ein bestimmtes Verhalten von der Gemeinschaft isoliert hat, erkennt am Ende, daß es notwendig ist, auf die anderen Rücksicht zu nehmen und Kompromisse zu schließen. Der Charakter ist also nicht autark, nicht autonom, sondern er wird auf das Ganze der Gesellschaft bezogen (bezeichnend ist der griechische Begriff ἀνελευθερία für beide Formen des Geizes: Verhalten, das eines freien Bürgers unwürdig ist: Norm ist also die Bürgerschaft). Euclios Wandlung legt doch die Frage nahe, ob der Geiz überhaupt das Kernproblem des antiken Stückes ist. Stattdessen hat man dies vielfach vorausgesetzt und den Schluß beanstandet.

4. Die vor hundert Jahren geäußerte Meinung, Molières Harpagon sei dank seiner höheren sozialen Stellung ästhetisch weniger widerwärtig als der arme Euclio,[24] dürfen wir heute getrost *ad acta* legen; denn man könnte mit gleichem Recht das Gegenteil behaupten. Es trifft zu, daß Euclio weniger aktiv ist als Harpagon, der sogleich die Polizei ruft; aber das Beharren auf solchen »subjektiven« Rechten liegt, wie die Rechtsgeschichte lehrt, dem modernen Menschen entschieden näher als dem antiken.[25] Weniger bestrebt, die Auswirkungen von Euclios Geiz auf seine Umgebung darzustellen, will Plautus vielmehr dieses Verhalten als Folge von Umwelteinflüssen verstehen und durch die Umwelt auch wiederum modifizieren lassen. Euclios geringere Aktivität ist also auch durch das Thema bedingt.

5. Scharf hat Humbert[26] gesehen, daß Plautus unsere Anforderungen an ein Charakterstück insofern nicht erfüllt, als sich Euclio an mindestens zwei wichtigen Stellen keineswegs als Geizhals zeigt: a) Er begibt sich zur Kurie, um dort Unterstützungsgeld abzuholen – nicht etwa, weil er auf die paar Pfennige angewiesen wäre, sondern damit niemand aus seinem Fernbleiben auf plötzlichen Reichtum schließe (107ff.). Man sieht hier, daß Euclios Geiz u.a. eine Folge

seines Mißtrauens ist.[27] Die soziale Genese seines Verhaltens liegt klar zutage. b) Noch an einer weiteren Stelle benimmt sich Euclio nicht wie ein Geizhals (226ff.): Ein solcher hätte doch den reichen Freier Megadorus sofort mit Freuden akzeptiert! Ganz anders Euclio, der vor allem über den sozialen Unterschied beunruhigt ist. Er ist in erster Linie mißtrauisch. c) Plautus sagt wiederholt, Euclio sei kein schlechter Mensch (171, 214f.). Damit setzt er sich in Widerspruch zum Begriff des Geizes. Ist also die *Aulularia* keine Charakterkomödie? Oder nur keine Charakterkomödie des Geizes?

6. Bei Plautus verschwindet Euclio in regelmäßigen Abständen von der Bühne, um nach seinem Schatz zu sehen, und kehrt bald darauf erleichtert zurück. Diese Wiederholungen empfindet Humbert[28] als monoton. Steidles Analyse zur szenischen Kunst in der Neuen Komödie[29] hat aber gerade die besondere Eindringlichkeit und Komik szenischer Wiederholungen bei Plautus erhärtet. Sie zeigen, wie besessen Euclio von seinem Schatz ist und wie tief sein Mißtrauen geht.

Humbert schließt radikal, aber logisch: Es konnte Plautus nie gelingen, einen Geizhals zu zeichnen, wenn er einmal die Fabel vom Schatze, wie sie bei ihm erscheint, zugrunde legt. Da ohne Wucher kein Geizhals möglich ist, muß der Versuch mißlingen. Mit der Forderung, der Geiz müsse in mannigfaltiger Hinsicht mit der Welt in Kollision geraten, trägt Humbert freilich eine Molièresche Voraussetzung an das so andersartige Stück des Plautus heran. Dem Richtigen kommt er an folgender Stelle (407) ziemlich nahe: »Er (Plautus) wird wohl gar nicht ex professo einen Geizhals haben schildern wollen; die Geschichte mit dem Kästchen (Goldtopf) war für ihn die Hauptsache, daher auch das Stück seinen Namen hat.« Man muß hinzufügen, daß die Handlung um den Schatz dennoch mit Euclios Charakter in Verbindung steht. Ludwig und Steidle[30] haben richtig gesehen, daß Euclios Wesen die Handlung ihrem Ziele zuführt; allerdings möchte ich lieber von »Mißtrauen« als von »Geiz« sprechen: Gerade die Freundlichkeit der anderen ist für Euclio ein Beweis dafür, daß sie von dem Schatz wissen; das Fehlen einer Mitgift bewegt Megadorus dazu, Euclio den Koch ins Haus zu schicken, was Euclio als Vorbereitung eines Diebstahls auffaßt. Abermals ist es sein Mißtrauen, das ihn veranlaßt, den Topf ins Freie hinauszutragen, ein Schritt, der hinwiederum die Voraussetzung für Diebstahl, Rückgabe und Lösung bildet.

Die Wurzel des Übels ist also die Angst vor dem Neid oder der Habgier der Mitbürger; der Geiz ist nicht Ursache, sondern nur

Symptom, also in Euclios Wesen nicht so tief begründet wie bei Harpagon. Euclio ist geizig aus Mißtrauen, Harpagon mißtrauisch aus Geiz. Plautus zeigt uns (wie übrigens auch Hooft) die Einwirkung der Gemeinschaft auf einen Einzelnen, der durch einen Schatzfund von ihr isoliert ist, Molière umgekehrt das Verhalten eines vom Gelde Besessenen in seinen Auswirkungen auf die Umwelt.

Es geht also nicht darum, ein Stück gegen das andere auszuspielen, bei Plautus psychologische Unwahrscheinlichkeit oder bei Molière karikierende Übersteigerung oder bei beiden die Verbindung anscheinend miteinander unvereinbarer Dinge zu konstatieren (bei Plautus das Ausbleiben der Verschwendung, bei Molière die Verliebtheit des Geizhalses), sondern die jeweils verschiedene Aufgabe zu erkennen, die beide Dichter sich stellen: Wenn Euclio seinen bescheidenen Lebensstil trotz des Schatzfundes beibehält, so erklärt sich dies aus den sozialen Mechanismen der Polis, die bei dem antiken Dichter im Vordergrund stehen. Harpagon muß auf Freiersfüßen gehn, damit Molière die Auswirkungen des Geizes auf das menschliche Zusammenleben möglichst allseitig darstellen kann; ist doch Liebe geradezu der Testfall für soziales Verhalten.

»Schwächen« und »Unwahrscheinlichkeiten« deuten immer darauf hin, daß der Dichter andere Prioritäten setzt als der Leser; sie sind also eine Aufforderung, zur Intention des Werkes einen anderen Zugang zu suchen. Molières Standpunkt ist sozialkritisch, beinahe »satirisch«; die Fragestellung des Plautus ist sozialpsychologisch. Gründet nicht Euclios Unfreiheit in den anderen, die Harpagons in ihm selbst? Wäre demnach Molières Stück in höherem Maße eine Charakterkomödie? Andererseits steht Euclio bei Plautus im Mittelpunkt des psychologischen und dramatischen Interesses; sein Charakter stellt sich in der Handlung dar und entfaltet sich individuell und differenziert. Man beachte die größere Humanität in dem antiken Stück: Statt den alten Herrn zu erpressen, beschämt ihn der junge Liebhaber durch großmütige Rückgabe des Schatzes. Durch die sozialpsychologische Motivierung wird Euclios Großmut am Ende glaubwürdig. Wie wenig Plautus beabsichtigt, einen Ausbund des Geizes auf die Bühne zu stellen, sehen wir jetzt an der neuentdeckten *Aspis* Menanders, die uns einen abstoßenden Vertreter dieses Lasters dramatisch vor Augen führt. Wir haben es also in der *Aulularia* zwar auch mit einer Charakterkomödie zu tun, aber mit einer solchen des sozial bedingten Mißtrauens. Im allgemeinen spricht man der antiken Literatur im Gegensatz zur Moderne die Charakterentwicklung ab;

in unserem Falle ist eher das Gegenteil festzustellen. Euclio zeigt sich bis zum Schluß immer wieder unter manchmal überraschenden Aspekten, während Harpagon vom Anfang bis zum Ende derselbe bleibt, was seine letzten Worte noch unterstreichen: *Et moi, voir ma chère cassette.* Hier steht Molière in diametralem Gegensatz zu Plautus, dessen Euclio froh ist, von dem lästigen Golde befreit zu sein. Gerade dank der Mehrschichtigkeit von Euclios Wesen spiegelt die *Aulularia* eine komplexe Kunst der Charakterzeichnung, wie sie Menander eigen ist, während Molières Harpagon weniger einen Menschen als eine Idee verkörpert.

Wenden wir uns nun dem Katastrophenmonolog zu![30a]

T. Maccius Plautus: Aulularia

IV, 9. EVCLIO

Perii, interii, occidi.   quo curram? quo non curram? tene, tene.
                                                             quem? quis?
nescio, nil video, caecus eo atque equidem quo eam aut ubi sim
                                                           aut qui sim
715 *nequeo cum animo certum investigare.   opsecro ego vos, mi*
                                                           auxilio,
oro, optestor, sitis et hominem demonstretis, quis eam apstulerit.
quid ais tu? tibi credere certum est, nam esse bonum ex voltu   5
                                                           cognosco.
quid est? quid ridetis? novi omnis, scio fures esse hic compluris,
qui vestitu et creta occultant sese atque sedent quasi sint frugi.
720   *hem, nemo habet horum? occidisti.   dic igitur, quis habet?*
                                                           nescis?
                 heu me miserum, misere perii,
721ª   *male perditu', pessume ornatus eo:*   10
                 tantum gemiti et mali maestitiaeque
722ª   *hic dies mi optulit, famem et pauperiem.*
                 peritissumus ego sum omnium in terra;
723ª   *nam quid mi opust vita, [qui] tantum auri*
                 perdidi, quod concustodivi   15
724ª   *sedúlo? egomét me defrudavi*
                 animumque meum geniumque meum;
725ª   *nunc éo alií laetificantur*
726   *meo malo et damno.   pati nequeo.*

IV, 9. Euclio

Verloren bin ich, untergegangen, tot! Wohin soll ich laufen? Wohin nicht laufen? Halt ihn fest, halt ihn! Wen? Wer? Ich weiß es nicht, nichts seh ich, blind geh ich einher; wohin ich gehe, wo ich bin, wer ich bin, kann ich, wenn ich mit mir zu Rate gehe, nicht sicher auskundschaften. Ich flehe euch an, steht mir bei, ich beschwöre euch, und zeigt mir den Mann, der es geraubt hat. Was sagst du? Dir darf man fest vertrauen, denn ich sehe es dir am Gesicht an, daß du gut bist. Was ist los? Was lacht ihr? Ich kenne alle, ich weiß, daß die meisten hier Diebe sind; sie verstecken sich in Gewändern, die mit Kreide gewalkt sind, und sitzen da, als wären sie rechtschaffen. Heda, hat es keiner von diesen? Du hast mir den Todesstoß versetzt. So sag doch schon, wer hat es? Du weißt es nicht? Ach, ich Ärmster, jämmerlich bin ich zugrunde gegangen; völlig vernichtet, ganz schlecht ausgestattet gehe ich einher. So viel Seufzen, Unglück und Traurigkeit hat mir dieser Tag beschert, Hunger und Armut. Ich bin der Allererfahrenste auf der Welt; denn wozu brauche ich mein Leben noch, da ich so viel Geld verlor, das ich fleißig bewacht habe? Ich habe mich betrogen, mein Herz und meine Seele; jetzt freuen sich andere daran – zu meinem Schaden und auf meine Kosten. Das halt ich nicht aus.

Molière: L'Avare/Der Geizige. IV, 7

HARPAGON. *(Il crie au voleur dès le jardin, et vient sans chapeau.)* – Au voleur! au voleur! à l'assassin! au meurtrier! Justice, juste ciel! Je suis perdu, je suis assassiné! On m'a coupé la gorge, on m'a dérobé mon argent! Qui peut-ce être? Qu'est-il devenu? où est-il? où se cache-t-il? Que ferai-je pour le trouver? Où courir? où ne pas courir? N'est-il point là? n'est-il point ici? Qui est-ce? Arrête! *(Il se prend lui-même le bras.)* Rends-moi mon argent, coquin!... Ah! c'est moi. Mon esprit est troublé, et j'ignore où je suis, qui je suis, et ce que je fais. Hélas! mon pauvre argent, mon pauvre argent, mon cher ami, on m'a privé de toi! Et, puisque tu m'es enlevé, j'ai perdu mon support, ma consolation, ma joie; tout est fini pour moi, et je n'ai plus que faire au monde! Sans toi, il m'est impossible de vivre. C'en est fait, je n'en puis plus, je me meurs, je suis mort, je suis enterré! N'y a-t-il personne qui veuille me ressusciter en me rendant mon cher argent, ou en m'apprenant qui l'a pris? Euh! que dites-vous? Ce n'est personne. Il faut, qui que ce soit qui ait fait le coup, qu'avec beaucoup de soin on ait épié l'heure; et l'on a choisi justement le temps que je parlais à mon traître de fils. Sortons. Je veux aller quérir la justice et faire donner la question à toute ma maison: à servantes, à valets, à fils, à fille, et à moi aussi. Que de gens assemblés! je ne jette mes regards sur personne qui ne me donne des soupçons, et tout me semble mon voleur. Eh! de quoi est-ce qu'on parle là? de celui qui m'a dérobé? Quel bruit fait-on là haut? Est-ce mon voleur qui y est? De grâce, si l'on sait des nouvelles de mon voleur, je supplie que l'on m'en dise. N'est-il point caché là parmi vous? Ils me regardent tous et se mettent à rire. Vous verrez qu'ils ont part, sans doute, au vol que l'on m'a fait. Allons, vite, des commissaires, des archers, des prévôts, des juges, des gênes, des potences et des bourreaux! Je veux faire pendre tout le monde; et, si je ne retrouve mon argent, je me pendrai moi-même après!

HARPAGON (*er schreit schon vom Garten aus nach dem Dieb und tritt ohne Hut auf*): »Haltet den Dieb, haltet den Dieb! Mord und Totschlag! Gerechtigkeit, gerechter Himmel! Ich bin verloren, bin ermordet! Man hat mir die Kehle durchschnitten, man hat mir mein Geld geraubt! Wer kann das sein? Was ist aus ihm geworden? Wo ist er? Wo versteckt er sich? Was soll ich tun, um ihn zu finden? Wohin laufen? Wohin nicht? Ist er nicht dort? Ist er nicht hier? Wer ist das? Halt! (*Er packt sich selbst am Arm*). Gib mir mein Geld zurück, Gauner! ... Ah, das bin ja ich. Mein Geist ist verwirrt, und ich weiß nicht, wo ich bin, wer ich bin und was ich tue. Ach! mein armes Geld, mein armes Geld, mein lieber Freund, man hat mich deiner beraubt! Und weil du mir entrissen bist, habe ich meine Stütze verloren, meinen Trost, meine Freude; alles ist für mich zu Ende, und ich habe nichts mehr auf der Welt zu tun. Ohne dich kann ich unmöglich leben. Es ist um mich geschehen. Ich kann nicht mehr. Ich sterbe, bin tot, bin begraben! Gibt es niemand, der mich auferwecken möchte, indem er mir mein liebes Geld zurückgibt oder mir mitteilt, wer es genommen hat? He, was sagt ihr? Es ist niemand. Wer immer den Streich verübt haben mag, muß die rechte Stunde mit großer Sorgfalt auspioniert haben, und man hat ausgerechnet die Zeit gewählt, als ich mit meinem Sohn, dem Verräter, sprach. Gehen wir! Ich will die Polizei holen und mein ganzes Haus verhören und foltern lassen: Mägde, Knechte, Sohn, Tochter und auch mich. Wieviel Leute hier versammelt sind! Jeder, auf den ich blicke, erweckt meinen Verdacht, und jeder scheint mir mein Dieb zu sein. Heda! Wovon spricht man dort? Von dem, der mich beraubt hat? Was für einen Lärm macht man da droben? Ist mein Dieb dort? Tut mir den Gefallen, wenn man hier etwas von meinem Dieb weiß, so bitte ich inständig, mir etwas davon zu sagen. Ist er nicht dort unter euch versteckt? Sie schauen mich alle an und fangen an zu lachen. Ihr werdet schon sehen, daß sie bestimmt an dem Diebstahl, den man mir angetan hat, beteiligt sind. Wohlan, schnell! Kommissare, Bogenschützen, Polizeipräfekte, Richter, Foltern, Galgen und Henker! Ich bringe sie alle an den Galgen; und wenn ich mein Geld nicht wiederfinde, dann hänge ich mich selbst auf!

Die meisten Motive des plautinischen Textes finden bei Molière eine Entsprechung. Was fehlt, ist der Topos vom Geizhals, der sich selbst um alles betrogen hat — so daß andere jetzt auf seine Kosten glücklich sind. Mit diesem Gedanken schließt Plautus und unterstreicht ihn noch pointiert durch *pati nequeo*: »Das halt' ich nicht aus!« Was Euclio offenbar am meisten ärgert, ist die Tatsache, daß andere seinen Reichtum genießen. Daraus spricht nicht so sehr Geiz als vielmehr Neid. Er denkt an seine Umwelt.

Diesen sozialen Aspekt (der bei Plautus auch in anderer Beziehung im Vordergrund steht, sofern nämlich Euclio sich vor allem aus Rücksicht auf den Neid seiner Mitbürger knauserig verhält) ersetzt Molière durch die herzliche Verbundenheit des Geizhalses mit seinem Schatz und die Identifikation des Geldes mit dem Herzen und der Seele (bei Plautus nicht in dieser Szene, sondern 181 *nunc domum properare propero, nam egomet sum hic, animus domi est*). Molière vertieft diese Identifikation, die in unserer Szene aus dem ersten Ausruf *perii* usw. herausgelesen werden kann. Eine Verstärkung findet sich an entsprechender Stelle bei Larivey, dessen Geizhals nach einer Schlinge ruft, um sich aufzuhängen. Molière steigert und konkretisiert diese Vorstellung in doppelter Weise: Den Todesgedanken überbietet er durch den des Begräbnisses. Andererseits verbindet er das Motiv des Aufhängens besser mit dem Kontext, indem er den natürlichen und näherliegenden Gedanken an die Bestrafung des Diebes durch Erhängen einschaltet, dann aber trefflich mit dem traditionellen Gedanken koppelt, der Dieb verberge sich im Zuschauerraum. So ergibt sich der Wunsch, das Publikum insgesamt aufzuhängen, und die Selbsthinrichtung des Geizhalses gelangt an die wirkungsvollste Stelle, an den Schluß — wohlweislich eingeschränkt durch die Klausel, falls das Geld dann immer noch nicht gefunden sei.

Sowohl die Leuchtkraft der Vorstellungen als auch ihre sinnvolle Reihung verraten den großen Komödiendichter. Bezeichnend für

Molière, der als Schauspieler die Fähigkeit stimmlicher Variation besaß, ist die szenische Konkretisierung der Festnahme eines gedachten Diebes in einem fingierten Dialog. Durch dieselbe Technik hat der Dichter Sosias Schlachtenbericht im *Amphitryon* belebt. Die versehentliche Verhaftung der eigenen Person ist, thematisch gesehen, das denkbar beste Präludium zur Selbsthinrichtung am Ende. Dazwischen steht konsequenterweise die hochnotpeinliche Vernehmung aller Hausbewohner, wiederum einschließlich Harpagons selbst. Molière hat durch den Ruf nach der Justiz all diese disparaten Motive, die teils aus Plautus, teils aus Larivey stammen, innerlich miteinander verbunden und ins Grandiose gesteigert. Im Vergleich mit dem beängstigenden Verfolgungswahn des Avare und seinem universalen Vernichtungswillen ist der an sich doch mißtrauische Euclio ein Ausbund an Vertrauen (vgl. 717 *quid ais tu? tibi credere certum est, nam esse bonum ex voltu cognosco*). Euclio bleibt eher passiv, der Molièresche Held handelt entschlossener, obwohl Euclios Ungewißheit bei Harpagon zur Geistesverwirrung gesteigert ist (*mon esprit est troublé*). Die kosmischen Dimensionen des Monologs bei Molière werden dadurch nicht harmloser, daß Harpagon seinem eigenen Leidensweg ein christliches Koordinatensystem zugrundelegt (*je suis mort, je suis enterré! N'y a-t-il personne, qui veuille me ressusciter?*). Es liegt eine Steigerung ins Dämonische vor, wobei die Koppelung von Reichtum, Appell an die Justiz und umfassendem Folterungs- und Vernichtungswillen unter der komischen Maske den tiefdringenden Blick des Satirikers offenbart.

Hinzu kommt eine sorgfältige Verbindung der Szene mit dem Kontext: Harpagon errät sofort, daß der Raub stattfand, während er mit seinem Sohne sprach. Die Figur des Polizeikommissars in der unmittelbar folgenden Szene (5,1) erhebt die satirischen Züge zur Evidenz: *Je voudrais avoir autant de sacs de mille francs que j'ai fait pendre de personnes* (»Ich wollte so viele Säcke mit tausend Francs haben, wie ich Personen habe aufhängen lassen«).

Der Vergleich der beiden Szenen offenbart mit aller wünschenswerten Deutlichkeit den verschiedenen Stellenwert zweier Gestalten und zweier Monologe, die äußerlich einander ähneln und auch tatsächlich voneinander abhängig sind. Es ist überraschend zu sehen, wie sehr der jeweilige gesellschaftliche Rahmen den Charakter und die Äußerungen Euclios bzw. Harpagons prägt.

Nun zu den philosophischen und literaturtheoretischen Aspekten unseres Themas! Was die Gattungsproblematik betrifft, so trägt Euclio gewisse Züge, die ihn als weder ganz guten noch ganz schlechten Charakter erscheinen lassen. So erfüllt er im aristotelischen Sinne die Voraussetzungen für eine Dramenfigur. Harpagon hingegen ist so negativ gezeichnet, daß sich die antike Dramentheorie auf ihn in dieser Beziehung nicht anwenden läßt. Unsere Beobachtungen zu Euclios Mißtrauen bestätigen Websters[30b] Vermutung, die Vorlage unseres Stückes habe den Titel »Der Mißtrauische« (Ἄπιστος) getragen, zumal für Menander eine Komödie dieses Namens bezeugt ist, während der φιλάργυρος nur als Gestalt, nicht aber als Komödienbezeichnung belegt ist. Dafür spricht auch die Tatsache, daß Euclio seinen Schatz der Gottheit Fides anvertraut und sogar ihr gegenüber ein leises Mißtrauen nicht unterdrücken kann (584 ff. *Fides, novisti me et ego te, cave sis tibi ne tu immutassis nomen, si hoc concreduo*). Diese Stelle befindet sich ungefähr in der Mitte des Stückes. Auch steht der Altar dieser Gottheit auf der Bühne.

In Theophrasts »Charakteren«[31] erscheint als Nr. 18 der Mißtrauische: »Er trägt selbst sein Geld, und alle paar hundert Meter setzt er sich hin und zählt, wieviel es ist« (3). »Seine Frau fragt er, während er schon im Bett liegt, ob sie die Geldtruhe verschlossen habe, ob der Becherschrank versiegelt und der Riegel vor das Hoftor gelegt sei, und wenn sie es bejaht, erhebt er sich dennoch nachts vom Lager, und barfuß, mit der Laterne in der Hand, läuft er umher und sieht nach, und auf diese Weise kommt er kaum zum Schlafen« (4). Bei Plautus ist Euclios Schlaflosigkeit ein festes Thema (s. bes. 72 und fr. 4). »Wenn jemand kommt, um sich Trinkgefäße geben zu lassen, so lehnt er das am liebsten ab« (Theophr. 18,7; vgl. Plautus 91–99). So läßt sich das Verhalten des Mißtrauischen leicht mit dem des Geizhalses verwechseln. Auch der Kleinliche (Nr. 10) gehört hierher: »Kleinlichkeit ist eine übermäßige Sparsamkeit in allem, was mit Hab und Gut zusammenhängt« (10,1). »Er geht Fleisch einkaufen, doch kommt er mit leeren Händen heim« (10,12; vgl. Plautus 371–387). »Und seiner Frau verbietet er, Salz, Lampendocht, Kümmel, Majoran, Opferbrot, Binden, Opferteig zu verborgen« (Theophr. 10,13). Theophrasts Bild des Geizigen trifft hingegen nicht Euclios Wesen: »Der Geiz ist ein Streben nach schändlichem Gewinn (αἰσχροκέρδεια)«.[32]

Ein Ergebnis unserer Analyse, die Abhängigkeit des Helden von der Mentalität, die in seiner Umwelt herrscht, erlaubt uns außerdem, ein verbreitetes Vorurteil zu korrigieren. Man liest oft die Behauptung, die Alte Komödie des Aristophanes schildere die *res publica*,

Menanders Neue Komödie die *res privata*. Mögen auch Staat und Politik weitgehend beiseite bleiben, so ist doch die Gesellschaft auch und gerade bei Menander allgegenwärtig, ja vielfach allmächtig. Seine Gestalten sind Bürger, in ihrem Wesen von der Polis bestimmt, der sie angehören.

Wie eng der Charakter bei Plautus mit der Handlung verwoben ist, hat Ludwig gezeigt. Nach dem Zeugnis der Antike lag Menanders Stärke besonders in der Charakterzeichnung; in dem vorliegenden Stück zeigt sich, daß der Charakter einmal den strukturalen Erfordernissen der Handlung untergeordnet, zum andern direkt und indirekt von der Gesellschaft geprägt ist.

In Molières Stück steht eindeutig der Geiz im Vordergrund. Es handelt sich nicht um einen durch Zufall reich gewordenen Armen, sondern um einen »echten« Geizhals, einen Wucherer, der also nicht nur μικρολόγος, sondern auch αἰσχροκερδής ist, der weiter alle Bande der Pietät seinem Geiz zum Opfer bringt. Wenn Euclio seine Tochter dem alten Megadorus ohne Mitgift verlobt, so tut er dies vor allem, um sicher zu gehen, daß der Freier nicht etwa von seinem Schatz gehört hat und auf diesen erpicht ist. Das berühmte *sans dot* bei Molière hingegen zeugt von Geiz und nur von Geiz. Das Verhältnis von Individuum und Gesellschaft ist geradezu umgekehrt: Während Euclio durch die Verhaltensmechanismen der Polis eingeschüchtert wird, versucht Harpagon, wie unsere Szene zeigt, die Machtmittel der Justiz und der Polizei in seinen Dienst zu stellen.

Eine Selbstisolierung widerspricht dem Wesen des antiken Menschen als *zoon politikon*. Menandrische Komödien enden oft mit der Rückführung des Sonderlings in die Gruppe oder doch einer Annäherung an sie (nicht als wandle sich der Charakter, doch wächst die Einsicht in die Notwendigkeit von Kompromissen). Wie Aristoteles zeigt, bezieht sich das Lachen der Komödie auf eine Deformität, die niemandem Schmerz bereitet.[33] Platon (Phileb. 48 c–e) führt geistreich das Lächerliche auf Mangel an Selbsterkenntnis zurück, auf einen Irrtum in der Einschätzung des rechten Verhältnisses zwischen dem menschlichen Ich und der Welt, d.h. Göttern und Mitbürgern. Indem die antike Komödie zu einer solchen Erkenntnis führen kann, hat sie eine mehr kognitive als unmittelbar moralische Zielsetzung.

Andererseits findet die kritische, satirische, ja prophetische Tendenz, die wir bei Molière beobachteten, eine Bestätigung in seiner Poetik, die, wie er ausdrücklich sagt, auf Moralisches zielt.[34] Er ist ein großer Moralist,[35] aber kein sauertöpfischer. Die Tiefe seiner

Analyse erinnert an Dostojewskij. Treffend sagte Goethe zu Eckermann:[36] »Molière ist so groß, daß man immer wieder von neuem erstaunt, wenn man ihn liest; er ist ein Mann für sich, seine Stücke grenzen ans Tragische, sie sind apprehensiv, und niemand hat den Mut, es ihm nachzutun; sein ›Geiziger‹, wo das Laster zwischen Vater und Sohn alle Pietät aufhebt, ist besonders groß und in hohem Sinne tragisch.«

Molières satirische Ader sprengt in der Tat oft den Rahmen der Komödie; Harpagon ist mehr Schädling als Sonderling. Menander und Plautus treten Molière zwar andersartig, aber ebenbürtig an die Seite. Sie sind nicht »apprehensiv« und haben viele zur Nachahmung gereizt (so mancher bekennt sich theoretisch zum gesitteten Terenz, ahmt aber den lustigen Plautus nach).[37] Die Aulularia, in der die Steigerung eines Lasters durch die Zwänge der Gemeinschaft und die Rückführung des dadurch isolierten Menschen in die Gruppe dargestellt wird, ist in ihrer Entspanntheit besonders groß und in hohem Sinne komisch. So erlaubt uns der Vergleich mit einer neuzeitlichen Komödie des Geizes, die Eigenart eines antiken Stückes besser zu verstehen.

ANMERKUNGEN

1. TEXTAUSGABEN und LEXIKA: *Plautus:* T. Macci Plauti comoediae, rec. W. M. Lindsay, 2 Bände, Oxford 1904–1905, 2., korrig. Aufl. 1910, Nachdruck 1968; 1966. – G. Lodge, Lexicon Plautinum, 2 Bände, Leipzig 1904–1933. – *Molière:* Œuvres de Molière, nouvelle édition par E. Despois et P. Mesnard, 11 Bde., Paris 1873–1893. – KOMMENTAR s. auch: Œuvres complètes de Molière, par L. Moland, Bd. 5, Paris 1864, 265 f. – A. et P. Desfeuilles, Lexique de la langue de Molière, 2 Bde. (= Bd. 12 und 13 der Ausgabe von Despois und Mesnard, s. oben), Paris 1900. – F. Génin, Lexique comparé de la langue de Molière et des écrivains du XVIIe siècle, Paris 1846. – P. de Larivey, Les Esprits (1579), in: Ancien théâtre français ou Collection des ouvrages dramatiques. Les plus remarquables depuis les mystères jusqu'à Corneille, publ. par E. N. Viollet Le Duc, Bd. 5, Paris 1855, 199–291. – J. Rotrou, Théâtre choisi. Nouvelle édition. Avec une introduction et des notices par F. Hémon, Paris 1883. – P. C. Hooft, Warenar (1617), in: Alle de gedrukte werken 1611–1738, onder redactie van W. Hellinga en P. Tuynman, Amsterdam 1972, Bd. 2, 225–266; Bd. 6, 554–585; Bd. 9, 524–558. *Allgemein zu Plautus:* W. G. Arnott, Menander, Plautus, Terence, Oxford 1975 (Greece and Rome. New surveys in the classics. 9) (mit

Literatur). – Die römische Komödie: Plautus und Terenz. Hrsg. von E. Lefèvre, Darmstadt 1973 (Wege der Forschung 236). – Das römische Drama. Hrsg. von E. Lefèvre, Darmstadt 1978 (Grundriß der Literaturgeschichte nach Gattungen). *Allgemein zu Molière:* R. Bray, Molière. Homme de théâtre, Paris 1954. – L. Gossman, Men and masks. A study of Molière, Baltimore 1963. – H. Heiss, Molière, Leipzig 1929. – W. G. Moore, Molière. A new criticism, Oxford 1949, Nachdruck 1968. – D. Romano, Essai sur le comique de Molière, Diss. Zürich, Bern 1950. *Wichtigere Arbeiten zu unserem Thema:* W. Salzmann, Molière und die lateinische Komödie. Ein Stil- und Strukturvergleich, Heidelberg 1969 (Beiträge zur neueren Literaturgeschichte. Folge 3, Bd. 8) (dort die ältere Literatur). – K. von Reinhardstoettner, Plautus. Spätere Bearbeitungen plautinischer Lustspiele. Ein Beitrag zur vergleichenden Literaturgeschichte, Leipzig 1886 (Die klassischen Schriftsteller des Altertums in ihrem Einflusse auf die späteren Literaturen. 1), Nachdruck Hildesheim 1979 (grundlegend). *Vergleichende Untersuchungen:* N. Bock, Molières Amphitryon im Verhältnis zu seinen Vorgängern, Zeitschrift für neufranzösische Sprache und Literatur 10, 1888, 41–92. – H. Bromig, Vergleichung der Komödien Aulularia des Plautus und l'Avare des Molière, Programm Burgsteinfurt 1854 (mir unzugänglich). – M. Delcourt, La tradition des comiques anciens en France avant Molière, Paris 1934 (Bibliothèque de la Faculté de Philosophie et Lettres de l'Université de Liège, fasc. 59). – R. C. Engelberts, Molières Le Malade imaginaire onder invloed van de Aulularia van Plautus?, Neophilologus 38, 1954, 44–60. – P. Ernst, Plautus und Molière (1917), in: P. E., Gedanken zur Weltliteratur. Aufsätze, Gütersloh 1959, 84–114. – C. Humbert, Molière's Avare und Plautus' Aulularia, Archiv für das Studium der neueren Sprachen und Literaturen 18, 1855, 376–410. – U. Leo, Molières Amphitryon und seine Vorgänger, Zeitschrift für französische Sprache und Literatur 47, 1925, 377–402. – Ö. Lindberger, The transformations of Amphitryon, Stockholm 1956 (Acta Universitatis Stockholmiensis. Stockholm studies in history of literature 1). – R. Mahrenholtz, Molière und die römische Komödie, Archiv für das Studium der neueren Sprachen und Literaturen 56, 1876, 241–264. – K. V. Meurer, Larivey's Les Esprits als Quelle zu Molière's Avare unter Berücksichtigung der Aulularia des Plautus, Diss. Jena, Koblenz 1873. – M. Schuster, Plautus und Molières »Le Malade imaginaire«, Wiener Studien 50, 1932, 95–104 (widerlegt durch Engelberts, s. o.). – L. R. Shero, Alcmena and Amphitryon in ancient and modern drama, Transactions and proceedings of the American Philological Association 87, 1956, 192–238. – G. P. Shipp, A classicist looks at Molière, Journal of the Australasian Universities Language and Literature Association 39, 1973, 51–60. – B.-A. Taladoire, L'»Amphitryon« de Plaute et celui de Molière. Étude dramatique comparée, in: Hommages à Jean Bayet, Bruxelles 1964 (Collection Latomus 70), 672–677. – G. Vincent, Molière imitatore di Plauto e di Terenzio, Roma 1917. *Zu Euclios Charakter:* W. Klingelhöffer, Plaute imité par Molière et par Shakespeare, Programm Darmstadt 1874 (kein Geizhals). – E. R. Lehmann, Der Verschwender und der Geizige (Zur Typologie der griechisch-römischen Komödie), Gymnasium 67, 1960, 73–90. – W. Ludwig, Aulularia-Probleme, Philologus 105, 1961, 44–71; 247–262. – M. Pokrowsky, Zur Plautinischen Aulularia, Wiener Studien 49, 1931, 128–133.

2. Die überlieferten Texte enthalten zwar keine Chorlieder, bezeichnen aber die dafür vorgesehenen Stellen.

3. Vgl. E. Lefèvre, Versuch einer Typologie des römischen Dramas, in: Das römische Drama (zit. oben Anm. 1), 1–90.

4. Neben Rotrou.   5. Neben Larivey, Les Esprits.

6. Salzmann, zit. oben Anm. 1.

7. Das Gesellschaftliche wird stärker in der Amphitryon-Forschung berücksichtigt (s. z.B. Lindberger, zit. oben Anm. 1). Einseitig Mahrenholtz 241f.: »Galanterie, Intrigensucht, höfische Verfeinerung«. Hierher gehört natürlich die Beseitigung von Anstößigem (schwangere Geliebte) und im Leben nicht mehr existenten Typen (*leno*). Ähnlich fehlt im *Amphitryon* Alkmenes Schwangerschaft bei Molière und Camões, Sosia wird bei Molière fein und boshaft (vgl. U. Leo zit. oben Anm. 1, 395f.).

8. Hierüber Meurer, zit. oben Anm. 1.

9. Vorlesungen über dramatische Kunst und Literatur, 3. Aufl., besorgt von E. Böcking, Leipzig 1846, 2. Bd., 22. Vorlesung, S. 103–123.

10. Humbert, zit. oben Anm. 1.

11. Schlegel (s. Anm. 9) 1. Bd., 13. Vorlesung, 228–230.

12. Sallet bei Humbert 408.   13. Zametki (1833), IV).

14. Zusammengefaßt bei J. Scheltz L'Avare de Molière et l'Aululaire de Plaute, Programm Eisleben 1872.

15. Seit Rousseau kritisiert: Mahrenholtz 256.   16. Meurer 23.

17. F. M. Heichelheim, An Ancient Economic History, vol. 2, Leyden 1964, 34.

18. Reinhardstoettner 305.

19. H. Schoeck, Der Neid – eine Theorie der Gesellschaft, Freiburg i. Br. und München 1966, ²1968.

20. I. Trencsényi-Waldapfel, Der griechische und der römische Dyskolos, in: Menanders Dyskolos als Zeugnis seiner Epoche, hrsg. von F. Zucker, Berlin 1965 (Deutsche Akademie der Wissenschaften zu Berlin. Schriften der Sektion für Altertumswissenschaft. 50), 185–205, bes. 196f.

21. Z.B. Reinhardstoettner 305 gegen Hooft, der hier Plautus folgt.

22. A. Funck, De Eucliones Plautino, Rheinisches Museum 73, 1924, 456–465, bes. 465; M. Bonnet, Smikrinès – Euclion– Harpagon, in: Philologie et linguistique. Mélanges offerts à Louis Havet, Paris 1909, 17–37, bes. 34; G. E. Lessing, Hamburgische Dramaturgie 70 und 72f., in: Werke, hrsg. von H. G. Göpfert, Bd. 4: Dramaturgische Schriften, Darmstadt 1973, 555ff.; 564ff.; W. Wagner, De Plauti Aulularia, Diss. Bonn 1864, 5–7.

23. Arist. poet. 4f. (= 1449a 15–28; 38f.).   24. Mahrenholtz 255.

25. R. Marcic, Geschichte der Rechtsphilosophie. Schwerpunkte, Kontrapunkte, Freiburg i. Br. 1971, 289 ff.

26. Humbert 402 und 404 f.

27. Umgekehrt A. Kappelmacher, Die Literatur der Römer bis zur Karolingerzeit (beendet von M. Schuster), Potsdam 1934 (Handbuch der Literaturwissenschaft, hrsg. von O. Walzel), 126: »Sein mürrisches Wesen ist nur eine Folge des Geizes.«

28. Humbert 390.

29. W. Ludwig, Aulularia-Probleme (zit. oben Anm. 1); W. Steidle, Probleme des Bühnenspiels in der Neuen Komödie, Grazer Beiträge 3, 1975, 341–386, bes. 350–358.

30. Vgl. die vorige Anm.

30a. Texte: Vgl. oben Anm. 1; Übersetzungen vom Verfasser.

30b. T. B. L. Webster, Studies in Menander, Manchester 1950, 121.

31. Theophrast, Charaktere, griech. und dt. von D. Klose, mit einem Nachwort von P. Steinmetz, Stuttgart 1970.

32. Vgl. Arist. EN 4,1,38 (= 1121b 17ff.) über zwei Formen der ἀνελευθερία: ἔλλειψις τῆς δόσεως und ὑπεϱβολὴ τῆς λήψεως.

33. Arist. poet. 5 (= 1449a 32ff.): Komödie sei die Darstellung eines Fehlerhaften oder Häßlichen, aber ohne Schmerz und Verderben zu bringen.

34. 1) *Le devoir de la comédie étant de corriger les hommes en les divertissant* (*Tartuffe, Premier Placet*). – 2) Die Komödie ist *un poème ingénieux, qui, par des leçons agréables, reprend les défauts des hommes* (*Tartuffe, Préface*). Vgl. Salzmann 20. – 3) »Der Dichter ruft dem Menschen seine Fehler ins Bewußtsein *dadurch, daß er ihn zum Lachen bringt*« (Salzmann 21).

35. Einen christlichen Zwiespalt der gefallenen menschlichen Natur beobachtet H. R. Jauß, Molière, L'Avare, in: Das französische Theater. Vom Barock bis zur Gegenwart, Bd. 1, hrsg. von J. v. Stackelberg, Düsseldorf 1968, 290–310, bes. 300; gegen eine allzu pessimistische Deutung: Salzmann 257 ff. Aber auch für Salzmann erscheint Harpagons Selbstzerstörung als tiefere Notwendigkeit, da Harpagons Wollen nicht im Einklang mit dem Leben steht. Den Konflikt zwischen Leben und Denken thematisiert W. G. Moore (zit. oben Anm. 1) 25.

36. Goethe zu Eckermann am 12. Mai 1825, Ausgabe von A. Bartels, Bd. 1, 193.

37. Delcourt (zit. oben Anm. 1) 93.

C. Lyrik:
Horazens Römeroden und Hölderlins vaterländische Hymnen
mit besonderer Berücksichtigung der ›Friedensfeier‹

Erst seit 1954 kennen wir Hölderlins ›Friedensfeier‹ vollständig.[1] Der Dichter hat diesem Hymnus eine kurze, aber bedeutsame Vorrede vorausgeschickt:

> Ich bitte dieses Blatt nur gutmüthig zu lesen. So wird es sicher nicht unfaßlich, noch weniger anstößig seyn. Sollten aber dennoch einige eine solche Sprache zu wenig konventionell finden, so muß ich ihnen gestehen: ich kann nicht anders. An einem schönen Tage läßt sich ja fast jede Sangart hören, und die Natur, wovon es her ist, nimmts auch wieder.
>
> Der Verfasser gedenkt dem Publikum eine ganze Sammlung von dergleichen Blättern vorzulegen, und dieses soll irgend eine Probe seyn davon.

Die Beziehungen zwischen diesem Vorwort und der Eingangsstrophe der Römeroden (Hor. carm. 3,1,1 ff.) sind eng; und doch scheinen sie bisher unbemerkt geblieben zu sein.

1. »Zu wenig konventionell«

»Ich bitte dieses Blatt nur gutmüthig zu lesen.« Wie Horaz durch sein *favete linguis* bei seinen Zuhörern eine andächtige Stimmung zu erzeugen versucht, so auch Hölderlin. »So wird es sicher nicht unfaßlich, noch weniger anstößig seyn. Sollten aber dennoch einige eine solche Sprache zu wenig konventionell finden, so muß ich ihnen gestehen: ich kann nicht anders.« *Carmina non prius audita* mutet auch Horaz seinen Hörern zu. Den Begriff des ›Unerhörten‹ entfaltet Hölderlin unter drei Aspekten: ›unfaßlich‹, ›anstößig‹, ›zu wenig konventionell‹. Im Ausdruck ist der Deutsche hier etwas verbindlicher als der Römer – er berücksichtigt die Forderung der Rhetorik, den Leser wohlwollend, aufmerksam und lernbereit zu machen. In der Sache aber ist er genau so kompromißlos wie Horaz. Hatte jener frei bekannt: *odi profanum vulgus et arceo,* so erklärt Hölderlin – ebenfalls unter beziehungsreicher Anspielung auf religiöse Sprache: »Ich kann nicht anders.« Der Anklang an den stolz-bescheidenen Ausspruch des Reformators ist gewiß beabsichtigt.

2. Herabsteigen der Himmlischen

»An einem schönen Tage läßt sich ja fast jede Sangart hören, und die Natur, wovon es her ist, nimmts auch wieder.« Der Dichter denkt hier an den Friedensschluß von Lunéville, der ihn tief bewegt hat, wie wir auch aus einem Brief an die Schwester erfahren (Hauptwyl bei St. Gallen, 23.2.1801): »Ich schreibe Dir und den lieben Unsrigen an dem Tage, da unter uns hier alles voll ist von der Nachricht des ausgemachten Friedens, und da Du mich kennest, brauche ich Dir nicht zu sagen, wie mir dabei zu Muth ist ... Ich glaube, es wird nun recht gut werden in der Welt. Ich mag die nahe oder die längstvergangene Zeit betrachten, alles dünkt mir seltne Tage, die Tage der schönen Menschlichkeit, die Tage sicherer, furchtloser Güte, und Gesinnungen herbeizuführen, die eben so heiter als heilig, und eben so erhaben als einfach sind.« Die zentrale Vorstellung des Gedichtes, daß göttliche Wesen zur Friedensfeier auf die Erde herabsteigen, hat sich Hölderlin beim Anblick der Schweizer Natur geradezu aufgedrängt. Die bisher nicht genügend beachtete Fortsetzung des Briefes lautet nämlich: »Du würdest auch so betroffen, wie ich, vor diesen glänzenden, ewigen Gebirgen stehn, und wenn der Gott der Macht einen Thron hat auf der Erde, so ist es über diesen herrlichen Gipfeln. Ich kann nur dastehn, wie ein Kind, und staunen und stille mich freuen, wenn ich draußen bin, auf dem nächsten Hügel, und wie vom Aether herab die Höhen aller näher und näher niedersteigen bis in dieses freundliche Tal.«

Das Motiv des Herabsteigens der Himmlischen zur Friedensfeier, das dem Dichter durch den Anblick der Berge suggeriert wurde, ist eine Antithese zur Vision der Römeroden, in denen umgekehrt Gestalten wie Hercules, Bacchus, Romulus, Augustus zum Himmel emporsteigen und dort, nicht auf der Erde, ein Gastmahl feiern (carm. 3,3). Romulus und Augustus repräsentieren das Römertum; der »Fürst des Festes« in der ›Friedensfeier‹ ist, wie Friedrich Beißner meines Erachtens mit nahezu zwingender Wahrscheinlichkeit nachgewiesen hat, der Genius der Zeit oder des deutschen Volkes.[2] Schon die Tatsache, daß die Bewegung sich umgekehrt vollzieht wie bei Horaz, verbietet es, bei dem ›Fürsten des Festes‹ an einen Sterblichen zu denken.

3. »Natur«

Die soeben zitierte Briefstelle erklärt uns auch, wie Hölderlin zu der die Kommentatoren überraschenden Behauptung kommt, die *Natur* habe ihm diese Sangart gegeben. Er meint dies nicht im übertragenen Sinne, sondern er denkt ganz buchstäblich an die grandiose Landschaft der Schweiz, die ihn am Tage der Friedensnachricht umgab.[3] Hölderlin macht sich also zum Sprachrohr der Natur, während Horaz sich als Priester der Musen (*Musarum sacerdos*) vorstellt. Beide weisen somit auf eine Bindung an ein Höheres hin, die es ihnen als Lyrikern letzten Endes unmöglich macht, mit konventionellen Publikumserwartungen Kompromisse zu schließen. Nun ist gerade ›Natur‹ dasjenige, was Hölderlin an den Deutschen am schmerzlichsten vermißt (Hyperion, viertes Buch, vorletzter Brief[4]): »Es ist auf Erden alles unvollkommen, ist das alte Lied der Deutschen. Wenn doch einmal diesen Gottverlaßnen einer sagte, daß bei ihnen nur so unvollkommen alles ist, weil sie nichts Reines unverdorben, nichts Heiliges unbetastet lassen mit den plumpen Händen, daß bei ihnen nichts gedeiht, weil sie die Wurzel des Gedeihns, die göttliche Natur nicht achten, daß bei ihnen eigentlich das Leben schaal und sorgenschwer und übervoll von kalter stummer Zwietracht ist, weil sie den Genius verschmähn, der Kraft und Adel in ein menschlich Thun, und Heiterkeit ins Leiden, und Lieb' und Brüderschaft den Städten und den Häußern bringt. – Und darum fürchten sie auch den Tod so sehr, und leiden, um des Austernlebens willen, alle Schmach, weil Höhers sie nicht kennen, als ihr Machwerk, das sie sich gestoppelt.« Beziehungsreich eröffnet die Ode ›An die Deutschen‹[5] das Bild des Kindes, das sein Steckenpferd reitet. Diese Ode ist vergleichbar mit der sechsten Römerode, in der Horaz seinem Volk, wenn auch in anderer Weise, ebenfalls den Spiegel vorhält. Zu dem dort entworfenen düsteren Gemälde sittlichen und religiösen Verfalls ist die Kritik der ersten Römerode an Habgier und Ehrgeiz hinzuzunehmen. Für Horaz geht es um die Herstellung des rechten Verhältnisses des Einzelnen zu sich selbst, zum Staat und zum göttlichen Kosmos, und zwar (trotz mancher stoischen Entlehnungen) überwiegend im Zeichen epikureischer Autarkie und epikureischer *pietas* (im Sinne von Lukrez 5, 1198 ff.). Hölderlin leidet vor allem unter dem Unverständnis seiner Umwelt für die ›Natur‹ und den ›Genius‹, die durch ihr schöpferisches Leben alle Unvollkommenheit aufheben könnten. Wenn er die Deutschen übrigens an der zitierten Hyperionstelle als ›Gottverlaßne‹ bezeichnet, so ist dies eine recht genaue Entsprechung zu dem Horazischen *profanum vulgus*, das sich (wie ich an anderer Stelle[6] gezeigt habe) ebenfalls selbst aus dem Heiligtum ausgeschlossen hat. Die Hoffnung auf eine Umkehr des Volkes ist in Hölderlins Ode ›An die Deutschen‹ lebendiger als in der sechsten Römerode des Horaz, der sich hier wieder einmal als nüchterner Realist erweist.

Während bei Horaz der Einzelne – Augustus – durch die Musen zum *lene consilium* geführt wird, so legt in Hölderlins ›Friedensfeier‹ der Zeitgeist seine bisherigen strengen Züge ab (vgl. die etwas ältere Ode ›Der Zeitgeist‹) und unterwirft sich dem Gesetz der Liebe.

Beide Dichter setzen Erwartungen in die Jugend (Horaz singt ›für Mädchen und Knaben‹, *virginibus puerisque*, carm. 3,1,4, und Hölderlins ›Hymne an die Madonna‹ ist ganz dem aufkeimenden jungen Leben zugewandt); beide glauben, daß sich der Genius eines auf Krieg und Erwerb bedachten Volkes im Zeichen des Musischen zu friedlicher Milde wandeln kann und daß eine Harmonie zwischen Individuum, Gesellschaft und Natur möglich ist. Diese jeweils unterschiedlich nuancierten Überzeugungen sind um so erstaunlicher und bewundernswerter, als beide Dichter – fern allem billigen Optimismus – die Fehler und Schwächen ihrer Völker mit schmerzlicher Klarheit erkennen.

4. Selbstbeschränkung und Grenzüberschreitung

Hölderlins Zielvorstellung ist die Überwindung der Isolation des Einzelnen, das Öffnen der ›Austernschale‹ durch Liebe, Fest und Feier und die Herstellung eines Einklangs mit der Natur im großen. Horazens Vorstellungswelt ist in mancher Beziehung entgegengesetzt: ›Im Sinne der Natur leben‹ heißt für ihn, sich in seiner Begrenztheit erkennen und akzeptieren. Charakteristisch ist die unterschiedliche Begründung der Herrlichkeit des Heldentodes: Für Horaz (carm. 3,2) ist es die innere Befriedigung eines höchst erfüllten Daseins im noch so begrenzten Rahmen eines einzigen Augenblicks, für Hölderlin (›Der Tod fürs Vaterland‹) ist es umgekehrt die selbstlose Hingabe an das große Ganze. Der römische Dichter weiß sein Ich abzugrenzen und zu bewahren, Hölderlin läßt es ins All verströmen. Den auch in den ›Römeroden‹ nicht verleugneten *sacro egoismo* des Epikureers sucht man in Hölderlins vaterländischen Dichtungen vergebens.

Auch poetologisch wird die Grenzerfahrung unterschiedlich akzentuiert. Für Horaz bezeichnend ist das ›Zurückrufen‹ der Muse, die sich zu hoch hinausgewagt hat (3,3 Ende); hierher gehören auch der Lobpreis des Schweigens der Mysten am Ende von 3,2 und die Distanzierung von Mysterienverrätern (ebd.). Jene ›Söhne‹ und ›Kinder‹, über welche die Mutter Natur gegen Ende der ›Friedensfeier‹ klagt, sind sie nicht die Giganten und Titanen, die sich in Widerspruch mit der Weltordnung setzten und daher untergehen mußten? Sie waren, wie Hölderlin erklärt, vorzeitig ans Licht getreten, hatten also nicht die nötige Reife, um lebensfähig zu sein. Hier gibt Hölderlin einem wichtigen Motiv der Pindarischen und der Horazischen Poesie eine tiefsinnige Deutung, indem er es mit einem weiteren Thema der antiken Lyrik verbindet: der Notwendigkeit des Schweigens, um keinen Mysterienverrat zu begehen. Was zu früh ans Licht tritt, wirkt zerstörerisch auf die Welt und entzieht sich letztlich selbst den Boden. Hölderlin kennt diese Gefahr; deutet er doch an, daß manche Themen ihm persönlich lange zu nahe gingen, um literarisch behandelt zu werden. Dies zeigt sich z. B. an der Christusthematik; der Hymnus ›Der Einzige‹[7] enthält eine doppelte Entschuldigung: zunächst, daß der Dichter diesen Gegenstand bisher nicht behandelt habe (»Denn zu sehr,/o Christus, häng ich an dir«) und am Ende, daß er ihn überhaupt behandelt habe: »Diesesmal/ist nemlich vom eigenen Herzen/zu sehr gegangen der Gesang« … »Die Dichter müssen auch/die geistigen weltlich seyn.« Im Gegensatz zu Horazens Pflege des ›Maßes‹ steht in demselben Gedicht Hölderlins Bekenntnis: »Nie treff ich, wie ich wünsche,/das Maas.«

In Hölderlins Dichtung finden sich zwar Analogien zu der zentralen Erfahrung von Horazens Musenode 3,4 mit der Legende von der wunderbaren Bewahrung des Knaben Horaz durch die Muse (›An die Natur‹: »Da ich noch um deinen Schleier spielte«). Während jedoch der Römer sich auch im Mannesalter noch von derselben gnädigen Macht behütet weiß, hat Hölderlin zunehmend den Eindruck, er sei aus diesem Schutze entlassen und unmittelbar mit der Natur konfrontiert, stehe mit bloßem Haupte unter Gewittern und sei von Apoll geschlagen. Der neuzeitliche Mensch tritt aus den alten

Bindungen heraus; in anderer Weise werden wir dies auch im Verhältnis zur alkäischen Strophe beobachten.

6. »Eine ganze Sammlung«

»Der Verfasser gedenkt dem Publikum eine ganze Sammlung von dergleichen Blättern vorzulegen, und dieses soll irgend eine Probe seyn davon.« Wie Horaz die Römeroden als Zyklus mit den berühmten Anfangssätzen von 3,1 einleitet, so sagt uns auch Hölderlin ausdrücklich, daß er die Veröffentlichung einer ganzen Sammlung plane. Diese Reihe von Hymnen ist für uns u. a. in folgenden Gedichten greifbar: ›Am Quell der Donau‹, ›Die Wanderung‹, ›Der Rhein‹, ›Germanien‹, ›Patmos‹, ›Andenken‹, ›Mnemosyne‹.

Was war das Hauptthema dieses geplanten Zyklus? Wir können es sowohl aus der ›Friedensfeier‹ als auch aus den übrigen Gedichten mühelos erschließen: Das Thema ist Deutschland. So besteht auch inhaltlich eine Analogie zu den Römeroden.

Die vaterländische Thematik hat Hölderlin lange beschäftigt. Er räumte ihr einen besonders hohen Rang ein: »Liebeslieder (sind) immer müder Flug ...; ein anders ist das hohe und reine Frohloken vaterländischer Gesänge.«[8] Das Thema ›Vaterland‹ hatte für Hölderlin einen besonders hohen Rang, aber es war ihm auch so kostbar, daß er die Ausführung immer wieder hinausschob.

> Einst hab ich die Muse gefragt, und sie
> Antwortete mir
> Am Ende wirst du es finden.
> Kein Sterblicher kann es fassen.
> Vom Höchsten will ich schweigen.
> Verbotene Frucht, wie der Lorbeer, aber ist
> Am meisten das Vaterland. Die aber kost'
> Ein jeder zuletzt.[9]

Etwas älter als die Hymnen sind eine ganze Reihe vaterländischer Oden in alkäischen und asklepiadeischen Strophen, und die Vorherrschaft des alkäischen Versmaßes in diesen Oden beweist uns, daß der Dichter schon seit längerem darum rang, den Römeroden ein deutsches Gegenstück an die Seite zu stellen. In der Tat finden wir hier neben dem berühmten ›Gesang des Deutschen‹ auch eine Ode, deren

Gegenstand ›Der Tod fürs Vaterland‹ ist. Offensichtlich wetteifert sie mit der zweiten Römerode. Daneben steht auch eine in asklepiadeischen Versen abgefaßte bittere Mahnung ›An die Deutschen‹, deren strenger Ernst an die düsteren Töne der letzten Römerode gemahnt. Doch hat sich Hölderlin mit dieser Gruppe von Oden in Horazischem Versmaß nicht zufrieden gegeben. Er drängte darüber hinaus zur Pindarischen Form. Während Horaz selbst in dem kostbaren Mittelstück der Römeroden, dem Musengedicht, ein wahrhaft pindarisches Lied schuf und damit seine sonstige Odendichtung beinahe transzendierte, doch ohne die von ihm bisher gepflegte metrische Form aufzuheben, wagt Hölderlin den Durchbruch zu pindarischer Größe auch in der Überwindung des alkäischen Maßes. Er verbindet auf diese Weise pindarisches Format mit der patriotischen Thematik, durch die er sich mit dem Römer mißt.

7. Überwindung der Antike?

Das Vorwort zur ›Friedensfeier‹ ist gewissermaßen der Schlußstein, der uns beweist, wie sehr Horazens Römeroden als Zyklus vaterländischer lyrischer Gedichte für Hölderlin eine fruchtbare Herausforderung bedeuteten, und dies sogar noch, nachdem sich der Dichter von der Horazischen Metrik befreit hatte.

Die ›Friedensfeier‹ kann als zentrales Stück eines Hymnenzyklus verstanden werden, der das hohe Ziel verfolgt, Horaz auf dessen eigenem Felde — der vaterländischen Dichtung — zu schlagen, und zwar mit den Waffen Pindars. So wäre es verfehlt zu behaupten,[10] Hölderlin überwinde die Antike oder mache sich *von* ihr frei. Vielmehr findet die Befreiung gerade *durch* vertiefte Auseinandersetzung mit den Vorgängern statt (wobei der oft übersehene römische Einschlag eine zusätzliche Dimension entstehen läßt).

ANMERKUNGEN

1. Hölderlin, Friedensfeier, hrsg. und erläutert von Friedrich Beißner, Bibliotheca Bodmeriana 4, Stuttgart 1954. Weitere Texte zitiert nach: Sämtliche Werke, Große Stuttgarter Ausgabe, Stuttgart 1943–1977.

2. Beiläufig sei bemerkt, daß Hölderlin auf ihn auch Züge des Bacchus überträgt, zu dessen Charakteristik die Ankunft aus fernen Landen gehört.

3. Vgl. aber auch ›An die jungen Dichter‹. »Wenn der Meister euch ängstigt, Fragt die große Natur um Rat!« (Stuttgarter Ausgabe, Bd. 1, Stuttgart 1946, 255). Hyperion, Zweites Buch (gegen Ende): »Heilige Natur, du bist dieselbe in und außer mir. Es muß so schwer nicht seyn, was außer mir ist, zu vereinen mit dem Göttlichen in mir.« (Stuttgarter Ausgabe, Bd. 3, Stuttgart 1957, 89).

4. Stuttgarter Ausgabe, Bd. 3, Stuttgart 1957, 156.

5. Stuttgarter Ausgabe, Bd. 1, Stuttgart 1946, 257.

6. Horazens Römeroden. Demnächst in: Festschrift I. Borzsák.

7. Stuttgarter Ausgabe, Bd. 2, Stuttgart 1951, 153–156.

8. Hölderlin im Dezember 1803, zitiert von Beißner 20. Vgl. auch Hyperion, zweites Buch (gegen Ende): »Du wirst Erzieher unsers Volks« (Stuttgarter Ausgabe, Bd. 3, Stuttgart 1957, 89).

9. Bruchstück, ges. Werke, hrsg. von R. Bach, Bd. 1, Heidelberg 1949, 195. Stuttgarter Ausgabe, Bd. 2, Stuttgart 1951, 220.

10. So eine weit verbreitete Ansicht, die richtige Gedanken Wilhelm Michels (Hölderlins abendländische Wendung, Jena 1923) vergröbert: »Aussprecher der grenzsetzenden Einsichten über Altertum und neue Zeit« (richtig); falsch K. Quenzel, Hölderlins Weihe, Leipzig 1923, »Überwinder des antiken Ideals«.

X

DICHTER UND EINSAMKEIT

Der verbannte Ovid und die Einsamkeit des Dichters im frühen XIX. Jahrhundert
Zum Selbstverständnis Franz Grillparzers und Aleksandr Puškins

Vorbemerkungen*

Auf der Höhe seines Ruhmes wurde Ovid durch den Machtspruch des Augustus aus der Weltstadt Rom nach Tomis ans Schwarze Meer verbannt – ein Dichterschicksal, das in den Tristien und den Pontus-Briefen seinen Niederschlag fand. Für die Eigenart dieser Werke bewies die Philologie seit dem vorigen Jahrhundert nicht viel Verständnis – man vermißte die stoisch-heroischen Züge, ohne zu erkennen, daß ›männlichere‹ Äußerungen in Rom gewiß nichts zur Rückberufung des Verbannten würden beigetragen haben.[1] Auch für die Möglichkeiten einer getarnten Protesthaltung[2] oder ›systemimmanenter‹ Kritik hatten die damaligen Philologen, da ihnen unsere historischen Erfahrungen zum Glück noch fehlten, wenig Sinn.

Anders die Dichter. Gerade sie begannen sich im frühen XIX. Jahrhundert als Schicksalsgenossen Ovids zu fühlen. Beruhte dies nur auf fruchtbarem Mißverstehen, oder kommt dem Rückgriff auf den Typus des verbannten Poeten tiefere literarsoziologische Bedeutung zu?[3] Wenn ja, so wäre die Philologie einmal mehr aufgefordert, von den Dichtern zu lernen,[4] die ihr dann im Ovid-Verständnis hundertfünfzig Jahre voraus wären. So mag unsere Grillparzer- und Puškin-Interpretation nebenbei auch ein Beitrag zur Erschließung Ovids sein – eine Rückwirkung der sogenannten Wirkungsgeschichte, deren methodische Bedeutung nicht immer voll erkannt wird.

Zum Epilog der Metamorphosen Ovids

Wie gestaltet sich das dichterische Selbstbewußtsein Ovids auf dem Gipfel und Wendepunkt seines Lebens, da die Metamorphosen schon vollendet sind und die Verbannung bereits ihre Schatten wirft? Wir betrachten einen Text, der von der Grillparzer-Forschung bisher zu Unrecht vernachlässigt worden ist, den Epilog des ovidischen Verwandlungsepos.

> *Iamque opus exegi, quod nec Iovis ira nec ignis*
> *Nec poterit ferrum nec edax abolere vetustas.*
> *Cum volet, illa dies, quae nil nisi corporis huius*
> *Ius habet, incerti spatium mihi finiat aevi:*
> *Parte tamen meliore mei super alta perennis*
> *Astra ferar, nomenque erit indelebile nostrum,*
> *Quaque patet domitis Romana potentia terris,*
> *Ore legar populi perque omnia saecula fama,*
> *Siquid habent veri vatum praesagia, vivam.*[5]

Ovid wetteifert in diesen Versen, wie zahlreiche Anklänge beweisen,[6] mit dem berühmten Unsterblichkeitsgedicht des Horaz *Exegi monumentum* ... Bedeutsamer als die Berührungen sind die Abweichungen von dem Vorbild, deren Beobachtung uns die Eigenart von Ovids Selbstauffassung im Schlußwort der Metamorphosen erschließen soll. Einerseits erscheint bei Ovid *opus* farbloser als das horazische *monumentum,* andererseits verstärkt er jedoch die zerstörenden Mächte: An die Stelle von Regen und Sturm treten Feuer[7] und Eisen. Das heißt aber, daß Ovid auch bewußte Zerstörung durch Menschen- und Götterhand in Betracht zieht. Der Zorn Jupiters, die vernichtende Kraft des Gottes, ist ein episches Motiv. Es besaß aber wegen der Auslöschung der Existenz und des Werkes des Elegikers Cornelius Gallus durch Augustus für Ovid Aktualität, wie überhaupt Jupiter im ersten und im letzten Buch der Metamorphosen mit dem Caesarenhaus parallelisiert wird.[8] Nichts hindert uns anzunehmen, daß der Epilog der Metamorphosen nach dem Verbannungsurteil geschrieben worden ist.[9]

Andere Abweichungen von Horaz hängen mit der thematischen Eigenart der Metamorphosen zusammen. So tritt an die Stelle von Horazens neutralem Ausdruck *innumerabilis / annorum series et fuga temporum* bei Ovid das engere, den Verfallsgedanken fixierende Thema *edax vetustas,* das den Metamorphosen-Dichter im Verlauf des Epos schon mehrfach beschäftigt hat.[10] Ausdruck und Gedankenwelt des Werkes sind im Schlußwort gegenwärtig; das offenbart vor allem die detaillierte Vorstellung des eigenen Todes, der in Analogie zu früheren Apotheosen gedeutet wird. Horazens brachylogisches *non omnis moriar multaque pars mei / vitabit Libitinam* wird von Ovid antithetisch entfaltet: Ausdrücklich ist der vergängliche Teil mit dem Leibe gleichgesetzt (*nil nisi corporis huius*); das Fortdauernde wird ihm qualitativ wertend als ›Besseres‹ gegenübergestellt (*parte ... meliore* anstatt des horazischen *multa ... pars*). Ausdruck und Inhalt schlagen die Brücke zur Apotheose des Hercules im IX. Buch der Metamorphosen.[11] An die Sternverwandlung Caesars, dessen Seele über den Mond hinausflog,[12] erinnert *super alta perennis/Astra ferar*.[13] – Der religiös-philosophische[14] Ton an dieser Stelle stammt nicht aus Horaz, sondern ist aus der spezifischen Vorstellungswelt der Metamorphosen entwickelt.

Die horazische Dichterkrönung durch die Muse ersetzt Ovid – seiner Verwandlungsthematik entsprechend – durch eine Art Apotheose des Poeten.[15] Neu ist auch der Gedanke, der Name des Dichters werde unauslöschlich sein. Auch dies ist in den Metamorphosen verwurzelt: In sehr vielen aitiologischen Mythen ändert sich die äußere Gestalt, der Name aber bleibt bestehen.[16] Neben dieser hellenistischen gibt es auch eine römische Tradition: In Rom besaß der Name als Sinnträger eines Daseins besondere Würde;[17] höher greift freilich Ovids Anspruch: Es geht nicht um das Fortbestehen eines Gentilnamens, dessen typisch gewordene Forderung es immer wieder aufs neue zu erfüllen gilt, sondern des individuellen Namens einer Person, deren Unsterblichkeit auf ihrer dichterischen Leistung beruht.[18] Aus dieser Haltung spricht der Elegiker; in verwandtem Zusammenhang lesen wir bei Properz:[19] *at non ingenio quaesitum nomen ab aevo/excidet: ingenio stat sine morte decus.* Ovids stolzes Unabhängigkeitsgefühl, das in manchem über Vergil und Horaz hinausgeht, atmet elegischen Geist.[20]

In unserem Text wird die Verkündigung der eigenen Unsterblichkeit außerdem ausdrücklich mit der prophetischen Kraft des Dichters begründet: *Siquid habent veri vatum praesagia, vivam.* Der Gedanke wird in der Autobiographie an wichtiger Stelle wiederkehren.[21] Es ist erstaunlich, wie stark die Vorstellung von der Inspiration und der Seher-Rolle des Dichters gerade bei Ovid hervortritt.[22] Selbstverständlich wäre es verfehlt, daraus zu schließen, er habe im herkömmlichen Sinne an eine Eingebung durch Musen geglaubt; die Götter- und Musenanrufungen in den Metamorphosen lassen vielmehr erkennen, daß Ovid die Erfahrung seines dichterischen Genius in Formen ausdrückt, die sich zwar im einzelnen auf Traditionen zurückführen lassen, im ganzen aber eigenes Gepräge tragen.[23] Die Auffassung des schöpferischen Impulses als eines ›Gottes in uns‹ und das Erleben des eigenen Ingeniums als persönliches Schicksal spricht für sich:[24] *Ingenio perii Naso poeta meo.* – Wenn Ovid hier den *vates*-

Begriff verwendet, so liegt dabei doch an unserer Stelle der Akzent stärker auf dem Individuellen als auf dem Politischen.[25]

Dementsprechend wird Roms Machtbereich nicht mehr wie bei Horaz[26] unter dem Gesichtspunkt der Staatsreligion betrachtet, sondern sachlich als Leserpublikum (*legar*),[27] das ja für den Verbannten als idealer Gesprächspartner Gestalt gewinnen wird. Die Autobiographie, die an den ›geneigten Leser‹ gerichtet ist, wird ihn und die ›Nachwelt‹ ausdrücklich anreden.[28]

Fassen wir zusammen! Bei aller Anknüpfung an Horaz zeigt der Metamorphosen-Epilog ein unverwechselbar eigenes Gesicht. Strenger als der Lyriker eliminiert der Epiker das Biographische; er verzichtet auf gewisse Bilder (*monumentum, Libitina*), präzisiert andere Vorstellungen und richtet sie auf den Zweck der Darstellung aus (*vetustas*); was neu hinzukommt, entspricht dem Streben nach stärkerer Kontrastierung (*corpus – pars melior*), nach Einbeziehung des episch und schicksalhaft bedeutsamen Motivs des Götterzorns, nach konsequenter Fortführung in der Verwandlungsdichtung angelegter Motive. Die Dichterreligiosität wird einerseits durch das Verblassen des Musenbildes und die Bezugnahme auf das Leserpublikum psychologisiert, andererseits archaisierend zum ›Prophetentum‹ erhöht. Das eigene Fortleben (*vivam*) erscheint als die Summe der bisher betrachteten Metamorphosen.[29]

Das dichterische Selbstbewußtsein eines *ingenium* elegischer Prägung ist hier in episches Großformat projiziert: Nicht der Staat des Augustus, sondern die freie Individualität des Dichters behält das letzte Wort. Sie stellt nicht etwa das römische Imperium in Frage, sie setzt vielmehr dem Zorn Juppiters ein weltweites Leserpublikum, dem augenblicklichen Machthaber das Urteil der Nachwelt entgegen.

Franz Grillparzer: An Ovid [30]

Dir den in wilde unwirthbare Wüsten
wo nie ein Glücklicher sich schauen ließ
auf Pontus ferne meerumtobte Küsten
der Grimm von Romas tük'schem Herrscher stieß;
dir armer Dulder weih' ich diese Blätter,
denn gleiches Loos beschieden uns die Götter.

Von Menschen ferne lieg' ich hier und weine,
unglücklicher als du, denn mich verbannt,
ein Henker fürchterlicher als der deine,
des Schicksals allgewalt'ge Eisenhand.
Zu Menschen Ohren dringt des Menschen Stimme
doch taub ist das Geschick in seinem Grimme.

Weil du zu viel gesehn, zu viel gesprochen
traf dich des Kaisers harter Richterspruch
doch welch Vergehn wird denn an mir gerochen
in deßen Herzen Fried' und Unschuld schlug
ist mir's bestimmt so martervoll zu leiden,
so könnt' ich dich um dein Vergehn beneiden.

Für Sünden, lieblich im Begehn, zu büßen
das stumpft der grauenvollsten Strafe Qual
doch höllisch leiden und sich schuldlos wissen
das schneidet tief wie dreygeschliffner Stahl
und bei den Göttern die den Meineid rächen,
rein ist mein Herz, ich weiß nichts von Verbrechen!

Sanft trieb des Lebens Nachen, das Gewissen
schlief drinnen wie ein neugebohrnes Kind,
da ward ich plötzlich in die See gerißen,
ein unglückseelges Spiel von Meer und Wind
erloschen sind die sichern Leiter-Sterne
und meine Heimath birgt die Nebelferne.

Die Hofnung hat das Steuer aufgegeben
und flieht mit scheuem windesschnellem Fuß,

sie die sonst selbst beym Ausgang aus dem Leben
an des Avernus dunkelm Schauerfluß
dem müden Waller tröstend steht zur Seite
sie selbst versagt mir Armen ihr Geleite.

Verzweiflung sitzt an ihrer Statt im Nachen
und treibt den Kiel vom Lande weiter fort
dorthin wo aus des schwarzen Abgrunds Rachen
der Jammer grinset und der bleiche Mord
und wohin immer meine Blicke schweifen
sie können nichts als schrekliches ergreifen.

Nur einen Hafen läßt sie mich erschauen
an dessen Mund in unerforschter Nacht
der Ewigkeit furchtbare Nebel grauen
die bleiche Furcht mit scheuem Zagen wacht
die jedem der sich nahet ihren Thoren
das Wort ›Vernichtung‹ flüstert in die Ohren.

Vernichtung! – Sey's! – Mag was ich bin entschweben
im ew'gen Wirbeltanz der flücht'gen Zeit
Trotz sey geboten dir! Diß Blatt soll leben
wenn meines Seyns Atome längst zerstreut
zertritt mich auch der Fuß der nächsten Stunde
so leb' ich ewig in der Nachwelt Munde.

Ein Ausgestoßener, Unglücklicher, den der Herrscher verbannt hat: Das Jugendgedicht des großen Österreichers hebt an der historischen Situation Ovids diese Gesichtspunkte hervor. Auch Grillparzer selbst erscheint hier *von Menschen ferne, unglücklich, verbannt*. Somit beschieden die Götter beiden *gleiches Los*. Freilich ist das eigene Unglück schwerer als das Ovids: Nicht ein Mensch hat Grillparzer *verbannt*, sondern *des Schicksals allgewalt'ge Eisenhand*. Die Einsamkeit beruht nicht mehr ausschließlich auf äußeren, durch eine handelnde Person herbeigeführten Umständen, sondern ist innerlich begründet und somit unabänderlich (*doch taub ist das Geschick in seinem Grimme*).

Was bedeutet diese Unterscheidung zwischen beiden Dichtern? Goethe hat einmal ausgesprochen, Ovid sei deshalb auch im Exil klassisch geblieben, weil er die Ursache seines Unglücks nicht in sich selbst suchte, sondern in seiner Entfernung von der Hauptstadt der Welt.[31] Der Römer versuchte, seine äußere Situation durch literarische Mittel zu ändern. Das ist das Gegenteil einer rein introvertierten Daseinsbewältigung. Eine solche wäre freilich auch in der Antike denkbar gewesen. Hätte Ovid nicht in stoischem Sinne versuchen können, sich ein von der äußeren Lage unabhängiges, allein auf inneren Werten beruhendes Glücksbewußtsein zu erkämpfen – zur Freude der schulmeisterlichen Kritiker des XIX. Jahrhunderts? Goethe hat hier klarer und nüchterner gesehen: Der gesellschaftliche Bezug blieb für den Großstadtrömer, die objektive Wirklichkeit für den Klassiker entscheidend.

In anderer Weise sucht Grillparzer die Ursache seines Unglücks in sich selbst. Zwar streitet er jede persönliche Verantwortung dafür ab, während er im Falle Ovids voraussetzt, der Dichter habe auf Grund *lieblicher Sünden*, die er begangen, sein Los bis zu einem gewissen Grade verdient. Aber Grillparzer faßt sein eigenes Geschick als Ergebnis eines unabänderlichen Zwanges auf und grübelt hierüber nach:[32] Er vollzieht die Auseinandersetzung mit seinem Unglück also nicht in äußerer Aktivität. Seine introvertierte Haltung würde im Sinne der angeführten Goethe-Maxime nicht als klassisch gelten.

Andererseits war Goethe selbst einer der Ahnherrn des Romantischen, das er später als ›krank‹ ablehnte. Die junge Generation stand damals unter dem Eindruck seines Werther und anderer Werke – wie z.B. von Chateaubriands René.[33] Bald sollte Lord Byron hinzukommen, dessen Childe Harold etwa gleichzeitig mit unserem Gedicht entstand.[34] Wie stark Werther als Exponent einer Zeitstimmung empfunden wurde, zeigt die verständnislose Frage des greisen Klopstock: »Hat Goethe sich noch nicht totgeschossen?«[35] Grillparzers Worte *Vernichtung! – Sey's!* klingen denn auch in der Tat an Goethes Werther an.

Freilich wäre es ungerecht, in der Haltung des Gedichtes nur den Tribut an eine Modeströmung zu sehen. Grillparzer war zur Einsamkeit geboren. Ein unwirtliches, großes, düsteres Elternhaus, wenig Kontakt mit den Brüdern, viele Stunden des Alleinseins, Unverständnis beim Vater und bei den Lehrern, sehr wechselnde Publikumserfolge, eine Frau, die seine Neigung erwidert und doch ewig Braut bleibt, offizielle Ehrungen, die zu spät kommen. All dies wäre uninteressant, brächte es nicht in extremer Form eine literarsoziologische und -psychologische Grunderfahrung des XIX. Jahrhunderts zum Ausdruck: die Isolation des Schriftstellers. Sie zu überwinden war für eine Natur, die weniger vital und weniger zu Kompromissen bereit war als z.B. Goethe, nicht leicht, wobei durch den Tod des Vaters und die Notwendigkeit, in fremder Umgebung und ungeliebtem Beruf für Mutter und Brüder das Brot zu verdienen, eine äußere Zwangslage hinzukam. Bemerkenswert ist jedoch, daß Grillparzer sich im Gedicht nicht über die tatsächlichen Umstände seines Unglücks ausläßt; hier besteht ein großer Unterschied zu Ovid, der uns in den Tristien den Ort seines Exils einseitig, aber desto eindringlicher vor Augen stellt. Der moderne Dichter begnügt sich mit der Allegorie einer Seefahrt. Man kann sich des Eindrucks nicht erwehren, daß Grillparzer somit selbst auf eine äußere Situation als Ursache seines Unglücks keinen besonderen Wert gelegt hat, sondern daß er dem Leser seine innere Lage in Gestalt eines Seelengemäldes vor Augen stellen wollte. Der Dichter ist einsam, allein mit seinem Schicksal.

Grillparzer hat seine Grundansichten im Lauf des Lebens nicht geändert.[36] Das Schicksalsbewußtsein — von einem Schicksals*begriff* wollte er nichts wissen[37] — ist eines der Elemente, die sein Lebenswerk durchdringen. In der *Ahnfrau* werden die Sünden der Titelheldin an den Nachkommen heimgesucht; das Motiv, das damals in Wien und anderswo das Theater beherrschte, wurde vom Dichter unter Schreyvogels Einfluß verstärkt, war aber schon in der Erstfassung präsent. Vor allem aber durchzieht das spätere dramatische Werk die auch unser Gedicht bestimmende Vorstellung eines Zustandes kindlicher Geborgenheit, aus dem die Gestalten durch das plötzliche Eingreifen des Schicksals herausgerissen werden.[38] Das Fatum wirkt jedoch nicht mehr barock-überindividuell, sondern personbezogen.[39]

So ist das quälende Schicksalsbewußtsein viel mehr als nur ein Ausfluß der momentanen äußeren Situation. Denn einmal wird in dem Gedicht, das es aus sich selbst zu verstehen gilt, auf die konkrete Lage des Dichters nirgends eingegangen, zum anderen ist, wie die autobiographischen Aufzeichnungen erweisen, die innere Erfahrung der Einsamkeit auch ohne Verbannung dem Dichter schon von klein auf eigen[40] — ein Unterschied zu Ovid; schließlich wird die Vorstellung vom in den Lebensfrieden eingreifenden Schicksal mit erstaunlicher Konsequenz in den späteren Werken fortgeführt. Eine punktuell biographisch-psychologisierende Interpretation würde also die umfassende Bedeutung der in dem Gedicht berührten Themen verharmlosen.

Neben den aufgezählten Unterschieden zu Ovid beanspruchen indessen auch die Anklänge gebührende Beachtung. Sie häufen sich in der Darstellung von Ovids Los,[41] aber auch dort, wo Grillparzer von sich selbst spricht. Bedeutungsvoll die Beteuerung der eigenen Unschuld, anknüpfend an die Autobiographie des Römers.[42] Noch nicht gewürdigt ist jedoch die Beziehung zu dem wichtigsten Vorbild, zum Epilog der *Metamorphosen*. Ja gerade hier ist die Berührung mit Ovid am engsten: *Vernichtung! − Sey's! − Mag was ich bin entschweben / im ew'gen Wirbeltanz der flücht'gen Zeit / Trotz sey geboten dir! Diß Blatt soll leben / wenn meines Seyns Atome längst zerstreut / zertritt mich auch der Fuß der nächsten Stunde / so leb' ich ewig in der Nachwelt Munde.* Der Dichter stellt dem Tode stolz anheim, seine physische Existenz zu vernichten. Diese Gebärde entspricht der Haltung Ovids im Epilog der Metamorphosen: *Cum volet, illa dies, quae nil nisi corporis huius / ius habet, incerti spatium mihi finiat aevi.* Ebenso deutet die Wiederholung des Wortes *leben* auf das Vorbild (s. o.), auch der Gedanke an die Nachwelt (*posteritas*) ist ovidisch (vgl. Trist. IV 10, 2).

Wenn trotzdem die Vorwegnahme der eigenen Unsterblichkeit bei dem jungen Dichter so ganz anders wirkt als bei Ovid und Horaz, so liegt dies daran, daß er noch kein konkretes Œuvre vorzuweisen hat, das diesen Anspruch äußerlich legitimieren könnte. Ebenso wie das Verbannungsmotiv bei Grillparzer im Gedicht selbst von der äußeren Realität losgelöst ist, beruht auch der Unsterblichkeitsanspruch zunächst nicht auf Fakten, sondern auf reiner Innerlichkeit, auf dem Bewußtsein einer Sendung, auch wenn diese sich noch nicht in allgemein anerkannten dichterischen Schöpfungen bewährt hat. Das Sendungsbewußtsein wirkt dennoch nicht als Überkompensation des pessimistischen Anfangs. Es ist nicht unreflektiert, denn Grillparzer hat − gerade weil er an einen Dichter die höchsten Anforderungen stellte − oft an seiner Berufung gezweifelt und auch mit dem Problem der ›Arroganz‹ gerungen, wie die Tagebücher zeigen.[43] Doch hat die Zukunft die Ahnungen des Jugendgedichts glänzend bestätigt. Es ist ebenso charakteristisch, daß von der schon damals von Grillparzer geplanten Sammlung *Tristia ex Ponto* zunächst nur das vorliegende Gedicht entstand, während die Fortsetzung vorerst unterblieb.[44] Der Unsterblichkeitsanspruch steht also paradoxerweise am Anfang, der Epilog vor dem Werk. Als Grillparzer später den Zyklus schuf, fand das frühe Gedicht darin keinen Raum. In der Sammlung wird Ovid nicht erwähnt; der Dichter hat sich aus dem Literarischen ganz in seine Innerlichkeit zurückgezogen.

Es verbindet Grillparzer mit Ovid, daß beider Wirken in einer Weltstadt beginnt, die ein gebildetes und aufgeschlossenes Publikum besitzt. Wie die Werke des Römers zunächst den Erwartungen der augusteischen Gesellschaft entsprechen, dichtet auch der große Österreicher anfangs in der Wiener[45] Theatertradition, was nicht nur die *Ahnfrau* bei aller Eigenständigkeit und Tiefe erkennen läßt. Ovid entfernt sich dann äußerlich von seinem Publikum, Grillparzer innerlich.[46] Er entwickelt einen Dramenstil, der nicht mehr voll mit den Erwartungen der Wiener übereinstimmt. Das Publikum selbst, auf das er stets Rücksicht nimmt,[47] und die Literaturkritik wandeln sich; eine technisierte, rede- und schreibselige, ›prosaischere‹ Epoche beginnt, in der sich der theoriefeindliche, der Totalität menschlichen Daseins zugewandte Poet zunehmend fremd fühlt.[48] Seine Auffassung vom Theater als dem *einzigen öffentlichen Gottesdienst*[49] mußte die Kritik in Verlegenheit bringen. Sein Werk ließ sich eben weder als ›Schlafrockpoesie‹ noch als ›radikale‹ Poesie rubrizieren: *Was nun mein Vorsatz ist; der Verstandes- und Meinungspoesie unserer Zeit nicht nachzugeben.*[50] In *Libussa*[51] verbindet sich das Leiden an der unpoetischen Gegenwart mit der Hoffnung auf das Neuerwachen dichterischen Sinnes in einer späteren Epoche. Die relative Berechtigung eines solchen Lebensgefühls hat der Literaturhistoriker Friedrich Sengle richtig erkannt.[52] Doch soll das nicht den Blick auf die zukunftweisenden Aspekte in Grillparzers Existenz und Werk verstellen; zu diesen gehörte zweifellos sein dichterisches Selbstverständnis, seine Einsamkeit und sein Ringen um eine Beziehung zum Publikum in einer Zeit sozialer Umschichtungen.

Grillparzer sucht seinen Trost weder wie Chateaubriand in Religion und restaurativer Politik noch wie Byron im Freiheitskampf,[53] sondern in seinem Dichtertum — eine Aufgabe, die er mit dem ganzen Ernst seiner unbedingten Natur ergreift.[54] Seine Nähe zu Ovid (und auch zu Euripides[55]) beruht nicht zuletzt darauf, daß sich das Sendungsbewußtsein dieser Dichter aus ihrem Dichtertum heraus konstituiert. Hier müssen wir den Blick auf die Autobiographien lenken; sie beide heben ein Jugenderlebnis hervor, das den Konflikt mit den Anforderungen der Umwelt — verkörpert im praktisch denkenden Vater — und die erste mit dem Hauch des Wunderbaren umgebene Offenbarung des dichterischen Genius erkennen läßt. Grillparzers Vater liebt keine Verse. *Er hatte daher auch für mich jederzeit das Beispiel einiger schlechter Poeten unserer Bekanntschaft bei der Hand, die er mir als Schreckensbild aufstellte, indem er mir in seiner kräftigen Sprache sagte: So wird's dir auch ergehn, trotz mancher Anlagen wirst du zuletzt ›auf dem Miste krepiren‹!*[56] Über die poetischen Versuche des Sohnes freute er sich nur insofern, als sie in ihm die Hoffnung erweckten, Franz werde einmal ein guter Prosaiker. Sobald er aber auf einen allzu poetischen Ausdruck stieß, steigerte er sich in einen solchen Zorn hinein, daß der Sohn aus Rücksicht auf die Brustkrankheit des Vaters lieber darauf verzichtete, ihm seine Produkte vorzulegen. – Ähnlich stellte Ovids Vater dem Sohn die Nutzlosigkeit poetischer Betätigung vor Augen, indem er ihn darauf hinwies, selbst Homer habe keine Schätze hinterlassen:[57]

> *Saepe pater dixit ›studium quid inutile temptas?*
> *Maeonides nullas ipse reliquit opes‹.*

Auch hier hatte der Vater den Wunsch, der Sohn möge Prosa schreiben. Doch das dichterische Ingenium war stärker als alle Vorsätze: Ungewollt verwandelte sich die folgsam verfaßte Prosa von selbst in Verse. Heute verstehen wir diese Stelle wieder in ihrem ursprünglichen Sinn[58] – Gedankenlosigkeit hatte aus dem Bericht von der wunderbaren Manifestation des Ingeniums das falsche Klischee vom ›Schnelldichter‹ Ovid gemacht.

Dabei hätte man längst aus Grillparzer das richtige Verständnis von Ovids Jugenderzählung gewinnen können. Ich zitiere eine Selbstdarstellung des österreichischen Dichters:[59] *Die ersten Aufsätze die er schrieb waren in poetischer Prosa; ja seine Lehrer hatten ihm schon alles Ohr für die Metrik abgesprochen, als ihn eine helle Mondnacht zu einem Gedicht auf den Mond begeisterte, das so sehr seine Fähigkeiten zu übersteigen schien, daß es den Zorn des Lehrers erweckte, der durchaus ein Geständnis erpressen wollte, wer der eigentliche Verfasser der gelungenen Verse sei.* Diesem Bericht, wohl dem Persönlichsten, was Grillparzer in einem drei Seiten langen Entwurf einer Autobiographie erwähnt, muß man für seine Selbstinterpretation zentrale Bedeutung beimessen. Sie bewegt sich bewußt oder unbewußt auf den Spuren Ovids, der freilich sein Berufungserlebnis zwischen die Polarität ›Prosa – Poesie‹ gestellt hatte, während es sich bei Grillparzer um den Gegensatz ›poetische Prosa – metrische Poesie‹ handelt. Charakteristisch ist die Akzentverschiebung: Grillparzer kombiniert die wunderbare Offenbarung seines Genius mit gesteigertem Unverständnis der Umwelt, die den Inspirierten der Lüge zeiht. So erscheint der Konflikt mit der Umgebung auch hier –

ebenso wie zuvor die Reaktion des Vaters – gegenüber Ovid verschärft. Die Situation ist analog, die Einsamkeit jedoch tiefer.

Die vorliegenden Ausführungen sollen nicht als Quellenhypothesen mißverstanden werden,[60] sondern lediglich zeigen, wie Grillparzer in dem von uns interpretierten Gedicht zu der Aussage kommen konnte, sein eigenes Los gleiche dem Ovids, nur sei es schwerer. Außerdem hat uns der Vergleich bewiesen, daß das vertiefte Verständnis von Ovids Berufungserlebnis einem Dichter wie Grillparzer schon lange, bevor die Philologie es erreichte, zugänglich war.

Als Träger eines Ingeniums konnte sich Grillparzer Ovid ebenso nahe fühlen wie als Dichter des Getrenntseins. Ovid war im Alter räumlich von der Gesellschaft geschieden, die den Nährboden seiner Poesie bildete. Diese Situation hätte ihn noch mehr zum Dichter der Einsamkeit werden lassen, wenn er nicht mit seinen Elegien einen ganz bestimmten Zweck verfolgt hätte: die Aufhebung des Exils und seine Rückkehr nach Rom. Aber trotz der manche modernen Leser störenden Zweckbestimmung ist der Ton der Briefe persönlich. Ovid solidarisiert sich mit einem idealen Publikum, das sich in der Gestalt des ›geneigten Lesers‹ verkörpert bzw. als ›Nachwelt‹ angesprochen wird. So entsteht in Verbindung mit dem ebenfalls neu akzentuierten Autobiographischen das Bild einer dichterischen Existenz, die in mancher Beziehung als Vorform moderner Erscheinungen begriffen werden muß.

Es liegt eine Ironie des Schicksals darin, daß Ovid lange vor den Erfahrungen seines Exils als neue Dichtungsgattung den Heroidenbrief, d.h. bereits eine Poesie des Getrenntseins schuf. Die Hauptmotive der Heroiden waren für Grillparzer nicht weniger bedeutsam als Ovids Autobiographie und seine Verbannungsdichtung. Mit erstaunlicher Folgerichtigkeit hat der österreichische Dichter den ihn bewegenden Konflikt zwischen Lebensliebe und Tatenscheu in den Gestalten der ovidischen Heroiden verfolgt: In *Des Meeres und der Liebe Wellen* (einem Stück, dessen Titel schon ein Ovid-Zitat ist[61]) gestaltet er die Liebe von Hero und Leander (Ov. Epist. 18f.),[62] in *Sappho* die Thematik der 15. Heroide. Das *Goldene Vließ* geht zugleich auf Euripides und Ovid zurück, der das Grundproblem der Medea-Gestalt formuliert hat: *video meliora proboque, / deteriora sequor.*[63] Dabei stehen Konflikte im Vordergrund, die aus der Isolation des Individuums entstehen: Die Priesterin Hero wie die Dichterin Sappho scheitern, weil sie sich aus der für den Künstler und Priester notwendigen inneren Trennung von der Welt herausbegeben und nach persönlicher irdischer Lebenserfüllung streben.

Es wäre kurzsichtig, wollte man in den aufgezählten Fällen nur von Nachahmung sprechen. Vielmehr handelt es sich um eine durchaus moderne Existenzerfahrung, die sich dem Dichter dann in diejenigen Bilder kleidet, die ihm auf Grund seiner Lektüre am vertrautesten sind. Nur insofern lebt die Antike nach, als sie in immer neuem Verstehen und fruchtbarem Mißverstehen zum Spiegel des Daseins und der Selbstauffassung anderer Generationen werden kann.

Puškins Gedicht »An Ovid«[64]

К ОВИДИЮ

Овидий, я живу близ тихих берегов,
Которым изгнанных отеческих богов
Ты некогда принес и пепел свой оставил.
5 Твой безотрадный плач места сии прославил,
И лиры нежный глас еще не онемел;
Еще твоей молвой наполнен сей предел.
Ты живо впечатлел в моем воображенье
Пустыню мрачную, поэта заточенье,
10 Туманный свод небес, обычные снега
И краткой теплотой согретые луга.
Как часто, увлечен унылых струн игрою,
Я сердцем следовал, Овидий, за тобою:
Я видел твой корабль игралищем валов
15 И якорь, верженный близ диких берегов,
Где ждет певца любви жестокая награда.
Там нивы без теней, холмы без винограда;
Рожденные в снегах для ужасов войны,
Там хладной Скифии свирепые сыны,
20 За Истром утаясь, добычи ожидают
И селам каждый миг набегом угрожают.
Преграды нет для них: в волнах они плывут
И по́ льду звучному бестрепетно идут.
Ты сам (дивись, Назон, дивись судьбе превратной!),
25 Ты, с юных лет презрев волненье жизни ратной,
Привыкнув розами венчать свои власы
И в неге провождать беспечные часы,
Ты будешь принужден взложить и шлем тяжелый,
И грозный меч хранить близ лиры оробелой.
30 Ни дочерь, ни жена, ни верный сонм друзей,
Ни музы, легкие подруги прежних дней,
Изгнанного певца не усладят печали.
Напрасно грации стихи твои венчали,
Напрасно юноши их помнят наизусть:
35 Ни слава, ни лета, ни жалобы, ни грусть,
Ни песни робкие Октавия не тронут;
Дни старости твоей в забвении потонут.

Златой Италии роскошный гражданин,
В отчизне варваров безвестен и один,
40 Ты звуков родины вокруг себя не слышишь;
Ты в тяжкой горести далекой дружбе пишешь:
«О, возвратите мне священный град отцов
И тени мирные наследственных садов!
О други, Августу мольбы мои несите!
45 Карающую длань слезами отклоните!
Но если гневный бог досель неумолим
И век мне не видать тебя, великий Рим,
Последнею мольбой смягчая рок ужасный,
Приближьте хоть мой гроб к Италии прекрасной!»
50 Чье сердце хладное, презревшее харит,
Твое уныние и слезы укорит?
Кто в грубой гордости прочтет без умиленья
Сии элегии, последние творенья,
Где ты свой тщетный стон потомству передал?

55 Суровый славянин, я слез не проливал,
Но понимаю их. Изгнанник самовольный,
И светом, и собой, и жизнью недовольный,
С душой задумчивой, я ныне посетил
Страну, где грустный век ты некогда влачил.
60 Здесь, оживив тобой мечты воображенья,
Я повторил твои, Овидий, песнопенья
И их печальные картины поверял;
Но взор обманутым мечтаньям изменял.
Изгнание твое пленяло втайне очи,
65 Привыкшие к снегам угрюмой полуночи.
Здесь долго светится небесная лазурь;
Здесь кратко царствует жестокость зимних бурь.
На скифских берегах переселенец новый,
Сын юга, виноград блистает пурпуровый.
70 Уж пасмурный декабрь на русские луга
Слоями расстилал пушистые снега;
Зима дышала там – а с вешней теплотою
Здесь солнце ясное катилось надо мною;
Младою зеленью пестрел увядший луг;
75 Свободные поля взрывал уж ранний плуг;
Чуть веял ветерок, под вечер холодея;

Едва прозрачный лед, над озером тускнея,
Кристаллом покрывал недвижные струи.
Я вспомнил опыты несмелые твои,
80 Сей день, замеченный крылатым вдохновеньем,
Когда ты в первый раз вверял с недоуменьем
Шаги свои волнам, окованным зимой:
И по́ льду новому, казалось, предо мной
Скользила тень твоя, и жалобные звуки
85 Неслися издали, как томный стон разлуки.

Утешься: не увял Овидиев венец!
Увы, среди толпы затерянный певец,
Безвестен буду я для новых поколений,
И, жертва темная, умрет мой слабый гений
90 С печальной жизнию, с минутною молвой!...
Но если, обо мне потомок поздний мой
Узнав, придет искать в стране сей отдаленной
Близ праха славного мой след уединенный –
Брегов забвения оставя хладну сень,
95 К нему слетит моя признательная тень,
И будет мило мне его воспоминанье.
Да сохранится же заветное преданье:
Как ты, враждующей покорствуя судьбе,
Не славой, участью я равен был тебе.
100 Здесь, лирой северной пустыни оглашая,
Скитался я в те дни, как на брега Дуная
Великодушный грек свободу вызывал,
И ни единый друг мне в мире не внимал;
Но чуждые холмы, поля, и рощи сонны,
105 И музы мирные мне были благосклонны.

An Ovid (26. 12. 1821)

Ovid, ich weile nah dem stillen Strand,
dem deine Götter du, vom Herd verbannt,
gebracht und deine Asche zum Vermächtnis.
5 Dein trostlos Weinen schuf ein stolz Gedächtnis,
der Leier sanfter Ton ist nicht verklungen,
die Gegend noch von deinem Ruf durchdrungen.

Nichts prägtest in die Seele du mir stärker
als düstre Wüstenei, des Dichters Kerker,
10 am Himmel Nebel, Schnee als täglich Bild,
nur karg vom Sonnenstrahl erwärmt Gefild.
Wie oft, von deines Saitenspieles Wehmut
bezaubert, folgt ich dir, Ovid, in Demut:
Ich sah dein Schiff, es war der Wellen Spiel,
15 den Anker, der vor wilder Küste fiel –
o harter Lohn für zarte Liebesklänge!
Kein Schatten deckt die Flur, kein Wein die Hänge.
Im Schnee geboren, nur zum Kriege gut,
des kalten Skythenlandes wilde Brut,
20 verschanzt am Isterstrom, nach Beute schielend
und jeden Augenblick auf Dörfer zielend,
spricht Schranken Hohn und schwimmt im Wogenschwall,
geht kühn auf Eises knirschendem Kristall.
Selbst dich – o staune, wie das Glück sich wandte! –,
25 der nie des Kriegers stürmisch Leben kannte,
zu setzen Rosen auf das Haupt gewöhnt,
dem Stund um Stunde sorglos Glück verschönt –
man zwingt dich nun, den schweren Helm zu tragen,
dem Schwert benachbart muß die Leier zagen.
30 Die Gattin, Tochter, treuer Freunde Schar,
die Musen, deren Huld dir nahe war –
sie lindern des Verbannten Trauer nicht.
Vergebens kränzten Grazien dein Gedicht,
vergebens wahrt die Jugend es im Herzen,
35 kein Ruhm, kein Alter, Klagen nicht noch Schmerzen,
kein schüchtern Lied vermag Octav zu rühren,
vergessen, Greis, mußt du dein Leben führen.
Italiens, des goldnen, stolzer Sproß,
allein unter Barbaren, namenlos,
40 vernimmst ringsum du keinen Heimatlaut;
schreibst gramvoll denen, die dir einst vertraut:
»Gebt mir der Väter heilige Stadt zurück,
ererbter Gärten friedlich Schattenglück!
Tragt bittend, Freunde, zu August mein Sehnen,
45 die Rechte, die mich straft, hemmt sie durch Tränen!
Doch wenn im Zorn der Gott unwandelbar,
du, Roma, mir unsichtbar immerdar,

ein letzter Wunsch des Schicksals Grimm versöhne:
mein Sarg berühr Italia, die schöne.«
50 Wes kaltes Herz, das keine Grazien adeln,
kann deine Trauer, deine Tränen tadeln?
Wer las, und ist voll Hochmut hart geblieben,
die Elegien, die du zuletzt geschrieben –
verlorne Klage, die zur Nachwelt spricht?

55 Als herber Slave fand ich Tränen nicht,
versteh sie wohl. Unbeugsam, heimatlos,
zerfallen mit der Welt, mit meinem Los,
mit mir – im Herzen nachdenklich, beschritt
ich heut das Land, wo deine Seele litt.
60 Durch dich belebt ich mir die Träume wieder,
die Klänge wiederholt ich deiner Lieder
und ihre düstern Bilder prüft ich nach.
Der Blick entdeckt nicht, was der Traum versprach:
Wie heimlich dein Exil mein Auge bannte,
65 das nur den Schnee des finstern Nordens kannte!
Hier leuchtet Himmelsbläue lange Zeit,
nur kurz herrscht Wintersturmes Grausamkeit.
An Skythiens Ufern eingebürgert eben
erstrahlen Südlands Söhne, Purpurreben.
70 Dezember trüb auf Rußlands weiten Raum
streut Schicht auf Schicht den Schnee als weichen Flaum;
dort atmet Winterluft, Lenzwärme hier;
klar rollt der Ball der Sonne über mir,
verjüngt ergrünt die Au, die Stoppeln trug,
75 und freie Felder ritzt der frühe Pflug.
Kaum wagt ein Wind, nur abends kühl, zu streichen;
durchscheinend Eis, sich trübend auf den Teichen,
deckt mit Kristall die unbewegte Flut.
Da dacht ich, wie du erstmals, ohne Mut,
80 am Tage, den verklärt des Geistes Schwinge,
gewagt den Schritt, besorgt, ob er gelinge,
auf Wellen, die von Winterstarre schwer.
Auf jungem Eis, so war mir, vor mir her
glitt dort dein Schatten – klagend schwebt Gesang
85 schwermütig fernher wie ein Abschiedsklang.

>   Getrost! Der Kranz Ovids grünt wie zuvor,
>   Doch ich, der in der Menge sich verlor,
>   ein Sänger, Späteren ein Unbekannter,
>   verschwiegenes Opfer, sterb als Ungenannter;
>   90 das Leben düster, kurz des Ruhmes Stunde!
>   Doch hört mein später Nachfahr einst die Kunde
>   und kommt — und sucht hier auf entlegnen Fluren
>   — nah hehrem Staub — von mir einsame Spuren, —
>   so fliegt aus der Vergessensufer Kühle
>   95 mein Schatten hin zu ihm mit Dankgefühle,
>   und sein Gedenken, lieb wird es mir sein.
>   Dies Wort will nun ich der Erinnerung weihn:
>   Gleich dir dem Schicksal hörig, das mir feind,
>   zwar nicht im Ruhm, im Los doch dir vereint,
> 100 schlug in der Öde irrend ich, ein Rufer,
>   des Nordens Leier — als zum Donauufer
>   die hochgemuten Griechen ›Freiheit!‹ schrien.
>   auch nicht *ein* Freund hat mir sein Ohr geliehn,
>   Doch fremde Höhn, Feld, Büsche traumdurchzogen
> 105 und Musen waren friedvoll mir gewogen.

Als Puškin sich als politischer Verbannter am Schwarzen Meer im weiteren Umkreis von Ovids Exil Tomis[65] aufhielt, schrieb er eine poetische Epistel an den Römer, auf die er auch später Wert legte. In der Tat ist sie ein denkwürdiges Dokument und mehr als nur eines der vielen Zeugnisse junger Dichtertalente, die sich zu Ovid hingezogen fühlten — bekanntlich gehört auch Goethe in diesen Kreis. Die Bedeutung des Gedichts geht über das Persönliche und das Geschichtliche hinaus.

Ein wichtiges Prinzip im Aufbau und in der Wirkung der Epistel ist der Gegensatz der Perspektiven: Der junge Puškin hat Ovid gelesen[66] und sich daraufhin von dessen Verbannungsort ein düsteres Bild gemacht. Er malt es aus und beschwört dabei viele Einzelzüge aus den Tristien, vor allem dem Wintergedicht III, 10:[67] Nebel und Schnee, Kürze des Sommers, Fehlen schattiger Bäume und der Reben, dauernde Bedrohung durch die wilden Skythen (der friedliebende Poet, mit Helm und Schwert gewappnet[68]), Fahrt nach Tomis, Trennung vom Freundeskreis und den Angehörigen, demütige Bitten um Heimkehr.

Die zweite Hälfte des Gedichtes geht dagegen von der Person Puškins aus, der sich in seiner Einsamkeit (als »eigenwilliger Verbannter«) vorstellt, mit der Welt, mit sich selbst und dem Leben unzufrieden. Die Situation gemahnt nicht zufällig an Byron, wie die Bezugnahme auf den griechischen Freiheitskampf am Ende des Gedichtes bestätigt; aber wir dürfen auch hier nicht von einer Selbstidentifikation sprechen. Der russische Dichter mit seiner »nachdenklichen Seele« (58) wandelt auf den Spuren Ovids, dessen Dichtungen er in letzter Zeit wieder gelesen hat. Doch – o Wunder! – der Augenschein entspricht in keiner Weise der Vorstellung, die er sich von dem schauerlichen Exil des Poeten gemacht hat. Sein Auge, das nur den Schnee des Nordens kennt, fühlt sich wider Willen von der Schönheit der Gegend fasziniert, wo am 26. Dezember kaum Frost herrscht, frisches Grün hervorbricht und die Luft von Frühlingswärme erfüllt ist. Der Anblick des dünnen Eises auf den Seen läßt ihn an Ovids schüchternen Versuch denken, auf dem Eise zu gehen.[69] Die Erinnerung verdichtet sich zur Vision eines Schattens, der, ohne leibhaftige Gestalt anzunehmen, über die gefrorene Fläche huscht.

Es folgt eine Synkrisis beider Dichter. Ovids Kranz grünt immer noch, Puškin dagegen rechnet nur mit »minutenlangem Ruhm«. Freilich stellt er sich doch gern einen späten Nachkommen vor, der neben den Spuren Ovids auch die Puškins suchen wird. Gemeint ist eher ein Dichter als ein leiblicher Nachfahr; wenigstens ist dies auf Grund von Puškins *Exegi monumentum,* das allerdings viel später entstand, zu vermuten.

Am Ende steht eine Selbstvorstellung nach Art einer Sphragis; sie bringt die Synkrisis auf eine kurze Formel und stellt die Situation des Dichters in einen politischen Zeitbezug. Puškin fühlt sich Ovid zwar nicht im Ruhm, aber im Schicksal verbunden. Beide versuchen, sich gegen eine übermächtige Zentralgewalt durchzusetzen. Aber die Gestaltung der Sphragis gibt mehr als nur einen chronologischen Anhaltspunkt:

… schlug, in der Öde irrend, ich, ein Rufer,
des Nordens Leier – als zum Donauufer
die hochgemuten Griechen ›Freiheit!‹ schrien.
Auch nicht ein Freund hat mir sein Ohr geliehn,
doch fremde Höhn, Feld, Büsche traumdurchzogen
und Musen waren friedvoll mir gewogen.

Die Bezugnahme auf den Freiheitskampf der Griechen ist eine deutliche Spitze gegen das freiheitsfeindliche Regime des Zaren. Die Formulierung erinnert an zwei wichtige Stellen römischer Dichtung. Als Sphragis gemahnt sie an den Schluß der Georgica. Vergil sagt dort, er habe sein Werk geschrieben, während der Caesar siegreich am Euphrat kämpfte, Völkern Gesetze gab und den Weg zum Olymp beschritt. In dieser Zeit habe der Dichter müßig im schönen Neapel geweilt. Wie verwandt die Form! Aber wie andersartig die Motivierung! Nicht der Kaiser wird verherrlicht, sondern der Freiheitskampf. Puškin lehnt es also ausdrücklich ab, Vergil nachzufolgen. Nun aber das Erstaunlichste: Puškin hat nicht als erster die Selbstvorstellung mit der rühmenden Erwähnung eines Freiheitskampfes verbunden. Vorangegangen war kein anderer als Ovid, und zwar im Schlußgedicht der Amores:

> *Mantua Vergilio, gaudet Verona Catullo,*
> *Paelignae dicar gloria gentis ego,*
> *quam sua libertas ad honesta coegerat arma*
> *cum timuit socias anxia Roma manus.*[70]

So knüpft Puškin in der Formulierung eines seiner zentralen Anliegen an Ovid an.

Während Grillparzer, wie wir sahen, bewußt diesseits der Schwelle zur engagierten Dichtung verharrt und Ovid zum Spiegel seines introvertierten Selbstverständnisses macht, trägt die Beziehung Puškins zu dem Römer dynamischere Züge.

Beide neuzeitlichen Dichter überwinden die ›romantische‹, an Werther bzw. Byron anschließende Ausgangsposition in verschiedener Weise: Grillparzer in einem Realismus des Leidens, wie er etwa in der Erzählung vom *Armen Spielmann* Ausdruck finden sollte, Puškin in einem solchen der Tat. Realistisch ist bei ihm die Auffassung der Landschaft und der Menschen der Fremde; durch den Wechsel der Perspektive entsteht eine reizvolle Antithese zu den Eindrücken des Römers und zugleich eine klassische Objektivierung der eigenen Sicht. Die durchsichtige, rational geschliffene Antithetik der Sprache Puškins und seine mit Mitgefühl gepaarte Ironie spiegeln eine andere Seite Ovids als Grillparzers Jugendgedicht. Der russische Klassiker stellt sich als durch den Byronismus hindurchgegangener, mitempfindender, aber realistisch und skeptisch beobachtender Dichter vor. Schon in Deutschland war die ›Klassik‹ nach dem ›Sturm und Drang‹ aufgetreten, im Vergleich mit Westeuropa also verspätet. Die Phasenverschiebung ist in Rußland noch stärker: Die Klassik Puškins erfolgt als realistische Antwort auf die Romantik.[71]

Ovid ist für Puškin mehr als nur der ironisch über der Sache stehende Formkünstler,[72] mehr als der ›Sänger der Liebe und der Götter‹, der Erotiker oder der große Erzähler: Es ist der freiheitsliebende Dichter, der einsame Verbannte in Auseinandersetzung mit dem Princeps. Auch theoretisch macht Puškin gegen die Unterbewertung der Klagelieder Ovids Front: er hält die Tristien für das beste Werk des Römers außer den Metamorphosen, und zwar wegen der Echtheit der Empfindung, der individuellen Züge, der scharfen Beobachtung von Land und Leuten und der Tiefe der Trauer um Rom.[73] In Puškins Gedicht werden die Klagen aus dem Exil zunächst einfühlend nachvollzogen, dann in künstlerischer Distanzierung durch ein Gegenbild aufgewogen. Anders als Grillparzer flieht Puškin nicht zu Ovid, dem Leidenden, er tröstet sich auch nicht mit ›ewigem Ruhm‹; sein Ruhm kümmert ihn weniger als die klar ausgesprochenen politischen Sympathien und Ziele. Wieder steht Ovid Pate. Wieder hat ein Dichter an ihm eine bisher wenig beachtete Seite (politische *libertas*) klar gesehen, ohne ihn freilich zum Heros umzufälschen.[74] Und wieder ist ein Aspekt seiner Dichtung zum Spiegel einer neuen Generation gemacht, die Grillparzers Dulden und sein ›schonendes‹ Sprechen durch einen neuen Aktivismus ablöste.

Eine wichtige Ergänzung zu dem bisher Behandelten bildet folgende Erzählung aus dem Versepos »Die Zigeuner« (1824):[75]

Старик

Ты любишь нас, хоть и рожден
Среди богатого народа;
Но не всегда мила свобода
5 Тому, кто к неге приучен.
Меж нами есть одно преданье:
Царем когда-то сослан был
Полудня житель к нам в изгнанье.
(Я прежде знал, но позабыл
10 Его мудреное прозванье.)
Он был уже летами стар,
Но млад и жив душой незлобной:

Имел он песен дивный дар
И голос, шуму вод подобный.
15 И полюбили все его,
И жил он на брегах Дуная,
Не обижая никого,
Людей рассказами пленяя.
Не разумел он ничего,
20 И слаб и робок был, как дети;
Чужие люди за него
Зверей и рыб ловили в сети;
Как мерзла быстрая река
И зимни вихри бушевали,
25 Пушистой кожей покрывали
Они святого старика;
Но он к заботам жизни бедной
Привыкнуть никогда не мог;
Скитался он иссохший, бледный,
30 Он говорил, что гневный бог
Его карал за преступленье,
Он ждал: придет ли избавленье.
И всё несчастный тосковал,
Бродя по берегам Дуная,
35 Да горьки слезы проливал,
Свой дальный град воспоминая,
И завещал он умирая,
Чтобы на юг перенесли
Его тоскующие кости,
40 И смертью – чуждой сей земли
Не успокоенные гости.

Алеко

Так вот судьба твоих сынов,
О Рим, о громкая держава!
45 Певец любви, певец богов,
Скажи мне: что такое слава?
Могильный гул, хвалебный глас,
Из рода в роды звук бегущий
Или под сенью дымной кущи
50 Цыгана дикого рассказ?

Der Alte:

    Du hast uns gerne, ob du gleich
    in einem reichen Volk geboren;
    doch ist nicht immer dem die Freiheit lieb,
5 der an Bequemlichkeit gewöhnt.
    Bei uns geht eine alte Sage:
    Vom Kaiser ward voreinst gesandt
    zu uns ein Sohn des Südens als Verbannter.
    (Ich wußt einmal, jedoch vergaß
10 ich seinen sonderbaren Namen.)
    Er war bereits an Jahren alt,
    doch jugendlich und arglos war sein Herz,
    besaß der Lieder wundersame Gabe
    und eine Stimme gleich des Wassers Rauschen.
15 Und lieb gewannen alle ihn;
    er lebte an der Donau Ufer,
    tat keinem weh, bezauberte
    durch sein Erzählen alles Volk.
    Er war zu keinem Werk geschickt,
20 war schwach und zart, wie Kinder sind;
    und Fremde fingen ein für ihn
    das Wild und auch den Fisch im Netz.
    Gefror der schnelle Fluß dann zu
    und wüteten die Winterstürme,
25 so deckten mit des Felles Flaum
    den Alten sie, den heiligen;
    doch an des kargen Lebens Sorgen
    konnt' er sich nimmermehr gewöhnen;
    er wandert' abgezehrt und bleich,
30 und sprach, daß ein erzürnter Gott
    für ein Vergehen ihn bestrafe.
    Er wartet', ob Erlösung käme;
    in unglücksschwerer Sehnsucht Qual
    irrt er umher am Donau-Ufer,
35 mit Tränen voller Bitterkeit,
    gedenkend seiner fernen Stadt;
    im Sterben war sein letzter Wunsch,
    daß man nach Süden überführe
    zurück des Ruhelosen Reste,

40 die noch im Tod dem Lande fremd
als nimmer ausgesöhnte Gäste.

Aleko:

Ist dies denn deiner Söhne Los,
o Rom, du lautgepriesnes Reich!
45 Der Liebe und der Götter Sänger,
du sage mir: was ist der Ruhm?
Des Grabes Hall, des Lobes Stimme,
der Ruf, der durch die Zeiten eilt –
oder im raucherfüllten Zelt
50 des fahrenden Zigeuners Mär?

Die Technik der Rahmenerzählung lehnt sich an Ov. Pont. 3,2,41 ff. an.[76] Über der etwas ›romantischen‹ Tönung der Erzählung Puškins sollte man die realistischen und modernen Züge nicht vergessen. Die Hilflosigkeit und Gebrechlichkeit des greisen Ovid ist hier fast zum Bilde eines vom Volk verehrten ›Heiligen‹ gesteigert. Das ist nicht verniedlichende Romantik, sondern eine Metapher für Puškins Auffassung vom Dichtertum. Man hat auch sonst religiöse Elemente in Puškins Sprache beobachtet, daraus aber nicht immer die richtigen Schlüsse gezogen.[77] Er christianisiert nicht die Poesie, er sucht vielmehr für die Selbsterfahrung seines Ingeniums nach Ausdrücken – und seine Muttersprache bietet ihm nur solche aus dem christlich-religiösen Bereich an.

Die Verklärung Ovids als eines ›Heiligen‹ entspringt der hohen Meinung Puškins vom Dichterdasein. Hierher gehört aber auch die Einsamkeit, die einen Zug des Heiligen wie des Genies ausmacht. Ähnlich hatte Ovid selbst verwandte Überzeugungen in den überlieferten Formen altgriechischer Religiosität und Inspirationslehre ausgesprochen,[78] ohne daß wir deshalb an seiner skeptischen Geisteshaltung zweifeln müßten. Die Analogie ist für die Interpretation beider lehrreich: Sie bewahrt uns davor, Puškins Selbstverständnis zu christianisieren, wir können aber auch von Puškin aus einen Zugang zu Ovids Dichterreligiosität gewinnen, ohne sie in einem traditionell-dogmatischen Sinne mißzuverstehen.

Richtig hat Puškin auch die Stärke von Ovids natürlichem Erzählertalent und seine Sprachfülle erkannt: *... besaß der Lieder wunder-*

same Gabe / und eine Stimme gleich des Wassers Rauschen. Die Märchen, Epen und Prosaerzählungen des russischen Dichters weisen eine Verbindung von kristallklarer Diktion, lebendiger Frische und urbaner Ironie auf, die Puškins kongeniales Verstehen von Ovids Erzählkunst begreiflich macht.

Ein Skandalon für philologische Leser unserer Zeit dürfte Puškins Charakteristik Ovids als einer arglosen, fast kindlichen Natur sein. Wird sie dem hohen Grad von Reflektiertheit und künstlerischem Raffinement des römischen Großstadtdichters gerecht? Unter den Fachleuten hat nur Hermann Fränkel es gewagt, bei Ovid Naivität zu suchen;[79] die gewichtige Stimme eines so kritischen Dichters wie Puškin kann vielleicht dazu anregen, den Fränkelschen Ansatz neu zu erwägen und sich zu fragen, ob nicht jedes Schöpfertum ein Ingrediens von Naivität verlangt und ob wir berechtigt sind, aus einem ›pseudonaiven‹ Werk[80] voreilig auf die Person des Dichters zurückzuschließen.

Bezeichnend ist auch Puškins Beitrag zum Verständnis von Ovids ›religiöser‹ Haltung dem eigenen Schicksal gegenüber (das der Kaiser als ›Gott‹ repräsentiert). Puškin läßt die Anklage gegen das vielgepriesene Rom, das seine Söhne unbarmherzig in der Ferne umkommen läßt, laut werden. Es ist ein Makel, der den Gott Augustus trifft, daß er es unterließ, die Milde, zu der seine Stellung ihn verpflichtet, walten zu lassen. Ovid hat in der Verbannung nicht in einem transzendenten Sinne »Gott« gefunden, wie es der Roman von Vintilă Horia will[81] (»Gott ist im Exil geboren«), aber er hat sein Schicksal als ein von einem Gott verhängtes getragen und die Verkörperung seiner Not und seiner Hoffnung in dem Divus Augustus gesehen, von dem er sich im Schleiermacherschen Sinne *schlechthin abhängig* fühlte. An seiner Realität und seiner Allmacht zu zweifeln, konnte Ovid nicht in den Sinn kommen. Insofern darf man die religiösen Klänge der Tristien ernst nehmen, ohne glauben zu müssen, Ovid habe Augustus für ›gut‹ gehalten. Genügte es doch für einen Gott, schicksalsbestimmend, mächtig und historisch wirksam zu sein.

Auch Puškin hat einen düsteren, gebieterischen Gott gekannt, der sein Genius war, wie die Gedichte Памятник (»Exegi monumentum«) und Пророк (»Der Prophet«) zeigen. Das Bild des zürnenden, strengen Gottes offenbart nicht nur einen selbstquälerischen Zug der russischen Seele, den wir bei Ovid nicht finden, sondern darüber hinaus die Erfahrung, daß der Dichterberuf zu den schwersten und verantwortungsvollsten gehört. Ovid wird für Puškin zum Inbegriff des Dichters in seinem einsamen, hohen Sendungsbewußtsein, in seiner Opposition zur Macht, in dem Zauber seines Wortes und in der Fragwürdigkeit seines Ruhmes.

Puškins Ovid-Verständnis kann andererseits der modernen Ovid-Forschung dazu verhelfen, einen Gesichtspunkt zu finden, der es erlaubt, gleichzeitig mit W. Marg Ovids Opposition gegen Augustus und mit E. Zinn seine religiösen Anreden an den Kaiser ernst zu nehmen.

Rückblick und Ausblick

Wir konnten eine Hauptquelle der Verse Grillparzers »An Ovid« nennen und ein bisher in der klassischen Philologie des Westens so gut wie unbekanntes Gedicht Puškins erstmals in deutscher Übersetzung vorlegen und deuten.

Was ergibt nun der Rückgriff auf den Römer für Grillparzers und Puškins Selbstverständnis? Und was bedeutet umgekehrt das Ovid-Bild der neuzeitlichen Dichter für die Interpretation des antiken?

Im Bilde des verbannten Ovid spiegeln sich zwei Dichter, die verschiedenen Völkern, aber aufeinanderfolgenden Generationen einer Epoche angehören. Für beide wird die Einsamkeit des Verstoßenen bedeutsam, aber jeweils in anderer Art. Für Grillparzer ist Ovid der ›Dulder‹, dessen Los die Folie für das eigene unverdiente und daher noch schwerere Leiden bildet. Auch in der Autobiographie wird der Konflikt mit dem praktisch denkenden Vater und die erste Offenbarung des Talents gleichsam als Steigerung verwandter Erlebnisse des Römers gestaltet. Die ovidisch formulierte Unsterblichkeitshoffnung findet bezeichnenderweise keinen Anhalt in einem konkreten Œuvre. Über die äußeren Umstände des Unglücks sagt das Gedicht nichts. Alles beruht auf Innerlichkeit. Ovid wird zum Repräsentanten eines introvertierten Dichtertums, dessen innere Größe sich nach außen nur im Dulden bewährt.

Anders bei Puškin. Er ist wirklich verbannt und setzt sich wie Ovid mit einem Kaiser auseinander. Er hat politische Ideale und knüpft an freiheitliche Äußerungen des Römers an. Er stellt das Unrecht dar, das Ovid geschah. Die Selbstreflexion ist nicht mehr nur kontemplativ, sondern aktiv.

Beide neuzeitlichen Dichter überwinden einen vordergründigen ›Byronismus‹ durch eine der Wirklichkeit gerecht werdende ›klassische‹ Haltung, wenn auch in ganz verschiedener Weise. Sie berühren sich weiter darin, daß Ovid ihnen zum Sinnbild ihres Glaubens an die Heiligkeit der Kunst und des Dichterberufs wird, wobei sie ihre innere Einsamkeit in der äußeren Situation des verbannten Römers gespiegelt finden.

Was ergibt sich für unser Bild von Ovid aus seinem Fortwirken bei Grillparzer und Puškin? Eine Reihe wichtiger Resultate neuester Forschung wurden von den Dichtern schon vor anderthalb Jahrhunderten intuitiv vorweggenommen: individualpsychologisch das Verständnis für das Berufungserlebnis und für die künstlerische ›Religiosität‹, sozialpsychologisch für die Haltung zu Augustus, dichterisch für die Schönheit der Exildichtung. Auf diesen Gebieten war von Poeten auf Grund existentieller Erfahrung tiefere Einsicht zu erwarten als von Philologen.

Weiter vermögen die Äußerungen der Dichter die Forschung zu neuen Überlegungen anzuregen, so in der Frage der schöpferischen ›Naivität‹ Ovids, seiner politischen Haltung und der Vereinbarkeit seiner inneren Opposition gegen den Kaiser mit dessen voller Anerkennung als Gott.

Methodologisch wird zu prüfen sein, ob nicht das Unverständnis für Ovids Exildichtung weitgehend mit einer Vernachlässigung literarsoziologischer und komparatistischer Fragestellungen in der Fachwelt zusammenhängt. Dichter des XIX. Jahrhunderts, welche die Isolation des Schriftstellers in einer Zeit der Umschichtungen mit der Intensität erlebten, die allen Anfängen eigen ist, fühlten sich instinktiv von demjenigen antiken Autor angezogen, dessen ungewöhnliches Schicksal den Keim in sich trug, trotz der andersartigen persönlichen und gesellschaftlichen Voraussetzungen als Modellfall modernen Dichterschicksals gedeutet zu werden. Sie haben bei allem – notwendigen – produktiven Mißverstehen manche Züge kongenial erfaßt.

ANMERKUNGEN

* Erstveröffentlichung dieses Kapitels: Arcadia 6, 1971, 16–43. Viktor Pöschl zugeeignet.

1. Die Eigenart der Verbannungsdichtung als Zweckpublizistik hat W. Kraus in seinem bedeutenden Ovid-Artikel erkannt (Pauly-Wissowa, Realencyclopädie XVIII 2 [1942], Sp. 1910–86, bes. 1961 ff.; jetzt in: Ovid, hrsg. v. M. v. Albrecht und E. Zinn, Darmstadt 1968 [= Wege der Forschung XCII], bes. 138 ff.; zit.: Ovid).

2. W. Marg, Zur Behandlung des Augustus in den ›Tristien‹ Ovids, 1959, jetzt in: Ovid 502–512.

3. In diesem Zusammenhang wird uns das Fehlen einer Soziologie der römischen Literatur schmerzlich bewußt.

4. Vgl. Grillparzer, Tagebücher 1808, in: SW [= Wiener Ausg., hrsg. v. A. Sauer und R. Backmann], Abt. II, Bd. VII, S. 6: Nur der Dichter kann den Dichter verstehen. Diese Ausgabe der Sämtlichen Werke wird im folgenden als SW zitiert.

5. »Schon habe ich ein Werk vollendet, das nicht Jupiters Zorn noch Feuer noch Eisen noch das nagende Alter wird vernichten können. Wann er will, mag jener Tag, der nur auf diesen Körper ein Anrecht hat, meiner ungewissen Lebenszeit ein Ende setzen; aber in meinem besseren Teil werde ich überdauern und über die hohen Sterne fliegen, und mein Name wird unzerstörbar sein. Soweit sich die römische Macht über die befriedeten Lande erstreckt, wird mich der Mund des Volkes lesen, und durch alle Jahrhunderte hindurch werde ich im Ruhm, wenn denn an den Ahnungen der Dichter etwas Wahres ist, leben.« – Literatur zur Denkmal-Topik s. unten Kap. XIV, Anm. 20.

6. Man beachte das Verb *exegi*, das Adjektiv *edax*, die Wiederholung der Negation (Horaz: *non ... non ... aut ... non*), wobei Ovid vereinheitlicht (viermal *nec*). Dem horazischen *multa ... pars* entspricht bei Ovid *parte ... meliore*; Horazens *dicar* ist vergleichbar mit *legar*. In bezug auf Ovid etwas enttäuschend ist R. Einberger, Behandlung gleicher Motive bei Horaz und Ovid, Diss. Heidelberg 1960 (Masch.).

7. Das Feuer kommt auch schon bei Properz 3,2,23 hinzu.

8. Met. 1,200ff.; 15,858ff.

9. Man hat dies auch von anderen Teilen der Metamorphosen vermutet; zur Hippolytus-Erzählung vgl. H. Fränkel, Ovid – A Poet Between Two Worlds, Berkeley 1945, 226f.

10. Vgl. das Altwerden der Sibylle (met. 14,130–153) und besonders die Besinnung über die Lebensalter in der Pythagoras-Rede (met. 15,214–236, vor allem 234: *tempus edax rerum, tuque, invidiosa vetustas*); eine Vorstellungswelt, die auch auf die Weltgeschichte übertragen wird (15,420ff.).

11. 9,268f. finden wir dieselbe Antithese von Leiblichkeit und ›besserem Teil‹: *Sic, ubi mortales Tirynthius exuit artus,/Parte sui meliore viget ...*

12. 15,848: *Luna volat altius illa ...*

13. Das Wort *perennis* ist aus Horaz 3,30,1 eingeflossen; die Vorstellung Ovids überbietet den Schlußvers der ersten Ode Horazens (*Sublimi feriam sidera vertice*).

14. Nach stoischer Lehre strebt die Seele zu dem ihr wesensgleichen Äther empor (Cic. Tusc. 1,19,43; vgl. auch Haupt-Ehwald zu met. 15,848); Einberger (20) denkt an das platonische Empyreum.

15. In den Metamorphosen werden Musen nur selten erwähnt: in konventionellem Anruf 10,148 und 15,622; die Stellen, an denen Musen als Handelnde erscheinen, sind hier fernzuhalten (5,294; 337).

16. Dies ist der umgekehrte Aspekt der Tatsache, daß viele aitiologische Mythen sich aus Namenserklärungen entwickelt haben.

17. Besonders deutlich wird dies in Vergils Heldenschau; vgl. M. v. Albrecht: Vergils Geschichtsauffassung in der ›Heldenschau‹, in: Wiener Studien NF 1, 1967, bes. 175ff.

18. Vgl. schon die stolzen Grabschriften des Naevius und Ennius, die aber noch von stärkerer sozialer Bindung zeugen. Zur gesellschaftlichen Stellung und zur Entwicklung des dichterischen Selbstbewußtseins in Rom vgl. M. v. Albrecht und H. Vester, Ciceros Rede pro Archia. Deutung und unterrichtliche Behandlung, Heidelberg 1970.

19. Prop. 3,2,25 f. Die Umgebung zeigt Anklänge an Horaz 3,30, so die Vorstellung der Pyramiden, des Regens, der Gewalt der Jahre.

20. Es ist kein Zufall, daß Ovid es als einziger Dichter wagt, den Archegeten der römischen Elegie, Cornelius Gallus, trotz der damnatio memoriae häufiger lobend zu erwähnen; vgl. L. Winniczuk, Cornelius Gallus und Ovid, in: Röm. Lit. der augusteischen Zeit, hrsg. v. J. Irmscher und K. Kumaniecki, Dt. Ak. der Wiss., Berlin, Schr. der Sektion für Altertumswiss. 22, Berlin 1960, 26–35.

21. *Si quid habent igitur vatum praesagia veri, / Protinus ut moriar, non ero, terra, tuus* (trist. 4,10,129).

22. Das Material aus der antiken Literatur bei O. Falter, Der Dichter und sein Gott, Würzburg 1934, weiterführende Literatur bei M. v. Albrecht, Silius Italicus – Freiheit und Gebundenheit römischer Epik, Amsterdam 1964, 59, Anm. 26.

23. Vgl. M. v. Albrecht, Zu Ovids Metamorphosenproöm, in: Rheinisches Museum 104, 1961, 269–278.

24. Trist. 3,3, 74. Auf sein *ingenium* hatte sich schon Properz an der in Anm. 19 zitierten Stelle berufen.

25. Die besondere Situation des Dichters im Verhältnis zu andersartigen Erwartungen der Staatsordnung kommt nicht nur in Ovids Verbannungsdichtung zum Ausdruck; z. B. ars 2,277f., am. 3,8,51f. (noch von Kenney zu Unrecht athetiert.)

26. 3,30,8 f.: *dum Capitolium / Scandet cum tacita virgine pontifex.*

27. Vgl. Hor. carm. 2,20,19f. (*noscent ... discet*).

28. Trist. 4,10,2 und 132.

29. H. Dörrie, Wandlung und Dauer, in: Der altsprachliche Unterricht 4/2, 1959, 95–116. Man beachte daneben schon in am. 1,15 die mehrfache Wiederholung des Verbs *vivere*, gipfelnd im *vivam* des Schlußverses.

30. SW (Sauer) II, V 119f. (dazu 315–321). Die originale Rechtschreibung ist beibehalten. Von besonderem Interesse ist Grillparzers Interpunktion, die nicht logisch, sondern deklamatorisch ist. Ihre Wiederherstellung ›entpathetisiert‹ vielfach die Texte und gibt ihnen die Unmittelbarkeit zurück. Am Versende fehlt oft jede Interpunktion, weil sie hier entbehrlich scheint; wo ein Komma am Zeilenende steht, wirkt es als ›Kunstpause‹, z. B. v. 8.

31. Maximen und Reflexionen 1032 Hecker; s. jetzt auch W. Stroh, Ovid im Urteil der Nachwelt, Darmstadt 1969, 101.

32. Über Grillparzers Hang zum Grübeln und seine Einsamkeit in der Kindheit vgl. z.B. die Autobiographie 1834/35, SW I, XVI 17 (*phantastisches Brüten*).

33. Außerdem sei erinnert an Rousseaus Saint-Preux, Senancours Obermann und an Constants Adolphe. Zu der Verlagerung des Interesses von der Faktizität auf die Innerlichkeit vgl. man Chateaubriands René (102): *Il prit donc jour avec eux pour leur raconter, non les aventures de sa vie, puisqu'il n'en avait point éprouvé, mais les sentiments secrets de son âme.* Während Grillparzer sein persönliches Unglück einem *Schicksal* zuschreibt, offenbart Chateaubriand klarer den endogenen Ursprung des Unglücks (103): *... que penserez-vous d'un jeune homme sans force et sans vertu, qui trouve en lui-même son tourment et ne peut guère se plaindre que des maux qu'il se fait à lui-même?* Diese Klarsichtigkeit hängt aber bei ihm damit zusammen, daß er, wenn sein Publikum dies auch nicht immer bemerkt, seine Erzählungen in erzieherischer Absicht schreibt. Sein Held ist, wie Grillparzer in dem betrachteten Gedicht, stets einsam, von Traurigkeit (*tristesse*), Lebensüberdruß (*dégoût de la terre*), Langeweile (*ennui*) erfüllt. Er muß sich freilich am Ende einiges sagen lassen: *Je vois un jeune homme entêté de chimères, à qui tout déplaît, et qui s'est soustrait aux charges de la société pour se livrer à d'inutiles rêveries. On n'est point, Monsieur, un homme supérieur parce qu'on aperçoit le monde sous un jour odieux* (136) *... Jeune présomptueux, qui avez cru que l'homme se peut suffire à lui-même, la solitude est mauvaise à celui qui n'y vit pas avec Dieu* (137). [Zit. Ausg. Paris (Gründ) o. J. (1941).]

34. Byron selbst hat sich (zum Leidwesen seines Verlegers und mancher Literarhistoriker) später dem Realismus genähert, wie sein Don Juan erkennen läßt.

35. Über Klopstock und Goethe vgl. V. Hehn, Gedanken über Goethe, Berlin ³1895, 61–66.

36. Sein passives Heldentum wird gut illustriert durch eine Notiz aus Plutarchs Fabius Maximus (SW II, VII 246). Über das angebliche Fehlen heroischer Züge bei Grillparzer verfehlt F. Gundolf, Franz Grillparzer, in: Jb. des Freien Dt. Hochstifts, Frankfurt a.M. 1931, 9–93.

37. S. auch J. Minor, Zur Gesch. der dt. Schicksalstragödie und zu Grillparzers »Ahnfrau«, in: Jb. der Grillparzer-Ges. 9, 1–85. Grillparzers eigene Äußerungen: SW I, XIV 30–32, auch I, XIV 19; vgl. auch H. Feilner, Grillparzers Auffassung des Schicksals, Diss. Würzburg 1928. Das gleiche Thema behandelt eine ungedruckte Dissertation von O.-C. May, Das Schicksalsproblem in Grillparzers Drama, Diss. Göttingen 1948. Die Verfasserin zeigt den Weg von der Schicksalsgebundenheit zur Schicksalsverbundenheit auf. Ebd. Rückblick auf die Forschung (24ff.) und Bibliographie (92–95). Zur Ahnfrau vgl. jetzt auch F. Lorenz, Franz Grillparzers »Ahnfrau«: eine Schicksalstragödie, in: Grillparzer-Forum Forchtenstein, Heidelberg 1968, 79–99.

38. Die Grundstruktur erinnert an Theklas Klage im Wallenstein (*Da kommt das Schicksal ...*). Vgl. Sappho 398ff., 634ff., 1272ff., 1727ff.; Ein Bruderzwist in Habsburg 2289ff. Der Gedanke, daß das Hinabsteigen in das Tal des Lebens zum Verlust

des eigenen Wesens führt, beherrscht Libussa und findet sich in verschiedenen Abwandlungen fast überall in Grillparzers Werk, so schon Tagebuch 1809, SW II, VII 21: *Das Genie gleicht der Glocke: frei im reinen Äther muß sie schweben, wenn sie tönen soll; wie fremde Körper sie berühren, verstummt ihr heitrer Schall.* Zum Schicksal im Frühwerk: Blanka von Kastilien, SW II, II v. 1142ff. Zu Schiller vgl. H. Rüdiger, Schiller und das Pastorale, in: Euph. 53 (1959), 229–251.

39. »Der konkrete Charakter mit seinem intimen Lebensprozeß ist einem Schicksal im Sinne des Lebensgefühls des XIX. Jahrhunderts zugeordnet, der Misere der Intimität, welche durch die konkrete Not der Existenz den Menschen von innen her zermürbt« (K. Partl, F. Schillers ›Wallenstein‹ und F. Grillparzers »König Ottokars Glück und Ende«, in: Abh. zur Kunst-, Musik- und Lit.wiss. 8, Bonn [1960], 128). Darüber hinausführend B. Breitenbruch, Ethik und Ethos bei Grillparzer, Berlin 1965, 11, Anm. 36, über das »ethische Fundament dieser intimen Personform«.

40. Vgl. die Selbstbiographie: SW I, XVI 63ff., und die autobiographischen Notizen: SW I, XVI 17.

41. *Weil du zu viel gesehn, zu viel gesprochen,* vgl. Ov. trist. 2,103; 3,5,49; der Actaeon-Vergleich trist. 2,105.

42. *... und bey den Göttern, die den Meineid rächen / rein ist mein Herz, ich weiß nichts von Verbrechen!* Vgl. Ov. trist. 4,10,87ff.

43. Vgl. die düsteren Töne etwa aus der Entstehungszeit unseres Gedichtes: SW II, VII 52ff. (1810). – Zur ›Arroganz‹ ebd. 14 (1808): *... ich sei arrogant. – Ich gestehe, ich bin es.* Ebd. 19 (1809): *Ich habe mich oft sehr unzweideutig, und, wie ich selbst gestehen muß, sehr arrogant über mein Talent zur dramatischen Dichtkunst erklärt, und dennoch ist es gewiß, daß ich nicht vollkomen* [sic]*, wenigstens nicht zu allen Zeiten, über dieses mein Talent im Reinen bin.*

44. Es ist freilich nicht auszuschließen, daß andere Gedichte, die damals schon vorlagen, in die Sammlung aufgenommen werden sollten; vgl. R. Backmann, Grillparzers »Tristia ex Ponto«, in: Jb. der Grillparzer-Ges. 31, 1932, 7–47.

45. Hinzu kommt, daß Wien sein Plutarch ist (vgl. der arme Spielmann, in: SW I, XIII 39), in dem er liest und Situationen und Charaktere studiert (dazu A. Sauer in der Einleitung zum I. Band der SW, S. XII–XIV). Allgemeiner jetzt G. Baumann: Franz Grillparzer. Sein Werk und das österreichische Wesen, Freiburg i.Br./Wien 1954. Doch nicht alle Wesenszüge der Österreicher (und der Deutschen, zu denen er sich selbst auch zählte) sind ihm lieb; vgl. SW II, XI 3: *Ich bin froh eine Deutscher zu seyn. Nicht als ob ich die Nazion so hoch stellte, eher das Gegentheil. Aber wenn der Mensch Papier ist auf welches das Leben schreibt, so will ich als unbeschriebenes zur Welt gekommen seyn. Der Deutsche bringt von allen Völkern die wenigsten Vorurtheile mit. Das ist sein Vorzug, aber villeicht sein einziger.*

46. Von der *Ahnfrau* bis zu *Sappho* konnte das Publikum ihm noch folgen. *Das Goldene Vließ* brachte Grillparzer die erste schwere Enttäuschung. Da er sich zum

Wirken und nicht bloß zum Schreiben geboren wußte (R. Backmann in SW I, V, S. VIII), begab er sich auf eine andere Ebene und dichtete *Ottokar* und den *Treuen Diener.* Aber auch hier versperrte sich ihm der Weg; die Krise, die mit dem letztgenannten Stück begann, hielt bis in den Anfang der dreißiger Jahre an. In sein eigenes Ich zurückverwiesen schuf Grillparzer *Hero.* Die Aufführung wurde eine neue Enttäuschung. Er wandte sich von den Gebildeten weg ins Volk, vgl. den Anfang des *Armen Spielmanns* (zum Grundsätzlichen vgl. SW I, XII 158: *vox populi*). *Der Traum ein Leben* war ein vollkommener Erfolg. Der Tod des Kaisers Franz und die Hoffnung auf Besserung der österreichischen Zensurzustände ermöglichte die Entstehung von *Weh dem, der lügt!* Die Begleitumstände der Aufführung veranlaßten Grillparzer, sich von der Öffentlichkeit zurückzuziehen.

47. Vgl. SW I, XIV 169.

48. *Ich merkte wohl, daß ich als der letzte Dichter in eine prosaische Zeit hineingekommen sei:* SW I, XVI 127 (Selbstbiographie).

49. SW II, X 295, Nr. 3505.

50. SW II, X 229, Nr. 3354. Vgl. auch die Äußerung in dem Aufsatz Zur Literaturgeschichte über die Theorie der Volksdichtung: *Auf diese Art fand sich die ganze Nazion zu Dichtern erhoben und Kraft der Volkspoesie war kein Grund, warum nicht jeder poetische Schmierer unserer Tage sich als ein Vorarbeiter für künftige Iliaden oder Odysseen betrachten sollte. — Diese Ansicht fand um so mehr Beifall, als während der letzten Jahrzehnte in Deutschland wie in ganz Europa das Talent sich selten gemacht hatte, ja in Deutschland, wo bei dem immerwährenden Zersprechen und Vermitteln jede Konzentrazion des Gemütes unmöglich geworden war, ganz abhanden kam. Was an bildender Kraft abging, sollte durch den Inhalt ersetzt werden, und da es den matten Seelen an jeder Eigentümlichkeit fehlte, wurde dieser Inhalt unmittelbar von der Straße genommen. — Dieser von der Straße genommene Inhalt, indem er für das Vergangene das Phantom der Volkspoesie erzeugte, brachte für die Gegenwart die politische Poesie hervor.* (SW I, XIV 142f.)

51. Libussa, v. 2461 ff.: *Der Mensch ist gut, er hat nur viel zu schaffen, / Und wie er einzeln dies und das besorgt, / Entgeht ihm der Zusammenhang des Ganzen. / Des Herzens Stimme schweigt, in dem Getöse / Des lauten Tags unhörbar übertäubt, / Und was er als den Leitstern sich des Lebens / Nach Oben klügelnd schafft, ist nur Verzerrung ... v. 2470: Doch an die Grenzen seiner Macht gelangt, / Von allem Meister was dem Dasein not, / Dann wie ein reicher Mann, der ohne Erben / Und sich im weiten Hause fühlt allein, / Wird er die Leere fühlen seines Innern. / Beschwichtigt das Getöse lauter Arbeit, / Vernimmt er neu die Stimmen seiner Brust: / Die Liebe, die nicht das Bedürfnis liebt, / Die selbst Bedürfnis ist, holdsel'ge Liebe; / Im Drang der Kraft Bewußtsein eigner Ohnmacht; / Begeisterung, schon durch sich selbst verbürgt, / Die wahr ist, weil es wahr ist, daß ich fühle. / Dann kommt die Zeit, die jetzt vorübergeht, / Die Zeit der Seher wieder und Begabten. / Das Wissen und der Nutzen scheiden sich / Und nehmen das Gefühl zu sich als Drittes; / und haben sich die Himmel dann*

verschlossen, / Die Erde steigt empor an ihren Platz, / Die Götter wohnen wieder in der Brust, / Und Demut heißt ihr Oberer und Einer. / Bis dahin möcht ich leben, gute Schwestern, / Jahrhunderte verschlafen bis dahin.

52. Das deutsche Geschichtsdrama, Stuttgart 1952, passim.

53. Ich kann jedenfalls denjenigen Literarhistorikern nicht beipflichten, die meinen, es beruhe lediglich auf Zufall, daß Byron in Griechenland gestorben ist.

54. SW II, VIII 289f.: *Für mich gab es nie eine andere Wahrheit als die Dichtkunst. In ihr habe ich mir nie den kleinsten Betrug, die kleinste Abwesenheit vom Stoffe erlaubt. Sie war meine Philosophie, meine Physik, Geschichte und Rechtslehre, Liebe und Neigung, Denken und Fühlen. Dagegen hatten die Dinge des wirklichen Lebens, ja seine Wahrheiten und Ideen für mich ein Zufälliges, ein Unzusammenhängendes, Schattenähnliches, das mir nur unter der Hand der Poesie zu einem Notwendigen ward. Von dem Augenblicke als ein Stoff mich begeisterte, kam Ordnung in meine Theilvorstellungen, ich wußte alles, ich erkannte alles, ich erinnerte mich auf alles, ich fühlte, ich liebte, ich freute mich, ich war ein Mensch.*

55. Euripides scheint der erste Dichter gewesen zu sein, der die Einsamkeit suchte; vgl. z. B. B. Snell: Dichtung und Gesellschaft. Studien zum Einfluß der Dichter auf das soziale Denken und Verhalten im alten Griechenland, Hamburg 1965, 168. Man kann hinzufügen, daß Euripides ähnlich wie Grillparzer durch die einsame Entwicklung seines Denkens bei dem Publikum, für das er schrieb, oft auf Unverständnis stieß, obwohl er um Verständlichkeit rang.

56. SW II, VIII 91 (1822).   57. Trist. 4,10,21 f.

58. W. Stroh, Ein mißbrauchtes Distichon Ovids, in: Ovid (s. Anm. 1) 567–580.

59. SW I, XVI 17.

60. Selbstverständlich hat Grillparzer Ovids Autobiographie gekannt, was schon die Bezugnahmen in dem Gedicht »An Ovid« nahelegen, ebenso wie die sonstige Ovid-Kenntnis des Dichters, von der sogleich die Rede sein wird. Doch ist Grillparzers Erlebnis eigenständig; nur in der Interpretation spielt Ovid eine Rolle, die auch in dem Gedicht »An Ovid« offenbar wird. Im übrigen war Grillparzer frei von dem falschen modernen Originalitätsbegriff und konnte, ohne sich damit herabzusetzen, von sich sagen, seine ›Nachahmungssucht‹ übersteige allen Glauben (Tagebuch Nr. 59, in: SW II, VII 30). Er wußte eben, daß eine geistreiche Bezugnahme auf einen Vorgänger manchmal die kürzeste und tiefste Form der Selbstinterpretation sein kann. – Zu Grillparzers Ovid-Kenntnis: Grillparzer besaß eine vollständige dreibändige Ovid-Ausgabe (s. SW II, XII 136). Über Ovid äußert sich Grillparzer an folgenden Stellen: Tagebuch 1262, 1264, 1265, 1922, 2843 (S. 350), 3997, 4002, 4003. In der Identifikation mit Ovids Schicksal hat Grillparzer, wie ich bei meinen Studien zu Ovids Fortwirken feststellen konnte, einen Vorgänger in dem Ovid-Übersetzer J. G. K. Schlüter (P. Ovids Nasos fünf Trauerbücher, metr. übers. mit erkl. Anm. v. J. G. Karl Schlüter, Leipzig 1798, S. VI: »Ich gebe mir nur das Zeugniß, daß ich mit

Sympathie sie übersetzt habe, nicht weil ich den Dichter schätze, sondern liebe und es fühle, daß ich so ganz ihm ähnlich bin, in Neigungen, Gefühlen, und sogar, ich möchte sagen: völlig gleich in Schicksalen.«). Hat Grillparzer diese Übersetzung gekannt?

61. *Ut pelagi, sic pectoris adiuvet aestum* (Ov. epist. 16, 25).

62. Der Herausgeber R. Backmann betont das Verständnis Grillparzers für Ovid. Er widerspricht den »so absprechenden Urteilen über Ovid, wie man sie heutzutage massenhaft findet. Schon der junge Grillparzer verstand den lateinischen Dichter kongenial. Die weiche, versonnene Stimmung Heros, die bei Ovid über der Antwort an Leander ausgegossen liegt, hat mit Heros stiller Versonnenheit im 4. Akt bei Grillparzer viel gemein. Auch Leanders ungestüm drängende Sehnsucht, wie wir sie bei Grillparzer finden, ist schon bei Ovid kräftig herausgearbeitet. Grillparzer hat die beiden Briefe wie überhaupt seinen Ovid wohl oft gelesen« (SW I, IV 248).

63. Met. 7,20f.; vgl. allerdings schon Euripides *Medea* 1078 und *Hippol.* 380.

64. Da das Gedicht den klassischen Philologen Westeuropas bisher noch nicht bekannt und noch nicht ins Deutsche übersetzt zu sein scheint, gebe ich anschließend eine eigene Übersetzung. Text nach: A. S. Puškin, Polnoje sobr. soč., Moskva ²1956, II 67ff.

65. Tatsächlich war Puškin in Südrußland, wo man Ovids Verbannungsort auch vermutet hat; doch ist sicher, daß Tomis das heutige Constanţa (in Rumänien) ist.

66. Zunächst im Lyzeum; in der Verbannung dann in französischer Übersetzung; vgl. Z. A. Borinevič-Babajceva, Ovidiev cikl v tvorčestve Puškina, in: Puškin na juge. Trudy puškinskich konferencij Kišineva i Odessy, Kišinev 1958, 164—178; A. I. Malein, Puškin i antičnyj mir v licejskij period, in: Germes 11, 1912, 437—442; 467—471.

67. Über das Verhältnis von Puškins Gedicht zu Ovids Tristien vgl. die gehaltvolle Arbeit von N. V. Vulich, Poslanije Puškina k Ovidiju i pečal'nyje elegii Ovidija, in: Vestnik Leningradskogo Universiteta 1960, Nr. 20, 68—99. Materialreich auch A. Malein, Puškin i Ovidij, in: Puškin i jego sovremenniki, 23/24, Petrograd 1916, 45—66. Vgl. außerdem M. M. Pokrovskij, Puškin i antičnost', in: Puškin. Vremennik Puškinskoj komissii 4—5, 1939, 27—56, bes. 40—44; D. P. Jakubovič, Antičnost' v tvorčestve Puškina, ebd. 6, 1941, 92—159, bes. 138ff.

68. Vgl. E. Zinn, Elemente des Humors in augusteischer Dichtung, in: Gymnasium 67, 1960, 41—56, bes. 54 über Pont. I 8, 10.

69. Trist. III 10, 39.

70. »Ovid weist mit Stolz auf die Rolle seiner Heimat im Bundesgenossenkrieg (91—88) hin, der Rom sehr gefährlich wurde. Der Vorort [d.h. die größte Stadt] der Paeligner, Corfinium, war damals zur Hauptstadt ›Italia‹ gewählt worden. Offensichtlich legt Ovid auch persönlich Wert auf seinen Freiheitssinn — gegenüber Augu-

stus«: R. Harder und W. Marg, P. Ovidius Naso – Liebesgedichte. Lat. und dt., München ¹1956, 174, vgl. ³1968, 236. Properz nennt sich (I 22, 3 ff.) einen Sproß des Landes, in dem Perusia liegt, eine Stadt, die im Jahre 40 von dem späteren Augustus zerstört wurde. Auch hier beobachten wir, daß Ovid sein Unabhängigkeitsbewußtsein in Formen ausdrückt, die von den Elegikern ererbt sind. Wir konnten oben zeigen, daß dies auch für die ›epischen‹ Metamorphosen gilt.

71. K. Scheffler, Späte Klassik. Ein Stilproblem deutscher Dichtung, Urach 1946.

72. »Kalten Scharfsinn« (oder Witz) lehnt auch Puškin ab (Sobr. soč., Moskva 1958, VII 423).

73. In seiner Rezension der ›Thrakischen Elegien‹ des Dichters Tepl'akov (Sobr. soč. VII 423).

74. Einen solchen Versuch des russischen Dichters Tepl'akov weist Puškin mit Recht zurück (VII 424 gegen Tepl'akovs an Byrons Schicksal gemahnenden Vers über Ovid: »freudig eilte er in die todbringende Schlacht«).

75. Zit. nach: Sobr. soč. ²1957, IV 214 f. – Übersetzung vom Verfasser.

76. So bedeutet schon der Rahmen eine Huldigung an Ovid. Während aber Ovid durch die Erzählung von Pylades und Orest das Motiv der *amicitia* herausarbeiten will (um einen Freund in Rom zum Einsatz für den Verbannten zu bewegen), macht Puškin Ovids Schicksal zum Exemplum für Dichterschicksal und Dichterruhm. Auf Ovids Fasti u. Kallimachos' Aitia verweist H. Fränkel, Ovid – a Poet Between Two Worlds, Berkeley 1945, 250,6.

77. R.-D. Keil, Zur Deutung von Puškins ›Pamjatnik‹ in: Die Welt der Slaven 6, 1961, 174–220, scheint mir trotz abwägender Haltung das Christliche zu stark zu betonen.

78. Vgl. oben S. 426 ff., bes. Anm. 22.

79. H. Fränkel, Ovid – A Poet Between Two Worlds, 100 und 262.

80. L. P. Wilkinson, Ovid Recalled, Cambridge 1955, 159.

81. Gegen Horia mit Recht F. W. Lenz, Ovids dichterisches Ingenium, in: Das Altertum 13, 1967, 164–175, bes. 175.

XI

EROS UND SCHICKSAL

Eminescu – Catull – Baudelaire – Stefan George – Horaz

I

Mihai Eminescu[1] (1850–1889): Odă (1883)
(in metru antic)

Nu credeam să-nvăţ a muri vrodată;
Pururi tînăr, înfăşurat în manta-mi,
Ochii mei nălţam visători la steaua
Singurătăţii.

Cînd deodată tu răsărişi în cale-mi,
Suferinţă tu, dureros de dulce ...
Pîn-în fund băui voluptatea morţii
Nendurătoare.

Jalnic ard de viu chinuit ca Nessus,
Ori ca Hercul înveninat de haina-i;
Focul meu a-l stinge nu pot cu toate
Apele mării.

De-al meu propriu vis, mistuit mă vaiet,
Pe-al meu propriu rug, mă topesc în flăcări ...
Pot să mai renviu luminos din el ca
Pasărea Phoenix?

Piară-mi ochii tulburători din cale,
Vino iar în sîn, nepăsare tristă;
Ca să pot muri liniştit, pe mine
Mie redă-mă!

Glaubte nicht, daß sterben ich jemals lerne.
Ewig jung, mich hüllend in meinen Mantel,
Hob ich auf zum Sterne der Einsamkeiten
Träumende Augen.

Da erschienst du plötzlich auf meinem Wege,
Du mein Leid, voll Schmerzen und doch voll Süße.
Bis zur Neige trank ich die grausam bittre
                    Wonne des Todes.

Und wie Nessus lebend verbrannt' und Qual litt
Oder Hercules, den sein Kleid vergiftet,
So mein Feuer: Löschen nicht können's alle
                    Wasser des Meeres.

Mich verzehrt mein eigener Traum, ich klage,
Schmelze hin zu Flammen auf eignem Holzstoß. –
Kann zum Leben strahlender ich erstehn, dem
                    Phoenix vergleichbar?

Augen fort, verwirrende! Aus dem Weg mir!
Freudlos Leidlos-Sein, in die Brust von neuem
Komm! Daß ich zu sterben vermag in Frieden,
                    Gib mich mir wieder!

Das Gedicht besteht aus fünf sapphischen Strophen. Die erste schildert eine glückliche Zeit ewiger Jugend. Das Symbol des Mantels kennzeichnet diese Epoche als einen Zustand der Abgeschlossenheit und Unversehrtheit. Zugleich trägt die frühe Phase aber auch schon den Ansatzpunkt für das spätere Leiden in sich: Der Dichter hebt die träumenden Augen zum Stern der Einsamkeit. Gerade der eigene Traum wird in der zweiten Hälfte des Gedichts den Sprecher verzehren (Strophe 4). Die Augen wird er später hinwegwünschen.

Das Aufblicken ermöglicht es ihm jetzt, das Du wahrzunehmen. So entsteht ein Übergang zur zweiten Strophe. Wie der Anfang der ersten nur vom Ich handelt, so derjenige der zweiten nur vom Du (man beachte das zweimalige *tu*). Das Gegenüber wird mit dem Leiden gleichgesetzt. Ein Oxymoron (*dureros de dulce*) drückt die enge Koppelung von Wonne und Schmerz aus, die in der Schlußstrophe – in der Negation – wiederkehren wird (*nepăsare tristă*).

Die dritte Zeile bringt den Übergang zur Handlung des Ich (so war es auch in der ersten Strophe). Die Aktivität bildet hier eine Steigerung gegenüber dem Anfang des Gedichts: dort das Heben des Blikkes, jetzt das Trinken – eine intensive, sinnenhafte Vorstellung, deren Eindringlichkeit an Baudelaire denken läßt.[2] Zugleich steigert sich die bittersüße Erfahrung des Liebesleids zur Todeslust (*volup-*

tatea morții). Die beiden Pole des Daseins — Eros und Thanatos — werden hier zusammengeschaut.

Aus dem Trank ergibt sich die Qual, deren Schilderung zwei Strophen füllt. Mythologische Bilder sind das Herzstück der Ode: An erster Stelle steht Nessus, den nach der Sage ein in Gift getauchter Pfeil des Hercules trifft — zur Strafe für seinen Versuch, die Gattin des Helden zu rauben. Bevor Nessus stirbt, gibt er Deianira als angeblichen Liebeszauber Wolle, die mit seinem vergifteten Blut durchtränkt ist. Später glaubt sie, Grund zur Eifersucht zu haben, und schickt ihrem Gemahl einen Rock aus jener Wolle; an seinem Leib erwärmt sich das Gift, er leidet Höllenqualen, schichtet einen Scheiterhaufen auf und verbrennt sich selbst, ein Geschehen, das zu seinem Aufstieg in den Himmel führt. Es erübrigt sich, darauf hinzuweisen, wie vorzüglich der Vergleich mit Hercules das Leiden und die Größe des von der Krankheit gezeichneten Dichters symbolisiert. Aber warum vergleicht sich Eminescu nicht nur mit Hercules, sondern auch mit Nessus? Im Mythos ist Nessus von einem giftigen Pfeil getroffen. Dieses Bild hat Eminescu auch in einem anderen Gedicht verwendet. Dort ist es der Liebesgott, Kamadeva, der den Dichter mit einem Giftpfeil schwer verwundet hat.[3] So hat Eminescu die Identifikation mit Nessus bewußt zu derjenigen mit Hercules hinzugefügt.

Anders als in den bisherigen Strophen erfolgt am Ende der dritten kein Handlungsfortschritt. Es wird nur festgestellt, daß das Feuer nicht gelöscht werden kann. Dieser Stillstand der Bewegung entspricht der Mitte des Gedichts.

Das Herculesbild zeigte bereits, wie eng das Leid mit dem Wesen des Leidenden verbunden ist: Bild dafür ist der Leibrock — kein ›Mantel‹, wie bei der Darstellung der jugendlichen Unberührtheit. Die feine Variation in der Gewandsymbolik stellt der Geborgenheit der Jugend das Ausgesetztsein der späten Jahre gegenüber. Es besteht keine Möglichkeit, das Nessus-Hemd abzustreifen.

Die vierte Strophe steigert die Elemente der dritten. Eine Anapher unterstreicht, daß die Ursache der Qual dem Wesen des Helden selbst entspringt: seinem Traum (deutender Rückgriff auf Strophe 1) und dem von ihm selbst errichteten Scheiterhaufen (Rückgriff auf Strophe 3). Neu ist in der vierten Strophe der Ausblick auf die Zukunft. So setzt nach der Mitte die Bewegung wieder ein.

Die Verbrennung des Hercules auf dem Oeta ist traditionellerweise der Weg zu seiner Apotheose. Diesen Gedanken deutet auch Eminescu an, wenn er jetzt das Auferstehungsmotiv in Gestalt des Phoenix, zumindest in Form einer Frage, anklingen läßt.[4] So ist eine positive Möglichkeit für die Folgezeit in Strophe 4 angedeutet.

Die letzte Strophe schließt den Ring des Gedichts: Die »verwirrenden Augen« sollen aus dem Weg (*cale*) des Dichters verschwinden. Damit wird auf Strophe 2, das erste »Aufgehen« (*răsărisi*) des Du auf dem Wege (*cale*) des lyrischen Ich zurückgegriffen. Die Augen der angeredeten Person bilden hier das Pendant zu den Augen des Sprechers in der ersten Strophe: Die einen sind »Träumer« (*visători*), die anderen »Verwirrer« (*tulburători*). So sind die Augenpaare schon durch die Sprachform aufeinander bezogen. Die Motive der ersten Strophe werden in der letzten rückläufig wieder aufgenommen: Die »freudlose Leidlosigkeit« (Gleichgültigkeit) bildet ein Gegenstück zu dem jugendlichen Eingehülltsein in den Mantel, und der Wunsch nach einem friedlichen Tod ist eine Metamorphose des Eingangsgedankens »Nicht glaubt' ich jemals sterben zu lernen«.

Im ganzen hat die Ode axialsymmetrische Struktur: Die Motive der ersten Strophe kehren in der letzten in umgekehrter Reihenfolge wieder.

Die zweite und die vierte Strophe zeigen komplementäre Vorgänge: das Trinken der Lust, bzw. das Verbrennen im Tode (Verzehren und Verzehrtwerden überschneiden sich hier und werfen ihre Schatten aufeinander).

Die mittlere Strophe, in der die Handlung stillsteht, bildet den Wendepunkt der Ode, das Zentrum. Zugleich verleihen ihr mythische Bilder besonderes Gewicht.

Die Ode hat geschlossene, klassische[5] Form. Sie verarbeitet persönlichste Erfahrung. Läßt sie sich dennoch in der Tradition verankern?

2

Zunächst sei dies für einzelne Aspekte versucht.

Beginnen wir mit dem Versmaß! Ein Dichter, der Liebe als Krankheit und Schicksal erfuhr, ist Catull. Sein einundfünfzigstes Gedicht steht nicht nur in sapphischen Strophen, sondern es paraphrasiert auch eine Ode Sapphos, klingt aber in einer ganz persönlichen Strophe aus. Mit Eminescu lassen sich folgende Züge vergleichen: das Metrum, die wichtige Rolle des Erblickens, die Liebe als Krankheit, das Verfallensein an die Leidenschaft bis zur Ohnmacht, die Schicksalhaftigkeit dieser Liebe und ihr unglücklicher Ausgang.

Daneben bestehen freilich Unterschiede: Catull läßt das Gedicht in der Anfangsphase der Beziehung spielen; die liebende Ergriffenheit überwiegt, das Verhängnis ist nur leise angedeutet. Bei Eminescu hingegen liegt der Beginn schon geraume Zeit zurück; die Leidenschaft hat sich zur unerträglichen Krankheit entwickelt. Rückblickend wird auch die Süße des Anfangs mit der Bitternis des Endes vermengt. Für diese schmerzvolle Spätphase bietet unser Catullgedicht keine Parallele, wohl aber andere seiner Verse (76; 8; 85). Besonders in *carmen 76* ist aus dem Fieber von *carmen 51* eine verderbliche Pest geworden. Aber während Catulls Schrei nach Gesundheit die Möglichkeit einer Rettung nicht völlig ausschließt, ist bei Eminescu das Verhängnis unwiderruflich, und es bleibt nur der Wunsch nach einem ruhigen Sterben.

Für das Motiv der totalen Verfallenheit bis zum Tode werden wir uns also nach anderen Parallelen umzusehen haben. Halten wir zunächst innerhalb von Eminescus eigenem Werk Umschau, so hat hierfür das Gedicht »Venus und Madonna« (*Venere și Madonă*) eine Schlüsselfunktion. Der Dichter hat die Geliebte[6] zur Madonna verklärt; in Wahrheit trägt sie aber auch diabolische Züge. Das lyrische Ich will sich von ihr lösen, verfällt ihr aber am Ende dennoch. Dieses inkonsequente Nacheinander von Absage und Widerruf findet sich in ähnlicher Form in Ovids Ausformung des Themas *Odi et amo*,[7] gleichgültig, ob es sich dabei um eine einheitliche Elegie oder um ein eng zusammengehöriges Gedichtpaar handelt. Doch ist die Selbstironie bei Ovid locker und leicht, bei Eminescu schmerzvoll und schneidend. Allenfalls könnte man sagen, er habe Ovids Elegie ins Lebensgefühl Catulls zurückübertragen.

Noch näher liegt es freilich, an den Dichter der *Fleurs du mal* zu denken. Klassischer Ausdruck der Verfallenheit an die Geliebte ist das Gedicht *Le Vampire*.[8]

Le Vampire

Toi qui, comme un coup de couteau,
Dans mon cœur plaintif es entrée;
Toi qui, forte comme un troupeau
De démons, vins, folle et parée,

De mon esprit humilié
Faire ton lit et ton domaine;
— Infâme à qui je suis lié
Comme le forçat à la chaîne,

Comme au jeu le joueur têtu,
Comme à la bouteille l'ivrogne,
Comme aux vermines la charogne,
— Maudite, maudite sois-tu!

J'ai prié le glaive rapide
De conquérir ma liberté,
Et j'ai dit au poison perfide
De secourir ma lâcheté.

Hélas! le poison et le glaive
M'ont pris en dédain et m'ont dit:
»Tu n'es pas digne qu'on t'enlève
A ton esclavage maudit,

Imbécile! — de son empire
Si nos efforts te délivraient,
Tes baisers ressusciteraient
Le cadavre de ton vampire!«

Der Vampir

Du die wie ein messerstoss
Ins klagende herz mir zücktest
Wie schwärme von teufeln stark und gross
Kamest du Tolle Geschmückte

Und machtest zu haus und bette
Meinen erniedrigten sinn –
Ruchlose! eins mit dir bin
Ich wie sträfling mit kette

Wie spieler mit ihrer sucht
Wie trinker mit ihrem glase

> Wie das gewürm mit dem aase —
> Verflucht seist du! verflucht!
>
> Ich flehte zu schwertes schnelle:
> ›Gib mir meine freiheit zurücke!‹
> Ich sprach zu des giftes tücke:
> ›Sei meiner schandtat geselle!‹
>
> Da hat das gift und das schwert
> Verächtlich zu mir gesprochen:
> ›Aus deinen verwünschten jochen
> Dich reissen bist du nicht wert.
>
> Du tor wenn auch unsre streiche
> Dich lösten aus dem verschluss
> So weckte wieder dein kuss
> Deines vampirn leiche.‹

Charakteristisch für dieses Gedicht ist die unerhörte Intensität der Bilder: Die Geliebte heißt nicht nur »mein Leid«, sondern sie gleicht einem Messerstich im Herzen des Liebenden, sie ist auch mehr als nur ein dämonisches Wesen: eine ganze Herde von Teufeln. Auch die Abhängigkeit des Liebenden wird in vier drastische Bilder gekleidet. Der Wunsch, sich durch Ermordung der Geliebten Freiheit zu verschaffen, wird lebendig im Dialog mit Dolch und Gift. Die Antwort in direkter Rede bringt dem Dichter die Hoffnungslosigkeit seiner Lage zum Bewußtsein.

Wie bei Eminescu erscheint hier die Liebe als tödliche Krankheit. Die Hoffnungslosigkeit ist sogar noch tiefer. Angesichts der verwandten Stimmung und auch wörtlicher Parallelen mit dem benachbarten Gedicht 37 (*Et je buvais ton souffle, ô douceur, ô poison*) wundert man sich, daß in einem Werk, das den Titel trägt »Le poète Eminescu et la poésie française«,[9] Baudelaire als Vorlage nicht erwogen wird. Auch in der maßgebenden Biographie von Călinescu[10] ist Baudelaire nur ganz beiläufig erwähnt.[11]

Doch auch Baudelaire erhellt nur einen Teilaspekt unseres Gedichtes; bei Eminescu fehlen vor allem der Wunsch, die Geliebte zu töten, und der Dialog mit dem Messer, dessen Personifikation an Apuleius[12] erinnert. (Überhaupt vertauscht Baudelaire gegenüber Apuleius die Rollen der Geschlechter: Dort will Psyche Amor ermorden,

den sie für ein geflügeltes Ungeheuer hält; hier erscheint die Frau als Vampir, und der Mann will sie töten.)

Für die Gesamtidee von Eminescus Gedicht müssen wir also wiederum nach anderen Anregungen Ausschau halten. Die auffälligste Eigentümlichkeit von Eminescus Ode ist der Versuch, das eigene Leben im ganzen zu überblicken. Als Ausgangspunkt dient die Geborgenheit des Kindes, die in einem Ton geschildert wird, wie wir ihn aus Novalis und Hölderlin, Dichtern, die Eminescu schätzte, im Ohr haben. Das Schicksal eines Dämons, der von Liebe zu einer Sterblichen ergriffen wird und schließlich wieder in seine kalte Einsamkeit zurückkehrt, ist das Thema von Eminescus Meisterwerk »Der Abendstern« (*Luceafărul*). Die Erfahrung des eigenen Dämons – für die es genügen mag, an Lord Byron und Lermontov zu erinnern – hat Eminescu durch Beschäftigung mit orientalischer Philosophie vertieft.

Bei unseren bisherigen Versuchen, die Traditionen zu verstehen, in denen unser Gedicht steht, sind wir immer wieder auf dämonische Züge gestoßen, sowohl was die Darstellung der Geliebten als auch was die Selbstdarstellung des Dichters betrifft. Dies ist um so merkwürdiger, als unser Gedicht catullisches Pathos und Baudelairesche Drastik eher zurückdrängt und im ganzen romantische Erfahrung in geradezu klassisch geläuterter Form verklärt.

Wie dies möglich wird, ist uns immer noch verborgen. Ebenso haben wir bisher nur einzelne Züge aus der Tradition belegen können, nicht aber die spezielle Kombination der Bilder in unserem Text mit dem Wunsch, ruhig zu sterben und das eigene Ich zurückzubekommen.

Gibt es überhaupt einen solchen Text? Überrascht stellt man fest, daß er sich bei einem Dichter findet, dem man solch verzehrende Leidenschaft im allgemeinen nicht zutraut.

3

Horaz, Epode 17[13]

Iam iam efficaci do manus scientiae,
supplex et oro regna per Proserpinae,
per et Dianae non movenda numina,

per atque libros carminum valentium
5 *refixa caelo devocare sidera,*
Canidia, parce vocibus tandem sacris
citumque retro solve, solve turbinem.
movit nepotem Telephus Nereium,
in quem superbus ordinarat agmina
10 *Mysorum et in quem tela acuta torserat,*
unxere matres Iliae additum feris
alitibus atque canibus homicidam Hectorem,
postquam relictis moenibus rex procidit
heu pervicacis ad pedes Achillei;
15 *saetosa duris exuere pellibus*
laboriosi remiges Ulixei
volente Circa membra; tunc mens et sonus
relapsus atque notus in voltus honor.
dedi satis superque poenarum tibi,
20 *amata nautis multum et institoribus:*
fugit iuventas et verecundus color
reliquit ossa pelle amicta lurida,
tuis capillus albus est odoribus;
nullum a labore me reclinat otium,
25 *urget diem nox et dies noctem neque est*
levare tenta spiritu praecordia.
ergo negatum vincor ut credam miser,
Sabella pectus increpare carmina
caputque Marsa dissilire nenia.
30 *quid amplius vis? o mare et terra, ardeo,*
quantum neque atro delibutus Hercules
Nessi cruore nec Sicana fervida
virens in Aetna flamma: tu, donec cinis
iniuriosis aridus ventis ferar,
35 *cales venenis officina Colchicis?*
quae finis aut quod me manet stipendium?
effare: iussas cum fide poenas luam,
paratus expiare, seu poposceris
centum iuvencos, sive mendaci lyra
40 *voles sonare: ›tu pudica, tu proba*
perambulabis astra sidus aureum.‹
infamis Helenae Castor offensus vice
fraterque magni Castoris victi prece

    adempta vati reddidere lumina:
45 *et tu — potes nam — solve me dementia,*
    o nec paternis obsoleta sordibus
    neque in sepulcris pauperum prudens anus
    novendialis dissipare pulveres;
    tibi hospitale pectus et purae manus
50 *tuusque venter Pactumeius et tuo*
    cruore rubros obstetrix pannos lavit,
    utcumque fortis exsilis puerpera.
    ›quid obseratis auribus fundis preces?
    non saxa nudis surdiora navitis
55 *Neptunus alto tundit hibernus salo.*
    inultus ut tu riseris Cotytia
    volgata, sacrum liberi Cupidinis,
    et Esquilini pontifex venefici
    inpune ut urbem nomine inpleris meo?
60 *quid proderat ditasse Paelignas anus*
    velociusve miscuisse toxicum?
    sed tardiora fata te votis manent:
    ingrata misero vita ducenda est in hoc,
    novis ut usque suppetas laboribus.
65 *optat quietem Pelopis infidi pater*
    egens benignae Tantalus semper dapis,
    optat Prometheus obligatus aliti,
    optat supremo conlocare Sisyphus
    in monte saxum; sed vetant leges Iovis.
70 *voles modo altis desilire turribus,*
    modo ense pectus Norico recludere,
    frustraque vincla gutturi nectes tuo
    fastidiosa tristis aegrimonia.
    vectabor umeris tunc ego inimicis eques
75 *meaeque terra cedet insolentiae.*
    an quae movere cereas imagines,
    ut ipse nosti curiosus, et polo
    deripere lunam vocibus possim meis,
    possim crematos excitare mortuos
80 *desiderique temperare pocula,*
    plorem artis in te nil agentis exitus?‹

Siebzehnte Epode

Schon, schon, Gefangner deiner hohen Wissenschaft,
Bitt ich und fleh beim Herrscherstuhl Proserpinas,
Fleh bei Dianens unantastbarer Gewalt,
Und bei dem Buch der starken Sprüche, deren Bann
Vom Himmelszelt gebrochne Sterne niederzwingt:
Canidia, halt inne mit Verwünschungen,
Den Hexenkreisel, laß, ihn rückwärts, rückwärts drehn!
Ach, selbst den Nereus-Enkel rührte Telephus,
Der prahlend gegen ihn in Rotten aufgestellt
Die Myser, gegen ihn gewirbelt scharf Geschoß;
Und Trojas Frauen salbten, den schon Gei'r und Hund
Zum Fraße kor, des mörderischen Hector Leib,
Da seine Burg verlassen König Priamus
Und des Achill unbeugbar Herz auf Knien erweicht.
Ulixens vielgeplagte Mannschaft tat zuletzt
Die Glieder ab, mit Schwarten zäh beborstete,
Weil Circe sich erbitten ließ; und Rede kam
Und Geist zurück und alte Zier des Angesichts.
Genug gestraft, mehr denn genug, bin ich von dir,
Du, Schiffers Bettschatz und Hausierers, vielgeliebt.
Die Jugend floh, der Wangen hochgelobter Glanz
Verging den fahlen Runzeln, schlotternd ums Gebein.
Durch deine Spezereien ist mein Haar ergreist;
Von keiner Arbeit wiegt mich Muße sanft in Schlaf,
Nacht drängt den Tag und Tag die Nacht; und nimmer bringt
Ein Seufzerhauch Erleichtrung der beklommnen Brust.
Besiegt muß ich nun glauben, was ich leugnete,
Daß ein Sabinersprüchlein uns das Herz beschrei,
Ein marsisch Ammenliedlein unsern Schädel spreng.
Was willst du mehr? O Meer und Erd, ich glühe schon,
Wie nicht, von Nessus' finstrem Blutgewand umstrickt,
Held Hercules, Sicaner Glut im Aetna nicht,
Die unverlöschlich wilde, flammt. – Du kochst und brennst,
Bis ich in Aschen, unbarmherziger Winde Spiel,
Verflattert bin, Giftküche, weiter, colchische?
Wo soll das enden? Welcher Zoll gewartet mein?
Sprich aus! Der anbefohlenen Strafe zins ich treu,
Bereit zu büßen, ob du Hecatomben heischst,

Ob wünschest, meiner Leier lügenträchtig Rund
Soll von dir schallen: »Du Verschämte, Sittsame,
Wirst übern Himmel wandeln, güldenes Gestirn.«
Gab Castor einst und Castors Zwilling gnädig doch,
Durch Helenas Beleidigung gekränkte Zween,
Dem Sänger der geraubten Augen Licht zurück.
Auch du, (du kannst es!) löse von dem Wahnsinn mich,
O Vettel, nicht besudelt durch des Vaters Schmutz,
Die nie mit Diebesfingern in der Armengruft
Den Aschenrest, den kaum verscharrten, durchgewühlt!
Dein Herz ist voll Erbarmen, deine Hand ist rein
Und Pactumeius deine Frucht, mit eignem Blut
Färbst du den Wehemutter Laken jedesmal,
Wenn du vom Bett springst, rüstige Gebärerin.
Was schüttest du die Bitten vors verschlossene Tor?
Nie war ein Fels dem nackten Schiffervolk so taub,
Den winterlich Neptunens salzge Lauge beizt.
Du hättest ungezüchtigt der Cotytien
Geheimnis, du Cupidos freien Dienst verlacht?
Du Büttel, der am Esquilin die Druden stört,
Zögst meinen Namen straflos durchs Geschrei der Stadt?
Was hülf's, daß ich Paeligner-Hexen schwer bezahlt
Und brauen lernte rascher wirkend Giftgebräu?
Nein, deiner harrt ein Sterben später denn der Wunsch!
Unleidlich dehnt dein Leben sich und dergestalt,
Daß neue Mühsal immerfort der andern folgt.
Nach Ruh begehrt des Pelops, des Verräters, Ahn,
Von reicher Mahlzeit unersättigt, Tantalus,
Begehrt Prometheus, angeschmiedet, Adlerfraß;
Den Steinblock gehrt auf Berges Gipfel Sisyphus
Zu festigen: doch Jovis Satzung hindert sie.
Gern wagtest du vom höchsten Turme bald den Sprung,
Gern mit dem Norerstahl durchstächst du deine Brust;
Vergeblich legst du deiner Gurgel Schlingen an,
Vom Überdruß beständigen Jammers Lebens satt!
Ich thron auf meines Feindes Rücken, Reiterin,
Und meiner Unverschämtheit weicht das Erdenrund.
Ich, – deine Neugier hat es selbst mit angesehn –
Die Bilder, wächserne, beleben kann, vom Pol
Den Mond kann niederzwingen mit dem rechten Wort,

> Ich, die verbrannte Leichnam aus dem Grabe ruft,
> Den Liebestrank zu würzen weiß, fänd weinend mich
> Am Ziel so vieler Künste, denen Du getrotzt?
>
> *(Rudolf Alexander Schröder)*

In der siebzehnten Epode redet Horaz mit der Hexe Canidia.[14] Das Gedicht besteht aus zwei Teilen: der Bitte des Dichters (1–52) und der unerbittlichen Absage der Hexe (53–81). Im ersten Teil erklärt Horaz sich von der Magie überwunden, und er beschwört Canidia, den Zauberbann endlich zu lösen und sich erbitten zu lassen – gleich Achill nach dem Sieg über Telephus und Hector und gleich Circe, welche die magische Verwandlung der Gefährten des Odysseus rückgängig gemacht hat (15–17). Diese bekamen Vernunft, Sprache und Menschengestalt, kurz: ihr Wesen zurück (17f.).

Anschließend schildert Horaz seine Leiden (19–35): Gesicht und Haar sind entstellt, weder bei Tag noch bei Nacht enden seine Qualen. Der Dichter ist bereit einzuräumen, was er bisher geleugnet hat: die Wirksamkeit sabellischer und marsischer Zaubersprüche. Die eigenen Martern schildert er in tragischem Stil (30ff.): »O Meer, o Land, ich brenne so stark wie weder Hercules, als er mit dem düstern Blut des Nessus bestrichen war, noch die heiße Flamme, die im sizilischen Ätna ungestüm tobt. Bleibst du, solange bis ich als trockene Asche von rücksichtslosen Winden fortgetragen werde, eine Werkstatt, allzeit warm von kolchischem Gift? Welches Ende oder welche Tributpflicht erwartet mich? Sprich's aus: Ich werde treulich die auferlegte Strafe entrichten, bereit, Sühne zu leisten, sei es, daß du hundert Stiere forderst oder von mir verlangst, daß ich mit lügenhafter Leier singe: ›Du Keusche, du Ehrbare wirst als goldenes Gestirn am Sternenzelt deine Bahn ziehen.‹ Castor, der im Namen der verleumdeten Helena gekränkt war, und der Bruder des großen Castor gaben dem Dichter,[15] durch seine Bitte besiegt, das Augenlicht zurück, das sie ihm geraubt hatten. Auch du – denn du vermagst es – erlöse mich vom Wahnsinn.«

Es folgen als Palinodie in hymnischer Form einige Sätze zur Charakterisierung der Alten.

Die zweite Hälfte der Epode, Canidias Antwort, zeigt, daß die Hexe überhaupt nicht an Begnadigung denkt, vielmehr den Dichter an den Rand des Selbstmordes treiben und ihn dann – um die Grausamkeit noch zu steigern – zum Weiterleben zwingen will; vergeblich möge er den Tod herbeisehnen (62), und sein Leben soll eine einzige Kette von Mühsal sein (64), quälende Mißstimmung sein Gemüt verdüstern (*fastidiosa tristis aegrimonia* 73).

Macht und Ohnmacht der Zauberei bestimmen das Finale und die Einleitung der Epode.

Canidias Schlußwendung läßt möglicherweise durchblicken, daß ihre Kunst doch nicht so erfolgreich ist, wie Horaz es in seiner Bittrede fingiert. Der Reiz der Epode liegt darin, daß der »ungläubige« Dichter die Zauberei der Hexe als »wirksam« (*efficaci* 17,1) bezeichnet, Canidia aber, die daran glaubt, von einer Kunst spricht, die nichts ausrichtet (*nil agentis* 81). Allein schon die Absicht der Hexe, die bisherigen Qualen zu steigern, läßt erkennen, daß Canidia mit dem Erreichten keineswegs zufrieden ist. So ist die Perspektive in den zwei Gedichtteilen jeweils komplementär, und die beiden Aussagen scheinen sich aufzuheben.

Auch innerhalb der Horazrede (1–52) spielen Gegensätze eine wichtige Rolle. Einerseits erscheint Canidia als Geliebte vieler Seeleute und Krämer (20), andererseits stellt der Dichter eine Apotheose ihrer Keuschheit in Aussicht (40f.) und singt schließlich ausdrücklich ihr Lob (46–52). Freilich dient die »Palinodie« als Vehikel dafür, Verfehlungen Canidias zur Sprache zu bringen: Dadurch daß sie bestritten werden, wird der Leser erst auf sie aufmerksam.

Eine ganze Reihe von Motiven aus Horazens Hexenepode ist für Eminescu bedeutsam: die Bitte um Befreiung von Qual und Wahnsinn (45); damit verbunden das Motiv der Rückerstattung (44): Bei Stesichoros ging es um die Wiedergewinnung des Augenlichtes, bei Eminescu (ähnlich wie bei den Gefährten des Odysseus und in der Bitte des Horaz) um diejenige des eigenen Ich. So stimmen beide Texte bereits in der Grundtendenz überein. Hinzu kommen aus der Canidiarede der Todeswunsch und die Sehnsucht nach Ruhe (bes. 65) sowie die traurige Stimmung am Lebensende (*tristis* 73; vgl. bei Eminescu *nepăsare tristă*). Bereits die genannten Parallelen gehen weit über gegenstandsbedingte Analogien hinaus. Das »Leitfossil« aber, das direkte Abhängigkeit von Horaz zur Gewißheit erhebt, ist der bei Eminescu auffällige mythologische Doppelvergleich mit Nessus und Hercules. Die Kombination dieser Namen in einem Vergleich ist auch in der Antike nicht das Übliche. Gerade sie findet sich nun in unserer Canidia-Epode, noch dazu in einem Kontext, der auch in Einzelheiten bei Eminescu wiederkehrt: Der Liebende bzw. Behexte hat das Gefühl zu verbrennen (*ardeo* 30) wie Hercules im

Nessusgewand. Auch Meer und Land sowie das Davongetragenwerden vom Wind findet sich hier wie dort.

Die Verwandtschaft der beiden Gedichte könnte kaum enger sein. Dennoch sind Charakter und Ton verschieden: bei Horaz die schmähende Aggressivität des Iambus, bei Eminescu die kultische Feierlichkeit der sapphischen Ode. Was bedeutet diese läuternde Metamorphose?

4

Selbstzeugnisse des Dichters setzen uns hier in die glückliche Lage, die Idee und den Prozeß dieser Umformung gleichsam mitverfolgen zu können. Hierbei hilft uns ein Motiv aus derselben Horazpartie, das Eminescu in seiner Ode übergeht, aber an anderer Stelle verwertet: Die Fortentwicklung des horazischen Palinodiegedankens zu der Idee, der Dichter schaffe die alles andere als fleckenlose Geliebte zu einer Göttin um, liegt auch dem berühmten Gedicht »Venus und Madonna« zugrunde und spielt in Eminescus Episteln eine wichtige Rolle. An einer Stelle des fünften Sendschreibens träumt Eminescu davon, die Geliebte in einer Ode von antikem Klang zu verklären — er spricht sogar von »Adonisversen« (wie sie in unserer Ode erscheinen).[16]

> ...
> Ea nici poate să-nţ eleagă că nu tu o vrei ... că-n tine
> E un demon ce-nsetează după dulcile-i lumine.
> ...
> Cînd tăiau in marmor chipul unei zîne după ele.
> S-ar pricepe pe el însuşi acel demon ... s-ar renaşte,
> Mistuit de focul propriu, el atunci s-ar recunoaşte
> Şi pătruns de-ale lui patimi şi amoru-i cu nesaţiu
> El ar frînge-n vers adonic limba lui ca şi Horaţiu.
> Si-n acel moment de taină, cînd s-ar crede că-i ferice
> Poate-ar invia în ochiu-i ochiul lumii cei antice.

> ...
> Kann sie ja doch nicht verstehen, daß nicht du sie willst nur haben,
> Daß in dir ein Dämon wohnet, der an ihr sich möchte laben
>   [eigentlich: der dürstet nach ihrem süßen Licht].

...
Daß aus Marmor er erschaffe einer hehren Göttin Bild.
Dann nur würde jener Dämon endlich auch sich selbst verstehn
Und, *verzehrt vom eignen Feuer, aus der Asche neu erstehn*
    [Man beachte die Feuer-Metaphorik und die Anspielung auf das Phoenix-Motiv in unserer Ode!].
Dann, bewußt nun seiner Liebe, seiner Leidenschaft, der wilden,
Würd' er zu Adonisversen *gleich Horaz* die Sprache bilden
...
Und in jenem Augenblicke, der das höchste Glück ihm malet,
Dann vielleicht in seinem Auge der *Antike* Auge strahlet.

Diese poetische Erlösung des eigenen Dämons (über deren ›fiktiven‹, rein ›künstlerischen‹ Charakter Eminescu sich in der Epistel im klaren ist) gelingt dem Dichter in unserer Ode. Wie bewußt er das gehobene Metrum gewählt hat, bestätigt auch ein Hinweis in der vierten Epistel (gegen Ende):[17] Dort spricht er von dem *Carmen saeculare*, das er wie eine Erinnerung an einen früheren Zustand der Vollkommenheit in sich trage.

E acelaşi cîntec vechi,
Setea liniştei eterne care-mi sună în urechi...
P-ici, pe colo mai străbate cîte[18]*-o rază mai curată*
Dintr-um Carmen Saeculare ce-l visai şi eu odată.

Tönet mir ja immerzu
In das Ohr das Lied, das alte, von dem Durst nach ewger Ruh. ...
Hie und da bricht noch ein reiner Lichtstrahl durch das Düster kaum
Aus dem [eigentlich: einem] *Carmen saeculare*, das vor Zeiten war
                                                                mein Traum.

Unser sapphisches Gedicht geht von der Erinnerung an einen solchen Zustand aus und sehnt ihn am Ende, wenn auch in bescheiden herabgestimmtem Ton, wieder herbei. Eminescu erreicht ihn nicht *realiter*, sondern im antiken Metrum und in der strengen axialsymmetrischen Gestalt, die er seiner Ode verliehen hat. Hinzu kommt – als Element spezifisch Horazischer Odentechnik – das Ausgehen von einem Zitat in der ersten Zeile. Wie Horaz in den Oden Alkaios programmatisch zitiert (um dann in ganz anderer Weise fortzufahren), so beruft sich Eminescu in dem ersten sinntragenden Vers auf

Kantemir.[19] Antike Form wird hier zum Sinnbild künstlerischer Bewältigung des Eros als Schicksal. Am Ende seiner poetischen Laufbahn hat der Dichter es vermocht, sein Leben wie in einem Brennspiegel zusammenzufassen und, ehe das Dunkel vollends über ihn hereinbrach, doch noch ein säkulares Lebens- und Liebesgedicht zu schreiben. Ein römisches Gedicht hat ihm dabei nicht als drückendes Vorbild, sondern als gleichnishafte Anregung gedient, und die antike Form wurde ihm zum Mittel der Befreiung und Verklärung.

Rückblickend wird auch klar, daß Eminescu bei Horaz und Ovid, Dichtern, denen man im allgemeinen kein tiefes Liebesleid zutraut, Entscheidendes gefunden hat. Das sollte übrigens auch umgekehrt vor einer allzu einseitig formalistischen, ›spielerischen‹ Interpretation dieser antiken Dichter warnen.

ANMERKUNGEN

1. Vgl. auch: M. v. Albrecht, in: Kehr um im Bild, Gedenkschrift V. A. Schmitz, Frankfurt a.M. 1983, 20–34; Dacoromania 6, 1981/2, 243–256. – BIBLIOGRAPHIE: Bibliografia M. Eminescu 1866–1970, volumul I: Opera, București 1976. – TEXT: Text mit englischer Übersetzung: M. Eminescu, Poems. Romanian-English bilingual edition. Translated by L. Levițchi and A. Bantaș. Foreword by A. Martin, Bucharest 1978 (darin: *Odă* S. 434f.; *Venere și Madonă* S. 44ff.; Episteln S. 261ff.). – Text mit Übersetzungen in mehrere Sprachen: M. Eminescu, Poezii, ediție selectivă și cuvînt introductiv de Z. Dumitrescu-Bușulenga (mit kurzer Übersetzungs-Bibliographie), București o.J. – Textkritische Ausgabe eines Teils der Werke, darunter der Episteln 1–4 (S. 91–125): M. Eminescu, Poezii și variante, ediție omagială alcătuită de D. R. Mazilu, București 1940.

MONOGRAPHIE: G. Călinescu, Viața lui M. Eminescu, București 1973 (mit Namenregister); deutsch: Das Leben Eminescus, übersetzt von H. Krasser, Bukarest 1967.

SAMMELBÄNDE: Eminescu après Eminescu, Communications présentées au Colloque ... 1975 à l'Université de Paris – Sorbonne, publ. par D. Păcurariu, Iași 1978 (Eminesciana 14); darin bes.: M. Zamfir, La constitution du mythe d'Eminescu. Gloses sur un mythe moderne, 117–138. – Eminescu și clasicismul greco-latin, studii și articole, ed. T. Diaconescu, Iași 1982 (= Eminesciana 28). Das Buch wurde mir freundlich von Frau Dr. Elena Loghinovski (Bukarest) geschickt. Es enthält auch eine weiterführende Bibliographie. Besonders interessant sind die Hinweise zur Entstehungsgeschichte der Ode ebd. 140–154 (D. Murărașu). Das Ringen mit Horaz wird in den Vorstufen der Ode ausdrücklich erkennbar; aber auf die 17. Epode und auf Eminescus Episteln weist M. nicht hin. N. Herescu (ebd. 164) denkt bei *mie redă-mă* an Catull carm. 76 und Hor. epist. 1,14 (beides weiter entfernt von Eminescu als epod. 17).

2. Vgl. *Fleurs du mal* 37.   3. »Kamadeva«, bei Schroff (s. Anm. 1) 59 f.

4. Gleiche Hoffnung deutet er in der fünften Epistel an (vgl. unten S. 479 ff.).

5. Diese Beobachtung ergänzt sich mit der Feststellung von Andrei Ujica (mündlich), daß sich Eminescu besonders in der ersten Strophe von der romantischen Dichterpose distanziert.

6. Zu ihrer Identität s. G. Călinescu, Das Leben ... (s. Anm. 1) 136.

7. Ov. am. 3,11.

8. *Fleurs du mal* 32. – Text: Les fleurs du mal, par Ch. Baudelaire. Poésies. Édition complète, Paris o. J., 38 f.; Übersetzung: Stefan George, Werke. Ausgabe in zwei Bänden, Band 2, Düsseldorf und München 1968, 259.

9. D. A. Nanu, Paris 1930.   10. G. Călinescu, Viaţa ... (s. Anm. 1) 295.

11. Einfluß Baudelaires wird von der rumänischen Forschung für unwahrscheinlich gehalten (Hinweis von Samuil Druckmann Damian, dem ich vielmals für Durchsicht des Manuskripts danke).

12. Apul., met. 5,22.

13. Text: Q. Horatii Flacci opera, tertium rec. F. Klingner, Leipzig 1959, 157–159; Übersetzung: R. A. Schröder, Gesammelte Werke in fünf Bänden, Bd 5: Vergil/Horaz deutsch, Berlin und Frankfurt a. M. 1952, 777–779.

14. Vgl. auch Hor. epod. 5 und sat. 1,8.   15. Stesichoros.

16. Text: M. Eminescu, Poems. Romanian-English bilingual edition (s. Anm. 1) 352–367. Dieser Brief fehlt in der oben Anm. 1 angegebenen kritischen Ausgabe von Mazilu; Übersetzung: Schroff (s. Anm. 1) 98–100.

17. Text: s. Anm. 14, S. 348; Übersetzung: Schroff (s. Anm. 1) 95 f.

18. Die kritische Ausgabe von Mazilu (oben Anm. 1) schreibt *câte* (124 f.).

19. Auf den Zitat-Charakter der ersten Zeile macht mich freundlicherweise Herr Dr. Andrei Ujica aufmerksam.

XII

LIEBE UND LEHRE

Torquato Tasso, Goethe und Puškin als Leser und Kritiker der Liebeslehre Ovids

I

In Torquato Tassos[1] »Befreitem Jerusalem« kommt den Liebeskünsten eine wichtige Rolle zu. Der Fürst von Damaskus, Hydraot, schickt die schöne Zauberin Armida in das Lager der Kreuzfahrer, um die Ritter vom Kampf abzulenken. Hören wir die erotischen Unterweisungen, die der Oheim der Nichte mit auf den Weg gibt (4,25 f.):

> *Vanne al campo nemico: ivi s'impieghi*
> *ogn'arte feminil ch'amore alletti;*
> *bagna di pianto e fa' melati i preghi;*
> *tronca e confondi co'sospiri i detti: ...*
> *vela il soverchio ardir con la vergogna,*
> *e fa'manto del vero a la menzogna.*
>
> *Prendi, s'esser potrà, Goffredo a l'ésca*
> *de'dolci sguardi e de' be' detti adorni, ...*

> Geh in des Feindes Lager; dort nun zeige,
> was dir von Liebeskünsten nur bewußt.
> Mit Tränen, Seufzern untermischt entsteige
> des Flehens holder Laut der zarten Brust; ...
> In Scham verbirg des Mutes Überfülle
> und decke Lügen mit der Wahrheit Hülle.
>
> Mit holdem Blick und süßem Schmeichelklange
> nimm, ist es möglich, selbst den Feldherrn ein, ...

Nichts ist ovidischer als solch ein Unterricht: Männerherzen durch Tränen, Seufzer und Schmeichelreden zu erobern, lehrt Ovid die Frauen im dritten Buch der *Ars amatoria* (3,673–678):[2]

Efficite (et facile est), ut nos credamus amari;
  Prona venit cupidis in sua vota fides.
Spectet amabilius iuvenem et suspiret ab imo
  Femina, tam sero cur veniatque roget;
Accedant lacrimae, ...

Bewirkt (und das ist leicht), daß wir glauben, wir würden geliebt. Gern kommt der Glaube zu denen, die etwas heftig wünschen. Die Frau blicke den jungen Mann besonders liebenswürdig an, sie seufze aus tiefster Brust und frage, warum er so spät komme. Füge Tränen hinzu ...

Von Ovids Kunst der *simulatio*[3] hat Armida viel gelernt (4,87–89):

Usa ogn'arte la donna, onde sia còlto
ne la sua rete alcun novello amante:
né con tutti, né sempre un stesso vólto
serba, ma cangia a tempo atti e sembiante.
Or tien pudica il guardo in sé raccolto,
or lo rivolge cupido e vagante:
la sferza in quelli, il freno adopra in questi,
come lor vede in amar lenti o presti.

Se scorge alcun che dal suo amor ritiri
l'alma, e il pensier per diffidenza affrene,
gli apre un benigno riso, e in dolci giri
volge le luci in lui liete e serene:
e così i pigri e timidi desiri
sprona, ed affida la dubbiosa spene;
ed infiammando l'amorose voglie
sgombra quel gel che la paura accoglie.

Ad altri poi, ch'audace il segno varca
scòrto da cieco e temerario duce,
de' cari detti e de' begli occhi è parca,
e in lui timore e riverenza induce.
Ma fra lo sdegno, onde la fronte è carca.
pur anco un raggio di pietá riluce;

sí ch'altri teme ben, ma non dispera;
e piú s'invoglia, quanto appar piú altera.

Sie lockt, anwendend jede Kunst der Frauen,
stets neue Buhler in ihr Netz herbei,
und läßt Gebärde, Blick oft wechselnd schauen,
bei allen nicht, noch allzeit einerlei.
Bald senkt ihr Blick sich schamhaft zu den Auen,
bald schickt sie lüstern ihn umher und frei.
Der wird gezügelt, jener wird getrieben,
nachdem sie schnell sind oder träg im Lieben.

Wird sie gewahr, daß Zweifel doch und Bangen
mißtrauisch wende von der Liebe Bahn,
dann lächelt sie ihm froh und unbefangen
und blickt mit heiterm Aug ihn gütig an.
So spornet sie das schüchterne Verlangen,
bestärkt aufs neu der Hoffnung süßen Wahn;
und so, anfachend die verliebten Flammen,
schmelzt sie das Eis der Furchtsamkeit zusammen.

Wer aber kühn die Grenzen überschreitet,
gelockt durch sie als Führer, blind und arg,
wird schnell zur Furcht und Scheu zurückgeleitet;
ihm ist sie kalt, mit Wort und Blicken karg.
Doch hie und da ein Strahl der Güte gleitet
sanft durch die Wolke, die die Stirne barg;
daß jener fürchte, doch nicht ganz erblöde,
und werd entflammter nur, je mehr sie spröde.

Auch Ovid spricht ausführlich davon, daß längeres Hinhalten und Ungewißheit förderlich für die Liebe seien (ars 3,555–610, vor allem 579f. und 583). Besonders wichtig ist dabei das Konkurrenzgefühl (591–598):

Dum cadit in laqueos, captus quoque nuper, amator
 Solum se thalamos speret habere tuos;
Postmodo rivalem partitaque foedera lecti
 Sentiat: has artes tolle, senescit amor.

Tum bene fortis equus reserato carcere currit,
  Cum, quos praetereat quosque sequatur, habet.
Quamlibet extinctos iniuria suscitat ignes:
  En ego, confiteor, non nisi laesus amo.

Solange der Liebhaber dir noch in deine Schlingen geht und auch noch, solange er frisch gefangen ist, laß ihn hoffen, er sei alleiniger Inhaber deines Gemachs. Später laß ihn spüren, daß er einen Nebenbuhler hat und daß er deine Liebesgunst mit einem anderen teilen muß; läßt du diese Kniffe weg, so welkt die Liebe dahin. Nachdem die Schranken entriegelt sind, rennt das mutige Pferd erst dann gut, wenn es Konkurrenten hat, die es überholen oder denen es nacheilen kann. Kränkung erregt die Glut aufs neue, wenn sie auch schon lang erloschen war: Nehmt mich als Beispiel, ich bekenne es, ich liebe nur, wenn ich gekränkt bin.

Am nächsten steht unserer Ovidstelle eine Strophe aus dem fünften Gesang (5,70):

Ella, che 'n essi mira aperto il core,
prende, vedendo ciò, novo argomento,
e su 'l lor fianco adopra il rio timore
di gelosia per forza e per tormento;
sapendo ben ch'al fin s'invecchia amore
senza quest'arti e divien pigro e lento;
quasi destrier che men veloce corra
se non ha chi lui segua, o chi 'l precorra.

Sie aber schauet klar der Herzen Triebe
und wendet gleich ein neues Mittel an,
um durch den Sporn der Furcht, die Geißelhiebe
der Eifersucht zu fördern ihren Plan.
Denn ohne diese Kunst wird leicht die Liebe –
das weiß sie – matt und träg auf ihrer Bahn:
So pflegt ein Roß im Laufe zu verweilen,
wenn andre nicht vor oder nach ihm eilen.

Hier findet sich also nicht nur eine inhaltliche Übereinstimmung mit dem dritten Buch der *Ars amatoria,* sondern auch eine wörtliche

Übernahme des Gleichnisses vom Pferderennen. So ist man auch nicht überrascht, die *Remedia* zitiert zu finden (5,65):[4]

Ché sí come da l'un l'altro veneno
guardar ne suol, tal l'un da l'altro amore.

Denn wie durch Gift dem Gifte wird entgangen,
so ist vor Lieb' auch Liebe sichre Hut.

Tasso hat die Funktion verändert. Lukrez und Ovid empfehlen, eine Liebe durch eine andere zu vertreiben; bei Tasso wird die alte Leidenschaft zum Hindernis für die neue.

Auch sonst vertauscht der italienische Dichter gerne die Aspekte. Am auffälligsten ist die Verwendung des Namens Proteus: Vergeblich versucht Armida, Gottfried zu verführen (5,63):

Tentò ella mill'arti, e in mille forme,
quasi Proteo novel, gli apparve inanti.

Sie sucht in tausend wechselnden Gestalten,
ein neuer Proteus, schmeichelnd ihm zu nahen.

Damit befolgt Armida den Rat, den Ovid im ersten Buch männlichen Liebhabern anhand desselben mythologischen Beispiels gibt (ars 1,759−762):

Pectoribus mores tot sunt, quot in ore figurae:
  qui sapit, innumeris moribus aptus erit.
utque leves Proteus modo se tenuabit in undas,
  nunc leo, nunc arbor, nunc erit hirtus aper.

Es gibt so vielerlei Charaktere wie Gesichter. Wer klug ist, wird sich unzähligen Wesensarten anpassen können und wie Proteus sich bald zu fließendem Wasser verflüchtigen, jetzt ein Löwe, jetzt ein Baum, jetzt ein borstiger Eber sein.

Auch die Vergleiche im vierten und fünften Buch erinnern an die *Ars amatoria*: Vogelstellerei[5] und Jagd.[6] Verwandt ist auch die Metaphorik: Waffen der Liebe.[7] Hierher gehören auch die mythologischen

Exempla: Tasso (4,96) nennt, wie Ovid, Hercules, Achill und Theseus.[8]

Daß es sich bei Armida um Liebeskunst handelt, macht die Schlußstrophe des vierten Buches noch einmal deutlich (4,96):

> *Queste fûr l'arti onde mill'alme e mille*
> *prender furtivamente ella poteo;*
> *anzi pur furon l'arme onde rapille,*
> *ed a forza d'Amor serve la feo.*
> *Qual meraviglia or fia, s'il fèro Achille*
> *d'Amor fu preda, ed Ercole e Teseo,*
> *s'ancor chi per Giesú la spada cinge,*
> *l'empio ne' lacci suoi talora stringe?*

> Dies sind die Künste, die sie ausgesonnen,
> so viele Herzen trügerisch zu fahn,
> durch solche Waffen, die den Sieg gewonnen,
> der jedes macht zu Amors Untertan.
> Ist's Wunder, daß von seinem Netz umsponnen
> sich Hercules, Achill und Theseus sahn,
> wenn diese selbst sich in sein Netz verirrten,
> die für den Herrn sich mit dem Schwert umgürten?

Die Verführerrolle ist bewußt und einseitig der Frau zugeschrieben. Entlarvend ist die Bezeichnung der Liebeskunst als „weibliche Kunst" (*arte feminil* 4,25). So ist Tasso recht weit entfernt von der relativ vorurteilslosen und partnerschaftlichen Sicht der ovidischen *Ars amatoria*, welche die Aufgaben der Verführung gleichmäßig auf beide Geschlechter verteilt. Tassos Haltung überrascht nicht; hat er doch vor der Akademie in Ferrara mit beredten Worten die These verfochten, der Mann sei von Natur in der Liebe hingebungsvoller und beständiger als die Frau.[9]

Vertritt Tasso in seiner Beurteilung der Liebeskunst als einer Kunst des Täuschens einen mittelalterlichen Standpunkt?[10] Immerhin kennen wir recht positive Urteile des Mittelalters über Ovids Liebeskunst.[11] Tasso ist also in dieser Beziehung vielmehr ein Sohn seiner eigenen Zeit, die im Zeichen der Gegenreformation und der Inquisition steht. Ständig darauf bedacht, in seiner Dichtung die Glaubensnormen nicht zu verletzen, arbeitet er an seinem Epos *Gerusalemme liberata* auch nach dessen Veröffentlichung weiter, so daß schließlich eine Neufassung (*Gerusalemme conquistata*) entsteht. Hier ist nicht nur der Stil geglättet, sondern auch manches Erotische gestrichen; Armida entging diesem Schicksal wohl nur, weil sie sich leicht allegorisch deuten läßt: Das theologische System bewertet sie als Repräsentantin der Verführung eindeutig negativ.

Wenn Tasso einerseits Armidas Liebeskünste verurteilt, andererseits mit sichtlichem Wohlgefallen bei der Schilderung ihrer Schönheit und Liebenswürdigkeit verweilt, so spiegelt sich darin das spannungsreiche Daseinsgefühl einer Epoche und einer Gesellschaft, die sich gerne den Freuden des Diesseits hingibt und dabei den Genuß durch den Reiz des Verbotenen und die Furcht vor dem Jenseits noch zu steigern weiß.

Es ergibt sich somit, daß wir zu den Zügen, die Armida aus der epischen Tradition empfangen hat (Funktion des Lügners Sinon,[12] Verwandtschaft mit der Zauberin Circe,[13] gelegentlich sogar mit Dido[14]), wesentliche Anregungen aus Ovids *Ars amatoria* hinzufügen müssen. Freilich bleibt Tasso beim Verständnis der Liebeskunst als Täuschungskunst stehen und kann die positiven Ansätze von Ovids Didaktik (von denen noch die Rede sein wird) noch nicht voll würdigen.

2

In welchem Verhältnis steht Goethe zu Ovids *Ars amatoria*? Etwas genauer betrachtet sei das Schlußgedicht seines ersten Elegienbuches (1,20)![15]

> Zieret Stärke den Mann und freies muthiges Wesen,
>   O! so ziemet ihm fast tiefes Geheimniß noch mehr.
> Städtebezwingerin, du Verschwiegenheit! Fürstin der Völker!
>   Theure Göttin, die mich sicher durch's Leben geführt,
> 5 Welches Schicksal erfahr' ich! Es löset scherzend die Muse,
>   Amor löset, der Schalk, mir den verschlossenen Mund.
> Ach, schon wird es so schwer, der Könige Schande verbergen!
>   Weder die Krone bedeckt, weder ein phrygischer Bund
> Midas' verlängertes Ohr; der nächste Diener entdeckt es,
> 10 Und ihm ängstet und drückt gleich das Geheimniß die Brust.
> In die Erde vergrüb' er es gern, um sich zu erleichtern:
>   Doch die Erde verwahrt solche Geheimnisse nicht;

Rohre sprießen hervor, und rauschen und lispeln im Winde:
    Midas! Midas, der Fürst, trägt ein verlängertes Ohr!
15 Schwerer wird es nun mir, ein schönes Geheimniß zu wahren;
    Ach, den Lippen entquillt Fülle des Herzens so leicht!
Keiner Freundin darf ich's vertraun: sie möchte mich schelten;
    Keinem Freunde: vielleicht brächte der Freund mir Gefahr.
Mein Entzücken dem Hain, dem schallenden Felsen zu sagen,
20   Bin ich endlich nicht jung, bin ich nicht einsam genug.
Dir, Hexameter, dir, Pentameter, sei es vertrauet,
    Wie sie des Tags mich erfreut, wie sie des Nachts mich beglückt.
Sie, von vielen Männern gesucht, vermeidet die Schlingen,
    Die ihr der Kühnere frech, heimlich der Listige legt;
25 Klug und zierlich schlüpft sie vorbei, und kennet die Wege,
    Wo sie der Liebste gewiß lauschend begierig empfängt.
Zaudre, Luna, sie kommt! damit sie der Nachbar nicht sehe;
    Rausche, Lüftchen, im Laub! Niemand vernehme den Tritt.
Und ihr, wachset und blüht, geliebte Lieder, und wieget
30   Euch im leisesten Hauch lauer und liebender Luft,
Und entdeckt den Quiriten, wie jene Rohre geschwätzig,
    Eines glücklichen Paars schönes Geheimniß zuletzt.

Goethe geht von einem Gedanken aus, den wir auch in Ovids *Ars amatoria* finden:

    Zieret Stärke den Mann und freies muthiges Wesen,
    O! so ziemet ihm fast tiefes Geheimniß noch mehr.

Ovid entwickelt dieses Thema ausführlich (ars 2,601–640). Er vergleicht geschwätzige Liebhaber mit Mysterienverrätern und behauptet über sich selbst (639f.):

Nos etiam veros parce profitemur amores
tectaque sunt solida mystica furta fide.

Wir hingegen sind auch mit Bekenntnissen über wirkliche Liebschaften sparsam, und das Geheimnis unseres Raubes deckt undurchdringliche Verschwiegenheit.

Der römische Dichter stellt die Diskretion als einen Zug dar, der den Menschen vom Tier unterscheidet (*in medio passimque coit pecus;* ars

2,615).[16] Goethe betont demgegenüber stärker, daß sie besonders dem Mann zukomme, was freilich mit der Tatsache zusammenstimmt, daß Ovids Mahnung im ersten Buch steht, das an die Männer gerichtet ist. In antiker Weise macht er aus der Verschwiegenheit eine Gottheit, die ihn bisher sicher durchs Leben geführt habe. Die Anrede »Städtebezwingerin« deutet auf Pallas Athene hin, die Göttin der Weisheit. Sie spielte ganz besonders im Leben des Odysseus eine Führerrolle. Goethe freilich erlebt, daß die Muse seine Verschwiegenheit zunichte macht:

> Welches Schicksal erfahr' ich! Es löset scherzend die Muse,
> Amor löset, der Schalk, mir den verschlossenen Mund.

Hier wird klar, daß es in der Schlußelegie des ersten Buches um die *literarische* Äußerung der Liebe geht. Ein mythisches Beispiel aus Ovids »Metamorphosen« erläutert Sinn und Funktion der Elegiendichtung: Der Diener, der dem König Midas das Haar schneidet, hat gesehen, daß sein Herr Eselsohren besitzt. Weder darf er seine Entdeckung weitererzählen, noch kann er sie für sich behalten. So gräbt er eine Grube, flüstert das Geheimnis hinein und schüttet Erde darüber. Bald freilich wächst an jener Stelle Schilfrohr und rauscht im Winde. »Midas! Midas, der Fürst, trägt ein verlängertes Ohr!« Hier klingen Worte Ovids nach (met. 11,190–193). Der Haarkünstler des Midas ist nur ein Exempel, um die Situation des Liebenden zu kennzeichnen, dem es noch viel schwerer fallen muß, Stillschweigen zu bewahren. Rhetorisch gesprochen handelt es sich um ein *exemplum e minore ad maius ductum* (Quint. inst. 5,11,9):

> Schwerer wird es nun mir, ein schönes Geheimniß zu wahren;
> Ach, den Lippen entquillt Fülle des Herzens so leicht!

Goethe verwendet hier das biblische Sprichwort ἐκ γὰρ τοῦ περισσεύματος τῆς καρδίας τὸ στόμα λαλεῖ Mt. 12,34; vgl. Lk. 6,45). Während im Evangelium die Funktion dieser Sentenz eine inhaltliche ist (aus einem guten Herzen kommen gute Worte, aus einem bösen böse), ist an unserer Goethe-Stelle die Funktion überwiegend formal. Es geht um die Leichtigkeit, mit der die Worte hervorquellen. Wir werden noch auf die poetologische Bedeutung dieses Verses zurückkommen.

Der nun folgende Gedanke berührt sich wieder ganz eng mit der *Ars amatoria*:

> Keiner Freundin darf ich's vertraun: sie möchte mich schelten;
> Keinem Freunde: vielleicht brächte der Freund mir Gefahr.

Dazu Ovid (ars 1,739–742; 749–754):

> *Conquerar an moneam mixtum fas omne nefasque?*
> *nomen amicitia est, nomen inane fides.*
> *ei mihi, non tutum est, quod ames, laudare sodali:*
> *cum tibi laudanti credidit, ipse subit. ...*
> *nil nisi turpe iuvat; curae sua cuique voluptas;*
> *haec quoque ab alterius grata dolore venit.*
> *heu facinus, non est hostis metuendus amanti;*
> *quos credis fidos, effuge: tutus eris.*
> *cognatum fratremque cave carumque sodalem;*
> *praebebit veros haec tibi turba metus.*

Soll ich klagen oder daran erinnern, daß es keine Schranke zwischen Recht und Unrecht gibt? Freundschaft ist nur ein Name, Treue ein leeres Wort. Weh mir, es ist nicht gefahrlos, die Geliebte vor dem Freund zu loben. Hat er deinem Lob Glauben geschenkt, schleicht er sich selbst auf deinen Platz. ... Nur das Böse macht Spaß; jeder denkt nur an sein Vergnügen; und dieses ist auch willkommen, wenn es aus dem Leid eines anderen entspringt. Wehe! Nicht vor dem Feind muß der Liebende sich fürchten; entkomme denen, die du für treu hältst: Erst dann bist du sicher. Hüte dich vor dem Verwandten, dem Bruder und dem lieben Freund: Diese Schar wird dir begründete Furcht einjagen.

Man vergleiche hierzu auch Ovids Warnung vor Freundinnen (ars 3,659–666).
Dann fährt Goethe fort:

> Mein Entzücken dem Hain, dem schallenden Felsen zu sagen,
> Bin ich endlich nicht jung, bin ich nicht einsam genug.

Hier distanziert sich Goethe von Elegien wie Properz 1,18; allerdings gibt Properz dort nicht seiner Freude, sondern seinem Leid Ausdruck. Goethes Elegien besingen das *Glück* der Liebe; in dieser Beziehung muß man eher an Gedichte wie Properz 2,15 denken.

Nachdem zwei Möglichkeiten, das Geheimnis loszuwerden, ausgeschaltet sind, kommt Goethe wieder auf den literarischen Aspekt zurück:

> Dir, Hexameter, dir, Pentameter, sei es vertrauet,
> Wie sie des Tags mich erfreut, wie sie des Nachts mich beglückt.

Es folgen drei Distichen, die anmutig das Kommen der Liebsten schildern. Sie weiß die Schlingen, die andere Männer ihr legen, zu vermeiden. (Man beachte hier die Jagdmetaphorik,[17] die wir bereits aus der *Ars amatoria* kennen.)

Am Ende der Elegie kehrt Goethe zur Dichtungsthematik zurück: Seine Lieder sollen wachsen und blühen und wie jene Schilfrohre schließlich das Geheimnis der Liebenden dem Volk von Rom offenbaren. Dieses Schlußmotiv hat Ovid in den *Amores* bis in die äußersten Konsequenzen durchgespielt: Durch seine Verse ist alle Welt auf sein Mädchen aufmerksam geworden, und er hat sie verloren (am. 3,12,7–12, bes. 8: *ingenio prostitit illa meo*).

Ergänzen wir die bisherigen Beobachtungen durch einen Blick auf zwei weitere Elegien Goethes: Während in dem soeben interpretierten Gedicht das Thema »Diskretion« an die *Ars amatoria* erinnert, ist es im fünfzehnten die Situation beim Gastmahl:[18]

> Lauter sprach sie, als hier die Römerin pfleget, kredenzte,
> Blickte gewendet nach mir, goß und verfehlte das Glas.
> Wein floß über den Tisch, und sie, mit zierlichem Finger,
> Zog auf dem hölzernen Blatt Kreise der Feuchtigkeit hin.

Die Zeichen werden dann näher ausgeführt: Sie signalisieren die Stunde der Begegnung. Aus Ovid ist in dieser Beziehung zu vergleichen am. 1,4,17ff. und ars 1,565–574. Hier ist also eine schulgerechte Befolgung der Lehren von Ovids »Liebeskunst« festzustellen.

Goethes zwölftes Gedicht[19] entwickelt eine von Glücksstreben bestimmte, betont weltliche Liebesauffassung im engsten Anschluß an am. 3,10. Ovid führt dort den Mythos von Ceres' Liebe zu Iasion als Argument gegen das Keuschheitsgebot ins Feld, das für das Ceresfest gilt. Aus Liebe zu Iasion vernachlässigte Ceres die Landwirtschaft. Nur Iasions Heimat Kreta war fruchtbar, die übrige Welt verödete.

Der römische Dichter begnügt sich mit dem Hinweis, ein Festtag müsse auch festlich mit Wein, Weib und Gesang begangen werden. Goethe fügt eine neue (beinahe ›juristische‹) Pointe hinzu: Während Ceres' Leidenschaft für Iasion die Welt gefährdete, ist dies bei dem Dichter und seiner Geliebten nicht der Fall. Der Erfüllung ihrer Liebe steht also nichts im Wege.

Fragen wir abschließend nach der Funktion der Ovidreminiszenzen in Goethes Elegien! Er zitiert und befolgt Ovids Liebeslehren. Die Grundhaltung in Goethes »Römischen Elegien« erinnert weniger an Tibull und Properz, die überwiegend von Liebesleid singen, als an die *Ars amatoria* und ihr Programm: *Nos Venerem tutam concessaque furta canemus* (ars 1,33). Die Schilderung des Liebesglücks nimmt einen breiteren Raum ein als bei allen Elegikern, Ovid nicht ausgenommen. Nicht das Leid, sondern das Glück macht den Dichter beredt.

Das Problem der Umsetzung des Erlebnisses in Verse steht für Goethe im Mittelpunkt seiner Schlußelegie. Die Konsequenzen — Verlust der Geliebten infolge der Gedichte, die alle Welt auf sie aufmerksam machen — hat Goethe nicht gezogen. Seine Elegien bleiben beim Positiven stehen, weichen allem aus, was das seelische Gleichgewicht stören könnte.

Noch wichtiger ist die Neubewertung der »Fülle des Herzens«. Obwohl der Gedanke bei Goethe nicht christlich ist, stützt sich der Dichter doch nicht zufällig auf ein Zitat aus dem Evangelium. Die Opposition zwischen dem antiken *servitium amoris* und der modernen Betonung der Spontaneität der Liebesbeziehung (und auch der Liebesdichtung) drückt sich in einem Bibelspruch aus, der durch Luthers freie Übersetzung zum deutschen Sprichwort geworden ist. Gegenüber dem ursprünglichen Kontext hat sich dabei der Akzent spürbar verlagert und zwar vom Inhalt auf das leichte Hervorsprudeln der Worte (»Ach, den Lippen entquillt Fülle des Herzens so leicht!«). Die Brücke bildet Luthers bewußt[20] freie Übersetzung, die durch das veränderte Verb (»gehet ... über«) das spontane Überquellen stärker in den Vordergrund gerückt hatte. Wenn der Reformator betonte, die Rechtfertigung des Menschen geschehe nicht durch des Gesetzes Werke, sondern durch den Glauben, so verstand er die guten Werke als spontane Äußerung der Freude und Dankbarkeit über die Erlösung. Die weitere Emanzipation unmittelbarer Gefühle durch die Pflege der »schönen Seele« im Pietismus überträgt Goethe von der Beziehung zu Gott auf diejenige zu den Menschen und zur

Welt. Seine Liebespoesie bringt damit einen neuen Ton in die Weltliteratur. Diese Befreiung ist ein bewegendes Geschehen – aber in mancher Beziehung eine Gratwanderung.

Von den drei betrachteten Dichtern ist jedenfalls Goethe der einzige, der Ovids Humanität in der *Ars amatoria* bemerkt, ernstgenommen und weitergeführt hat.

An letzter Stelle stehe Rußlands größter Dichter Aleksandr Puškin. Im ersten Kapitel des »Eugen Onegin« führt er seinen Helden als Meister der ovidischen Liebeskunst ein. Nach einem Hinweis auf Onegins etwas oberflächliche klassische Bildung fährt er fort (1,8 und 1,10):

> Всего, что знал еще Евгений,
> Пересказать мне недосуг;
> Но в чем он истинный был гений,
> Что знал он тверже всех наук,
> Что было для него измлада
> И труд, и мука, и отрада,
> Что занимало целый день
> Его тоскующую лень, –
> Была наука страсти нежной,
> Которую воспел Назон,
> За что страдальцем кончил он
> Свой век блестящий и мятежный
> В Молдавии, в глуши степей,
> Вдали Италии своей.

Alles, was Eugen sonst noch wußte, aufzuzählen habe ich keine Zeit; aber worin er ein wahres Genie war, was er sicherer beherrschte als alle Wissenschaften, was für ihn von Jugend auf Arbeit und Qual und Genugtuung war, was ihn den ganzen Tag über in seinem schwermütigen Nichtstun beschäftigte: Das war die Wissenschaft der zärtlichen Leidenschaft, die Naso besungen hat, wofür er als Dulder sein glanzvolles und aufrührerisches Leben im Moldauland beendete in der Abgeschiedenheit der Steppen, fern von seinem Italien.

> Как рано мог он лицемерить,
> Таить надежду, ревновать,
> Разуверять, заставить верить,

> Казаться мрачным, изнывать,
> Являться гордым и послушным,
> Внимательным иль равнодушным!
> Как томно был он молчалив,
> Как пламенно красноречив,
> В сердечных письмах как небрежен!
> Одним дыша, одно любя,
> Как он умел забыть себя!
> Как взор его был быстр и нежен,
> Стыдлив и дерзок, а порой
> Блистал послушною слезой!

> Wie früh konnte er schon heucheln, seine Hoffnung verbergen, eifersüchtig sein, andern etwas ausreden oder einreden, finster erscheinen, sich in Gram verzehren, stolz auftreten – und gehorsam, aufmerksam oder gleichgültig! Wie träumerisch war sein Schweigen, wie flammend seine Beredsamkeit, wie ungezwungen war er in seinen Liebesbriefen! Nur eines war sein Lebenselement, nur eines liebte er; wie verstand er, sich dabei zu vergessen! Wie war sein Blick lebhaft und zärtlich, scheu und kühn, und wie erglänzte er zuweilen von einer gehorsamen Träne!

Man erkennt hier zahlreiche Vorschriften der ovidischen »Liebeskunst« wieder. In der Tat spielen *simulatio* und *dissimulatio* in Ovids Werk eine große Rolle: *est tibi agendus amans* (ars 1,611). Sogar die kleine Träne auf Abruf findet sich bei Ovid, der für den Notfall den praktischen Rat gibt, sich die Augen mit der Hand anzufeuchten (1,659 ff.; vgl. oben S. 491 f.). Ebenso gehören die leidenschaftliche Rhetorik (1,607–610) und der entspannte Briefstil (*sit tibi credibilis sermo consuetaque verba, / blanda tamen, praesens ut videare loqui* 1,467 f.) zu Ovids Lehre. Die auffälligen Antithesen, die der zuletzt angeführten Strophe Puškins das Gepräge verleihen, entsprechen als solche dem Rat des römischen Dichters, je nach den Erfordernissen des Augenblicks und je nach dem Charakter der Geliebten die Taktik zu wechseln (1,760 ff., vgl. das oben S. 489 über Proteus Gesagte). Man erkennt, bis zu welchem Grade Puškin Ovids Grundansatz in der *Ars amatoria* verstanden hat. Freilich hat sich die moralische Nuance verändert. Während Ovid danach strebte, die Leidenschaft vermittels der Nachahmung ihrer Symptome entstehen zu lassen, so daß das Aufkeimen einer wahren Liebe keineswegs ausgeschlossen war

(1,611–618), beschränkt sich Puškin darauf, die Verstellung zu konstatieren. Darin liegt bereits der Ansatzpunkt zu einer Kritik.

Es fehlt auch nicht der *leno maritus*, der Ehemann, der den Hausfreund begünstigt (Ov. ars 2,545–554; am. 2,19), obwohl Puškin hier eine französische Autorität bemüht, den Faublas von Louvet de Couvray (1,12):

> Но вы, блаженные мужья,
> С ним оставались вы друзья:
> Его ласкал супруг лукавый,
> Фобласа давний ученик,
> И недоверчивый старик,
> И рогоносец величавый,
> Всегда довольный сам собой,
> Своим обедом и женой.

Doch ihr, glückselige Ehemänner, mit ihm bliebt ihr befreundet: Ihn hätschelte der verschlagene Gemahl, der alte Schüler von Faublas, und der mißtrauische Alte und der hoheitsvolle Hörnerträger, der stets mit sich zufrieden ist, mit seinem Mittagsmahl und seiner Frau.

Dazu Ovid (ars 2,545f.; 553f.):

> *Hoc in legitima praestant uxore mariti,*
> *cum, tener, ad partes tu quoque, Somne, venis ...*
> *Non semel hoc vitium nocuit mihi; doctior ille,*
> *quo veniunt alii conciliante viro.*

Das bringen sogar Ehemänner bei der rechtmäßigen Gattin fertig, wenn du, Knabe Schlaf, deine Rolle noch dazu übernimmst. ... Dieser Fehler hat mir nicht nur einmal einen Streich gespielt; weiter fortgeschritten ist, wer für andere Männer noch den Vermittler spielt.

Ovidisch ist auch die Technik, sich bei einer tugendhaften Dame unter der Maske der Freundschaft einzuschmeicheln (E. O. 1,13):

> Как он умел вдовы смиренной
> Привлечь благочестивый взор
> И с нею скромный и смятенный
> Начать краснея разговор ...

Как он умел с любою дамой
О платонизме рассуждать ...

Wie verstand er es, einer tugendsamen Witwe frommen Blick auf sich zu lenken und mit ihr errötend ein bescheidenes und schüchternes Gespräch anzufangen. Wie verstand er es, mit jeder beliebigen Dame klug über Platonismus zu reden!

Man vergleiche Ovid (ars 1,719—722):

Nec semper Veneris spes est profitenda roganti;
  intret amicitiae nomine tectus amor.
Hoc aditu vidi tetricae data verba puellae;
  qui fuerat cultor, factus amator erat.

Nicht immer muß der Werbende offen bekennen, daß er sich Liebe erhofft. Laß Amor sich unter dem Decknamen der Freundschaft einschleichen. Ich habe gesehen, daß ein sprödes Mädchen sich durch diese Art der Einführung täuschen ließ; wer ein respektvoller Verehrer gewesen war, war unversehens zum Liebhaber geworden.

An Ovid erinnert auch die Verwendung von Gleichnissen aus der Sphäre der Jagd, wie sie für die *Ars amatoria* besonders charakteristisch sind.[21] Zu den klassischen Kontrahenten Wolf und Lamm[22] fügt Puškin als moderne Variante Katze und Maus hinzu.[23]

Die Ovid-Nachfolge äußert sich sogar in wörtlichen Zitaten. Der russische Dichter schildert einen Mann, der im Theater durch überlautes Beifallklatschen oder Pfeifen im Grunde nur sich selbst in Szene setzen will (1,17):

Онегин полетел к театру,
Где каждый, вольностью дыша,
Готов охлопать *entrechat*,
Обшикать Федру, Клеопатру,
Моину вызвать (для того,
Чтоб только слышали его).

Onegin flog zum Theater, wo ein jeder, von Freiheit beseelt, bereit ist, einen gelungenen Sprung (*entrechat*) zu beklatschen, Phaedra auszuzischen oder Kleopatra, und die Moïna herauszurufen – und das nur, damit man ihn hört.

So überträgt Puškin ein berühmtes Ovidzitat aus dem Optischen ins Akustische (und aus der weiblichen in die männliche Sphäre): *Spectatum veniunt, veniunt spectentur ut ipsae* (ars 1,99). Aus Ovids erotischem Lehrgedicht stammt auch die berühmte Sentenz über die Freundschaft (E. O. 4,18):

> Враги его, друзья его
> (Что, может быть, одно и то же)
> Его честили так и сяк.
> Врагов имеет в мире всяк,
> Но от друзей спаси нас, Боже!

> Seine Feinde, seine Freunde (was vielleicht dasselbe ist) beschimpften ihn auf allerlei Art. Feinde hat auf der Welt ein jeder; doch vor den Freunden errette uns, Gott!

Auf die besondere Gefährlichkeit der Freunde hatte schon Ovid die Liebenden aufmerksam gemacht (s. oben S. 494f.).

Während jedoch der ovidische Liebhaber beim Aufspüren und Verfolgen von Mädchen einen Eifer an den Tag legt, den man bei einer weniger losen Materie ohne Zögern als typisch römisch bezeichnen würde, weist sich Onegin umgekehrt gerade dadurch als verwöhnter Kenner aus, daß er die versammelten Damen kaum mit dem Blick streift und gelangweilt und von oben herab über sie urteilt.[24] Im Gegensatz zu dieser Haltung des Dandy steht Ovids Einstellung, den seine Erfahrung gelehrt hat, an jeder Frau etwas Liebenswertes zu entdecken (ars 2,657; am. 2,4; 2,10). Auch in bezug auf die männliche Schönheitspflege besteht ein auffälliger Unterschied: Abweichend von der Lehre des römischen Dichters, der Mann habe zwar reinlich zu sein, aber in der Schönheitspflege Maß zu halten (ars 1,505–524), besitzt Onegin eine ganze Batterie von Schönheitsmitteln und verbringt Stunden damit, sie anzuwenden, um schließlich aufzutreten gleich einer Venus, die sich in Männerkleider geworfen hat (E. O. 1,21–26). (Man beachte hier wieder die ironische Vertauschung der Geschlechter, die wir bereits bei der Umgestaltung der gefallsüchtigen Theaterbesucherinnen Ovids beobachtet haben!) Puškins fast satirischer Vergleich läßt erkennen, daß dieser Dichter der

Kritiker seiner Gesellschaft ist, während Ovid in der seinen die Rolle eines Lehrmeisters spielt.

Tatjanas Liebesbrief ist zeitlich eine der letzten nachovidischen Heroiden, künstlerisch verdient er jedoch einen der ersten Plätze. Ein tieferer Gegensatz läßt sich kaum denken als derjenige zwischen Onegins Liebeskunst ohne Liebe und Tatjanas von wahrer Leidenschaft beseeltem Brief; der großstädtischen Auffassung der Liebe als Gesellschaftsspiel tritt ein »naives« Verständnis gegenüber. Diese Anschauung, die sich über die comédie humaine erhebt, läßt ahnen, daß Tatjana das Format einer tragischen Heldin hat. Nun war es freilich schon Ovid selbst gewesen, der in den »Heroiden« (und in den »Metamorphosen«) Liebe als tragisches Schicksal gestaltete und damit einen Kontrapunkt zur *Ars amatoria* schuf. Wenn Puškin für seine Kritik an diesem Werk Ovids auf ein anderes Werk desselben Dichters zurückgreift, so erkennt er, daß schon für den antiken Dichter die »technische« Betrachtungsweise nicht der einzig mögliche Zugang zu dem Phänomen Liebe ist. In einem Punkt freilich geht Puškin über Ovid hinaus: Beim Ausdruck der Leidenschaft im Tatjanabrief verzichtet er auf rhetorischen Aufputz; er überträgt also den schlichten Briefstil (den Ovid mehr in der Theorie als in der Praxis vertrat) in die Gattung des Heroidenbriefs.[25]

Puškin selbst stellt zwei Arten der Liebe einander gegenüber (3,25):[26]

    Кокетка судит хладнокровно,
    Татьяна любит не шутя
    И предается безусловно
    Любви, как милое дитя.
    Не говорит она: отложим –
    Любви мы цену тем умножим,
    Вернее в сети заведем;
    Сперва тщеславие кольнем
    Надеждой, там недоуменьем
    Измучим сердце, а потом
    Ревнивым оживим огнем;
    А то, скучая наслажденьем,
    Невольник хитрый из оков
    Всечасно вырваться готов.

Eine Kokette urteilt kaltblütig; Tatjana aber liebt nicht zum Scherz; sie ergibt sich bedingungslos der Liebe als ein liebes Kind. Sie sagt nicht: ›Schieben wir es auf! Dadurch vermehren wir den Wert der Liebe, führen den Geliebten sicherer in unsere Netze. Laß uns zuerst seine Eitelkeit durch Hoffnung anstacheln, dann das Herz durch Ungewißheit foltern, später es durch das Feuer der Eifersucht beleben; sonst ist der schlaue Gefangene, durch das Glück gelangweilt, zu jeder Stunde bereit, die Fesseln zu zerreißen.‹

Gerade die Gegenüberstellung der prosaisch-vernünftigen Lebensanschauung einer großstädtischen Kokette und des Mangels jeglicher Berechnung in Tatjanas Verhalten unterstreicht die innere Größe der Heldin; zugleich wird aber dem Leser bedeutet, daß Tatjana, vom Standpunkt der Weltklugheit gesprochen, eine Torheit begehen wird. Kann man ihr doch denselben Vorwurf machen, den Ovid am Anfang des dritten Buches der »Liebeskunst« den unglücklich liebenden Heroinen nicht erspart: *Nescistis amare* (3,41). In der Tat! Im Sinne der »Liebeskunst« haben sie sich dilettantisch verhalten. Diese Stelle beweist übrigens, daß Ovid zwei konträre Liebesauffassungen bewußt in zwei unterschiedlichen Literaturgattungen – Didaktik und Heroidenbrief – konfrontiert hat. In unserem Zusammenhang hat die Gegenüberstellung freilich recht unterschiedliche Funktionen. Ovid will die lebenserhaltende Rolle der Liebeskunst, Puškin Tatjanas heroische Größe hervorheben.

Nur kurz sei nun auf Onegins Antwort eingegangen, der, statt Tatjanas Liebe zu erwidern, ihr einen Vortrag über *remedia amoris* zumutet (E. O. 4,12–16). Die Technik, der »Patientin« durch naturalistische Ausmalung des Liebes- und Ehealltags alle Romantik auszutreiben, verfolgt genau den Weg, den Ovid in seinem Werk »Heilmittel gegen die Liebe« beschritten hat. Onegins ach so kluge Worte besiegeln freilich nicht nur Tatjanas Unglück, sondern auch sein eigenes. Wird sie ihm doch bald, zur Gattin eines bedeutenden Mannes aufgestiegen, zur Dame von Welt gereift, höchst begehrenswert erscheinen. In einer Szene, deren Umkehrungstechnik an die Begegnung zwischen Aeneas und Dido im Jenseits (Verg. Aen. 6,450ff.) gemahnt, wird Tatjana Gleiches mit Gleichem vergelten und durch die unbedingte Treue zum ungeliebten Gemahl nicht nur Onegin, sondern auch sich selbst bestrafen.

Fassen wir Puškins Haupteinwände gegen die ovidische »Liebeskunst« zusammen! Die Gegenüberstellung einer realistisch-berechnenden und einer romantisch-unbedingten Liebe ist so angelegt, daß sich einerseits der »Realismus« der totalen Manipulierbarkeit und Verfügbarkeit letzten Endes als unrealistisch erweist und daß andererseits gerade die Vertreterin der romantischen Liebe zur Überwinderin falscher Romantik wird.

Dabei spielt auch der Unterschied der Lebensstufen eine Rolle. Anfangs hält sich Onegin für überlegen; später aber erweist es sich, daß Tatjana über ihm steht. Dem ewigen Jüngling ist sie nun, als reife Frau, ein Stück voraus.

Wenn sie sich mit eindeutiger Klarheit zu ihrer Ehe bekennt, so entspricht dieser strenge Legalismus übrigens auch sonst Puškins Auffassung. Eine klare Parallele liefert der Roman »Dubrovskij«, in dem der geliebte Entführer nur deswegen abgewiesen wird, weil er wenige Minuten nach der Trauung des Mädchens mit dem ungeliebten Mann eingetroffen ist. Dieses Festhalten am Gesetz entspricht der politischen Einstellung Puškins, der sich als Anhänger einer verfassungsmäßigen Ordnung kritisch mit der Autokratie des Zaren auseinandersetzt. Während Ovid sich manchmal gegen die augusteischen Ehegesetze zum Anwalt eines erotischen Naturrechts macht, verteidigt Puškin gegen den Zaren ein bürgerliches Menschenrecht. Daher wohl auch sein Beharren auf der ausnahmslosen Gültigkeit von Recht und Gesetz.

Beruft sich Puškin in seiner Kritik an der *Ars amatoria* auf die Heroiden, so erkennt er damit an, daß die spielerische Auffassung der *Ars amatoria* nicht Ovids letztes Wort gewesen ist. Gegen Puškin (4,7) muß man freilich hinzufügen, daß in Ovids Augen eine Kunst der Liebe wahre Liebe keineswegs ausschließt. Lehrt die *Ars amatoria* doch, wie Liebe entstehen kann, wie sie gepflegt und entwickelt werden muß, und vor allem auch, wie man ihr Dauer und Bestand verleihen kann.

ANMERKUNGEN

1. TEXTAUSGABE: Torquato Tasso, Opere, II: Gerusalemme liberata. A cura di L. Bonfigli, Bari 1930 (Scrittori d'Italia); ÜBERSETZUNG: Torquato Tasso, Das befreite Jerusalem. Nach der Übersetzung von J. D. Gries hrsg. und neu bearbeitet von W. Kraus, München 1963.

2. TEXTAUSGABE: P. Ovidi Nasonis Amores, Medicamina faciei femineae, Ars amatoria, Remedia amoris. Ed. E. J. Kenney, Oxford 1961, verb. Nachdr. 1965; ÜBERSETZUNG: Ovid, Die Liebeskunst. Übertragung, Nachwort, Zeittafel, Anmerkungen und bibliographische Hinweise: M. von Albrecht, München 1979 (Goldmann Klassiker).

3. W. Stroh, Simulatio. Zu einer rhetorischen Technik in Ovids liebesdidaktischen Gedichten, Neue Literatur (Bucureşti) 23,6, 1972, 82–85.

4. Vgl. dazu Ovid rem. 441–486, bes. 484: *et posita est cura cura repulsa nova.* Vgl. auch Lukrez 4,1063–1072.

5. Tasso 5,62; Ovid ars 1,391.

6. Schlingen: Tasso 4,86; Ovid ars 1,646 *in laqueos, quos posuere, cadant*; hier sind es also auch an erster Stelle die Frauen, die Schlingen auslegen. Netz: Tasso 4,87; Ovid ars 1,392 und 1,45; Jäger und Wild: Tasso 4,95; ars 1,45 f.

7. Tasso 4,90 und 96; Ovid ars 2,741; 3,1.

8. Vgl. Ovid ars 2,217–222 (Hercules bei Omphale), ars 1,681–706 (Achill und Deidamia), ars 1,509 u. ö. (Theseus und Ariadne).

9. C. P. Brand, Torquato Tasso. A Study of the Poet and of his Contribution to English Literature, Cambridge 1965, 13 (*L'uomo in sua natura ama più intensamente e stabilmente che la donna*).

10. Christine de Pisan, um 1400, bei W. Stroh, Ovid im Urteil der Nachwelt. Eine Testimoniensammlung, Darmstadt 1969, 32 ff.

11. Z. B. läßt ein Dichter in den *Carmina Burana* Amor folgende Rede halten (105 Strophe 7–9):

> *Artes amatorie   iam non instruuntur*
> *a Nasone tradite   passim pervertuntur;*
> *nam siquis istis utitur   more modernorum,*
> *turpiter abutitur   hac assuetudine morum.*
> *Naso, meis artibus   et regulis instructus*
> *mundique voluptatibus   feliciter subductus,*
> *ab errore studuit   mundum revocare;*
> *qui sibi notus erat, docuit   sapienter amare.*
> *Veneris mysteria   iam non occultantur*
> *cistis, sed exposita   coram presentantur.*
> *proh dolor, non dedecet   palam commisceri?*
> *precipue Cytherea iubet   sua sacra taceri.*

12. Eindringen ins fremde Lager und Trugrede 4,39 ff.; vgl. Verg. Aen. 2,57 ff.

13. 4,86.

14. Licht durch Wolken 4,29; vgl. Verg. Aen. 6,454 und 1,586 ff.

15. Goethes Werke. Hrsg. im Auftrage der Großherzogin Sophie von Sachsen, Bd. 1, Weimar 1887, S. 261f. (Elegie 1,20).

16. Vgl. oben Anm. 6.

17. S. oben S. 489 und Anm. 5 und.6.

18. Elegie 1,15: Goethes Werke (s. oben Anm. 15), Bd. 1, S. 253f.

19. Elegie 1,12: ebd. S. 247f.

20. Vgl. Luthers »Sendbrief vom Dolmetschen«, in: Martin Luther, Die gantze Heilige Schrifft Deudsch (1545), Darmstadt 1972, Anhang S. 246.

21. S. oben S. 489 und Anm. 5 und 6.

22. E. O. 1,14.

23. Ebd.

24. E. O. 1,21.

25. Puškins selbstironische Behauptung, er übersetze den Brief der russischen Landadligen aus dem Französischen in die Muttersprache, läßt freilich durchblicken, daß der Leser wachsam genug sein sollte, zwischen »erster« und »zweiter« Natürlichkeit zu unterscheiden.

26. Vgl. hierzu auch die oben S. 485–487 zitierten Ovidstellen.

XIII

EROS UND WANDLUNG

Metamorphose in Raum und Zeit

Vergleichende Untersuchungen zu Rodin und Ovid

Wieviele Bildwerke Rodins fordern schon vom Gegenstand her zur Konfrontation mit Ovid heraus: das *Eherne Zeitalter,* die *Centaurin,* die *Danaide, Icarus, Orpheus, Adonis, Pygmalion, Proserpina, Apollon und Python,* die zahlreichen *Faune und Nymphen* und gar die Doppelplastik, die den Titel *Ovidische Metamorphose* trägt.[1] Dabei ist nicht nur mit indirekter Nachwirkung Ovids zu rechnen – Rodins Vertrautheit mit hellenistisch-römischer Skulptur und französischem Kunsthandwerk des XVIII. Jahrhunderts erklärt nicht alles. Der Bildhauer hat Ovids Dichtungen gekannt – er besaß *Metamorphosen* und *Ars amatoria* im Original und in französischer Übersetzung.[2]

Freilich ist unser Thema mit dem Nachweis äußerer Abhängigkeit noch nicht erschöpft, denn Rodin hat sich, wie wir noch sehen werden, für einen nicht unwichtigen Punkt seiner Kunstauffassung auf Ovid berufen. Nicht zuletzt diese Tatsache wird den Versuch rechtfertigen, Ovid und Rodin in vergleichender Interpretation aufeinander zu beziehen und ihre Werke jeweils auf ihre Gestaltungsprinzipien und geistes- und sozialgeschichtlichen Voraussetzungen hin zu befragen. Die stofflichen Berührungen werden hier also nicht um ihrer selbst willen betrachtet; sie sollen nur die Grundlage für den Vergleich bilden. Vor einer Überschätzung des Sujets hat Rodin selbst gewarnt.[3] Oft gab er seinen Skulpturen die Namen erst nachträglich,[4] oder die mythische Anschauung wandelte sich im Laufe der Arbeit: So wurde aus *Faun und Nymphe – Pygmalion*[5] oder gar aus *Prometheus und Oceanide – Christus und Magdalena.*[6] Vielfach ist also nicht die Plastik als Interpretation des Titels, sondern der Name als Auslegung des Bildwerks zu verstehen. Weniger der Sagenstoff als das Kunstwerk muß deshalb den Ausgangspunkt unserer Untersuchungen bilden.

Das Verwachsensein der Gestalten mit dem Element, aus dem sie entstehen, ist einer der auffälligsten Züge an Rodins Arbeiten. Zeitgenossen warfen ihm vor, seine Werke seien unfertig;[7] daher hat er z.B. am Sockel des *Denkmals für Claude Lorrain* die Pferde, die ursprünglich wie aus Wolken auftauchten, nachträglich mehr vom Untergrund losgelöst, was er später bedauert;[8] und kein Geringerer als Paul Claudel beobachtete zwar treffend das Verstricktsein von Rodins Figuren in die sie umgebende Materie, münzte es aber zu einem moralischen Vorwurf um: »Die Kunst dieses Bildhauers ist die schwerfälligste und plumpste, die man sich vorstellen kann. Manchen seiner Figuren gelingt es nicht einmal, sich aus dem Tonteig, in dem sie hilflos stecken, frei zu machen. Wenn sie nicht gerade umherkriechen und in einer Art erotischen Wahnes im Schlamme wühlen, dann paaren sie sich, wobei es aussieht, als wollten sie in der Umarmung den ungestalten Block, aus dem sie hervorgegangen sind, nachbilden.«[9]

Läßt sich vielleicht ein angemessener Standpunkt gewinnen, wenn man die Absicht erkennt, den Beschauer an einem Prozeß des Werdens teilnehmen zu lassen, ihm das Gefühl des Schwebezustandes zwischen Nicht-Mehr und Noch-Nicht zu vermitteln und so (in einer nachher noch genauer zu bestimmenden Weise) die Dimension der Zeit, die im XIX. Jahrhundert künstlerisch und wissenschaftlich besonders ernst genommen wird, auch in eine räumliche Kunst wie die Plastik aufzunehmen? Eine solche Intention werden spätere Bildhauer weit von sich weisen,[10] doch entspricht sie der damaligen Tendenz zur Verschmelzung der Künste – man denke an Richard Wagners ›Gesamtkunstwerk‹.

Erinnert man sich, daß auch Ovid an den Schranken zwischen den Literaturgattungen, ja zwischen den Künsten rüttelte und dem Phänomen des Werdens und des Übergangs die fünfzehn Bücher seiner *Metamorphosen* widmete, so wird man fragen dürfen, ob das ausgeprägte Zeitgefühl und die Gratwanderung im Grenzbereich der Künste zu beiden betrachteten Meistern einen Zugang eröffnet, der einen Vergleich zwischen ihnen sinnvoll macht.

A. Vom Ungeformten zur Gestalt

1. *Erschaffung des Menschen*[11]

Aus dem rohen Marmor ragt eine große Hand. Sie hält eine Masse, in der sich, noch ganz dem Ungeformten verhaftet, zwei Gestalten abzuzeichnen beginnen. Im Gegensatz zu Ovid, der nur allgemein die Formung des Menschen aus Ton durch Prometheus als eine der Möglichkeiten der Anthropogonie erwähnt,[12] betont Rodin die Ursprünglichkeit der Polarität von Mann und Frau (wofür er sich auf *Genesis* 1,27 berufen konnte); die (an schlummernde Kinder erinnernde) Halbkreis-Form von Adam und Eva trifft bewußt oder unbewußt die alte mythische Vorstellung vom zweigeteilten Kugelmenschen.[13]

Künstlerisch ist das Bildwerk nicht mit Ovids Prometheus-Bericht vergleichbar, sondern mit seiner Veranschaulichung der Urzeugung aus Schlamm nach der Sintflut.[14] Der Dichter geht ausführlich auf den Entstehungsvorgang ein und hebt ihn durch ein längeres Gleichnis hervor. In der Absicht, das Werden in einem ruhenden Bilde gleichsam plastisch zu konzentrieren, greift Ovid einen bestimmten Augenblick heraus: Im Nilschlamm findet der Ägypter beim Umpflügen angeblich Lebewesen in statu nascendi, von denen manches zum Teil schon lebendige Gestalt, zum Teil noch rohe Materie ist. Wie der Bildhauer die Entstehung durch das kontrastierende Nebeneinander von Unbehauenem und Gemeißeltem andeutet, so der Dichter durch die Antithese: *et eodem in corpore saepe / altera pars vivit, rudis est pars altera tellus.*[15] Da der Wortkünstler im Gleichnis nach Bildhaftigkeit strebt, den Strom der Erzählung anhält, um zu einer klärenden Vorstellung hindurchzustoßen, kommt er hier der Sehweise des bildenden Künstlers besonders nahe, gerade was die simultane Erfassung von Konträrem betrifft. Sonst liegt es Ovid ja näher, das allmähliche Übergehen, also weniger die Unterschiede als das Verbindende zwischen früherem und späterem Zustand zu betonen, wie es seine Schilderungen des Verwandlungsaktes zeigen. Die Plastik hingegen kann das Nacheinander nur im Nebeneinander fühlbar werden lassen, muß also auf den Gegensätzen zwischen Vorher und Nachher insistieren.[16]

Dazu kommt, daß auch die Hand des Schöpfers aus unbearbeite-

1. *In statu nascendi* ... (siehe S. 519): »La main de Dieu« (Marmor), um 1897 (Musée Rodin, Paris).

tem Stein herausgreift; die Polarität von Chaos und Kosmos ist also bereits in der Gottheit selbst vorgebildet.

2. *Menschliches Schöpfertum (siehe S. 522): Mozart (Marmor), 1910 (Teilansicht; Musée Rodin, Paris).*

2. *Künstlerportraits*

Ähnliche Bedeutung haben einige Künstlerportraits. Aus dem rauhen Stein treten gleichsam traumhaft die Züge des Malers *Puvis de Chavannes* hervor.[17] Der Bart bildet den Übergang[18] zum Felsen, wie das

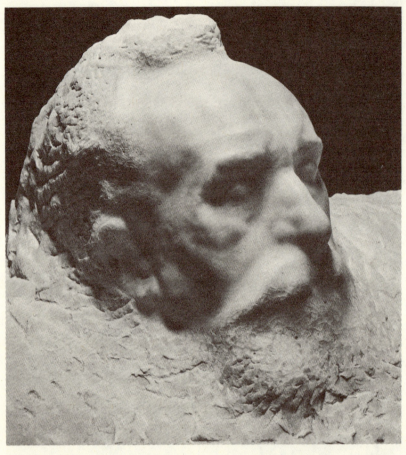

3. *Der Maler in seinem Element* (siehe S. 521f.): *Puvis de Chavannes* (Marmor), 1910.

Haupthaar bei der *Danaide*.[19] *Mozarts* feiner Kopf[20] erhebt sich königlich über eine körnige Fläche, die er beherrscht. Bei der Wiedergabe menschlicher Schöpfer ist die Symbolik des Kontrastes zwischen Gestaltlosem und Gestaltetem also die gleiche wie bei der Darstellung der Hand Gottes.

Auch Ovid findet im Wirken des Künstlers ebenso wie in der göttlichen Schöpfung den Gegensatz zwischen rohem Element und *imago* (*figura, forma*). Die Kosmogonie war zusammenfassend durch diese beiden Pole charakterisiert worden: *sic, modo quae fuerat rudis et sine imagine tellus/induit ignotas hominum conversa* figuras.[21] Später ist es der Künstler Pygmalion, der dem Elfenbein, das er schnitzt, eine Gestalt verleiht (*formamque dedit*).[22] Schlüsselwörter der Weltschöpfung kehren in der Schilderung von Arachnes Weben wieder,[23] ist sie doch der schaffende Mensch, der mit der Gottheit wetteifert. Mit diesem Gedanken eilt Ovid seiner Zeit voraus.[24] Schöpfung ist dem Metamorphosendichter Verwandlung von Rohmaterial in Geformtes; was ihn fesselt, ist der Vorgang; wie Rodin kennt er den Reiz des Werdenden und sucht ihn einzufangen: *nec factas solum vestes, spectare iuvabat/tum quoque, cum fierent; tantus decor adfuit arti.*[25]

Dem Phänomen des Übergangs gilt auch im Räumlichen das Augenmerk des Dichters. Die Weberinnen verwenden feinste Farbnuancen. Das Ineinander benachbarter Schattierungen veranschaulicht das Gleichnis vom Regenbogen.[26] Auch bei Rodin treten, wie wir noch sehen werden, die feinen, fließenden Übergänge als zweites Prinzip neben das des Kontrastes.[27]

Außer dem Sinn für unmerklichen Wandel im Zeitlichen und Räumlichen verbindet beide Künstler die Parallelisierung von menschlichem und göttlichem Schöpfertum. Gerade sie vermag kultursoziologische Aufschlüsse zu geben, wie wir noch sehen werden.

3. *Aurora*[28]

Urgestein, das Schatten wirft. Daraus hervortretend weiche, gleichsam durchscheinende Gesichtszüge. Im Kontrast von Hell und Dunkel wiederholt sich die Polarität von rohem Steinblock und zartem Antlitz. Dann wendet sich das Augenmerk den zahllosen Abstufungen zwischen Glanz und Finsternis zu. Mit Vorliebe beobachtet Rodin, der ursprünglich Maler werden wollte, auch an antiker[29] und mittelalterlicher Skulptur das Spiel von Licht und Schatten, das er selbst zu seinem Verbündeten macht. Und doch sind ihm diese tausend Nuancen nichts als die Folgeerscheinung einer guten Modellierung. Seine Größe als Bildhauer liegt darin, daß er dem Licht neuartige Wirkungen abgewinnt, ohne einer ›malerischen‹ Oberflächengestaltung zu verfallen; er erringt etwas den Farbwirkungen Vergleich-

4. Zahllose Abstufungen zwischen Glanz und Finsternis (siehe S. 523–526): »L'Aurore« (Marmor), 1885.

bares, aber mit spezifisch plastischen Mitteln:[30] »Si paradoxal que cela paraisse, les grands sculpteurs sont aussi coloristes que les meilleurs peintres ou plutôt les meilleurs graveurs. Ils jouent si habilement de toutes les ressources du relief, ils marient si bien la hardiesse de la lumière à la modestie de l'ombre que leurs sculptures sont savoureuses comme les plus chatoyantes eaux-fortes. Or la couleur, – c'est à cette remarque que je voulais en venir, – est comme la fleur du beau modelé. Ces deux qualités s'accompagnent toujours et ce sont elles qui donnent à tous les chefs-d'œuvre de la statuaire le rayonnant aspect de la chair vivante.«

Ovid beschwört gern den Schwebezustand zwischen Nacht und Tag, hält durch Antithetik und Häufung von Negationen das Transitorische gewissermaßen fest und bannt es ins Wort:[31]

> *pars adaperta fuit, pars altera clausa fenestrae,*
> *quale fere silvae lumen habere solent,*
> *qualia sublucent fugiente crepuscula Phoebo*
> *aut ubi nox abiit nec tamen orta dies.*

Das an die Frühe gemahnende Dämmerlicht ist künstlich hergestellt, um die Atmosphäre für die Liebesbegegnung zu schaffen. Die negierten Gegensätze im Gleichnis (v. 6) lassen die Phantasie auf der Schwelle zwischen Nacht und Tag verweilen. Vor diesem Hintergrund wird Corinnas Erscheinen wie ein Sonnenaufgang wirken. Ist es ein Zufall, daß Rodins aus dem Dunkel hervorstrahlende Aurora die Züge seiner Geliebten Camille Claudel trägt?

In den *Metamorphosen* bezeichnet sich Aurora als die Hüterin der Grenze zwischen Nacht und Licht.[32] Und Cephalus unterstreicht diese Eigenart der Göttin durch Wortwiederholung und Antithese:[33] *quod teneat lucis, teneat confinia noctis*. Gegenstand eines ganzen Gedichtes ist Aurora in Ovids Tagelied (*am.* I 13). Wegen ihres frühen Erscheinens heftig gescholten, wird sie schamrot, aber der Tag beginnt nicht später als sonst. Aurora versinnbildlicht hier den Wandel, den die unerbittlich fortschreitende Zeit mit sich bringt. Gegen ihn kämpfen Liebende und Dichter einen ewigen Kampf.

Rodin und Ovid stellen den Wechsel somit gerne als Zusammenspiel von Licht und Schatten dar; oft lassen sie diese in scharfem Kontrast auseinandertreten, verweilen aber auch mit Vorliebe in ihrem Grenzbereich, der die Umrisse verschweben und die Gestalten lebendiger erscheinen läßt.[34] Beide erheben den Übergang vom Schatten zum Licht zu symbolischer Bedeutung; beiden dient dazu

5. *Das geistige Antlitz der Geliebten (zum Vergleich mit der vorigen Abbildung):* »*La Pensée*« *(Marmor), 1886 (Musée Rodin, Paris).*

die mythische Gestalt Aurora, in welcher der Tag sein weichstes und jugendlichstes Antlitz zeigt, die aber auch das Fortschreiten der Zeit am raschesten und bedrängendsten erleben läßt.

4. *Apollon und Python* (der Sockel des *Sarmiento-Denkmals*)[35]

Im vorspringenden, schattenwerfenden Marmor strahlt ein vorwärts schreitender Apollo. Die Linke ist weit vorgestreckt, die Rechte hält den Bogen. Die Gestalt ist einem gleichseitigen Dreieck einbeschrieben, das vom oberen Ende des Bogens, der rechten Fußspitze und der linken Hand gebildet wird. Das zurückgestellte linke Bein verschwindet im Marmor, und zwar von da an, wo es die Dreiecksseite durchstoßen würde. Dadurch, daß nur ein Bein ganz sichtbar ist, wird der Eindruck der Fortbewegung verstärkt. Die Wirkung erinnert an hellenistische Läuferdarstellungen, bei denen ebenfalls das nach hinten geschwungene Bein in der Vorderansicht optisch nicht zur Geltung kommt, z. B. die kleine Bronze eines laufenden Knaben im Prado.[36] Die Bewegung der Rodinschen Skulptur entspricht spiegelbildlich derjenigen der hellenistischen.

Freilich erscheint Rodins Apollo nicht als Knabe, sondern als kraftvoller junger Mann. An die Stelle der Schwerelosigkeit ist die bewußte Überwindung der Materie getreten. Auf Gesicht, Brust und Oberschenkel fällt das volle Licht. Die Gebärde gleicht der eines Mannes, der ein Fenster weit aufgestoßen hat. Den Eindruck, als hätte der Fels sich soeben aufgetan, verstärkt die Tiefe der Aushöhlung. Der Prozeß der Befreiung wird dadurch sinnfällig, daß das linke Bein noch ganz dem Felsblock verhaftet ist, während das rechte schon frei aus ihm hervortritt. Es betont die Vertikale und damit das Sieghafte der Gestalt. Licht und Schatten sind symbolisch verwendet und zu den wichtigsten Trägern des plastischen Effekts geworden – ähnlich wie bei *Aurora*, zu der unser Bildwerk in diesem Sinne ein Pendant bildet. Die Python-Schlange ist als Besiegte gekennzeichnet: Das dominierende Dreieck drängt sie gleichsam an den Rand, und sie ist ganz in das ihr wesensfremde Licht getaucht. Auch bildet die Schlaffheit ihrer Modellierung einen sprechenden Gegensatz zu der Spannung in der Muskulatur Apolls.

Der unbehauene Stein kontrastiert mit der Lichtgestalt des Gottes und wird durch sie in fünf ungleiche Felder aufgeteilt. Die oberen beiden Sektoren liegen im Schatten, der als dunkle Folie Antlitz und Brust desto strahlender hervortreten läßt.[37] Die beleuchteten Partien des Felsens sind feiner bearbeitet als die im Dunkel liegenden oberen Teile. So scheint das Licht abwärts zu rieseln, sich unten zu konzentrieren und alles Lastende hinwegzuschwemmen.[38] Vor allem die obere Partie des Blockes läßt die Schwere des Kampfes nachfühlen, dessen siegreiche Beendigung das Bildwerk feiert.

Das Sujet ist ovidisch; der römische Dichter setzte Apolls Sieg über Python in den *Metamorphosen* an die wichtige Nahtstelle zwischen der Urzeit und der mythischen Zeit. Voraus geht die Urzeugung aus dem Schlamm der Sintflut – damals soll auch Python entstanden sein. Es folgt die eigentlich mythische Periode mit den Liebesaffären der Götter, glanzvoll eingeführt durch die Geschichte von Apoll und Daphne. Auch die politische Symbolik des apollinischen Sieges ist bei dem Augusteer vorgebildet; die Position im Gesamtaufbau der *Metamorphosen* legt dies jedenfalls recht nahe, und am Ende der Daphne-Erzählung werden Apoll und der Lorbeer ausdrücklich mit Augustus in Verbindung gebracht.[39] Mit der Verwendung des Mythos und seiner Ausdeutung bewegt sich Rodin somit ganz auf der ovidischen Linie, wohl entsprechend einer Tradition, die in den romanischen Ländern noch ungebrochen war. Das Neue und Bewegende an seiner Plastik ist die Art und Weise, wie das Ringen zwischen Leichtigkeit und Schwere in strenger Geometrie entschieden wird, und wie die Tiefe der Höhlung den Fels gewissermaßen sein Herz nach außen kehren läßt, so daß das Licht nicht von außen auf ihn zu fallen, sondern aus seinem Innern, mitten aus der Finsternis geboren zu werden scheint. Die rohe Materie wird nicht verleugnet, sondern in hartem Ringen von innen heraus verwandelt.

5. Der Gehende (*L'homme qui marche*)[40]

Was hat es mit der absichtlichen Unvollständigkeit vieler Rodinscher Figuren auf sich? Das Fehlen des Hauptes und der Arme an dieser hoch aufgerichteten, weit ausschreitenden Gestalt hat viele Betrachter verwirrt. So bemerkt Anatole France, Rodin kollaboriere zu viel mit der Katastrophe, und Edgar Wind fügt hinzu, der Bildhauer werte das menschliche Antlitz ab, und wenn *Johannes der Täufer* neben dem *Homme qui marche* verblasse, so liege dies nicht daran, daß man, wie Rodin scherzhaft bemerkte, zum Gehen keinen Kopf brauche, sondern daß kopfloses Agieren zu Rodin passe.[41]

Der Bildhauer hatte das Fehlen des Hauptes somit symbolisch erklärt, ähnlich wie er bei der *Meditation* betitelten Statue die Arme

6. »Kollaboration mit der Katastrophe«? (siehe S. 528): »L'homme qui marche« (Bronze), 1877–1911.

absichtlich wegließ:[42] »C'est à dessein, croyez-le, que j'ai laissé ma statue dans cet état. Elle représente la Méditation. Voilà pourquoi elle n'a ni bras pour agir, ni jambes pour marcher. N'avez-vous point noté, en effet, que la réflexion, quand elle est poussée très loin, suggère des arguments si plausibles pour les déterminations les plus opposées qu'elle conseille l'inertie?« Derartige symbolische Deutungen sind jedoch mißverständlich, wenn man die künstlerischen Voraussetzungen nicht beachtet, die ihnen zugrundeliegen und teils technisch, teils sachlich bedingt sind.

Was das Technische angeht, so sagte Rodin über den *Mann mit der zerbrochenen Nase* und eine Frauenfigur ohne Kopf:[43] »Ich versuche darin die Vollendung in einzelnen Teilen zu erreichen, und diese werden das Übrige fühlen lassen, ohne daß es materiell sichtbar ist.« Die Unerbittlichkeit einer Kunstgesinnung, die nach höchster Vollendung im einzelnen Teil strebt, hat zwar in der hellenistischen bildenden Kunst nie zum bewußten Schaffen von Fragmenten geführt; wohl aber behandelt die Poesie im Hellenismus, zu deren Nachfolgern in diesem Sinne auch Ovid gehört, ihre Gegenstände gern absichtlich ungleichmäßig, einen Teil sorgfältig ausführend, einen anderen übergehend.[44] Im Streben nach Perfektion des Einzelnen, auch auf Kosten der Vollständigkeit und der Symmetrie, begegnen sich Rodin und Ovid.

Zu dem formalen Grunde tritt noch ein inhaltlicher: Rodin möchte den ganzen Körper zum Ausdrucksträger machen.[45] Kommt alles auf das Schreiten an, so müssen Kopf und Arme notgedrungen sich entweder der Gehbewegung ganz unterordnen (somit aber matt erscheinen) oder ein Eigenleben entfalten (das aber nur von der Hauptidee ablenken könnte). Sie wären ein nichtssagendes oder gar störendes Anhängsel. In beiden Fällen verstieße Rodin gegen seine Forderung, der ganze Leib habe Ausdruck zu sein.

Aus unserer Untersuchung ergibt sich noch ein bisher nicht beachteter Gesichtspunkt. Die ›unvollständigen‹ Figuren stehen den noch halb im unbehauenen Stein schlummernden näher als man annahm, nur daß das Element, dem sich die Gestalt entringt, nicht mehr der Stein, sondern die Luft ist. Der Bildhauer rechnet auch mit dem Raum, der das Kunstwerk umgibt, und mit dem Zusammenspiel von Erwartung und Anschauung im Geiste des Betrachters. Die Figur tritt ihm in statu nascendi vor Augen, und das Kunstwerk vollendet sich erst in der Rezeption: besonders kühne Gestaltung des Werdenden im Übergang vom Ungeformten zur Form.

6. Mythos und permanente Metamorphose

Das Unvollendete gewinnt seine Rechtfertigung aus der Metamorphosenvorstellung, die Rodins Phantasie beherrscht:[46] »Rodin sah heute überall Gestalten. Erst in den knorrigen Bäumen, die am Strande ein Leben voll Kampf gegen die Elemente führten. Da waren solche, die wie schmerzerfüllt eine Zeit lang der Erde folgen mußten, um sich dann wieder in die Luft zu schwingen. Ein anderer hing an einem Felsen; wie eine Flamme wuchs das Grün aus seinem gequälten Stamm. Und immer mehr belebte sich das Gestein. Unter Rodins Augen erstanden griechische Göttergestalten; dort in der Felsenhöhle wurde Andromeda von Perseus befreit; die Meereswogen verwandelten sich in Ungeheuer; bäumende Pferde standen an der Küste, der Schaum spritzte zu ihnen hinauf und erschreckte sie. Und immer mehr beschäftigte den Meister der Gedanke, das Gesehene und Erlebte darzustellen. Aus jener Zeit muß der Einfall zu den Zeichnungen stammen, die er mir später schickte: *Néréide dans la mer* und *Lune Psyché*. Die Nixe liegt wie eine rosaweiße Muschel unter dem zarten Blau der Wellen, die wie ein Schleier sie bedecken. Man hört den Gesang des Meeres, wenn man sie anschaut. Aber mit lässiger, weltumspannender Gebärde träumt die *Lune Psyché* in den weiten Himmeln. Sterne sind ihre Gespielen.«

Liest man den Bericht sorgfältig, so kann man den Stellenwert der hier von Rodin herangezogenen ovidischen Mythen (Perseus und Andromeda; bei den Seeungeheuern und den scheuenden Pferden wird man an Hippolytus denken) aus dem Zusammenhang näher bestimmen. Das Mythische ist umgeben von spontanen Natureindrücken einerseits und aus eigener Vollmacht geschaffenen symbolischen Gestalten andererseits. Die literarischen Reminiszenzen sind somit nicht die eigentliche Inspiration für den Bildhauer, sie helfen aber, das flüchtig in der Natur Geschaute zu benennen, festzuhalten und für den künstlerischen Gestaltungsprozeß verfügbar zu machen, gleich einer Schrift oder einem Koordinatensystem. Ob der antike Name bestehen bleibt oder wegfällt, ist sekundär. Insofern ist es gerechtfertigt, wenn H. Nostitz die Nereide unbekümmert als ›Nixe‹ bezeichnet. Der antike Mythos hat also für Rodin bei der Umsetzung des Ungeformten ins Gestaltete eine klärende Funktion.

Wichtiger als stoffliche Berührungen mit Ovid scheint die Tatsache, daß Metamorphosenvorstellungen bei Rodins Einfällen, wie wir sahen, eine Schlüsselposition haben.[47] Auch seine Arbeitsweise ist von dauerndem Wandel bestimmt. Er modelliert am liebsten in Lehm und Gips, — nachgiebigen Materialien; unter seinen Händen wird aus *Faun und Nymphe* am Ende eine *Pygmalion*-Gruppe, und sein Portrait von Bernard Shaw durchläuft in unzähligen Wandlungen die gesamte Geistes- und Kunstgeschichte. Shaw schreibt hierüber an den Bildhauer Epstein:[48] »It was a curious experience, for the bust, which began at the end of fifteen minutes' work like a brilliant sketch by Sarah Bernhardt, went through the whole history of sculpture since the Middle Ages. When it reached the 12th century it was such a jewel that I begged him to let me take it away: but he said he could ›carry it further‹; and to my horror it became successively a Bernini, a Canova or Thorwaldsen, a Gibson or Foley, before it finally became a Rodin.« Die Ontogenese des einzelnen Werkes wiederholt also in einer Art kunstgeschichtlichen Darwinismus die Phylogenese, die Geschichte der Gattung.[49]

Rodin hält auch kein Portrait für abgeschlossen, solange sein Modell am Leben ist. Aber auch nach ›Fertigstellung‹ setzen sich die Metamorphosen fort: Der Bildhauer kombiniert die fertigen Figuren zu immer neuen Gruppierungen, ›spielt‹ mit ihnen,[50] stellt sie dadurch immer wieder in Frage und gewinnt ihnen neue Aspekte ab; die gleiche Gestalt überzeugt in ganz verschiedener Ansicht: auf dem Rücken liegend als *Märtyrerin,* stehend als Grabmonument (*Le lys brisé*) und schließlich mit dem Kopf nach unten stürzend als *Icarus.*[51] Solche ›Mehrwertigkeit‹ Rodinscher Plastiken hängt mit einem Prinzip seiner Arbeitsweise zusammen, wonach jede Skulptur, von sechzehn verschiedenen Seiten betrachtet, stimmig wirken muß (Grundsatz der ›Profile‹).[52] Wir erkennen, daß diese Arbeitsmethode den Gestalten mehr vermittelt als nur den Schein des Lebendigen; sie werden dadurch multivalent, zu immer neuen Zusammenstellungen fähig, wobei durch die Verschiebung des Aspekts gleichsam eine Metamorphose zustandekommt. Das vorausschauende Ausarbeiten einer Figur unter allen denkbaren Gesichtspunkten ist in diesem Sinne eine Vorbedingung ihrer unbegrenzten Verwendbarkeit, d.h. ihrer Verwandlungsfähigkeit auch noch nach der Vollendung.[53]

B. Übergang aus dem Geformten ins Element

1. *Die Danaide*[54]

Das wallende Haar der Gestürzten bildet den Übergang von der Gestalt zum Element.[55] Eine solche Plastik macht das Zerfließen ovidischer Nymphen zu Wasserquellen vorstellbar. Der Titel *Danaide* führt freilich zunächst auf eine andere Fährte. Die Töchter des Da-

7. *Zerfließen im Element (siehe S. 534f.):* »La Danaïde« (Marmor), 1885 (Musée Rodin, Paris).

naus müssen in der Unterwelt zur Strafe für den Mord an ihren Männern Wasser in ein durchlöchertes Faß füllen, ein Mythos, den auch Ovid erwähnt.[56] Rodin schuf sein Werk zunächst im Zusammenhang mit der *Porte de l'Enfer,* nahm es aber in die letzte Fassung nicht auf.[57] Dies geschah nicht etwa wegen mangelnder Qualität; handelt es sich doch um eines seiner stärksten Bildwerke. Im Verhältnis zu antiken Danaidenfiguren ist der Ausdruck erheblich gesteigert.[58] Das Mädchen ist nicht in träumerisch versonnener Untätigkeit dargestellt, vielmehr zusammengebrochen unter der Last der ewig erfolglosen Arbeit. Der Körper ist vornübergesunken, die Muskulatur des Rückens entspannt, der Kopf fällt kraftlos nach vorn, schlaff wie das niederfließende Haar. Zur Gesamtbewegung bildet die umgestürzte Urne ein Analogon.

In der bildenden Kunst lassen sich Danaiden und Quellnymphen schwer voneinander trennen;[59] sie gehören wohl auch mythengeschichtlich zusammen.[60] Ein Vergleich mit einer älteren Plastik Rodins ist aufschlußreich: *La Source* (um 1867).[61] Diese kleine Terracotta im Geiste des XVIII. Jahrhunderts stellt ebenfalls eine enge Verbindung zwischen dem Körper und dem strömenden Element her. Bis auf das linke Bein ist die Nymphe entblößt; die herabgleitende Drapierung[62] erweckt selbst den Eindruck des Fließens, und unter ihr strömt Wasser hervor, das zwei muschelartige Brunnenschalen auffangen. Hier wird der Übergang von der menschlichen Gestalt zum Element noch in traditioneller Weise[63] durch das Gewand hergestellt; an Rodins spätere Kunst gemahnt nur das partielle Verschwinden des linken Fußes im Untergrund. In dem jüngeren Werk, der *Danaide,* die wie alle Gestalten der *Porte de l'Enfer* unbekleidet ist,[64] fällt die verbindende Rolle dem Haar zu. Die Komposition hat dadurch an Natürlichkeit und Ausdruckskraft gewonnen.

Zu Rodins ästhetischer Grundidee in der vorliegenden Plastik bilden ovidische Verwandlungen von Mädchen oder Nymphen in Quellen die denkbar engste literarische Parallele. Die zusammengesunkene Haltung erinnert an die gestürzte Byblis, die zur Quelle wird.[65] Und bei der Metamorphose der von Alphëus verfolgten Arethusa in eine Wasserquelle bringt Ovid, wie später Rodin, das Hinwegströmen mit dem Haar in Verbindung.[66] Die zusammengekauerte Stellung und die vor Schrecken[67] geweiteten Augen der Statue passen ausgezeichnet zu Arethusa, ebenso das Fehlen des Gewandes – bei Nymphen- und Danaidendarstellungen eher überraschend, bei der ovidischen Arethusa aber durch die Situation sogar gefordert.[68] Entscheidend ist, wie Rodin im Betrachter mit rein plastischen Mitteln die Vorstellung des Fließens erweckt. Der Reiz der Figur beruht einerseits auf dem Kontrast zwischen dem fein und glatt modellierten (wie feucht wirkenden) Körper und dem rauhen, unbehauenen Stein, andererseits auf dem Übergehen des einen ins andere durch das niedersinkende Haupt mit den herabfließenden Locken. Der Bildhauer verleiht der Darstellung Dynamik, indem er zunächst einen starken Gegensatz aufstellt und dann an einer Stelle einen fließenden Übergang schafft. So erhält die elliptische[69] Gesamtform der Plastik Drehung und Richtungssinn: Von der Hüfte herab zu Schulter, Nacken und Haupthaar entsteht eine Kaskade, die durch Haar und Hand nach rechts unten weitergelenkt wird.

Die Bezeichnung als *Danaide* trifft, wie es häufig bei Rodins Titeln der Fall ist, somit nur einen Teilaspekt der Plastik. Der Sache näher kommt die Erklärung der Danaiden als Quellnymphen und der Hinweis auf ihre Verwechselbarkeit mit diesen in der bildenden Kunst. Am besten entspricht der plastischen Wirkung der Vergleich mit dem Übergehen ovidischer Mädchengestalten ins Element.

Man erkennt, wie gerade die Konfrontation mit Literarischem es ermöglicht, von einer Überschätzung der von Rodin meist nachträglich gewählten literarischen Titel loszukommen und seine Gestaltungen in ihrer Eigenart als plastische Kunstwerke zu würdigen.

2. *Orpheus und Eurydice*[70]

Rodins wenig bekannte, aber bedeutende Orpheus-Gruppe aus der Sammlung Thomas Ryan (jetzt im Metropolitan Museum[71]) wird vor dem Hintergrund von Berninis *Apollo und Daphne*[72] verständlich. Hier wie dort ist die Geliebte beiderseits von spröder Materie umgeben: Daphnes Leib ist bis zur Taille in der Rinde verschwunden, nur die rechte Seite ist noch ganz sichtbar. Hier wie dort steht das Mädchen erhöht. Der Einfluß Berninis erhellt schon daraus, daß Rodin diese beiden Züge übernahm, obwohl sie streng genommen auf Orpheus und Eurydice nicht passen. Beim Aufstieg zur Oberwelt müßte der vorausgehende Orpheus höher stehen,[73] und für Eurydice besteht kein Anlaß, im Felsen zu stecken wie Daphne in der Rinde. Rodin gibt diesen beiden Elementen freilich eine neue, innere Motivation: Das Erhöhtsein, das Schweben der Eurydice unterstreicht die schattenhafte Unwirklichkeit der Situation. Und auch das doppelseitige Umschlossensein gewinnt einen neuen Sinn: Einmal ist Eurydice durch ihr Haar gleichsam mit dem Felsen verwachsen – Zeichen ihrer Verfallenheit an die Unterwelt, der Orpheus sie nur vorübergehend entreißen kann –; zum anderen steht der Fels auch zwischen den Liebenden und deutet so die Unerreichbarkeit an.

Rodin hat den Richtungssinn der Berninischen Plastik umgekehrt, wie es ja auch sein Thema verlangt. Während Berninis Daphne noch als Baum vor Apoll zu fliehen scheint,[74] schwebt Eurydice auf Orpheus zu, sie folgt ihm, wie magnetisch von ihm angezogen, was ihre leicht vorgeneigte Haltung und ihre Hände ausdrücken, die sich schließen, ohne den Geliebten zu ergreifen. Bei Rodin fehlt die für Bernini charakteristische diagonale Aufwärtsbewegung,[75] die der Schwerkraft entgegenwirkt; vielmehr führt die Bewegung abwärts von Eurydice zu Orpheus. So ist der Eindruck ernst und schwermütig. Ein wesentlicher Unterschied gegenüber Bernini ist die Tatsache, daß Rodin nie die Verwandlung von Fingern in Zweige dargestellt hat. Dazu fehlt ihm die barocke Unbekümmertheit; hybride Bildungen sind bei ihm höchst selten. Sein Streben nach Ökonomie der künstlerischen Mittel läßt ihn auf Pflanzen, Gewänder und sonstige Attribute weitgehend verzichten. Er kennt – sicherlich angeregt durch Michelangelos *Sklaven* im Louvre – nur einerseits den Stein, andererseits den Menschen und läßt das ganze Drama des Lebens zwischen diesen beiden Polen spielen.

So sind es allein die Felsen, die die Stimmung[76] der Szene widerspiegeln und die das Element verkörpern. Im nächsten Augenblick wird Orpheus sich umwenden – seine Linke hat das eine Auge schon freigegeben –, und die Geliebte wird ins Totenreich zurücksinken. Sie ist durch die doppelte Fesselung an den Stein zugleich als dem Schattenreich Entrinnende und zur Rückkehr Verurteilte gekennzeichnet. Im Unterschied zu Bernini, der nur die eine Bewegung, das Übergehen in die Natur darstellt, beschwört Rodin durch das gleiche plastische Mittel zwei einander entgegengesetzte Vorstellungen: ›Noch nicht‹ und ›Nicht mehr‹. Werden und Vergehen, Hervorgehen aus dem Chaos und Rückkehr ins Chaos werden so in ihrer dialektischen Wechselbeziehung sichtbar.

3. *Mutter und sterbendes Kind*[77]

Fein modelliert sind nur Gesichter und Hände. Für den ›aspect faussement inachevé‹ hat man mit Recht an ein Gemälde von E. Carrière erinnert, das das gleiche Sujet mit leicht verwischten Konturen darstellt. Freilich lag einem Bildhauer wie Rodin Michelangelos späte *Pietà Rondanini*[78] vielleicht noch näher. Auch dort scheinen die vom Todeshauch berührten Gestalten im unbehauenen Stein gleichsam zu frieren. Rodin hat das Unvollendete bewußt erstrebt, das bei Michelangelo in diesem Falle Zufallsergebnis war.[79]

8. Verfallensein an die Unterwelt (siehe S. 535): »Orphée et Eurydice« (Marmor), um 1893 (Metropolitan Museum, New York).

Erinnert das ›faussement inachevé‹ aber nicht auch an Ovid, der die *Metamorphosen* als unfertig bezeichnet? Man hat daran herumgerätselt, was an ihnen wohl noch zu vollenden gewesen wäre. Gleichgültig, wie man im einzelnen hierüber urteilen mag: Die *Metamorphosen* sind in besonderem Maße auf den Leser hin angelegt, dem die unendliche Aufgabe der Rezeption überlassen bleibt. Es gibt Kunstwerke, die ewig geöffnet sind und sich nur jeweils im Betrachter vollenden.[80]

4. *Icarus*

Das Verfallensein an den Tod symbolisiert Rodin auch sonst durch Bindung an den Stein: Auf dem *Entwurf für ein Grabdenkmal*[81] ist das Antlitz der Wand zugekehrt, auch die Arme sind mit ihr verwachsen. In Vorderansicht stehend, aber auch an den Block gefesselt ist die Gestalt[82] in der Grabplastik *Le lys brisé*. Hier leiten Flügel zum Felsen über. Dem zurückgeworfenen Haupt mit dem Blick nach oben entspricht die Inschrift:[83] »Dieu passe, il m'appelle.« Die gleiche Figur ist im *Sturz des Icarus* mit der Luft in Verbindung gebracht: Der Jüngling fällt herab; gleich wird die Stirn den Boden berühren; die Glieder scheinen sich rückwärts an die Luft zu klammern,[84] zu der die halbzerstörten Schwingen mit ihrer großzügigen Linienführung den Übergang bilden; durch die ungewöhnliche Gebärde — Arme und Beine greifen rückwärts nach oben — bleibt die Gestalt trotz der kühnen Lage in der Schwebe. Icarus löst sich wider Willen vom leichten Element und fällt der Erde anheim. Wir können sogar feststellen, an welches Werk Ovids Rodin gedacht hat. Den Zeitpunkt des Übergangs, des Fallens, der den Bildhauer fesselt, hatte Ovid in der *ars amatoria* besonders dramatisch ausgeführt, und Rodin besaß ein Exemplar dieser Dichtung. In den *Metamorphosen* hingegen ist der Sturz etwas knapper behandelt; die Anteilnahme am Schicksal des Knaben wird dafür in früheren Stadien der Erzählung stärker betont: Der vorausfliegende Vater bangt um den Sohn, wie ein Vogel, der seinen Jungen das Fliegen beibringt. Diese Situation ist mit den Mitteln klassischer Kunst leichter darstellbar als der Sturz. Es ist bezeichnend, daß Rodin sich von der andersartigen Akzentuierung der Geschichte in der »Liebeskunst« offenbar mehr angesprochen fühlte. Die Dramatisierung des Abstürzens entspricht dem psychologischen Interesse des Dichters der *ars amatoria*. Rodin versucht

9. *Die Glieder scheinen sich rückwärts an die Luft zu klammern (siehe S. 538)*: »*La chute d'Icare*« *(Gips), um 1885 (Musée Rodin, Paris)*.

ebenfalls, das Erlebnis des Übergangs künstlerisch einzufangen, jedoch unter Verzicht auf heftiges Mienenspiel. Während die Glieder sich noch verkrampft gegen den Sturz aufzulehnen scheinen, wirkt der Kopf bereits gelöst und vom Tode überschattet. Nicht zuletzt dieser Kontrast zwischen Haupt und Gliedern gibt dem Bildwerk innere Dramatik. Hier ist nicht ein bestimmter Zeitpunkt mit photographischer Treue festgehalten, sondern ein lebendiges Geschehen plastisch dargestellt, Zeit ins Räumliche eingegangen.

5. Die letzte Vision[85]

Das symbolistische Relief wird von Rodin folgendermaßen erläutert:[86] »Ich habe jetzt eine Plastik vollendet. Ein Mann der ertrinkt. Sein Leben zieht rasch noch einmal an seinem Geiste vorüber. Man sieht nur seinen Kopf und seine Hände aus dem Meere ragen, das ihn fortzieht. Am Himmel schwebt ein nachdenklicher Kopf, der sich auf die Hand lehnt. Seine Lieblichkeit steht im Gegensatz zum Schmerz...«

In dieser Konzeption verbindet sich das künstlerische Prinzip des Exemplarischen, das Auswählen von Teilen, mit dem Problem des Übergangs: Tod als Rückkehr ins Element. Hinzu kommt die Polarität der Geschlechter und der Gegensatz von Ethos und Pathos.

Obwohl das Bildwerk manche Betrachter an Medardo Rosso erinnert hat (s. Anm. 85), ist es somit nach Themen und Ausführung ein echter Rodin.

6. *Christus und Magdalena*[87]

Die vorliegende Gruppe wird mißverstanden, wenn man den religiösen Titel zu wichtig nimmt und sich dann über die unkonventionelle Behandlung entsetzt; etwas derartiges scheint Paul Claudel widerfahren zu sein:[88] »Was mich betrifft, so erblicke ich in diesem Karneval feister Hintern nur das Werk eines Kurzsichtigen, der von der Natur lediglich das wahrnimmt, was am dicksten geraten ist ...«

Daß dieses Bildwerk nicht vom Standpunkt kirchlicher Konvention beurteilt werden kann, lehrt schon die Entstehungsgeschichte: Ursprünglich sollte es den gefesselten Prometheus und eine Oceanide darstellen. Den Bildhauer beschäftigt also nicht so sehr das Sujet als vielmehr der Kontrast zwischen einem ausgezehrten und starren männlichen Körper, der mit dem Felsen verwachsen scheint, und einem bewegten und lebensprühenden weiblichen. Rodin hat alle Kunst aufgewendet, um diesen Gegensatz herauszuarbeiten; innerhalb einer solchen rein bildnerischen Konzeption wird gerade das, was Claudel beanstandete, zu einem selbstverständlichen, ja notwendigen Kunstmittel.

Ist es nicht die Polarität von Leben und Tod, die hier zum Ausdruck kommt? Macht nicht die leidenschaftliche Gebärde, mit der sich Magdalena dem Gekreuzigten in die Arme wirft, die innere Einheit von Eros- und Thanatos-Trieb sinnfällig?

Das Entscheidende bleibt, daß Rodin nicht literarische Motive darstellt, sondern die plastische Beschaffenheit der Körper selbst zum Symbol werden läßt. Hierin ist auch der künstlerische Sinn des unbehauenen Steines zu suchen. Gleiches gilt von der Haltung: Die Köpfe der Figuren sind so geneigt, daß sie die Verbindung zwischen den Bewegungen beider Leiber herstellen. So entsteht aus dem Körper der Liebenden und des Sterbenden eine Ellipse, wobei der Bewegungsimpetus der Magdalena aufwärts, der des Christus abwärts gerichtet ist.

Rodin war sich der Dialektik von Werden und Vergehen bewußt und empfand die im vorliegenden Kapitel besprochene Eigenart seiner Bildwerke:[89] »Eines Morgens sahen wir ihn arbeiten. Wie weinend entstieg die Gestalt der Materie. Die Glieder wanden sich in schmerzlicher Agonie. Rodin sagte: Es scheint, als wollte die Gestalt in die Materie zurückkehren, die sie geboren hat, es betrübt sie noch, zu leben.« Wir sahen: Auch bei ›fertigen‹ Skulpturen beschwört das gleiche bildnerische Ausdrucksmittel entgegengesetzte Vorgänge und wird vom Bildhauer dazu verwendet, ihr komplementäres Verhältnis sinnfällig zu machen.

C. Verbindung von Menschen- und Tiergestalt

1. *Die Centaurin*[90]

Die *Centaurin* wird von Rodin als Beispiel dafür angeführt, daß man ohne äußere Hilfe die Bedeutung einer Skulptur erkennen kann.[91] So sieht Gsell in ihr ein Symbol für die menschliche Seele, die einem für sie unerreichbaren Ziele zustrebt, während ihre tierische Natur sie an die Erde fesselt. Rodin selbst hat die *Centaurin* in vertikaler Stellung in die *Porte de l'Enfer* einbezogen.[92] Wir besprechen hier aber die Einzelfigur.

Aus der Haltung der *Centaurin* spricht heftiges Leid, und zwar über die eigene Doppelnatur. Von der linken Seite gesehen, scheint der Oberschenkel des Mädchens mit der Schulter des Rosses identisch: So wird innerhalb der Plastik durch eine doppeldeutige Form ein unmerklicher Übergang geschaffen. Es ist, als trachte die weibliche Figur vergeblich danach, sich von der des Pferdes zu lösen. Die Stellung der Gliedmaßen läßt erkennen, daß das menschliche Wesen in die eine Richtung zieht, das Tier in die andere. Bei beiden wirkt der Untergrund als stabilisierender Faktor: Die Hufe klammern sich im Boden fest, die Hände am Pfeiler. Im Unterschied zu antiken Darstellungen von Centaurinnen, die trotz der Doppelgestalt Ausgewogenheit und harmonische Ruhe ausstrahlen, sind wir bei Rodin Zeugen eines dramatischen Ringens zweier Naturen. Es ist, als werde der Menschenleib vom Pferdekörper verschlungen und als suche das Mädchen Halt an dem Pfosten, um dem Sog zu entgehen. Mit anderen Worten: Gegenstand ist keine gewöhnliche Centaurin, sondern ein hochdramatisches Verwandlungsgeschehen, wie es die bildende Kunst bei Centaurinnen noch nicht dargestellt hat. Sehr wohl aber die Dichtung.

Der Eindruck, die Verzweiflung beruhe auf der Verwandlung, wird durch die literarische Tradition bestätigt. Bei Ovid wird Ocyrhoe, die Tochter Chirons, die in einer prophetischen Rede mehr ausspricht, als die Götter gestattet hatten, in ein Pferd verwandelt.[93] Im Unterschied zum Bildhauer läßt der Dichter freilich Arme in Füße, Finger in Hufe übergehen; Hals und Antlitz nehmen Pferdegestalt an, das Haar wird zur Mähne, das Gewand zum Schweif; hinzu kommt im Akustischen die allmähliche Verwandlung der Rede in ein Wiehern. Rodin setzt hingegen den Frauenleib auf den Hals des Pferdes. Der Kontrast zwischen menschlichem und tierischem Körper tritt klar hervor; ein doppeldeutiger Übergang besteht nicht wie bei Ovid überall, sondern nur an der einzigen Nahtstelle. Eine völlige Auflösung der Plastik liegt Rodin noch fern, doch stößt er an die Grenze dessen vor, was sich mit den Mitteln herkömmlicher Skulptur ausdrücken läßt.

Die Gebärde der Verzweiflung, das Ringen der Hände, deutet das Leiden unter der Verwandlung an. Rodin erfaßt einen psychologisch fruchtbaren Augenblick: die Erfahrung der Selbstentfremdung im Übergang. Dies aber ist ein Grundthema auch der Metamorphosen Ovids:[94]

> *Iam mihi subduci facies humana videtur,*
> *iam cibus herba placet, iam latis currere campis*
> *impetus est:*

(vgl. die Haltung der Vorderbeine des Pferdes bei Rodin!):

> *in equam cognataque corpora vertor.*

Wir finden das gleiche Interesse am dramatischen Vorgang wie beim *Sturz des Icarus*. Nur ist hier das Psychologische von Rodin noch stärker akzentuiert.

10. Ein hochdramatisches Verwandlungsgeschehen (siehe S. 541): »La Centauresse« (Marmor), 1889.

2. Sirenen

Auf einer von Rodin entworfenen Vase[95] erscheint der geringelte Schlangenschwanz als etwas unorganischer Zusatz zu der *Knieenden Faunin*, die im Zusammenhang mit dem Höllentor entstand.[96] In zwei Entwürfen zum Denkmal für Victor Hugo spielen ihm zu Füßen drei Sirenen. Hoch auf dem Felsen stehend lauscht er ihrem

Gesang. Sie haben keine Schlangenschwänze. Rodin läßt in reiferen Jahren die Doppelgestalt nur dann bestehen, wenn er ihr einen Sinn abgewinnen kann. Ebenso wie er den menschlichen Körper nur ungern bekleidet darstellt, verzichtet er zunehmend auf Mischwesen, die seiner Vorstellung von der Unantastbarkeit der menschlichen Gestalt widersprechen. Ähnlich ist auch die Entwicklung bei den Karyatiden.[97]

Übrigens ist das Unvollendete oder Fragmentarische etwas anderes als das Hybride. Allem innerlich Unwahren abhold, gestaltet Rodin nur, was zum Träger des Ausdrucks zu werden vermag. Daher einerseits keine konventionellen Mischwesen, andererseits Gestalten, denen einzelne Gliedmaßen fehlen.

D. Geschlechtsverwandlung

Die Bronze, die den Titel *Les métamorphoses d'Ovide* trägt (um 1885), hatte, wie viele Werke Rodins, auch andere Namen: *Le Désir*, *Les Gémeaux* (*Castor et Pollux*), *Volupté*, *Les Fleurs Du Mal*, *La Jeune Fille et La Mort*. Die Beziehung zu Ovid ist trotzdem eine ursprüngliche, wie man auch mit Hilfe von Rodins Privatbibliothek bewiesen hat.[98]

Der Titel *Metamorphose* ist hier in besonderem Maße gerechtfertigt, denn Rodin gab dem Mann, der sich begehrend über das Mädchen neigt, eine weibliche Brust.

Ovid erzählt die Geschichte vom Hermaphroditen im vierten Buch der *Metamorphosen*.[99] Schon bevor Salmacis und Hermaphroditus zu einem Zwitter werden, sind die gewohnten Rollen von Mann und Frau vertauscht: mädchenhaft zurückhaltend der Knabe, werbend und gewalttätig die Nymphe. Dadurch bereitet der Dichter die Verschmelzung beider Geschlechter vor. Der Bildhauer hingegen muß, bevor er die Verwandlung andeuten kann, zunächst klare Verhältnisse schaffen: Ein ›aggressives‹ weibliches Wesen wäre also fehl am Platze; erst ist das Mädchen eindeutig als die Umworbene, der Mann als der Werbende zu kennzeichnen.[100] Nur dann wird die an ihm zu beobachtende weibliche Brust als Symptom der beginnenden Metamorphose verständlich. Während der Dichter somit am früheren und späteren Stadium das Gemeinsame unterstreicht, muß der Bildhauer in erster Linie Kontraste herausarbeiten.

Das Mädchen ist eitel Abwehr: Die Arme sind über dem Gesicht verschränkt, die Hand abweisend nach außen gekehrt, die Kniee eng aneinandergepreßt, die Füße verkrampft gegen den Boden gestemmt. Der Mann erscheint als Angreifer: Seine Rechte umfaßt die schlanke Taille. In der Behutsamkeit seiner linken Hand freilich, die die Schul-

11. *Austausch der Eigenschaften im Eros (siehe S. 544):* »*Les métamorphoses d'Ovide*« *(Bronze), um 1885 (Musée Rodin, Paris).*

ter der Geliebten nicht zu berühren wagt, liegt ein Moment der Rücksicht, das im Psychischen einen bevorstehenden Ausgleich der Gegensätze anzukündigen scheint, wie ihn im Physischen die Geschlechtsverwandlung symbolisiert. Ein Text, den man dem Metamorphosendichter und platonischen Philosophen Apuleius[101] zuschreibt, beleuchtet den Sinn einer derartigen Darstellung durch eine Interpretation der Metamorphose, die sich mit den Liebenden vollziehe: Die Frau erlange die schöpferische Kraft des Mannes, der Mann dagegen den *femineus torpor;* wertneutral ausgedrückt: Er gewinnt Anteil an der träumerischen Wesensart der Frau. Man begreift jetzt, daß der Bildhauer dem Mädchenkörper ein Höchstmaß an Gespanntheit verlieh, den männlichen aber mit weiblichen Attributen ausstattete. So ist es Rodin gelungen, zugleich beide Figuren eindeutig als Vertreter ihres jeweiligen Geschlechtes zu charakterisieren und doch auch den geheimnisvollen Austausch der Eigenschaften sichtbar zu machen, der durch den Eros bewirkt wird.[102]

Hier ist eine psychische Metamorphose mit rein plastischen Mitteln dargestellt. Stärker als der Dichter muß der Bildhauer die Kontraste betonen; andererseits besitzt er in Haltung und Gebärde, in Spannung und Lockerung der Muskulatur verschiedene Ausdrucksebenen, die er einander kunstvoll durchkreuzen läßt.

Rodin ist wohl der erste, der die vorübergehende Vertauschung der Eigenschaften im Eros zum Thema einer Skulptur machte, aber er ist keineswegs der erste, der Liebende darstellte, wenn dies auch zuweilen behauptet wird.[103] Es genügt, an antike Traditionen zu erinnern, die bis ins XVIII. und XIX. Jahrhundert lebendig waren.[104] Dem zeitgenössischen Akademismus fernstehend, lebt Rodin in älteren kunsthandwerklichen Überlieferungen:[105] »Je suis l'élève du XVIIIᵉ siècle.« Die bewegte Anmut erotischer Doppelplastiken eines Clodion († 1814)[106] wandelt er ins Ernste und Monumentale. Am nächsten stehen dem betrachteten Bildwerk Rodins vielleicht die Skulpturen des Malers Géricault. *Nymphe und Satyr*[107] (1817–20) sind Aktfiguren – wie später Rodins Liebende –, doch ist die Sinnlichkeit unbefangener, und von einer tiefsinnigen Interpretation oder einer Geschlechtsverwandlung findet sich keine Spur. Eine andere Kleinplastik desselben Malers[108] im Louvre betont keineswegs den Widerstand des Mädchens; beide Gestalten wirken gelöst, bilden zusammen einen Kreis und befinden sich trotz der verschiedenen Ansicht, in der sie sich jeweils dem Betrachter darbieten, in einer Ebene. Bei Rodin hingegen führt der Mann eine Drehung aus: Nur oben haben die Leiber etwa die gleiche Richtung, unten stehen sie rechtwinklig zueinander. Von der Seite gesehen, kehren der rechte Ellbogen und das rechte Knie des Mannes dem Betrachter die Spitze zu, so daß eine ausgesprochene Raumwirkung entsteht. Die Haltung der Nymphe bei Rodin ist nicht nur dezenter; die ganze Gruppe ist komplizierter konstruiert und hat mehr räumliche Tiefe. Die Bewegung ist dramatischer, der Sinngehalt komplexer. Man erkennt übrigens an diesem Vergleich, wie absurd es ist, Rodin zum einseitigen Darsteller der körperlichen Liebe zu machen; so mancher frühere Bildhauer beschränkt sich weit mehr auf das Sinnliche.[109]

E. Das Erwachen (*Das Eherne Zeitalter; Der Mann der ersten Zeiten*)

Im Titel liegt eine Anspielung auf den antiken Mythos von den vier Weltaltern.[110] Zugleich wird spielerisch das Material zum Sinnträger gemacht. Wie die andere Bezeichnung des Werkes (*Der Mensch der ersten Zeiten*) zeigt, kommt es nicht auf die Vier- oder Fünfzahl der Weltalter an. Wichtig ist allein die Tatsache, daß es sich um ein Frühstadium des Menschen handelt. Nach Ovid war das eherne Zeitalter kriegerischer als die vorhergehenden, aber noch nicht so frevelhaft wie das darauffolgende eiserne. Bei Rodin spielt der kriegerische Aspekt nur indirekt eine Rolle (Modell war ein Soldat, und die Statue hieß vorübergehend auch *Der Besiegte*), das Material, aus dem der Urmensch besteht, ist edel, und sein Wesen hat – was Haltung und Gebärden andeuten – noch den Vorzug traumhafter Ursprünglichkeit. Der Mensch der ersten Zeiten ist im Augenblick des Erwachens dargestellt. Ovid schildert derartiges mit Vorliebe. Es sei daran erinnert, wie er den Gott Somnus zwischen Schlummern und Wachen beobachtet.[111]

Vergleichen wir Rodins Erwachenden mit einer hellenistischen Skulptur, dem *Einschlafenden Satyr* im Museo Nazionale in Neapel! Dort ist der Augenblick des Einschlafens erfaßt: Der linke Arm hängt schon schlaff nach unten, der Oberkörper ist noch aufgerichtet, die Rechte liegt locker hinter dem zurücksinkenden Haupt. Das Übergangsstadium wird durch einen Kontrast verdeutlicht: Kopf und Hände sind entspannt (so auch der ganze linke Arm), dagegen ist die Muskulatur des Körpers und der Beine noch gestrafft. Rumpf und Beine stellen also das frühere Stadium, Kopf und Hände den Anfang des späteren dar. Der Zuschauer versucht unwillkürlich, die ihm vor Augen gestellten Gegensätze als Einheit aufzufassen. So entsteht in ihm die vom Bildhauer intendierte Vorstellung eines Übergangs, des Einschlafens.

Rodin hat im *Ehernen Zeitalter* den umgekehrten Vorgang, das Erwachen, dargestellt: Die Beine sind noch halb entspannt und gleichsam weich (was in die Augen springt, wenn man die Statue von der Seite betrachtet); der Oberkörper hingegen richtet sich auf, und die Fäuste beginnen sich zu ballen und ihrer Kraft inne zu werden. Die Bewegung führt bei Rodins Figur aufwärts; sie gipfelt, von vorn erkennbar, im rechten Ellbogen. Von der Seite sieht man, daß das

Haupt ebenfalls nach dem rechten Ellbogen orientiert ist. Auch der linke Arm unterstreicht diese Linie.

Der Satyr in Neapel scheint auf den ersten Blick mit dem rechten Arm eine verwandte Gebärde auszuführen. Der Künstler gibt ihr jedoch den umgekehrten Sinn: Ohne sich zur Faust zu ballen, fällt die Hand locker nach hinten. Diese Bewegung wird durch das seitlich zurückgeneigte Haupt unterstrichen, sowie durch den schlaff herabhängenden linken Arm. Margarete Bieber meint, die Rechte suche den rückwärts sinkenden Kopf aufrecht zu halten.[112] Dies kann nicht zutreffen, denn die Hand ist locker, und ihre Finger berühren das Haupt kaum. Biebers Interpretation würde eher auf Rodins Statue passen, deren Hand geschlossen und mit dem Kopf eng verbunden ist.

Rodin führt wie der antike Bildhauer den Blick des Betrachters von unten nach oben: Der untere Teil der Figur befindet sich noch im früheren Stadium, der obere schon im späteren. Unabhängig davon dominiert bei Rodin die vorne aufsteigende Bewegung, bei der antiken Figur die nach hinten abfallende.

Somit interpretieren beide Künstler eine ähnliche Gebärde in entgegengesetztem Sinne: Im ersten Fall ist der rechte Arm schon in Schlafstellung, im zweiten ist er es noch. Beide Bildhauer schildern Vorgänge nicht etwa wie Ovid, der gelegentlich[113] nach Art einer Momentaufnahme die Bewegung in einem zufälligen Stadium fixiert, sondern indem sie zwei sukzessive Phasen in verschiedenen Teilen ein und derselben Figur nebeneinander stellen: Die Zeit wird nicht in ihrem Flusse aufgehalten, sondern im Räumlichen fühlbar gemacht.[114]

Hat Rodin diese Technik bewußt angewandt? Paul Gsell überliefert uns eine kostbare Äußerung des Bildhauers hierüber, die eine bejahende Antwort auf diese Frage ermöglicht und zugleich die innere Berechtigung unseres Vergleichs bestätigt. Denn Rodin hat sich für diese Technik der Darstellung des Übergangs durch kontrastierendes Nebeneinander verschiedener Stadien in ein und derselben Figur auf keinen anderen als auf Ovid berufen:[115]

»Notez d'abord que le mouvement est la transition d'une attitude à une autre.

Cette simple remarque qui a l'air d'un truisme est, à vrai dire, la clé du mystère.

Vous avez lu certainement dans Ovide comment Daphné est transformée en laurier et Progné en hirondelle. Le charmant écrivain

12. *»Le mouvement est la transition d'une attitude à une autre«* (siehe S. 548): »L'âge d'airain« (Bronze, Ausschnitt), 1876 (Musée Rodin, Paris).

montre le corps de l'une se couvrant d'écorce et de feuilles, les membres de l'autre se revêtant de plumes, de sorte qu'en chacune d'elles on voit encore la femme qu'elle va cesser d'être et l'arbuste ou l'oiseau qu'elle va devenir. Vous vous rappelez aussi comment dans *L'Enfer* du Dante, un serpent se plaquant contre le corps d'un damné se convertit lui-même en homme tandis que l'homme se change en reptile. Le grand poète décrit si ingénieusement cette scène qu'en chacun de ces deux êtres, l'on suit la lutte des deux natures qui s'envahissent progressivement et se suppléent l'une l'autre.

C'est en somme une métamorphose de ce genre qu'exécute le peintre ou le sculpteur en faisant mouvoir ses personnages. Il figure le passage d'une pose à une autre: il indique comment insensiblement la première glisse à la seconde. Dans son œuvre, on discerne encore une partie de ce qui fut et l'on découvre en partie ce qui va être.«

Dieses Selbstzeugnis rechtfertigt unsere Interpretation. Rodin ist sich der Bedeutung des Übergangs für seine Plastik bewußt und deutet das Phänomen mit Hilfe der ovidischen Metamorphose.

F. Verbindendes

Eine Vielzahl von Themen und Kunstprinzipien, die Ovid und Rodin verbinden, ist in den Interpretationen hervorgetreten.[116] Abschließend seien nur einige grundsätzliche Gemeinsamkeiten (F) und Unterschiede (G) in kultursoziologischer Sicht beleuchtet.

1. *Der Künstler als Prophet*

Den Blick ekstatisch nach oben gerichtet, mit den Händen rhythmisch in die Saiten greifend, die Beine tänzerisch bewegt, mutet die Bronze wie gefrorene Musik an; *Orpheus* ist dem XIX. Jahrhundert eines der Leitbilder auf der Suche nach der verlorenen Einheit der Künste, der Wissenschaft und der Religion. Darüber hinaus stellten wir fest, daß Rodin menschliches und göttliches Schöpfertum parallelisiert. Mit der Steigerung des Anspruchs an den Künstler vertieft sich auch die Erfahrung seiner Hinfälligkeit; Rodins *Balzac* ist zugleich von übermenschlicher Schaffenslust und von Leid geprägt. Die Wechselbeziehung von schöpferischem Sieg über die Materie und schmerzvollem Verfallensein an sie spricht — wir sahen es — aus der Gruppe *Orpheus und Eurydice*.

Orpheus ist die Zentralgestalt im zehnten Buch der *Metamorphosen*. In seinem Leben verwirklichen sich Macht und Ohnmacht des

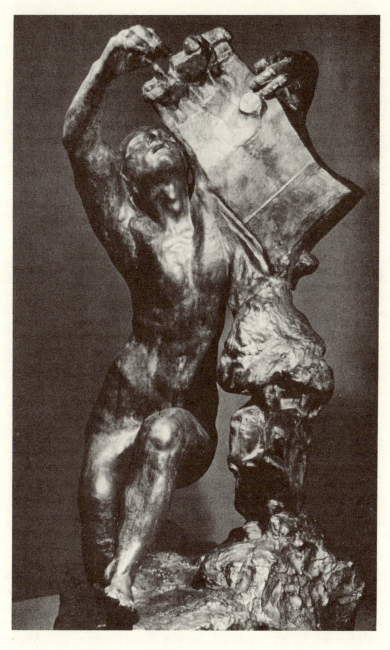

13. Gefrorene Musik (siehe S. 550): »Orphée« (Bronze), 1892 (Musée Rodin, Paris).

Gesanges, Größe und Elend des Künstlers. Ovid zeigt auch, wie im Schicksal des Daedalus und in seinem eigenen Los Vorzug und Schwäche, Erwähltsein und Verhängnis eng benachbart, ja geradezu identisch sind:[117] *ingenio perii Naso poeta meo*. Ist es nicht eigentümlich, daß der aufgeklärte, ungläubige Ovid zu Dichtern, denen er begegnet, wie zu Göttern aufschaut[118] und Inspiration und Prophetentum des Poeten betont wie nur wenige in der Antike? Die Erfahrung des künstlerischen Ingenium verkörpert sich bei Rodin[119] wie bei Ovid in allegorischen Gestalten. Ursprünglich religiöse Vorstellungen, etwa die der Musen, erstehen neu in ästhetischer und rationaler Brechung. Sie werden zu Abbreviaturen für den unkodifizierten Glauben von sonst auf ihren Rationalismus stolzen Epochen.

Für eine solche Aufwertung des Künstlers sind die kultursoziologischen Voraussetzungen nicht immer gegeben. Politische und sakrale Traditionen müssen schon etwas von ihrer Allmacht eingebüßt haben, die ihnen zugrundeliegenden Gefühlswerte aber noch verfügbar und auf andere Gebiete übertragbar sein; dann wenden sich die hohen Erwartungen, die sich an Religion[120] und Staat knüpften, dem privaten Bereich zu, besonders der Liebe und der Kunst; ein Publikum, das den Glauben schon verloren hat, aber noch nicht die Kraft zum Glauben, akzeptiert vorübergehend die Prophetenrolle[121] des Künstlers, der den Platz des Priesters, ja in gewisser Weise der Gottheit einnimmt, wenn auch die kostbare Freiheit der Nachfolge zerbrechlich und der ›Gott‹ sterblich ist. Die spezifische Ausprägung der Künstlerthematik bei Ovid und Rodin beruht also in dieser Beziehung auf Analogien der kultursoziologischen Situation.

2. *Monumentalisierung des Eros*

Philister haben Ovid wie Rodin erotische Besessenheit vorgeworfen.[122] Demgegenüber ergab der Vergleich mit Vorgängern, daß Rodin nicht etwa die Sinnlichkeit steigert, sondern konkrete plastische Probleme so bewältigt, daß sie ein tieferes und komplexeres Bild vermitteln. Die Spannweite reicht von stürmischer Sinnlichkeit (*Die Umarmung*,[123] *Faun und Nymphe*[124]) über den dialektischen Tiefsinn der *Ovidischen Metamorphose* (s. o. S. 536 ff.), die kunstvolle Konstruktion des *Kusses*, die Mischung von Zurückhaltung und Aggression in dem tänzerisch bewegten *Ewigen Frühling* bis zur religiösen

Steigerung im *Ewigen Idol*[125] und zum symbolischen Ausdruck in den beiden Händen, die Rodin *Die Kathedrale* genannt hat.[126]
Es war nicht selbstverständlich, einen Kuß zum Thema einer monumentalen Plastik zu machen. Der Eros wurde damit der Unverbindlichkeit des Schäferspiels des XVIII. Jahrhunderts enthoben. Neu ist also nicht das Motiv, sondern der Ernst und der universale Anspruch, mit dem Rodin es behandelt.

Die umfassende Thematisierung des Eros verbindet Rodin mit Ovid, in dessen Frühwerk die Psychologie der Liebe ausgeschöpft wird, während die *Metamorphosen* den Eros als Schicksal feiern. Im Epos war die Liebe bisher entweder nur am Rande oder in Wechselwirkung mit höheren (religiösen oder politischen) Zielsetzungen behandelt worden. Ovid wagt es, ursprünglich romanhafte Liebesschicksale ins epische Großformat zu übertragen und solch anspruchsvoller Darstellung zu würdigen. In Zeiten, die dem Menschen in Staat und Religion keine Daseinserfüllung mehr bieten, tritt die schicksalhafte Bedeutung des Privaten stärker in den Vordergrund. Die Übertragung des erotischen Themas ins Monumentale wurde von beiden Künstlern mit einer gewissen kultursoziologischen Folgerichtigkeit vollzogen.

3. Rezeptionspsychologische Orientierung des Kunstwerks

Die *Helmschmiedin (Celle qui fut la belle Heaulmière)*[127] beschwört François Villons Monolog einer gealterten Schönen.[128] Darin kontrastiert in zwei Beschreibungen einstige Schönheit mit gegenwärtiger Häßlichkeit.[129] Ovid erspart sich an verwandter Stelle das Nebeneinander zweier Bilder; er suggeriert die frühere Herrlichkeit nur durch den redenden Namen:[130] »Es weint auch Helena, sobald sie im Spiegel die Altersrunzeln erblickt, und fragt sich, warum man sie zweimal entführte.« Der Widerspruch zwischen der durch den Namen erweckten Erwartung und der realen Situation vermittelt dem Leser das Erlebnis der verrinnenden Zeit und des Verfalls. – Auch Rodin begnügt sich damit, nur die eine Phase darzustellen: das Alter. Bedeutet dies, daß die zeitliche Tiefendimension erst durch den Titel geschaffen wird (*Celle qui fut ...*)? Daß dem nicht so ist, lehrt eine rezeptionspsychologische Überlegung. Versetzen wir uns in das Publikum des XIX. Jahrhunderts, das eine ›schöne‹ Skulptur erwartete. Rodin konfrontiert es mit dem abstoßenden Anblick der Alten.[131] Der Gegensatz zum Erwarteten schafft im Zuschauer eine Spannung, die sich spontan im Empfinden der Vergänglichkeit, rational im Vergleichen und Überlegen auswirkt. Die Zeitperspektive entsteht weder durch einen im Bildwerk liegenden Kontrast noch primär durch den literarischen Titel, sondern im Beschauer durch den Widerspruch zwischen Erwartung und Bildwerk. Rodins Werke sind, selbst dort, wo sie ›literarisch‹ inspiriert zu sein scheinen, letztlich nicht auf Literatur angewiesen; sie vollenden sich im Betrachter, sind rezeptionspsychologisch orientiert.

Die Verlagerung des künstlerischen Zieles aus dem Werk in den Beschauer, die Psychologisierung des Kunstwerks durch Reflexion auf den Rezeptionsvorgang ist weder von Bildhauern noch von Dichtern immer für erstrebenswert gehalten worden. Sie geht nicht von einer ›Autarkie‹ des Kunstwerks aus, sondern berücksichtigt seine sozialen Daseinsbedingungen. Der Grad der Bewußtheit, mit dem dies geschieht, ist bei beiden Künstlern recht hoch: Rodins theoretische Äußerungen zeigen dies zur Genüge; Ovid wirft man ›Rhetorisierung‹ der Poesie vor — und was ist Rhetorik anderes als auf Literatur angewandte Psychologie?

In anderer Weise rechnet Rodin — wir zeigten es — beim *Homme qui marche* mit dem Ausgleich der Spannung zwischen zwei Bewegungsphasen durch die Vorstellung der Bewegung; im *Verlorenen Sohn* ist, wie Burckhardt nachwies,[132] die Stabilität der Haltung nicht physisch, nur psychologisch überzeugend — vorausgesetzt ist, daß der Affekt, den die Figur verkörpert, sich auf den Betrachter überträgt.

So wird die Rezeption vom Bildhauer bewußt mit einbezogen; ohne sie wirkt das Kunstwerk unverständlich oder unvollständig; es vollendet sich erst in ihr. Das psychologische Wechselspiel zwischen künstlerisch Schaffendem und Aufnehmendem ist ein Charakteristikum auch der Kunst Ovids. Seine Kontaktaufnahme mit dem Leser in den *Metamorphosen* geht weit über das im Epos Übliche hinaus.[133]

Es gehört zur Größe der betrachteten Künstler, daß sie in einen Dialog mit ihrem Publikum eintreten. Bezeichnender als der »dialogue avec le passé«, den André Malraux an Rodin hervorhebt, ist an ihm und Ovid — dank der rezeptionsästhetischen Orientierung ihrer ›geöffneten‹ Kunst — die Zwiesprache mit Gegenwart und Zukunft.

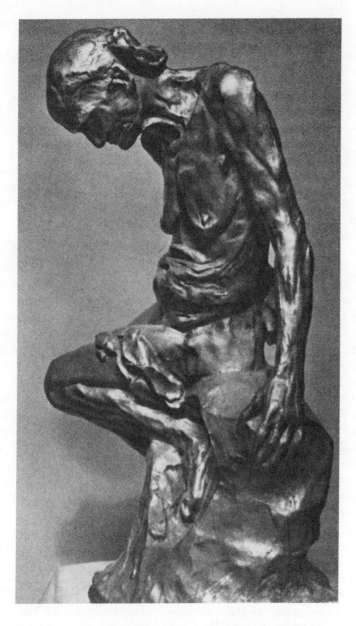

14. Zeitperspektive durch Kontrast zu den Erwartungen des Betrachters (siehe S. 554): »Celle qui fut la belle Heaulmière« (Bronze), 1892 (Musée Rodin, Paris).

G. Trennendes

Auch bei der Beurteilung der Unterschiede zwischen beiden Künstlern sind soziale Faktoren nicht gering zu veranschlagen.

1. *Theorie: Spiel und Arbeit*

Für Ovid steht die Idee des Spieles im Vordergrund; aber dies hängt mit der besonderen Situation der römischen Dichter in ihrer Gesellschaft zusammen, die den *labor* einseitig gesellschaftlich akzentuiert; die kallimacheische Theorie der Kunst als Spiel wird schon vor Ovid zum Alibi, zum Spiel-Raum, um sich der Forderung nach vordergründigen politischen Bekenntnissen zu entziehen.

Umgekehrt beruht Rodins Kunst-Theorie auf der Idee der Arbeit.[134] Dies entspricht einerseits der fast religiösen Hochschätzung der Arbeit im XIX. Jahrhundert (gewissermaßen einer säkularisierten Halbierung des benediktinischen *ora et labora* oder der Berufsethiken Luthers und Calvins) – Rodin erfüllte in diesen Äußerungen also die Erwartungen seiner Umwelt –, andererseits paßt die Betonung soliden Handwerks auch zu Rodins Wesensart und Ausbildung. Auch hier spielen neben der körperlichen Konstitution[135] soziale Faktoren eine Rolle: Kann es einen größeren Gegensatz geben als Ovids urban-aristokratische Leichtigkeit und Rodins bäuerlich-bedächtige Schwere? Hier Distanz, auch zu sich selbst, Ironie, auch wohl Humor; dort ein schwerblütiger Ernst, der einem Beobachter wie Bernard Shaw humorlos und anderen kritiklos schien.[136]

Dieser Unterschied im Selbstverständnis hat freilich mehr kultursoziologische und theoretische als praktische Bedeutung. Verlangte doch gerade das hellenistische Kunstideal vom Schriftsteller makellose, zeitraubende Arbeit (*limae labor et mora*);[137] doch war davon mehr im Fachkreise als vor der Öffentlichkeit die Rede, denn die aufgewandte Mühe galt es vor Laien zu verbergen.[138] – Umgekehrt war im XIX. Jahrhundert geistige Arbeit längst kein Paradox mehr, und ein Künstler, der sich öffentlich zur Arbeit bekannte, steigerte dadurch sein Ansehen. Berücksichtigt man somit bei der Beurteilung der Kunsttheorien auch die sozialen und die individuellen Voraussetzungen, so treten die verbalen Gegensätze in ein etwas anderes Licht.

2. Verhältnis zum Mythos: Dialog mit der Vergangenheit?

Wenn André Malraux Rodins Kunst als »Dialog mit der Vergangenheit«[139] versteht, so übersieht er, daß Rodin vom Anfänger eingehendes Studium nach der Natur verlangt.[140] Die Begegnung mit der Antike soll erst am Ende der Arbeit stehen; die eigene Beobachtung hat sachlich und methodisch den Vorrang vor den antiken Mustern, das Urerlebnis vor dem Bildungserlebnis. Aber nachträglich hilft die Bildung, das Urerlebnis zu benennen, zu erkennen, einzuordnen:[141] »Die Griechen haben so eingehend die Natur studiert, und ihre vollendete Schönheit kommt von ihr und nicht von einem abstrakten Ideal.« Für Rodin ist freilich das Arbeiten nach der Natur zugleich ein Auffinden der wahren Tradition[142] — beim Dialog mit den Meistern der Vergangenheit kommt es nicht auf die von ihnen geschaffenen Modelle an, sondern auf die Modellierung, d.h. die Art und Weise, wie sie mit der Natur umgehen.[143] Nach Abschluß der monatelangen Arbeit am *Ehernen Zeitalter* entdeckt Rodin in Italien eine Apollonstatue mit eben jener Beinstellung, die zu finden ihn so viel Mühe gekostet hatte. Jetzt kann er aus eigener Erfahrung die Qualität der antiken Skulptur würdigen.[144] Das Ineinssetzen der Natur und der wahren Tradition ist ein echter Renaissance-Ansatz, der hinter die spätere Aufspaltung von Natur und Geist zurückgreift. In diesem Zusammenhang steht auch die Bedeutung des Mythos. Dem Erlebnis der Weite und des Lichtes auf dem Meer gibt Rodin den griechischen Götternamen Apollo:[145] »Grüßen Sie Apollo, den König des Meeres, wie wir es taten.« So dient der Mythos als Abbreviatur, um Geistiges gestalthaft zu erfassen. Er ist gewissermaßen eine Sprache, deren Kenntnis es Rodin ermöglicht, mit Verstand im Buche der Natur zu lesen.[146] Derartiges ist freilich nicht ›literarisch‹; würde doch kein Philister Apollo als den König des Meeres bezeichnen. Wie wir sahen, können die mythischen Namen bei Rodin wechseln; manchmal treten sie sogar recht spät auf. Aber sie tragen dazu bei, Komplexes und Flüchtiges zu ergreifen, Erlebtes zu formulieren, verfügbar zu machen und so den Schaffensprozeß zu fördern. Mythische Wesen wie die Centauren sieht Rodin nicht als Gegensatz zur Natur, sofern große Künstler sie gestalteten: Die Griechen kannten die Natur so gut, daß sie sogar mit ihr in Wettstreit treten und neue Gestalten schaffen konnten.[147] Durch diese Erweiterung des Naturbegriffs wird auch der Mythos nachträglich gerechtfertigt. So kann nach Rodin auch der moderne Künstler ›Antiken‹ hervorbringen:[148] »L'antique ... c'est la transfiguration du passé en un vivant éternel.«

Im Gegensatz zu Rodin scheint Ovid zunächst vom Mythos auszugehen, die Prioritäten also umgekehrt zu setzen. Das trifft im wesentlichen auf die *Metamorphosen* zu, während *amores* und *ars* die zeitgenössische Lebenswirklichkeit zugrunde legen und den Mythos nur als ›Goldgrund‹ verwenden. Aber auch in den *Metamorphosen* ist der Mythos nicht akademische Fessel — schaltet doch kaum ein antiker Autor so frei mit den Sagenstoffen wie Ovid —, sondern ein Vorrat bezeichnender Gestalten und Situationen, denen der Dichter aus reicher Beobachtung Lebensfrische und Aktualität verleiht.

Wenn der Mythos bei Rodin nicht die zentrale Rolle spielt wie bei Ovid, so liegt dies an der unterschiedlichen geistesgeschichtlichen Situation: Im alten Rom war die griechische Sagenwelt ein allgemein anerkannter, selbstverständlicher Schatz von Schicksals- und Szenentypen; das XIX. Jahrhundert sucht nur das innerlich Verifizierbare, mit der persönlichen Erfahrung Vereinbare, gibt vielfach den tradierten Mythos zugunsten neuer, aus der Natur oder dem eigenen Innern geschöpfter Bilder auf. Es leitet so den Prozeß ein, der im Zusammenhang mit der Hoch- und Nachblüte des Individualismus zum Verlust eines allgemeinverbindlichen mythischen Formelschatzes in der abendländischen Kultur geführt hat. Während der Römer Ovid den religiös längst verblaßten Mythos durch Vermenschlichung und Aktualisierung im Ästhetischen auferweckte und den Künstlern Europas vermachte, steht Rodin am Ende dieser Tradition — noch sie verstehend, aber selbst dazu beitragend, sie durch neue symbolische Gestaltungen abzulösen, die viele oder keinen Namen tragen. Der Vergleich läßt die tiefere Verwurzelung in Tradition und Gesellschaft erkennen, die selbst einen so unkonventionellen Römer wie Ovid noch von Rodin unterscheidet.

3. *Eigenart beider Künste und ihre Begegnung im Grenzbereich*

Dichter und Bildhauer haben schon von der Eigengesetzlichkeit ihrer Künste her konträre Ausgangspunkte. Der Poet bedient sich des Mediums der Zeit. Da für ihn somit die Bewegung wesenhaft gegeben ist, kann er — etwa bei der Darstellung des Verwandlungsaktes — die Kontinuität betonen. Der Bildhauer ist dagegen ursprünglich darauf angewiesen, sich auf einen gleichbleibenden Zustand zu beschränken. Will er jedoch, dem Daseinsgefühl seiner Epoche entsprechend, das

Flüchtige der Zeit sichtbar machen, so kann er dies indirekt durch Gegenüberstellung erreichen. Er wird also im Gegensatz zum Dichter primär die Kontraste hervorzuheben haben, etwa: Geformtes und Amorphes, männlichen Körper und weibliche Brust, Menschen- und Tierleib, früheres und späteres Bewegungsstadium (sei es real oder nur im Verhältnis zur Vorstellung des Betrachters, wie bei der *Helmschmiedin*). — Will umgekehrt der Dichter statuarische Ruhe und Präzision erreichen, so kommt er im Gleichnis, welches das Werden statisch im kontrastierenden Nebeneinander einfängt, oder in der Allegorie [149] der Sehweise des Bildhauers am nächsten.

Rodins Problem war — gemäß dem Geiste seiner Epoche, die im Historischen wie in der Natur das Werden entdeckte [150] — die Einbeziehung der Dimension der Zeit und der Kategorie der Entwicklung in die Skulptur. — Ovid, in einer welthistorischen Übergangsphase lebend, wurde von Rodin mit Recht als Kronzeuge für seine Metamorphosenidee bemüht. Was freilich die dichterische Absicht betrifft, so hatte Ovid von Vergil eine im wesentlichen musikalische, introvertierte Poesie ererbt, und sein ganzes Ringen galt einer plastischen Anschaulichkeit, die der klassisch römischen Dichtung bisher unerreichbar gewesen war. So stoßen beide Künstler aus entgegengesetzter Richtung bis an die Grenze ihrer jeweiligen Kunst vor und begegnen sich auf dem Scheitelpunkt: [151] »Je vous avoue, répondit Rodin, qu' en ce qui me concerne, je supporte malaisément les défenses de passer.«

Gerade die Tendenz zur Überwindung der Schranke zwischen den Künsten hängt aber letztlich mit jener hohen Auffassung vom Künstlerberuf zusammen, die ihrerseits — wir sahen es — geistes- und sozialgeschichtliche Wurzeln hat. Wer hätte da sonst zur Schlüsselfigur werden sollen außer Orpheus, der die Gabe hatte, Flüsse zum Stillstand zu bringen und Feststehendes in Bewegung zu setzen?

ANMERKUNGEN

1. Erstmals veröffentlicht in: Teilnahme und Spiegelung, Festschrift H. Rüdiger, Berlin und New York 1975, 55–86. Horst Rüdiger zugeeignet.
Im folgenden abgekürzt zitierte Veröffentlichungen:
    Cladel   = J. Cladel: Rodin. Sa vie glorieuse, sa vie inconnue, Paris 1936.
    DC   = R. Descharnes/J.-F. Chabrun: A. Rodin, Paris 1967.
    Gsell   = A. Rodin: L'art − entretiens réunis par P. Gsell, Paris [7]1912.
    Hayward = Rodin: Sculpture and drawings. An exhibition ... The Hayward Gallery, London 1970.
    Nostitz   = H. Nostitz: Rodin in Gesprächen und Briefen. Dresden 1927.
    P   = Rodin: Skulpturen (Phaidon), London 1951.
    R   = R. M. Rilke: A. Rodin (1903 und 1907), Wiesbaden 1949.
    Sutton   = D. Sutton: Triumphant Satyr. The world of A. Rodin, London 1966.
[Wiedergabe der Abbildungen: Nach DC: Abb. 5, 7, 8, 9, 11, 12, 13 und 14; nach P: Abb. 1, 2, 3, 4; nach R: Abb. 6 und 10.]

2. Hierüber Hayward 43, Nr. 31; vgl. G. Grappe: Ovide et Rodin, in: L'amour de l'art, juin 1936.

3. Bei Gsell 217 und 223; vgl. auch A. Rodin: Une statuette de femme au Musée de Naples, in: Le Musée. Rev. d'art antique 1 (1904) 116−120, bes. 120.

4. Cladel 35.   5. Gsell 214.   6. DC 142.

7. Cladel 169; 200; vgl. 57; DC 142, bes. 192: »Est-ce que la Nature finit? Est-ce qu'on fignole les arbres? ... Je ne ferai plus rien d'entier.«

8. Cladel 168.

9. P. Claudel: L'œil écoute, ältere Fassung zit. bei B. Champigneulle: Rodin. Aus dem Franz. v. B. Kahr, Gütersloh/Wien/Stuttgart o. J., 169; in der endgültigen franz. Ausg. (Œuvres compl. XVII, Paris 1960, 250) fehlt die Stelle. Noch krasser ist jedoch das stehengebliebene Ebergleichnis (XVII 250).

10. Henry Moore (Hayward 11): »One of my points is that sculpture should not represent actual physical movement ... I believe that sculpture is made out of static, immovable material« (vorausgesetzt ist also ein Prinzip der Kunst des XX. Jahrhunderts: die ›Materialgerechtigkeit‹).

11. P 70; DC 143.   12. Ov. met. 1, 80−86.

13. Dazu K. Ziegler: Menschen- und Weltenwerden. Ein Beitrag zur Geschichte der Mikrokosmosidee, in: Neue Jb. 31 (1913) 529−573, bes. zu Platons Symposion. Obwohl Rodin sich mit Platon beschäftigt hat (Cladel 302), glaube ich nicht an direkten Einfluß. An die Genesis knüpft eine andere Plastik an (Die Erschaffung des Weibes, Champigneulle 70, zit. Anm. 9).

14. Ov. met. 1, 416ff.   15. Ov. met. 1, 428f.

16. Rodin ist nie so weit an die Grenzen des plastisch Darstellbaren vorgestoßen wie Bernini, der aus Daphnes Haar und Fingerspitzen Lorbeerblätter hervorwachsen läßt, s. unten S. 528.

17. P 86.

18. Ähnliches gilt von Camille Claudels Rodin-Bildnis (DC 161).

19. P 34f.   20. P 87.   21. Ov. met. 1, 87f.   22. Ov. met. 10, 248.

23. *Sive rudem primos lanam glomerabat in orbes* (6, 19); vgl. *chaos, rudis indigestaque moles* (1, 7) und: *magni speciem glomeravit in orbis* (1, 35); *imago* 6, 74; 103; 110; 122.

24. Alt ist die Erläuterung der göttlichen Schöpfung durch das Demiurgos-Modell, neu bei Ovid die Umakzentuierung: Der schöpferische Mensch wetteifert erfolgreich mit der Gottheit; sie findet an seinem Werk nichts auszusetzen und behauptet sich durch gewaltsame Unterdrückung (s. Vf.: Der Teppich als literarisches Motiv, in: Dt. Beitr. zur geistigen Überlieferung 7 [1972], 11–89). Die römischen Dichter haben das menschliche Schöpfertum früher entdeckt als die Philosophen.

25. Ov. met. 6, 17f.

26. Ov. met. 6, 63–67, bes. 66f.: *transitus ipse tamen spectantia lumina fallit;/ usque adeo, quod tangit, idem est; tamen ultima distant.*

27. Die Brücke zwischen menschlicher Gestalt und Stein bildet bei der *Danaide* das Haupthaar (s. S. 525f.); bei der *Centaurin* ist die Nahtstelle zwischen Menschen- und Pferdeleib doppeldeutig (s. S. 534); zur Vermittlung zwischen zwei Bewegungsphasen im Geiste des Betrachters s. S. 539ff. u. 546.

28. P 46.

29. Vgl. Rodin bei Gsell 66 über eine antike Aphrodite-Statue.

30. Gsell 66f.; vgl. auch Rodin bei Cladel 239. Etwas anders klingt zunächst Rodins Bemerkung bei H. C. E. Dujardin-Beaumetz: Rodin's reflections on art, in: A. Rodin. Readings on his life and work, hrsg. v. A. Elsen, Englewood Cliffs, New Jersey 1965, 170. Der Widerspruch ist freilich nur scheinbar; Rodin betont den Vorrang des modelé; das Spiel des Lichtes auf ihm gibt der Skulptur Leben. – Was Rodin bei Dujardin-Beaumetz ablehnt, ist ein ›malerisches‹ Arbeiten, ein Verleugnen der dritten Dimension.

31. Ov. am. 1, 5,3–6.

32. *Tum cum luce nova noctis confinia servo* (13, 592).

33. 7, 706. Antithetik und Negationen charakterisieren auch 4, 399–401 die Abenddämmerung als Schwebezustand.

34. Im *sfumato*, das Rodin in seinen späteren Werken anstrebt, hat man den Einfluß von Medardo Rosso vermutet, doch verleugnet Rosso die Materie und den

Gegenstand, während Rodin sie bejaht und sich damit auseinandersetzt. Rossos kühne Entwürfe (bei F. Licht: Sculpture 19th & 20th Centuries, in: A history of western sculpture, hrsg. v. J. Pope-Hennessy, London 1967, Abb. 148 und 149) haben aber zweifellos auf Rodins *Balzac* eingewirkt.

35. DC 154f.

36. M. Bieber: The sculpture of the Hellenistic age, New York 1961, Abb. 545.

37. Schattenwirkungen unterstreichen auch die Helligkeit der Gliedmaßen; anstelle des linken Beines, das im Felsen verschwindet, wirft ein Vorsprung im Stein einen Schatten, der der Diagonale von links oben nach rechts unten entspricht.

38. Auf Atelieraufnahmen ist dieses Drama des Lichtes deutlicher zu erkennen als an dem im Freien stehenden Denkmal, das von der Sonne zu grell beleuchtet ist (vgl. DC 155 mit 154).

39. Vgl. W. Ludwig: Struktur und Einheit der Metamorphosen Ovids, Berlin 1965, 20.

40. R 75.

41. S. hierüber Sutton 35 und E. Wind: Art and anarchy, London 1963, 46f. Grundsätzlich: Das Unvollendete als künstlerische Form, hrsg. v. J. A. Schmoll, gen. Eisenwerth, Bern und München 1959; darin bes. ders.: Zur Genesis des Torso-Motivs und zur Deutung des fragmentarischen Stils bei Rodin (117–139). Zur bewußten Herstellung des Torso-Charakters in der letzten Arbeitsphase E. de Goncourt: Journal 26. 2. 1888. »Rodin m'avoue que les choses qu'il exécute, pour qu'elles le satisfassent complètement quand elles sont terminées, il a besoin qu'elles soient exécutées tout d'abord dans leur grandeur dernière, parce que les détails qu'il y mettait à la fin enlevaient du mouvement et que ce n'est qu'en considérant ses ébauches – et pendant de longs mois – dans leurs maquettes grandeur nature, qu'il se rendait compte de ce qu'elles perdaient de mouvement et que ce mouvement, il le leur rendait en leur détachant les bras, etc., etc., en y remettant enfin toute l'action, toute l'envolée, tout le détachement de terre, atténués, dissimulés par les derniers détails du travail.«

42 Gsell 196.

43. Nostitz 49; Rodin bei Cladel 310: »Un morceau de beau est le beau tout entier.«

44. Quint. inst. 10, 1,88: *Ovidius ... laudandus ... in partibus*, d.h. nicht in der ›Disposition‹ der Teile, sondern in der ›Ausarbeitung‹ der Teile.

45. Praxiteles heißt bei Diodor (fr. lib. XXVI) ὁ καταμίξας ἄκρως τοῖς λιθίνοις ἔργοις τὰ τῆς ψυχῆς πάθη. In dem Glauben, alles lasse sich durch den menschlichen Körper ausdrücken, steht Rodin der anthropozentrisch orientierten griechischen Antike nahe. Im Sinne der Renaissance und Neuzeit will Rodin den Geist im Körper entdecken, wobei er mit der Gewissenhaftigkeit eines Naturforschers arbeitet.

46. Nostitz 58f.

47. Kein Wunder, daß Spaziergänge wie der geschilderte H. Nostitz (98) zur Erfindung eines Verwandlungsmärchens anregten.

48. Zit. v. H. Pearson: Bernard Shaw. His life and personality, London 1961, 297f.

49. Die historische Entwicklung der Kunst hat Rodin auch bei einfacher Betrachtung von Kunstwerken im Blick, vgl. den Bericht von Nostitz 52f.

50. Hierüber DC 239.   51. DC 78f. mit Abb.

52. Über die ›Profile‹ z.B. Sutton 133; DC 239. Dahinter steht Benvenuto Cellinis Lehre von den acht (oder gar über vierzig) Ansichten (Anhang zur Lebensbeschreibung, XVII: Über den Rangstreit der Skulptur und Malerei, übers. v. Goethe, Weimarer Ausgabe I 44 [1890] 388).

53. Eine Metamorphose liegt auch im Wechsel von Atmosphäre und Licht, den Rodin an Skulpturen gern beobachtet (Dujardin-Beaumetz 170, zit. oben Anm. 30). Rilke 87: »Neu ist die Art von Bewegung, zu der das Licht gezwungen wird durch die eigentümliche Beschaffenheit dieser Oberflächen.« Differenziert über das *modelé* Rodin bei Gsell 57–67. Einseitig Medardo Rosso: »Alles ist eine Frage des Lichts« (C. Giedion-Welcker: Plastik des XX. Jahrhunderts. Volumen und Raumgestaltung, Stuttgart 1955, 12; E. Trier: Bildhauertheorien im XX. Jahrhundert, Berlin 1971, 60).

54. P 34f.; R 16f.

55. Vgl. das wallende Haar der Plastik *Der Sturm* (Champigneulle 213, zit. oben Anm. 9); s. auch *La chute d'un ange* (DC 135).

56. Ov. met. 4, 463; 10, 44f. Danaiden standen in den Intercolumnien der Porticus des Palatinischen Apollo-Tempels (Ov. am. 2, 2,4; ars 1, 73f.; trist. 3, 1,62).

57. DC 83; R 17 ist die Urne sichtbar.

58. Die drapierte Gestalt im Vatikanischen Museum und die halb entblößte im Museo Pio-Clementino sind nur leicht vorgeneigt und blicken sinnend in die Schüssel (S. Reinach: Répertoire de la statuaire grecque et romaine I (1897) 441; s. jedoch Anm. 59). Auf einer Karlsruher Vase aus Ruvo lauscht eine Danaide, den Krug in der Linken, dem Gesang des Orpheus, vgl. Ov. met. 10, 44f.

59. So bezeichnet Reinach (zit. Anm. 58) Figuren des gleichen Typs I 441 als Danaiden, II 1,405 als Nymphen.

60. Waser: Pauly-Wissowa, Realencyclopädie IV 2 (1901) 2089 mit älterer Lit.

61. Abb. bei DC 31.

62. Dieser Effekt ist in einer Phase der hellenistischen Kunst beliebt (vgl. z.B. die *Venus von Milo*). Bieber 159 (zit. Anm. 36) beobachtet sehr gut, scheint aber nicht damit zu rechnen, daß der Zug beabsichtigt sein könnte.

63. Vgl. z.B. Reinach (zit. Anm. 58) II 1,406, Nr. 3 (Wellen unter dem Gewand); sitzende Nymphen ebd. 407, 1 und 2; vgl. auch 411. – Zur Metapher vom ›fließenden‹ Gewand vgl. Verg. Aen. 1, 404; über die *Trunkene Alte* Bieber 81.

64. Unbekleidet waren ursprünglich die Figuren in Michelangelos *Jüngstem Gericht;* s. auch seinen *Kentaurenkampf,* in: Michelangelo, Bildhauer, Maler, Architekt, Dichter, mit Beitr. v. Ch. de Tolnay (u. a.) ... und Vorwort v. M. Salmi, Wiesbaden 1966, 10–14; 74.

65. Ov. met. 9, 651.   66. Ov. met. 5, 634 f.

67. Ov. met. 5, 626 f.   68. Vgl. 5, 601 ff.

69. »Die natürliche Bewegung der Körper ... entspricht dem Gang der Gestirne, die eine vorgezeichnete Ellipse durchlaufen. Die Gestalten Raphaels z. B. bewegen sich in der halben Ellipse, das ist die klassische Linie ... Michel Angelo hat dann die halbe Ellipse gesprengt und eine neue, zweite Bewegung geschaffen ... ich aber habe eine dritte Bewegung hinzugefügt: das Dreieck, in das ich z. B. die Gruppe des ›baiser‹ hineinkomponiert habe. Alle diese Abweichungen müssen aber immer wieder sich in die große, grundlegende Kurve der ganzen Ellipse einordnen und sich ihrem Rhythmus unterwerfen« (Rodin zu Nostitz 22 f.). »Das Haupt des Menschen ist wie die Erdkugel, und der Hals gibt ihm die Neigung der Erde« (70 f.). »Der Körper des Menschen ist ein Tempel und hat himmlische Formen« (49). »In der Frau, die sich kämmt, kann die Bewegung der Gestirne liegen, und wenn sie mit fliegendem Haar vor dem Meere steht, weiß man nicht, ob dieses oder sie schöner ist, denn sie selbst ist das Meer« (31). – Zur Bedeutung des Haares s. Berninis Daphne (darüber R. T. Petersson: The art of ecstasy, London 1970, 78); das bewegte Haar ist ›unplastisch‹ (vgl. Ov. met. 4, 673 ff.), aber Schönheit offenbart sich in der Bewegung – für Ovid wie für Rodin: »La chose qui bouge dans la Nature, c'est le professeur qui vient et vous explique« (Rodin, in: Le Musée 1 [1904] 117).

70. DC 203.

71. Das Bildwerk wird ebd. »etwa 1893« datiert, das Gesicht der Eurydice scheint aber die Bekanntschaft mit der Duchesse de Choiseul vorauszusetzen.

72. Rom 1622–24. Abb. bei H. Read: The art of sculpture, London 1956, Abb. 116.

73. Ov. met. 10, 53: *adclivis.*

74. Vgl. Ov. met. 1, 556: *refugit tamen oscula lignum.*

75. Zur diagonalen Aufwärtsentwicklung Petersson 80 (zit. Anm. 69).

76. Ov. met. 10, 54: *arduus, obscurus.*   77. DC 218; P 83.

78. A. Malraux: Le musée imaginaire de la sculpture mondiale, Paris 1952, 633.

79. Über das *non finito* bei Michelangelo gibt es vielerlei Vermutungen (knappe Zusammenfassung von U. Baldini, in: Michelangelo ... [zit. oben Anm. 64], 148); allgemeine Erklärungen (tragischer Zwiespalt von Geist und Materie, Heidentum und Christentum) verfangen nicht, da von Fall zu Fall differenziert werden muß: Bei einer ganzen Reihe von Werken ist erwiesen, daß Michelangelo die Arbeit an ihnen aus äußeren Gründen abgebrochen hat (über der Pietà Rondanini ist er gestorben); andererseits ist die Wirkung der felsigen Unterlage bei den Sklaven im Louvre sicher

beabsichtigt und hat stark auf Rodin eingewirkt (Kontrast, Bewegung, Pathos, Analogie zum Schaffen der Natur, Fesselung an die Materie). – In der Tatsache, daß vieles unvollendet blieb, kann man mit dem Bildhauer A. Giacometti (1901–1966) auch ein existentiales Moment sehen: »Während tausend Jahren hätte Michelangelo weiterfahren können, Pietàs zu bilden, ohne sich zu wiederholen, ohne auf etwas zurückzukommen, ohne jemals etwas zu beenden, und immer wäre er weitergegangen. – Auch für Rodin gilt das« (bei Trier 118, zit. oben Anm. 53). – Dies alles ist jedoch etwas anderes als ein bewußtes Herstellen von ›Unvollendetem‹, das bei Rodin paradoxerweise Ergebnis des letzten Schliffs sein kann (s. oben Anm. 41) oder von ihm mit dem Sinn fürs Wesentliche begründet wird (Rodin über Rembrandt bei Cladel 57). Über Rodin und Michelangelo s. auch Cladel 111–113; 143; Gsell 261–264; 281–286.

80. Der Stein als Symbol der Trauer gemahnt an Niobe (Ov. met. 6, 303–312).

81. R 79. Vgl. B. Hebel, *Vidit et obstipuit*. Ein Interpretationsversuch zu Daedalus und Ikarus in Text und Bild (Ovid – P. Bruegel d. Ä. und ein pompeianisches Wandgemälde. – W. H. Auden und A. Rodin), in: Der altsprachliche Unterricht 15, 1, 1972, 87–100.

82. R 65.   83. DC 79 (Alfred de Musset).

84. Vgl. C. Burckhardt: Rodin und das plastische Problem, Basel 1921, 59 über *Appel suprême:* »... wie die im Gebet flehend erhobenen Hände sich an dem Unsichtbaren, das sie suchen und doch selbst darstellen, festklammern und dadurch den Körper vor dem jähen Sturz nach rückwärts bewahren.« (»Suggestive Stabilität« durch Affektübertragung auf den Zuschauer).

85. (1902) Sutton Abb. 54 vor S. 81; zu Medardo Rosso ebd. 118.

86. Nostitz 81f. Zum Tod als Rückkehr ins Element vgl. den Schluß des Helena-Aktes in Goethes Faust II 1475ff.; vgl. W. H. Friedrich: Der Kosmos Ovids (1953), jetzt in: Ovid, hrsg. v. M. v. Albrecht und E. Zinn, Darmstadt 1968, 362–383, bes. 365–367.

87. (1894) Sutton Abb. 56 nach S. 84; DC 142; Champigneulle 228 (zit. Anm. 9).

88. L'œil écoute, Œuvres compl. XVII, Paris 1960, 283; vgl. Champigneulle 169 (zit. Anm. 9).

89. Nostitz 70.

90. DC 136; Gsell 213; R 25; andere Centaurendarstellung Rodins auf einer Vase DC 66. Zur *Centaurin* s. H. Hinterhäuser in: arcadia 4 (1969) 66–86.

91. Gsell 213.   92. DC 105, 17; vgl. 100 und 101.

93. Ov. met. 2, 655 ff.

94. 2, 661 ff. Den Typus der Centaurin schuf Zeuxis, der eine Centaurenfamilie malte (materialreich H. Heydemann: Terracotten aus dem Mus. Naz. zu Neapel, 7. Hallisches Winckelmannprogr., Halle 1882, 12–16); andersartig ist die bei Reinach I

425 (zit. Anm. 58) abgebildete Centaurin, die durch die beigefügte Schlange als Ocyrhoe charakterisiert ist (falls es sich nicht um eine Ergänzung handelt). Vgl. Anm. 147.

95. DC 65.

96. Gerade unsere Vase beweist jedoch, daß der Entwurf älter sein muß. Da das Gefäß 1880 datiert ist, muß die *Knieende Faunin* spätestens damals entworfen sein (gegen DC 77).

97. Während sich in früheren Auftragsarbeiten (wie in der Neuzeit üblich) der Oberkörper aus dem Stein erhebt (DC 42), ist die Karyatide am Höllentor als vollständige Plastik gearbeitet. – Die Centauren werden von Rodin als Schöpfung des griechischen Genius den Naturwesen gleichgestellt, s. Anm. 147.

98. P 52; s. Hayward 43 Nr. 31.   99. Ov. met. 4, 356ff.

100. Dies ist um so auffälliger, als Rodin die Frau sonst als zumindest gleichberechtigte erotische Partnerin darstellt, ja ihr manchmal auch die aktive Rolle zuweist.

101. Apul. Asclep. 21 (Opera III, rec. P. Thomas [1908–1921] cum addendis, Stuttgart 1970, 57).

102. »L'amour, comme l'art, est la recherche de l'équilibre« (Rodin bei Cladel 234).

103. Verfehlt Champigneulle 154 (zit. Anm. 9): »Bis zu Rodin ist das Liebespaar kein Thema für die Bildhauerei, zumindest nicht im Abendland.«

104. Z. B. Faune und Nymphen (Bieber, zit. Anm. 36, Abb. 626–630); Amor und Psyche (antike Gruppe im Capitolinischen Museum; Canova [Licht, zit. Anm. 34, Abb. 4]; Delaistre [Abb. 25 bei G. Hubert: Les sculpteurs italiens en France sous la Révolution, l'Empire et la Restauration, Paris 1964]; Rodin [Hayward 85, Nr. 89]; Apollon und Daphne (Bernini bei H. Read: The art of sculpture, London 1956, Abb. 116); Tritone und Nereiden (Bieber, Abb. 640; Carrier-Belleuse [1860]; Licht a. a. O. Abb. 98); Mars und Venus (Bieber Abb. 389; Joh. Tob. Sergel [1771/2]: Licht Abb. 38); Raub der Sabinerinnen; Venus und Adonis; Bacchus und Ariadne u. v. a. m.

105. Rodin bei Cladel 260; vgl. DC 10; 15. Houdon (*L'hiver*) beeinflußt sogar Rodins *Eve* (Abb. bei E. Hildebrandt: Malerei und Plastik des XVIII. Jahrhunderts in Frankreich, Potsdam o. J. [1924] 100, bes. Houdons Originalskizze ohne Mantel).

106. Clodions *Bacchantengruppe* (Abb. bei Hildebrandt, zit. Anm. 105, 79) wirkt fort bei Carpeaux und in Rodins *Eternel Printemps*.

107. Licht (zit. Anm. 34) 69.   108. Malraux (zit. Anm. 78) Abb. 680.

109. Vgl. auch unten F 2: Monumentalisierung des Eros.

110. Abb. DC 52ff.; P 4f.; R 4f.; Seitenansicht: Gsell 79, vgl. Ov. met. I, bes. 125ff.

111. Ov. met. 11, 616ff.   112. Bieber (zit. Anm. 36) 140.

113. Ov. met. 4, 552–560; 5, 177ff., bes. 193f.

114. Über Zeichnungen: »Das Leben kommt als Belohnung für die Zeit, die man verwandt hat. Es kommt wie eine Gnade und wenn man es nicht mehr erwartet« (Rodin zu Nostitz 49). Das ›Leben‹ eines Kunstwerks hat hier ganz buchstäblich mit der Zeit zu tun – man versteht jetzt auch Rodins Hochschätzung der Arbeit. – In anderer Weise geht Zeit in ›zweiphasigen‹ Plastiken ins Räumliche ein, die den Zuschauer zwingen, die Entwicklung einer Handlung zu verfolgen, so daß der Eindruck entsteht, die Statue bewege sich.

115. Rodin zu Gsell 76 f.

116. Verwandtschaft der Themen: Metamorphose in Raum und Zeit, Schönheit in der Bewegung, Darstellung des Seelischen in der Gebärde und überhaupt im Körperlichen, Allegorie, Würde des Eros und des Künstlers. Berührungen im Formalen: Sinn für Antithetik; Asymmetrie und exemplarische Darstellung.

117. Ov. trist. 3, 3, 74; vgl. 2, 2.   118. Vgl. ebd. 4, 10,42.

119. Victor Hugo-Denkmal DC 176–183.

120. Über Rodins künstlerische ›Religiosität‹ Gsell 231–251.

121. Konsequenterweise erscheint Rodin in Bourdelles Plastik als ein Mittelding zwischen Mose und Pan. Zur Prophetenrolle auch DC 178.

122. Zu Ovid: F. Altheim, zit. v. F. Bömer, in: Ovid: Die Fasten I, Heidelberg 1957, 14 und 47f. Überlegen über den Eros in den Met. K. Kerényi: Anleitung zu Ovids Met., in: Ovid: Met. Buch X, illustriert v. M. Henninger, übers. v. E. Zinn, Heidenheim o. J., S. IX–XVI. – Zu Rodin: Claudel, zit. Anm. 9.

123. R 38.   124. P 55.

125. »Der Mann hat eine rohe Kraft, die Frau eine kultische Macht. Am Ende wird sie immer siegen« (Rodin bei Nostitz 71).

126. P 92; vgl. R 37.   127. P 30f.; R 30f.

128. François Villon: Sämtliche Dichtungen. Französisch und Deutsch. Übertr. von W. Küchler, Heidelberg ⁴1982, 92,95–99.

129. Das Fortschreiten der Beschreibung von oben nach unten erinnert an Ov. am. I 5,19–22.

130. Ov. met. 15, 232f.

131. »Man muß den Mut haben, auch Häßliches zu schaffen, denn wer diesen Mut nicht besitzt, bleibt auf dieser Seite der Mauer« (Rodin zu Nostitz 72).

132. S. Anm. 84.

133. Vf.: Die Parenthese in Ovids Metamorphosen und ihre dichterische Funktion, in: Spudasmata 7, Hildesheim 1964, 189–221.

134. »Travaillez avec acharnement« (Testament DC 8); vgl. Nostitz 90; Cladel 14; s. auch den *Turm der Arbeit*.

135. Ovid war klein und mager, Rodin ebenfalls nicht groß, aber kräftig gebaut.

136. Shaw bei H. Pearson: B. Shaw. His life and personality. London 1961, 302. Nach Cladel 23 war Rodin »toujours pur d'esprit critique«.

137. Hor. ars 291; vgl. sat. 1, 4,12; vgl. auch Anm. 114.

138. Selbst Fachleute ließen sich täuschen und hielten Ovid für einen Schnelldichter; dagegen W. Stroh, in: Ovid, hrsg. v. M. v. Albrecht und E. Zinn, Darmstadt 1968, 567–580.

139. Malraux (zit. Anm. 78) Abb. 657ff., vgl. ebd. S. 33f.

140. Rodin, in: Le Musée I (1904) 17. Testament (DC 8); Cladel 48; 58.

141. Rodin bei Nostitz 49.

142. Sein *Balzac*, erwachsen aus langen Studien nach lebenden Modellen, ist ihm die Wiedergewinnung der echten Bildhauer-Tradition (Cladel 223). Rodins Natur- und Traditionsbegriff ist frei von der Vorstellung sklavischer Nachahmung. Vgl. Testament (DC 8):»C'est la tradition elle-même qui vous recommande d'interroger sans cesse la réalité et qui vous défend de vous soumettre aveuglément à aucun maître.« In der Tat: Man lese Plin. nat. XXXIV 61 über Eupompos und Lysipp. Über Rude: P. Landowski: Rude à Bruxelles. Ses méthodes et son enseignement …, in: Bull. Acad. R. de Belgique, classe des Beaux-Arts, 37, 1955, 126–141. Die Lehren wurden Rodin durch Barye vermittelt.

143. Le Musée I 17.   144. Ebd. 16.

145. Nostitz 93.   146. Vgl. dazu Nostitz 71.

147. Rodin, in: Le Musée I 18: »Ces gens-là étaient tellement forts sur la Nature qu'ils devenaient ses complices et qu'ils créaient des êtres, non pas des fantômes falots, mais des êtres qui vivaient malgré les conditions physiques impossibles dans lesquelles on les contraignait à vivre« (über die Centauren).

148. Le Musée I 2.

149. Zur Allegorie: Vf. in: Lex. der Alten Welt, s. v. – Ovid geht in der Allegorie insofern weiter als Rodin, als er auch den Wohnort typisch für die Gestalt sein läßt (allegorische Ortsbeschreibungen). Rodin hingegen entfernt sich von Ovid, wenn er um der Bedeutung willen ›unvollständige‹ Körper formt (z.B. *Meditation* ohne Arme).

150. Die Weltordnung ist nach Rodin (bei Gsell 280) komplexer als die Griechen dachten und *éternellement changeant*.

151. Rodin bei Gsell 201 über die fließenden Grenzen zwischen den Künsten. Sutton sieht (139) bei Rodin »a fundamental lack of decision and discipline«. Einen ähnlichen Vorwurf pflegt man auch Ovid zu machen. Man übersieht, daß beide Künstler bewußt den Augenblick, in dem die Dinge in der Schwebe sind, gestalten, d.h. den Betrachter in den Raum der Freiheit führen, in dem er vielleicht selbst zu Entscheidungen kommen kann.

XIV

POESIE UND UNSTERBLICHKEIT

Zur Selbstauffassung des Lyrikers
Horaz (carm. 2,20 und 3,30)[1] — Ronsard — Du Bellay
— Sarbievius — Deržavin — Puškin —
Blok — Jevtušenko

Am Vergleich mit zwei Horazoden soll im folgenden das Selbstverständnis europäischer Lyriker vom 16. bis zum 20. Jahrhundert beleuchtet werden. Ein erster Abschnitt behandelt die Horazoden, ein zweiter französische und neulateinische Lyrik des 16. und 17. Jahrhunderts, ein dritter russische Lyrik vom ausgehenden 18. bis zum 20. Jahrhundert.

1. Horaz, *carm.* 2,20[2]

Non usitata nec tenui ferar
pinna biformis per liquidum aethera
vates neque in terris morabor
longius invidiaque maior
5 *urbis relinquam. non ego, pauperum*
sanguis parentum, non ego, quem vocas,
dilecte Maecenas, obibo
nec Stygia cohibebor unda.

iam iam residunt cruribus asperae
10 *pelles et album mutor in alitem*
superne nascunturque leves
per digitos umerosque plumae.

iam Daedaleo notior Icaro
visam gementis litora Bosphori
15 *Syrtisque Gaetulas canorus*
ales Hyperboreosque campos;

me Colchus et qui dissimulat metum
Marsae cohortis Dacus et ultimi
noscent Geloni, me peritus
20 *discet Hiber Rhodanique potor.*

absint inani funere neniae
luctusque turpes et querimoniae;
   conpesce clamorem ac sepulcri
   mitte supervacuos honores.

Auf nicht gewöhnlichem und keineswegs schwachem Gefieder werde ich, Dichter und Seher, in meiner zweiten Gestalt durch den klar strömenden Äther fliegen, nicht länger auf Erden weilen und, über den Neid erhaben, die Städte verlassen.

Nicht werde ich, armer Eltern Blut, nicht werde ich, den du zu dir rufst, geliebter Maecenas, sterben, und halten wird mich nicht die stygische Welle.

Schon sinkt in rauhen Falten die Haut zu den Schenkeln, und von oben herab verwandle ich mich in einen weißen Vogel, und glatt und schimmernd sprießen auf Fingern und Schultern Flaumfedern.

Schon bekannter als Icarus, Daedals Sohn, werd' ich die Küsten des seufzenden Bosporus besuchen, die gaetulischen Syrten, ein stimmbegabter Vogel, und die hyperboreischen Gefilde.

Mich werden der Kolcher und, die Furcht vor der Marser Truppe verhehlend, der Daker und am Ende der Welt die Geloner kennenlernen, mich der kundige Iberer studieren und der das Wasser der Rhône trinkt.

Hinweg mit Totenliedern von der nichtigen Leichenfeier, hinweg mit entstellender Trauer und Klagen; hemme das Wehgeschrei und unterlasse des Grabes überflüssige Ehrungen.

Horaz führt uns in medias res: Er wird sich auf dem Fluge befinden, und sein Gefieder wird ungewohnt und stark sein. Die Städte der Menschen und ihr Neid werden unter ihm zurückbleiben. Das Transzendierende des Fluges spiegelt sich im syntaktischen Übergreifen der ersten Strophe in die zweite (*invidiaque maior / urbis relinquam*). Die nähere Charakteristik des Gefieders offenbart indirekt die Eigenart horazischen Dichtens, das zugleich nach kallimacheischer Erlesenheit (*non usitata*) und frühgriechischer Größe strebt (*nec tenui*).[3] Doch kommt es Horaz vordergründig auf etwas anderes an: Der Vogelflug wird in der zweiten Strophe in gewichtiger Scheinanapher (*non ego–non ego*) als Überwindung des Todes gedeutet, die, wie die Adjektive des Anfangs nahelegen, weniger metaphysisch als spezifisch literarisch gemeint ist.

So bedeutet die zweite Strophe eine Wendung von der Vision zur Deutung, zugleich aber auch von der Zukunftsahnung zum Rückblick auf die beiden Pole von Horazens Lebenslauf: seine bescheidene Herkunft (*pauperum sanguis parentum*) und seine Zugehörigkeit zu dem bedeutenden Kreis des Maecenas (*quem vocas, dilecte Maecenas*) (vgl. carm. 3,30, 12 *ex humili potens*). Zugleich erwähnt der Dichter mit emotionalen Akzenten (Scheinanapher, affektisches Adjektiv) die Eltern und den Freund[4] als die ihm am nächsten stehenden Menschen. Die zweite Strophe ist also nicht rein gedanklich, doch wird das Biographische weniger anschaulich als etwa in carm. 3,30.[5]

Die dritte Strophe spielt auf einer anderen zeitlichen Ebene. Nach dem Einsatz mitten im Geschehen muß nun die »Vorgeschichte«, die Verwandlung, nachgeholt werden. Der manchmal beanstandete Tempuswechsel (vom Futurum zum Präsens)[6] ist doppelt motiviert: einmal durch den Übergang vom Gedanken zur Anschauung, zum andern dadurch, daß es sich um eine Zeitstufe handelt, die zwischen dem etwas entfernteren Futurum des Vogelfluges und der Gegenwart des Dichters liegt.

In der Diskussion um die Echtheit der Strophe scheint ein von Harald Fuchs beanstandeter Punkt bisher noch nicht voll widerlegt zu sein: »Aber welcher Dichter hätte hier überhaupt zuerst von den Beinen gesprochen, statt dem Leibe den Vorrang zu geben, der für die Gestalt so viel mehr bedeutet? Und wer hätte von den Beinen so Unschönes ausgesagt?«[7] Zu dem ästhetischen Gegenargument Karlhans Abels,[8] Horaz habe zuerst von der Rauheit der Beine gesprochen, um für die Glätte des Gefieders einen kontrastierenden Hintergrund zu schaffen, sei noch ein literarhistorisches hinzugefügt. Welcher Dichter hätte also mit den Beinen begonnen? Und wer hätte über die Haut so Unschönes ausgesagt?

Betrachten wir unter diesen beiden Gesichtspunkten den Prototyp aller poetischen Verwandlungsschilderungen: die Metamorphose des Odysseus in einen Bettler (Od. v (13), 429ff.):

> ὣς ἄρα μιν φαμένη ῥάβδῳ ἐπεμάσσατ' Ἀθήνη.
> κάρψε μέν οἱ χρόα καλὸν ἐνὶ γναμπτοῖσι μέλεσσι, κτλ.
>
> Als sie so gesprochen hatte, berührte sie ihn mit ihrem Stab, Athene:
> ließ schrumpfen ihm die schöne Haut auf den gebogenen Gliedern ...
>
> *(Wolfgang Schadewaldt)*[9]

Man sieht: 1) Homer beginnt mit den »gekrümmten Gliedern«, nicht etwa mit dem Leibe. 2) Den Anfang bildet die Schrumpfung der Haut an den Gliedern. Um die Bedeutung der »unschönen« Veränderung der Haut zu erfassen, werfen wir einen Blick auf andere Stellen, zunächst auf die Rückverwandlung des Odysseus.[10]

Auch dieser Vorgang wird ausdrücklich als Wunder geschildert: Telemach ist von τάρβος und θάμβος ergriffen. In seiner Sicht ist dabei die Verwandlung der Körperoberfläche entscheidend:

> ἄλλα δὲ εἵματ' ἔχεις, καί τοι χρὼς οὐκέθ' ὁμοῖος.
> ἦ μάλα τις θεός ἐσσι ... (182f.)

> Andere Kleider hast du an, und es ist deine Haut nicht mehr die gleiche! Wahrhaftig! du bist ein Gott ...
> *(Wolfgang Schadewaldt)*

Das Anderswerden der Haut ist hier Indiz der Göttlichkeit. θ 19 erscheint Odysseus durch Einwirkung Athenes größer und beleibter.

> ὥς κεν Φαιήκεσσι φίλος πάντεσσι γένοιτο
> δεινός τ' αἰδοῖός τε.

> Damit er allen Phaiaken lieb und furchtbar und ehrwürdig werde
> *(Wolfgang Schadewaldt)*

σ 69 verstärkt Athene die Muskulatur des Odysseus (μέλε' ἤλδανε); die Freier staunen über die Maßen. Auch hier beginnt die Beschreibung (wie später bei Horaz) mit den Schenkeln:

> φαῖνε δὲ μηροὺς
> καλούς τε μεγάλους τε, φάνεν δέ οἱ εὐρέες ὦμοι
> στήθεά τε στιβαροί τε βραχίονες ... (67ff.)

> Und ließ seine Schenkel sehen, die schönen, großen, und sichtbar wurden seine breiten Schultern und die Brust und die starken Arme
> *(Wolfgang Schadewaldt)*

Die Umgestaltung der Haut bedeutet somit für den antiken Dichter nicht eine geschmacklose Phantasie, sondern ein Wunder. Die

Verwandlungen des Odysseus jagen seiner Umgebung einen heiligen Schrecken ein und lassen sie vermuten, ein Gott sei gegenwärtig. Horaz deutet die Metamorphose poetisch als *prodigium*, in dem sich sein Dichtertum offenbart. Diese Manifestation der göttlichen Natur des Dichters in einer Verwandlung bereitet dem modernen Verständnis die gleichen Schwierigkeiten wie Ovids bekannte Äußerung (trist. 4,10, 25 f.): *sponte sua carmen numeros veniebat ad aptos / et quod temptabam scribere versus erat* (»Von selbst kam das Gedicht zu passenden Rhythmen, / und, was ich zu schreiben versuchte, war zum Vers geworden«). Offenbarung des Dichtergenius und nicht, wie man meinte, banales Selbstlob eines talentierten Vielschreibers![11]

Daß Horaz mit einer Veränderung der Haut beginnt, geht letztlich auf die charakterisierte Tradition zurück. Bei ihm sind nun allerdings die im griechischen Epos getrennt belegten Typen der Verwandlung, die Schrumpfung und das Wachstum, antithetisch miteinander verbunden: *residunt – nascuntur*. Die Göttlichkeit wird nicht mehr nur am Straff- und Glänzendwerden der Haut sichtbar, Horaz macht einen Unterschied: Die Beine, Träger der niederen Sinnlichkeit, werden von einem Prozeß des Welkens ergriffen, »von oben her« aber (*superne*), d.h. an Haupt und Händen, den edleren Körperteilen, vollzieht sich Wachstum, das zu Glätte (vgl. *leves*) und göttlichem Glanz führt. Der Schritt von der homerischen Auffassung des Göttlichen, die das Sinnliche mit einschließt, zu einer nachplatonischen Spiritualisierung läßt sich hieran ablesen: Schwinden im Bereich des ἐπιθυμητικόν und Entfaltung in dem des λογιστικόν und θυμοειδές. Der Dichter, der die beiden Verwandlungstypen so miteinander kombiniert hat, um eine entkörperlichte Vorstellung vom Göttlichen zu vermitteln, verdient nicht Kritik, sondern Bewunderung – gleichgültig, ob es Horaz selbst oder ein verlorener hellenistischer Vorgänger war.[12]

Warum beginnt nun aber Homer an den angeführten Stellen mit den Gliedern bzw. mit den Schenkeln? Den Schlüssel liefert die Tatsache, daß die Bettlerverwandlung mit einer Verkleidung verbunden ist, also für den »bürgerlicheren« Odyssee-Dichter technisch ein ziviles Analogon zu den epischen Wappnungsszenen der Ilias bildet. Dort aber muß von der Sache her mit dem Anlegen der Beinschienen begonnen werden, da der Krieger hierfür die größte Bewegungsfreiheit benötigt.[13] Der Odyssee-Dichter überträgt ein heroisches Schema auf einen märchenhaften Vorgang. Außer dem äußeren Band zwischen Verwandlung und Wappnung – dem Motiv der Verkleidung –

besteht ein inneres: Homers Wappnungen sind »wohldosierte Vorbereitungen auf die anschließenden Kämpfe«,[14] den aischyleischen Eteokles umschließt »mit jedem angelegten Waffenstück ... fester und fester ... dämonische Schicksalsverfallenheit«,[15] bei Horaz wird die Metamorphose, gleichzeitig Verfalls- und Wachstumsprozeß, zum Sinnbild seines vergeistigten Fortlebens – wobei platonisierende Vorstellungen nicht dogmatisch mißverstanden werden dürfen, sondern ihrerseits zum metaphorischen Ausdruck für das Weiterleben des Dichters *in seinem Werk* werden.[16] Die Verwandlung wird, gleich einer Wappnungsszene, zur sinnenhaft gespiegelten Vorwegnahme künftigen Schicksals.

Die stilistische Höhenlage der Strophe ist somit nicht allein durch die Sprachbehandlung[17] gesichert, sondern auch durch eine letztlich auf das alte Epos zurückgehende Tradition der Darstellung des Verwandlungsvorganges.[18] Selbst die »Häßlichkeit« – aber sind rauhe Vogelbeine häßlich? – ist durch das Epos literarisch und durch philosophisch-poetische Vorstellungen inhaltlich gerechtfertigt. Auch bei ästhetischen Urteilen dürfen wir uns eben nicht nur vom modernen Geschmack leiten lassen.

Die dritte Strophe ist mit der vierten durch anaphorisches *iam* verbunden; doch erscheint in dieser das Futurum – ein neuer Anstoß? Etwa gar ein Argument gegen die Echtheit von Strophe III? Der Tempuswechsel hat wiederum seinen Sinn: *visam* steht inhaltlich auf derselben Zeitstufe wie *ferar* am Anfang des Gedichtes. Das Futur holt nach dem Rückgriff der dritten Strophe den Schwan auf seinem Fluge gleichsam wieder ein. Ein mythischer Name schlägt die Brücke: Icarus. Auch vor der dritten Strophe war eine mythische Vorstellung erschienen: die Styx. Horaz wird »bekannter« (*notior*) sein als der Sohn des Daedalus. Der Flug wird nicht tödlich enden, sondern mit dem Tod beginnen; des Dichters Schwanenmetamorphose wird selbst zum »mythischen« Exemplum werden und an Bedeutsamkeit die Tat des Knaben übertreffen: ein starker Glaube an die Lebenskraft der Dichtung – und ein begründeter Glaube, wie die jahrhundertelange Horaznachfolge bestätigen wird.

Das Gebiet der Völker, die Horaz kennenlernen werden, reicht von Norden (Bosporus, Hyperboreer) bis Süden (Gaetuler), von Osten (Kolcher) bis Westen (Iberer, Rhône-Anwohner). Nur die Hälfte des Katalogs (Strophe IV) ist noch unter dem Aspekt des Vogelfluges gesehen, in der anderen ist das Ich mit dem Werk identifiziert (Strophe V).

In Strophe V und VI ist das Bild des Fluges aufgegeben. Wir haben kein Recht, dies durch den Hinweis auf die inhaltliche Verwandtschaft von Strophe IV und V zu verschleiern. Handelt es sich um einen Bruch, den es zu entschuldigen gilt? Alles wird klar, wenn man erkennt, daß die Ebene des Bildes (Strophe I, III–IV) in Strophe V von Anfang an verlassen ist. So wie in der dritten und vierten das Thema der ersten Strophe ausgeführt wurde, ist in der fünften und sechsten der Aspekt der zweiten bestimmend. Wir treten aus der visuellen Sphäre wieder in diejenige der Deutung.

Die Identifikation des Dichters mit der Dichtung (*me ...*) geht auf Ennius zurück: *volito vivos per ora virum*. Der zweite Gedanke des ennianischen Epigramms erscheint hier in der fünften, der erste in der sechsten Strophe (*nemo me lacrumis decoret*). Die beiden letzten Strophen gehören also auch unter diesem Gesichtspunkt eng zusammen.

Die Ode gliedert sich somit in 2+4 Strophen. In den ersten beiden führt der Weg vom Bildhaften zum Gedanklichen und Persönlichen. Eine ähnliche Kurve wird ausführlicher mit den Strophen III–VI durchmessen, und zwar vor- und rückwärts erweitert. Die Verwandlung (Strophe III) ist der Aufschwung zum Fluge (Strophe IV), der in einen Leser-Katalog übergeht (Strophe V) – ein Wechsel von der Anschauung zur Auslegung wie von Strophe I zu Strophe II. Die individuellen, emotionalen Elemente, im ersten Teil in Strophe II enthalten, verselbständigen sich im zweiten zu einer eigenen persönlichen Schlußstrophe (VI).

Ein Überblick über die Gesamtstruktur soll es ermöglichen, die Frage der Zugehörigkeit von Strophe III noch von einer anderen Seite zu beleuchten.

Die ersten beiden Strophen sind durch Enjambement verbunden und bilden somit auch äußerlich eine Einheit. Der Schluß der zweiten Strophe bedeutet einen besonders tiefen Einschnitt: Nicht nur endet der Satz an der Strophenfuge, er beginnt auch erst in der letzten Zeile (dem Zehnsilbler): *nec Stygia cohibebor unda*. So schließt das erste Strophenpaar mit einem kurzen, epigrammatisch geformten Kolon, dessen starke Wirkung nicht zuletzt darauf beruht, daß ein längerer, mehrere Zeilen umfassender Satz vorausgeht. Die Anordnung widerspricht also dem Gesetz der »wachsenden Glieder«. In solchen Fällen muß der Verlust an äußerem Umfang durch das Gewicht der Aussage und durch die Geschliffenheit des Ausdrucks ausgeglichen werden. Es handelt sich um eine »Pausa-Form«, die mit der auf sie folgenden

Stille rechnet. Erinnert sei an den schlagenden Schluß von C. F. Meyers »Römischem Brunnen«:

> Und jede nimmt und gibt zugleich
> und strömt und ruht.[19]

Horaz erzielt hier einen verwandten Effekt energischer Kürze, indem er zu Beginn des Zehnsilblers eine syntaktische Grenze ansetzt, wie sie sonst in unserem Gedicht nicht erscheint. So entsteht nach der zweiten Strophe ein Ruhepunkt, ein tiefer formaler Einschnitt. Er liegt hier und nicht, wie Heinze will, nach Strophe III, was für das Verständnis des Gesamtaufbaus wichtig ist.

Dagegen ist die dritte Strophe mit der vierten durch die Anapher (*iam*) verklammert, aber auch durch eine sinnvolle Beziehung der syntaktischen Strukturen: Die dritte Strophe besteht aus drei Sätzen, die vierte aus einem einzigen. Metamorphose und Flug verhalten sich also gewissermaßen zueinander wie Anlauf und Sprung.

Der syntaktische Verlauf von Strophe V und VI führt von anaphorisch unterstrichener Bewegtheit (*me ... me*) zur Ruhe: Strophe VI besteht syntaktisch aus zwei gleichen Hälften. Die Wortsymmetrie unterstreicht dies noch: Es entsprechen sich jeweils das Ende von Zeile 1 und 2 (*neniae; querimoniae*) und der Anfang von Zeile 3 und 4 (*compesce; mitte*). Der Parallelismus der Sätze findet in solcher Wortanordnung ein Gegengewicht: ein Gravitieren zur Mitte hin, das den Eindruck der Ausgeglichenheit verstärkt.

Formale Beobachtungen unterstreichen somit unsere Feststellung, daß ein Haupteinschnitt nach Strophe II anzusetzen ist; sie erhärten weiter die Zusammengehörigkeit von Strophe I und II, aber auch von III und IV. Die Thematik der ersten Strophe findet ihre Entfaltung in der dritten und vierten, die der zweiten in Strophe V und VI; dem entspricht die rhythmische und syntaktische Bezogenheit der Strophenstrukturen, deren kunstvoller Spannungsablauf durch das Wegfallen von Strophe III empfindlich gestört würde. Der Verlauf des Gedichtes wird nur bei Berücksichtigung aller sechs Strophen sinnvoll. Die Echtheit der dritten Strophe wird somit nicht nur durch die eingangs vorgebrachten inhaltlichen, sondern auch durch formale Argumente bestätigt.

2. Horaz, *carm.* 3,30[20]

Exegi monumentum aere perennius
regalique situ pyramidum altius,
quod non imber edax, non aquilo impotens
possit diruere aut innumerabilis
5 *annorum series et fuga temporum.*
non omnis moriar multaque pars mei
vitabit Libitinam: usque ego postera
crescam laude recens, dum Capitolium

scandet cum tacita virgine pontifex:
10 *dicar, qua violens obstrepit Aufidus*
et qua pauper aquae Daunus agrestium
regnavit populorum, ex humili potens

princeps Aeolium carmen ad Italos
deduxisse modos. sume superbiam
15 *quaesitam meritis et mihi Delphica*
lauro cinge volens, Melpomene, comam.

Denkmal fester denn Erz türmt ich und alterslos. –
Überm Quadergebirg schlummernder Könige
Ragt sein Scheitel; an ihn setzt den gefräßigen
Zahn der Regen umsonst oder der Wind, ihm raubt
5 Unauszählbare Flucht wandelnder Jahre nichts.
Traun, ich sterbe nicht ganz. – Viel von dem Meinigen
Geht der Grube vorbei, grünend an Lob, solang
Die verschleierte stumm neben dem Pontifex

Jovis Zinne hinan fürder, die Jungfrau steigt.
10 Mein denkt ewiger Ruhm, dort wo der Aufidus
Talwärts hadert, daselbst Daunus im durstenden
Kornland Bauern gebot, mein, der aus Niedrigem

Groß ward, Aeolersangs hallend Getön zuerst
Ins italische Maß beugend. – So brich das Reis,
15 Das mein Werben erwarb, kröne mit delphischem
Lorbeer, Huldige, mir, Mélpomené, das Haar.

(Rudolf Alexander Schröder)

Horaz beginnt mit zwei »statischen« Bildern: dem Erzdenkmal[21] und den Pyramiden. Es folgen drei dynamische: der nagende Regen, der unbändige Nordwind, die Flucht der Zeiten. Gegen all diese Vorstellungen setzt sich die Leistung des Dichters ab; sie bilden die Folie für sie. Von der einen Gruppe distanziert er sich durch zwei ungewöhnliche Komparative (*perennius,*[22] *altius*), von der anderen durch das wiederholte *non*. Die Struktur folgt dem Gedanken: Den beiden ruhevollen Bildern entsprechen zwei Verse,[23] den drei bewegten drei Zeilen. Adjektive unterstreichen die Qualitäten: Horazens dauerhafte Leistung spiegelt sich in zwei Komparativen, die zerstörenden Mächte erhalten ihrerseits drei Attribute, die Stetigkeit, Kraft[24] und Unzählbarkeit betonen. Übergroße Symmetrie ist andererseits vermieden – schon dadurch, daß dem ersten Motiv- und Zeilenpaar eine Dreizahl von Versen und Motiven gegenübergestellt wird; innerhalb der Gruppen ist wiederum »Endlastigkeit« erreicht, und zwar durch besondere Länge des letzten Gliedes (Vers 2 bzw. 4f.), durch die unerwartete Voranstellung des Adjektivs in Vers 4 (*innumerabilis*) und durch das Enjambement von Vers 4 auf 5. Das »Eingangsportal« (Vers 1–5) bildet gewissermaßen einen in sich geschlossenen »Negativ-Raum«, der die bedeutenden Dimensionen des Themas nur indirekt – aber gerade dadurch besonders eindrucksvoll – absteckt.

Mit dem nächsten Satz treten wir in den Hauptteil ein: Der Gedanke wird erst negativ, dann positiv formuliert. *Non* knüpft zunächst an die Denkform des Eingangs an – danach aber wird die Aussage affirmativ: *multaque pars mei / vitabit Libitinam. Usque ego postera / crescam laude recens.* Das ist das Gegenstück zur bloßen Negation des Verfalls im Anfangsteil. Ein positives Bild soll auch die Dauer von Horazens Fortwirken bezeichnen: *dum Capitolium / scandet cum tacita virgine pontifex.* Das Kapitol ist das bejahte Gegenbild zu Erz und Pyramiden. Es ist nicht als »Monument« gegenwärtig, vielmehr als Stätte, an der sich etwas vollzieht, nämlich der Kult. Im ersten Teil der Ode waren die dynamischen Vorstellungen mit den Mächten der Zerstörung verknüpft, jetzt ist von dem Fortleben und der Dauer in aktiven Termini die Rede.

Überblicken wir die Motivfolge des betrachteten Hauptabschnitts! An die allgemeine Feststellung (»ich werde in einem wesentlichen Teile weiterleben«) reiht sich die Vorstellung des Wachstums im Nachruhm (*crescam* ...), der geistigen Heimat (Rom, dem Kapitol) und der Staatsreligion. Formal ist auffällig, daß jedes dieser Motive von einem bestimmten Vokalklang begleitet erscheint.[25] Der betrachtete Abschnitt könnte »Fortleben« überschrieben werden. Ihm tritt ein letzter gegenüber, der als Rückblick auf das Erdendasein des Dichters und als Würdigung und Anerkennung seiner literarischen Leistung verstanden werden muß.

Der geistigen Heimat im vorhergehenden Abschnitt – Rom – entspricht nun die reale Heimat: Unteritalien. Die Anspielungen auf den Aufidus und auf die Wasserarmut der Gegend wandeln das bedrohliche Regen-Motiv des Anfangs in harmloser Form ab. Das Rauschen des Flusses bildet nur noch die Begleitmusik zur Kunde von Horazens Ruhm *(dicar)*. Die »Armut« des Königs Daunus ist der passende Hintergrund für Horazens eigene bescheidene Herkunft.[26] Dem vorhin angedeuteten Aufsteigen im Nachruhm tritt hier im Biographischen der soziale Aufstieg gegenüber (den der Dichter ebenfalls seiner Poesie verdankt). Der Reim auf die entsprechende Partie des Mittelteils ist beabsichtigt *(crescam laude recens ... / ex humili potens)*.[27] Der die Entwicklung charakterisierende Satz bildet zugleich den Übergang von der bescheidenen Heimat zur stolzen Kennzeichnung der dichterischen Tat: *princeps*[28] *Aeolium carmen ad Italos / deduxisse modos*. Die Selbsteinschätzung betont das Poetisch-Technische: Neuschöpfung einer Lyrik von frühgriechischem Anspruch, die zugleich feingesponnen[29] ist, in ihrer Kunst also hellenistischen Maßstäben genügt. Dennoch fehlt das Inhaltliche nicht, da zuvor die Bindung an die römische Staatsreligion betont wurde und in der Tat die politischen Voraussetzungen die Entstehung hoher Lyrik begünstigt und mitbestimmt haben. Die staatsgebundene Frömmigkeit des Römers wird am Ende des Gedichtes überboten durch Dichterreligiosität, die sich in der Anrede an die Muse Melpomene ausdrückt.[30]

Die Charakteristik der eigenen Leistung ist somit im Schlußteil umrahmt von einer metamorphosierten Spiegelung der Motive der Mittelpartie.

In gewisser Beziehung läßt sich also im gesamten Gedicht ein Fortschreiten von außen nach innen feststellen; die Aussage wird immer weniger mittelbar, immer enger auf die Person des Dichters bezogen:

Der Eingangsteil kennzeichnet indirekt die Größe und Unvergänglichkeit von Horazens Werk, der Mittelteil enthält direkte, positive Aussagen über Zentrum, Entwicklung und politisch-kultische Garantie des Fortlebens, der Schlußteil, geschickt als Rückblick der Nachwelt relativiert *(dicar)*, beschreibt personbezogen die poetische

Leistung, umrahmt von wichtigen Elementen aus dem Leben des Dichters.

Der zweite Teil ist inhaltlich konkreter als der erste, der dritte als der zweite.

Unsere Analyse des Gedankengangs wird durch formale Beobachtungen gestützt. Dem Umfang nach ist der dritte Teil der gewichtigste, auch syntaktisch häufen sich hier Mehrdeutigkeiten und Kühnheiten, wie sie dem hohen Stil eigen sind.[31]

Verschiedene Mittel wirken zusammen, um die Struktur der Ode zu verdeutlichen. Der Einsatz klingt durch die Häufung der e-Vokale einprägsam »ehern«. Der Eintritt der zerstörenden Gewalten manifestiert sich in der zunehmenden Zahl der Wörter je Vers (Vers 3: 7 Vokabeln statt bisher je 4). Das Ende des ersten Teiles ist durch chiastische Wortfügung markiert: *annorum series et fuga temporum*.[32] Ebenso gehören im letzten Vers des Gedichtes einerseits die mittleren, andererseits die am Rande stehenden Wörter zusammen: *lauro cinge* volens, Melpomene, *comam*.

Der Anfang des zweiten Teils (Vers 6) ist durch besondere Kürze des ersten Satzes unterstrichen; die Steigerung in Vers 6–9 durch zunehmende Satzlänge und durch den Wechsel der dominierenden Vokale. Der Zusammenfall von Satz- und Versschluß bezeichnet das Ende des ersten wie des zweiten Teils. Den Hauptgedanken des Schlußteils umrahmen Konsonantenwiederholungen: *potens/princeps ... deduxisse modos*. Das zuletzt angeführte zweisilbige iambische Wort wirkt zugleich als »Pausaform« vor dem Schlußsatz (*sume superbiam*), dessen Einsatz zudem eine Alliteration begleitet.

Die stark hervortretenden lautlichen und syntaktisch-strukturalen Kunstmittel seien hier nicht als »Malerei«, sondern als rhythmisch-musikalisches »Akkompagnement« des Gedankenganges aufgefaßt, das ohne kleinliche Einzelillustration die Gliederung und den Gesamtablauf sinnfällig macht und so zum substantiellen Bestandteil des Gedichtes wird.[33]

3. *Rückblick auf die beiden Horaz-Oden*

Dank der Gegensätzlichkeit ihrer Perspektiven können die beiden Oden ein besonders reiches Bild von der Selbstauffassung des Dichters vermitteln. Um es adäquat zu beschreiben, gilt es, nicht etwa einen Einzelpassus (*princeps Aeolium carmen ad Italos / deduxisse modos*) aus dem Zusammenhang zu reißen, sondern Gehalt und Gestalt im ganzen zu berücksichtigen. Wir betrachten nacheinander: Weltgefühl (d.h. Verhältnis zu Raum, Zeit und Natur), Staatsbezogenheit, Dichterreligiosität.

1. Das Schwanengedicht ist prophetisch, die Denkmal-Ode rückblickend. Diesem Grundcharakter entspricht die Stellung der beiden Oden innerhalb der Sammlung: 2,20 ist der Abschluß eines Buches, das man ein »Todes-Buch« genannt hat,[34] zugleich aber der Aufschwung zu den in demselben Versmaß stehenden Römer-Oden,[35] 3,30 dagegen der Schlußstein der Sammlung,[36] das Analogon zu 1,1. Der verschiedenen Funktion entspricht hier Dynamik, dort Monumentalität. Dort dominiert das Zeitliche, hier das Räumliche. Während in 3,30 das Kapitol geographisch und formal das Zentrum bildet (und sonst nur als Gegenvorstellungen Ägypten und Horazens unteritalische Heimat evoziert werden), umgreift 2,20 in weiter Expansion die Ökumene.

Die Schwanenverwandlung ist nicht als vollendete Tatsache, sondern als Vorgang geschildert; die geographische Ausbreitung hat den Charakter einer weiten Reise. Am Ende steht die Bitte, das Grab nicht unnötigerweise zu ehren: Die im ganzen Gedicht herrschende Dynamik überspielt in 2,20 somit auch das statische Bild des Grabes, das dagegen in der Schlußode des 3. Buches in vergeistigter Form zum beherrschenden Symbol wurde (*monumentum*).

Überhaupt ist die Bilderwelt verschieden behandelt. Die Schlußode des dritten Buches beginnt mit der Vorstellung des Denkmals. In der Mitte steht das Kapitol, am Ende das mit apollinischem Lorbeer bekränzte Haupt des Dichters. Diese ruhenden Elemente werden umspielt von dynamischen Vorstellungen: dem Regen, dem Sturm, der Zeitenflucht und dem wildrauschenden Aufidus. In der Schwanen-Ode hingegen ist schon das erste Thema bewegt. Dem Flug entspricht auch die zugleich erhabene und schwerelose alkäische Strophe, während zu dem standfesten Bild der Pyramide der nahezu gleichschenklige asklepiadeische Vers mit seiner ausgeprägten Mittelzäsur paßt.

Raum, Zeit und Natur sind umfassend mit einbezogen; repräsentative Einzelzüge sind in der Perspektive des jeweiligen Gedichtes zum Spiegel dichterischen Selbstverständnisses gemacht.

2. In der Schlußode des dritten Buches bindet Horaz seine Unsterblichkeitserwartung an den Vollzug der Staatsreligion. Das Kapi-

tol erscheint gleichsam als Gegenpol zu den überwundenen ägyptischen Pyramiden. Im Schwanengedicht beruht die Fortdauer des Werkes ebenfalls auf dem Imperium – diesmal nicht in kultischer, sondern in kultureller Beziehung: auch in den Provinzen rechnet Horaz mit »kundigen« Lesern.[37] Er lebt in einem Staat, mit dessen sakralem Mittelpunkt und dessen zivilisatorischer Leistung er sich verbunden fühlt. Die politische Thematik hat wesentlich dazu beigetragen, daß Horaz in Italien eine Lyrik schaffen konnte, die sich mit der frühgriechischen messen durfte.[38] Aus der Erwähnung der einfachen Herkunft sollte man nicht etwa eine Distanzierung von der Gesellschaft heraushören.

3. Der Lyriker weiß, daß er seinen Aufstieg nur seiner geistigen Tat verdankt. Deshalb erwähnt er in beiden Unsterblichkeits-Oden seine bescheidenen Anfänge. Poeten sind in Rom von jeher nicht privilegiert. Ihr Selbstbewußtsein kann also nicht auf äußerlicher Bewährung – in der Politik etwa – beruhen. Nur ihrem Dichtertum verdanken sie ihre Stellung. Dichterisches Selbstbewußtsein ist somit nicht zufällig in Rom schon immer mit geradezu religiösem Pathos ausgesprochen worden.[39] Der Akzent ist wiederum in beiden Oden verschieden. Das Schlußgedicht des zweiten Buches folgt auf die Bacchus-Ode (2,19)[40] und ist ekstatischer als das des dritten, das in dem Bilde des apollinischen Lorbeers gipfelt. In 2,20 ist Horaz begeisterter Seher, *vates*. Die Schwanenmetamorphose ist eine Allegorie für das Fortleben des Dichters im Werk – die platonisierenden Züge sollte man ebensowenig metaphysisch-dogmatisch mißverstehen wie das vielberufene *biformis*. Religiöse Vorstellungen werden zu Sinnbildern für Dichterisches. Die Musenvorstellung der Denkmal-Ode ist das dialektische Gegenstück zum Staat. Der Anspruch der Gesellschaft und die Selbsterfahrung des Individuums stehen in einem spannungsreichen und eben dadurch produktiven Gleichgewicht. Außenwelt und Innerlichkeit, Raum und Zeit, Typisches und Individuelles, Politisches und Privates sind kunstvoll gegeneinander ausgewogen. Der Augusteer[41] Horaz vereinigt Freiheit und Gebundenheit. Die Verantwortung des Dichters vor der Gesellschaft läßt das Artistische nicht ins Unverbindliche abgleiten. So wird auf hellenistischer Grundlage eine »Zurückbiegung ins Archaische«, eine Erneuerung frühgriechisch-pindarischen Anspruchs erreicht.[42] Die scheinbar formalistische Selbstcharakteristik entpuppt sich also bei näherem Zusehen als unabtrennbar von bedeutsamen inhaltlichen Gesichtspunkten.

4. Joachim DuBellay (1525–1560), *Ode XIII*[1]

DE L'IMMORTALITÉ DES POETES

AU SEIGNEUR BOUJU

    Sus Muse, il faut que l'on s'eveille,
    Je veux sonner un chant divin:
    Ouvre donques ta docte oreille,
    O Bouju, l'honneur Angevin!
5 Pour ecouter ce que ma Lyre accorde
Sur sa plus haute et mieux parlante chorde.
    Cetuy quiert par divers dangers
    L'honneur du fer victorieux:
    Cetuy la par flotz etrangers
10   Le soing de l'or laborieux.
L'un aux clameurs du Palaiz s'etudie,
L'autre le vent de la faveur mandie:
    Mais moy, que les Graces cherissent,
    Je hay' les biens que l'on adore,
15   Je hay' les honneurs qui perissent.
    Et le soing qui les cœurs devore:
Rien ne me plaist, fors ce qui peut deplaire
Au jugement du rude populaire.
    Les Lauriers, prix des frontz sçavans.
20 M'ont ja fait compaignon des Dieux:
    Les lascifs Satyres suyvans
    Les Nymphes des rustiques lieux,
Me font aymer loing des congnuz Rivaiges,
La sainte horreur de leurs Antres sauvaiges.
25   Par le Ciel errer je m'attens
    D'une esle encor' non usitée,
    Et ne sera gueres long tens
    La terre par moy habitée.
Plus grand qu'Envie, à ces superbes Viles
30 Je laisseroy leurs tempestes civiles,
    Je voleray depuis l'Aurore
    Jusq'à la grand' Mere des eaux,
    Et de l'Ourse à l'Epaule more,
    Le plus blanc de tous les oyzeaux.

35 *Je ne craindray, sortant de ce beau jour,*
   L'epesse nuyt du tenebreux sejour.
      De mourir ne suys en emoy
      Selon la loy du sort humain,
      Car la meilleure part de moy
40   *Ne craint point la fatale main:*
   Craingne la Mort, la Fortune, et l'Envie,
   A qui les Dieux n'ont donné qu'une vie.
      Arriere tout funebre chant,
      Arriere tout marbre et peinture.
45   *Mes cendres ne vont point cherchant*
      Les vains honneurs de sepulture:
   Pour n'estre errant cent ans à l'environ
   Des tristes bords de l'avare Acheron.
      Mon nom du vil Peuple incongnu
50   *N'ira soubz terre inhonoré,*
      Les Seurs du mont deux fois cornu
      M'ont de sepulchre decoré,
   Qui ne craint point les Aquilons puissans,
   Ny le long cours des Siecles renaissans.

Auf, Muse, man muß erwachen, ich will einen göttlichen Gesang erklingen lassen! Öffne also Dein gelehrtes Ohr, o Bouju, Ehre von Anjou, um zu hören, was meine Leier anstimmt auf ihrer höchsten und beredtesten Saite.

Dieser sucht durch verschiedene Gefahren die Ehre des siegreichen Eisens, jener durch fremde Fluten die Sorge des Mühe erfordernden Goldes. Der eine richtet sein Verhalten nach dem Beifall des Hofes, der andere bettelt um den Wind der Beliebtheit –

Ich aber, den die Grazien verwöhnen, hasse die Güter, die man anbetet, hasse die Ehren, die vergehen, und die Sorge, die die Herzen verzehrt: Nichts gefällt mir außer dem, was dem Urteil des rohen Banausen mißfallen kann.

Die Lorbeeren, Ehrenschmuck gelehrter Stirnen, haben mich schon zum Gefährten der Götter gemacht. Die schelmischen Satyrn, die den Nymphen der ländlichen Gegenden nachstellen, lassen mich, fern von den vertrauten Flußufern, den heiligen Schauer ihrer wilden Grotten lieben.

Ich erwarte, daß ich den Himmel durchschweifen werde auf einem Flügel, der noch nicht gebräuchlich ist, und wohl kaum wird lange Zeit die Erde von mir bewohnt sein. Größer als der Neid, werde ich diesen stolzen Städten ihre Bürgerzwistigkeiten überlassen.

Ich werde fliegen von der Morgenröte bis zur großen Mutter der Gewässer und von der großen Bärin bis zur maurischen Schulter als der weißeste aller Vögel. Fürchten werde ich nicht, wenn ich diesen schönen Tag verlasse, die dichte Nacht des finsteren Aufenthaltsortes.

Zu sterben erschüttert mich nicht nach dem Gesetz des Menschenloses, denn mein besserer Teil fürchtet die verhängnisvolle Hand nicht: Der fürchte den Tod, das Schicksal und den Neid, dem die Götter nur ein einziges Leben gegeben haben.

Hinweg mit jeglichem Grabgesang, hinweg mit allem Marmor, aller Malerei. Meine Asche jagt den nichtigen Ehren der Bestattung nicht nach, um nicht hundert Jahre an den traurigen Ufern des mißgünstigen Acheron umherirren zu müssen.

Mein Name, den das gemeine Volk nicht kennt, wird nicht ungeehrt unter die Erde gehen, die Schwestern vom zweigipfligen Berg[2] haben mich mit einem Grab ausgezeichnet, das die gewaltigen Nordstürme nicht fürchtet und auch nicht den langen Lauf der sich stets erneuernden Jahrhunderte.

J. DuBellays dreizehnte Ode kombiniert die Thematik dreier Horaz-Oden: Carm. 1,1; 2,20 und 3,30. Jede der neun Strophen besteht aus vier acht- bis neunsilbigen und zwei zehn- bis elfsilbigen Zeilen. Die erste Strophe hat kein unmittelbares Vorbild in den genannten Gedichten des Horaz außer der Anrede an die Muse am Ende von carm. 3,30. Zum Zweck der Einstimmung wird der traditionelle Topos der Musenanrufung so abgewandelt, daß der Wille des dichterischen Ich im Vordergrund steht *(je veux)*, wie es dem Lebensgefühl der Renaissance entspricht. Auch der Ton, in dem der Dichter die als schlummernd gedachte Muse anredet, ist von einer unnachahmlichen Mischung von Vertraulichkeit und Galanterie – einer romanischen *douceur* – gekennzeichnet, die man in antiken Texten in solchem Zusammenhang nicht so leicht finden wird. Ganz unhorazisch ist die mehr als stolze Ankündigung *je veux sonner un chant divin*.[3] Der antike Dichter warnte davor, gleich zu Beginn allzu hoch zu greifen (vgl. Hor. ars 136–145). Selbst Vergils Ankündigung *paulo maiora canamus* (ecl. 4,1) wirkt demgegenüber zurückhaltend; auch ein erhabener Gedichtanfang wie Prop. 4,6 *sacra facit vates; sint ora faventia sacris* klingt allein schon durch die Wahl der dritten Person etwas weniger anspruchsvoll. Daß DuBellay freilich für den angekündigten göttlichen Gesang der Inspiration durch die Muse bedarf, wird zwar nicht ausdrücklich gesagt; es ergibt sich aber aus dem Schluß der Ode, wo DuBellay im Gegensatz zum Anfang die gesamte Aktivität den Musen zuschreibt.

Die Anrede an Bouju entspricht derjenigen an Maecenas in der ersten Horaz-Ode, wobei sich der moderne Dichter jedoch objektiver und weniger herzlich ausdrückt als der antike. Weit entfernt, Bouju mit »Du meine Zier« anzureden, nennt er ihn die »Ehre von Anjou«. Und daß Maecenas ein »gelehrtes Ohr« besaß, war so selbstverständlich, daß es wohl nicht hätte ausgesprochen werden können, ohne taktlos zu wirken.

Der besonders gelungene Vers über die »höchste und sprechendste[4] Saite« der Lyra (6) sowie der Ausdruck *chant divin* könnten im Leser auch christliche Assoziationen wecken (»ein Lied im höheren Chor«). Diese Anklänge sollen jedoch unterbewußt bleiben: Sie haben keinen Einfluß auf den Inhalt, verstärken nur die Resonanz, indem sie die Größenordnung des poetischen Anspruchs andeuten, dem Hochgefühl der französischen Pléïade entsprechend.

Die folgenden Strophen 2–4 entwickeln priamelartig die Lebensentscheidung für den Dichterberuf vor dem Hintergrund anderer Daseinsformen: derjenigen des Soldaten, des Kaufmanns, des Höflings, des popularen Politikers (Strophe 2). Der Dichter weiß sich von den Grazien geliebt;[5] er verabscheut die Güter, die »man« anbetet, die vergänglichen Ehren, die nagende Sorge, kurz alles außer demjenigen, was dem Urteil des Pöbels mißfallen könnte. Die letzten Zeilen der dritten Strophe bilden somit bereits den Übergang von der negativen Schilderung der Vorlieben des Dichters zur positiven. In formaler Beziehung wird dabei der Rahmen der bisherigen Aussage nicht gesprengt; die Negativität erscheint sogar noch gesteigert, allerdings so weit, daß sie ins Positive umschlägt.

Die Neigung des Dichters gilt dem Lorbeer; hier überbietet DuBellay den dionysischen Efeu aus carm. 1,1,29 durch den apollinischen Lorbeer aus carm. 3,30,16. Sie gilt weiter den Satyrn und Nymphen der ländlichen Gegenden und dem heiligen Schauer ihrer wilden Grotten (vgl. carm. 3,25,2).

Vieles stimmt mit der ersten Ode des Horaz überein: die Anrede an den Gönner, die priamelartige Gegenüberstellung einer Reihe fremder Daseinsformen und der eigenen Lebensentscheidung. Auch die Dichterlandschaft erinnert an diejenige der ersten Ode. Der Katalog weltlicher Lebensformen ist teils gekürzt (es fehlen der Wettkämpfer, der Weintrinker und der Jäger), teils modernisiert (der Höfling kommt hinzu). Auch die Reihenfolge ist eine andere: Der Krieger ist von der vorletzten an die erste Stelle gerückt und der ehrgeizige Politiker von der zweiten an die letzte. Insgesamt sind die Beispiele weniger zahlreich und auch in sich jeweils kürzer gefaßt. Die realistische Kleinmalerei des Römers findet hier keine Nachfolge. Dafür unterstreichen bedeutungsvolle Reimwörter wesentliche inhaltliche Beziehungen und Gegensätze (*fer victorieux – or laborieux; divers dangers – flotz etrangers*). Beibehalten wird die stolze Aussage des Dichters, daß er sich unter Götter mischen dürfe (Hor. carm. 1,1,30; DuBellay 13,20). Mehr ins einzelne geht DuBellay bei der Schilderung der Dichterlandschaft, die der Südländer Horaz – für uns wenig einladend – nur als *gelidum nemus* bezeichnet. DuBellay fügt zu den Nymphen sinnig ihren Lebensbereich, die Flüsse, hinzu und entwickelt aus der Eiseskühle des Waldes den heiligen Schauer der Grotte. Hierbei steht wiederum carm. 3,25 Pate (2 ff.): *quae nemora aut quos agor in specus ... quibus antris ...?*

Über die erste Ode hinausgehend hat DuBellay in gut rhetorischer Manier vor den Vorlieben des Dichters seine Abneigungen angeführt und damit in abstrakter Form die Folgerung aus der bisherigen Aufzählung gezogen. Wieder wird der jeweilige Grundgedanke durch Parallelismus und Reim scharf herausgearbeitet (14–18). Eine Anregung bot Horaz mit den Worten *secernunt populo* (32); doch hat DuBellay diese Stelle und sogar das berüchtigte *odi profanum volgus* (carm. 3,1,1) durch eine geistreiche Pointe noch überboten. So ergibt sich im ganzen eine sinnvolle Steigerung: fremde Lebensformen (Strophe 2), dann ihre Ablehnung (Strophe 3), schließlich die Entscheidung für Lorbeer und Dichterlandschaft (Strophe 4).

Aus dem heiligen Schauer der Nymphengrotten entwickelt DuBellay die Ahnung des eigenen künftigen Höhenfluges. So ist der Wechsel der Vorlage von carm. 1,1 zu carm. 2,20 bruchlos, zumal auch in carm. 1,1 der Aufstieg zum Himmel zumindest metaphorisch angedeutet war (1,1,36). *Par le ciel* tritt betont an den Anfang, *non usitée* an das Ende des Satzes, so daß die Reihenfolge im Vergleich zu Horaz umgekehrt ist. Nicht wiedergegeben sind *nec tenui, biformis* und *vates*. Diese Vereinfachung wird aber aufgewogen durch den Strophenbau, der die Antithese stark unterstreicht: *Par le ciel* eröffnet die erste Zeile der Strophe, *la terre* die vierte. Jeweils gegensätzlichen Gehalt haben die Reimwörter: in *attens* liegt die Erwartung des Kommenden; in *ne ... long tens* die geringe Dauer des bestehenden Zustandes; in *non usitée* das Ungewohnte des Fluges; in *habitée* das Vertraute des Wohnorts. Die beiden letzten Zeilen der fünften Strophe führen das Eingangsthema aus carm. 2,20 zu Ende und runden es ab. Das Motiv »Neid«, das in unmittelbarer Beziehung zum Dichter steht, ergänzt DuBellay durch dasjenige des Bürgerzwists (30), das allgemeineren Charakter hat (auf diesem Wege wird Sarbievius noch weiter gehen).

An die fünfte Strophe schließt DuBellay unmittelbar die Schilderung des Fluges an. Er läßt also den wesentlichen Inhalt zweier horazischer Strophen ganz beiseite: die Nennung der Herkunft, das herzliche Eingehen auf Maecenas und die emphatische Anapher bei der Betonung der eigenen Unsterblichkeit. Diese Kürzungen entsprechen einer Tendenz, die sich bereits in den ersten Strophen beobachten ließ. Zu dem distanzierteren Stil der betrachteten Ode paßt auch der Verzicht auf eine detaillierte Beschreibung der Verwandlung. DuBellay vermeidet es, sich in Einzelheiten zu verlieren, die auf den modernen Leser kleinlich oder lächerlich wirken könnten.

Die Schilderung des Höhenflugs ist ebenfalls viel allgemeiner gehalten als bei Horaz. Der Vergleich mit Icarus entfällt, und es werden keine geographischen Namen genannt: Von der Morgenröte bis zur großen Mutter der Wasser (d.h. zu Tethys, der Gemahlin des Oceanus, des Weltmeeres im Westen), von der Bärin, d.h. dem Norden, zur Mohrenschulter, d.h. wohl zum Atlas. Die vierte Zeile der Strophe suggeriert die Vorstellung des Schwanes, ohne ihn zu benennen (34). Wieder hat DuBellay den Reichtum horazischer Einzelanschauung auf ein klares Koordinatensystem reduziert. Der Zauber des Poetischen ist allein durch die andeutende Ausdrucksweise gewahrt. DuBellay verzichtet darauf, die Völker aufzuzählen, die von ihm hören werden. Er überläßt es dem Leser, den Sinn des Fluges aufgrund seiner Horazkenntnis zu erraten.

An die Vorstellung der Schwanenweiße schließt sich als Gegensatz die Idee des Abstiegs in die Finsternis an. Horaz hatte in der zweiten Strophe seiner Ode davon gesprochen, daß die stygische Welle ihn nicht behalten werde. Diese objektive Feststellung hat DuBellay ins Subjektive gewendet (*je ne craindray*). Der sprechende Kontrast zwischen Licht und Dunkel überdeckt wieder brillant den erneuten Wechsel der Vorlage, den Übergang zu carm. 3,30 *multaque pars mei/vitabit Libitinam* (6f.), wobei sich allerdings der Wortlaut (*la meilleure part de moy* 39) an eine Imitation von carm. 3,30, Ovids Metamorphosen-Epilog, anschließt (*parte ... meliore mei,* met. 15,875).

Die Vorstellung des Fortlebens wird im folgenden anhand der letzten Strophe von carm. 2,20 weiterverfolgt (»hinweg mit Totengesängen«). Als Übergang dient eine Sentenz (41 f.), die den Gedanken des zweifachen Lebens entwickelt, vielleicht angeregt durch das Adjektiv *biformis* in der ersten Strophe von Horazens Schwanen-Ode. Zwei Zeilen führen die antike Vorstellung vom Schicksal der Unbestatteten näher aus.

Die Schlußstrophe leitet geschickt zum Thema »Denkmal« über. Dadurch, daß das Monument nicht vom Dichter selbst, sondern von den Musen errichtet wird, ist der Eindruck der Selbstverherrlichung sorgfältiger vermieden als bei Horaz. Das Gedicht schließt mit einer Nachgestaltung der Eingangszeilen von *exegi monumentum* (3,30). Dort bildet die Anrede an die Muse den Schluß, hier den Auftakt; die Vorstellung des Denkmals eröffnet Horazens Ode und beschließt das Gedicht DuBellays. *Non omnis moriar* steht hier wie dort in der Mitte. In dieses geistvoll umgewendete Gerüst fügen sich die wesentlichen Elemente aus carm. 1,1 und 2,20. So hat DuBellay drei wichtige Horaz-Oden (1,1; 2,20 und 3,30) kunstvoll zu einem einzigen Gedicht verbunden.

Was sagt DuBellay hier über sein Dichtertum?

Als *poeta doctus* (vgl. *savants* 19) erwartet er auch von seinem Leser ein »gelehrtes Ohr« (3). Er bewegt sich in einer von »heiligem Schauer« (24) erfüllten Dichterlandschaft, fernab vom Pöbel (19; 44), er pflegt einen erhabenen (vgl. 6) und neuartigen Stil (vgl. 26); er ist sich des Vorrechts bewußt, mehr als nur ein Leben zu besitzen und dereinst in aller Welt gelesen zu werden. Dies ist nicht nur eine Zusammenstellung horazischer Motive, es bedeutet zugleich eine Konzentration und Steigerung, und zwar in mehreren Richtungen: einerseits tritt gespannte Energie an die Stelle der horazischen Gelöstheit, andererseits empfindet man in der Anrede an die Muse und in der Erwähnung der Grazien eine neue Anmut und Wärme. Vereinzelung des Ichs und Absage an die Welt sind verschärft. Die wildromantischen Züge der poetischen Szenerie erinnern an Petrarca.

So hat DuBellay den Inhalt der genannten Horaz-Oden zum

Sprachrohr seines dichterischen Selbstverständnisses gemacht und zugleich in ihrer virtuosen formalen Verschmelzung ein Beispiel seiner poetischen Meisterschaft gegeben.[6]

5. Pierre de Ronsard (1524–1585): *A sa Muse*[1]

Plus dur que fer j'ai fini mon ouvrage
Que l'an, dispost à démener les pas,
Que l'eau rongearde ou des frères la rage,
L'injuriant, ne rueront point à bas.
5 *Quand ce viendra que le dernier trépas*
M'assoupira d'un somme dur, à l'heure
Sous le tombeau tout Ronsard n'ira pas,
Restant de lui la part qui est meilleure.
Toujours, toujours, sans que jamais je meure,
10 *Je volerai tout vif par l'univers,*
Éternisant les champs où je demeure,
De mes lauriers et de mon nom couverts,
Pour avoir joint les deux harpeurs divers
Au doux babil de ma lyre d'ivoire,
15 *Qui se sont faits Vendômois par mes vers.*
Sus donque, Muse, emporte au ciel la gloire
Que j'ai gagnée, annonçant la victoire
Dont à bon droit je me vois jouissant,
Et de ton fils consacre la mémoire,
20 *Serrant son front d'un laurier verdissant.*

AN SEINE MUSE

Mein Werk, härter als Eisen, habe ich vollendet, welches das Jahr, geneigt, rüstigen Schrittes dahinzueilen, welches das nagende Wasser oder die Wut der Brüder, ob sie ihm auch hart zusetzten, nicht werden niederstürzen können. Kommt es einmal so weit, daß der letzte Übergang mich in einen harten Schlaf versenkt, zu der Stunde wird hinab ins Grab nicht der ganze Ronsard gehn, bleibt doch von ihm der Teil, der besser ist. Stets, stets, ohne daß jemals ich sterbe, werde ich ganz lebendig durch das All fliegen, verewigend die Felder, da ich wohne, die mit meinen Lorbeeren und mit meinem Namen bedeckt sind, dafür, daß ich die beiden so verschiedenen Harfner verbunden habe im süßen Plaudern meiner elfenbeinernen Leier. Sie sind im Vendômois durch meine Verse zu Einheimischen geworden. Wohlauf denn, Muse, trage fort zum Himmel den Ruhm, den ich erworben habe, verkündend den Sieg, den ich mich mit gutem Recht genießen sehe, und weihe deines Sohnes Angedenken, indem du seine Stirn mit einem grünenden Lorbeer umschließt.

Das Schlußgedicht von Ronsards erster Odensammlung (Buch 1–4; 1550; wir zitieren hier die Fassung von 1555) erscheint auf den ersten Blick fast wie eine Übersetzung, so daß man sich fragt, ob ein Vergleich mit Horaz überhaupt lohnend ist.

Versucht man jedoch in Gedanken, aus der Nachgestaltung das Horazische Original zu rekonstruieren, so tritt bei aller Verwandtschaft des dichterischen Anspruchs die Verschiedenheit des Kunstwollens überraschend zutage.

J'ai fini klingt bereits etwas allgemeiner als *exegi* (mit seinen semantischen Implikationen der feinen Bearbeitung, etwa von Marmor). Noch deutlicher wird dieser Unterschied, vergleicht man *ouvrage* (»Werk«; auch Ovid spricht im Metamorphosenepilog von *opus*) mit dem horazischen Wort, *monumentum*, das so genau wie möglich die Funktion bezeichnet, die dem Werk in dem gegebenen Kontext zukommt (Ronsard wird erst in Vers 19 das Motiv des ewigen Angedenkens – *mémoire* – verwenden). Mit dem Vergleich *plus dur que fer* will er Horaz überbieten (er ersetzt das Erz durch ein härteres Metall), aber das Adjektiv verharrt ganz im Bildhaften, ist weniger auf das besondere Thema bezogen als das horazische Epitheton, das ausdrücklich die Dauerhaftigkeit hervorhebt (*perennius*).[2] Ebenso ist *l'an* (»das Jahr«) weniger bestimmt als *innumerabilis annorum series*. Der Römer spezifiziert die Vorstellungen genau im Hinblick auf den mitzuteilenden Gedanken, Ronsard begnügt sich mit Andeutungen, die poetisch wirken und der Diktion den Reiz des Fremdartigen verleihen (*dur* ist Metapher, *l'an* als Kollektivum und pars pro toto Metonymie). Der Franzose kann sich schon deswegen etwas dunkler und geheimnisvoller ausdrücken, weil vielen seiner Leser das horazische Gedicht in den Grundzügen gegenwärtig ist; so ist auch die klare Vorstellung *fuga temporum* (»Flucht der Zeiten«, besser »der einzelnen Zeitabschnitte«) durch eine gewählte Metapher ersetzt: *dispost à démener les pas* (»stets geneigt, rüstigen Schrittes dahinzueilen«). Ebenso ist die Vorstellung »Wasser« (*l'eau*) weniger eng als *imber* (»der Regen«). Am deutlichsten zeigt sich der Gegensatz der Stiltendenzen bei der Erwähnung der Winde: Ronsard verfremdet hier so stark, daß die Kommentatoren ihn sogar mißverstanden haben. Mit der »Wut der Brüder« (*des frères la rage*) ist nicht diejenige des Zwillingsgestirns Castor und Pollux gemeint, das die Seefahrer gefährdet. Es handelt sich vielmehr um das Toben der Winde, die sich die Antike als feindliche Brüder vorstellt.[3] Horaz beschreitet den umgekehrten Weg: Weit entfernt, dem Leser durch eine zu allgemeine Ausdrucksweise Rätsel aufzugeben, beschränkt er sich auf einen bestimmten Wind, und zwar den rauhesten, den Nordwind, wie es dem Zusammenhang am besten entspricht: Horazens Sprechweise ist individualisierend. Den Zerstörungsvorgang faßt er nicht genau ins Auge; er begnügt sich damit, auf die Unmöglichkeit hinzuweisen. Ronsard zerlegt das Geschehen: den Versuch, das Werk anzutasten (*injurier* in der alten Bedeutung »*faire du tort*«), es in die Tiefe zu stürzen (*ruer à bas*), niederzureißen. Diese rhetorische Aufgliederung bedeutet freilich an unserer Stelle kaum einen Gewinn:[4] Die Unantastbarkeit kommt bei Horaz durch die einfache Negation stärker zum Ausdruck.

Den Kern der nächsten Strophe bildet die dritte Zeile, der Ronsard durch die Nennung seines Namens in der dritten Person zugleich innere Größe und den Zauber des Intimen verleiht: *sous le tombeau tout Ronsard n'ira pas*. Vorausgeht eine poetische Umschreibung der Todesstunde voll eindrucksvoller Metaphern: »der letzte Übergang« (*le dernier trépas*). Heute heißt dieses Wort nur noch »Tod«; wie der Zusatz *dernier* zeigt, ist für Ronsard neben der modernen Bedeutung auch noch der etymologische Vorstellungsgehalt der Vokabel lebendig. Der folgende Ausdruck, der die traditionelle Metapher »Tod als Schlaf« beschwört, ist durch Alliteration geadelt (*assoupir – somme*) und durch ein überraschendes Attribut dem Alltäglichen enthoben (*dur* »hart«). Es korrespondiert mit der ersten Zeile (*plus dur que fer*). Die Verwendung des gleichen Adjektivs in verschiedenen Steigerungsgraden macht deutlich, auf wessen Seite die Überlegenheit ist. Wie anders klingt die entsprechende Stelle bei Horaz! Keine Metaphern, keine Beiwörter! Statt dreier Zeilen nur drei Worte: *non omnis moriar*. Horaz erscheint hier als Meister des eigentlichen Ausdrucks. Gewiß wird man dem poetischen Rang der Verse Ronsards nicht gerecht, wenn man in ihnen nur die Scheu des neuzeitlichen Menschen findet, unumwunden vom Tod und vom eigenen Ich zu sprechen. Doch zweifellos führt die Verfolgung einander entgegengesetzter künstlerischer Ziele hier zur größtmöglichen Entfernung zwischen beiden Autoren. In dem folgenden Satz berührt sich Ronsard (wie schon einmal am Anfang) enger mit Ovid als mit Horaz. Wie im Metamorphosenepilog überlebt der »bessere« Teil (*la part qui est meilleure;* vgl. Ov. met. 15,875 *parte ... meliore*). Horaz hat seinem Brauch entsprechend einen zurückhaltenden Ausdruck gewählt: *multaque pars mei.* Er will nur andeuten und den Leser selbst die Wertung finden lassen. Auch sein Weg zur Poetisierung des Todesgedankens ist von dem des französischen Dichters verschieden: nicht Metapher, sondern Metonymie, d.h. Konkretisierung in dem Eigennamen einer bestimmten heidnischen Todesgottheit (*Libitina*).

Es folgt nun die wohl wichtigste Abweichung Ronsards von seiner Vorlage: Die Bindung der eigenen Unsterblichkeit an den Vollzug des römischen Staatskults ist für einen Autor der Neuzeit schlechterdings unbrauchbar (hat sie sich doch sogar für Horaz nachträglich als viel zu eng erwiesen). Wodurch ersetzt Ronsard diesen zentralen Passus? *Toujours, toujours, sans que jamais je meure, / Je volerai tout vif par l'univers.* Der Flug durch das All erinnert an carm. 2,20; selbst die Abweichung von Horaz ist also noch durch Horaz legitimiert. Der Wortlaut läßt aber noch größere Gelehrsamkeit erkennen: Ronsard spielt auf das Grabepigramm des Ennius an, das ihm wahrscheinlich durch einen Horazkommentar vermittelt wurde und dessen zweiter Satz lautet: *volito vivos per ora virum.* Der kosmische Rahmen, in dem der Flug sich abspielt, beweist freilich die Bedeutung der Schwanen-Ode für unsere Ronsardstelle. Auch Ronsard beherrscht die Sprache der knappen Andeutung. Er widersteht der Versuchung, seine Ode mit einem Länderkatalog nach dem Muster von carm. 2,20 zu belasten.[5] Der französische Dichter begnügt sich mit er bedeutungsvollen Gegenüberstellung des Universums und seiner engeren Heimat, dem Vendômois. Dank der Konfrontation mit dem All und dank dem Begriff der »Verewigung« erscheint der Hinweis auf die heimische Provinz bei Ronsard sorgfältiger im Kontext verankert, weniger abrupt als bei Horaz, zu dessen lyrischem Stil wesenhaft das Unvermittelte gehört. Bei dem Römer war die Funktion der Nennung Unteritaliens nicht ganz eindeutig. Symptomatisch ist der Streit der Gelehrten darum, ob *qua violens obstrepit Aufidus* zu *dicar* gehört oder zu *deduxisse*. Im ersteren Falle – der die größere Wahrscheinlichkeit für sich hat – wäre die heimatliche Landschaft der Schauplatz von Horazens Ruhm – eine grandiose Untertreibung, die aber des Venusiners würdig ist.[6] Ronsard empfindet, daß sich Horaz hier entweder nicht genau genug oder zu bescheiden ausgedrückt hat; die nötige Klarheit schafft er durch die Gegenüberstellung mit dem Universum (dem tatsächlichen Schauplatz des Ruhmes) sowie durch Einführung eines neuen Aspektes — Verewigung (*éternisant les champs où je demeure*). Die Fortsetzung läßt deutlich erkennen, daß Ronsard die horazische Ortsangabe auf *deduxisse* bezogen hat: *Qui se sont faits Vendômois par mes vers* (Vers 15). Hier wird die Vorlage doppelt überboten; einmal inhaltlich: Während sein Vorgänger das äolische Lied romanisiert hat, rühmt sich Ronsard, *zwei* so grundverschiedenen Lyrikern wie Horaz und Pindar in seinem Lande Heimatrecht verschafft zu haben. Was die Form betrifft, so spricht Horaz — sachlich zutreffend — vom *carmen*, also den Versen, Ronsard hingegen in wesentlich kühnerer Bildersprache von der Einbürgerung der antiken Dichter im Vendômois. Einerseits ersetzt der Franzose also den schillernden Ausdruck (*deducere*) durch eine unmißverständliche Feststellung, andererseits wählt er nicht ohne starkes Vertrauen auf die Findigkeit seiner Leser eine mehr andeutende, metaphorische Sprechweise (13 *les deux harpeurs divers* für Horaz und Pindar). Besonders geglückt ist der überraschend unmittelbare Ausdruck in dem bereits zitierten Vers 15. Die raffinierte Schlichtheit der Worte überspielt den hohen Anspruch, der hier inhaltlich erhoben wird.

Bei der Nennung der Heimat verzichtet Ronsard im Unterschied zu Horaz auf anschauliche Einzelzüge. Nach der Lektüre der Horazode kann sich der Leser ein Bild von der venusinischen Landschaft machen, während er aus Ronsards Gedicht nichts Konkretes über das Vendômois erfährt. Dafür präzisiert Ronsard die Beziehung zwischen Dichter und Landschaft. Er wohnt dort (11), und die Gegend ist von seinem Dichterruhm erfüllt. Hier wird die Vorstellung des Lorbeers aus der Schlußzeile vorweggenommen und der Begriff des »Namens«[7] neu eingeführt (er stammt ebenso wie *ouvrage* in Vers 1 und *la part qui est meilleure* in Vers 8 aus Ovids Metamorphosenepilog).

Wie bei Horaz wendet sich der letzte Absatz des Gedichts an die Muse. Ronsard hat an dieser Stelle das Vorbild bis ins Lautliche nachgestaltet. Der auffällige Anlaut *sume superbiam* findet am Anfang von Zeile 16 sein Echo (*Sus, Muse*). Wenn Ronsard hier die Muse im allgemeinen, Horaz aber eine bestimmte Muse namentlich anredet, so entspricht dies dem unterschiedlichen Kunstwollen beider Dichter, wie wir es auch sonst in der betrachteten Ode feststellen konnten. Die letzte Strophe erweitert den abschließenden Gedanken der Vorlage erheblich. Ohne Entsprechung bleibt nur das Adjektiv *Delphica* mit seinem speziellen Bezug zu Apollo. Ronsard ersetzt es durch die symbolkräftige Vorstellung des Grünens, die somit zum Schluß die Idee des ewigen Lebens sinnenhaft zum Ausdruck bringt. Besonders gewichtig sind hier einige Reimwörter: *gloire – victoire – mémoire*. Um Ruhm und ewiges Andenken kreist die gesamte Ode, und doch hat Horaz dies nicht unmittelbar ausgesprochen. Mit *mémoire* macht Ronsard gegen Ende der Ode etwas explizit, was Horaz am Anfang durch *monumentum* angedeutet hat. Nachträglich sehen wir, daß der Ersatz durch das farblosere *ouvrage* in Vers 1 auf Überlegung beruht. Die genauere Vorstellung sollte für den Ausklang des Gedichtes aufgespart werden. *Gloire* verdeutlicht das horazische *superbiam*. In den gleichen Zusammenhang gehört *victoire*, das sich vielleicht auf eine (heute nicht mehr angenommene) Auslegung von *deduxisse* im Sinne von *deducere triumpho* stützt. Der französische Dichter wirft sich zu einer Art Orpheus oder Linus auf (man erinnert sich daran, daß in den Ronsard bekannten Metamorphosen des Ovid Orpheus die *Musa parens* anruft 10,148).[8]

Innerhalb der betrachteten Gruppe von Reimwörtern bereitet die Erklärung von *ivoire* die größten Schwierigkeiten. Es wäre unerträglich, wenn neben drei so bedeutungsschweren Vokabeln ein bloßes Füllwort stünde. Abgesehen davon, daß in der Antike tatsächlich Leiern aus Elfenbein hergestellt wurden,[9] handelt es sich beim Elfenbein um ein besonders kostbares Material, das sich für ausnehmend feine Bearbeitung eignet. Eine solche Anspielung auf die Feinheit der eigenen Lyrik entspricht dem horazischen *deduxisse*, das Viktor Pöschl als Hinweis auf feine Spinnarbeit versteht.[10]

Aufs Ganze gesehen, ist Horaz bemüht, möglichst anschaulich und konkret zu sprechen. Die heimatliche Landschaft wird in Einzelzügen vergegenwärtigt. Auch allgemeine Begriffe werden mit Vorliebe durch spezielle (häufig sogar durch Eigennamen) repräsentiert.

Bei Ronsard ist überwiegend die entgegengesetzte Tendenz zu beobachten: Speziellere Begriffe sind durch allgemeinere vertreten – was die »poetische« Wirkung vielfach steigert (z. B. »nagendes Wasser« statt »nagender Regen«), allgemeine Vorstellungen werden nicht individualisiert, sondern metaphorisch verfremdet – gelegentlich bis hin zur Rätselhaftigkeit. Horaz verdichtet Bedeutung zu Gegenständlichem, der neuzeitliche Dichter löst umgekehrt die Gegenstände in Funktionen und Bedeutungen auf. Hier dominiert die Metapher, dort die Metonymie.

Es zeugt nicht nur von besonders tiefer künstlerischer Reflexion, daß Ronsard seine so andersartige Poetik ausgerechnet an einer genauen Nachgestaltung einer der wichtigsten Horaz-Oden demonstriert, ja sogar noch seine Abweichung von Horaz durch Horaz legitimieren läßt. Daß er nicht bei der horazischen Ausprägung der Lyrik stehenbleibt, bekundet er selbst durch den Hinweis auf Pindar als sein zweites Vorbild. Man wird kaum in der Vermutung fehlgehen, daß er in dem eigentümlich fremdartigen und geheimnisvollen Zauber seiner Metaphernsprache eine Huldigung an den größten griechischen Lyriker gesehen hat. Aus der Distanz von über vier Jahrhunderten kann man klarer erkennen, daß es sich um eine genuine poetische Leistung handelt, bei der die antiken Autoren nur Pate gestanden haben. Doch haben sie wesentlich dazu beigetragen, Ronsard die Grundprinzipien seines Schaffens bewußt zu machen.

Als Stifter einer Kunstlyrik, die diesen Namen verdient, nehmen Ronsard und DuBellay in der französischen Literatur einen Platz ein, der demjenigen des Horaz in der römischen vergleichbar ist. Die Erkenntnis, daß Lyrik und Kunstverstand sich nicht ausschließen, führt bei Ronsard wie bei dem Römer dazu, die eigene Leistung vorwiegend unter technischen Gesichtspunkten darzustellen und zu beurteilen. Ronsard ist wie Horaz weit davon entfernt zu verheimlichen, daß Meisterschaft aus langer Lehrzeit erwächst.

6. Mathias Casimirus Sarbievius, *E rebus humanis excessus*[1]

Humana linquo: tollite praepetem,
Nubesque ventique. Ut mihi devii
 Montes resedere! ut volanti
  Regna procul populosque vastus

5 *Subegit aer! Iam radiantia*
 Delubra Divum, iam mihi regiae
  Turres recessere, et relictae in
   Exiguum tenuantur urbes;

 Totasque, qua se cumque ferunt vagae,
10 *Despecto gentes. O lacrimabilis*
  Incerta fortunae! o fluentum
   Principia interitusque rerum!

       Hic ducta primis oppida moenibus
       Minantur in caelum, hic veteres ruunt
15   *Murique turresque, hic supinas*
          Paene cinis sepelivit arces.

       Hic mite caelum; sed rapidae ruunt
       In bella gentes; hic placida sedent
          In pace, sed late quietos
20   *Dira lues populatur agros.*

       Hic paene tellus tota micantibus
       Ardet sub armis; stant acies adhuc
          Pendente fatorum sub ictu,
          Et dubio furor haesitavit

25   *In bella passu. Parte alia recens*
       Iam mixta Mavors agmina mutuam
          Collisit in mortem, et cadentum
          Caede virum cumulisque latos

       Insevit[2] *agros. Hic Mareoticae*
30   *Secura merces aequora navigant,*
          Portusque certatim frequentes
          Centum operis populisque fervent.

       Nec una Marti causa, nec unius
       Sunt arma moris. Bellat adulterae
35   *Ridentis e vultu voluptas,*
          Inque Helena procus ardet orbis.

       Hic verba bellis vindicat, hic canis,
       Heu, vile furtum! se mala comparant:
          Rarum sub exemplo superbit,
40   *Nec sceleris scelus instar omne est.*

       Eous illinc belligera latet
       Sub classe pontus: iam Thetis aenea
          Mugire flammarum procella, et
          Attonitae trepidare cautes,

45   *Et ipsa circum litora percuti*
       Maiore fluctu. Sistite, barbari!
          Ferroque neu simplex, et igni, et
          Naufragio geminate Fatum.

Parumne tellus in miseras patet
50 *Immensa mortes? Hinc miserabili*
Quassata terrarum tumultu
Stare pavent titubantque regna,

Unaque tandem funditus obruunt
Cives ruina. Stat tacitus cinis,
55 *Cui serus inscribat viator:*
Cum populo iacet hic et ipso

Cum rege regnum. Quid memorem super-
infusa totis aequora portubus
Urbes inundare? et repenti
60 *Tecta Deum sonuisse fluctu?*

Regumque turres, et pelago casas
Iam iam latentes? Iam video procul
Mercesque differri, et natantem
Oceano fluitare gazam.

65 *Alterna rerum militat efficax*
In damna mundus. Cladibus instruit,
Bellisque, rixisque, et ruinis
Sanguineam Libitina scenam,

Suprema donec stelligerum dies
70 *Claudat theatrum. Quid morer hactenus*
Viator aurarum, et serenas
Sole domos aditurus, usque

Humana mirer? Tollite praepetem
Festina vatem, tollite, nubila,
75 *Qua solis et lunae labores*
Caeruleo vehit aethra campo.

Ludor? sequaces an subeunt latus
Feruntque venti? Iamque iterum mihi
Et regna decrevere, et immensae
80 *Ante oculos periere gentes;*

Suoque semper terra minor globo
Iam iamque cerni difficilis suum
Vanescit in punctum? O refusum
Numinis oceanum! o carentem

85 *Mortalitatis portubus insulam!*
    O clausa nullis marginibus freta!
    Haurite anhelantem, et perenni
    Sarbivium glomerate fluctu.

ABSCHIED VON DER WELT DER MENSCHEN

1 Ich laß der Menschen Welt. Den Beschwingten hebt,
  ihr Wolken, auf, ihr Winde! Wie sanken mir
     die Berge aus der Bahn, bedeckte
     Reiche und Völker von fern die Weite

2 der Luft! Vor mir schon schwanden im Strahlenglanz
  der Götter Tempel, schwanden die Türme auch
     der Könige, zurückgeblieben
     schrumpfen die Städte zu kleinen Punkten;

3 auf ganzer Völker ruhlose Wanderschaft
  blick' ich hinunter. O wie von Tränen schwer
     das Schicksal schwankt! O welch ein Fließen:
     Dinge im Werden und im Vergehen!

4 Ummauert ragen Städte zum Himmel auf,
  die neu errichtet; ältere stürzen dort,
     Gemäuer, Türme; hier hat Asche
     beinah die liegende Burg begraben.

5 Hier ist der Himmel milde, doch stürzen wild
  in Krieg sich Völker; dort aber sind sie still
     in sanftem Frieden, doch verwüstet
     ruhige Felder die böse Seuche.

6 Fast alles Land hier lodert im Waffenglanz:
  Noch stehn die Heere unter dem drohenden
     Schwertstreich des Schicksals, und der Wahnsinn
     hat noch mit zögerndem Schritt gezaudert

7 hart vor dem Krieg; doch anderswo hat schon Mars
  die Scharen frisch vermengt und gestoßen sie
     in wechselseitgen Mord; mit Blut von
     stürzenden Helden, mit Leichenhaufen

8 besät die Felder weit. Aus Ägypten hier
  schwimmt Ware sicher über die Meerflut hin;
    in Häfen brodelt's um die Wette:
      wimmelnde Emsigkeit, tausend Völker.

9 Mars findet viele Gründe, und vieler Art
  sind Waffen. Lust, sie lockt von der lächelnden
    Ehbrecherin Gesicht zum Kampf; um
      Helena glüht eine Welt von Freiern.

10 Mit Krieg vergilt ein Wort der, und der – o Schmach! –
   des Hundes Diebstahl. Böses, es zeugt sich fort.
     Erlesne Untat übertrumpft ihr
       Muster, ist mehr als der Untat Abbild.²

11 Kriegsschiffe decken völlig im Osten zu
   die Meerflut. Schon läßt Thetis den Flammensturm
     wie Erz aufbrüllen, und es zittern
       jäh, wie vom Donner gerührt, die Felsen.

12 Und selbst ringsum trifft schwererer Fluten Schwall
   die Küsten. Ihr Barbaren, o haltet ein!
     Laßt einmal uns nur sterben und nicht
       doppelt durch Feuer und Schwert und Schiffbruch!

13 Hat denn die weite Erde zu wenig Raum
   für Todes Elend tausendfach? Hier erschreckt
     ein Beben jammervoll die Reiche,
       daß sie zu stehen sich scheun und wanken

14 und schließlich ihre Bürger in tiefem Fall
   verschütten und begraben. Es liegt und schweigt
     die Asche, drauf der späte Wandrer
       schreibe: »Hier ruhet mit Volk und König

15 ein Reich.« Was soll ich weiter berichten noch
   von überschwemmten Häfen, von Städten, ganz
     vom Meer verschlungen? Und wie Wellen
       plätscherten plötzlich in Göttertempeln?

16 Wie Türme, königliche, und Katen auch
   versanken nach und nach in der Flut? Schon seh
     des Händlers Waren fort ich schwimmen,
       seh auf dem Ozean Schätze treiben.

17 Sich selbst zum Schaden Großes vollbringt die Welt,
im Kampfe steht sie. Bilder des Untergangs,
  von Krieg und Streit und Trümmern, füllen
    blutig die Bühne der Todesgöttin,

18 bis das Theater unter dem Sternenzelt
der jüngste Tag schließt. Wozu verweilen noch?
  Auf Pilgerschaft durch Lüfte, hin zu
    Hallen, die sonnendurchstrahlt! Wozu noch

19 bestaunen Menschenwerk? Den Beflügelten,
hebt eilends, hebt den Dichter, ihr Wolken, auf,
  wo Himmelsklarheit Mond und Sonne
    samt ihren Mühen auf blauer Bahn lenkt.

20 Ist's Trug? Gehorsam tragen den Leib empor,
entführen mich die Winde! Und wieder sind
  mir Reiche klein geworden, große
    Völker vergangen vor meinen Augen;

21 Die Erde, immer winziger als ihr Rund
soeben war, zu sehn ist sie kaum noch, schmilzt
  zum Punkt zusammen! O wie strömet,
    Gottheit, dein grenzenlos Meer! O Eiland,

22 das frei von allen Häfen der Sterblichkeit!
O Wogen, die kein engender Rand umschließt!
  Nehmt auf Sarbivius, der schwer atmet!
    Über ihn rollet, ihr ewgen Fluten!

Die Ode des aus Litauen gebürtigen »sarmatischen Horaz«, Mathias Casimir Sarbievius (Sarbiewski) S. J. (1595–1640), ist erheblich umfangreicher als ihr antikes Vorbild. Dies liegt hauptsächlich daran, daß das Bild der irdischen Welt, die verlassen werden soll, viel sorgfältiger ausgemalt ist. Es handelt sich um eine weit ausgreifende lyrische Betrachtung darüber, daß alles menschliche Leben dem Tod geweiht ist. Die Aufgliederung erfolgt nach rhetorischen Gesichtspunkten.

Zunächst eine allgemeine Feststellung: Alles ist im Flusse und dem Gesetz des Werdens und Vergehens unterworfen (Str. 3). Als Illustration folgen verschiedene Stadien aus der Geschichte einer Festung: Sie entsteht, verfällt. Schließlich sind ihre Trümmer kaum mehr zu entdecken (Str. 4).

Die nächste Strophe (5) zeigt, daß Völker, die von Seuchen verschont bleiben, dafür von Kriegen geplagt sind und umgekehrt.

An die Betrachtung des Zustandes vor einer Schlacht (Str. 6) und danach (Str. 7) schließt sich etwas überraschend das Bild gesicherten Seehandels und belebter Häfen an (Str. 8). Die damit kontrastierende Vorstellung des Seekrieges erscheint erst mit einiger Verzögerung (vgl. Str. 11). Zuvor werden verschiedene Kriegsursachen aufgedeckt: ein Ehebruch (z. B. Helena, Str. 9), ein unüberlegtes Wort, ein unwesentlicher Diebstahl, kurz: der Wunsch nach Vergeltung (Str. 10).

Der Kampf zur See ist besonders barbarisch wegen der mehrfachen Todesgefahr durch Feuer, Schwert und Wasser (Str. 12). Aber auch schon die Erde selbst ist durch ihr Beben bedrohlich genug: Ganze Reiche, ganze Völker samt ihren Königen kann sie verschlingen (Str. 13 u. 14). Nicht weniger verheerend sind Überschwemmungen (Str. 15 u. 16).

Zusammenfassend wird festgestellt: Alle Welt trachtet nach gegenseitiger Zerstörung, und die Todesgöttin inszeniert bis zum jüngsten Tage Katastrophen und Kriege (Str. 17).

Die Schlußfolgerung leitet zum Ausgangspunkt zurück: »Was soll ich also noch zögern, meine Wanderung durch die Luft zu den durchsonnten Hallen anzutreten?« (Str. 18). »Was soll ich noch Menschenwerk bewundern?« Die Aufforderung an die Wolken, den Dichter in den Himmel emporzutragen, beschließt die 19. Strophe.

Jetzt tritt das Wunder ein, stark betont durch die Frage: *Ludor?*

Versuchen wir nun im Rückblick die Anfangsstrophen und damit den Aufbau der gesamten Ode zu verstehen! In der ersten Strophe wird das Thema genannt: *Humana linquo* (»Ich verlasse die Menschenwelt«). Der Dichter ruft Wolken und Winde an und sieht Berge, Reiche und Völker versinken (Str. 1–2). Hier scheint Sarbievius innezuhalten und die Erde noch einmal zu betrachten (Str. 3 bis 17). Die Wiederaufnahme des Anfangs in den letzten Strophen (bes. 19 ff.) ist also keine bloße Doublette, sondern eine Steigerung. An die Stelle der eingangs erwähnten spontanen Erfahrung tritt der freie und überlegte Entschluß. Daher auch das Beharren auf dem Wunderbaren des Geschehens bei diesem zweiten (*iterum*), nunmehr willentlichen Aufschwung (Str. 20). Erst jetzt tritt der Himmel als Ziel in Erscheinung (Str. 18 und 19). Dies ist der wesentliche Unterschied zu Strophe 1, wo der Blick auf die Erde gerichtet ist. Das Kleinwerden der

Städte und Völker (Str. 1 bis 2) wird jetzt überboten durch das Schrumpfen des Erdglobus zu einem Punkt (Str. 21). Das Versinken im Meer der Gottheit bildet den Abschluß.

Die herausgearbeiteten Sinnbezüge werden durch sprachlich-stilistische Mittel wirkungsvoll hervorgehoben. Bezeichnend sind Anaphern: *ut ... ut* (2–3), *iam ... iam* (5f.), *o ... o* (10f.), dreifaches *hic* (13–15), *hic* im Wechsel mit *sed* (17–19). Entsprechende Wiederholungen treten auch im Schlußteil auf: *tollite ... tollite* (73f.); *et ... et* (79f.). Eine Steigerung gegenüber dem Anfang bedeutet die soeben zitierte Wiederaufnahme eines sinntragenden Verbs (73f.), die Fortführung von *iamque* (78) durch *iam iamque* und das dreifache *o* (83–86), eine Überbietung des doppelten *o* in Vers 10f. Diese Stilmittel machen den Fortschritt gegenüber dem Anfangsteil deutlich. Die Verdoppelung von *tollite* (73f.; vgl. Vers 1) unterstreicht das Willensmoment, das im Schlußteil hinzukommt, *iam iamque* (82) das endgültige Kleinwerden der Erde. Besonders aufschlußreich ist die Tatsache, daß sich mit der Verstärkung des Ausrufes *o* eine Umwertung seiner Funktion verbindet: An die Stelle des anfänglichen Jammers über das Irdische tritt das Staunen angesichts der überwältigenden Fülle des Göttlichen.

Vergleichen wir nun diese neulateinische Ode mit der horazischen! Bei dem Römer ist die Handlung schon rein grammatikalisch in die Zukunft versetzt. (Das Präsens, ohnehin nur auf die dritte Strophe beschränkt, wird durch die futurische Umgebung eindeutig als dichterische Vergegenwärtigung gekennzeichnet.) Schon die Wahl des Tempus läßt also erkennen, daß Horaz von seinem Tode spricht. Das Gedicht von Sarbievius steht von Anfang an im Präsens. Die Situation ist mehrdeutig: Nimmt er die Erfahrung der Todesstunde visionär vorweg, oder schildert er einen mystischen Aufschwung der Seele?

Die Städte haben bei Horaz eine Beziehung zu seiner Person: Sie sind Orte des Neides, über den er sich erhebt (4f.). Gleiches gilt von den römischen Provinzen: Sie sind durch individuelle Namen gekennzeichnet und als Schauplatz seines Nachruhms auf den Dichter bezogen (13–20). Bei Sarbievius dienen Städte, Völker und Reiche nur als Beispiele für den allgemeinen Gedanken der Vergänglichkeit. Auch nennt er – abgesehen von mythischen Figuren wie Helena und Metonymien wie Mars für »Krieg« und Thetis für »Meer« – keine Personennamen.

Horaz hinterläßt auf Erden einen Freund, den er mit Namen anredet (*dilecte Maecenas* 7), während bei Sarbievius die Bezugnahme auf Menschen, die ihm nahestehen, fehlt. So hat sein Gedicht keinen irdischen Adressaten. Den Aufforderungen an Wolken und Winde (Str. 2 und 19) kommt nur punktuelle Bedeutung zu, sie sind also als Apostrophe zu bezeichnen. Für den eigentlichen Adressaten möchte man das göttliche Element halten; auf zwei akkusativische Ausrufe des Staunens (»O welch ein Ozean, o welch eine Insel«) folgt an dritter Stelle *freta*, das durch den benachbarten Imperativ *haurite* als Vokativ bestimmt wird. Die Deutung, das Meer der Gottheit sei der Adressat der Ode, wird dadurch gestützt, daß der Dichter im Zusammenhang mit dieser Anrede auch seinen eigenen Namen nennt, sich selbst gewissermaßen zum Objekt der göttlichen Allgewalt macht. So redet Horaz den auf Erden zurückbleibenden Freund, Sarbievius aber die himmlische Gottheit an.

Es entspricht den bisher beobachteten Tendenzen beider Dichter, wenn Horaz das Geschehen realistisch, geradezu naturalistisch zu einer Vogelverwandlung konkretisiert (Str. 3), während Sarbievius nur allgemein von dem *praepes vates* spricht (Str. 1 und 19) und das Wunder nicht in einer Verwandlung, sondern in einer Art Levitation, Überwindung der Erdenschwere, bestehen läßt. Wichtig sind schließlich auch die Bahn und die Richtung des Fluges: Horaz fliegt über die Welt hin, aber er bleibt auf sie bezogen; die aufgezählten Provinzen bezeichnen das weltweite Publikum, das ihm beschieden sein wird. Sarbievius hingegen löst sich in Gedanken von der Erde und wendet sich dem Transzendenten zu.

Während Horaz sein Fortleben auf seinen Dichterruhm gründet, also keiner metaphysischen Prämissen bedarf, löst sich bei dem neulateinischen Dichter die Seele christlich-neuplatonisch vom Irdischen, um zum Empyreum aufzusteigen und schließlich mystisch in den Ozean der Gottheit einzutauchen. Der Römer strebt sogar in diesem Todesgedicht nach individuellem Gehalt und konkretem Ausdruck, der Neulateiner umgekehrt nach Entmaterialisierung: Er meidet das Individuelle und löst es sogar auf. In dieser Beziehung gewinnen die mystischen Züge sogar über das spezifisch Christliche die Oberhand, das ja nicht eine Erlösung *von* der Persönlichkeit, sondern die Erlösung und Auferstehung *der* Persönlichkeit meint. So spricht aus dieser Ode − trotz aller literarischen Horaznachfolge − ein dem horazischen geradezu entgegengesetztes Lebensgefühl. Darüber hinaus scheinen einzelne Züge auch den Rahmen der Barockzeit zu sprengen: so die kühne Phantasie in der Schilderung des allmählichen Schrumpfens des Erdglobus, eine wagemutige Vorwegnahme von Möglichkeiten, die erst das 20. Jahrhundert realisiert hat.[4]

Wie Horaz blickt Sarbievius im ersten Teil der Ode zur Erde; dabei denkt er aber nicht an persönlichen Neid oder Nachruhm, sondern an das Schicksal der Menschheit überhaupt. Er versucht also aus seiner Sicht, den egozentrischen Standpunkt zu überwinden. Nicht genug damit: Im Schlußteil ist der Himmel sein Ziel. Auch hier geht es um die Abkehr vom Persönlichen. So trachtet der »christliche Horaz« danach, die Grenzen des Ich, die der antike Lyriker streng gewahrt hatte, nach zwei Richtungen zu öffnen.

7.

Die Gedichte von DuBellay, Ronsard und Sarbievius bezeugen die inspirierende Rolle der horazischen Lyrik für die Poesie des 16. und 17. Jahrhunderts.

Die Neubegründung der französischen Lyrik geschieht in kühner Auseinandersetzung mit Horaz. Das hohe Selbstbewußtsein der Dichter dokumentiert sich in der Parallelisierung der eigenen Leistung mit derjenigen des Römers und in der Überzeugung, ihn überboten zu haben, etwa durch die Verbindung von Horazischem und Pindarischem bei Ronsard.

Praktisch kommt der Geist des stolzen Wetteifers darin zum Ausdruck, daß DuBellay in virtuoser Meisterung von Form und Inhalt die Grundstruktur einer Horazode umkehrt und in dieses Gerüst organisch den Gehalt zweier weiterer Horazoden einfügt.

Die Verwendung der poetischen Bilder offenbart einen Gegensatz zwischen der konkretisierenden Sprechweise des Horaz, der Metonymien bevorzugt, und der verfremdenden Diktion Ronsards, dessen Neigung zum metaphorischen Ausdruck einen Grundzug neuzeitlicher Lyrik bereits in voller Ausprägung zeigt.

Bei Sarbievius ist die im 17. Jahrhundert auch sonst festzustellende Rhetorisierung der Lyrik ein bestimmendes Moment (vgl. auch Kap. VII). Horazens in Raum und Zeit verankerte Aussage wird zu einem allgemeinen Weltpanorama erweitert; allerdings zeugt die anschauungsgesättigte, gegenständliche Ausdrucksweise von einem Kunstwollen, das dem horazischen verwandt ist. An die Stelle des Adressatenbezuges tritt jedoch meditative Verinnerlichung. Das Ich wendet sich von der Welt ab, um mystisch im Göttlichen zu versinken. Entsprechend der Tendenz, das Irdische gering erscheinen zu lassen, kümmert der Dichterruhm Sarbievius nicht. Auch ein persönliches Fortleben steht für ihn nicht im Vordergrund. Ihm kommt es allein auf die Größe der Gottheit an.

Es läßt sich kaum ein deutlicherer Kontrast denken als zwischen Sarbievius und seinem osteuropäischen Kollegen Deržavin, der für sich gleich eine doppelte Unsterblichkeit beansprucht und der sich nicht mehr mystisch von der Erde abwendet, sondern im Geiste des 18. Jahrhunderts philanthropisch auf das Glück aller Menschen bedacht ist.

8. G. R. Deržavin (1743–1816), *Der Schwan* (1804)

ЛЕБЕДЬ

Необычайным я пареньем
От тленна мира отделюсь,
С душой бессмертною и пеньем,
Как лебедь, в воздух поднимусь.

В двояком образе нетленный,
Не задержусь в вратах мытарств;
Над завистью превознесенный,
Оставлю под собой блеск царств.

Да, так! Хоть родом я не славен,
Но, будучи любимец муз,
Другим вельможам я не равен
И самой смертью предпочтусь.

Не заключит меня гробница,
Средь звёзд не превращусь я в прах;
Но, будто некая цевница,
С небес раздамся в голосах.

И се уж кожа, зрю, перната
Вкруг стан обтягивает мой;

Пух на груди, спина крылата,
Лебяжьей лоснюсь белизной.

Лечу, парю — и под собою
Моря, леса, мир вижу весь;
Как холм, он высится главою,
Чтобы услышать Богу песнь.

С Курильских островов ло Буга,
От Белых до Каспийских вод,
Народы, света с полукруга,
Составившие россов род,

Со временем о мне узнают:
Славяне, гунны, скифы, чудь,
И все, что бранью днесь пылают,
Покажут перстом — и рекут:

»Вот тот летит, что, строя лиру,
Языком сердца говорил,
И, проповедуя мир миру,
Себя всех счастьем веселил«.

Прочь с пышным, славным погребеньем,
Друзья мои! Хор муз, не пой!
Супруга! облекись терпеньем!
Над мнимым мертвецом не вой.

1804

In ungewohntem Schweben werde ich
    mich von der Welt, die so vergänglich, trennen,
mit unsterblicher Seele, mit Gesang,
    ein Schwan, mich in die Luft erheben.

In zweifacher Gestalt dem Tod entzogen,
    werd ich nicht bleiben in dem Tor der Qual;
über den Neid hinausgetragen,
    laß einst ich unter mir der Königreiche Glanz.

Ja, es ist so! Wenn auch aus unberühmten Stamm,
    bin als der Musen Liebling ich
den andern Mächtigen nicht gleich
    und ihnen selbst im Tod noch vorgezogen.

Einschließen wird mich nicht die Gruft,
    im Kreis der Sterne werd ich nicht zu Staub,
vielmehr wie eine Hirtenflöte
    vom Himmel tönend weit erschallen.

Da! Schon umspannt – ich seh' es wohl –
    ein Federkleid mir die Gestalt;
Flaum deckt die Brust, den Rücken Flügel,
    und ich erglänze schwanenweiß.

Ich fliege, schwebe, sehe unter mir
    das Meer, den Wald, die ganze Welt;
dem Hügel gleich reckt sie ihr Haupt,
    das Lied zu hören, das für Gott erklingt.

Von den Kurilleninseln bis zum Bug,
    vom Weißen Meer zum Kaspischen,
wird, was vom halben Erdenrund
    in Rußlands Namen sich vereint,

im Lauf der Zeit von mir erfahren:
    die Slaven, Hunnen, Skythen, Finnen
und alle, die jetzt hitzig kämpfen,
    sie werden auf mich deutend sprechen:

»Da fliegt er, der die Leier stimmend
    des Herzens Sprache redete
und der der Welt den Frieden kündend
    am Glücke aller sich erfreut.«

Hinweg mit Prunk und stolzer Leichenfeier,
    ihr meine Freunde! Schweige, Musenchor!
Gemahlin, hüll dich in Geduld,
    um den vermeintlich Toten weine nicht!

    In zweimal fünf Strophen wird der Flug des Singschwans und – korrespondierend – das Echo, die Reaktion der Welt dargestellt.
    So entspricht die sechste Strophe der ersten. Als gleichberechtigtes Gegenüber ist die Welt in Strophe 6 auch körperlich gegenwärtig: Meere, Wälder. Der dynamische Aufschwung des Dichters in der ersten Strophe[1] wird in der sechsten kühn von der Landschaft nachvollzogen: »Dem Hügel gleich hebt sie ihr Haupt, das Lied zu hören, das für Gott erklingt«. Auch die religiösen Töne der ersten – un-

sterbliche Seele und vergängliche Welt (die Trennung von Ich und Welt ist zugleich eine Vorankündigung des Gesamtaufbaus) — sind in der sechsten verstärkt: Gott wird genannt. Auf ihn ist auch ein weiteres Grundmotiv bezogen, das beide Strophen verbindet: der Gesang.

Die neunte Strophe antwortet der vierten: Widerhall des Gesangs im Herzen der Zuhörer. Hier die Lyra, die, vom Dichter gestimmt, Harmonie und Frieden verkündet, dort die Hirtenflöte, Instrument der bukolischen Welt, ebenfalls Friedenssymbol.

Es geht somit nicht an, Deržavins »Zusätze« isoliert zu registrieren. Sie tragen die Struktur des Gedichtes; diese kann nur von innen her erfaßt werden. Auch übernommene Motive erscheinen daher in einem anderen Licht: Der Kontrast zwischen Mitte und Ende der Ode, Schwanenweiß und Trauer, tritt durch den durchgehenden Parallelismus der Gedichthälften noch klarer hervor.[2] Auch die Strophen 2—3 und 7—8 erhalten neue Bezugspunkte: Der (selbstverständlich modernisierte) Völkerkatalog ist formal vereinheitlicht (die horazische Fuge in seiner Mitte wäre innerhalb des neuen Gesamtaufbaus funktionslos); vor allem aber werden die Völker als Kämpfende zur Folie für die Friedensbotschaft. Ähnlich ist in Strophe 2—3 das Motiv des Neides durch die Erwähnung der »übrigen Magnaten«[3] stärker konkretisiert und wirkt so als kontrastierender Hintergrund für die »himmlische Schalmei«.

Die Polarität, die den Bau im ganzen bestimmt, setzt sich auch im kleinen fort: Vielfach werden Gegensätze schärfer herausgearbeitet. Darin mochten den Dichter die gerade Zahl der Verse und das Reimschema bestärken; doch da es sich um ein durchgehendes Prinzip handelt, ist es müßig, einen einzelnen Fall aus angeblicher Versnot zu erklären.[4]

Für Deržavins Auffassung von seinem Dichtertum ergibt sich folgendes: In philosophisch-religiöser Beziehung sind die Grundmotive »unsterbliche Seele und Gesang« (Deržavins Interpretation von *biformis*) konstituierend für die Harmonie zwischen Welt und Gott sowie unter den kämpfenden Völkern. Die Seele als Mittlerin: »Christianisierung«[5] bedeutet hier platonisierende Umsetzung ins Metaphysische, die den bei Horaz beobachteten Säkularisierungsprozeß rückgängig macht.

Theoretisch scheint Deržavin den Gehalt seiner Dichtung stärker zu betonen als die Form.[6] Praktisch jedoch bleibt, wie sich gezeigt hat, der Ideengehalt nicht nur Programm, sondern er wird in Bilder und bedeutungsvolle Formen umgesetzt.

Poetisch ist das Bekenntnis zur »Sprache des Herzens« nach Klopstocks — letztlich pietistische Elemente säkularisierendem — lyrisch-musikalischem Dichtertum[7] und nach der Entdeckung der Volkspoesie möglich geworden.

Damit verbindet sich ethisch die dem Selbstverständnis seines Volkes naheliegende, von Deržavin philanthropisch formulierte Identifikation des Glücks des Einzelnen mit dem Glücke aller.

Politisch ist das dichterische Selbstbewußtsein weniger an einen etablierten Staat als an eine Völkergemeinschaft geknüpft, mag sie auch als slavisches Imperium vorgestellt sein. Persönlich weiß Deržavin, daß er mehr ist als die andern Amtsträger — im Tode bleiben auch die »Zarentümer« tief unter ihm. Er ist, wie Horaz, vom Hof innerlich unabhängig, aber kein Revolutionär.

Im ganzen nimmt Deržavin eine Mittelstellung zwischen Sarbievius und Horaz ein. Die Bewegung führt von der vergänglichen Welt hinweg und in die Luft empor (Strophe 1), aber der Blick bleibt auf die Erde gerichtet wie bei Horaz. Daneben tritt die Perspektive der Nachwelt stärker hervor (Strophe 8 auf 9). Die Nachwelt wird in Worten, die der Dichter ihr in den Mund legt, seine Leistung würdigen. Der Bezug auf Gott ist bei Deržavin nur indirekt gegeben. Anders als Sarbievius, der mystisch in Gott aufgeht, sieht Deržavin für sich die Möglichkeit eines zweifachen Fortlebens: als unsterbliche Seele und als Gesang. In seinem andeutenden Sprechen und der Entspanntheit seiner Diktion läßt Deržavin stilistisch eine gewisse Nähe zu Horaz erkennen. Ein wesentlicher Unterschied zu dem Römer liegt wie bei fast allen neueren Dichtern in der »Ideologisierung«.

So steht Deržavin an einem Wendepunkt: Einerseits hält er an der überkommenen Gesellschaftsordnung und Metaphysik fest, andererseits stößt er — ebenfalls aus z. T. christlichen Voraussetzungen — in neue Gebiete vor: Er durchdringt die Poesie mit persönlicher Wärme, zugleich aber wächst die Verantwortung für das Ganze. Auch Horaz empfand als Römer und Augusteer diese Verantwortung, bedurfte aber für sein persönliches Glück nicht der Gewißheit, daß alle anderen Menschen auch glücklich sind.

9. A. S. Puškin (1799–1837): *Exegi monumentum* (1836)

                        Exegi monumentum.

Я памятник себе воздвиг нерукотворный,
К нему не зарастет народная тропа,
Вознесся выше он главою непокорной
    Александрийского столпа.

Нет, весь я не умру — душа в заветной лире
Мой прах переживет и тленья убежит —
И славен буду я, доколь в подлунном мире
    Жив будет хоть один пиит.

Слух обо мне пройдет по всей Руси великой,
И назовет меня всяк сущий в ней язык,
И гордый внук славян, и финн, и ныне дикий
    Тунгус, и друг степей калмык.

И долго буду тем любезен я народу,
Что чувства добрые я лирой пробуждал,
Что в мой жестокий век восславил я свободу
    И милость к падшим призывал.

Веленью Божию, о муза, будь послушна,
Обиды не страшась, не требуя венца;
Хвалу и клевету приемли равнодушно,
    И не оспоривай глупца.

Ein Denkmal hab ich mir errichtet, nicht mit Händen,
es wächst zu ihm des Volkes Pfad nicht zu,
erhoben hat es höher sich mit stolzem Haupte
    als Alexanders steiler Stein.[1]

Nein! Ganz vergeh ich nicht — die Seele im Vermächtnis
der Lyra überlebt den Staub, flieht den Verfall —
mein Ruhm, er bleibt, solang hienieden unterm Monde
    auch nur ein einzger Dichter lebt.

Von mir wird Kunde durch ganz Rußlands Weiten wandern,
und nennen wird mich jede Zunge, die dort ist,
der Slaven stolzer Sproß, der Finne, der noch wilde
    Tunguse, der Kalmyk, der Steppe Freund.

> Und darum werde lang dem Volke lieb ich sein,
> weil gütiges Empfinden meine Lyra weckte,
> weil ich in meiner harten Zeit die Freiheit rühmte,
>   Erbarmen für Gestrauchelte erbat.
>
> Sei, Muse, dem Gebote Gottes du gehorsam,
> die Kränkung fürchte nicht und fordre keinen Kranz,
> Lob und Verleumdung — nimm sie hin mit Gleichmut
>   und widersprich dem Toren nicht.

Mit Puškin tritt uns eine andere Dichtergeneration entgegen. Nicht mehr damit zufrieden, »den Zaren lächelnd die Wahrheit zu sagen« (vgl. S. 632, Anm. 6), formt Puškin eine — hier nicht näher zu betrachtende — Ode Deržavins Wort für Wort um, wie der übereinstimmende Bauplan und zahlreiche Leitzitate beweisen.[2]

Anders als der Bahnbrecher Lomonosov, der die ursprüngliche Verszahl beibehalten hatte (16), vereinfachte Deržavin die oben analysierte komplexe horazische Struktur, indem er fünf Motive, die bei Horaz unterschiedlichen Raum einnahmen, jeweils in vierzeiligen Strophen behandelte. Formal folgt Puškin dieser Disposition, verkürzt aber eindrucksvoll die letzte Zeile jeder Strophe; zudem beseitigt er die wenigen verbliebenen Enjambements zwischen Strophen. Stolz und Verschlossenheit spiegeln sich schon in der monumentalen Strenge der Form, die die Schlankheit der im Gedicht erwähnten Säule anzudeuten scheint wie Horazens Metrum die Gleichschenkligkeit einer Pyramide. Auf neuer Stufe hat Puškin eine gültige Symbolik der Form erreicht, und dies, obwohl er theoretisch noch ausschließlicher als Deržavin auf den Gehalt seiner Dichtung Wert legt (Strophe 4).

Geistesgeschichtlich ist der Verzicht auf die doppelte Unsterblichkeit und damit auf christlich-neuplatonische Metaphysik bezeichnend: nicht mehr Seele *und* Dichtung, sondern Fortleben der Seele *in* der Dichtung (Strophe 2).[3] Wenn freilich die Muse dem Gebot eines Gottes unterstellt wird (Strophe 5), so ist man zunächst versucht, an antike Traditionen zu erinnern.[4] Doch was gebietet Gott der Muse Puškins? Sie soll Kränkung nicht fürchten, keinen Kranz fordern, gegen Lob und Verleumdung gleichgültig sein und Toren nicht widersprechen. Die archaische Form birgt also ein modernes Lebensgefühl, das man auf das große Vorbild vieler Dichter des 19. Jahrhunderts, Lord Byron, zurückführen kann. Es ist eine Lieblingsidee des romantischen Ich, sich in scheinbarer innerer Unabhängigkeit von der Umwelt zu distanzieren und sich über sie zu erheben. Aber erst die Verbindung beider Aussagen führt an den Gedanken des Dichters heran. Das »Gebot des Gottes« ist ein innerer Zwang, sich als Dichter so und nicht anders zu verhalten. Eben dies geht aus den älteren Fassungen hervor: »dem heiligen Los« (святому жребию) bzw. »deiner Berufung« (призванью своему).

Puškin beruft sich auch sonst auf göttlichen Befehl; man vergleiche das Gedicht »Der Prophet« (1826): Gott reißt dem Propheten die Zunge und das Herz aus und setzt an ihre Stelle den Stachel der Schlange und glühende Kohle. Diese Parallele unterstreicht, daß die Vorstellung des göttlichen Gebots auch den Gedanken einer überpersönlichen Rolle des Dichters in der Gesellschaft einschließt; in dem vorliegenden Gedicht ist dies die Verkündigung der Freiheit und die Bitte um milde Behandlung der Gestrauchelten. Man sieht, daß Puškins Gott weder antik noch christlich zu fassen ist und daß hier das dichterische Ich über die romantische Emanzipation hinaus eine überpersönliche Pflicht erkennt und erfüllt.

Auch politisch wirkt sich die Steigerung des Selbstbewußtseins aus: Das Denkmal wird dastehen »mit unbeugsamem Haupt« (Strophe 1). Die Emanzipation des Individuums von der äußeren Ordnung ist gerade durch den staatlichen Druck nur noch weiter fortgeschritten. Dementsprechend beruft sich der Dichter für sein Fortleben weder mit Horaz auf die Staatsreligion noch mit Deržavin auf humanitäre Vorstellungen oder das Slaventum, sondern auf sein Dichtertum, ja er weiß sich mit den Dichtern der Zukunft einig (Strophe 2).[5]

Literarsoziologisch betont er in neuer Weise seine Unabhängigkeit von Lob und Tadel. Horaz will selbst von der Muse gekrönt werden, Ronsard ebenso, Deržavin fordert die Muse auf, ihre eigene Stirn mit dem »Morgenrot der Unsterblichkeit zu bekränzen«. Puškin verzichtet selbst und auch im Namen seiner Muse auf den Kranz und steigert das Motiv der Gleichgültigkeit äußeren Ehren gegenüber, das schon bei Deržavin angeklungen war (»und verachtet jemand dich, so verachte du selbst ihn«).

Was die ethische Haltung betrifft, so verstärkt Puškin den »menschheitlichen« Aspekt: Die fremden Völker, die den Dichter kennen werden, sind mit Namen genannt und gewinnen dadurch Eigenleben; man fühlt sich an Horaz 2,20 und an Deržavins »Schwan« erinnert.[6] Die freiheitlichen Empfindungen, die Puškin zu wecken sucht, sind weniger patriarchalisch und friedfertig als diejenigen Deržavins. Die Ansätze zur Selbstbehauptung gegenüber einer feindseligen Umwelt — schon bei Deržavin spürbar — sind verstärkt. Der Dichter identifiziert sich nicht mehr nur mit einer abstrakten »Allgemeinheit« und ihrem Glück, sondern mit einer unterdrückten Menschengruppe, den »Gestrauchelten« (d. h. den Dekabristen; Str. 4). Bei Puškin ist also einerseits ein Fortschritt im Bewußtsein der Freiheit festzustellen, andererseits die Hinwendung zu einer weniger kontemplativen als aktiven Daseinsbewältigung. Das Dichtertum ist nicht selbstgenügsam, es will von der Erinnerung eines Volkes (Str. 1 und 4) getragen werden, dessen internationale Zusammensetzung betont und an dessen Freiheitsbewußtsein appelliert wird. Wie im Bereich der Unsterblichkeitshoffnung, so ist also auch hinsichtlich des »Volksgeistes« bei Puškin ein Ansatz zur »Entmythologisierung« festzustellen. Der Dichter ist einsamer, aber auch kämpferischer geworden.

10. Aleksandr Blok, *Horaz, carm. 2,20*[1]

Не на простых крылах, на мощных я взлечу,
Поэт-пророк, в чистейшие глубины,
Я зависти далек, и больше не хочу
Земного бытия, и города́ покину.

5   Не я, бедняк, рожденный средь утрат,
Исчезну навсегда, и не меня, я знаю,
Кого возлюбленным зовешь ты, Меценат,
Предаст забвенью Стикс, волною покрывая.

Уже бежит, бежит шершаый мой убор
10 По голеням, и вверх, и тело человечье
Лебяжьим я сменил, и крылья лишь простер,
Весь оперился стан — и руки, и заплечья.

Уж безопасней, чем Икар, Дедалов сын,
Бросаю звонкий клич над ропщущим Босфором,
15 Минуя дальний край полунощных равнин,
Гетульские Сирты окидываю взором,

Меня послышит Дак, таящий страх войны
С марсийским племенем, и дальние Гелоны,

       Изучат и узрят Иберии сыны,
20   Не чуждые стихов, и пьющий воды Роны.

       Смолкай, позорный плач! Уйми, о, Меценат,
       Все стоны похорон, – печали места нету,
       Зане и смерти нет. Пускай же прекратят
       Надгробные хвалы, не нужные поэту.

Nicht auf einfachen Flügeln, auf starken werde ich
emporfliegen, der Dichter, der Prophet, in die reinsten
Tiefen; ich, dem Neide fern; und nicht mehr will ich
irdisches Dasein; und die Städte werde ich verlassen.

Nicht werde ich, der Bettler, geboren inmitten von
Entbehrungen, verschwinden auf immer, und nicht wird mich,
ich weiß es, den du »Geliebter« nennst, Maecenas,
der Vergessenheit anheimgeben die Styx, mit ihrer Woge
mich bedeckend.

Schon läuft, schon läuft mein rauhes Kleid über die Beine
hin und nach oben, und ich habe den menschlichen Körper
mit dem eines Schwanes vertauscht, und kaum habe ich die
Flügel ausgebreitet, hat sich meine ganze Gestalt
befiedert – die Arme und die Schulterblätter.

Gefahrloser schon als Ikarus, Daedalus' Sohn, stoße ich
einen volltönenden Schrei aus über dem grollenden Bosporus,
vorbeifliegend an dem fernen Gebiet der mitternächtigen
Ebene umspanne ich mit dem Blick die gaetulischen Syrten.

Mich wird hören der Daker, der die Angst vor dem Kriege mit
dem marsischen Volk verhehlt und die fernen Geloner, lernen
und schauen werden mich Iberiens Söhne, den Versen nicht
fremd, und der das Rhônewasser trinkt.

Verstumme, schimpfliche Klage, hemme, o Maecenas, alle
Seufzer der Leichenfeier. Für Traurigkeit ist kein Raum,
sintemalen auch kein Tod ist. Schluß mit den Lobesworten
über dem Sarg, die der Dichter nicht braucht.

Aleksandr Blok ersetzt die parallele Konstruktion (*non ... nec*) durch
eine Antithese, die Litotes *nec tenui* durch einen positiven Ausdruck

(»stark«). Das schwierige *vates biformis* ersetzt Blok durch den doppelten Ausdruck »Dichter—Prophet«. Anstelle der geradezu sinnenhaften Empfindung des strömenden Äthers tritt die Vorstellung einer Unendlichkeit (»reinste Tiefen«). Aus dem Flug durch den Äther wird ein Emporfliegen dorthin. Anders als bei Horaz ist der Himmel nicht Weg, sondern Ziel. Hierin stimmt Blok mit Sarbievius überein, allerdings vermeidet der moderne Dichter eine theologische Benennung und Einengung und verwischt zugleich die Konkretheit dieses Zieles, indem er durch den Plural (»Tiefen«) das Gefühl der Grenzenlosigkeit steigert. Dementsprechend hat Blok auch das Verlassen des irdischen Daseins (Zeile 4) und die Empfindung des Überdrusses (Zeile 3) stärker hervorgehoben: »Ich will nicht mehr das Erdendasein« klingt viel apodiktischer als *neque in terris morabor longius*. *Invidiaque maior* ist vor *neque in terris ...* gestellt. Das Enjambement unterbleibt: *urbis relinquam* findet noch in der ersten Strophe Raum. *Maior* ist durch »fern« vielleicht etwas schwach wiedergegeben: Dafür kommt sein Gehalt indirekt im »Emporfliegen« zur Geltung. Im ganzen wahrt Blok die Abfolge der Vorstellungen; zum Teil verstärkt und vertieft er die dichterischen Bilder. Durch Antithese und positive Ausdrucksweise sind die Konturen verschärft, die Kraft und der Wille des Individuums betont.

Die zweite Strophe ermöglicht durch den Wegfall des Enjambements eine etwas breitere Ausführung der Gedanken. *Pauperum sanguis parentum* wird doppelt wiedergegeben: »Ein Armer, geboren inmitten von Entbehrungen«. Der erstere dieser Ausdrücke zeichnet sich durch Drastik aus (etwa »armer Schlucker«), wie Blok überhaupt in diesem Gedicht eine recht harte Sprache führt (vgl. Vers 3). Die kräftige Formulierung ist vielleicht durch die betonte Stellung von *pauperum* am Ende von Vers 5 angeregt. Diese Vermutung wird dadurch bestätigt, daß Blok sogar Horazens kühne Wortstellung, das zweimalige *non ego*, nachahmt, obwohl die Negation eigentlich zum Verbum und nicht zum Personalpronomen gehört. Das einfache *obibo* wird ergänzt durch den Zusatz »auf immer« (6). Dies ist inhaltlich sinnvoll und hat auch musikalische Bedeutung, da Blok in Vers 5 f. den Wechsel von e- und a-Klängen erstrebt. Gleiches gilt von dem Einschub »ich weiß« (6), der keineswegs nur Füllsel ist, sondern die innere Gewißheit der Prophetie unterstreicht und damit das schon in der ersten Strophe von Blok betonte Thema »Dichter—Prophet« verstärkt. In Vers 7 ist *dilecte* von Blok gewissermaßen in Anführungszeichen gesetzt, eine zu seiner Zeit verbreitete Interpretation dieses

Verses, die auf ältere Kommentatoren (z. B. Ritter 1856) zurückgeht. *Cohibebor unda* ist in zwei Phasen aufgelöst: Die Woge bedeckt den Dichter und gibt ihn damit der Vergessenheit anheim. Sein Überleben ist also aus der anschaulichen in die ideelle Sphäre verlagert, der Ausdruck schärfer, aber auch abstrakter als bei Horaz, der sich mit einer andeutenden Litotes begnügt. Blok macht daraus eine klare, negative Feststellung. Wiederum sieht man, daß seine Diktion rückhaltlos bis zur Rücksichtslosigkeit ist. Doch ist er um »poetische Genauigkeit« bemüht und läßt daneben das Bild in seiner Anschaulichkeit bestehen (»mit der Woge bedeckend«).

Der Anfang der zweiten Strophe zeigt wieder, daß Blok den lateinischen Wortlaut sehr ernst nimmt. Dem doppelten *iam* des Originals entspricht die Wiederholung des Zeitworts in der Nachgestaltung. Es ist ein Verbum des Eilens; auf diese Weise wird die Metamorphose geradezu sinnenhaft empfunden. Die in *residunt* liegende Vorstellung des Schrumpfens, die auf den heutigen Leser abstoßend wirkt, ist durch Bewegung überspielt. Das lyrische Ich beobachtet sich nicht von außen (wie dies der Horaztext voraussetzt), sondern es fühlt den Verwandlungsprozeß von innen her. An die Stelle der Anschauung tritt eine Empfindung des Tastsinns: Es »überläuft« den Verwandelten. Konsequenterweise spricht Blok nicht von der Farbe des Vogels (*album* 10); dafür steigert er die Dynamik durch das Ausbreiten der Flügel. Außerdem erhöht er die Dramatik durch einen eingeschobenen Nebensatz: »Kaum habe ich die Flügel ausgebreitet« und die zusammenfassende Feststellung, die das Geschehen überraschenderweise bereits als vollendet darstellt, »meine ganze Gestalt hat sich befiedert«. Während Horaz gerade hier auf das allmähliche Entstehen der Federn verweist (*nascuntur* 11), mildert Blok dadurch, daß er den Vorgang schon vor der Mitte der dritten Strophe ans Ziel kommen läßt, die grotesken Züge der Verwandlung. In sich geschlossen wie jede einzelne Strophe erscheint auch das jeweilige Geschehen.

Wie bei Horaz besteht ein anaphorischer Zusammenhang zwischen der dritten und der vierten Strophe, wobei Blok den Gleichklang spielerisch auch auf den Beginn des zweiten Wortes ausdehnt.[2] Brillant ist der Einfall, *canorus ales* (15 f.) und *gementis Bosphori* (14) in einer Zeile zusammenzufassen, so daß ein effektvoller akustischer Kontrast zwischen dem Ruf des Vogels und dem Tosen des Meeres entsteht. Der Schrei des Schwanes ist von Blok realistischer erfaßt als von Horaz (*canorus ales*). Die hyperboreïschen Felder (anschaulich durch »gen Mitternacht liegende Ebenen« wiedergegeben) setzt Blok vor die gaetulischen Syrten und gewinnt dadurch eine geographisch etwas sinnvollere Abfolge der besuchten Gegenden.[3]

In der fünften Strophe fehlt der Kolcher — vielleicht aus euphonischen Gründen. *Peritus* ist näher ausgeführt: »nicht fremd den Versen«. Hier wird die innere Linie des Gedichtes — als Aussage über Dichtung — verstärkt, wie wir dies in fast allen bisherigen Strophen gesehen haben (2: Dichter—Prophet; 6: das Wissen der Zukunft).

In der letzten Strophe verdeutlicht Blok die Anrede an Maecenas. Er arbeitet auch mit größerem Nachdruck die Implikationen von *inani funere* heraus: »Für Traurigkeit ist kein Raum, sintemalen auch kein Tod ist.« Seine Rede ist stolz und frei. Die Häufung von *neniae*, *luctusque* und *querimoniae* kürzt Blok etwas. Er kann dies um so mehr, als er die Vorstellung der Totenklage durch musikalische Mittel zur Genüge untermalt, so durch Alliteration in Vers 21 und o-Klänge in Vers 22. Am Ende betont er, daß der Poet keine Lobreden benötigt. Die Erwähnung des Dichters an letzter Stelle ist nicht zufällig. Sie gibt der Ode nicht nur eine formale Abrundung durch den Rückverweis auf Vers 2, sondern sie entspricht auch der selbstbewußten Haltung, die Blok schon in Vers 3 bekundet hat. Die feierliche Erklärung, es gebe keinen Tod, geht über Horazens vorsichtige Aussage hinaus. Blok beharrt in der ganzen Ode auf der Prophetenrolle des Dichters. In der Schlußstrophe erhebt sich die Sprache zu archaischer Feierlichkeit (die hochaltertümliche kausale Konjunktion in Vers 23 entspricht in ihrer Stilhöhe etwa dem deutschen »sintemalen«, birgt also einen religiösen Klang in sich, den Horaz hier nicht beabsichtigt). Ähnlich erhabenes Stilniveau suggerieren in Zeile 1 die Deklinationsform крылах und das Attribut мощных, in Vers 19 die Deklinationsform сыны und die Wahl des Verbums узрят. Die Liste ist unvollständig. Daneben stehen freilich absichtlich einfach, ja burschikos wirkende Ausdrücke, aus denen die Verachtung des Erdendaseins (3 f.) und der Lobreden (23 »Laß sie doch!«) spricht. Diese Mischung trägt in besonderem Maße den Stempel von Bloks Persönlichkeit. In mancher Beziehung macht sich dieser Dichter die stolze, unabhängige Haltung Puškins zu eigen, sein klares, entlarvendes Sprechen, die Schonungslosigkeit einer Diktion, die sich nicht nach dem horazischen Prinzip richtet, die eigene Kraft zu verbergen oder doch etwas zu zügeln. Im Rückblick lassen somit die modernen Nachgestaltungen erkennen, wie maßvoll sich Horaz sogar in den Gedichten ausgedrückt hat, die von seinem Anspruch als Dichter handeln, und wie weit er von einer Übersteigerung dieses Anspruchs entfernt war.

Die hier betrachteten Lyriker der Neuzeit stehen der Welt zum Teil ablehnend gegenüber: Sarbievius im allgemeinen, Blok in bezug auf das städtische Leben und seine Konventionen. Beide stimmen darin überein, daß sie im Himmel ihr Ziel sehen. Diese Haltung mutet besonders unhorazisch an, gleichgültig ob, wie bei Sarbievius, das Klein-Ich im Groß-Ich der Gottheit aufgeht, oder ob es, wie bei Blok, einsam in anonyme Tiefen hinausschreitet.

11. J. Jevtušenko, *Babij Jar* (1961)

БАБИЙ ЯР

Над Бабьим Яром памятников нет.
Крутой обрыв, как грубое надгробье.
Мне страшно.
    Мне сегодня столько лет,
как самому еврейскому народу.
Мне кажется сейчас –
    я иудей.
Вот я бреду по древнему Египту.
А вот я, на кресте распятый, гибну,
и до сих пор на мне – следы гвоздей.
Мне кажется, что Дрейфус –
    это я.
Мещанство –
    Мой доносчик и судья.
Я за решеткой.
    Я попал в кольцо.
Затравленный,
    оплеванный,
      оболганный.
И дамочки с брюссельскими оборками,
визжа, зонтами тычут мне в лицо.
Мне кажется –
    я мальчик в Белостоке.

Кровь льется, растекаясь по полам.
Бесчинствуют вожди трактирной
                              стойки
и пахнут водкой с луком пополам.
Я, сапогом отброшенный, бессилен.
Напрасно я погромщиков молю.
Под гогот:
           »Бей жидов, спасай Россию!«
лабазник избивает мать мою.
Мне кажется –
              я – это Анна Франк,
прозрачная,
           как веточка в апреле.
И я люблю.
          И мне не надо фраз.
Мне надо,
         чтоб друг в друга мы смотрели.
Как мало можно видеть,
                      обонять!
Нельзя нам листьев
                  и нельзя нам неба.
Но можно очень много –
                      это нежно
друг друга в темной комнате обнять.
Сюда идут?
          Не бойся – это гулы
самой весны –
             она сюда идет.
Иди ко мне.
           Дай мне скорее губы.
Ломают дверь?
             Нет – это ледоход ...
Над Бабьим Яром шелест диких трав.
Деревья смотрят грозно,
                       по-судейски.
Всё молча здесь кричит,
                       и, шапку сняв,
я чувствую,
           как медленно седею.

И сам я,
          как сплошной беззвучный крик,
над тысячами тысяч погребенных.
Я –
каждый здесь расстрелянный
                       старик.
Я –
каждый здесь расстрелянный
                       ребенок.
О, русский мой народ!
                    Я знаю –
                            ты
по сущности интернационален.
Но часто те, чьи руки нечисты,
твоим чистейшин иненем бряцали.
Я знаю доброту моей земли.
Как подло,
          что, и жилочкой не дрогнув,
антисемиты пышно нарекли
себя »Союзом русского народа«!
Ничто во мне
             про это не забудет!
»Интернационал«
               пусть прогремит,
когда навеки похоронен будет
последний на земле антисемит.
Еврейской крови нет в крови моей.
Но ненавистен злобой заскорузлой
я всем антисемитам,
               как еврей.
И потому –
         я настоящий русский!

1961 г.

Denkmäler gibt's nicht auf dem Babij Jar.
Ein steiler Abhang als ein rohes Epitaph.
Ich habe Angst. Heut bin so alt ich wie
Das Volk der Juden selbst.
5 Mir ist, ich wäre Jude, jetzt.
Da irr' ich hin und her durch Alt-Ägypten,

Und da, ans Kreuz geschlagen, sterb ich hin
Und trag noch jetzt an mir die Nägelmale.
Mir ist, Dreyfus – das wäre ich.
10 Spießbürgertum – mein Denunziant und Richter.
Bin hinter Gittern. In den Ring geraten.
Gehetzt, bespien, belogen.
Und Dämchen, hübsch in Brüssler Spitzenborten,
Schrill quietschend, stechen mir mit Schirmen ins Gesicht.
15 Mir ist, ich wär in Bjelostok ein Junge.
Es strömt das Blut, zerfließend auf den Dielen.
Und wüst gebärden sich des Schanktischs Rädelsführer;
sie riechen halb nach Wodka, halb nach Lauch.
Ich, mit dem Stiefel fortgestoßen, bin entkräftet.
20 Vergebens fleh ich die Verfolger an.
Und unter Grölen »Schlag die Juden, rette Rußland!«
verprügelt ein Mehlkrämer meine Mutter.
Mir ist, als wär ich – Anne Frank,
Zerbrechlich wie ein Zweiglein im April.
25 Ich liebe. Phrasen tun nicht not.
Nur eins: einander in die Augen schaun.
Wie wenig kann man sehen, spüren.
Versagt sind Blätter uns, versagt der Himmel.
Doch dürfen wir sehr viel noch: zärtlich
30 Einander in dem dunklen Raum umarmen.
Horch, kommen sie? – Hab keine Angst – das ist das Raunen
Des Frühlings selbst. – Er kommt hierher.
Komm du zu mir, reich rasch mir noch die Lippen.
Man will die Tür aufbrechen? – Nein, der Eisgang ist's ...
35 Über dem Babij Jar rauscht wildes Gras.
Die Bäume blicken streng, nach Richterart.
Alles ist Schweigen hier – und alles Schrei. – Den Hut
Nehm ab ich und ich fühl' es: langsam werd ich grau.
Bin wie ein einziger tonloser Schrei
40 Über Begrabnen, tausend, abertausend.
Bin jeder hier erschoßne Greis.
Bin jedes hier erschoßne Kind.
O, du mein russisch Volk, ich weiß: Du bist
Im tiefsten Wesen international.
45 Doch prunkten Männer, deren Hände unrein,
Mit deinem fleckenlosen Namen oft.

>   Ich weiß um meines Landes Güte.
>   Wie niederträchtig, daß Antisemiten
>   Sich ohne Zagen stolz benennen konnten
> 50 Die »Union des russischen Volks«.
>   Nichts ist in mir, was je all dies vergessen könnte!
>   Die Internationale mag erdröhnen,
>   Wenn einst auf ewig wird begraben sein
>   Der letzte Judenhasser auf der Erde.
> 55 In meinem Blute ist kein jüdisch Blut.
>   Doch bin verhaßt mit Bosheit, tief verhärtet,
>   Ich jedem Judengegner, wie ein Jude,
>   Und bin aus diesem Grund – ein echter Russe!

Das Gedicht »Babij Jar«[1] ersetzt das fehlende Monument auf einem Massengrab für Juden; schon insofern ist ein Vergleich mit der Tradition der russischen Denkmal-Gedichte gerechtfertigt. Die Verewigung gilt nicht mehr dem Dichter, sondern einer leidenden Gruppe, für die er sich einsetzt;[2] das Gedicht ist dennoch zur eindrucksvollen Selbstdarstellung geworden, die manche bei den Vorgängern beobachtete Tendenzen konsequent fortentwickelt.

Das vorliegende Gedicht sei mit den bisher behandelten verglichen, und zwar nach Motiven und Themen. Wie Jevtušenko auch sonst (einen Ansatz Puškins aufgreifend) zum Sprecher der Benachteiligten wird, so identifiziert er sich im Babij Jar, ohne selbst Jude zu sein, in einer breit angelegten Vision mit diesem Volk, und zwar in mystischen Bildern: Er sieht sich im alten Ägypten umherirren. Er versenkt sich in Märtyrergestalten der Neuzeit wie Dreyfus oder Anne Frank. Die *Einfühlung* durchbricht in ihrer Ekstatik das klassische Maß: Hier zeigt sich die schon in der ältesten russischen Poesie dem sagenhaften Sänger Bojan zugeschriebene Fähigkeit, mit seinem Gegenstand eins zu werden: »Der weise Bojan, wenn er einem ein Lied schaffen wollte, dann breitet er sich in Gedanken über den Baum aus, als grauer Wolf über der Erde, als blaugrauer Adler unter die Wolken«.[3] So läßt Deržavin die Erde sich als Berg erheben – in Sympathie mit dem Schwanengesang; so versetzt sich A. Blok bei der Schilderung der Metamorphose in den Verwandelten. Wenn Jevtušenko schließlich Christi Wundmale an seinem Leibe zu spüren vermeint, so hat Mitmenschlichkeit eine traditionelle religiöse Vorstellung mit neuem Leben erfüllt. Zugleich erinnert Jevtušenko daran, daß Jesus ein Jude war.

Auch der Schluß des Gedichtes wandelt ein den Vorgängern vertrautes Motiv ab: die weltweite Leserschaft. Wie Horaz, so hatten auch die russischen Vorgänger dabei freilich noch an ein Imperium gedacht — Deržavin mit den ethischen Prämissen einer christlich-humanitären Brüderlichkeit, Puškin mit der Freiheitsidee. Jevtušenko definiert den Patriotismus neu — vom Gedanken der Völkerverständigung aus. So beseitigt er jede Möglichkeit nationalistischen Mißverstehens: Ihm ist derjenige der echte Vertreter seines Volkes, der sich am besten in andere Völker hineinversetzen kann.

Die *Natur* liefert Horaz die Bilder der Zerstörung, Vorstellungen aus Kunst und Religion verkörpern die Idee der Dauer. Darüber hinaus wird der gewaltig »dagegenrauschende« Aufidus, der Fluß seiner Heimat, zur Andeutung seines Wesens, das sich trotz bescheidener Herkunft durchgesetzt hat. Die Hauptthemen — Zerstörung, Dauer, Aufstieg — spiegeln sich direkt oder indirekt in der Außenwelt. In Horazens Schwanen-Ode ist trotz des Weltenfluges wenig von der Natur die Rede; die Denkmal-Ode vermittelt eher ein anschauliches Bild von seiner Heimat als das entsprechende Gedicht Ronsards. Bei DuBellay wird die Natur ganz zur symbolischen Dichterlandschaft. Sarbievius verkörpert in Horazischer Manier das Meer im Namen einer heidnischen Gottheit (Thetis); doch gilt sein Augenmerk viel mehr dem Menschen und dem Erdglobus im ganzen.

Deržavin führt Züge ein, welche die Weite der russischen Landschaft empfinden lassen (Meere, Wälder, Hügel), wobei die Welt durch den Gesang des Dichters auf Gott bezogen ist: Himmel und Erde hören zu; so ist der Kosmos im Zeichen der Friedensidee mit der Überwelt versöhnt.

Weniger metaphysisch deutet Puškin die Natur. Aber er verzichtet auch auf den ausgreifenden Gewässerkatalog der Denkmal-Ode Deržavins. Der Gott ist nicht kosmisch, sondern innerlich empfunden, die Außenwelt auf den sublunaren Bereich beschränkt; daß der Kalmyk der »Steppe Freund« ist, deutet vorbereitend auf das Hauptthema des Gedichts, die Freiheit, hin. A. Blok verstärkt die Stimmungsmomente der Landschaft: Neben den »murrenden Bosporus« treten die dem Dichter vertrauten »mitternächtigen Ebenen«, ein irdisches Pendant zu den »reinen Tiefen« des Gedichtanfangs.

Bei Jevtušenko wird die Natur zum Träger mitmenschlichen Empfindens. Die Bilder entstehen aus der Sicht der Gefangenen: Die Vorstellung eines mauerartigen Abhangs erscheint zu Beginn. Ein Höhepunkt ist die *Negation* der Weiträumigkeit: »Versagt sind Blätter uns, versagt der Himmel.« Welch ein Gegensatz zu Deržavin, Puškin und besonders A. Blok, die das Gefühl der Weite zu erwekken versuchten! Den Kontrapunkt dazu bilden Frühlingsmotive: Anne Frank als »Zweiglein im April«. Furcht und Hoffnung der Verfolgten offenbaren sich in der Ungewißheit, ob ein Geräusch als die Schritte der Vernichter oder als das »Raunen des Frühlings« zu deuten sei. Das ist keine Romantik. Der Eisgang wird zum Symbol erkämpfter Befreiung, der inneren Überwindung des Beengenden. So erfassen die Naturbilder die Situation der Verfolgten in ihren Polaritäten: Furcht und Hoffnung, Tod und Leben, Gefangenschaft und Freiheit.

Zunehmende Selbstlosigkeit und Verinnerlichung beobachten wir beim *Kranz-, Denkmal-* und *Verwandlungsmotiv*. Horaz und Ronsard fordern den Kranz, Deržavin überläßt ihn der Muse,[4] Puškin verzichtet auf ihn, behält aber das Bild des Denkmals bei wie seine Vorgänger. Bei Jevtušenko entfallen alle äußeren Ehrungen. Das »Denkmal« wird altruistisch umakzentuiert, an die Stelle literarischer Selbstverewigung tritt wieder das Ursprünglichere: Bewahren von Erinnerung an Geschehenes. »Denkmäler gibt's nicht auf dem Babij Jar«. Dafür ist der Dichter selbst »wie ein einziger tonloser Schrei/ Über Begrabnen, tausend abertausend«. Ja, er wird zur Verkörperung des Gedächtnisses: »Nichts ist in mir, was je all dies vergessen könnte«. Im Unterschied zu archaischen Dichtern rühmt der neuzeitliche hier freilich nicht Personen, deren Verherrlichung vielleicht von ihm erwartet wird, sondern Menschen, mit denen er sich im Gegensatz zu zeitüblichen Tendenzen aus freiem Entschluß eins fühlt.

Horaz und Deržavin beobachten die Verwandlung gleichsam von außen, A. Blok fühlt sie von innen, DuBellay setzt sie stillschweigend als poetisches Bild voraus, Sarbievius deutet sie als mystische Levitation. Überraschend ist, daß auch das Verwandlungsthema – also die zentrale Vorstellung von Horazens Schwanen-Ode – bei Jevtušenko eine neue Metamorphose erfährt. Das »Weißwerden« in Horazens carm. 2,20 hat man gelegentlich auf das Haar des Dichters bezogen – eine wohl unrichtige Interpretation, die aber nachgewirkt hat und sich vielleicht sogar schon bei Ovid fassen läßt.[5] Es ließ sich demgegenüber zeigen, daß Horaz das körperliche Altern zwar in der Umgestaltung der Beine andeutet, daß das weiße Gefieder aber durch seine »Glätte« vom Erstarken des Göttlichen zeugt und zum Symbol für vergeistigtes Fortwirken im Gedächtnis der Menschen wird.

Deržavin verknüpft die Schwanenverwandlung wieder mit dem Gedanken der Unsterblichkeit der Seele — den platonischen Gehalt des Bildes, der bei Horaz ins Metaphorische aufgelöst worden war, aus christlicher Sicht erneuernd.

Jevtušenko verzichtet auf das Metaphysische — und auch auf das Mirakel. Konsequenterweise bleibt von der entmythologisierten Schwanenverwandlung nur das Weißwerden der Haare: eine Veräußerlichung? Jevtušenko wie Blok geht es um das fühlende Erleben der Verwandlung; doch begründet er sie ethisch. Diese natürliche Metamorphose ist mehr als ein Bild des Alterns oder der Vergeistigung. Der Dichter ergraut im ehrfürchtigen Mitleiden mit den Verfolgten.

Horazens Lyrik spiegelt in spannungsreicher Harmonie *Individuum, Gemeinwesen und Kosmos* als konzentrische Kreise. Ronsard beruft sich in der untersuchten Ode nur auf seine engste Heimat; DuBellay distanziert sich von den Bürgerzwistigkeiten, Sarbievius von der Erde überhaupt. Dagegen bilden Welt, Staat und Religion bei Deržavin wieder eine natürlich-vernünftige Einheit; trotz schöner persönlicher Wahrhaftigkeit und sozialer Impulse stellt er die patriarchalische Gesellschaft noch nicht in Frage. — Bei Puškin hat sich die Verbindung mit der christlichen Metaphysik und mit der politischen Autorität gelockert. Er gründet seine Unsterblichkeit nicht auf die Staatsordnung oder den Kirchenglauben, sondern auf das Verständnis künftiger Dichter; für seine eigene Person läßt er nur ein inneres Richtmaß gelten, das er den »Willen Gottes«, sein »heiliges Los« oder seine »Berufung« nennt. Seine Parole ist die Freiheit und der Einsatz für eine Minderheit. Noch entschiedener wird sich A. Blok seiner Unabhängigkeit in einsamem Stolz bewußt. Bei Jevtušenko offenbart die Problematik von Angst und Mut, die sein gesamtes Schaffen durchzieht, eine neue Phase der inneren Befreiung des Individuums im Ringen um spezifisch menschliche Werte wie Toleranz, Humor und unbedingte Aufrichtigkeit — selbst um den Preis des äußeren Erfolgs.

Vergleicht man die *Ästhetik* der untersuchten Lyriker, so scheint sich zunächst zwischen Horaz und der Pléïade einerseits und den russischen Dichtern andererseits eine Kluft aufzutun. Legen diese nicht den größten Wert auf den Inhalt ihrer Poesie, und betonen Horaz und Ronsard nicht umgekehrt ihre formale, technische Leistung? Doch der Schein trügt. Die Denkmal-Ode Deržavins, die wir nur gelegentlich heranzogen, enthält u. a. eine programmatische Erwähnung seiner formalen Leistung, des »anmutigen russischen Stils« (забавный русский слог). Man kann also schon im Theoretischen nicht von einem prinzipiellen Gegensatz zu Horaz sprechen. Die Praxis der Dichter[6] bestätigt ihre Hochschätzung der Form. Die Symmetrie der Struktur nimmt in den russischen Umgestaltungen von *exegi monumentum* zu. Puškin schließt sich Deržavin im Aufbau weitgehend an, konstruiert jedoch noch strenger und findet eine Strophenform von symbolhafter Monumentalität. In älteren Fassungen deutet auch er seine technischen Verdienste um die russische Poesie an: Er weist auf die »neuen Töne«, auf die »Musik« hin, die er in seiner Sprache geschaffen habe.[7] Schließlich aber ersetzt er die »neuen Töne« durch »gute Empfindungen« — bemerkenswerterweise unter fast völliger Wahrung des Sprachklangs: звуки новые; чувства добрые. Noch in der theoretischen Verlagerung der ästhetischen Kriterien vom Formalen aufs Inhaltliche wird die musikalische Sprachform aufs strengste beachtet!

Bezeichnend ist auch das Verschwinden des Namens Radiščev in der endgültigen Fassung. Aus dem Satz »Daß ich auf Radiščevs Spuren die Freiheit rühmte« wird: »Daß ich in meiner harten Zeit die Freiheit rühmte«. Hier ist nicht Rücksicht auf die Zensur bestimmend, denn die neue Fassung hat die Zeitkritik eher noch verstärkt. Der Dichter ringt vielmehr um eine dem Zufälligen enthobene, zugleich formal und inhaltlich gültige Aussage.

Die Verabsolutierung einer form- oder inhaltsbezogenen Ästhetik wird Puškins Eigenart nicht gerecht. Einerseits weiß er, daß nur Dichter ihn voll verstehen werden,[8] andererseits schreibt er für das Volk, ja für die Völker. Wenn Puškin in dem vorliegenden Gedicht inhaltliche Kriterien in den Vordergrund rückt, so hängt dies auch damit zusammen, daß diese Seite seines Schaffens eher von allen verstanden und beurteilt werden kann.[9]

A. Blok setzt zwei Ansätze Puškins fort: Einerseits betont er die Prophetenrolle des Dichters, andererseits die strenge formale Geschlossenheit der Strophen. So ist Blok zwar ein Kronzeuge für die hohe Bedeutung der Form, aber sein Anspruch als Dichter hat auch einen Inhalt — sogar einen politischen. Die innerlich notwendige Bezugnahme auf Horaz kennzeichnet das Selbstverständnis der Exponenten des Goldenen wie des Silbernen Zeitalters der russischen Lyrik.

Jevtušenkos Ästhetik ist weit von Puškinscher Strenge entfernt. Puškin schreibt für eine aristokratisch-bürgerliche, Jevtušenko für eine sozialistische Gesellschaft. Dementsprechend nimmt von Puškin über Blok bis zu Jevtušenko die Härte der Sprache zu. Die Gedichte des Zeitgenossen sind für den mündlichen Vortrag vor einer großen Zuhörerschaft geeignet, also auf mehr stoffbedingte Effekte angewiesen. Symptomatisch sind zeitgeschichtliche Eigennamen (Dreyfus, Anne Frank),[10] der volle Titel eines Nationalisten-Verbandes der Zarenzeit (»Union des russischen Volkes«) und die ungescheute Verwendung von Fremdwörtern (»Antisemiten«, »international«). Die Bilder sind oft grell und von erschreckender Deutlichkeit (Vers 16). Daneben stehen zarte lyrische Partien. Dann wieder den westlichen Leser abkühlende Programmatik und Protreptik.

Aber kann man von einer totalen Herrschaft des Inhalts über die Form sprechen? Sind nicht auch auffällige formale Mittel festzustellen? Die Musikalität der Verse Jevtušenkos teilt sich dem naiven Zuhörer mit. Der Lautwert des einzelnen Wortes wird gerne übertreibend ausgekostet, bald humoristisch, bald pathetisch (крутой обрыв, как грубое надгробье). Bezeichnend sind spielerische Reime, die mehrere Silben umfassen: по полам/пополам (vgl. den Anfang eines Gedichtes: А что потом ... /шопотом). Jevtušenko ist hierin Erbe der Symbolisten und Futuristen. Doch ist seine Dichtung weniger »esoterisch«. Eine Formanalyse, die Jevtušenkos in hohem Maße mündlicher[11] Kunstpoesie gerecht werden wollte, würde – ausgehend von der Vortragsweise des Dichters, wie sie auch auf Schallplatten[12] festgehalten ist, – eine »offene«, aber nicht willkürliche musikalische Grundstruktur ergeben.

Extreme Betonung des Inhalts und extremes Spiel mit Wortklängen: auch eine Form des Gleichgewichts zwischen Gehalt und Gestalt?

12. *Rückblick*

Zum Vergleich mit Horaz wählten wir bedeutende europäische Dichtungen aus fünf Jahrhunderten. Die Selbstauffassung des Dichters äußert sich nicht nur theoretisch; sie spiegelt sich auch praktisch im Werk und in der darin gestalteten Beziehung zum Menschen, zur Gesellschaft, zur Welt.

Formal ergeben sich Unterschiede zwischen der rationalen, aber bewußt durch feine Verschiebungen verschleierten Struktur horazischer Oden und der weniger latenten Symmetrie der Gedichte aus dem 16. und dem 19. Jahrhundert. Bei Sarbievius ist die Form durch rhetorische Techniken stark erweitert, fast gesprengt, während bei Jevtušenko der Kontrast zwischen spielerischer Überformung des Einzelsatzes und lockerer Fügung des Ganzen Symptom einer »neuen Mündlichkeit« der Kunstpoesie ist. Wie besonders DuBellays polyphone Überlagerung dreier Horazoden zeigt, sagt die schöpferische Meisterung der Form im Werk über die zugrundeliegende Kunstanschauung nicht weniger aus als die jeweils auf ein Publikum abgestimmten programmatischen Äußerungen. Zwar überwiegt auf den ersten Blick bei Ronsard wie bei Horaz die Berufung auf die formale Leistung, bei russischen Dichtern das Inhaltliche, aber, sieht man genauer zu, so verbietet sich eine einseitige Festlegung eines Autors oder einer Nation auf eine form- oder inhaltsbezogene Ästhetik.

Was den Gehalt betrifft, so spiegeln die betrachteten Gedichte wesentliche Entwicklungsstadien der europäischen Lyrik: Im Zeitalter der Entdecker und Reformatoren finden die Dichter in Auseinandersetzung mit der Antike zu sich selbst und treten den Vorbildern mit hohem Selbstbewußtsein gegenüber; insbesondere ist das sprachlich-stilistische Kunstwollen durchaus neuzeitlich und in vielem dem Horazischen entgegengesetzt. Das 17. Jahrhundert bedeutet eine Wendung nach innen. Die Lyrik ist zum Teil, ausgelöst durch die Erfahrungen des Dreißigjährigen Krieges, in ihrer Orientierung religiös und in ihrer Form rhetorisch-meditativ. Der »christliche Horaz« Sarbievius übergeht als einziger von allen Nachfolgern des Römers das Motiv des Dichterruhms,[13] weltabgewandt löst sich das Ich in der Gottheit auf. Deržavin, der dem Geist des 18. Jahrhunderts verpflichtet ist, wendet sich mit Entschiedenheit der Erde zu: Zwar verbinden ihn der Ruhmesgedanke und die Vorstellung eines Imperiums mit Horaz, doch findet er im Unterschied zu dem Römer sein Glück erst, wenn alle Menschen glücklich sind. In der weiteren Entwicklung der russischen Lyrik vertieft sich seit Puškin die Identifikation mit Leidenden und Unterdrückten. Im Metaphysisch-Religiösen nimmt die Abkehr vom Konventionellen zu, ebenso in bezug auf äußere Ehren. Im Verhältnis zur Gesellschaftsordnung wird das Individuum einsamer und kämpferischer. Die Romantik vertieft und wandelt Horazens *vates*-Idee zur Prophetenrolle des Dichters, der sich nicht mehr ohne weiteres mit der Gesellschaft identifiziert, sondern kritisch zu ihr Stellung bezieht. Noch im Silbernen Zeitalter verwendet A. Blok die horazische Maske, um den Stolz und die innere Unabhängigkeit des Dichters als Propheten auszudrücken.

Mit Ausnahme von Sarbievius, der Gott den absoluten Vorrang einräumt, verwenden die betrachteten Lyriker überkommene religiöse und philosophische Vorstellungen zur Kennzeichnung spezifisch dichterischer Existenzerfahrung. Die Bedeutung der literarischen Tradition kann in diesem Zusammenhang an der Sprachbehandlung erläutert werden. Wie der Gebrauch »christlicher« Vokabeln bei DuBellay oder Puškin zwar die Stilhöhe, nicht aber den Inhalt bestimmt, so bedeutet das Nachgestalten einer Horaz-Ode noch kein rückhaltloses Bekenntnis zu Horaz, ja es sind sogar »Umkehrungen« möglich: »Entplatonisierung« der Unsterblichkeit bei dem Römer, »Replatonisierung« bei Deržavin, rückläufige Anordnung Horazischer Motive bei DuBellay, Umsetzung metonymischer Rede ins Metaphorische bei Ronsard. Wie jeder Sprecher die ererbten Worte neu erprobt und beseelt, so stellt sich der Dichter der Forderung des Vorgängers. Aber nur über das stilistische Niveau, über das »Format« entscheidet die Tradition, über den Gehalt der neue Kontext.

Was Horaz selbst betrifft, so erlaubt einerseits der Hinweis auf unbeachtete ältere Tradition, den poetischen Rang eines Elements und von hier aus die Einheit einer Ode zu verstehen. Andererseits wird durch die Gegenüberstellung mit Späteren die antike Nüchternheit und Strenge des Römers sichtbar, sowie die gegenständliche Prägnanz seines lyrischen Ausdrucks. Das Horazverständnis späterer Dichter vermag auch einzelnes neu zu beleuchten: Puškin nennt das Denkmal »nicht mit Händen gemacht«; das unterstreicht den geistigen Charakter des *monumentum*, bei dem also weniger an »Bücher« (s. Anm. 21) als — ennianisch gesprochen — an die Dichtung zu denken ist, wie sie im lebendigen Gedächtnis der Menschen fortlebt — nach antiker Art laut vorgetragen.

Schließlich legten die untersuchten Gedichte nahe, bei aller Anerkennung der Autonomie der Literatur das dichterische Selbstverständnis nicht ganz von Raum und Zeit zu lösen. Zwar schafft der Poet neue, überzeitliche Wirklichkeit, aber seine Selbstauffassung konstituiert und formuliert sich zunächst in Auseinandersetzung mit der Welt. Bindet Horaz seinen Ruhm an die Fortdauer des Staatskultes und andere raum-zeitliche Determinanten, so ist dies keine »verwunderliche Fehleinschätzung« (vgl. Anm. 38), sondern Indiz für die reale Weltbezogenheit seines dichterischen Selbstverständnisses.[14]

ANMERKUNGEN

Zu den Abschnitten 1, 2 und 3 (S. 563–576):

1. Erstveröffentlichung: Antike und Abendland 18, 1973, 58–86. Hier stark erweitert. – E. Stemplinger (Das Fortleben der horazischen Lyrik seit der Renaissance, Leipzig 1906 und: Horaz im Urteil der Jahrhunderte, Leipzig 1921) weist nicht auf die russischen Nachfolger Horazens hin. W. Buschs verdienstvolle Arbeit (Horaz in Rußland, Studien und Materialien, München 1964, Forum Slavicum Bd. 2) strebt mehr nach einer umfassenden Sammlung und kritischen Sichtung des Materials und nach Übersetzungsvergleichen als nach vertiefender Interpretation des dichterischen Selbstverständnisses. Es ist daher nur konsequent, daß z. B. Jevtušenko bei ihm außer Betracht bleibt und daß ein Gedicht wie Deržavins »Schwan« als »Übersetzung« behandelt wird, deren »Abweichungen« von Horaz registriert werden (a. O. 72–75). – Alle im folgenden zitierten Übersetzungen aus dem Russischen sind von mir verfaßt.

2. TEXT: F. Klingner, 3. Aufl. Leipzig 1959. Die folgende Interpretation ist auf die Bedürfnisse unseres Hauptthemas bezogen. Ein Gesamtbild des Gedichts mußte dennoch skizziert werden, da nur so das dichterische Selbstverständnis untersucht und die Echtheit der dafür wichtigen dritten Strophe geprüft werden kann.

3. E.-R. Schwinge, Horaz, carmen 2,20, Hermes 93, 1965, 438–459, besonders 441.

4. Horaz will sich nicht über den sterblichen Gönner erheben.

5. Der Gedanke »ich werde nicht sterben« ist zunächst abstrakt, dann in einer mythischen Vorstellung ausgedrückt.

6. H. Fuchs, »Nun, o Unsterblichkeit, bist du ganz mein« ... Zu zwei Gedichten des Horaz, in: Antidoron, E. Salin zum 70. Geburtstag, Tübingen 1962, 149–166, bes. 157.

Vgl. G. L. Hendrickson, Vates biformis, Classical Philology 44, 1949, 30–32; *iam iam* heißt »bald«; es bezeichnet die nahe Zukunft; vgl. Aen. 12, 754 *haeret hians, iam iamque tenet.*

7. Fuchs 156. 8. Abel 92.

9. Homer, Die Odyssee. Übersetzt in deutsche Prosa von W. Schadewaldt, Hamburg 1958.

10. π (16) 172 ff., bes. 174 ff.

11. W. Stroh, Ein mißbrauchtes Distichon Ovids, in: Ovid, hrsg. v. M. von Albrecht und E. Zinn, Darmstadt 1968, 567–580.

12. War es Kallimachos, der den Dichter, dem Kunstideal des ἰσχνόν entsprechend, aber auch literarischer Tradition folgend, ja auch (Aitia 1,29 ff.) mit einem so schwerelosen Wesen wie der Zikade vergleicht? Platons Vorstellung, Dichter würden

sich als Vögel wieder verkörpern, ist vergleichbar, gehört aber einem anderen Bereich an (rep. 10, 620A; Tim. 92A). Die Ratlosigkeit der Interpreten angesichts der Verwandlung spiegelt sich darin, daß man (soweit man sich überhaupt um ein Verstehen bemüht) teils an die Idee der Metempsychose anknüpft (W. Suerbaum, Unters. zur Selbstdarstellung älterer römischer Dichter, Spudasmata 19, Hildesheim 1968, 170f.), von der bei Horaz nichts steht, teils zu modern »existentialen« Umdeutungen greift (H. Juhnke, Das dichterische Selbstverständnis des Horaz und Properz, Diss. Kiel 1963, 419: Verwandlung und Flug »im Vollzuge des Dichtertums, im dichterischen Schaffen«), nicht aber an die Tradition der Metamorphose denkt (immerhin führt Juhnke 413 f. Ovidstellen an, doch ohne Älteres zu berücksichtigen).

13. Zur Eigenart der Wappnungsszenen W. Schadewaldt, Die Wappung des Eteokles, Eranion, Festschrift H. Hommel, Tübingen 1961, 105—116.

14. Schadewaldt 114.   15. Schadewaldt, 114f.

16. Es ist zu beachten, daß das Fortleben für den Dichter auf dem Gedenken der Nachwelt beruht, ein »epikureischer« Gedanke, der dadurch Tiefe erhält, daß das Erinnern als aktiver Prozeß (*noscent*; *discet*) Wirklichkeitscharakter gewinnt. Mystisch sollte man auch *biformis* nicht verstehen. Fuchs (a.a.O. 164, Anm. 22) stellt sich – nicht überzeugend – ein geflügeltes Doppelwesen vor; ähnlich schon O. Jahn (Hermes 2, 1867, 244f.). K. Abel (Rheinisches Museum 104, 1960, 89) denkt an das Ineinander eines irdischen und überirdischen Ich, eine Ansicht, der Schwinge 442 zustimmt. Ich begreife aber nicht, wieso das »niedere« Ich, das doch offenbar abgelegt wird, im Tode auch durch den Äther fliegen soll. Mit *vates* meint Horaz nach Ansicht Schwinges das »höhere« Ich; es ist aber unverständlich, wieso dieses dann *biformis* genannt wird. Klarer drückt sich Heinze aus; demnach würde Horaz zugleich als Vogel und als Dichter weiterleben, also mehr zweifachen Wesens als zweifacher Gestalt. E. Fraenkel (Horace, Oxford 1957, 301,2) folgt R. Reitzenstein (Neue Jahrbücher 21, 1908, 100f.) nicht hinsichtlich der modernen Innerlichkeit seiner Deutung, wohl aber in der Erklärung von *biformis* (vgl. auch: Die hellenistischen Mysterienreligionen, 3. Aufl. Leipzig/Berlin 1927, 321): »Einer, der nach seiner ersten Gestalt eine zweite Gestalt, ein zweites Leben erhält.« Diese religionsgeschichtlich fundierte Deutung scheint mir die einleuchtendste von allen zu sein. Doch ist das m.E. Entscheidende, daß Horaz hier nicht eine platonisierende Mystik vertritt, sondern die ursprünglich religiöse Formel als Metapher für sein rein dichterisch vorgestelltes Nachleben verwendet.

17. Man beachte etwa den Plural *pelles* (hierzu Abel 84f. und die Kommentare).

18. Aus Homer, Apollonios, Horaz und vor allem Ovid und Nonnos müssen wir auf verlorene hellenistische Zwischenglieder schließen. Diese Tradition verdiente einmal aufgearbeitet zu werden. Die einschlägige Ovid-Literatur berücksichtigt das Griechische zu wenig, siehe z.B. W. Quirin, Die Kunst Ovids in der Darstellung des Verwandlungsaktes, Diss. Gießen 1930, dazu H. Herter, Gnomon 9, 1933, 35—41.

19. In der vorletzten Fassung lautete der letzte Vers: »Und alles strömt und alles ruht.« Der entscheidende formale Einfall kam erst am Ende.

20. TEXT: F. Klingner, a.O. – ÜBERSETZUNG: Die Gedichte des Horaz, deutsch von R. A. Schröder, Wien 1935, 115. – Dazu: E. H. Sturtevant, Transactions and Proceedings of the American Philological Association 70, 1939, 295–302; E. Fraenkel a.O. 302–307; V. Pöschl, Die Horazode »Exegi monumentum« (carm. 3,30), Giornale Italiano di Filologia 20, 1967, 261–272; jetzt in: V. Pöschl, Horazische Lyrik, Heidelberg 1970, 246–262. F. Bömer, Beiträge zum Verständnis der augusteischen Dichtersprache, Gymnasium 64, 1957, 1–21; N. Herescu, La poésie latine, Etude des structures phoniques, Paris 1960, bes. 72 und 95. – Zum Fortwirken des Denkmal-Topos in der englischen Literatur s. jetzt: J. Velz, Topoi in E. Ravenscroft's Indictment of Shakespeare's Titus Andronicus, Modern Philology 83, 1985, 45–50.

21. F. Bömer 13 ff. sieht in der Verwendung von *monumentum* für Bücher etwas Neues; s. jedoch W. Suerbaum, Unters. zur Selbstdarstellung ... 327 f. Übrigens meint Horaz, genau gesprochen, nicht »Bücher«, sondern Dichtung; ein Unterschied, den Puškin scharf formuliert hat (»ein Denkmal, nicht mit Händen gemacht«).

22. Auch die Junktur *aere perennius* ist ungewöhnlich.

23. Auch sonst ist Zweigliedrigkeit zu beobachten: *series et fuga* (5), *obstrepit* (11) und *regnavit* (12).

24. *Impotens* (»ungestüm«) ist dabei doppeldeutig: Es kann auch die Erfolglosigkeit mit einschließen.

25. Non omnis moriar ... vitab*i*t L*i*b*i*tinam ... crescam laud*e* recens ... d*u*m Capitoli*u*m ... scand*e*t cum tacita ...

26. In der Auffassung vom »Ruhm in der Heimat« folge ich Fraenkel 304. Anders Abel, Rheinisches Museum 5, 1962, 92–93.

27. Bömer a.O. weist auf die Bedeutung der *callida iunctura* für Horazens Stil hin.

28. Horaz stellt sich als »erster Erfinder« dar: zu dieser Topik A. Kleingünther, Πρῶτος εὑρετής. Untersuchungen zur Geschichte einer Fragestellung, Philologus Suppl. 26 (1933), 1–155 (bes. 21 ff.). S. auch A. Jax und K. Thraede, »Erfinder« I und II, Reallexikon für Antike und Christentum 5, 1179–1191 und 1191–1278 (mit Bibliogr.). Zur metrischen Leistung des Horaz: Sturtevant a.O.

29. Dazu Pöschl, a.O. 268–270. W. Eisenhut, Gedenkschrift G. Rohde, Tübingen 1961, 94. E. Maróti dagegen bringt *deducere* mit dem Gründen von Kolonien in Verbindung (Acta Antiqua Academiae Scientiarum Hungaricae 13, 1967, 97–109).

30. Durch die Alliteration (*su-su-*) ist der Neueinsatz akzentuiert.

31. Vgl. zu *dicar, qua* die Kontroversen (ich folge Fraenkel a.O.) und den Graecismus *regnavit populorum*; *princeps* statt *primus* und die hochpoetische Vorsilbe *ob-*; *volens* (das seit Cato der religiösen Sprache angehört).

32. Voraus geht das lange *innumerabilis* (dazu Herescu 71).

33. Vgl. meine Analyse von Hor. epist. 1,4: Rheinisches Museum 114, 1971, 193–209.

34. W. Wili, Horaz und die augusteische Kultur, Basel 1948, 232.

35. E. T. Silk, A Fresh Approach to Horace 2,20, American Journal of Philology 77, 1956, 255–263. Auch 2,19 mit der Betonung der bacchischen Inspiration (vgl. 3,25) wird von Silk mit Recht herangezogen.

36. Die Bücher I–III wurden zusammen publiziert (23 v. Chr.), das vierte Buch später.

37. Daß *peritus* proleptisch ist, betont K. A. Rockwell, Classical Philology 52, 1957, 181.

38. In der Bindung des Nachruhms an die Fortdauer des römischen Kultus und in seiner räumlich-gesellschaftlichen Festlegung sieht Juhnke 436 »eine verwunderliche Fehleinschätzung der Möglichkeiten wie der Sinnhaftigkeit dichterischer Daseinsbleibe«. Das ist unhorazisch gedacht, denn zur »Daseinsbleibe« antiken Dichtertums gehört die konkrete Bezogenheit auf Mikrokosmos (Individuum), Mesokosmos (Staat, Gesellschaft) und Makrokosmos (Natur, Götter). Nur in diesen Relationen kann sich dichterisches Selbstbewußtsein sinnvoll konstituieren. Gerade am Bezug zur Gesellschaft macht Horaz den Gehalt und die Größe seiner Dichtung sichtbar; statt sie (wie seine formale Leistung) theoretisch zu formulieren, läßt er hier als Römer die Sache selbst sprechen.

39. Man denke etwa an die pythagoreisierende Homervision des Ennius.

40. Der Schwan ist freilich Vogel Apollons, so daß eine einseitige Gegenüberstellung sich verbietet; auch das in 2,20 erwähnte Land der Hyperboreer deutet auf diesen Gott hin. Der *vates* dieser prophetischen Ode ist auf Apollon angewiesen.

41. F. Solmsen, Die Dichteridee des Horaz und ihre Probleme. Zeitschrift für Ästhetik und Allgemeine Kunstwissenschaft 26, 1932, 149–163 (= Kleine Schriften 2, Hildesheim 1968, 263–277).

42. Dabei verbindet es Horaz mit Pindar, daß auch der griechische Dichter in einer Zeit schrieb, in der die alten Ideale bedroht waren. Eine »Wertewelt« pflegt sich erst dann ausdrücklich zu konstituieren, wenn sie nicht mehr selbstverständlich ist.

Zu Abschnitt 4 (S. 577–584):

1. TEXT: Poésies françaises et latines de Joachim DuBellay, avec notice et notes par E. Courbet, Bd. I, Paris 1919, S. 137f. Ein näheres Eingehen auf DuBellays Horaznachfolge erscheint deshalb nicht überflüssig, weil die Imitatio in dem vorliegenden Gedicht besonders raffiniert ist. Von der Horaznachfolge sieht das einschlägige Buch von R. Schwaderer so gut wie völlig ab. (Das Verhältnis des Lyrikers Joachim DuBellay zu seinen Vorbildern – Probleme der Imitatio, Diss. Würzburg 1968). Richtig ist sein Hinweis darauf, daß DuBellay sich nur von »artificielle ou superstitieuse imitation« distanziert (33), aber einer echten Anverwandlung das Wort redet (»imitant les

meilleurs auteurs grecs, se transformant en eux, les dévorant, et après les avoir bien digérés, les convertissant en sang et nourriture« Deff. 1,7, zit. bei Schwaderer 27).

2. Dem Parnaß. Mit den Schwestern sind die Musen gemeint.

3. Am ehesten scheint eine solche Haltung in der antiken Elegie möglich: vgl. Prop. 4,6,11 *Musa, Palatini referemus Apollinis aedem*. Doch gebietet Properz nicht einfach über seine Muse, sondern er versucht zu begründen, warum der von ihm gewählte Stoff ihre Gunst verdient. – Sogar Hor. carm. 3,25,17f. *nil parvum aut humili modo, nil mortale loquar* ist nur hinsichtlich des Stoffes der Aussage vergleichbar, nicht aber hinsichtlich der Instanz, die sie zu verantworten hat: Bei Horaz ist es der inspirierende Gott Bacchus, bei DuBellay das Ich des Dichters.

4. Man kann Hor. carm. 1,32,3f. vergleichen: *age dic Latinum, / barbite, carmen*; doch hat DuBellay die Vorstellung durch Konzentration auf die Saite, die zugleich die höchste ist, in ein neuartiges Licht gerückt. DuBellay scheint hier an Zupfinstrumente der Neuzeit zu denken, auf deren oberster Saite die Melodie gespielt wird, während die übrigen der Begleitung dienen. Eine solche Aussage wäre in der Antike gar nicht möglich, da die akkordische Begleitung eine Erfindung der Neuzeit ist.

5. Vgl. *Musis amicus* (Hor. carm. 1,26,1).

6. In der 13. Ode hat DuBellay die Schilderung der Verwandlung vermieden. Am Ende des Gedichtes »Gegen die neidischen Dichter« mildert er das Groteske der Verwandlung durch die sofort hinzugefügte allegorische Deutung: »Meine Flügel sind meine Schriften«. Auch ersetzt DuBellay hier den eigenen Ruhm durch denjenigen seines Fürsten. Es ist interessant, daß hier ganz andere Gesichtspunkte hervortreten als in der 13. Ode: Neid, Schwanenverwandlung, Fürstenlob. Die 13. Ode konzentriert sich auf das Poetologische und ist deshalb für unser Thema wichtig. Doch lohnt es sich festzuhalten, daß DuBellay gleiche horazische Motive jeweils in ganz verschiedener Funktion übernimmt und dadurch Wiederholungen innerhalb seines eigenen Werkes vermeidet.

Zu Abschnitt 5 (S. 584–590):

1. TEXT: Ronsard, Poésies choisies, ed. Paul Maury, Paris 1934[2], Bd. 1, S. 25. In Einzelheiten abweichend der Text der folgenden Ausgabe: Ronsard, Œuvres complètes, texte établi et annoté par G. Cohen, 2 Bde., Paris 1958, Bd. 1, S. 650 (Text von 1584). Im einzelnen: Vers 1 mon: cest; 4 l'injuriant: qui rompent tout; 5 quand ce viendra: le mesme jour; 12 et de mon nom: honorez et; 19 ton fils: Ronsard; 20 serrant: ornant.

2. Der graduelle Unterschied bleibt auch dann noch bestehen, wenn man bei dem Wort *dur* den etymologischen Zusammenhang mit *durer* (»dauern«) mithört.

3. Siehe z. B. Ov. met. 1,60 *tanta est discordia fratrum*.

4. Nicht zufällig hat Ronsard die Stelle später (1584) geändert: *qui rompent tout.* Œuvres Complètes, ed. G. Cohen, Paris 1950, 1, 650). Es handelt sich um eine wesentliche Verbesserung.

5. Glaubte Ronsard, daß mit einem Katalog der französischen Provinzen nicht viel Staat zu machen sei? In Deržavins Denkmal-Ode (1795; Gedichte, Moskau 1958, S. 166) findet sich an entsprechender Stelle ein Katalog der Gewässer Rußlands, in Puškins Denkmalgedicht ein Völkerkatalog. M. V. Lomonosov (Gedichte, Leningrad 1954, S. 197) hatte sich in der Denkmal-Ode an der entsprechenden Stelle ganz allgemein ausgedrückt: »Solang das große Rom die Welt beherrscht«. Der Neulateiner Conrad Celtis (od. 3,6) hat einen besonders langen Völkerkatalog.

6. Wohl zu fein gesponnen wäre der Versuch, den Ruhm in der engeren Heimat als den höchsten Gipfel des Erfolgs darzustellen, da bekanntlich der Prophet in seinem Vaterlande nichts gilt.

7. In der Fassung von 1584 (siehe die vorige Anmerkung) lautet der Vers (12): *De mes Lauriers honorez et couvers.* Ronsard hat also die Härte *de mon nom couvers* als störend empfunden und beseitigt.

8. Ronsard selbst hat das Bild vom Musensohn wohl als zu kühn empfunden. In der Ausgabe von 1584 hat er es stolz-bescheiden durch seinen Namen ersetzt.

9. Elfenbeinerne und vergoldete Lyren sind aus der Antike bezeugt (Athen. 15, 695c; Corpus Inscriptionum Graecarum 1,139).

10. V. Pöschl, Horazische Lyrik, Heidelberg 1970, 258.

Zu Abschnitt 6 (590–599):

1. TEXT: Mathiae Casimiri Sarbievii Lyrica. Quibus accesserunt Iter Romanum et Lechiados fragmentum. Maciej Kazimierz Sarbiewski, Liryki, oraz Droga rzymska i fragment Lechiady. Przełożył Tadeusz Karyłowski TJ. Opracował Mirosław Korolko przy współudziale Jana Okonia, Varsaviae 1980, 108–112 (od. 2,5). Übersetzung vom Verfasser. LITERATUR: H. E. Wedeck, Casimir, the Polish Horace, Philological Quarterly 16, 1937, 307–316. – J. J. Mertz, Sarbiewski – the Sarmatian Horace, Classical Bulletin 24, 1947–48, 43–47. J. Budzyński, De parodiis et palinodiis Horatianis quae in lyricis Mathiae Casimiri Sarbievii carminibus inveniuntur (poln.), Meander 30, 1975, 88–108. R. Desmed, Sarbiewski (1595–1640), »Horatius Sarmaticus«, in: Grec et Latin en 1982. Études et documents dédiés à la mémoire de Guy Cambier et édités par G. Viré, Bruxelles 1982, 261–285 (mit Textbeispielen).

Zu unserer Ode: Maren-Sofie Röstvig, Casimire Sarbiewski and the English Ode, Studies in Philology 51, 1954, 443–460. Die Verf. betrachtet – verlockend, aber nicht ganz zwingend – unsere Ode als poetische Bearbeitung hermetischer Gedanken (1,25 f. in: Hermetica, ed. W. Scott, Oxford 1924, 1,129). Doch scheint bezeichnend, daß Sarbievius nicht eigentlich eine Reise durch jenseitige Sphären schildert, sondern die irdischen Verhältnisse unter den entsprechenden Gesichtspunkten betrachtet. In dieser »anthropologischen« Interpretation theologischer Kategorien äußert sich vielleicht die Schule seines Ordens; mit Sicherheit hat er dort die rhetorisch gelenkte sinnenhafte Einzelausmalung der Vorstellungen erlernt, die das vorliegende Gedicht auszeichnet. Seine poetische Kraft zeigt sich darin, daß die Darstellung auch ohne Bezugnahme auf einen mystischen Hintergrund verständlich bleibt.

2. Das *insernit* der Ausgabe ist wohl Druckfehler. Möglich wäre auch *insternit*.

3. Die Verse 10f. sind sehr schwierig. Anders die bei Röstvig a.O. (s. die vorige Anm.) zitierte Übersetzung: »Mischiefe begets itselfe, from mischeife growes. / Small sins by example higher dare.« Möglicherweise las der englische Übersetzer statt *rarum* das Wort *parvum* und statt *nec sceleris: et sceleris*. Vielleicht sind diese Änderungen unvermeidlich. Eine einfachere Lösung wäre, *pravum* statt *rarum* zu lesen: »Das Böse triumphiert unter dem Schutze des Beispiels«. Wieder anders versteht Frau Prof. Dr. Maria Cytowska (brieflich) die Stelle: »to co rzadkie jako przykład, zdobędzie poklask i nie każda zbrodnia jest uważana za zbrodnię.«

4. Eine wichtige Vorlage für Sarbievius ist Seneca (nat. praef.). Horaz, carm. 2,20 wurde auch von Conrad Celtis (od. 3,6) nachgeahmt.

Zu Abschnitt 8 (S. 600–604):

1. TEXT: Г. Р. Державин, Стихотворения, Moskau 1958, 226f. Übersetzung vom Verfasser. In der sechsten Strophe könnte man auch verstehen: »... damit Gott das Lied hören kann.« Doch scheint mir dies inhaltlich absurd. Horaz hatte mit dem Flug eingesetzt, Deržavin mit dem Aufschwung. Eine »Dynamisierung« spricht auch aus der nachher (Anm. 4) zu behandelnden Verschärfung der Gegensätze bei Deržavin und aus seiner lebhaften und pathetischen Sprache; vgl. die Interjektionen (»Ja!« »So!«), das Pathos des Schlusses (»вой«, wörtl. »heule«) und die Metaphern (»Tore der Qualen«, »Glühen« im Kampf).

2. Deržavin gliederte die Horazode also nicht in 2 + 4, sondern in 3 + 3 Strophen.

3. Deržavin stammte aus einer vornehmen, aber nicht reichen Familie und stand dem Hofe nahe, wo er sich jedoch durch seine aufrechte Haltung unbeliebt machte. – Maecenas ist als Gestalt eliminiert; dafür erscheint (»bürgerlicher«, aber auch herzlicher) die Gattin; die neueingeführten Musen (Str. 2 und 9) sind ein allgemeineres Bild (zum »Musenliebling« vgl. Hor. carm. 1,26,1).

4. Verfehlt Busch a.O. 73 über »der Reiche Glanz«: »evtl. unter Reimzwang«. Vgl. »vergängliche Welt« – »unsterbliche Seele«; »vergängliche Welt« – »unvergänglich«; »Qualen« – »Glanz der Reiche« (dialektische Darstellung der Welt); »Sarg – Sterne«; »unberühmt« – »nicht gleich (d.h. höher)«; »Brust« – »Rücken«; »Krieg« – »Friede« usw.

5. Vgl. auch die »Tore der Qualen«, die »vergängliche Welt« u. a. m. Die »stygische Welle« entfällt. Die Musen werden jedoch nicht als etwas Fremdartiges empfunden (vgl. Strophe 3 und 10) und auch nicht klopstockisch durch die »unsterbliche Seele« ersetzt.

6. Einseitig A. L. Pinčuk, Goracij v tvorčestve Deržavina, in: Učenye zapiski Tomskogo gos. univ. 24, 1955, 85 (Deržavin stehe höher als Horaz, da er nicht nur die formale, sondern auch die gedankliche Seite seines Schaffens bewertet habe). Übrigens hat Deržavin an anderer Stelle neben der inhaltlichen auch seine formale Leistung (забавный русский слог) betont (im Памятник): »Daß ich als erster es wagte, in anmutigem russischem Vers von den Tugenden der Kaiserin zu künden, in Herzens Einfalt von Gott zu reden und den Zaren lächelnd die Wahrheit zu sagen.« (1795; Gedichte, Moskau 1958, 166; *ridentem dicere verum*, Hor. sat. 1,1,24). Gedacht ist an die Ode »Бог« (»Gott«) 1780−84 und an die ziemlich offenen Worte, die er an die Zarin unter dem Deckmantel eines eigenen Schuldbekenntnisses richtet (vgl. »Фелица« 1782), aber auch das ernste Gedicht »An die Machthaber und Richter«, das schon beim ersten Erscheinen (1780) auf Befehl der Zensur aus der Zeitschrift herausgeschnitten wurde, obwohl die Aussagen des Dichters durch die Autorität des 81. Psalmes, den Deržavin variierte, gedeckt waren (vgl. die zit. Ausgabe S. 41 und 476−478).

7. »Sing, unsterbliche Seele, der sündigen Menschen Erlösung« (Ersatz der Musenanrufung). Vgl. Psalm 103. 104. 146 (Für die Verbindung von Seele und Gesang ist bei Deržavin auch mit Einfluß der Liturgie zu rechnen).

Zu Abschnitt 9 (S. 605−608):

1. Man bezieht diese Worte gewöhnlich auf die Alexandersäule in Leningrad.

2. Deržavins Bauplan: 1. *Exegi monumentum* ... 2. *non omnis moriar* ... 3. *dicar, qua* ... 4. *princeps Aeolium* ... 5. *sume superbiam* ... Puškin kannte auch Lomonosovs und Kapnists Umgestaltungen von Hor. carm. 3,30; er konnte auch das lateinische Original und französische Übersetzungen lesen. Von Bedeutung ist Radiščevs Rede auf Lomonosov (darüber Busch 161 f.), zumal Radiščev ursprünglich in Puškins Ode erwähnt war. − Die Denkmal-Ode Deržavins, die mir dichterisch etwas weniger bedeutend scheint als die Schwanenode, behandeln wir hier nur, soweit dies zum Verständnis Puškins notwendig ist. Vgl. auch Busch 154−164. R. D. Keil, Zur Deutung von Puškins »Pamjatnik«, Die Welt der Slaven 6, 1961, 174−220.

3. Wie wenig Puškin an persönliche »Unsterblichkeit« dachte, zeigt eine frühere Fassung »Die Seele in der Lyra wird ... *mich* (!) überleben«: меня переживет. Wenn Keil 220 von »eindeutig christlichen Vorstellungen« bei Puškin spricht, so verwech-

selt er das Vokabular mit dem Inhalt. Die Eigenart von Puškins Dichterreligiosität möchte ich klarer von der altrussischen christlichen Frömmigkeit einerseits und dem Deržavinschen Selbstverständnis andererseits absetzen (Keil zieht nur Deržavins »Памятник«, nicht aber den viel aufschlußreicheren »Лебедь« zum Vergleich heran).

4. Vgl. O. Falter, Der Dichter und sein Gott bei den Griechen und Römern, Würzburg 1934, 70–71. Die römische Kallimachos-Nachfolge begründet gern die Weigerung, Augustus-Epen zu dichten, mit dem Gebot eines Gottes, vgl. W. Wimmel, Kallimachos in Rom, Hermes Einzelschriften 16, Wiesbaden 1960.

5. Über hundert Jahre später hat Jevtušenko in einem Gedicht einen fingierten Nachfolger erkoren, der noch mutiger sein soll als er selbst. Die russischen Dichter haben offenbar das Gefühl, in einer Tradition der Unabhängigkeit zu stehen. Vgl. auch den ›späten Nachfahr‹ in Puškins Gedicht »An Ovid«.

6. In Deržavins Denkmal-Ode erschien ein Gewässerkatalog (als Überbietung des Aufidus). Der Vorrang der Slaven tritt im Vergleich mit Deržavins Denkmal-Ode bei Puškin spürbar zurück. – Auch Ronsard nimmt in seine Denkmal-Ode Elemente aus Hor. 2,20 auf. (»Plus dur« ... 1550, bes. Vers 10).

Zu Abschnitt 10 (S. 608–613):

1. Текст: Квинт Гораций Флакк, Оды, эподы, сатиры, послания; перевод с латинского, Москва 1970 (ред. переводов, вступительная статья и комментарий М. Гаспарова), 419–420. Deutsche Interlinearversion als Lesehilfe von mir.

2. Mit vielen Herausgebern nimmt Blok Bentleys Konjektur *tutior* in den Text auf.

3. Vielleicht hat er hier kritische Bemerkungen der Kommentare berücksichtigt.

Zu den Abschnitten 11 und 12 (S. 613–624):

1. Von einer Formuntersuchung glaube ich bei Jevtušenko um so mehr absehen zu können, als das Gedicht hier nur unter bestimmten thematischen Gesichtspunkten betrachtet werden soll. Zudem besteht angesichts der schwankenden Reihenfolge der Abschnitte in verschiedenen Ausgaben für eine Aufbauanalyse noch keine sichere Textgrundlage.

2. Ursprünglich wollte auch Puškin im »Pamjatnik« dem Revolutionär Radiščev ein Denkmal setzen: »Daß ich, auf den Spuren Radiščevs, die Freiheit gerühmt habe.«

3. Igor-Lied; jetzt bequem zugänglich: Inselbücherei Nr. 689 (1960) mit der Nachdichtung von R. M. Rilke und einer neurussischen Übersetzung von D. S. Lichatschow.

4. *In der Ode* Памятник.

5. T. Frank, Classical Philology 16, 1921, 386f.; vgl. Ovid, trist. 4,8,1 *iam mea cycneas imitantur tempora plumas.* Die Verbindung von Greisenalter, Sängertum und Schwanenbild erscheint z. B. schon bei Euripides, Herakles 108–110; vgl. auch Fragment 911 N². Die Ovidstelle fehlt bei Schwinge 450.

6. S. bes. unsere Interpretation von Deržavins Schwanen-Ode.

7. Vgl. folgende Entwürfe: Что в русском языке музыку я обрел, dann: Что звуки новые обрел я в языке und schließlich: Что звуки новые для песен я обрел.

8. Aber auch die Berufung auf das Verständnis künftiger Poeten darf nicht rein formalistisch verstanden werden; können sie doch nicht nur als Fachleute die Form, sondern auch dank ihres Lebensgefühls den Gehalt von Puškins Werk besser würdigen.

9. Das Umgekehrte gilt von Horaz und den Dichtern der Pléiade, die für Hochgebildete schreiben und an ihrer Leistung das Technische betonen.

10. Diese Namen erfüllen freilich hier die Funktion mythischer Eigennamen bzw. Heiligen- und Märtyrernamen.

11. Die heute schon mit dem Buchdruck konkurrierende Verbreitung durch Tonbänder beginnt der Literatur den Stempel einer »neuen Mündlichkeit« aufzudrücken.

12. Vgl. die Schallplatte: La voix d'Evguéni Evtouchenko. Le chant du monde LD-S-6024. In einer vortragsbezogenen Dichtung wird freilich die Aufmerksamkeit mehr dem Einzelsatz als der Gesamtstruktur gelten. Den letzten Beweis, daß sich Jevtušenko gründlich mit der Tradition der Denkmal-Oden auseinandergesetzt hat, liefert folgendes Gedicht, auf das mich A. V. Podossinov aufmerksam macht: »Unter der Haut der Freiheitsstatue – ein Poem: Prolog«, in: Е. Евтушенко, Поющая Ламба, Moskva 1972, 118f. (eine dialektische Kontrafaktur von Puškins Denkmal-Ode, die zugleich wesentliche Elemente aus ›Babij Jar‹ wieder aufnimmt. Dort stellt sich Jevtušenko auch ausdrücklich in die Nachfolge Puškins und Bloks.

13. Das gilt auch von seiner anderen Nachahmung der Schwanen-Ode (Lyrica 1,10 S. 38ff. der S. 630 zitierten Ausgabe).

14. Während die slavistische Forschung Horazens Einfluß auf die russischen Dichter manchmal fast überschätzte, scheint die Klassische Philologie bei uns die Bedeutung dieses Gebietes für die Horazinterpretation und vor allem seinen exemplarischen Wert für die Erkenntnis dichterischer Selbstauffassung noch nicht recht wahrgenommen zu haben. Überraschenderweise war bei unserem Thema also im slavistischen Bereich der Vorrang der werkimmanenten Interpretation zu betonen, im klassisch-philologischen die Notwendigkeit einer umfassenden Traditionsforschung.

NACHWORT

Warum »Rom: Spiegel Europas« und nicht »Europa: Spiegel Roms«? Europa soll hier nicht als Spiegelbild oder schwacher Abglanz der Antike verstanden werden, sondern als Stern mit eigenem Licht. Die römische Tradition dient der Neuzeit als Spiegel, in dem sie sich selbst erkennen kann. So kommt antiken Quellen eine »instrumentale« Rolle und zugleich kognitive Bedeutung zu.

Die Wirkung von Schriftwerken des Altertums hängt von äußeren Bedingungen ab: Herausgeber, Erklärer und Übersetzer müssen Texte bereitstellen, Schulen und Verlage sie verbreiten. So ist die humanistische Bildung zwar überall in Europa, aber nicht genau gleichzeitig und nicht in derselben Weise fruchtbar geworden. Zudem muß der Einfluß antiker Literatur im Zusammenhang mit der kulturellen Ausstrahlung einzelner europäischer Länder auf andere gesehen werden.

Als Anlaß, als Motiv für die geistige Auseinandersetzung mit klassischen Werken kann einmal die Vergleichbarkeit des historischen Augenblicks dienen. So fragwürdig die Analogie im einzelnen auch sein mag: Die Möglichkeiten reichen von der ernsthaften Benutzung antiker Texte als Mittel zur Analyse der Gegenwart bis hin zur naiven Aktualisierung. Das europäische Zeitalter der großen Seefahrer, Entdecker und Gründer neuer Reiche fordert in stolzem Hochgefühl die Vorläufer Aeneas und Odysseus in die Schranken (Kap. IX 1). In anderer Weise versteht sich das christliche Epos als Vollendung vergilischer Tradition, sei es in reformatorischem oder gegenreformatorischem Geist. Wenn sich ein Volk im Norden gegen eine verfallende Großmacht des Südens erhebt, so ist dies für damalige Betrachter Anlaß genug, den Freiheitskampf der Niederlande mit dem taciteischen Bataveraufstand zu vergleichen (Kap. I 1). Eine Generation, die auf ein Jahrhundert schwerer Religions- und Bürgerkriege zurückblickt, erinnert sich an Livius, seine Gedanken der Menschlichkeit und Milde und entwickelt Völkerrecht und Menschenrechte (Kap. I 3). Die Revolutionen von 1848 und 1917 regen große Dichter an, Sallusts Catilinagestalt heraufzubeschwören und neu zu bewerten (Kap. I 2).

Auslösendes Moment für den Dialog mit dem antiken Text kann auch die Gesellschaftsordnung sein. So wählt sich die städtische Kultur der frühen Neuzeit die hellenistisch-römische Polis als Spiegel (Kap. IX 2). Hier entsteht aufs neue eine Komödie von menandrisch-terenzischem Rang, erhebt sich eine Gattung wieder von typenhafter Volkstümlichkeit zu urbaner Menschlichkeit. Hatte Menander geiziges Verhalten als sekundäre Reaktion auf die in der Polis wirksamen Mechanismen des Neides diagnostiziert, so sieht Molière, plautinische Ansätze verstärkend, darin eine Grundeigenschaft seines Helden. Er betont umgekehrt die Auswirkungen des Geizes auf die Umwelt und die daraus resultierende Zerstörung der Menschlichkeit. Ein antikes Thema erlaubt hier, eine auf bürgerlichem Gewerbefleiß aufgebaute Zivilisation zu analysieren, deren Anbetung von Ertrag und Erfolg ins Dämonische gesteigert erscheint.

Der Antrieb zur Auseinandersetzung mit römischer Dichtung kann auch dem persönlichen Erleben des Autors entspringen. Die archetypische Spannung zwischen dem kritischen Schriftsteller und der Zentralgewalt hat in der Antike im Schicksal des verbannten Ovid ihre gültige Ausprägung gefunden (Kap. X). Am Anfang des 19. Jahrhunderts ist der Zerfall der religiösen und dynastischen Bindungen weit fortgeschritten; Dichter fühlen sich von ihrer Gesellschaft isoliert und vergleichen sich mit Ovid, im Falle Grillparzers sogar unabhängig von einem äußeren Verbannungsschicksal. Bezeichnend ist etwa der Wandel von dem »horazischen« Daseinsgefühl und Selbstverständnis eines Deržavin, der dem Zaren »lächelnd die Wahrheit sagt«, zu der Ovidnähe des verbannten Puškin.

Es ist auch kein Zufall, wenn im 19. Jahrhundert, das zwar vielfach den religiösen Glauben verloren hat, aber noch nicht die Kraft und das Bedürfnis zu glauben, der Künstler, das Genie, zur Ersatzgottheit und zum weltlichen Erlöser wird (vgl. Kap. XIII). In dieser Sicht werden die Selbstapotheosen der römischen Dichter und die Inspirationslehre, wie sie Ovid sich zu eigen gemacht hat, wieder aufgenommen. Parallel mit der Entdeckung und Mythisierung des eigenen Dämons erfolgt die Aufwertung der Geliebten zum dämonischen Wesen, sei es als Venus oder als Madonna oder als beides zugleich (Kap. XI). Man hätte erwartet, daß der Lesbiabegegnung Catulls in dieser Hinsicht im 19. Jahrhundert eine Schlüsselstellung zukäme, und ist überrascht, daß vielmehr der »spielerische« Ovid und der »weise«

Horaz, dessen Hexengedichte heute wenig beachtet werden, zu den Wegbereitern dieser psychologischen Erfahrungen gehören.

Auch in Fragen der Naturwissenschaft und des Weltbildes hat man römische Texte herangezogen (Kap. III). Sogar einer Wissenschaft, auf deren Gebiet die Neuzeit besonders selbständig und schöpferisch war, der Physik, hat die Antike Methoden und Denkansätze geliefert, darunter die Atomlehre. Das Grundproblem, ob Lukrez mit Epikur darin recht habe, unendliche Teilbarkeit bis ins Kleinste zu leugnen, wird Pascal in engem Anschluß an ein von Lukrez geprägtes Bild untersuchen. Ausgerechnet die in ihrer mathematischen Denkweise mehr »platonische« als »epikureische« moderne Physik stellt fest, daß im atomaren Bereich das Verhalten von Teilchen nur noch statistisch berechnet werden kann, also von Freiheit oder Zufall bestimmt ist. So bildet sie, philosophisch gesehen, eine Parallele zu der von Lukrez vertretenen und von Cicero verlachten epikureischen Lehre von der nicht begründbaren Abweichung bestimmter Elementarteilchen von ihrer Fallrichtung.

In der praktischen Philosophie schließlich sind Cicero und Seneca vielen Europäern zu treuen Begleitern und Ratgebern geworden (Kap. VIII). Mochte man auch die spekulative Überlegenheit der Griechen anerkennen, so wirkte doch die eigentümliche Lebensnähe der Römer besonders anziehend auf Leser, die in der Politik oder im Berufe standen. Der sokratische Ansatz, das Denken unmittelbar dem Leben dienen zu lassen – und nicht die Praxis zur Sklavin der Theorie zu machen –, hat zahlreiche Moralisten der Neuzeit auf die Spuren der Römer geführt, die in dieser Beziehung Sokrates vielleicht besser verstanden als sein Jünger Platon. Der römische Geist aktiver Daseinsbewältigung ist in der Entwicklung Europas wirksam geblieben und hat schließlich auch die Philosophie immer wieder an ihre Verpflichtung gegenüber dem Leben erinnert.

Wie vollzieht sich nun die Aneignung antiken Gutes? Ein Höhepunkt buchstäblich genauen Lesens unter gleichzeitiger Wahrung der eigenen Originalität ist der Anfang von Miltons *Paradise Lost* (Kap. IX 1). Der Dichter lauscht seinem Vorbild auch die leisesten Andeutungen ab und führt sie in einem neuen, volleren Sinne fort. Eine solche Umsetzung hat zur Vorbedingung, daß man den antiken Text nicht nur gelesen, sondern bis in alle Einzelheiten durchdrungen und assimiliert hat. Fast kein Wort der Vorlage bleibt auf diese Weise ein Fremdkörper, jedes wird zu frischem Leben erweckt und wiederum zum Bestandteil eines organischen Ganzen gemacht.

Ein anderes Beispiel schöpferischer Weiterentwicklung ist Goethe, der sich auf Properz und Ovid beruft und auf dieser Grundlage aus einem modernen Bewußtsein neue Möglichkeiten für die Liebesdichtung eröffnet (Kap. XII).

Für eine Lektüre, die nicht in Affirmation oder Überbietung verharrt, sondern sich gegen die Intentionen des Autors sträubt, bietet das Echo von Ovids »Liebeskunst« Belege (ebd.). Im Mittelalter bezeichnet Christine von Pisan[1] dieses Werk als »große Kunst der Täuschung«; ähnliche Vorbehalte finden wir noch in der Zeit der Gegenreformation bei Torquato Tasso. Auch der sonst so liberale Puškin sieht in der *Ars amatoria* ein Instrument der gesellschaftlichen Lüge und stellt Onegins kühlem Spiel Tatjanas echte Leidenschaft gegenüber. Der antike Autor wird mit seinen eigenen Waffen geschlagen, wenn Puškin die in den »Metamorphosen« verwirklichte Liebesidee gegen diejenige der »Liebeskunst« ausspielt. Kritische, ja ketzerische Leser begegnen uns überhaupt in großer Zahl: So liest Pascal Lukrez (Kap. III), so Nietzsche Cicero (Kap. VIII), so Eminescu Horaz (Kap. XI).

Betrachtet man den Übergang von der Lektüre zu eigenem Schaffen, so finden sich zwischen genauer Nachahmung und freier Umsetzung unendlich viele Möglichkeiten. Daß sich wörtliche Anlehnung überwiegend im 16. und 17. Jahrhundert (Kap. I 1; V; IX 1; XIV) beobachten läßt, hat unter anderem literatursoziologische Gründe: Das Publikum kannte die antiken Vorbilder, und so blieb der Dichter auch mit seiner *imitatio* noch im Rahmen der Erwartungen seiner Leser. Im 19. und 20. Jahrhundert wird wörtliche Nachahmung seltener; der Schriftsteller löst sich allmählich von den antiken Autoritäten, das Publikum schätzt stoffliche Originalität und hat auch die römischen Klassiker nicht mehr genau im Gedächtnis.

Wie sehr der landläufige Originalitätsbegriff der Berichtigung bedarf, zeigt sich immer wieder: Hooft, der Tacitus Wort für Wort folgt, gelangt zu einer ganz eigenen Aussage – und dies nicht trotz seiner Methode, sondern eben durch sie (I 1). Gerade bei engem Anschluß an das Original wird die Selbständigkeit besonders deutlich ablesbar, gewissermaßen vom Autor aktenkundig gemacht.

Die Entstehung der neuzeitlichen Literaturgattungen muß in diesem Rahmen gesehen werden. Man übernahm die antiken Formen, und zwar meist verkörpert in ganz bestimmten Texten, die man zu-

---

1. S. Anm. 10 zu Kap. XII.

gleich auch inhaltlich als Kriterienkatalog für eine umfassende Analyse des modernen Stoffes (vgl. Kap. I 1), zur Auffindung von Fragen und Antworten verwandte. So wurde das Vorbild nicht zur drückenden Last, sondern zum Mittel der *inventio*. Es setzte die Erfindungsgabe in Bewegung: Epos, Tragödie, Komödie, Geschichtsschreibung und andere Gattungen konnten seit der Renaissance in neuer Gestalt erstehen.

Aber nicht nur Texte, sondern auch Theorien und Denkformen haben stark bei der Gestaltung der Nationalliteraturen mitgewirkt. In Schulgründungen und pädagogischen Schriften haben die Humanisten eine geistige Weltmacht zu neuem Leben erweckt: die Rhetorik (Kap. VII). Als eine Praxis geordneten Denkens und Sprechens sollte sie eine große Zahl von Zöglingen fähig machen, sich schriftlich und mündlich in übersichtlicher und anmutiger Form über ein gestelltes Thema zu äußern. Wie tief die Literatur bis ins 18. Jahrhundert von dieser Lehre geprägt ist, kann nicht wundernehmen, wenn man sich vor Augen hält, wie gründlich ihre Methoden – in religiöser Meditation und in weltlichem Unterricht – eingeübt wurden. Spuren der Redekunst finden sich denn auch in den verschiedensten Literaturgattungen. So sind Lyrik und Rhetorik noch im 17. Jahrhundert eng miteinander verschwistert, während man sie später als Antipoden empfinden wird. In einem Staat wie England mit seiner parlamentarischen Verfassung behauptet die Kunst der Rede auch im öffentlichen Leben stets ihren Platz, in Deutschland (und zum Teil auch in Italien) sind Absolutismus und Restauration ihrem freien Gebrauch nicht unbedingt förderlich gewesen. Wenn Romantiker die Rhetorik im Namen der Unmittelbarkeit und Einfachheit bekämpfen, so liefert antike Theorie noch das Rüstzeug zu ihrer eigenen Überwindung (Kap. VI).

Freilich war diese Niederlage nicht endgültig. Nach der Hochblüte des Individualismus sind heute die Beziehungen des einzelnen zur Gemeinschaft problematisch geworden, nach zwei Weltkriegen sucht man eine menschenwürdigere Form der Auseinandersetzung, eine neue Kultur der Rede. So greift man auf die pädagogischen Erfahrungen der Antike und Renaissance zurück; zunehmend erkennt man in der Rhetorik ein Mittel, nicht nur andere Menschen zu beeinflussen, sondern auch fremde Taktiken zu durchschauen, sich von manchen Suggestionen der Umwelt zu lösen, selbständiges Denken zu entwickeln.

Was die Textauswahl in dem vorliegenden Buche betrifft, so hat sich ungesucht etwa die gleiche Anzahl von Themen, antiken Autoren und modernen Nationen ergeben. Andererseits wäre es wohl unnütze Affektation gewesen, gerade diejenigen Gebiete, die dem Verfasser vertrauter sind oder auf denen er glaubte, Neues bieten zu können, absichtlich zurückzudrängen und nach einer Vollständigkeit zu streben, die in dem gesteckten Rahmen weder erreichbar noch wünschenswert sein konnte.

Gilt es doch, nicht Stoff um des Stoffes willen zu vermitteln, sondern an Beispielen die inneren Zusammenhänge von Lesen und Schaffen, Rezeption und geistiger Produktivität aufzudecken und das lebendige Geben und Nehmen, das sich hinter dem Wort »Tradition« verbirgt, sichtbar zu machen.

Die weite sprachliche und geographische Streuung der modernen Texte ist eine Folgerung daraus, daß Europas Einheit von Generation zu Generation immer mehr zur konkreten Erfahrung wird. Als einer der Faktoren dieser Einheit verdienen Ausstrahlungen des Lateinischen auf die einzelnen Sprachen und Literaturen Aufmerksamkeit. An einem Beispiel wird daher auch der Einfluß der Alten Sprachen auf die Entwicklung einer modernen etwas genauer betrachtet (Kap. VI).

Zwar wäre es verfehlt, in den ausgewählten Autoren alleinige oder auch nur typische Repräsentanten ihres jeweiligen Volkes zu sehen. Doch kann der Vergleich mit Vorbildern auch die nationale Eigenart besonders hervortreten lassen. Ist Camões' Dichtung nicht von spezifisch portugiesischen Erfahrungen geprägt, denen er allgemeine Gültigkeit verliehen hat (IX 1)? Kann nicht selbst ein Dichter wie Conrad Ferdinand Meyer, dem Bildungserlebnisse so viel bedeuten, in seinem Verhältnis zur Antike erst verstanden werden, wenn man die Urerfahrung der Schweizer Natur berücksichtigt (Kap. II)? Doch wäre es wohl vergebliche Mühe, den eigensten Beitrag der Dichter zum europäischen Konzert allein auf ihre Nationalität zurückzuführen, zumal sich der einzelne oft auch im Widerstand gegen seine Umwelt zur Größe erhebt. Der antike Text ermöglicht so manchem Autor, die Welt, die ihn umgibt, besser zu verstehen, aber auch ihren Ansprüchen zum Trotz seine Individualität zu bewahren.

In unserer Auswahl ist die Poesie durch epische (Kap. IX; VII und II–V), lyrische (Kap. XI; XIV; IX; VI; VII) und dramatische Texte (Komödie Kap. IX und Tragödie Kap. VII und I) vertreten,[2] die

---

[2]. Zu Epigramm, Fabel, Baukolik, Versepistel vgl. M. v. Albrecht, Römische Poesie, Heidelberg 1977.

Prosa unter anderem durch historische und philosophische Texte (Kap. I; VIII; XII). Von den kleineren Gattungen ist die Lehrdichtung herangezogen, gelegentlich auch die wissenschaftliche Sachprosa (Kap. III).

Neben der bereits erwähnten Prägung der modernen Literaturgattungen durch unmittelbaren Rückgriff auf Texte des Altertums (Kap. I; IX; XIV) oder durch Befolgung rhetorischer bzw. poetologischer Theorien (Kap. V–VII) verdient eine weniger beachtete Erscheinung, die wechselseitige Beeinflussung verschiedener Genera, besondere Aufmerksamkeit. So setzen Shakespeare (Kap. VII) und Ibsen (Kap. VI) gelegentlich historische Prosa in tragische Verse um, C. F. Meyer (Kap. II) macht aus einer Inschrift ein lyrisches Gedicht, aus einer epischen Szene eine Ballade; Elemente des Lehrgedichts gehen bei Tasso ins Epos ein, in die Elegie bei Goethe, in den Versroman bei Puškin (Kap. XII) oder in meditative Prosa bei Pascal (Kap. III).

Zuweilen werden Beziehungen zwischen Poesie und Bildender Kunst beachtet: Rodin bannt die Dynamik ovidischer Metamorphosen in den Stein (Kap. XIII); umgekehrt löst Ovid plastische oder bildhafte Anregungen in poetische Bewegung auf (Kap. II; XIII). So stoßen beide in ihrer jeweiligen Kunst an die Grenzen vor, und der Vergleich läßt diese klarer hervortreten. Analysen von Wechselwirkungen zwischen Genera dienen einerseits dem Verständnis von Gattungsgesetzen und gestatten andererseits einen Einblick in den dichterischen Schaffensprozeß.

Hinsichtlich der Methoden wird zugleich Einheit und Vielfalt angestrebt. Ist der »empfangende« Autor der Ausgangspunkt (Kap. II; IV; VI; XI; XIII), so bildet der antike Text zwar nur den Hintergrund für das Verständnis des modernen; trotzdem sind auch aus einer solchen Perspektive Rückwirkungen auf unser Bild der römischen Literatur zu erwarten: Der Vergleich mit barocken und romantischen Dichtern offenbart die Andersartigkeit etwa eines Ovid und läßt den Betrachter in der Anwendung solcher Termini auf Antikes vorsichtiger werden (Kap. IV; V; XI).

Während in der Rückschau zahlreiche antike Einflüsse in dem neuzeitlichen Autor wie Strahlen in einem Brennpunkt zusammenzulaufen scheinen, verfolgt die zweite Methode, bei der von der klassischen Vorlage ausgegangen wird, verschiedene Ausstrahlungen eines alten Textes. Hier kann es nicht darum gehen, nur wie bei einem Übersetzungsvergleich dem modernen Schriftsteller »Fehler« aufzurechnen; es gilt vielmehr, ihn in seiner Eigenart zu erfassen. Erhalten doch gleiche Vokabeln, stellt man sie in einem anderen Lebenszusammenhang, eine neue Bedeutung. Und es kommt nicht nur darauf an, was gesagt wird, sondern auch, wer der Sprecher ist. Dieser Ansatz ist also geeignet, Bedeutungswandel und ideengeschichtliche Entwicklungslinien sichtbar zu machen.

Seltener werden in dem vorliegenden Buch formal oder thematisch verwandte Texte ohne Rücksicht auf ihre Abhängigkeit verglichen (gelegentlich in Kap. IV und XIV). Hier kommt die Spiegelfunktion des antiken Textes erst für den vergleichenden Betrachter zustande: »typologische« Analyse von Themen und Motiven in ihren Wandlungen. Verbindet sich damit die Beobachtung einzelner Abhängigkeiten (Kap. VIII), wobei die neuzeitlichen Stimmen auf verschiedene antike Texte verwandter Thematik Bezug nehmen, so läßt sich hier das Fortwirken bereits im Altertum vertretener Rezeptionstypen feststellen.

Die weitgehende Beschränkung auf Abhängigkeiten, die auch äußerlich nachweisbar sind, entspringt dem Bedürfnis, für die Beobachtung eine möglichst solide Grundlage zu schaffen. Je verwandter die Texte, desto genauer läßt sich oft die Eigenart der miteinander verglichenen Autoren ablesen.

Der Überblick zeigt, daß jede Perspektive am Objekt andere Aspekte hervortreten läßt, sei es nun Kontinuität oder Kontrast. Um nicht nur *eine* Seite auf Kosten aller anderen zu betonen, ist also für den Beobachter der Wechsel des Standortes ein methodisches Erfordernis.

Auf der anderen Seite wird die innere Einheit philologischen Forschens, Fragens und Antwortens durch die Methode der Interpretation und durch die Überzeugung von ihrem Vorrang als Mittel der Texterschließung bestimmt. Wenn hier weniger Systeme als Texte in den Vordergrund gestellt sind und induktives Vorgehen überwiegt, so nicht aus Abneigung gegen Theorie, sondern um durch Beobachtung Wege zu bahnen, Kriterien zu finden, vor allem aber auch im Gedanken an Leser, die Anregungen zu vergleichender Lektüre suchen, sei es nach thematischen oder anderen Gesichtspunkten: Lehrer, Studenten, Schüler der Oberstufe und überhaupt literarisch Interessierte.

Abschließend sei gefragt, welche Eigenschaften der römischen Literatur dazu beitrugen, daß sie zum Spiegel Europas werden konnte und noch kann.

Wo sich die lateinischen Texte mit griechischen vergleichen lassen, erkennt man, was die römische mit allen späteren europäischen Literaturen verbindet: Es handelt sich um die erste »abgeleitete«, rezipierende, »lernende« Literatur. Viele Schwierigkeiten, die sich aus einer solchen Situation ergeben, haben die römischen Dichter erstmals lösen müssen, und sie sind dadurch zu wertvollen Gesprächspartnern für ihre modernen Kollegen geworden. Es ist bewegend zu sehen, wie die Stiftung der neuen französischen Lyrik durch Ronsard und DuBellay im sechzehnten Jahrhundert nicht nur einen Parallelfall zur Begründung einer umfassenden römischen Lyrik durch Horaz bildet, sondern von den Dichtern auch als solcher erlebt und dargestellt wird.

Die Römer haben alle Gattungen des griechischen Schrifttums fast gleichzeitig kennengelernt, sie allmählich in bewußter Arbeit erobert, durch Neuschöpfungen bereichert und an Europa weitervermittelt. Ausschließlich Plautus und Terenz verdanken wir die Tradition der menandrischen Komödie.

Aber nicht nur die Tatsache der Vermittlung, sondern auch ihre Art und Weise bietet die Möglichkeit zu einer Zwiesprache über Jahrhunderte hinweg. Insbesondere steht das Verhältnis der Römer zum Mythos dem unsrigen bereits ziemlich nahe. Weitgehend unabhängig von seinen religiösen Wurzeln haben sie ihn als eine Bildersprache der Literatur und Kunst angenommen und die Probleme, die ein solches Verpflanzen mit sich bringt, vor uns und zum Teil für uns durchlitten. Die Umsetzung ins allgemein Menschliche (etwa in Ovids Metamorphosen) ermöglicht die Übertragung des Mythos in andere Kulturen – unabhängig vom Glauben an griechische Götter.

Auch eine eigene Bilderwelt stellt der Römer den hellenischen Sagen an die Seite: den Aeneas-Mythos Vergils und den Schatz typischer Situationen und Gestalten, wie sie uns die römischen Geschichtsschreiber vor Augen führen. Nicht nur durch Recht und sozialethische Wertvorstellungen, sowie die Entfaltung der praktischen Lebensphilosophie, sondern auch durch anschauliche, literarisch geformte Exempla ist das alte Rom zu einer Schule Europas geworden.

Endlich haben die Römer als Erben einer »modernen« Zivilisation – derjenigen des Hellenismus – gleichzeitig mit dem Mythos die philosophische Aufklärung und zugleich mit der Poesie auch die Frage nach Wesen und Sinn des Redens und Schreibens und nach der

Funktion des Dichters in der Gesellschaft aufnehmen und bewältigen müssen. Daß sich auf diesen und vielen anderen Gebieten ein Gespräch mit Roms Schriftstellern lohnt, haben die großen Autoren Europas zu allen Zeiten bewiesen.

REGISTER

I. Stellen antiker Autoren (Auswahl)

Werke lateinischer Autoren sind nach dem Thesaurus Linguae Latinae abgekürzt.

Apuleius
   flor. 2;23 327–329
   met. 5,22 479–480
   met. 10,33 330
Pseudo-Apuleius
   Ascl. 21 . . . . 545s.
Aristoteles
   poet. 1415b 239
Augustinus
   civ. 18,16–18 . . . . 154s.

Catullus
   8; 51 . . . . 476s.
   63 51–55
   76 . . . . 476s.
   85 . . . . 476s.
Cicero
   de orat. 1,70 283
   fin. 1,19–20 135–138
   fin. 5,5 76
   orat. 202 283
   rep. 3,22,33 63
   Tusc. 4,80 . . . . 346s.
   Tusc. 5,10s. 321–323
Corpus Inscriptionum Latinarum
   I^2 *1211* . . . . 101; 124, A. 131

Dio Cassius
   75,4 95

Homerus
   Ilias 1,1–12 362–365
   Od. 1,1–10 365–367
   Od. 13, 429ss. 573

Horatius
- carm. 1,1 . . . . 225; 588–591
- carm. 2,20 . . . . 571–578; 582–584; 587–591; 598–612; 616–621
- carm. 3,1,1ss. 423–424
- carm. 3,3 424–425
- carm. 3,4 427
- carm. 3,30 . . . . 434–436; 579–598; 613–642
- epod. 17 480–487

Livius
- 1,58 . . . . 127, A. 160
- 5,27 58–64
- 8,6,16–7,22 . . . . 94s.

Lucanus
- 3,399–444 96–101
- 7,576–596 306–310

Lucretius
- 1,117–118 391
- 2,289–293 135–138
- 4,110–122 . . . . 139ss.

Novum Testamentum
- Matth. 25,15–28 253

Ovidius
- ars 3,121–134 293–298
- met. 2,661ss. 542
- met. 10,1–63 185–203
- met. 15,871–879 433–436
- Pont. 2,5,69s. 311
- Pont. 3,2,41ss. 457
- trist. 3,10 451–452
- trist. 4,10 442–445

Plato
- Gorgias 502c 282
- Phaedrus 278e–279b 282
- Philebus 48c–e 418
- Protagoras 316d; 317b 282

Plautus
- Aul. 413–726 412–422
- Truc. 489 327

Plutarchus
 Antonius 14,6–8 299
 De sera numinis vindicta 22 103
Propertius
 2,10,7 259

Sallustius
 Cat. 31,6–9 38–48
Seneca (maior)
 contr. 2,2,12 150
Seneca (minor)
 dial. 9,14,1–2 332–334
 epist. 71,6–7 323–326
Silius
 1,1–2 379
 1,5 377
Statius
 Theb. 1,17–33 389

Tacitus
 hist. 1,2 14–18
 hist. 4,14 27–31
Theophrastus
 char. 10 417
 char. 18 417
Thucydides
 1,23 . . . . 13s.

Valerius Flaccus
 1,7–21 398
Vergilius
 Aen. 1,1–33 367–374
 Aen. 1,462 107
 georg. 1,17 382
 georg. 3,16 389

II. Namen (in Auswahl)

Anakreon 260
Angelus Silesius 306
Apollonios Rhodios 366; 369
Ariosto, L. 378; 381
Aristophanes 417
Aristoteles 239; 391
Attis 51–56
Augustinus 154; 330; 352
Aurelius Victor 56; 261

Bacon, F. 292
Baudelaire, Ch. 477–480
Bernini, G. L. 532
Blok, A. 616–621; 629; 631; *Katilina* 48–57
Böcklin, A. 128, A. 182
Brecht, B., *Der gute Mensch von Sezuan* 303–306
Byron, G. G. N. 259; 439; 460

Caesar 96–101
Camillus 58–64
Camões, L. de, *Os Lusíadas* 375–385
Canova, A. 532
Catilina 38–57
Cato d. Ä. 370
Catull 51–55; 260; 476–477
Chateaubriand, F. R. de 439
Christus 427; 625
Cicero 135 ff.; 283
Circe 485
Comes, N. 182
Couperus, L. 184

Dante 399
Demokrit 282
Demosthenes 348
Deržavin, G. R. 218; 608–612; 614; 616; 625; 632
Dryden, J. 159
DuBellay, J. 585–598; 607f.; 631f.
Du Ryer, P. 198

Eminescu, M. 473–490
Ennius 282; 391
Epikur 136–142
Euripides, *Bakchen* 92

Florus 283

George, Stefan 45, vgl. 43 f.; 361
Gerhardt, Paul, *Geh aus, mein Herz* 284–293
Géricault, Th. 546
Goethe, J. W. v. 159 f.; 419; 499–505
Gorgias 282
Gozzi, C. 153; 158 f.
Gracián, B., *Oráculo manual* 330–337
Grillparzer, F. 433–469
Grotius, H., *De iure belli ac pacis* 61–64; 258

Helikon 398
Hercules 475
Hesiod 398
Hölderlin, F., *Friedensfeier* 423–430; 480
Hoffmann, E. T. A. 147–176

Homer 80; 108; 361–403
Hooft, P. C., *Neederlandsche Histoo-
riën* 19–27
Horaz 179; 260; 423–430; 571–584

Ibsen, H., *Catilina* 39–57
Icarus 46f.; 538f.
Ignatius von Loyola 293
Ion von Chios 260
Isokrates 282

Jevtušenko, J. 621–630
Johannes Paul I. 317, A. 86
Julian 129
Juvenal 260

Kafka, F. 173, A. 65
Karamzin, N. M. 216f.
Karneades 63; 321ff.
Kassner, R. 350ff.
Kierkegaard, S. 343ff.

Laktanz 63
Leopardi, G. 337–343
Livius 58–64
Lomonosov, M. 214
Lucan 96–101; 283
Lukrez 135–144; 393
Luther, M. 293

Marat, J.-P. 257
Maria 426
Melanchthon, Ph. 293
Menander 418; *Dyskolos* 409
Mérimée, P. 219
Meyer, C. F. 75–131; 578
Michelangelo 536
Milton, J., *Paradise Lost* 395–402
Molière, J. B. P., *L'Avare* 404–422
Morgenstern, Chr. 68f.

Nausikaa 108
Nessus 475
Nietzsche, F. 345–352

Orpheus 185–198; 535; 550f.; 559
Ovid 50; 147–176; 179–203; 258f.;
283
ars amatoria 252; 493–515
Exilgedichte 258; 433–469
Heroiden 510
Metamorphosen 91–94; 105–106;
147–176; 517–567

Pascal, B., *Pensées* 140ff.
Platon 282
Symposion 103; 130
Plautus, *Aulularia* 404–421
Puškin, A. S. 56; 207–278; 407;
433–469; 505–514; 613–616; 620;
627–632
Pygmalion 158
Pythagoreer 129

Quintilian 317, Anm. 86

Renouard, N. 194–198
Rodin, A. 517–567
Ronsard, P. de 592–598; 607f.; 631f.

Sallust, *Catilina* 38–48
Sappho 444
Schiller, F. v., *Geschichte des Abfalls ...*
31–37
Seneca d. J. 323–326; 332ff.; 404
Shakespeare, W. 407;
Julius Caesar 299–302
Shaw, B. 532
Silen 80
Silius Italicus 377–380; 388
Sokrates 321–358
Statius 389; 391
Swift, J. 157

Tacitus, *Historiae* 13–37
Tasso, T. 379f.
Gerusalemme liberata 386–394;
493–499

Terenz 404
Theokrit 278, A. 263
Thorwaldsen, B. 532
Thukydides 13f.; 26

Valerius Flaccus 389
Vasco da Gama 378f.
Vergil 179
  Redner oder Dichter 283
  Aeneis 106f.

Georgica 382
  und Homer 361–374
  als Orakel 125; A. 149
  und spätere Epiker 375–403
Voltaire, F.-M. 220; 255; 293–298
  Le mondain 295–298
Vondel, J. v. d. 179–203
Vossius, G. 181

Xenophanes 260

III. Sachen

Abstrakta, psychologische 18
Adjektive, psychologische 18
Aitiologie 371
Akkorde, musikalische . . . . 169, A. 31
Allegorie und Allegorese . . . . 147; 291; 373; 393; 559; 568, A. 149
Alliteration 26
amplificatio 288
Analogie 289
Analogie, historische 645
Anaphora 308; 349
Anschaulichkeit . . . . 100; 129, A. 191; 226; 559
vgl. *evidentia*
Anti-Erzählung 364
Antike, befreiende Wirkung 115; 202; 261; 310
– als Hintergrund 114
– instrumentale Rolle 645
– kognitive Bedeutung 645
– als Mittel der *inventio* 649
– Nüchternheit 632
– Spiegel für Spätere . . . . 445; 645f.; 652f.
– Überwindung der . . . . 317, A. 86; 429
antike Vokabeln und Bilder in Schlüsselstellung 239–248
Antiklimax 325
Antithese 332
applicatio 291
aptum 223; 336
Arbeit und Spiel 556
›Archäologie‹ (bei Historikern) . . . . 370f.
Architektur, römische, Fassadenwirkung 283
Aristokratie 231–234
Asymmetrie 26
Atomtheorie 135–143

Attizismus 331
   s. auch: Einfachheit
Attribute 200
   s. auch Adjektive
Automaten 158
Augenblick, produktiver . . . . 122, A. 105
Axialsymmetrie 476

Ballade, Stilgesetz 94
Bewegung in der Skulptur 547–550
Bildende Kunst . . . . 81 ff.; 118, A. 42; 256
brevitas 222; 332
Brüderlichkeit . . . . 66, A. 31

Charakterzeichnung 412
Christianisierung antiker Motive . . . . 606; 611 f.; 631 f.
clementia 25
concepto 331
concordia 25; 64
conscientia 209
copiosum genus 283
cultus 297
curiositas 143; 330

Dämon . . . . 249 f.; 488
Despotismus . . . . 228 f.
Diatribe 325
Dichter, Berufung 460; 628
   – und Einsamkeit 433–469
   – als Heiliger 457
   – und Herrscher 646
   – als Prophet . . . . 615; 620; 631; vgl. 550 ff.
   – Selbstbewußtsein 436; 571–642
   – Unsterblichkeit 571–642
   s. auch: Inspiration, Isolation, Musenanrufung, Poesie
dissimulatio 300
   s. auch Ironie
Drama 39–48; 299–306;
Dramatisierung 404–422
                                                                                          100
Dubletten im Wortschatz 208

Einfachheit als Stilprinzip 218–223; 226
elegantia 221
Elegien Ovids aus dem Exil 433–469
›elegisches‹ *ingenium* 436
Elementargeister 160
Ellipse 332
Emphase . . . . 348 f.
enargeia 198
   s. auch *evidentia,* Anschaulichkeit
Engel 249
enharmonische Verwechslung (Verwandlung) 151
episches Prooemium 361–403
episches Prooemium, verspätet 245
Epos 361–403
  – historisches . . . . 382 ff.; 393
  – institutionelles 400
  – nationales . . . . 382 ff.
  – religiöses 400
  – Rhetorisches und Lyrisches im Epos 306–310
  – und Roman . . . . 243 ff.
  – und Wirklichkeit 384
Eros und Krankheit . . . . 476 f.
  – Monumentalisierung . . . . 552 f.
  – und Schicksal 471–490
  – und Tod 103; 540
  – und Wandlung 515–567
Erweiterung der Vorlage 193; 398
Ethos . . . . 301; 366 f.; 371
Ethos und Pathos 194
evidentia 288
   vgl. Anschaulichkeit
exempla, historische . . . . 17 f.; 62 f.
exemplum 326
exemplum a minore 501
Exildichtung 258; 433–469

Farbensymbolik 291
fides 58–64
Fremdwörter 212; 219
Funktionalität als literarisches Gestaltungsprinzip 372
Fürstenspiegel 384

Gebetssprache 382
Geschichtsbewußtsein 83

Geschlechtsverwandlung 51–56; 544–546
Gewand-Symbolik 475
Gleichnis 183; 559
Götterapparat als Träger der poetischen Fiktion . . . . 384 f.
gradatio 142
gravis 34
Griechische oder lateinische Lautform von Fremdwörtern . . 262, A. 5
griechische Wörter im Russischen 207–213
griechische Wörter, stilistische Funktion . . . . 242 f.

Harmonie als Stilprinzip 223
Heldentod 426
Hermeneutik 401
   s. auch typologische Deutung
Heros, Heroine . . . . 243 f.
historische Treue . . . . 272, A. 170
Homerkritik 401
Homonymie 148
Humor und Ironie 149

Ideal 252
Idol 208
imitatio, s. Nachahmung
Individualisierung 100
Individuum, Befreiung 615; 628
ingenium 436; 444
  – und *ars* 381
Inspiration . . . . 391; 398 f.; 457; 550 ff.; 646
inventio 649
Ironie, rhetorische 300; 304
  – sokratische 342
Isolation des Schriftstellers 444
iunctura felix 226

Klassik und Romantik . . . . 226 f.; 454
Konjunktiv und Indikativ 290
Körper, platonische 139
Künstler als Prophet . . . . 550 ff.
   s. auch Dichter

Latinitas 221
Leser, ketzerische 648

Leserbezug	373
Lesererwartungen und Gattungsgesetze	373
Leserperspektive	148
Leserpublikum	436
›Lexik‹, die	212
Literaturgattungen, Entstehung	648 f.
Literaturgattungen, Wechselwirkung	651
Lyrik und Epos	92
– und Götter	111–114; 424 f.
– und historischer Stoff	44–102; 238–239
– und Natur	112 ff.; 425 f.
– und patriotischer Stoff	423–430
– und Rhetorik	284–298; 603 ff.
Lyriker, Selbstauffassung, s. Dichter	
Magie	155
Märchen	147; 167, A. 3
Meditation	293
Metaphern	291; 632
Metamorphose	49–57; 92; 147–176; 517–567; 573 ff.; 625; 627
Metonymie	632
Metrisches	52; 70 f.
Mißverstehen, produktives	461
Modulation	151; 169, A. 31
monumentum	632
Moralisten	321–358
Mose	398
mundities	297
Mündlichkeit	630
Musenanrufung	363; 365; 370; 382; 391; 394, A. 5–6; 398 f.
Musik: s. Akkorde, enharmonische Verwechslung, Modulation, Poesie	
Musiktheorie, rhetorische	293
Mysterienverrat	427
Mythos	283; 653
– und Metamorphose	531 f.
Nachahmung und Leserbezug	373
– literarische	89; 218; 260; 445; 648

– und Selbstfindung . . . .   225; 260; 445; 648f.
– wörtliche und freie   648
Namen, antike, als Chiffren   105
narratio   198
Natur und Tradition . . . .   557ff.
Naturerklärung, atomare und mathematische 135–144; 647
Naturgottheiten   112–114
Naturphilosophie   160
Naturrecht 61; 257
Naturwissenschaft   647
Neid als Weltmacht   408
Novelle, historische . . . .   120, A. 66

Originalität 218; 225; 648
ornatus . . . .   392f.
otium   324
Oxymoron 16; 27

Palinodie   485
Pathos 283; 363; 367; 371
vgl. auch Ethos
Patriotismus 229ff; 382f.;
                                                                 423–430; 626
Periode . . . .   347f.
Personifikation 300; 308; 479
Philosophie, praktische 321–358; 647
Physiognomik   351
Poesie und Autobiographie   438–445
– und bildende Kunst 517–567; 651
– und Geschichte . . . .   238f.; 272, A. 170
– und Natur   384
– und ihre Nützlichkeit   183
– und *ornatus* . . . .   392f.
– und ihr Wahrheitsgehalt   183
– und Musik . . . .   150f.; 183; 224; 629f.
– und Prosa   283
– und Rhetorik   281–318
– und ihre Verankerung in Raum und Zeit   632
– und Wahrheit 364; 392
›Poet‹ . . . .   240ff.; 245ff.
s. auch Dichter
Poetik, rhetorische   293
Pointenstil   349

Polis 646
Präfiguration 183; 400
Prägnanz 332
précision 220
Priamel 289
prooemium, s. episches
propositio . . . . 371; 379; 396f.
proprietas verborum 220
Prosa, historische 13–37
  – philosophische 321–358
Prosarhythmus 283
Purismus 199

Rahmenerzählung 101; 457
Realismus 86
Reim 191; 199; 254
Rezeption und geistige Produktivität 656
  – durch die Sprachgemeinschaft 213
Rezeptionsästhetik . . . . 553 ff.
Rezeptionssteuerung 373
Rezeptionstypen 652
Rhetorik 213
  – Bedeutung 649
  – Definition 292
  – und Drama 299–306
  – und Epos 306–318
  – und Kommunikation 353
  – und Lyrik 284–299
  – und Malerei 293
  – und Meditation 293; 353
  – und Musik 293
  – und Philosophie . . . . 324 ff.
  – und Poesie 281–318
  – und Selbsterziehung 287
  s. auch: Schule
Ringkomposition 14
›Ritter-Olaf-Motiv‹ 241
Römer als Republikaner 257
Römische Tradition, instrumentale Rolle 645
  – kognitive Bedeutung 645
  s. auch: Antike
Rollentausch 479
Romerlebnis . . . . 81 ff.

Romkritik 35
Rückwärtsschreiten, zeitliches 364

Säkularisation 248; 612
Schule 293; 649
Selbstapotheose 435; 646
Sentenz 331
servitium amoris 56
Sphragis 452
Spiel und Arbeit 556
Sprache 177–203; 207–278
 – und Gesellschaft 252–255
Stil, erhabener 282
 – mittlerer 215
 – schlichter . . . . 215 ff.; 218 ff.
Stilhöhe 200
Strophe, sapphische 474

Talent . . . . 240 ff.; 252
Theodizee 366
Tradition . . . . 557 ff.; 568, A. 142
 – und Natur . . . . 557 ff.; 632; 650
 s. auch: Antike
traductio 27
typologische Deutung 183; 373; 397
 s. auch: Hermeneutik

Überlagerung mehrerer Vorlagen 395–402; 631
Übersetzung 179–203
 – Unzuverlässigkeit . . . . 317, A. 86
Umstellung, chronologische 193
Unbescheidenheitsformeln 213; 260
Unmittelbarkeit, zweite 114; 261
Unsterblichkeit 433–445
 s. auch: Dichter
untergeordneter Satzteil als Träger des Hauptgedankens . . . 27
Unvollendetes 531

vates 631
 s. Dichter
Verinnerlichung gegenüber der Vorlage 627
Völkerrecht 58–64
virtus 18

Weltdichtung	80; 400
Widmung	383
Willensfreiheit	137 ff.
Wortspiel	149; 332; 630
Wortstellung	215
Wortwiederholungen	325
Wortzusammensetzungen	199
Zeugma	26; 31
Zitate	152; 488
Zwischenquellen, französische	184 f.

CIP-Titelaufnahme der Deutschen Bibliothek

Albrecht, Michael von:

Rom: Spiegel Europas : Texte und Themen /
Michael von Albrecht. −
Heidelberg : Schneider, 1988

(Sammlung Weltliteratur : Ser. 2, Forschung, Deutung,
Darstellung ; 3)
ISBN 3-7953-0514-4   NE: Sammlung Weltliteratur / 02

MICHAEL VON ALBRECHT
Meister römischer Prosa
von Cato bis Apuleius

2., durchgesehene Auflage 1983. 232 S.
Sammlung Weltliteratur. II. Serie: Forschung · Deutung · Darstellung, Bd. 4.

»Das Buch des Heidelberger Latinisten liegt, das überrascht nicht, nun in zweiter, durchgesehener Auflage vor. Es bedarf kaum noch einer Empfehlung. Alle Rezensenten betonten schon beim ersten Erscheinen (1971) die Klarheit und Eindringlichkeit der Darstellung, die Sorgfalt der Textauswahl, den Reichtum der methodischen Zugänge zu den Texten, das Vermeiden aller literaturgeschichtlichen Klischees, das Sprechenlassen der Texte selbst (die jeweils mit einer Übersetzung abgedruckt werden). Otto Seel sprach im ›Gnomon‹ von einer ›anmutigen Vorschule des Interpretierens‹, kurz: ›Ein gutes Buch‹ (Seel). So der Tenor der wissenschaftlichen Kommentare. Daß dieser Band wie auch der zweite zur ›Römischen Poesie‹ (1977) auch für den Lateinunterricht ganz außerordentliche Hilfen bereitstellt, wird, wer die Bände kennt, wissen. Mindestens zwei Drittel der 10 Kapitel sind lateinischen Schulautoren gewidmet, darunter ›Cicero gegen Verres‹, Cicero (de re publica 6,23), Caesar (BG 7,27), Sallust (Cat. 10,5f.), Petron (sat. 44 / 45), Plinius (epist. 1,6). Die Interpretationen, die nicht eine Rubrizierung der Texte, sondern das Herausarbeiten ihrer Eigenart anstreben, lassen sich in manchen Punkten auch methodisch gut auf den Unterricht übertragen.« *(Udo Frings, in: Mitteilungen Landesverband Nordrhein-Westfalen im DAV, 1983)*

»Dieses Werk stellt bedeutende römische Prosaisten vor, indem jeweils eine ausgewählte lateinische Textstelle im Original wiedergegeben, übersetzt und dann sehr genau stilistisch interpretiert wird. Dadurch ergibt sich eine gerade für den Unterricht sehr brauchbare Geschichte lateinischer Prosa, in ausgewählten Vertretern dargestellt. Der Anhang (Stellenregister, Wort- und Sachregister) schließt das Buch zum Gebrauch gut auf. Das hier in 2. Auflage vorliegende Werk gehört gewissermaßen zum Standard wissenschaftlicher und pädagogischer Bibliotheken.« *(»Besondere Empfehlung« in: Empfehlenswerte Bücher für Schülerlesebüchereien der Gymnasien, 1984)*

»Within the scope of a moderate-sized book, twelve Roman prose-writers are presented and ably interpreted, not as spokesmen for a stylistic theory or for an historical era, but as men who speak what they think and what they live, with a good Roman sense of form (›strong, musical, architectonic‹, p. 12).
Von Albrecht's purpose is to derive from each selection its own characteristics. He succeeds thereby in impressing the reader with the sheer breadth of the range of Latin prose; and, because he chooses his texts well, he brings to our attention that mixture of individualism and fashion that makes the formal speech of a Roman man of affairs as honest and yet artistic as a portrait bust. An illuminating contrast is set up between

Cicero and C. Gracchus, as each describes the public flogging of a Roman citizen (*Verr.* 2.5.62.161 ff., and Gracchus *De Leg. Promulg.*, Malcovati, *Oratorum Romanorum Fragmenta*, 1.191, fr. 48). Against Cicero's abundance and pathos, effective in the courtroom, we have the almost paratactical poise and brevity of the tribune. With equal interest we are able to read, one after the other, a speech of Claudius and the reworking of it by Tacitus (*SC de iure honorum Gallis dando*, Dessau, *Inscriptiones Latinae Selectae*, vol. 1, n. 212; and Tacitus *Annals* 11.24). Albrecht gives an unusually detailed commentary on the thought and style of each version of the speech, noting that Claudius, out of respect for his audience, had to employ conventional style and harmless humor, while Tacitus could safely indulge in offbeat expressions and in irony. Cato is interpreted as a man of considerable resourcefulness, not the sort of pre-literary speechmaker some would have him be. Apuleius is correctly seen as a writer of elaborately textured but unmistakably Roman narrative, almost the last author who still felt Latin as a ›natively spoken mother tongue‹ and not a store of ›superpersonal words, heavy with symbol‹ (p. 206).

Von Albrecht's scholarship, already well demonstrated in his Pauly-Wissowa treatment of Cicero's style, comes through again in a book of wise, often fresh, commentaries on a group of passages that are beautifully characteristic of Roman prose. He has given us a book to keep on a nearby shelf.« *(William L. Watson, in: The Classical World, 1973)*

»Das Werk verrät auf fast jeder Seite seine Herkunft und Bestimmung zugleich. Es ist aus Vorlesungen an der Universität hervorgegangen und wohl auch dafür gedacht, angehenden Philologen an Mustern zu zeigen, was es an lateinischen Texten zu beobachten gilt. [...]

Obschon der Verfasser die ausgewählten Prosastücke in chronologischer Abfolge behandelt und damit eine Betrachtungsweise im Sinne einer historischen Entwicklung des Stiles naheliegt, will er doch keine ausgesprochene Sprachgeschichte, verstanden als Geistesgeschichte, bieten. Zu Recht vermeidet er auch das bekannte fragwürdige Schema der Abfolge Archaik, Klassik, Nachklassik, welches von einem Gipfel in der Epoche Ciceros aus die Perioden zuvor und nachher im Sinne eines ›Noch-nicht‹ oder ›Nicht-mehr‹ abwertet (was nicht heißen soll, daß Cicero nicht tatsächlich einen Höhepunkt in der Entwicklung des lateinischen Prosastils darstellt), oder umgekehrt eine frühere ›Urtümlichkeit‹ gegen eine spätere ›artifizielle Überzüchtung‹ auszuspielen. Meines Ermessens wird das sehr gut deutlich an dem, was S. 73 f. über Gracchus und Cicero gesagt ist. Ähnliches gilt für den Abschnitt S. 149 f., wo Seneca mit Cicero verglichen wird.

Die meisten der im Buch vorgelegten Texte sind hochpolitisch, wie denn auch die Entwicklung des Prosastils in Rom bis in die frühe Kaiserzeit hinein einerseits von den scharfen gesellschaftlichen Auseinandersetzungen gefördert wurde und andererseits wieder diese Auseinandersetzungen befruchtete. [...] Auch stilhistorische Untersuchungen führen, wenn man sich nicht nur darauf beschränkt, Einzelbeobachtungen als solche zu registrieren, sondern nach den Gründen für die Wahl dieser oder jener Sprachform fragt, sehr schnell über das Individuelle hinaus zu grundsätzlichen Fragen der gesellschaftlichen Entwicklung. Es gehört zu den Vorzügen des vorliegenden, durch ausgezeichnete Register aufgeschlossenen Buches, daß sein Verfasser sich solchen Fragen stellt und damit zur Diskussion herausfordert. Dafür gebührt ihm Dank.« *(Wolfgang Hering, in: Deutsche Literaturzeitung, 1976)*

»Eine hohe Schule der Interpretation, der Stilbetrachtung und Textvergleichung legt M. v. Albrecht in den zehn Kapiteln seiner ›Meister römischer Prosa‹ vor [...]. Ihm gelingt es, die schöpferische Einmaligkeit des jeweiligen sprachlichen Kunstwerks ebenso wie Sprachgeschichte als Geistesgeschichte verstehbar und sichtbar zu machen. Die Methoden dazu werden differenziert, was Eintönigkeit gar nicht erst aufkommen läßt: Jedem Kapitel steht der Text und seine Übersetzung voran, die Analyse aber erfolgt nach verschiedenen Gesichtspunkten, etwa nach Satzbau, Wortwiederholungen, Synonymhäufungen, Gesamtaufbau u. ä., oder Gehalt und Gestalt werden in einem behandelt; oder Inhalt, Stil, Erzählstruktur von Kontraststellen werden getrennt, dann wieder nebeneinander betrachtet, bis sich ein Ganzes ergibt.

Es ist erstaunlich, was M. v. Albrecht aus den einzelnen Texten herausholt, wie sehr er Gemeinsames und Trennendes subtil ausleuchtet (etwa S. 109: ›Von Caesars scharfer und klarer Zeichnung unterscheidet Sallusts Stil sich durch seine bewegtere Farbigkeit, von Ciceros Diktion durch die Abneigung gegen ausgreifende Gestik‹). Das Buch ist weit mehr, als es jede Stilkunde bisher bot; es gehört daher gerade in der heutigen Situation in die Hand jedes Lehrers.« *(Helmut Gugel, in: Anzeiger für die Altertumswissenschaft, 1974)*

»Die Vorbildlichkeit literarischer Leistungen aus der klassischen Antike wird oft genug beredet – genau gezeigt wird sie nur selten. Michael von Albrechts Band ist da ein willkommener Wegweiser: In ebenso eindringlicher wie unaufdringlicher Darstellung werden knappe, mit größtem Geschick gewählte Textproben wichtiger Autoren von Cato bis Apuleius, aus dem 2. vorchristlichen bis zum 2. nachchristlichen Jahrhundert, durch sorgfältig aufgegliederte Stilanalysen einem vertieften Verständnis erschlossen. Wertigkeit der Wortwahl und Gehalt des grammatikalischen Gerüsts bilden die Vorstufen für die Deutung der jeweiligen Erzählstrukturen. Dabei wird vielfach vom Vergleich ausgegangen: der Redestil Ciceros ist mit dem des Gracchus, sein philosophischer Stil mit demjenigen Senecas kontrastiert, urkundliches Material und taciteische Gestaltung erhellen sich gegenseitig; Cäsar, Sallust, Livius, Plinius, Petron ergänzen und vertiefen das Bild. So entsteht etwas, was der Verlag nicht zu Unrecht ›Skelett einer Stilgeschichte der römischen Prosa‹ nennt. Zwei Voraussetzungen muß der Leser freilich mitbringen: waches Interesse an der lebendigen Vielfalt sprachlicher Mittel und Möglichkeiten sowie gute Grundkenntnisse im Latein. Wer so gestimmt und gerüstet sich v. Albrechts Ausführungen anvertraut, darf auf reichen Gewinn rechnen.« *(Bernhard Kytzler, in: Frankfurter Allg. Zeitung, 1972)*

»Der Fachlehrer wird das Buch als Ganzes mit großem Gewinn lesen und gerade an Texten, die er gut zu kennen glaubt, durch die subtile Analyse, Beschreibung und Deutung der Phänomene eine Fülle neuer Beobachtungen machen und sehen lernen, wie diese sich zu einem induktiv gewonnenen Gesamtbild des Autors vereinen lassen.

Aber auch für die Vorbereitung einzelner Unterrichtseinheiten oder Unterrichtsstunden wird das reichhaltige Buch eine Fülle von Hilfen, Anregungen und Gesichtspunkten, auch methodischer Art, geben. Manche Aussage im Unterricht wird so besser fundiert oder zurechtgerückt werden: das Caesar-Kapitel ist u. a. hierfür ein gutes Beispiel.

Die übersichtliche Anlage (das umfangreiche Wort- und Sachregister erleichtert noch die Benutzung), die Abgeschlossenheit der einzelnen Kapitel, die gut lesbare Darstellung und die Textbezogenheit, die den Leser ständig zum genauen Beobachten des lateinischen Textes herausfordert, empfehlen nach Meinung des Rezensenten das schöne Buch im Rahmen des Unterrichts in der gymnasialen Oberstufe in einzelnen Kapiteln auch für die Hand des (vornehmlich Leistungskurs-)Schülers.« *(Kultus und Unterricht, Baden-Württemberg, 1978)*

»Das vorliegende Buch mußte einmal geschrieben werden: Nicht als ob es ›eine Literaturgeschichte oder die Entwicklung des lateinischen Prosastils lückenlos darzustellen‹ versuchte oder gar ›in Wetteifer mit E. Nordens monumentaler ›Antiker Kunstprosa‹ treten wollte; aber es führt doch dahin und ist geeignet, über Nordens Buch hinaus neue und weitere Wege zu weisen. Denn der Verfasser versucht, vom ausgewählten Einzelstück ausgehend, dieses sprachlich und stilistisch vorurteilsfrei zu interpretieren, und tritt nicht umgekehrt mit dem vorgefaßten Bild und Urteil der antiken Rhetorik und Stiltheorie erst an die Autoren heran. So könnte man von ›angewandter Rhetorik‹ sprechen, die ihre ›Regeln‹ von den Texten her, aus denen sie ja letztlich abgeleitet sind, besser zu verstehen lehrt.

Das den Schülern des Verfassers gewidmete Buch ist als Ganzes ungemein anregend und ertragreich in vielfacher Hinsicht: es werden Textstellen korrigiert und Fehlinterpretationen zurückgewiesen, es werden Klischeebegriffe wie ›vulgär‹, ›umgangssprachlich‹, ›archaisch‹, ›oratorisch‹, ›Historikerstil‹, ›oratorischer Stil‹ und dgl. mit Leben erfüllt und richtiggestellt, der Blick für Catonisches bei Sallust, Horazisches bei Petron, Livianisches bei Claudius, Ciceronisches bei Apuleius und dgl. wird geschärft [...].

Erfreulich ist, daß sich v. A. als Interpret von manchen Verstiegenheiten und artistischen Kunststücken moderner ästhetischer Interpretation wohltuend freihält, so daß man nur sehr selten einmal den Eindruck einer ›Überinterpretation‹ erhält. Daß auch der Autor selbst in seinem eigenen Stil vorbildlich klar und sachlich knapp ist, daß die Fülle moderner Sekundärliteratur, die verarbeitet ist, größtenteils in die Fußnoten verwiesen wurde, ist ein Gewinn für die Lesbarkeit des — im übrigen auch in Satz und Druck vorbildlichen — Buches.

Die Lektüre sollte den Studierenden des Lateinischen zur Pflicht gemacht werden; vor allem aber wird jeder Lehrer des Lateinischen hier eine fast unerschöpfliche Fülle von Anregungen finden, die er in einem modernen Unterricht fruchtbar zu machen vermag.« *(Ludwig Voit, in: Gymnasium, 1973)*

»Ein Buch, das für sich selbst wirbt, ist ein nicht eben häufiger Fall in unserem Bereich, zumal wenn es sich nicht dem flüchtigen Leser, sondern nur redlicher Mitarbeit erschließt. Im vorliegenden Falle ist der, übrigens sehr schön gedruckte, Band mir jedenfalls [...] eher durch seinen guten Ruf als durch die eigene Begegnung mit ihm bekannt geworden. Er hat sich durchaus bestätigt: Aus den weniger als 200 Textseiten — das übrige sind Beigaben — läßt sich ungemein viel lernen, mehr noch regt es zu interessantem Weiterdenken an. Die Auswahl der, durchwegs *bilingue* gebotenen, kurzen Texte ist wohlüberlegt und bezeugt den Kenner; sie erstrebt nicht Originalität um jeden Preis, hält sich frei von Effekthascherei, vermeidet aber auf der anderen Seite die ausgetretenen Pfade gängiger Kanonisierungen und propädeutischer Florilegien. Ihre stärksten Wirkungen sucht und findet sie durch aparte synkritische Kopulierungen und unerwartete Konfrontationen [...].

Als sein Ziel spricht v. A. dies an: ›An formal und inhaltlich bedeutenden oder bezeichnenden Texten sollen die weiten Möglichkeiten römischer Prosakunst aufgezeigt werden; nur vom Einzelnen aus kann man hoffen, über gängige Vorstellungen hinauszukommen«. Das geschieht helläugig und feinhörig, immer sachnahe ohne viel theoretischen Aufputz, mit redlich beobachtender Mühe, auf die sich auch im Detail mit einzulassen dem Leser einerseits nicht erspart, andererseits aber auch nicht durch pedantische Mikrologie vergällt wird. Der frische, gescheite Stil hält das Interesse wach, ein Nebenertrag liegt dabei in dem wortlos und durchgängig erbrachten Beweis, wie sehr jede Übersetzung, auch die beste, stets gerade das Wichtigste aus Griff und Blick verlieren muß.

[...] Dergleichen, immer wieder neu entdeckt, macht Lektüre und Nacharbeit dieses Buches zum Vergnügen und zu einer anmutigen Vorschule des Interpretierens überhaupt. Die konkrete Bezogenheit auf eine in den Vordergrund gestellte profilierte, leicht überschaubare Textprobe ist nicht nur ein didaktisch geschickter Kunstgriff, sondern verhindert einerseits systematische Verdrießlichkeit, andererseits jedes Abgleiten in zugleich verschwommene und anspruchsvolle Allgemeinheiten. [...] Das Buch ist kenntnisreich ohne schulmeisterliche Trockenheit, temperamentvoll ohne wildwüchsige Improvisation, fachlich engagiert und zugleich menschlich gelöst: ein gutes Buch!« *(Otto Seel, in: Gnomon, 1974)*

HEIDELBERG
VERLAG LAMBERT SCHNEIDER

MICHAEL VON ALBRECHT
Römische Poesie
Texte und Interpretationen

1977. 368 Seiten (Lothar Stiehm Verlag, Heidelberg).

»Seinen Interpretationen ›Meister römischer Prosa‹ läßt der Heidelberger Latinist Texte und Interpretationen poetischer Werke (ohne Drama) folgen – ausschließlich bisher unveröffentlichte Untersuchungen. Die Auswahl ist umfassend und geschickt vorgenommen: sie schließt – beim Epos – Homer und in anderen Bereichen frühchristliche, mittelalterliche und humanistische Texte ein, um ›Wandlungen des Welt- und Menschenbildes an Kreuzwegen der Weltgeschichte zu beobachten‹.
   v. Albrecht ist nicht auf eine bestimmte Interpretationsmethode festgelegt: vergleichende Untersuchungen unter thematischen Aspekten, Einzelanalysen (Stil, Metrum, Erzählstrukturen – aber immer unter funktionalen Gesichtspunkten) und fortlaufende Interpretation stehen alle unter dem gemeinsamen Ziel, Lebendigkeit und Reichtum der römischen Dichtersprache sichtbar zu machen.
   Die anregende Lektüre wird dadurch erleichtert, daß textkritische Angaben, Verweise auf Sekundärliteratur, statistische Einzeluntersuchungen in den umfangreichen Anmerkungsteil verwiesen sind; ein hilfreiches Stellen- sowie ein Sachregister beschließen den Band. Jeder Lateinlehrer sollte dieses Buch kennen und studieren, allen Schülern der Lateinkurse in der Oberstufe müßte es zugänglich sein.« *(Amtsblatt des Kultusministeriums Rheinland-Pfalz, 1977)*

»Wie in dem 1971 erschienenen Band über ›Meister römischer Prosa‹ verzichtet der Autor auf Systematik zugunsten einer exemplarischen Behandlung einzelner Texte. Dabei korrespondiert die Genauigkeit des Hinschauens einer Optik, die Bezüge und Zusammenhänge berücksichtigt; Vielfalt und Einheit der römischen Poesie werden sichtbar.
   Zum Vorschein kommt: Dichtung hat es mit Widerständigem zu tun; gerade die Sprödheit der Bauernsprache, die Schwierigkeit der poetischen Produktionsbedingungen, die Prävalenz des Griechentums haben ihren artifiziellen Charakter hervorgetrieben. Der andere Pol ihrer Eigenart ist ihr gesellschaftlicher Bezug; sie erwächst ja aus der Rhetorik. Beide Momente: Ihr strenger Kunstcharakter und ihre repetitionsästhetische Orientierung machen sie für die gegenwärtige poetologische Diskussion besonders interessant.
   Latein gilt als ›tote Sprache‹. Wie lebendig es ist, nicht nur in seiner unvergleichlichen Wirkung auf die europäischen Sprachen und Literaturen (ein Grundzug römischer Poesie sei, sagt v. Albrecht, ihre Renaissancefähigkeit), sondern auch in der lateinischen Dichtung selbst – davon gibt dieser Band beredtes Zeugnis.« *(Albert von Schirnding, in: Süddeutsche Zeitung, 1977)*

»Von Albrecht's book will be best read for its careful study of the individual poems included in it. The unavoidable repetitiousness of his approach to each selection becomes a bit wearisome after a time, but granted von Albrecht's approach to his problem, this could hardly be avoided. It does not detract in any measure from the uniform excellence of his book.«   *(Frank O. Copley, in: The Classical World, Jg. 72)*

»Wie schon in seinem Buch ›Meister römischer Prosa‹ ist es M. von Albrecht auch mit ›Römische Poesie‹ gelungen, an äußerst geschickt ausgewählten Beispielen aus dem poetischen Schaffen Roms Verständnis für dichterische Technik, Intention und oft dem griechischen Vorbild abgerungene Eigenständigkeit lateinischer Poeten zu wekken. Mit methodisch klarem Zugriff, mit wachem Blick für das Detail, mit Sinn für die Feinstruktur und mit subtiler Interpretationsgabe läßt der Autor an Einzelelementen wie Metrik, Rhetorik, Wortschatz, Stilistik und Erzählhaltung das Ganze erfahren. Im interpretierenden Vergleich überschaubarer Texte wird liebevoll das Verschiedene herausgearbeitet und so das jeweils Eigene erhellt. Der Bogen spannt sich von Ennius bis Petrarca, vom Epigramm über Fabel, Elegie, Bukolik, Satire, Epistel bis hin zum Epos. Dem ›Prinzip des Exemplarischen‹ stehen die zahllosen Hinweise zur Textanalyse gegenüber, die gerade der Lateinlehrer auf der neuen Oberstufe dankbar annehmen und auf andere Gedichte seiner Wahl übertragen wird.

M. von Albrecht beabsichtigt nicht, eine römische Literaturgeschichte oder eine Literaturtheorie vorzulegen – ›bestenfalls Bausteine dazu‹. Der konkrete Einzeltext ist Ausgangspunkt und Ziel zugleich, ohne daß der Autor die Einheit lateinischer Poesie aus den Augen verliert, die sich ihm in der Wechselwirkung zwischen Dichter, Natur und Gesellschaft immer wieder manifestiert.

Noch weniger wird beabsichtigt, mit den ausgewählten Texten eine ›lückenlose‹ Vorstellung von ihrem Autor‹ zu vermitteln. Vieles bleibt bewußt offen, vieles versteht sich als Hinführung und Anregung; von Albrecht will Gedanken in Bewegung bringen, reizen, Klischees überwinden. Mancher wird nach der Lektüre dieses Buches – vielleicht zu seiner eigenen Überraschung – feststellen müssen, daß die Römer nicht nur Politiker, Strategen, Straßenbauer, Architekten oder Juristen waren, sondern eben auch Dichter; und er wird feststellen, daß diese lateinischen Dichter keine tote, sondern eine eminent lebendige, uns unmittelbar berührende Sprache sprechen.«
(Günter Reinhart, in: Kultus und Unterricht, Baden-Württemberg, 1978)

»A Latin text and a German translation precede each interpretation, and Professor v. Albrecht is careful not to ignore textual problems and to support his observations and arguments with word-lists or lists of metrical patterns. However, he does not burden his notes with too many references to secondary literature, though, throughout, he shows himself to be familiar with all that is relevant and helpful. Indeed, the main body of the book is pleasant to read, since it is not written in the dry or careless manner of most scholars, but combines charm with lucidity.

Many books have been written on the poetry of the Romans, but few add as much as Professor v. Albrecht's observations and interpretations to our understanding and appreciation of this complex and difficult field; at the same time this book may also serve as an *introduction* to the study of Roman poetry and to literary appreciation in general. It may be warmly recommended both to classicists and to all students of literature.«   *(C. Joachim Classen, in: German Studies, 1979)*

»Vorliegendes Buch bildet das Gegenstück zu dem Band ›Meister römischer Prosa‹. Auch die Interpretationen römischer Gedichte sind methodisch von den Zielen der Universitätsausbildung bestimmt: sie sollen nicht schlechthin eine Position in der Deutung vertreten, sondern auch anhand des Textes demonstrieren, wie der Interpret Schritt für Schritt die Grundlagen dafür schafft. Insofern kommt dem Werk eine große methodologische Bedeutung zu. [...]
Ich konnte nur einige wenige Aspekte aus der Fülle von Problemen herausgreifen, die v. A.s Buch aufgeworfen hat. In ihm werden viele Anregungen für die weitere Arbeit vermittelt. Es stellt einen Baustein dar für die Kunst des Interpretierens. Für die Lehre wie für die Forschung auf dem Gebiet der römischen Poesie wird es für lange Zeit ein unentbehrliches Standardwerk bleiben.« *(Wolfgang Hering, in: Deutsche Literaturzeitung, 1979)*

»Mit diesem Buch liegt der gelungene Versuch vor, antike Literatur weniger zu loben als darzustellen und den Leser in protreptischer Weise durch eine Fülle von Fragestellungen, Denkanstößen und auch Herausforderungen zu einer Epoche europäischer Poesie zu führen, die als einer jener zahlreichen Erbfaktoren Alteuropas auch im XX. Jahrhundert wirksam ist.
Der Verfasser ist einen unkonventionellen Weg gegangen: Sorgfältig ausgewählte, überschaubare Proben, im Originaltext wie in Übersetzung dargeboten, beleuchten texttypologisch abgegrenzte Ausformungen römischer Dichtung: Epos, didaktische Poesie, Elegie, Epigramm, Bukolik, Satire, poetische Epistel und Fabel sowie Lyrik im engeren Sinne bilden Einheiten, an denen das Wesentliche der Gattung wie das Spezifische des Autors und, wo es angebracht erscheint, auch das Gattungsübergreifende ausgeleuchtet wird. [...] So unkonventionell die Auswahl ist, so erfrischend wirkt das Vorgehen bei der Interpretation. Manche Kapitel sind feinsinnige, in fortlaufender Interpretation dem Zuhörer und seiner zeitlichen Aufnahme der Texte angepaßte Darstellung; anderswo findet man beeindruckende Längs- und Querschnitte; immer wird Variatio im guten, den Text und seine Probleme sichtbar machenden Sinn erstrebt, fügt sich die Methode den Erfordernissen des Textes.
In seiner Einleitung stellt der Verfasser die Frage, ob die Dichtung eines Volkes, das beispielhaft als Volk von Politikern, Strategen, Straßenbauern, Architekten, Juristen angesehen wird, nicht eine *contradictio in adiecto* sei. In seiner Klischees sprengenden, unkonventionellen und erfrischenden Darstellungsweise gelingt es ihm, immer auf dem Boden streng sachlicher Interpretation bleibend, seine Antwort plausibel zu machen: Römische Poesie ist zu verstehen als eine *coincidentia oppositorum*, eine schöpferische Synthese.« *(Gerhard Petersmann, in: arcadia, 1978)*